Werner Rübe

Provoziertes Leben

Gottfried Benn

Klett-Cotta

Klett-Cotta

Printed in Germany 1993
Schutzumschlag: Klett-Cotta-Design
Gesetzt aus der Stempel Garamond von multimedia, Konstanz
Auf säure- und holzfreiem Werkdruckpapier gedruckt
und in Fadenheftung gebunden von Spiegel, Ulm
Einbandstoff: Iris-Leinen

Die Deutsche Bibliothek – CIP-Einheitsaufnahme
Rübe, Werner:
Provoziertes Leben: Gottfried Benn / Werner Rübe.
- Stuttgart: Klett-Cotta, 1993
ISBN 3-608-93058-2

Ich persönlich finde an einem Autor,
der mich fesselt, gerade das Biologisch-
Familiäre sehr interessant.
Gottfried Benn

Für Susanne und Christian

Inhalt

»Auch aus einem bescheidenen Winkel
kann man in den Himmel springen.«
Seneca

Erstes Kapitel

Eltern

In Cumlosen, einem armseligen Dorfe in der Westprignitz, vier Meilen elbabwärts von Wittenberge, heiratete am 22. Juli, an einem Dienstag des Jahres 1884 der Pfarrhelfer Gustav Benn die 26jährige Caroline Jequier, eine Welschschweizerin aus dem Kanton Neuchâtel, *Mademoiselle* im Hause des Grafen Wilamowitz-Moellendorff auf Gut Gandow.

In diesem Augenblick war dem 27jährigen Hauslehrer der Wilamowitzschen Familie die Pfarrstelle in Mansfeld zugesprochen worden; Frau Pastor Mummelthey, in deren Haus auch die Hochzeit ausgerichtet wurde, hatte der französisch sprechenden Erzieherin der gräflichen Kinder die Grundbegriffe der Haushaltsführung angedeutet – so gut es eben ging: Und dann fuhren die Neuvermählten nach Mansfeld ab, so fünf bis sechs Stunden, bald Schritt, bald Trab, durch die nachbarliche Sorbenlandschaft zwischen Perleberg und Putlitz, am Golmer Berg vorbei und durch Lockstädt. Das lieblich nüchterne Panorama, vom Schlatbach und der Stepenitz zur Elbe hin entwässert, war dem jung ernannten Seelsorger alt vertraut: Sein Vater hatte dort getauft, konfirmiert und begraben, er selbst war in diesem *Dorf von dreihundert Einwohnern*, in diesem Pfarrhaus vor 27 Jahren zur Welt gekommen: Heimat also, geborgene Kindheitserinnerungen trotz Lehm- und Balkenwänden des im 17. Jahrhundert aufgerichteten ärmlichen Kottens, – *von einem Schafstall nicht zu unterscheiden*.

Hier wurde die Schwester Ruth, hier Gottfried Benn geboren – am 2. Mai 1886 – zwei Jahre nach der Eheschließung: die Birken hatten frisches Grün aufgesteckt, Narzissen und erste Primeln strahlten in den Bauerngärten, die Ebereschen entrollten zögernd ihre vielfachgefiederten Blätter: *in meinem Elternhaus hingen keine Gainsboroughs ..*

Dennoch, man wußte woher man kam. In den autobiographischen Schriften tönt es stolzer: *Hinter meinem Großvater kommt eine Reihe von Vorfahren, die Hofbesitzer und Vollbauern waren, und deren Stamm sich im Kirchenbuch ihres Heimatdorfes Rambow bei Perleberg bis zum Jahre 1704 zurückverfolgen läßt.*

Die Benns kamen also aus der *alten Wendengegend zwischen Putlitz, Perleberg und Lenzen,* jenem Landesteil der Mark Brandenburg, der sich zwischen dem Elbstrom und dem feuchten Wirrsal der mecklenburgischen Seenplatte hinlagert: Die Quitzows, Nettelbecks, Falkenhagens saßen dort auf ihren Klitschen. Wir kennen den singenden Tonfall und das rollende R der Prignitzer und Mecklenburger aus »Ut de Franzosentid«, aus »Kein Hüsung« Fritz Reuters, der aus Stavenhagen stammte.

Was den Großvater Benns, zweitältester Sohn eines Bauern aus Rambow bei Perleberg, bewegt haben mag ein Gottesmann zu werden, bleibt ein Rätsel. Ähnlich verwunderlich muß es bleiben, wie der Urahn es möglich machen konnte, darüber hinaus seinen ältesten Sohn Alexander Medizin studieren zu lassen: beharrliche Sparsamkeit und bäuerliche Bescheidenheit wollen hier zur Erklärung nicht ausreichen. *Onkel Alex*, so nannte man in der Familie diesen Arzt, ein schweigsamer, in sich gekehrter Mann, mit Schlapphut und weitem Radmantel seine Patienten besuchend, lebte als Sanitätsrat bis 1925 in Lenzen, ganz in der Nähe von Rambow, in seinem schönen Haus mit seiner Frau Josephine, einer freundlichen Pfälzerin.

Das Bild des theologischen Großvaters dagegen erhielt sich nur undeutlich in der Familienerinnerung: ein stilles, eher verschlossenes Gesicht, bartlos, mit Brille, aus dem ruhige Sachlichkeit mit einiger Neigung zur Skepsis zu sprechen schien, – *ein treuer, gewissenhafter Mann,* wie sein Superintendent urteilte, als sich ein Gemeindemitglied über ihn beschwerte; und das Konsistorium gab ihm recht.

Denn die Jugend dieses Altvorderen war stürmischer verlaufen, als man es nach seinem Charakterbild vermuten konnte: Als Studiosus wurde er Burschenschaftler, was damals verboten war und

Gut Gadow
Gustav Benn lernte seine spätere Frau, Caroline Jequier, auf diesem Besitz des Grafen Wilamowitz-Moellendorff kennen

Das Geburtshaus Gottfried Benns
(2. Mai 1886) in Mansfeld/Prignitz

Fritz Reuter die Todesstrafe einbrachte, gnädigst dann auf 30 Jahre Festungshaft gemildert. Das Kammergericht in Berlin verurteilte auch den Theologen aus Rambow zu einem Jahr Festungshaft. Zwar brauchte er die Strafe nicht abzubüßen, aber das Gedächtnis eines hochlöblichen preußischen Konsistoriums war lang: 13 Jahre mußte der Großvater zuwarten, bis er ein Pfarramt, eben dieses Mansfeld, erhielt, mit 300 Talern Jahreseinkommen. Hier heiratete er Amanda Bolt aus dem Kreisstädtchen Meyenburg, schon nahe der Grenze zu Mecklenburg gelegen, hier gebar sie ihm fünf Kinder. Es waren bescheidene Verhältnisse, in denen die drei überlebenden Söhne – darunter Benns Vater – heranwuchsen. Jahr um Jahr bat der Großvater das Konsistorium, ihm zu einer günstigeren Stelle zu verhelfen; die hallische Verirrung wirkte jedoch nach; zehn Jahre ließ man ihn warten. Dann bekam er die besser dotierte Pfarre Bentwisch bei Wittenberge, wo er im 72. Lebensjahre verstarb. Seine Liebe gehörte der Geographie, vielleicht weil sie ihn über den Zirkelschlag des eigenen engumgrenzten Daseins hinaushob: Ein schöner – 1850 in Winterthur gestochener – Atlas aus seinem Besitz, auf seinen Enkel Ernst-Viktor überkommen, verbrannte im letzten Kriege.

Der Großmutter mit ihrem schmalen Gesicht, gerader Nase und großen Augen, in denen die Sehnsucht auch nach den Sonnenseiten des Lebens schimmerte, soll Benns Vater ähnlicher gewesen sein als dem Großvater: auch lebte in Gustav Benn manches von dem weiteren und großzügigeren Verständnis menschlicher Existenz als mütterliches Erbteil fort: Sie hinterließ ihm – neben einem rosa Kaffeeservice – nichts als die Erinnerung an eine sterbende Frau, die sich vor ihrem Tode, angetan mit einem neuen Seidenensemble, vor den Spiegel tragen ließ: ein merkwürdiges Epitaph ihrer Freude an schönen Kleidern und ihrer doppellebigen Sehnsucht, einen größeren Rahmen mit Leben zu erwärmen, als es ein ländliches Armenpastorat zuließ.

Von engem geographischen Raum umschlossen, bewegt sich die Bennsche Familienchronik nur wenige Stundenmärsche um Perleberg herum. Man geht und kommt wieder, *die Benns wohnen noch jetzt in den Dörfern jener Gegend.* Gelassen entwickelten sich die Dinge in den Dämmerdörfern, wenn sie sich überhaupt entwickeln. Das Leben bleibt statisch; Beharrung, Schweigen und das Notwendige tun: so antwortet jene Landschaft, wenn wir sie nach Gründen fragen.

In Bentwisch also schien sich Benns Vater zunächst nicht in die pfarrherrliche Stammeskette einzufügen. Als zweitältest geborener Sohn besuchte er das Seehausener Gymnasium in der Altmark nahe bei Prenzlau, wurde dann aber zu einem Berliner Onkel in die kaufmännische Lehre gegeben. Dieser erkannte bald, daß sein Neffe den Merkuriusstab nicht im Reisegepäck führte, und reichte den jungen Gustav weiter an einen anderen Oheim, den Pächter des Gutes Tamsel im Warthebruch bei Küstrin: Jeden Morgen fuhr der junge Gustav mit dem Milchwagen des Ohms in die Stadt, zur Schule. Es war der gleiche Weg, den der Kronprinz Friedrich während seiner Küstriner Zeit – halb Arrestant, halb Staatslehrling, vier Generationen zuvor – bei gelegentlichen Besuchen zur schönen Frau von Wreeck benutzt hatte: Zwar erwiderte die 24jährige Obristen-Gemahlin seine holprigen Gedichte, gestattete ihm auch, sie Cousine zu nennen, aber weiter scheint der zukünftige König nicht gekommen zu sein.

Wir finden Benns Vater wieder in Straßburg, nun als Theologiestudent; in Leipzig – immer noch ein Klein-Paris – setzte er sein Studium fort, um es in Berlin zu beenden.

Über Bad Boll, dem Kernerhaus in Weilheim nachbarlich gegenüber gelegen, wo er fast im Vorübergehen Erzieher der Kinder jenes damals vielbedeutenden Wundertäters und seelsorgerischen Orakels Christoph Friedrich Blumhardt war, ging er nach Gandow, ins Land seiner Väter, zurück: ein unbestritten gutaussehender junger Mann, groß, kräftig, mit kurzem Vollbart, blauen Augen, kraftvoller, das ganze Haus durchtönender Stimme. Seine Umgangsformen waren sicher. Unbefangen, sogar charmant bewegte er sich in jeder Gesellschaft, sein Lachen war unwiderstehlich: So lernte ihn Caroline Jequier kennen: Als Gouvernante und Hauslehrer der Wilamowitzschen Sprößlinge waren sie quasi Kollegen.

Caroline kam aus Fleurier im Val de Travers. Der Mont Aubert, vor ihrer Haustür gelegen, Ausläufer des Jura, 1342 m hoch, mochte sich ihrer kindlichen Erinnerung eingeprägt haben. Durch den Tod der Mutter früh Halbwaise, wuchs sie bei ihrer Patin in Yverdon, am Südufer des Lac de Neuchâtel auf: Ihre Augen ruhten auf Weingärten, von südlicher Sonne gereift, *ungeheuer licht, gefüllt mit nie endenden Strahlen, sah ich immer ihre Landschaft, wenn sie von ihr sprach*, erinnerte sich Benn. Die häusliche Not in Fleurier war bedrückend, vier Schwestern und ein Bruder wollten versorgt sein, der Vater betrieb eine nicht eben florierende ZubringerWerkstatt für Uhrenteile. Auch die drei anderen Schwestern von Caroline gingen ins Ausland, als Erzieherinnen nach Frankreich, England und Rußland, sie trafen sich wieder im Kernland der Refugiés, in Preußen. Die eine heiratete in die Provinz Posen, und zwar einen Studienfreund von Benns Vater. Die jüngere Schwester, Cécile, ehelichte den Pastor Theodor Barge, einen Selliner Bauernsohn, und hatte sechs Kinder.

S e l l i n : Eben war Benn sechs Monate alt, da bekam der Vater durch Protektion des zum Blumhardt-Kreis gehörenden Kirchenpatrons Graf Finckenstein-Trossin diese größere Pfarrstelle in der Neumark, und Sellin wurde Benns eigentliche Heimat: *Ein Dorf mit 700 Einwohnern in der norddeutschen Ebene, großes Pfarrhaus, großer Garten, drei Stunden östlich der Oder.*

Von Küstrin, wo man umsteigen mußte, führt die Bahn durch weite Kiefernwälder über Neumühl-Kutzdorf und Fürstenfelde nach Bärwalde und von hier weiter nach Stettin. In Bärwalde verläßt man den Zug und folgt einer Straße, die durch das flache Land gen Osten führt: nach einer Wegstunde endet sie in Sellin. Von weitem schon sieht man den breiten viereckigen Kirchturm mit rotem Ziegeldach, Bäume und Häuser überragend. Der mit dem Hausrat bepackte Leiterwagen des jungen Pfarrers fährt am ersten Gebäude des Dorfes vorbei: es ist der große Schafstall des Gutes, ein steinerner Widderkopf schmückt das Tor, hier beginnt die Dorfstraße, die Kastanienbäume zu beiden Seiten tragen nur noch wenige welkbraune Blätter. Zur Linken, vorbei am langhingestreckten Pächterhaus, grüßt der spätherbstlich abgeblühte Gutspark. Dann kommen die Schnapsbrennerei und der große Pferdestall, gegenüber die Auffahrt zum Schloß. Die Straße weitet sich zum Anger, umschließt die Kirche. Man verhält hier einen Augenblick – gönnt den Pferden die Erleichterung –, dann zieht der Wagen wieder an und biegt in eine zweite Straße, die zur Windmühle an der Sandgrube und von hier weiter durch ein Kieferngehölz nach Trossin und Schönfeld führt. Eine mächtige alte Linde kennzeichnet diese Weggabelung am Kirchplatz: sie ist die Wächterin des Pfarrhauses. Es ist ein Backsteinbau, ostelbisch schlicht, solide, aber geräumiger als die Mansfelder Kate; man steigt die sieben Stufen zum überdachten Eingang empor, zu beiden Seiten öffnen sich je drei Fenster zur Straße hin. Links von der Treppe erblickt der Eintretende durch eine breite Toreinfahrt den Wirtschaftshof, Stall, Scheune, Remise und die Dunggrube. Wenig unterschied sich dieses behäbige Anwesen von den Höfen der wohlhabenden Bauern, der Koppes, Darges, Mannigels und der Zickricks, von denen ein Familienzweig bis in die sechziger Jahre in Berlin-Borsigwalde einen Kuhstall mit Milchhandel betrieb.

Ein Eisenkreuz auf dem Dach des Vorbaus erinnerte an die besondere Bestimmung des Hauses.

Diese sieben Stufen krabbelte der junge Gottfried empor, lief durch das Haus, durch Wirtschaftsstube und Küche zur gedeckten Holzveranda mit der Gartentreppe, von der er über den *großen Rasen* und das Rosenbeet zum Graben blickte. Drei Brücken führten ihn dann zum weitläufigen Gemüse- und Feldgarten mit Beerensträuchern, Syringen, Obstbäumen und dem Trockenplatz:[1] Wir kennen diese Szenerie, *Kindheitserde, unendlich geliebtes Land* aus dem *Epilog 1949*:

Es ist ein Garten, den ich manchmal sehe
östlich der Oder, wo die Ebenen weit,
ein Graben, eine Brücke, und ich stehe
an Fliederbüschen, blau- und rauschbereit.

Dies war das wohlumhegte Reich der Mutter, hier regierte sie in Haus und Küche, in Hof und Garten, sorgte für Mann, Kinder, Gäste, Gesinde und Vieh, pflanzte und erntete, *alpine Rasse*, rundlich – fest, gütig, nicht größer als Goethes Christiane, *irdisch, allem Lebendigen nah, die Gärten, die Felder säend und gießend: Ackerbautyp, mit dem realen Sein voll Lächeln und Tränen*. Auf einem Jugendbild war sie noch schlank, mit glattem Scheitel und hochstehenden Backenknochen, mit wenig Geschick für ihre Garderobe.

Die Selliner Kirche (1704 erbaut)
Zustand August 1990

Pfarrhaus Sellin
(Zustand August 1990)

20 Jahre erst war sie alt, als sie nach Deutschland kam, in die Mark Brandenburg, *sprach infolgedessen die deutsche Sprache immer mit Akzent, gewisse deutsche Worte wollten ihr ein Leben lang nicht gelingen*. Nach der Heirat hat sie ihre Neuchâteler Heimat nie wieder besucht: acht Wochenbetten, – *sie sang ihre vielen Kinder mit französischen Liedern ein, ... les cloches sonnent, l'air en rayonne ...*, die Arbeit in Wirtschaftsstube, Hof, Garten und ihr pyknischer Habitus hatten sie fülliger werden lassen: Benn war körperlich der Mutter nachgeraten, klein, ein Meter siebenundsechzig groß, früh zur Korpulenz neigend *sah ich aus wie ein Unteroffizier*.

Brahms und Bruckner lebten noch, als Benn geboren wurde, das Morgenrot der induktiven Wissenschaften beginnt immer strahlender Licht in Köpfe und Herzen der Menschen zu werfen. Niemand empfand wie der Weimarer Olympier, den »das überhandnehmende Maschinenwesen quält und ängstigt ...« Es ist die imperiale Zeit, auch der Technik. Die Erinnerungen, die den Kindern aus den Erzählungen der Eltern, der Bekannten zukommmen, reichen bis in das Biedermeier zurück. Uralte Leute erzählen von der Franzosenzeit, als Napoleons Grenadiere die Elbübergänge besetzt hielten und »Möller Voß ... den französischen Schassüür unner den Disch drinkt«.

Hier, in der Polarität zwischen den nicht überwundenen Restbeständen der statisch-patriarchalischen Dinge im ostelbischen Sellin/Trossin und dem Bewußtwerden seiner Metropolenexistenz entwickelt sich die Welt der Essays Gottfried Benns: *Zur Problematik des Dichterischen – Können Dichter die Welt ändern? – Genie und Gesundheit – Aufbau der Persönlichkeit*. Sie ist als Bild so wie die Welt, in der er geboren und emporgekommen ist: Seine Erziehung als Pfarrerssohn mit den gräflichen Finckensteinschen Kindern in Sellin und auf dem Gymnasium in Frankfurt/Oder, die militärärztliche Ausbildung in der Pépinière in Berlin, die preußisch-feudalistische, noch vorkapitalistische Welt. All diese Elemente tauchen in den Arbeiten des großen Essayjahres (1930) wieder auf. Das aristokratische Elitebewußtsein und die proletarische Existenz als Arzt und einsamer Dichter, die als unauflösbar erkannten Widersprüche des Seins, kein Lechzen nach Synthese, niemals Flucht, sondern ein steinern Ausharren, wie Benns Bruder im Blute, wie der andere brandenburgische Refugié, der naturwissenschaftlich gebildete Apotheker Fontane es ausdrückte: »In der Bresche stehen und aushalten, bis man fällt, das ist das Beste.«

Benns Leben geht durch viele Gipfelpunkte des weißen Kontinents, Kriege, Umwälzungen des sozialen Gefüges, der Lebensbedingungen, der Wissenschaft, der Kunst und Dichtung. Gottfried Benn geht durch den Ersten Weltkrieg, der die Zerstörung Europas bedeutet, die russische Revolution, das nachkaiserliche Berlin der zwanziger Jahre, das zu einem Flucht- und Wallfahrtsort für russische Emigranten, Polen, Rumänen, Serben, Italiener und Amerikaner geworden ist und durch diese Zuströme alexandrinisch bereicherte Metropole wird. Er geht durch Hitlers Krieg und sein apokalyptisches Ende, auch durch die Inselexistenz seiner Stadt, mit der er sich identifiziert.

Als er in Sellin durch den Garten seiner Mutter tappte, lebten noch Storm und Ibsen; Oscar Hertwig entdeckte den Zellkern als Träger der Vererbung, der Arlbergtunnel – 10 km lang – war vollendet. Bismarck hatte den Rückversicherungsvertrag mit Rußland abgeschlossen, der Erbforscher Mendel, Karl Marx waren eben verstorben.

Die Kunst wandelt sich vom Naturalismus zum Konstruktivismus und zur Abstraktion, aus der sich der Mensch zurückgezogen hatte; die Dichtung Deutschlands vom Realismus des gefälligen Mittelmaßes zum Ausbruch des Expressionismus, als dessen höchste Inkarnation Benn schließlich dasteht.

Das Ingenieurwesen übertraf selbst die Visionen eines Jules Vernes; die Atombombe wurde gezündet, und auf ihrem chagallfarbenen Feuerpilz ahnte er schon die Astronauten in vergoldeter Kapsel zum Mare Tranquillitatis emporsteigen. Er aber arbeitet zwischen gynäkologischem Untersuchungsstuhl und Kofferradio, schweigt, entwirft den *Radardenker* und träumt vom triploiden Menschen, mit *sechsundsechzig Chromosomen, Riesenwuchs* – .

Die Chemie der organischen Stoffe ist aus ihrer analytischen in die synthetische Phase eingetreten, die mit der Kunstfaserproduktion erdumspannende Industriezweige begründet hat, »Plaste und Elaste aus Schkopau« grüßte es triumphal beim Kilometerstein 48,5 von der Autobahnbrücke nach Berlin. Neue Disziplinen in der

Medizin sind begründet, bald werden Herzen transplantiert, computergesteuerte Laboratorien deuten sich an. An all dem nimmt er Anteil. Ein besessener Sammler von Einzelheiten, legt er Lektüre, Gespräche, Rundfunksendungen unter sein Mikroskop, versichert sich der Details, hebt sie mit der Sonde heraus, baut sie ein in seine Essays, in die Lyrik: Cloisonnéarbeit. All dies ist durch ihn hindurchgeflossen. Er hat es umgeschmolzen und mit seiner eigenen Vorstellung einer biologistischen Transzendenz – in die er seine dichterische Existenz mit einbezog – verknüpft, – auch von Ruhm träumend?

Dann über Einsamkeit,
Spieler und Spötter
naht die Unsterblichkeit:
Strophen und Götter.

Die Frage, woher nun eine solche Schöpferkraft kommt, ist unerforschlich. Wir kennen seine Ahnen bis in den Beginn des achtzehnten Jahrhunderts. Er selbst hat darüber nachgedacht, kommt zu einer genetisch-soziologischen Bestimmung des Genieproblems, zu Talentfamilien, einzelnen ständischen Gruppen, Gelehrten- und Pastoralfamilien.

Dann dringt er zum Ausgangspunkt des Problems vor, Blutfremdheit, Bastardierung, *möglichst differentes Keimmaterial* sind für die Geniebildung von Vorteil. Er erkennt die *überwältigende Bedeutung der nordisch-alpinen Vermischungszone*, – womit er selbst angesprochen ist: *In der Ehe meiner Eltern vereinigten sich ... das Germanische und Romanische ...*

Die Landschaften, aus denen Benns Vorfahren stammen, helfen nur wenig weiter: *aus Jüterborg oder Königsberg stammen die meisten, und in irgendeinem Schwarzwald endet man ja seit je.*

Aber die Keimspannung der Eltern bringt Erhellung: Hören wir ihn im *Lebensweg eines Intellektualisten*. Die Mutter ... *Urtyp des Ackerbauern, ... Säer und Züchter ... nie das Meer gesehen.* Der Vater dagegen *trägt die Züge des Urjägers, des flackernden Streifers und Felsbezwingers, des Hochgezüchteten der Megalithkultur.* Aber in seiner Gestalt, Gesicht, dem gedrungenen Körperbau, halbverhängten Lidern, dem *urturanischen Tao* im Blick, war Benn durchaus ein Kind der Binnenlandschaft: *pyknisch, alpin, untersetzt*, schien er ein *Spelzsäer und Pfahlbürger*.

Hinter dem Limes flossen diese mütterlichen *uralten Rhythmen* des Blutes jenes Wallis-Tal und die Rhône entlang, auf der einst die Phönizier die Rebe nach Helvetien, ins keltische Gallien gebracht hatten. Mediterranée also, wenn wir darunter das französische Erbe verstehen, das die Jequiers, die Jakobsleute aus dem Travers, in die Prignitz einbrachten. Merkwürdig ist, wie sehr Benn sich – im Werke – im Mittelmeerischen, auf den Archipelagen, zwischen Oleanderzweigen und Olivenhainen zu Hause gefühlt hat:

Starben die Götter? Nein, sie leben her!
Sie haben noch ihr Tier und ihre Reben
und nehmen Opfer über und vergeben,
wohnen im Hain und wandeln auf dem Meer.

Aber Griechensehnsucht ist altes deutsches Weh, von Winckelmanns »edler Einfalt, stiller Größe« bis zu Hölderlins »Mich verlangt ins beßre Land hinüber. Nach Alcäus und Anakreon.« Dazu dann *das eigentümliche Erbmilieu* des *protestantischen Pfarrhauses*, dieser auf das Wort fokussierte Zwang des Denkens: die Morgenröte des kindlichen Geistes zwischen evangelischem Gesangbuch und Lutherbibel. Es wird noch darüber zu reden sein.

Über Benns Geburtsjahr besitzen wir ein erhellendes Dokument, von eigener Hand geschrieben, 1949: *Was schrieben damals die Zeitungen, wie sah es aus*, erinnert sich Benn; er benennt das Gedicht – *1886*:

Ostern am spätesten Termin,
an der Elbe blühte schon der Flieder ...
Paul Heyse veröffentlicht ...
›Zwischen Lipp' und Kelchesrand‹. ...
England erobert Mandelai ...
Madagaskar kommt an Frankreich;
Russland vertreibt den Fürsten Alexander
aus Bulgarien ...

Der deutsche Radfahrbund
zählt 1500 Mitglieder. ...
Turgenjew in Baden-Baden ...
1088 Wörter aus dem Faust
sollen verdeutscht werden.
Agitation der Handlungsgehilfen
für Schliessung der Geschäfte an den Sonntagnachmittagen ...
Die Zeitungen beklagen die Aufführung
von Tolstoi's ›Macht der Finsternis‹ ...
Zola, Ibsen, Hauptmann sind unerfreulich,
Salambo verfehlt ...
1886 –
Geburtsjahr gewisser Expressionisten,
... von Staatsrat Furtwängler,
Emigrant Kokoschka,
Generalfeldmarschall von W. (†),
Kapitalverdoppelung
bei Schneider-Creuzot, Krupp-Stahl, Putiloff.

1886 also kam der Vater nach Sellin. Ein Pfarrer war in dieser Zeit zugleich Bauer. Pfarr- und Kirchenland, ihm als Pfründe zur Nutznießung überlassen, waren zu bewirtschaften. Es wurde gepflügt und geeggt, mit der Hand gesät und mit der Sense gemäht. Pferde aus dem eigenen Stall zogen die Erntewagen in die Scheune. Das Korn wurde auf der Tenne mit Dreschflegeln gedroschen. Kühe wurden gemolken, Schweine gemästet und geschlachtet, Brot im eigenen Backofen gebacken, und den Hof bevölkerte das Federvieh. Aber die landwirtschaftliche Tätigkeit lag Pastor Benn nicht. Er hatte Verluste und keine glückliche Hand mit den Wirtschaftsleuten, überhaupt wenig Talent für das praktische Leben, das Land wurde bald verpachtet. Nur der Fuchs Hannibal verblieb. Er zog den kleinen Einspänner, der sonntags den Vater auf eines seiner Filialdörfer oder die Mutter zu Einkäufen nach Bärwalde brachte; bis auch ihn das Schicksal ereilte. Im Gutsstall während des Winters untergestellt, damit er nicht fror, schlug ihn der wilde Rappe des Herrn von Arnim-Kröchlendorf so schwer, daß er zum Entsetzen der Kinder erschossen werden mußte. Der dicke Kossäte Beiersdorf, ein Pfarrlandpächter, besorgte von nun an die notwendigen Fuhren. Es ging, wenn nicht mehr bäuerlich, so doch ländlich zu. Der Schlächter Haase zerlegte und verarbeitete in der Küche das geschlachtete Schwein; dessen Todesschrei am frühen Morgen weckte die erschreckten Kinder. Im ersten Stock saß die Frau Liebner, die Hausschneiderin, und besserte an den Sachen der wachsenden Kinderschar: Dies ist das Milieu, in dem wir Benn in den ersten zehn Jahren seines Lebens sehen müssen: *Dort wuchs ich mit den Dorfjungen auf, sprach Platt, lief bis zum November barfuß, lernte in der Dorfschule, fuhr auf den Erntewagen in die Felder, auf die Wiesen zum Heuen, hütete die Kühe*; spielte mit seiner Schwester Ruth Grabsch-Stein »Komm sett die hen« und tauschte Abziehbilder. Um sein Bett standen *ganze Waschkörbe voll ... frischer Eier, zwei bis drei mußte jede Familie aus der Gemeinde zu Ostern abliefern, ... im Herbst jeder Konfirmierte eine fette Gans*. Ein Abfallprodukt des großen Gänseschlachtens um die Martinszeit waren Spielzeugklappern, wie sie noch heute von allen Kleinkindern geschwungen und zerbissen werden. Man bog die Gänsegurgeln zusammen, trocknete sie und füllte sie mit Erbsen. Wir haben sie uns in der Krabbelhand Benns vorzustellen, und dazu ein Stück vom Schweineschwanz, Schlachttrophäen der Kinder, bis die Mutter alles im Mülleimer verschwinden ließ.

Gottfried pflückte im Garten Himbeeren und Johannisbeeren, holte Äpfel von den Bäumen und Zwetschen, die im Kupferkessel viele Stunden mit der Holzkelle gerührt zu Mus verkocht wurden: Noch als alter Mann, mit sechsundsechzig, kam ihm das Heimweh danach, er spricht – *Keiner weine* heißt das Gedicht – mit Herzlichkeit von *der Zeit, wo mir eine Mark dreißig lebenswichtig waren*, erinnert sich *mit welcher Sehnsucht* der *Wochen, mit Brot und Pflaumenmus aus irdenen Töpfen vom heimatlichen Dorf mitgenommen, noch von häuslicher Armut beschienen, wie weh war alles, wie schön und zitternd!* Rote Grütze von frischen Himbeeren mit Milch blieb zeitlebens seine Lieblingsspeise.

Mit den Dorfjungen ist Benn auch zur Schule gegangen, zum Lehrer Werchow, einem jüngeren Mann, der nach Pomade und Tabak roch, mit Hauspantoffeln in die Klasse kam und die Bauernjungen mit dem Stock verdrosch. Allerdings war die Teilnahme mehr Formsache, der Vater unterrichtete seine Kinder selbst, streng auch in den Urteilen seinen Sprößlingen gegenüber: *Mit sieben Jahren war ich so dumm, daß mein Vater, der mich unterrichtete, sagte, du bist so unbegabt, du kannst nicht mal Tischler werden.*

Wir kennen solche pädagogischen Urteile, es ist dann doch anders gekommen. Später übernahm der Hauslehrer des Grafen von Finckenstein diese Aufgabe, ein *Herr Wehner, ... ging immer in Holzpantinen ..., der früh an Lungenphthise verschied nachdem er meinen jüngsten Bruder angesteckt hatte, der starb an Meningitis tuberkulosa.* Von dieser Zeit her stammt das distanziert freundliche Verhältnis zu den gräflichen Kindern, die zugleich mit ihm unterrichtet wurden. Dörflich und zeitentsprechend waren auch sonst die äußeren Umstände des Lebens, immerhin brannte auf dem Studiertisch des Vaters schon eine Petroleumlampe, an den Betten freilich standen immer noch Leuchter mit Kerzen. Das Wasser wurde Sommer und Winter hindurch – hinter dem Haus – von der Pumpe mit eisernem Schwengel und hölzernem Querholz geholt. Erst später kam ins Aktenzimmer der Pfarrei eine vom Grafen gestiftete Badeeinrichtung hinzu, man konnte das Wasser direkt in den Badeofen pumpen. Aber das galt schon als Luxus und funktionierte auch nicht immer. Daher war jedes Bad ein aufregendes Ereignis, das nur in den Wintermonaten von Zeit zu Zeit stattfand. Man heizte mit Holz – mit Kohlen mußte sparsam umgegangen werden – und nur die unteren Zimmer. Es war die Zeit, wo ein Liter Milch und die Mandel Eier 10 Pfennige kosteten. Morgens und nachmittags gab es Zwetschenmus aufs Brot und abends eine Butter- oder Schmalzstulle. Wurst war Feiertagsgabe, häufiger aß man zum Nachtmahl Milchsuppen, im Sommer dicke Milch mit geriebenem Brot und Zucker oder rote Grütze. Kuchen war eine Seltenheit und besonderen Ereignissen vorbehalten.

Die Bauern, deren zwei- oder dreispännige Ackerwagen am Pfarrhaus vorüberfuhren, waren nüchterne Leute, trockene Brandenburger Naturen. Sie arbeiteten hart, standen sich aber gut: Immer zugelangt, nicht geziert! Wir haben's ja, hieß es, wenn man zu Besuch kam. Frau Neumanns Mutter half im Pastoratsgarten oder Haus, zuverlässig, still, die Bennschen Kinder waren gern in ihrer

Nähe. Es gab ein paar Handwerker im Dorf und den Kurzwarenladen von Fräulein Köhler, deren universales Warenlager die höheren Bedürfnisse der Dorfbewohner von Perlmutterknöpfen – »Frau Pastor, nehmen Sie doch Perlmamaknöpfe« sagte sie – bis zu Pfefferminzplätzchen für die Kinder befriedigte. Diese bescheidenen Leckereien hafteten lange in der Erinnerung der jüngsten Schwester Benns, Edchen (Edith) von ihm gerufen. Schwester Edith entsinnt sich: »Einmal mußte (Gottfried) die Eltern vertreten, die ausgegangen waren; er stellte sich eine Axt neben das Bett gegen Einbrecher und hatte für uns eine Tüte Pfefferminzplätzchen zum Beruhigen bereit. Solche Plätzchen hatte er immer bei sich; war er schlechter Laune, ließ er uns nur daran lecken und warf sie dann weg; schließlich kriegten wir aber doch immer eins.«

Bei solchen Gelegenheiten erzählte Benn auch Geschichten vom Onkel Graulemann und dem hautlosen Bangemann samt ihren Kindern Krblifax und Dianora, die im großen Selliner Wald hausten. Die Kleinen »glauben wirklich, er könne zaubern. Immer strahlte er Ruhe aus, war freundlich zu uns Kleinen, ging gern allein spazieren ... am liebsten in der Dämmerung«; sein Einsamkeitsbedürfnis war schon damals groß. Er wußte »die Namen der Blumen, der Vögel und der Bäume«, beeindruckte damit die Geschwister, mit denen er sich erstaunlich viel beschäftigte, wenn er vom Frankfurter Gymnasium in den Ferien nach Hause kam: »Ich bin euer Diener, was soll ich für euch tun« fragte er sie. Und wurde es ihm zu viel, wiegelte er ab: »Der Diener hat heute Ausgang«.

Immer waren auch fremde Kinder, schwererziehbare im Haus, soziales Selbstverständnis in einer protestantischen Pfarrei, aber auch Nachwirkung des Blumhardtschen Einflusses aus Bad Boll: Die Seelsorge sucht den sich anvertrauenden Menschen trotz aller Schwächen und Fehler auf dem rechten Weg zu halten und sein Herz zum Guten zu öffnen. Auch diese Schwererziehbaren, Wand an Wand mit Benn wohnend und am Familientisch sitzend, wollen wir in seinem jugendlichen Lebensumkreis nicht vergessen. Sie sind die dunkle Folie, vor der sich sein eigenes Leben entfaltet: Wir denken an den verblödeten Pensionär Clauer, den Rat Goethe in sein Haus am Hirschgraben aufgenommen hatte. Und neben dem unter einem Dache lebend, Johann Wolfgang die ersten Zeilen zum »Faust«, den ganzen »Götz« geschrieben hat. Die bürgerliche Tugend Familienbeziehungen zu pflegen besaß Benn nicht, wohl aber – mehr der Not gehorchend – forschte und berichtete er über seine Vorfahren. Dem Vater gegenüber, der ein straffes, strenges Regiment über Gemeinde und Kinder führte, hat er eine erstaunliche Kühle bewiesen. Seine Urteile über ihn, in der frühen Berliner Zeit, sind grausam:

Der Alte pumpt die Dörfer rum ...
Brecheisen durch die Gottesflabbe ...

Sie mildern sich erst kurz vor seinem Tod: Leiden und unerträgliche Schmerzen führten ihn zu heimlichem Einverständnis mit dem väterlichen Gottesmann aus Sellin, von dessen Anwesenheit am Krankenbett einst Klärung und Beruhigung ausgegangen war. Spät, in Schlangenbad, wo Benn wenige Wochen vor seinem Tode Linderung suchte, sagte er: *Ich hatte gedacht, heute würde es besser gehen, denn es ist der Geburtstag meines Vaters, der neunundneunzigste, und immer hat er mir an diesem Tage etwas Gutes geschickt. Nun sehe ich, er hat es anders vor mit mir, er will mich zu sich holen.*

Die runde, zyklothyme* Mutter – Benn spricht immer mit Zuneigung von ihr, von ihr erbte er die Beleibtheit, den immer als störend empfundenen Embonpoint. Ihr verdankt er die gute biotonische Vitalität und die Portion Spießbürgerlichkeit, jene Freude an Beruf und Erwerb, die ihn über die vergänglichen Anläufe der nur Genialischen hinaushob.

Der Vater aber *körperlich leptosom, streng, hager ... den Schnitt des langschädeligen Jägerindividualisten ...* ein großer *Zelot und Fanatiker*, mit seltsamer Ausstrahlung, in dessen Gegenwart Unruhe, Nervosität und kleinliche Ängste wichen; er, der Unpraktische und nicht eben übermäßig Lebenstüchtige, *der Felsbezwinger ... einst belebend den Raum südlich des Eises*, ein *machtvoller Redner*:

* Die * beziehen sich auf die Erklärung der Wörter im Glossar S. 457.

seine geistigen Strukturen finden wir in Benn wieder, gebrochen und überhöht.

So sehen wir diese beiden starken, ausgeprägten Persönlichkeiten gegeneinanderstehen, in ablehnender, von Benns Seite her zumindest frostiger Distanz, eine Lebensstufe, die er nach dem frühen Tode der Mutter mit wahrhaft erhabener Gleichgültigkeit hinter sich ließ. Hier fließen die dunklen Ströme in sein Erbgut ein, er wußte es:

Man denkt persönlich
ist Stil u Lied –
Quatsch: Typenreihe
schizoid.

Die tätig das Haus besorgende Mutter konnte dieses zwiezüngige Bild nicht ganz tilgen; ein Glücksfall für sein Werk, weniger für sein Leben. Von ihr mag ihm das Mitleidsvolle, Fünfe-gerade-sein-Lassende, auch eine Prise Humor überkommen sein, vielleicht jener Hauch von Melancholie, ohne die wir uns die große Persönlichkeit nicht recht vorstellen können. Auf Benns Bildung hat das Elternhaus wenig Einfluß nehmen können, sehen wir vom Katechismus und Gesangbuch einmal ab: *In meinem heimatlichen* (Pfarrhaus) *gab es keinen Chopin, es war völlig amusisch, mein Vater hat nie in seinem Leben ein Buch gelesen, einmal, Anfang des Jahrhunderts, war er in Berlin im Theater gewesen, in Wildenbruchs ›Haubenlerche‹, erinnere ich mich.* Das aristokratisch Souveräne im Umgang mit *nachgeordneten Menschen*, hohes Selbstgefühl, ein Unvermögen, eine innere Sperre gegenüber den banalen Handgriffen des praktischen Lebens, die Hochschätzung der Pedanterie der Armee mit dem festen Korsett des zeitlichen Tagesablaufs, auch das war väterliches Erbe. Benn liebte die feste Regel, die Ordnung, den stereotyp wiederkehrenden Ablauf des Alltags. Später noch mußte das Essen pünktlich auf den Tisch; der Kaffee mit dem Glockenschlag halb drei serviert sein, das Ausbleiben der Postbotin zur festen Stunde machte ihn verdrießlich. Dennoch bleibt vieles unbeantwortet, auch alles zusammengenommen ist es nicht der ganze Benn. Der Vater war fromm, ein Biblizist und glaubte an seinen Gott, fest überzeugt von der heilenden Kraft des

Gebetes über das Böse. Benn folgte ihm darin nicht, er blieb Agnostiker. Ausgestattet mit so widerstrebenden Komponenten hebt sich sein Leben durch die Sphäre des protestantischen Pfarrhauses zu neuen Ufern, –

In Gottes Namen denn, mein Sohn,
ein feste Burg und Stipendiate, ...

»Gesangbuch? Laß man, ick
sing aus'n Herzen.«
Theodor Benn

Zweites Kapitel
Pastorensohn

Lange stand das Bild des Ökonomierats Kretzschmar, Pächter des Gutes Sellin, eines vorzüglichen, im ganzen Lande angesehenen Landwirts, auf dem Schreibtisch von Benns Vater. Es trug die Unterschrift: »Man wird nicht reich durch Erhöhung seiner Einnahmen, sondern durch Verminderung seiner Ausgaben.« Der Pfarrer von Sellin mochte es zur Selbstwarnung und Ermutigung dort aufgestellt haben, war doch sein Erwerbssinn recht mangelhaft ausgebildet, und was er besaß, gab er aus, wenn nicht für sich und seine Familie, dann für andere. Er sah, wie der Herrgott die Lilien auf dem Felde herrlich kleidete, – und seine Anzüge ließ er niemals beim Dorfschneider Kunz machen, sondern fuhr dazu in die Stadt nach Frankfurt an der Oder.

Wenn irgend er sich's leisten konnte, reiste er gern und gut. Sein oft vernommener Ausruf: »Nobel muß die Welt zugrunde gehen«, entsprach seiner Neigung zum Grandseigneur, dem freilich Gehalt und Kinderschar enge Grenzen setzten. Wenn extraordinäre Ausgaben anstanden und das Konsistorium als des Höchsten Werkzeug versagte, hielt er es für recht und billig, daß Kirchenpatrone und andere Menschenfreunde aushalfen.

So konnte er keine Schätze ansammeln, aber er blieb der Richtung des Sprichworts treu, das da sagt: »Prediger lassen nur Kinder oder Bücher nach«, – auch Kinder, die selber Bücher schreiben.

Benn war ein solch nachgelassener Pastorensohn: Wir finden in seinen Gedichten das Wort Gott in allen seinen Variationen 98mal ausgesprochen und abgewandelt.

Das Pfarrhaus also als Urzelle des deutschen Geisteslebens: Wir sollten diese These nicht überschätzen, denn das dichterische Genie spottet derartiger Überlegungen. Dennoch bleibt ein Rest.

In Frankreich – um die Jahrhundertwende – finden wir erstmals zusammengefaßt, was deutsche Philosophie und Literatur des vorangegangenen Jahrhunderts dem Pfarrhaus verdankt: als »symphonie pastorale« kennzeichnet man die Werke von Hamann, Hölderlin, Jung-Stilling und Lichtenberg. Und Benn greift – wissenschaftliche Quellen und statistische Angaben benutzend, ohne sie zu zitieren – diesen Gedanken der *Geniezüchtung* unbedenklich auf, sich als Pastorensohn wie selbstverständlich mit einbeziehend; als Naturwissenschaftler und Arzt am Faktischen und am Detail interessiert, stellt er sich *als Abkömmling des geschilderten Milieus vor.* Eintausendsechshundert Lebensgeschichten berühmter Deutscher untersuchte von Schulte in der »Allgemeinen Deutschen Biographie«, achthunderteinundsechzig der hier zwischen Luther und dem Beginn unseres Jahrhunderts als bemerkenswert Aufgenommenen entstammen dem Pfarrhaus; sechsundzwanzig Prozent aller Dichter wuchsen zwischen Jerusalemhölzern und Golgathakränzen heran. Wir erinnern an Andreas Gryphius, Johann Jacob Bodmer, Gottsched, an Christian Fürchtegott Gellert, *einer der bewundertsten und auch gelesensten Dichter der ganzen deutschen Literatur, ... erst Schiller konnte ihn entthronen.*

Die Romantik war reine Pfarrhausangelegenheit, die Gebrüder Schlegel, Schelling, Schleiermacher und der große Jean Paul stammen von da. Wir sehen von der weiteren Aufzählung von Philosophen, Historikern, Naturwissenschaftlern ab, nennen für die Gruppe der Ärzte nur Heim, Langenbeck und Billroth. Fügt man zur Abrundung diesen nur in Andeutungen skizzierten Hinweisen noch die Namen von Jacob Burckhardt und Friedrich Nietzsche hinzu, wird deutlich, daß das Pfarrhaus, als Inzuchtherd, bis in die Gegenwart auf einer selten durchbrochenen ständischen Ordnung ruhend, durch einseitige Talentpflege eine spezifisch für das deutsche Geistesleben charakteristische Begabung förderte: die kaum anderswo in Europa vorkommende Kombination von dichterischer und denkerischer Begabung.

Dennoch müssen wir dies alles recht zurückgenommen auffassen, den Geist der Epoche bedenken, in der diese Vorstellungen sich entwickelten und hochkamen. Der Züchtungsgedanke im Hinblick auf sprachliche und logische Fähigkeiten, auf pastorales und humanistisches Talent erklärt nicht alles, eher das Unwichtige. Andere Elemente müssen hinzukommen, wenn Steigerungen über das Mittelmaß hinaus faßlich werden sollen. In die strenge, asketische, wort- und denkgeübte Bukolik des Pfarrhauses, metaphysisch-verbal von der Kanzel herab und zugleich begrifflich-systematisch in der Katechetenstunde das WORT verkündend und auslegend, muß etwas einbrechen, das Unruhe stiftet in dieser langschädeligen pastoralen Transzendenz; ein Spannungs- und Entartungsfaktor, ambivalent nach beiden Seiten: Die Fremdheit des Blutes, die Gegensätze, das nicht Mischbare, Charakterdifferenz also und höchst unterschiedliche Ausprägung der elterlichen Körperformen sind hier zu nennen. Solch ungelöste Spannungen bringen dann die Saiten zum Klingen oder zerstören sie: nehmen wir Benn als Beispiel dafür.

Der Pastorensohn aus Mansfeld-Sellin, als Arzt anthropologisch versiert, ist sich der *Keimfeindschaft* der elterlichen Mitgift immer bewußt und kaum bereit, der Umwelt, dem Milieu einen nennenswerten Einfluß einzuräumen. Er sieht die Unentrinnbarkeit der Nukleinsäuresequenzen der Gene, setzt in eine Reihe: *Verfluchtes Sperma ... Gehirnfunktion* – . Womit wir denn vom Vaterhaus, von der Vatersprache zu reden haben, von der Dichtkunst also als einer »verborgenen Theologie und Unterricht von Göttlichen Sachen, auch von der göttlichen Äneis«, wie Luther seine Bibelübersetzung nannte.

Der Stamm, an dem diese Okulation durch das Wort – patrius sermo – erfolgen wird, ist vorgegeben durch die Mutter, das Dorf der Kindheit, durch das Weibliche, das Mütterliche des Bennschen Wehmuts- und Verlustkomplexes, in welchem sein Unbewußtes, sein Trieb- und Bilderzauber ihre Heimat haben. Es sind *horizontale Situationen*, die emporsteigen, sich aus den *thalassalen* Regressionen* entbinden. Bilder, den Mutterbereichen – *unendlich geliebtes Land*, den glücklichen *frühen Tagen* – herzwarm zugehörig, aus einer Wunde gespeist, die sich nie schließt. Aus dem *Lebe wohl den frühen Tagen*, überströmend von Sommern, See und Haus, von Erde, Feld und Acker, von Bäumen, Gärten, Astern und Levkoien. Hier, in den

Ebenen der unvergessenen Kindheitslandschaft spürt er – *plötzlich blind*, – das *Blut im Munde*, das Meer, – sechsundsiebzigmal erklingende Metapher für die immer unverschmerzte Mutterimago: *da kamst du her.*

Benn offenbart selten, aus welchen Beständen er sich nährt. Eher verschweigt er, tarnt, verhüllt sich *mit Masken und mit Schminken*, wie in seiner seltsam beziehungsreichen Umkehr des Mondgedichtes – weibliches Gestirn – vom *kleinen Hölty* (auch ein Pfarrerssohn) *mit seinen paar Versen*: jenes *Verhülle dich*, durch Schubert in die Unsterblichkeit gehoben.

Die Spaltungen, den Riß, die Übergänge,
den Kern, wo die Zerstörung dir geschieht –,
verhülle, tu, als ob die Ferngesänge
aus einer Gondel gehn, die jeder sieht.

Gern aber weist er seine geistige Herkunft aus dem Pfarrhaus vor, wenn es um die *Kombination von dichterischer und denkerischer Begabung* geht. Hier wird der Vater, der hochgewachsene, eigentümlich lebensfremde, als *Felsbezwinger, ... tierfremd* vorgestellt: *Zu solchen Zügen rechne ich vor allem den, eine besondere geistige Problematik eingeboren erhalten zu haben ... also diese sowohl protestantischen wie kunstbedingten Züge.* Aus dieser Begabungsrichtung, einem formalen Zwang, das Harte, Reine, bei gleichzeitiger Anziehung durch die Transzendenz, Erfahrungswelt und Vorstellungsmöglichkeiten überschreitend, nährt sich die erstaunliche Fülle dichterischer Produktionen aus dem lutherischen Pfarrhaus. Die Einbindung der Sprachbestände der Bibel, der Liturgie, die Vereinnahmung der christlichen Substanz in den Sprachgebrauch der Literatur, mit der Pastorennachkommenschaft in der Zeit der Bürgerschen und Herderschen Hainbündlergeneration mächtig anschwellend, überwindet die Überfremdung der deutschen Sprache und Kultur durch das Leitbild des französisch sprechenden Adels. Zwar riß der unterirdische Strom der volksnahen Kirchenlieder nie ab. Aber nun erst, mit dem Wiedereintritt der Geistlichkeit und ihrer Deszendenz in die schöne Literatur, kommt die Dichtkunst auf ihren Gipfel.

Wobei die Gewissenserforschung sektiererischer Kreise noch weiterreichendere Resultate zur Folge hat: die Erkundung und Zergliederung der eigenen Seele führt zu tiefen autobiographischen Einsichten. Die bedeutendsten Hinweise stammen aus diesen gettoähnlichen, die Selbstprüfung dadurch verdichtenden Zirkeln: »Anton Reiser«, der geniale, autobiographische Wurf Karl Philipp Moritz', findet hier seinen Platz, und – mit anderem Ansatz, – Lavaters »Physiognomische Fragmente«.

Der Dorfschüler Benn also trug seinem Vater die Heilige Schrift auf die Kanzel der Selliner Kirche, fürchtete sich, wenn er allein war, vor dem Halblicht zwischen den leeren Bankreihen, lebte zwischen Morgen- und Abendandacht, war eingebunden in das Tischgebet, in das Gesangbuch für die Provinz Brandenburg, herausgegeben vom Königlichen Konsistorium. Der väterliche Unterricht und täglicher Umgang mit religiösen Texten vom Katechismus bis zur sonntäglichen Predigt waren selbstverständlicher Bestandteil des Familienlebens. In immer gleichen Worten und Formen vorgebrachten Verhüllungen höherer Absichten ergossen sie sich in die offenliegende kindliche Seele. Der Augenblick der Prägung, hier konnte er nicht verlorengehen. Hören wir den alternden Benn aus der Bozener Straße: *Ich habe ja ein ausgesprochenes Faible für das Pfarrhäusliche, obwohl ich mich soweit davon entfernte ... Da (aber) meine Väter über 100 Jahre zurück evangelische Geistliche waren, durchdrang das Religiöse meine Jugend ganz ausschließlich.* Das Pfarrhaus also, die Luthersche Bibelübersetzung ein wahres Schatzhaus an Gleichnissen und Sprachformen, eine reiche Quelle unendlich strömender Bilder.

Der prägende Rhythmus der Texte und Melodien des Evangelischen Kirchengesangbuchs, der Melos jener achtzeiligen Strophen lebt – unbewußt – in seiner Lyrik: Nehmen wir die acht Reihen der zweiten Strophe von *Stadtarzt*, ein Konglomerat von Schockelementen und medizinischem Fachjargon:

Normung selbst der Gase,
amtlich deputiert,
ob die Säuglingsblase
luftdicht funktioniert,

vorne Prophylaxe,
hinten Testogan,
und die Mittelachse
schraubt sich himmelan.

Wer ahnt wohl (M. Soeder), daß dieser Text nach mittelalterlicher Weise gesungen werden kann, in Reim- und Versmaß einem lateinischen Hymnus angenähert, den Hermann Bonn nach der Reformation zum vielgesungenen Kirchenlied: »O wir armen Sünder« (EKG Nr. 57) abwandelte:

»Ehre sei dir, Christe,
der du littest Not,
an dem Stamm des Kreuzes
für uns bittern Tod,
herrschest mit dem Vater
in der Ewigkeit;
hilf uns armen Sündern
zu der Seligkeit!«

Diese lateinischen Achtzeiler benutzte Benn in den zwanziger Jahren oft:

was singst du denn, die Sunde
sind hell von Dorerschnee,
es ist eine alte Stunde,
eine alte Sage der See:
Meerwiddern und Delphinen
die leichtbewegte Last –
gilt es den Göttern, ihnen,
was du gesungen hast?

Geht man fehl in der Vermutung, daß Benn, als er diese Strophe – einundvierzig Jahre alt, in der Berliner Belle-Alliance-Straße – schrieb, immer noch dem rhythmischen Engramm folgte, das sich ihm in der väterlichen Kirche zu Sellin einprägte, wenn dort die Nr. 318 des Evangelischen Kirchengesangbuchs gesungen wurde:

»Valet will ich dir geben,
Du arge falsche Welt;
Dein sündlich böses Leben
Durchaus mir nicht gefällt,
Im Himmel ist gut wohnen,
herauf steht mein Begier;
Da wird Gott herrlich lohnen
Dem, der ihm dient allhier.«

Hören wir nicht den Pastor predigen, wenn Benn seine Akademierede auf Heinrich Mann mit der Wendung schließt: *Wir hüten ihr Werk, wir segnen es.* Prunkt er nicht in seinem Bekenntnis zum dritten Reich mit den Hörnern der Apokalypse *Gehirne muß der neue Staat züchten mit Hörnern, ... mit denselben wird er die Völker zu Hauf stoßen bis an des Landes Enden.* Leitmotivisch ziehen sich durch sein Werk Reminiszenzen, Anklänge, Sprachbilder, die seine Herkunft aus dem evangelischen Pfarrhaus deutlich machen:

Durch jede Stunde,
durch jedes Wort
blutet die Wunde
der Schöpfung fort.

Oder, noch erfüllter, aus *Ebereschen*: *Gefärbt, gefüllt, gereift, zu Gott geboten –* .

Die Sprache ist voller Bibel- und Gesangbucherinnerungen, voller Paul Gerhardtscher Ergebenheit in den Willen Gottes, also auch der Obrigkeit: hören wir *Die Ähre*:

Sie wächst nicht, um zu leben,
so singt der Ährenwind,
Sie wächst, sich zu ergeben.

Hier geht Benn *auf aller Töne Grund* zurück; verfällt in einen eigentümlichen Kanzelton:

Jeder, der einem anderen hilft,
ist Gethsemane, ...
Jeder, der einen anderen tröstet
ist Christe Mund –.

Wir hören ihn psalmodieren, in jener für das »Berlinische« charakteristischen, etwas singenden, hohen Stimmlage, wenn er am Grabe seines Mitschülers aus dem Königlichen Friedrichs-Gymnasium zu Frankfurt/Oder, wenn er an der Bahre des *schmächtigen Mannes* aus Crossen, seines Dichterfreunds Klabund, die Totenrede hält: *Gegen eine Welt der Nützlichkeit und des Opportunismus, gegen eine Welt der gesicherten Existenzen, der Ämter und Würden und der festen Stellungen, trug er nichts als seinen Glauben und sein Herz.*

Er beschwört das *Wort des Psalmisten* im Verkündiger-Ton, in der Darmstädter Rede auf den Dichter-Arzt Büchner: .. *hausen sie auch, um mit Jeremias zu reden, in den Felsen und tun wie die Tauben, die da nisten in den hohlen Löchern ...*

Hier drängen alte Memorabilia mächtig empor, vielfach unbewußt, eine *eingeborene altvererbte Christlichkeit*, als Ausdrucksmittel, als sprachlicher Spielraum wohl mit Absicht benutzt, formal als achtreihige Liedform, als *Oratorium* verwendet.

Das Wort, das Substantiv, es erregte Benn über die Erfahrung des Bewußtseins hinaus, hatte Macht über ihn: *Das Wort, das bindet und schließt, das Wort der Genesis, das die Feste absondert von den Nebeln und den Wassern, das Wort, das die Schöpfung trägt.*

Aus diesem gehegten Garten der Worte des väterlichen Pfarrhauses brach Benn also aus. Seine Mutter wußte es, wenn sie den Heranwachsenden beim sommerlichen Kaffeetrinken in ihrem Garten ermahnte, *Du wirst mir mit Deiner schaurigen Begriffswelt unser Levkoienbeet vernichten*: Heimweh nach Nestbehaglichkeit werden wir selten bei Benn finden – aber wir finden es. Eher schon das Erlebnis des Verstoßenseins, des Herausfallens aus dem Nest, das schreckhafte Erwachen im Gegenüber des gleichgültigen Nichts, dem es standzuhalten gilt, dem er ein Bollwerk von Worten entgegenwirft, um die Dinge letztlich zu sehen, wie sie sind.

Revolutionäre Eingebungen sind häufig vom Pfarrhaus ausgegangen.

Luther als Befreier des Wortes und des Geistes: wir kennen die Nüchternheit und Unbedingtheit, auch Pflichterfüllung als Erbteil des eher kargen protestantischen Pfarrhaus-Ethos. Und dann die »Säkularisation als sprachbildende Kraft«[2], die analoge Sprachgebärde, wir finden sie wieder in den Spirituals des Mississippi, zu denen Benn sein Leben lang eine sonderbar verwandtschaftliche Vorliebe empfand: lieber hörte er kesse amerikanische *Schlager von Klasse*, als deutsche Schnulzen. Diese Negergesänge wirken so ursprünglich und naiv unreflektiert, und sind doch komplizierte Verschachtelungen altfranzösischen, kolonialspanischen, puritanisch-angelsächsischen und afrikanischen Ursprungs, Weltliches und Religiöses scheinbar unbefangen verbindend.

Benn muß es deutlich empfunden haben: seine zwitterhaften chaotischen Prosa- und Vers-Bastarde, insbesondere der frühesten Zeit, die höllenbreughelsche Spaßmacherei der *Morgue*, jener Höllenglanz, mit der er *die Krone der Schöpfung, das Schwein, d*(en) *Mensch*(en) umgab, hier dringt das Zerschmetternde, Jammervolle und Luziferische der Großstadt schärfer in das Bewußtsein, – und war dennoch – selbst im Abschwören – getragen von der Mitgift des Pfarrhauses.

Nicht die reinen und fordernden Gesangbuchverse Rudolf Alexander Schröders füllten das metaphysische Leck der Zeit, die synkopierten Koprolalien aus dem Leichenhaus, aus Destillen und horizontalen Etablissements waren es sonderbarerweise, die Weltverbreitung fanden und – *einen Durst löschten anderer Art. Schlagerlieder* also, mit aller Anstrengung der formalen Bewältigung, hochbewußter Stilisierung, auf Ausdruck, Faszination, Entlarvung hin gearbeitet: Und doch blieb Benns Sprache daheim, im pfarrhäuslichen Sellin: *Ruhe sanft* ruft er der kleinen Aster zu, die im Organmischmasch der Brusthöhle der sezierten Bierkutscherleiche versank. Und *Erde soll zu Erde werden*, nämlich die Goldplombe im Backenzahn einer Dirne, den der Leichendiener herausschlug, um dafür tanzen zu gehen. Letztlich, an der Organschüssel des Sektionssaales, spricht er ein *Requiem* über dem irdischen Rest:

Und Gottes Tempel und des Teufels Stall
nun Brust an Brust auf eines Kübels Boden
begrinsen Golgatha und Sündenfall.

Hier schreibt ein Arzt und Pastorensohn, den, bis in die letzten Tage seiner dichterischen Existenz, sich immer mehr verhüllend und entrückend, die christliche Morphologie seines Sprachmaterials überdauert: *Es gibt nichts Verräterischeres als das Wort* – Benn sagte es selbst. Was bleibt, ist *der unaufhörliche Schmerz des Herzens.* Auch dann, wenn Benn noch einmal dieser frommen Leiche den Kopf zerfleischt, sucht er – der Pfarrerssohn

– ein Fleckchen!
Ein Fleck, der gegen die Verwesung spräche!! –
Das Fleckchen, wo sich Gott erging ...

Für den Benn der frühen Jahre sollten uns diese Hinweise auf den Geist des säkularisierten Protestantismus genügen. Daß diese frühe Lyrik des entlaufenen Pastorensohns, Benns »Prometheus« – die *Morgue*, so unmittelbar dem Zeitgefühl entsprach; daß diese Evokationen eines 25jährigen Medizinstudenten, durch Gott weiß was für Zerrüttungen, seelische Krisen und schizoide Schübe provoziert, seinen Ruhm begründeten und den *Expressionismus* heraufführen halfen: Benn hat sich ein Leben lang darüber gewundert.

Es gibt – vom jüngeren Benn, 1922 – ein erschreckendes Gedicht: *Pastorensohn*, ein eruptiver Haßausbruch, offenbar bald nach dem Tode der Mutter und der Wiedervermählung des Vaters geschrieben. Ein staunenswertes Dokument kältester Kindes-Entfremdung, hochstilisiert, aber immer noch voller biblischer Anspielungen, Gesangbuchzitate und pastoraler Segensformeln. Hier ist mehr ausgedrückt als der gekannte Gegensatz des sich der Pfarramtsnachfolge entziehenden Sohnes: Diese Verweigerung ist belastet mit transzendentalen Nebenbedeutungen. Hier der predigende, das Sakrament austeilende Vater. Soll es für den unter der Kanzel sitzenden Sohn nicht herausgehoben, *geheiligt erscheinen*, auch durch den göttlichen Gehalt der Bibelsprache? Entzieht sich der Sohn nicht nur den Nachfolgewünschen des Vaters, sondern versagt er sich – das geistliche Amt verweigernd – nicht auch dem Anruf Gottes? Denn der heranwachsende Sohn wird mit der kritischen Hellsicht aufbrechender Pubertät sehr wohl die gesellschaftliche Zwitterstellung des Geistlichen erfaßt haben: Durch Bildung und Wort von Bauern und Adel respektiert, in die Oberschicht gehoben, bleibt seine ökonomische Basis schmal, kleinbürgerlich und selbst für die Normallagen des Lebens auf Kollekten, Freiportionen und Stipendiate angewiesen; von menschlicher Schwachheit und dem Anspruch des Amtes, vom unausbleiblichen Widerspruch zwischen Tat und Wort, Leben und Sein zu schweigen. Hier sammeln sich Ausbruchspotentiale, welche die Abwendung vom geistlichen Amt hin bis zur rücksichtslosen Entschlossenheit zum Anderssein zu erklären vermögen. Diese Reihe führt über den »Pornographen« seines Zeitalters, Johann Gottfried Schnabel, vom Stürmer und Dränger Jakob Michael Reinhold Lenz bis zu Friedrich Nietzsche: Gottfried Benn nimmt in dieser Ahnengalerie verlorener Söhne Platz wie unter nahen Verwandten.

Hören wir ihn selbst, den Vierundsechzigjährigen, wie er sich im *Doppelleben* rückblickend äußert: *zwischen Vater und Sohn bestehen außer den Zuneigungen wohl grundsätzlich ebensoviel Antipathien wie ihr Gegenteil, sie sind ebenso von Haß und Spannung gehalten wie durch Liebe verbunden.* Und schärfer noch, zwei Jahre später im Hörspiel *Die Stimme hinter dem Vorhang*: *Meine Glücke waren, wenn ich genau bin, alle ... verkuppelt mit ... Elternhaß ...*

Wir kennen eine bezeichnende Szene, die sich in Berlin, am Anhalter Bahnhof abspielte: Der auf väterlichen Wunsch hin lustlos und planlos in Marburg Theologie und Philologie studierende Sohn trifft – zufällig – seinen Vater, der ihn wegen des ungeordneten Studiums zur Rede stellt; Gottfried antwortete: *Laß mich Medizin studieren, und ich werde arbeiten.* Und wendet sich mit diesen Worten ab, läßt den Vater grußlos im Wartesaal stehen.

Vater Benn führte im Hause ein patriarchalisches Regiment. Seine hausherrliche und erzieherische Strenge bekamen, wenn auch gemildert durch sein vorrückendes Alter, die jüngeren, nachgeborenen Kinder noch deutlich zu spüren. Der Tagesablauf war auf das genaueste eingeteilt; erst wenn das Mittagessen Punkt $1/2$ 1 auf dem Tische stand und die Familie versammelt war, wurde der Vater gerufen, keine Mahlzeit begonnen, bevor er nicht erschienen war. Zuspätkommen duldete er nicht. Am Sonntag mußte jede vermeidbare Hausarbeit ruhen: Ernst-Viktor, ein jüngerer Bruder Benns, erinnert sich, niemals seine Mutter sonntags nähend oder plättend gesehen zu haben. Auch Schularbeiten wären undenkbar gewesen.

Theologisch war der Pfarrer von Sellin eher auf der orthodoxen Seite angesiedelt, freilich ohne jede dogmatische Enge; zur liberalen Theologie fand er keinen Zugang. Die Berührung mit Bad Boll und den Blumhardts hatten in ihm die Überzeugung von der wirksamen Kraft des Glaubens und der überragenden Bedeutung der Seelsorge zur unumstößlichen Gewißheit gemacht. Ein *großer Zelot,* wie Benn ihn später, nicht ohne respektvollen Unterton charakterisierte, ging von seiner lebhaften, wenn auch selten vollständig vorbereiteten Predigt zwar nicht eben die stärkste Wirkung aus, dafür aber war das persönliche Band zwischen ihm und seinen Gemeindemitgliedern vertrauensvoll und bindend. Ohne Ansehen der Person und des Standes besuchte und beriet er Bedrückte, Gefährdete, Kranke; eine große Ausstrahlung und ein Gefühl innerer Sammlung konnte er auf seine Gemeindemitglieder übertragen. Auch die einfachen Menschen hingen an ihm. Nie war er ein Parteigänger der adligen Großgrundbesitzer. Nie hätten es sich seine Kinder einfallen lassen dürfen, von einem Landarbeiter ohne den Zusatz »Herr« zu sprechen. Wenn der alte Vater Thunak kam, um den pfarrherrlichen Schweinestall auszumisten, hatten die Kinder ihm mit einem höflichen »guten Morgen« die Hand zu geben und ihren Diener zu machen, nicht anders, als wenn der Graf aus Trossin gekommen wäre.

Früh muß Gottfried Benn das Gefühl seiner Erwähltheit bewußt geworden sein, sein Hang zur Einsamkeit, die Kraft, Alleinsein zu ertragen, ja zu genießen. Sein Anderssein gibt ihm einen aristokratischen Zug, der seltsam mit Minderwertigkeitskomplexen kontrastiert, mit Ressentiments gegen die Kleinbürgerlichkeit seiner Eltern, ihrem ländlichen Anzug, wenn sie ihn einmal im Internat in Frankfurt an der Oder besuchten: *Weserlied* wird das Schlüsselwort, wenn er dieses enge und befangene Ambiente charakterisieren will. Und doch, wie weit auch immer er sich von dieser pastoralen Vaterschaft, dieser geistigen Monade seiner Herkunft entfernen wird, die analoge Sprachgebärde, die *Prägekraft religiöser Sprachformen* ließ sich nie abschütteln. Nie verstummt Benns Sehnsucht nach dem verlorenen Paradies. Seine Heilslandschaften, tropisch, blühend, von Brandung umsäumt, erinnern an den Garten Eden der Genesis, tragen sakrale Züge:

Dämmert ein Tal mit weißen Pappeln
ein Ilyssos mit Wiesenufern
Eden und Adam und eine Erde
aus Nihilismus und Musik.

Der alte Benn aus der City hält dann den Schirm stoischer Resignation vor seine poetische Sehnsuchtslandschaften, wir werden darauf zu sprechen kommen.

Aus dem Spannungsverhältnis zum Vater, einer engen Persönlichkeit, *heroisch wie ein Prophet des alten Testaments*, entwickeln sich bei Benn Charakterzüge in Richtung auf *Zucht und Ordnung*, selbstverständliche Einfügung in gesellschaftliche – und später militärische – Normen bis zur Lächerlichkeit: *Tragen Sie* (zu Oelze) *den Ehrendolch über oder unter dem Mantel?* Verfestigen sich starre Formen im persönlichen Umgang; und im Alter eine zunehmend konservative Disposition, die sich glücklich mit jener läßlichen Duldsamkeit in geistigen Dingen verband, welche das aristokratische Element in Benn kennzeichnet.

Noch eine andere Tendenz seines Vaterhauses wird ihm eingeboren: der *Fanatismus zur Transzendenz* und damit –, die *Transzendenz ins Artistische gewendet* – die Ausdruckswelt der Kunst als Meta-Religion, nachdem die *Religionen der Götter zunichte* geworden sind. Früh schon klingt bei ihm die erlösende Kraft der Kunst gegenüber der verlorenen Heillosigkeit der Zeit an, gegenüber der Sinnentleerung und dem taedium vitae.

Der Künstler also als Priester, so klingt es. Trümmer verdämmernder christlicher Bilder, bewahrte Bestände der Glaubensgemeinschaft, von der er sich doch gelöst glaubt, werden in dichterische Formen gegossen. So entstehen Anrufungen, die ihre auf Statik und Form gegründete Erlöserfunktion der Kunst bezeugen:

Niemandes –: beuge, beuge
dein Haupt in Dorn und Schleh'n,
in Blut und Wunden zeuge
die Form, das Auferstehn,
gehüllt in Tücher, als Labe
der Schwamm mit Essig am Rohr,
so tritt aus den Steinen, dem Grabe
Auferstehung hervor.

Gott ist Form, Balance und Gleichgewicht, so versichert uns Benn unentwegt. Wir aber empfinden den Verzweiflungsschrei, den künstlerischen Anruf als Gnadenmittel, als – endlich spricht es Benn in einem Brief selbst aus, – als *ein Heilungs- und Erlösungsphänomen mit Hilfe des dichterischen Wortes.*

Der innerste Respekt vor dem sakralen Charakter des WORTES, die *Heiligung der Poesie* selbst innerhalb der größten Zerschmelzungs- und Umsetzungsprozesse des Bild- und Wortmaterials, gelernt, gesprochen, gesungen in jenem Selliner Ziegelhaus mit dem Kreuz aus Eisen über der Eingangstür – nie geht er Benn verloren, selbst wenn der 27jährige Pastorensohn in der Berliner Westend-Prosektur *dem Tod ein Affenlied* singt:

Man hat uns belogen und betrogen
mit Gotteskindschaft, Sinn und Zweck
und Dich der Sünde Sold genannt.

Die religiösen Ausdrucksformen, die sakramentalen Bild- und Wortbestände werden nicht parodistisch oder blasphemisch verwendet. Benn beläßt – *Gamma-Strahlen-Lamm* – artistisches Kalkül und angeborene Notwendigkeit, die biblische Anspielung, das Gesangbuch-Zitat in seiner angestammten Bedeutungssphäre: seine Seele ist stille zu Gott; – doch nicht ganz.

Denn wir werden Zeuge seltsamer visionärer Eingebungen, eigentümlicher Entrückungen, die ihn überkamen, Ermüdbarkeiten und rauschhafte *Elevationen durch das Wort*, Bekehrungen und Erleuchtungen: *zu Gott geboten*; – wir werden Zeuge ganz eigenartiger, einem Zustand der Trance genäherter *Heiligungs- und Erlösungsphänomene*:

Benn .. *erblickt die Kunst.* Er erlebte also in diesen Jahren des endigenden Studiums, des Beginns einer ärztlichen Laufbahn, bis in die Anfangsjahre des Ersten Weltkrieges hinein, eine schwere Psychasthenie*. Die Auflösung der Wirklichkeit, der Wendepunkt im Selbstverständnis seines *fiktiven Ichs* wurden von ihm – fast ängstlich – empfunden. Er reflektierte seinen Zustand, las die modernen Arbeiten der französischen psychiatrischen Schule darüber.

Ein schizoider* Zug wird deutlich, wie 1912, als die *Morgue* erschien mit jenem Gedicht:

Komm, sieh auf diese Narbe an der Brust.
Fühlst Du den Rosenkranz von weichen Knoten?
Fühl ruhig hin. Das Fleisch ist weich und
schmerzt nicht. –

In dieser gletscherkalten, rhythmisierten Prosa rührt sich kein Entsetzen vor den »grausamen Einblicken in die Hinfälligkeit« des Menschen. Auch spricht nicht Verachtung oder Ekel aus ihm; er brauchte sich mit diesen Versen nicht vor dem Wahnsinn zu retten, wie angenommen wurde; die Mania, von der Platon im »Phaedros« in so erhabenen Worten spricht, hatte ihn. Hören wir ihn selbst: *Als ich die ›Morgue‹ schrieb ... war es abends, ich wohnte im Nordwesten von Berlin und hatte im Moabiter Krankenhaus einen Sektionskurs gehabt. Es war ein Cyclus von 6 Gedichten, die alle in der gleichen Stunde aufstiegen, sich heraufwarfen, da waren, vorher war nichts von ihnen da; als der Dämmerzustand endete, war ich leer, hungernd, taumelnd und stieg schwierig hervor aus dem großen Verfall.*

Eine minuziöse, seinen Zustand charakterisierende Krankengeschichte finden wir in der Novelle *Gehirne*; Benn war 31 Jahre alt, als sie veröffentlicht wurde. Hier ist alles verzeichnet, auch die Stereotypien, zwangsweise wiederkehrende Bewegungen der Hände; er fühlte sich in einer *merkwürdigen und unerklärten Weise erschöpft.*

Er hatte keinen Halt mehr in den Augen, besprach mit den Schwestern die dienstlichen Angelegenheiten fern und kühl, es konnte jetzt hin und wieder vorkommen, daß er durch die Hallen ging, ohne jeden einzelnen ordnungsgemäß zu befragen, sei es nach der Zahl der Hustenstöße, sei es nach der Wärme des Darmes. Seine Stimme verlor sich, er fragte: *Wo bin ich hingekommen? Wo ich bin?* Hölderlin formuliert »Wo bist du? Trunken dämmert die Seele mir ...«

Eine Krise, nennen wir es so, – obwohl sich für uns Nachgeborene mit diesem Wort immer etwas Herabziehendes, Aufzubesserndes, zu Applanierendes verknüpft, – eine Klimax besser, zu einem Durchbruch und Wendepunkt führend, wie es die alte Medizin verstand, hatte Benn zu durchleiden und an deren Ende stand: es .. *war vollbracht, es hatte sich vollzogen.*

Ein prophetisches, ein apokalyptischen Erlösungserlebnis erleuchtete ihn, und fortan sollte sein Stil der Stil des Pastorensohns werden: .. *tief, religiös und sakramental.*

Wir erleben einen tiefen Einbruch des Irrationalen in die medizinischen und anthropologischen Vorstellungen des jungen Mediziners. Das *Warzenmotiv* kommt hoch: Krankheiten heilen, außerhalb der Schulmedizin, durch *Gefühl und erregendes Wort.* Hier ist die Wurzel jener schillernden Ambivalenz seiner poetischen Essays, die – auf messende und naturwissenschaftliche Fakten scheinbar gegründet – sich in unbestimmten *Verhüllungen* verlieren, selten *zu begreiflicher und systematischer Klarheit* gelangen. Gott freilich ist aus diesem *Artistenevangelium* entwichen; die Religion als Heimat aller Kunst macht einer neuen Verbindlichkeit Platz, die Kunst selbst ist ihr Erbe, die *Kunst als die letzte europäische Metaphysik.*

Sind also die alten Erinnerungen und Bezüge zur pastoralen Sprachform gelöscht? Nein, keineswegs. Durch das Erlebnis des *Warzenmotivs* bricht es hindurch; das Begebnis einer Heilung nur durch das gesprochene WORT wischt alles beiseite: *so wird hier das WORT Fleisch, so wird das Blut zu Wasser, dann ist es nur ein Schritt, an den Sarginhalt zu treten und zu sagen: Stehe auf und wandle, – dann gibt es Möglichkeiten und Übergänge, die ohne Ende sind.* Und hier – in diesem apokalyptischen Enthebungserlebnis – finden wir auch den Ursprung seiner alttestamentarischen Abneigung gegenüber dem Fortschritt, diesen *Hesperidentraum der Innungskrankenkasse,* den Born seiner widerborstigen Voreingenommenheit gegenüber der Darwinschen Abstammungslehre, dieser *Brutschrankeuphorie* und dem *Züchtungstohuwabohu.*

Diese Quelle, seine Herkunft aus dem Pfarrhaus, speist jene fast priesterliche Haltung, im Stil einer Verkündung unter Einbeziehung liturgischer Formeln als in Vollmacht stehend zu sprechen, und von Dingen:

ganz unerfahrbar für die Menge,
da es aus einer Wolke tönt.

Das Schlüsselwort aber für jene der Offenbarung des Johannes angenäherten Einsichten Benns ist das Zeitadverb erst wenn:

ich glaube, erst wenn der Raum zerbricht,
erst wenn die Stunde der Träume spricht,
kommen Oleander und Pfauen.

Wir nähern uns hier der Prophezeiung auf eine Epoche außerhalb aller Zeit. Eine Vision glänzt auf: Benn, obwohl allen *theistischen Motiven* widerstrebend, folgt, wie unter Zwang stehend, der vom Vaterhaus vorgegebenen Bahnung. Wir begegnen einem anderen Zeitadverb wieder, rauschhaft präludierend *noch einmal* den *Blick auf einen ewigen mythischen Rest unserer Rasse gerichtet* nach dem verlorenen Paradies rufen:

noch einmal die goldenen Herden
der Himmel, das Licht, der Flor, ...

oder, im Brief nach Meran

daß, noch einmal das Reich, das Glück, das fromme
der abgeschlossenen Erfüllung naht.

Hier wandelte Benn im nie vergessenen Land seiner Kindheit, autobiographisch überhöht, Urlandschaft, mütterliche Erde und Gärten sehend: der Urmythos vom Schöpfungsglanz der frühen Tage, des goldenen Zeitalters und des unheilvollen Abgleitens in das Nichts. Erlöst erst, wenn die Heilserfüllung gegenwärtig ist. Diese jeglichem menschlichen Leben auferlegte Nötigung, eingeboren seit den Tagen des mittleren Paläolithikums, ist ja nicht nur der Bibel eigentümlich. Man findet sie überall, also auch außerhalb des Christlichen. Immerhin, Benn hat die Erde als Leidensstätte, im Leichenhaus, in der Krebsbaracke, eigentümlicherweise auch im Kreißsaal erfahren – mit der christlichen Muttermilch eingesogen: Der Verstärkereffekt dieser allgemein menschlichen, endogenen Anlage durch das väterliche Pfarrhaus kann nicht hoch genug eingestuft werden.

Wie überhaupt Hinweise auf ähnliche *seelische Preßlagen* lutherischer Pastorensöhne, von Sebastian Franck über Jakob Böhme bis Lessing, uns den Blick schärfen sollten für Untergänge und Neurosen, abgefordert vom Luthertum, das mit Pflicht, Opfer und Leistung auf der pastoralen Deszendenz lastete. Es war dann aber der säkularisierte Protestantismus, jene lutherische Linke – Benn eingeschlossen –, die Europas Geistesleben revolutionierte und dem Staatschristentum entgegentrat: Eine Bewegung, die zur Nährmutter aller geistigen Ströme wurde – über die Romantik hinaus – und die Szene produktiv machte.

Eine andere Wurzel lutherisch-calvinistisch-jüdischer Ideenfracht werden wir beim Pfarrerssohn Benn nicht zu vergessen haben: die Idee der Auserwähltheit, hin bis zu Eugenik- und Züchtungsvisionen, hin bis zu den Verirrungen und Greueln des Faschismus, mit der Möglichkeit, durch die im deutschen Volk liegenden *Gärungen, Bereitschaften, Biegsamkeiten eine*(r) *Art Züchtungslatenz*, ein neues Gemeinwesen zu schaffen – ein anderer Jeremias Gotthelf. Wir werden in den folgenden Kapiteln darüber zu sprechen haben.

Auch finden wir bei Gottfried Benn alle psychosomatischen Dispositionen als genetische Voraussetzung zukünftigen Glanzes: der hagere, strenge Vater aus der brandenburgischen Prignitz steht gegen die französische, rundliche, gütige Mutter, ein ungleiches Paar, *eine arische Mischung, ... es ist die Mischung der Refugiés: Fontane, Chamisso ...*

Und schwebend darüber die erstaunlich frühe Gewißheit des hohen, eigenen Wertgefühls, von ihm ausgesprochen mit den Worten der Liturgie: *Auch ich werde nicht in Ewigkeit verworfen werden.*

Immerhin, folgt man Benns Erinnerungen an die Selliner Heimat, ich

fuhr auf dem Erntewagen in die Felder,
auf die Wiesen zum Heuen, hütete die Kühe ...
klopfte Flöten aus Weidenruten im Frühjahr ...
Unendlich blühte der Flieder, die Akazien,
der Faulbaum –,

betrachtet man diese unauslöschlichen Engramme, so entwickelt sich das Genrebild eines evangelischen Pfarrhauses, aus dessen umhegtem Garten nicht nur Benn ausbrach.

Wir haben Anlaß zu der Annahme, daß es nicht der harte, lutherische Vater, die *seelische Preßlage* war, die ihn austrieben. Schon der Knabe, mehr noch der Jüngling, zeigte Besonderheiten. Jedoch wenn er wollte, so berichtete sein Bruder Ernst-Viktor, konnte er durchaus familiär, ja sogar sentimental werden.

Ein ländliches Pfarrerskind, neben seiner erstgeborenen Schwester Ruth, Ältester von sieben Geschwistern, an enges Beieinanderleben gewohnt, liebte er es alleine spazieren zu gehen, *am liebsten in der Dämmerung.* Sein Einsamkeitsbedürfnis war schon damals groß. Seiner Schwester Ruth schickte der 14jährige als vertrautes Zeichen seiner Zuneigung aus der Pension in Frankfurt/Oder *ein paar Apfelsinenkerne, die ich besonders lange im Munde gehabt habe.* Eine geöffnete Seele, so scheint es. Der Hauch eines Anlasses – die Berührung der Kerne – und die schwesterliche Nähe ist hergestellt.

Wir besitzen ein Foto des 14jährigen Gottfried im Konfirmationsanzug, umgeben von seiner Familie: Ein schlanker, zurückgenommen blickender, eher blasser Junge sieht uns an, mit Stoppelhaarschnitt, großen Ohren und kräftig entwickelten Ohrläppchen, fremd zwischen den Seinen stehend, aus Frankfurt/Oder zur Feier in sein geliebtes Dorf, nach Sellin gekommen. Sein Persönlichkeitsbewußtsein ist früh entwickelt, wir sehen es auf diesem Familienbild. Distanz, gemildert durch Fünfe-gerade-sein-Lassen und Humor, auch gegenüber dem pfarrherrlichen Vater, wenn er vor dem Kirchgang ermahnt wurde: »Gottfried, du hast ja kein Gesangbuch!« Und der Sohn antwortete: *Ich singe aus dem Herzen.*

Tanzen! Tanzen! Welche Wonne
Hat für Jung und Alt das Tanzen
An der Taille hält man zärtlich
Die Erkorne seines Herzens ...
Gottfried Benn (Winter 1901/02)

Drittes Kapitel

Tanzstunde in Frankfurt/Oder

Als sieben Minuten nach sieben Uhr abends, bei schon stark sinkender Sonne, der Zug aus Bärwalde im Bahnhof Frankfurt/Oder stille stand, war der Perron belebt mit ländlich gekleideten Reisenden und jungem Volk, den Alumnaten mit ihren blau-samtenen Mützen. In bauchigen Koffern schleppten sie ihre auf heimischen Wiesen gebleichte Wäsche, in ausgebeulten Körben im Dorfofen gebackenes Brot, Pflaumenmus in Steinguttöpfen und – so es hochkam – eine bescheidene Räucherwurst dem Ausgang zu: Die Sommerferien waren zu Ende, aus Crossen, aus Trossin trottete man durch die Halle des im historistischen Stil erbauten, von einem weithin sichtbaren Uhrtürmchen gekrönten Bahnhofsgebäudes, den Klenksberg überquerend, der nahen Gubener Straße zu.

In der Pension der Frau Agnes Leonhard, Witwe eines Rechtsanwaltes, Nr. 8 traf man sich, erhitzt vom Schleppen der Gepäckstücke und der lastenden Glut des dämmernden Augusttages, Heinrich Graf Fink von Finckenstein, der Sohn des Patronatsherrn der Selliner Pfarrei, und Gottfried Benn: sie besuchten dieselbe Schule, das Königliche Friedrichs-Gymnasium, fünf Hausnummern neben dem Pensionat gelegen.

Es war eine ehrwürdige Anstalt, 1694 zu Ehren des regierenden Kurfürsten Friedrich III. von der reformierten Gemeinde gegründet, Prof. Rethwisch stand ihr jetzt vor. Nachfolger jenes berühmten Ernst Friedrich Poppo, welcher bis in das letzte Drittel des Jahrhunderts der bedeutendste Kenner des Griechischen in Deutschland war, Herausgeber des »Thucydides« in elf Bänden.

Latein sprach er wie seine Muttersprache, wie selbstverständlich beherrschte er das Hebräische, Französische, Italienische und Englische. Wenn Benn einunddreißig Jahre später – *Ahnenschwierigkeiten* heißt der Vorabdruck in der »Deutschen Zukunft« – seine Schulzeit anspricht, auf das ... *zum Glück ein humanistisches* ... Gymnasium abhebt, so mag er sich des von Oskar Begas gemalten, das Konferenzzimmer schmückenden Ölbildes jenes imponierenden, den Geist der Anstalt bis in seine Zeit den Stempel aufdrückenden Mannes und großen Graecisten erinnert haben. Gottfried Benn bezog 1896 das nunmehr in einem prächtigen neuen zweigeschossigen Backsteinbau untergebrachte Gymnasium. Errichtet aus jenem menschengemäßen Material, rötlich, rauh, porös – »im Ofen gebacken wie Brot, was ihn ohnehin heiligt« –, dem Backstein, der in Kirchen, Klöstern, Bürgerhäusern und Speicherbauten im feuchteren, waldreichen und kühleren Norden Europas die schönen Städte schmückt. Ein Stoff also, fähig zur Individuation, durch Abschleifen, Nachdunkeln, Ausbröckeln und Farbbrechung Natureigenschaften sich anähnelnd, mit der Fähigkeit, in Würde zu altern: Noch spürt man die Maurerhand, die hölzerne Molle, gefüllt vom Hucker mit Mörtel, die Kelle, das Fugeisen: Material, Mensch und Natur erkennen sich als Verwandte, – selbst im schönen Zerfall: Man sage nicht, daß dies ein Geringes sei: Lobte nicht selbst le roi de soleil die schönste Ziegelmauer seines Reiches am römischen Hadrianstheater in Orange?

Man glaubt viel gesagt zu haben, wenn man Gottfried Benn einen Provinziellen benennt, nie sich lösend vom Dorf, den Bauerngärten und der kleinstädtischen Enge der Schuljahre; sozial unbehaust, bedrückt durch Minderwertigkeitskomplexe.

Wirklich? War es so? Betrachten wir sein Photo, wohl aus Anlaß der Einschulung im Photographischen Atelier von Max Richter angefertigt: ein fest blickendes, über das Alter – zehn Jahre – in sich zusammengefaßtes Kind; die Haare kurz als Bürstenfrisur gehalten, förmliche Jacke, die Knöpfe stoffbezogen, eine große, gebundene Krawatte um den hochgeschlossenen, weichen Halskragen.

Oder Gottfried mit seinen sechs lebenden Geschwistern, alle sehr vorzeigbar gekleidet, ein Familienbild. In Königsberg/ Neumark kurz vor dem Abitur aufgenommen: sehr aufrecht sitzt der

Gottfried Benn (1896)
als 10jähriger Gymnasiast in Frankfurt/Oder

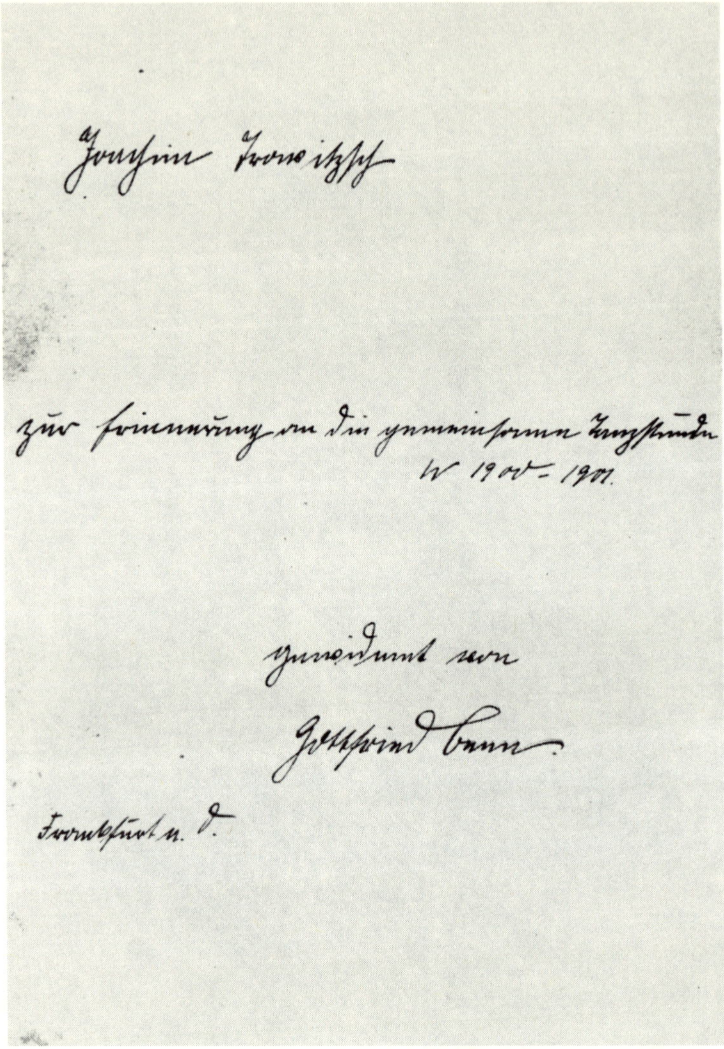

Joachim Trowitzsch

zur Erinnerung an die gemeinsamen Tanzstunden
W 1900–1901

gewidmet von

Gottfried Benn

Frankfurt a. O.

Widmung der »Tanzstundengedichte«
Gottfried Benns an Joachim Trowitzsch
(Frankfurt a. d. O./Winter 1900/1901)

Fliege tragende Gottfried, ein selbstsicherer junger Pater familias im Korbstuhl, die jüngste, Edith, im schleifchen-verzierten Kleidchen auf dem Knie, während seine ältere Schwester, Ruth, rechts neben ihm stehen muß.

Gottfried Benn als Sekundaner: *abweisend und spöttisch*, so mag er auf Unbekannte gewirkt haben. Als mitleidig und fühlend aber kannten ihn seine Geschwister; im Unterricht eher zurückhaltend: »... und Jottfried lächelt im Hinterjrunde«, sagten Mitschüler und Lehrer von ihm.

Und provinziell? Sicher, Frankfurt war nicht Stettin oder Königsberg. Aber nicht nur für den jungen Benn war die Odermetropole *die große Hauptstadt Frankfurt*. Wir vergessen, daß die Oder, bei Frankfurt 258 m breit, neben Rhein und Elbe der drittgrößte Fluß Deutschlands ist.

Die Einwohnerzahl stieg in den sieben Jahren der Gymnasialzeit Gottfried Benns auf weit über 60 000 an. Schulgebäude, Brücken-, große Kasernen- und Schlachthofbauten waren vor wenigen Jahren abgeschlossen worden. Gottfried kam in ein kräftig sich entwickelndes Gemeinwesen: Divisions- und Armeekorpsstäbe residierten hier, an die 6000 Soldaten lagen in den Kasernen, das Stadtbild belebend.

Frankfurt war Sitz einer königlichen Regierung und der Generalkommission für die Provinzen Brandenburg und Pommern, war Wirtschaftsmittelpunkt durch seine Banken, Behörden und großen Firmen: die Kesselschmiede und Eisengießerei Gutmann; die Brikettfabrik Finkenheerd: 1,3 Millionen hl der bei Frankfurt geförderten Braunkohle wurde als Margareten-Kohle auf den Oderkähnen verschifft: Sie heizten die Berliner Kachelöfen, an denen noch meine Jugend sich wärmte. Die Firma Altrichter war Deutschlands größte Musikinstrumentenfabrik für Blech- und Holzblasinstrumente. Die Buch- und Kunstdruckerei Trowitzsch, 1711 gegründet, gab die »Frankfurt-Oder Zeitung« heraus, war berühmt durch weltbekannte Bücher über Obst- und Gartenbau. »Der praktische Ratgeber in Obst- und Gartenbau« war die älteste deutsche Zeitschrift dieser Art. Joachim Trowitzsch, der Sohn des Firmenbesitzers war Benns Freund, gemeinsam besuchten sie das Friedrichs-Gymnasium. Ihm widmete er – im Winter 1900/01 – *zur Erinnerung an die gemeinsame Tanzstunde* erste Gedichte:

Schon wieder nah ich Dir mit dieser Bitte:
Nimm diese Blätter auch noch gnädig an.
Damit Du siehst, daß ich trotz Egoismus
Dir dennoch bin von Herzen zugethan.

Zusammen mit dem zwei Jahre älteren Erben der Hofbuchdruckerei und Verlagsbuchhandlung besuchte Gottfried Benn die moderne Tanzschule von Lenz u. Sohn in der Judenstraße 45 in diesem Winterhalbjahr, einen Katzensprung nur von Gottfrieds Pension entfernt: Walzer, Ecossaisen, Ländler, Schieber und die Quadrille wurden geübt. Als neuestes mag Herr Lenz den aus New York importierten Boston einstudiert haben. Aber vorsichtig, denn Frankfurt war nicht eben das Pflaster für allzu gewagte Neuerungen.

Hatte man die Dame seiner Wahl nach Hause begleitet, mit langen Umwegen und Verzögerungen – man trug natürlich weiße Glacéhandschuhe –, schlenderte man durch die Dämmerung, stand man vor dem Kollegienhaus, dem Hauptgebäude der alten Frankfurter Universität, der Viadrina: Frankfurt hatte »wegen seiner gesunden Lage und anmutigen Umgebung, seiner Obst- und Weingärten, seines fischreichen Stromes und seines Wohlstandes« gegen Berlin, Brandenburg und Fürstenfelde den Preis davongetragen: 1506 weihte Kurfürst Joachim I. die Viadrina feierlich ein – Papst Julius II. bestätigte die Neugründung; jener mächtige, kunstliebende Papst, der eben erst Michelangelo nach Rom geholt hatte. Ulrich von Hutten verfaßte zwanzig Distichen über die Eröffnungsfeier und blieb – 18jährig – wennschon nur für ein gutes Jahr als Student.

Ein Dutzend Jahre später, im Konvent der Dominikaner, dann die berühmte Disputation des Ablaßhändlers Tetzel gegen Luthers 95 Thesen. Tetzel war der Gelehrtheit des Wittenberger Mönchs keinesfalls gewachsen: Sein Leipziger Lehrer Wimpina, jetzt theologische Leuchte der jungen Frankfurter Universität, stand ihm bei.

In einem protestantischen Pfarrhaus, 75 km oderabwärts gelegen, werden diese Präliminarien der Reformation wohl zur Sprache gekommen sein. Das altpreußische Friedrichs-Gymnasium, stolz auf seine reformierte Geschichte, wird diese Erinnerungsstücke dem Untersekundaner nicht vorenthalten haben. Daß der so unpreußische, republikanische Schlabrendorff, – später als merkwürdiges Orakel in Paris von aller Welt besucht; – daß Wilhelm und Alexander von Humboldt beim Prediger Josia Löffler in der Regierungsstraße wohnend einst diese Fensterreihen emporsahen, kein Echo dringt zu uns. Las Gottfried je die Gedenktafel an der Front des Hauses, in dem die Tegeler Dioskuren einst ihr Quartier hatten?

Gottfrieds Herz mag voll sein, ein weicher Tag ging ihm zu Ende: wars die Lotte, die Hanni oder die Irma, seine Tanzstundenlieben, die sich über ihn lustig machten?

Über diese Jünglingsknaben,
Welche immer hocherrötend,
Wenn vom Boden auf sie blickten,
sich in eine Ecke drückten?

Die zum Schützenhaus auf der Dammvorstadt vorbeifahrende Straßenbahn ratterte durch seinen poetischen Dämmerzustand: Nun erwachte er vor dem sieben Meter hohen Sandsteinmonument, dem Gedenken an Leopold von Braunschweig errichtet, Kommandeur des Schweriner Regiments in Frankfurt, Neffe Friedrich des Großen, Bruder der Weimarer Herzogin Anna Amalia. Der Prinz ertrank bei einem großherzigen Rettungsversuch in der Hochwasser führenden Oder. Das Ereignis – 1785 – bewegte Deutschlands beste Federn: Gleim, Herder und Goethe besangen des Herzogs Tod. Chodowiecki radierte seinen berühmten Kupferstich. Noch heute wird das damals beliebte und weitverbreitete Blatt auf jeder anspruchsvolleren Kunstauktion angeboten.

Gottfried eilte zurück. Frau Leonhard sah auf Pünktlichkeit und hatte die ihr anvertrauten Alumnaten gern um zehn Uhr im Hause. Auch wurde es empfindlich kalt, kaum noch war quirliges Wasser zwischen dem Flußeis zu sehen. Er dachte an seine neuen vernickelten Schlittschuhe, die er sich vom Weihnachtsgeld der Frau Bardicke gekauft hatte: Vielleicht trug morgen das Eis auf der Alten Oder bei der Löweninsel oder auf der Eisbahn am Buschmühlenweg. Er wollte sich nicht ausschließen, viel trieb ihn nicht zum Schlittschuhsport, eher stand er abseits.

Hinter der Brücke bog er nach links in die Große Oderstraße ein. Trowitzsch und Sohn zeigten die letzten Neuerscheinungen im Schaufenster; Gottfried kannte die Buchauslagen. Die Oderstraße einundzwanzig war ihm vertraut; sein bester Freund, Joachim Trowitzsch, nach dem kurfürstlichen Universitätsgründer benannt, war der siegreiche Nebenbuhler um jene Tanzstunden-Lotte:

Lotte also liebte jenen
schönen, dunkeläugigen Jochen.
Jochen also liebte jenen
schönen, süßen kleinen Engel
welcher Lotte war benamet.

Um dann zu enden:

Ja! Ich gönne Euch einander.
Lotte, Dir gönn ich den Jochen,
Jochen, Dir die süße Lotte.

Noch einmal bricht die pubertäre Schwermut des vierzehnjährigen Gottfried sich Bahn:

Auch ich kenne Liebesschmerzen
Auch ich habe sie empfunden
darum wünsch ich Glück den Herzen
Die in Liebe sich gefunden.

Schon in Mansfeld, natürlich in Sellin war der Name Trowitzsch Gottfried geläufig: Seit der Mitte des vorigen Jahrhunderts druckte der Verlag die bekannten Kirchengesangsbücher für die Provinz Brandenburg und den Amtskalender für Geistliche und Lehrer.

Der patriotische Dichter Ernst von Wildenbruch, der Trowitzschen Familie befreundet, begann seine juristische Laufbahn in Frankfurt als Referendar am Appellationsgericht. Als Jochen Trowitzsch am 1. Oktober 1883 geboren wurde, schrieb Wildenbruch dem Erstgeborenen ein zwölfseitiges Festspiel.

Schweigt Benn zu allen diesen Dingen? Nein, Wildenbruchs wird erinnert – wir erwähnten ihn schon – über ein halbes Jahrhundert hinweg in *Teils – teils*:

.. mein Vater war einmal im Theater gewesen
Anfang des Jahrhunderts
Wildenbruchs ›Haubenlerche‹
davon zehrten wir
das war alles.

Jochen, der früh nach dem Tode seines Vaters das Geschäft übernehmen mußte, ein Jahr bereits nach Benns Abitur, – nahm dann eine andere, dunkelhäutige Lotte zur Frau. Gab es Eifersucht auf den glücklichen Nebenbewerber?

Hören wir Benn selbst, in den Tanzstunden-Gedichten:

Doch niemals kann so hohe Gunst bescheiden
Das Schicksal mir. Zu groß wär mir das Glück! ...
Doch die Zeit heilt alle Wunden
Heißt es in dem schönen Sprichwort.
Ob es wahr ist, wer kann wissen?
Ob uns auch die Wunde heilet
Die Liebe uns geschlagen?

Schlendern wir weiter. Straßentreiben, fern, verworren. Das Thermometer vor der Löwen-Apotheke zeigt minus 7° C. Also Schlittschuhlaufen, dachte Gottfried, während es langsam Nacht wurde.

An der Nr. vierunddreißig vorbeiträumend winkt ihm die Moltke-Gedenktafel herab: Von 1822 bis 1829 war der spätere Chef des preußischen Generalstabs Sekondlieutenant im 8. Infanterieregiment. Wir erinnern uns seiner eigentümlich bedächtigen, auf die Gewißheit eines langen Lebens angelegten Karriere. Jetzt weitet sich die Oderstraße vor der Marienkirche zu einem bescheidenen Platz. Vor der Nr. 26/27 wächst, steinumrandet, eine junge Linde: Heinrich von Kleist wurde 1777 hier geboren. Verbrachte seine Kindheit in diesem geräumigen zweigeschossigen Haus, tummelte sich in dem dazugehörigen großen Garten; ja unternahm sogar –

nach gescheiterter soldatischer Laufbahn in Potsdam – einen Anlauf, an der Viadrina die Rechte zu studieren. Woraus denn in der Folge nichts wurde.

Gottfried überquerte den Kirchplatz, ohne den Blick zu heben: Sein Ich baute an anderen Bildern:

Still ist's. Nur wenn in Dämmerstunden
So leis, so weh die Sehnsucht träumt,
Denk ich der Tage, die entschwunden
Da junges Glück im Kelch geschäumt.

Später, in der Bedrängnis durch Hitler, zog Kleists selbstmörderische Unbedingtheit – *Penthesilea*, diese nicht verzichtbare *Entgleisung*, *seine äußerst gefährlichen und extravaganten Züge*, *das Ganze kolossal pathologisch* – Benn an, ihm Gewißheit gebend, einem Ausnahmemenschen gegenüberzustehen.

Oder es gab Wandertage: Halbwegs geordnet noch zog die Klasse über die Oderbrücke. Dann zerstreute sich die Quartanerschar und strebte zum Gastgarten der Försterei Hängebusch, an Himbeerwasser und mitgebrachten Bemmen sich labend.

Ein Stufenweg führt zum Kleistturm, dem Andenken des preußischen Majors und Dichters Ewald Christian von Kleist gewidmet: in der Schlacht beim nahgelegenen Kunersdorf wurde er tödlich verwundet. Eine herrliche Aussicht über die Oder und die Stadt Frankfurt bot sich von der Plattform des mit vier runden Ecktürmchen gezierten Ziegelbauwerks: ein beliebtes Ausflugsziel und eine das Geschichtsverständnis zugleich fördernde Exkursion für die Gymnasiasten.

An ähnlich militärische Zusammenhänge erinnert sich Benn – Jahrzehnte später – vom Berliner Wittenbergplatz zur Nettelbeckstraße fahrend und die Kleiststraße passierend: Sie *heißt nicht nach Heinrich, sondern nach einem General Kleist von Nollendorf*. Auch dieser Familiensproß, von Friedrich Wilhelm III. während der Befreiungskriege wegen Tapferkeit zum Grafen erhoben, wohnte lange in Frankfurt, eben in der Oderstraße 26/27.

An der Regierung und der Post vorbei biegt Gottfried links in die Gubener Straße ein, tritt in den dunklen Flur, öffnet die Tür zu seinem Zimmer: war das alles? Nichts ging verloren, alles strudelte herein, flimmerte ihm zu. Worte, Bilder, Empfindungen waren unverlierbar gespeichert:

doch Zeus und alle Macht
das All, die großen Geister, alle Sonnen
sind auch für dich geschehn, durch dich geronnen.

Immer war Gottfried Benns Seele reich an Bildern, ein Museum, angehäuft durch Achtsamkeit: Tief in das Innere eingeschlossen enthalten Bilder die Schlüssel zum Sein.

Am Donnerstag-Morgen saß Gottfried wieder in seiner Klasse. Man saß eng beieinander, noch in der Oberstufe dreißig bis fünfunddreißig Schüler. Hatte über die ungesunde, Atmungs- und Sprachorgane angreifende, damals moderne Heißluft-Zentralheizung zu klagen, die während seiner Schulzeit durch eine Niederdruckdampfheizung ersetzt wurde.

In den Unterrichtsräumen und im Zeichensaal waren Gaslampen installiert. Der Physikraum bekam erst zwei Jahre nach Benns Matura Anschluß an die elektrische Zentrale: All diese Umänderungen, Fortschritte wird Benn, wie jeder Schüler, nur am Rande oder als Selbstverständlichkeit – wenn überhaupt – zur Kenntnis genommen haben, wenn er aus den Ferien zurückkam.

Im Karthausgarten, am entgegengesetzten Ende der Gubener Straße gelegen, hörte er gelegentlich Promenadenkonzerte der Militärkapelle: *Feuerzauber* und gleich hinterher *Unter dem Sternenbanner von Bloom*, einem um die Jahrhundertwende viel gespielten Militärmarschkomponisten. Noch ein halbes Jahrhundert danach erinnert er sich daran, in einem Brief an Oelze.

Das religiöse Leben der Stadt war reich entwickelt. In der Aula des Friedrichs-Gymnasiums war eine Orgel installiert, dem Schulgottesdienst musikalisch zu assistieren. Neben der Synagoge und der katholischen Kirche gab es fünf evangelische Kirchen, die bedeutende Reformierte Kirche mit eingeschlossen: Zwölf Pfarrer, sechs Kantoren, drei Organisten und elf hauptamtliche Küster und Kirchendiener, insgesamt dreiunddreißig Kirchenpersonen, standen zur Verfügung.

Der Zeit entsprechend schwach besetzt dagegen waren die Krankenhäuser: Im städtischen Krankenhaus sorgten zwei Oberärzte, ein Augenarzt sowie zwei Assistenzärzte mit sechs Pflegeschwestern, verwaltet durch einen Bureau-Beamten für die Patienten: Man kurierte zu Hause, wofür auch das reiche Angebot an freien Krankenpflegerinnen und -pflegern spricht: Noch 1925 ließen sich zweiundzwanzig ins Stadtregister aufnehmen.

Provinznest, Eingezogenheit, Enge und landschaftliche Öde: Dies sind die Vokabeln, mit denen a.O. Benns »bedrückende« Jugendjahre belastet werden. Hören wir dagegen Spieker, Superintendent zu Frankfurt: »Eine schöne Mittelstadt im starken Vorschritt eine große zu werden, heitern Antlitzes, gegründet auf Gewerbe und Handel, gekleidet in altertümlichen Stoff, jedoch neueren Schnittes.«

Wie denn auch dem Besucher – von *östlich der Oder, wo die Ebenen weit*, die romantischen Ufer des Flusses mit seinem Mergelgeschiebe bei Lebus steil zum Tale abfallend, die Ränder bei Buschmühle prächtig bewaldet, – mit in die erste Reihe der schönen Gegenden der Mark Brandenburg gehörten. Oderkrebse waren von Berlin bis Hamburg begehrte Artikel; der Fischotter scheute auf seinen Raubzügen keineswegs die Nähe der Stadt. Benn erinnert sich nach 50 Jahren, aus der City:

Still ruht der See
vergißmeinnichtumsäumt
und die Ottern lachen.

Gottfried selbst sieht im gekürzten *Lied VII* an Jochen, den Freund, die Sache so:

Mark Brandenburg
1)Du bist nicht das schönste von allen
Von allen Ländern im Reich,
Und doch thust du mir gefallen,
bei mir kommt keines dir gleich.
3) Dir stürzen nicht reißende Ströme
Von Bergen mit Donnergebraus,
und doch lieb' ich Dir vor allen

Denn hier steht mein Vaterhaus.
5) Du trägst nicht blumige Triften
Nein! Graues Sandgewand,
Und doch lieb' ich Dir vor allen,
Weil hier meine Wiege stand.

Die Tanzstundengedichte gibt er Jochen Trowitzsch zu lesen: *Einiges aus schwachen und schwächsten Stunden. (Theelöffelweise zu nehmen, sonst gesundheitsschädlich)* ermahnt er ihn und ruft dem bereits Kunstwissenschaft studierenden Freund nach:

So oft sich unsre Wege trennen
Und wir nicht teilen Leid und Lust,
Fühl ich so heiß die Sehnsucht brennen
Nach Deiner treuen Freundesbrust.

Seiner Schwester Ruth schrieb er in dieser Zeit nach Göppingen, zwischen Stuttgart und Schwäbisch-Gmünd gelegen, nur wenige Kilometer von Bad Boll, dem sozialdemokratischen Blumhardt-Orakel der Bennschen Familie entfernt, muntere und familiäre Briefe, über Weihnachts- und Neujahrerlebnisse berichtend. Schrieb von Zahnschmerzen, bedankte sich für Ruths *niedlichen Kalender*. Neben Büchern hatte er *Manschetten und Manschettenknöpfe* und *einen Schlips* bekommen. Am Silvesterabend half er *mit Onkel Eugen* auf dem Selliner Kirchturm die Neujahrsglocken läuten.

Familiäre Harmlosigkeiten also, Putzsprechen, dem menschlichen Kontakt förderlich, gelöst noch in knabenhafter Zuwendung. Ein *getreuer Bruder*, so grüßt er herzlich seine älteste Schwester. Verblüfft lasen wir, daß er ihr Apfelsinenkerne, die er im Munde gehalten, als Treuezeichen im Brief schickte.

Von Lotte, der entsagend besungenen Irma kein Wort. Aber nur wenige Briefe sind aus dieser Zeit auf uns gekommen.

Anderes mag ihn in diesem Tanzstundenwinter auf seinen abendlichen Heimwegbegleitwegen, behütet und in sittsamer Ordnung gehalten durch die zweiundzwanzig Nachtwächter, die über Frankfurts dunkelnde Straßen und Plätze patroullierten, berührt haben: Immer wieder hören wir von Benns »diffidence«, dem Ungenügen an seiner *von häuslicher Armut beschienenen* Herkunft aus der Provinz, seinem *Pariagefühl*, – was immer das auch sei.

Trotzdem: Wenn wir irgend etwas Gewisses aus Gottfrieds Frankfurter Zeit und den sicher nicht die Pranke des Löwen zeigenden »Tanzstundengedichten« ableiten können, so ist es das Bewußtsein seiner Eminenz. Ein elitärer Anspruch, der ihn die andern als *dick und dumm und albern* oder aber *gut und dumm und dämlich, so wie eine Herde Schafe* erscheinen ließ:

Und spotten die andern und dünken sich besser
Und wenn mit Verachtung der Pöbel dich schlug,
Was kann Dir das Jammerpack Menschen denn schaden
Behältst Du dich selber, so hast Du genug–.

Das ist dann schon der Ton des siebzehnjährigen, sich auf den Schulabgang vorbereitenden Gottfried: Graf Heinrich ging Ostern 1903 als Jurastudent nach Bonn. Jochen Trowitzsch war im Herbst des Jahres zuvor fertig geworden.

Benns Abiturzeugnis von Michaelis 1903 zeigt ihn nicht als Primus oder Höhenflieger. Gemäßigt die Noten: Ein »gut« in Religion, Latein, Geschichte, Erdkunde und – Turnen. Ein »genügend« für Griechisch, Französisch, Physik und Mathematik, »deren Bewältigung ihm nicht leicht geworden ist«.

Genügend auch für den deutschen Prüfungsaufsatz; doch ließ »redliches Streben erfreuliche Ergebnisse erzielen«. Gottfrieds Handschrift wurde als »fest, doch wenig gefällig« beurteilt.

»Gute Kenntnisse und lobenswertes Betragen« reichten aus, ihn von der mündlichen Prüfung zu befreien. Von den Unterschriften – gegeben am 11.9.1903 – viele promovierte Studienräte, auch einige Professoren; – und abschließend der Hinweis: »Er verläßt die Anstalt, um Medizin zu studieren.«

Verhalten also die allgemeine Beurteilung durch das Lehrerkollegium: Gottfried hat seinem Schülerdaseins über all die sieben Jahre hindurch eher zugesehen. Er hatte – so früh schon – keinen Weg gesucht, er war seinen Neigungen gefolgt. Dennoch: Die Mutter, der Vater in Mohrin waren unbesorgt.

Die Freundschaft mit dem Erben eines Verlagshauses, sein in sich zurückgenommenes Wesen, dem Bei-sich-selbst-Sein, den Büchern zugetan, gern und viel lesend, von Stifters »Hochwald« hin bis zu den eben erschienen Anthologien von Benzmann und Avenarius, – »da lagen die weißen Gebeine, eine goldene Krone dabei« – so erinnert er sich später; – alles wies in die väterlich gewünschte zukünftige Lebensrichtung: Philologie und Theologie. Das WORT in Absicht auf Transzendenz würde, so mochte Pastor Benn denken, den Gottfried, eingebunden in die Familientradition, auf eine der Pfarren zwischen dem Fläming und dem Oderbruch führen: alles schien vorgezeichnet, nichts sprach dagegen.

Es galt für Gottfried Abschied zu nehmen von einer siebenjährigen Vertrautheit mit diesen Straßen, Plätzen, der Oder, den altehrwürdigen Häusern; Valet zu sagen den neu erst emporgerichteten Gebäuden und Monumenten. Menschliche Bindungen lösten sich ab. Fast will es uns scheinen, daß wenig nur den sich verabschiedenden Abiturienten mit Kameraden, mit seiner Umgebung menschlich verknüpfte.

Fester schien seine Gestalt nun. Die Haare länger, jetzt Mittelscheitel. So sehen wir ihn an der von gußeisernen Säulen getragenen Vorhalle des Bahnhofs vorbeigehen, im September 1903, die Koffer fest in der Hand.

Marburg und stud. phil. war in der Verbleibliste des Friedrichs-Gymnasiums hinter seinen Namen eingetragen. Dort, in der ehemaligen Korporation seines Vaters, der »Turnerschaft« gab es Hilfen, den eher zur Naturwissenschaft hinneigenden Sohn ohne starke Belastung des elterlichen Geldbeutels zu versorgen. Noch ist der Bahnsteig der alte. Gottfried kannte sein nicht mehr ganz ebenes Mosaikpflaster. Die vertrauten Schilder auf dem Perron grüßen. Noch trägt der Schaffner das rote Lacklederschulterband über dem preußischblauen Dienstrock. Es hebt sich die Kelle, der Pfiff ertönt, man steht an den Fenstern als der Zug anruckt: Winkt jemand ihm zu?

Ein Paar Schuhe. Ein Musensohn.
Damals war Liliencron mein Gott,
ich schrieb ihm eine Ansichtskarte.
Gottfried Benn

Viertes Kapitel

Liliencron

Im *Epilog* einiger verstreuter Jugendverse aus Benns Tanzstundenzeit lesen wir

Leb wohl mein Kind! Die Heide dunkelt
Auf der wir uns zuerst geküßt ...

Erinnern wir uns:

»Es sät der Huf, der Sattel knurrt,
Der Bügel jankt, es wippt mein Bart ...«

Und in die Tür des versteckt liegenden Restaurants in der Altonaer Königstraße tritt – erst später am Abend – ein kleiner, eher beleibter Herr mit rundem, auf festem, breiten Nacken ruhenden Kopf, die Haare militärisch kurz geschnitten, die Nase stark und ebenmäßig geformt; der Kellner Karl beeilt sich, gutes Pilsener Bier auf den Tisch zu stellen: Nein, hier sitzt nicht der Pastorensohn aus Mansfeld

»Würzburger Hofbräu« drei ...
an kleinem Tisch, an abgeschlossenem Rund ...

Nein, wir sprechen von Liliencron, dem Freiherrn aus Kiel, dem Benn eine rückerinnernde Anhänglichkeit bis in die Oelze-Briefe hinein bewahrte.

Aus Berlin, wenige Tage vor dem Rußlandfeldzug, schrieb er an

Oelze, nach einem Besuch des Bremer Respondenten seines einsamen Herzens: *Sie sahen blendend aus, Signor ... eine Mischung von Liliencrons Leutnant › rosenrot und braun ‹ und Harry Walden, der eine Rolle als Freischärler spielt ...*

Reminiszenzen an Liliencrons »Die Musik kommt«; Erinnerungsschauer also, wie in jenem Gedicht *1886*: Benn läßt sein Geburtsjahr Revue passieren: Heyse, Turgenjew, Zola, Ibsen, Hauptmann, auch die dreizehnte Auflage von Brockhaus' Konversationslexikon waren ihm erwähnenswert.

20 Jahre später jedoch, zwischen dem Friedrichs-Gymnasium in Frankfurt/Oder und dem Studium in Marburg, bewegten andere literarische Gottheiten sein Herz. Es war die eigentümliche Epoche der Nordland-Sächsischen Lyrik, eine Renaissance der Holsteinischen Nachtigallen: die Kunstprosa Frenssens »Jörn Uhl«, Mommsens, des Schleswigers literarisches Meisterwerk der »Römischen Geschichte«. Und dann natürlich Dehmel, Gustav Falke, der dichtende Prinz Schoenaich-Carolath und Storm als absterbender Gipfel dieser Marschen- und Heide-Poesie: *Hyazinthen von Storm liebte ich in meiner Jugend sehr*, erinnert sich der alternde Benn aus der City.

Der junge Benn kannte die Anthologien des Jahrhundertbeginns: Benzmanns »Moderne deutsche Lyrik« in der zweiten Auflage von 1907, den Avenarius und Will Vespers »Die Ernte«. *Sehr reizvoll*, äußerte er sich rückerinnernd 1954 in der Berliner »Neuen Zeitung« dazu. Hier fand er das lyrische Zeitalter versammelt, angeführt von Liliencron und Dehmel; und auch *Gedichte aus der stillen Zeit der deutschen Sprache*. Er besinnt sich auf »Schwerer Sommertag« von E.R. Weiß, auf Vollmoeller, Holzamer und Leo Greiner. Auch die Lasker-Schüler, der junge Rilke, Hofmannsthal, selbst Nietzsche, der jenen »Wendekreis« vollzog, *hinter dem sich dann der deutsche Expressionismus entfaltete*, waren dort vertreten.

Doch für die enthusiasmierten Flaumbärte war der »kornblumenblauäugige Sultan«, der auf seinen Adjutantenritten flatternde Mädchenküsse einsammelnde, germanischen Haidengöttinnen und der »violenblauen Blume« eher als Golgathakränzen verwandte Liliencron der wahre Jungbrunnen, auch der hochgestimmte Befreier,

– im Nietzscheschen Sinne. Und war der große Mutmacher, der die sentimentale, bläßlich im Epigonentum dahinsiechende Wortkunst des erlöschenden Jahrhunderts in unerschrockener Kühnheit emporriß. Alles bis in die Einzelbezüge erfassend. Voll hinreißender Frische, mit neuen Bildern, neuen unerhörten Vergleichen und Wortgebilden, – und das wilde Jugendblut mit seinem betörenden Rhythmus im Anhauch des Genius.

Fast nur Erlebtes bedichtend, selten – im Alter – hinter Masken und Allegorien des tieferen Daseins sich bergend, war das musikalische Element seiner Lyrik, seine Wahrhaftigkeit, der scharfe Beobachterblick, seine männlich zupackende und dennoch »holde« Liebespoesie blitzender Morgenbeginn. Waren des Glückes jauchzende Empfindungen, der Schmerz der Entsagung, die Qualen der Eifersucht und die liebesselige Heimkehr vom Ball:

»Setz' in des Wagens Finsternis
Getrost den Atlasschuh! ...«

War dieses: *Blutlebendig, lebensbeglückt. Leben, hurra!* der Königsweg zum Herzen der Jugend. »Ein Jubel ging durch die Kampfreihen unseres jungen Geschlechts, als Liliencron ... mit seinen ersten Versen hervortrat: ... er war die ... unbewußte Erfüllung all' der heißen Sehnsucht, der glühenden Träume von Erneuerung, ... die wir träumten. Er war die reine, zum Himmel lodernde Flamme; ... an der Spitze der Jugend auf fliegendem Pferd ... wider die Philister und Krämer zu jagen, um dann – ein Führer, Sieger und Erfüller zugleich – hoch und ferne auf einem morgenrotbekränzten Gipfel zu stehen.«

So quoll es nicht nur Paul Remer[3], dem Steglitzer Lobredner, aus begeisterter Feder.

Zu Liliencrons 60. Geburtstage – 1904 – kaufte sich Benn seine Gedichte »Bunte Beute«. Immerhin, – Bücher waren auch damals nicht billig, wenn man bedenkt, daß drei Jahre zuvor Ludwig Thoma im »Schlesischen Restaurant« Berlins zu seiner vollen Zufriedenheit um 1 Mk ein Menu mit Suppe, Fisch, Braten und Mehlspeise verzehren konnte, und »nicht den schmutzig servierten Schlangenfraß von München«. Und die Mehlspeisen »Rahmstrudel, Scheiterhaufen, versoffene Kapuziner so gut wie im besten Hotel Wiens«; – denn 2 Mk geheftet, 4 Goldmark in Halbfranz kostete jeder Band der Sämtlichen Werke im Verlag Schuster & Loeffler, – und Benns Marburger Monatswechsel war nicht eben üppig.

Überhaupt wurde Liliencron an diesem 60. Geburtstag erst eigentlich für das große Publikum, für die Zeitungen geboren. Die Auflagen seiner Gedichtbände, Romane, Trauerspiele waren bis dahin klein. Selbst die »Adjutantenritte« blieben ohne Widerhall. Sein Hauptwerk – wie er es sah – das »kunterbunte Epos Poggfred«, – Froschfriede – mit 29 Gesängen, wurde ihm Anlaß bitterster Klagen: »In dreizehn Monaten seien davon nur (ich glaube) sieben Exemplare verkauft worden.«

Seine Gedichtsammlungen jedoch schmückten in schön aufgemachten Goldschnitt-Einbänden die Tischchen der Salons deutsch und vaterländisch gesinnter Familien:

»Hoch weht mein Busch, hell klingt mein Schild
im Wolkenbruch der Feindesklingen ...«

Aber auch inniger und voll schmerzlicher Süße:

»Die Hand, die zitternd in der meinen lag
am Maientag, als weit die Amseln sangen ...«

Diese »Blütenblätterfälle«, diese »sylphenumjachterte, ... rosenversunkene, ferne Fontäne(n)«, gleich wundersam an Wohllaut und Zartheit, mit denen Liliencron nervöse Reizvorgänge umhüllte: hier lag der Zauber, der vom 18jährigen Gottfried Benn und seiner Generation wie ein beseligendes Arkanum empfunden wurde.

Doch am Vorabend noch seines schicksalswendenden Wiegenfestes seufzt Liliencron: »Möchte nur zu meinem 60. Geburtstage von den finstern Teutschen endlich mal etwas Geld kommen!!! Ich wäre selig!«

Denn bedrängt waren seine Verhältnisse; die Kellinghusener Bibliothek im Konkurs zwangsversteigert, »der Gerichtsvollzieher war ein rührend getreuer Gast«, – und er war nicht immer menschlich. Zu schmal die Hauptmannspension, das Verwundetengeld, die ihm seit Ende des Deutsch-Französischen Krieges gezahlt wurden: für die höhere militärische Laufbahn war er nicht geeignet. Zwar als Soldat tapfer und schneidig bis zur Tollkühnheit, wennschon belastet mit selbst in Offizierskreisen ungewöhnlichen Schulden, fehlten ihm Ernst, Besonnenheit und – wie ihm attestiert wurde – die Fähigkeit »die Leute gegebenenfalls scharf anzufassen«. Das war wenig geeignet, Beförderungen anzuempfehlen.

Dennoch war Liliencron dieses *Befehlen Herr Oberst – bitte Herrn General vortragen zu dürfen – mit der Meldung, daß ... – gemäß Verfügung –;* waren dem verabschiedeten Soldaten diese von Benn erlittenen *Ausdrücke ... um die ein Kosmos hängt, sie tragen wahrhaft, wehrhaft eine Welt! ...;* – waren ihm diese Bell- und Meldesätze nie gegen die Seele gesprochen. Auf Pellworm, der Marscheninsel, wo er ein und ein halbes Jahr Deichhauptmann und Hardesvogt war – und seine »Adjutantenritte« sammelte – ein 40jähriger, zog er an Kaisers Geburtstag seine Uniform an »und ging auf den Winterdeich im Westen der Insel. Hier stellte ich mich auf, zog meinen Säbel in der grandiosen Nordseeinsamkeit und schwenkte ihn dreimal über meinen Helm: Es lebe der Kaiser!«

Und der Enkel jener Kaiserlichen Majestät war es denn auch, der ihn zur Vorfeier seines runden Jubelfestes durch ein jährliches Gnadengehalt von 2 000 Mark ehrte. Üppig für preußische Verhältnisse, in denen der Former einer Berliner Bronzewarenwerkstatt bei 12stündiger täglicher Arbeitszeit – Samstag eingeschlossen – 1700 Mark jährlich verdiente und »Mann und Weib alle sittliche Kraft anwenden müssen, um sich ehrlich durchzuschlagen«. Hören wir den ritterlichen, immer bedrängten Baron:

»Geduld Poet, und nicht gemuckst!
So heißt die Pille, die du schluckst ...
Dein Volk, wenn dich Diät geplagt,
Hat dir, wie stets, das Brot versagt.«

Seit langem ist Liliencron nun befreit vom verhaßten Staatsdienst »mit seinen Sklavenarbeiten, mit seinen Rücksichtslosigkeiten«, aber nie befreit von bitterlicher Sorge ums tägliche Brot. Nun aber, ermuntert von kaiserlicher Huld, ertönten die Zeitungsfanfaren kräftiger. Endlich steigen die Auflagen seiner Bücher:

»Jetzt endlich hat dein Volk begriffen
Wer du ihm bist, und jauchzt dir zu ...«

konnte Liliencron nun sagen. Die »Ausgewählten Gedichte« erschienen in der 50. Jubiläumsauflage, die »Kriegsnovellen« gar im 138. Tausend.

Festschriften wurden ihm – dem »viellieben Meister« – aus Wien und Jena überreicht. Seine »Sämtlichen Werke« erscheinen in 8 Bänden bei Schuster & Loeffler in Berlin. 69 Bettelbriefe allein erhielt der allzeit selbst Bedrängte und dennoch sorglos bereitwillig Schenkende und Unterstützende auf die Pressenachricht hin, mäzenatische Kunstfreunde wollten ihm eine größere Geldspende überreichen. Die dann auch sogleich – wohl von den Spendern – für Frau und Kinder im Reichsschuldbuch unangreifbar eingetragen wurde.

Sein Haus in Alt-Rahlstedt, 19 Bahnminuten vom Lübecker Bahnhof in Hamburg entfernt, schwankte damals bedenklich unter dem Ansturm der Ovationen. Ströme von Besuchern an zwei aufeinanderfolgenden Tagen wollten empfangen werden. Täglich brachte der Postbote zwei bis vier Bücher, oft Gedichtbände, mit der Bitte um Urteil oder Besprechung: achtlos warf er sie meist in die Schublade. Die Photographen konnten es ihm nicht zuliebe machen: Er habe – so schrieb er – »das Gesicht eines Bierbrauers« auf den Abbildungen. Und empfand nicht Benn seine Korpulenz ein Leben lang als störend, unadäquat; die ihn – nach eigenem Urteil – wie *einen Unteroffizier* erscheinen ließ?

Der neu ernannte Ehrendoktor der Kieler Universität stöhnt unter der Last seines immerfort anschwellenden, kolossalen Briefwechsels. Oder bedurfte er, im Zeichen des rötlich leuchtenden Aldebaran geboren – also einsam und fernab der Menschen – dieser so zerrissen »wie mit abgebrochenem Degen« auf das Papier gebrachten, schwer zu entziffernden Billets, – Notgeschrei meist –, um seiner Bedrängnis ein Fenster zu öffnen?

Richard Dehmel, der zwei Bände ausgewählter Briefe herausgab, schätzt die Korrespondenz Liliencrons auf 40 000 Schriftstücke, wovon ihm über 21 000 durch die Hand gegangen waren.

So finden wir Liliencron – noch bei Lampenlicht – des morgens um 5 Uhr bereits Briefe beantwortend: und dieser Urstrom an brutaler Offenheit und Selbstentäußerung, diese Zeugnisse eines im verborgenen schwelenden Menschenekels, dem die menschenbewohnte Erde, die er so sybaritisch und liebenswürdig, so bodenempfindend und berserkerhaft faßte und die ihn, mit Alter und Ehren zunehmend »dennoch als das Gestirn der Hyänen« niederdrückte; diese documents humains blitzen in die tieferen Schichten, in die – Gott sei es gedankt – Widersprüche seiner seelischen Selbstentblößung und Zerstörung: Durch dieses Tor aus Menschenscheu und prassenden Gelagen, aus bodenlosem Ekel und Menschenhaß treten wir ein, dort, – so Benn – wo dem *fortwährend Gebrochenen des inneren Seins ... dem tragischen Wesen, dem gespaltenen Ich ... lebend am Rande, wo das Dasein fällt und das Ich beginnt ...*; dorthin also wo auch Liliencron von der »Mörderin Einsamkeit die violenblaue Blume« geschieht.

Und trifft dort, – die herrenmäßige Reiterfaust: »Sie will nicht, – und sie muß, sie muß ...« begegnet dort, naiv, unbewußt dem Spiegelbild seines verklärten Abbildes der Wirklichkeit: ... *denn er sieht verklärt ... obwohl er glaubt realistisch zu verfahren ...*

Erahnte, – »O wär es doch!« – für eine Traumsekunde von Nietzsches apokalyptischer Lebensphilosophie ein paar Fetzen, die er in seine Dichtung einschmolz – ein Anhauch nur aus dem Werk dieses Denkers der imperialistischen Epoche, der den »Zarathustra« dichtete, der das ewige Mißverständnis des produktiven Zwangs luziferisch schillernd und anthropologisch tief deutlich machte.

> »Fragt die Weiber, warum sie gebären, sie
> tun es nicht zu ihrem Vergnügen.
> Der Schmerz macht Dichter und Hühner gackern.«

Ein Porträt Nietzsches – neben Napoleon, Bismarck, Kleist, Storm, Byron – schmückte denn auch die Wand seines Alt-Rahlstedter Arbeitszimmers.

Aber es werden nicht diese fast nur erfühlten Verknüpfungen zum Höhengenie aus Sils Maria gewesen sein, die Benn jene Ansichtskarte schreiben ließen. Auch nicht der Publicityrummel des Wiegenfestes: Auf ihn, den zur Zeit des Personenzugs über den Feldweg neben dem Bahngeleise Spazierenden, wiesen die Leute vom Coupéfenster aus: »Das ist unser Baron Liliencron«!

Auch werden den Primaner des Friedrichs-Gymnasiums, dem zwischen Borke und Stamm, zwischen Philologie und Medizin umherirrenden Muli der Philipps-Universität jene Besuche des nunmehr Gefeierten im Nietzsche-Archiv kaum entflammt haben: Dort las Liliencron vor der geistreichen und geistreich sein wollenden Crême der Musenstadt, vor der Großherzogin Carolin, dem Grafen Keßler, Frau Elisabeth Förster-Nietzsche, dem Oberhofmarschall General von Palezieux, vor Heymel und den besten Namen Weimars im Gehrock – alle anderen natürlich waren im Frack – seine Gedichte »im kühlen, unbewegten, gleichmäßigen Tonfall«, – und nicht ohne Honorar: »Ich verlange jetzt 500 Mark und die Reisekosten.« An einem kleinen Tischchen in der Mitte des Raumes sitzend, las er. Hinter ihm leuchtete Klingers strahlende Nietzsche-Büste.

Nein, das alles riß den mit weißen Glacéhandschuhen in Frankfurt/Oder zur Tanzstunde eilenden, den in Marburg bei Wrede Kollegs über mittelalterliche Lyrik hörenden Benn nicht zu dem rundlich untersetzten, neuen poetischen Messias empor. Eher sind konstitutionelle Wahlverwandtschaften zu bedenken: Liliencrons Körperlichkeit, »entsetzlich wärs für mich, säh ich aus wie ein Dichter«, der Hang zur Einsamkeit und jener Hauch Misanthropie schon in der Pubertät; die typologischen Gegensätze der Elternpaare: Liliencrons Vater ein Kieler Zollbeamter »mit normannischem Einschlag«, seine Mutter die behäbig gewachsenen Tochter eines amerikanischen Generals deutscher Herkunft und einer Mutter aus portugiesischem Herzogsblut: Wir kennen die gleichen Spannungsverhältnisse von den Eltern Benns. Und von ferne steht die brasilianische Mutter Thomas Manns, Julia da Silva-Bruhns, »von unverkennbarer spanischer Turnüre«; jene romanisch-germanischen, weit auseinander laufenden Blutströme des uralten Europa, in den Enkeln und Söhnen dann gebrochen, verfeinert, gesteigert zu Ausdruck, Kunst, Genie.

Sich ähnelnde Kindheitseindrücke des Holsteiners und des Preußen »zwischen Roggenfeld und Hecken«, der rote Mohn, die weiße Kamille und hellgelbe Rosen; die blaue Kaiserblume im Schleier feuchtverhangener Gärten; – auch die Taglichtnelke, der Wiesenschnee und – natürlich die Aster .. *die alte Beschwörung ...*: erste lyrische Versuche Benns fallen in diese Zeit: »G.B. – freundlich in der Gesinnung, schwach im Ausdruck. Senden Sie gelegentlich wieder ein« lautete das Urteil der Berliner »Romanzeitung«.

Aber kehren wir zurück in Liliencrons grün umranktes, unter so vielen Demütigungen, Gelderbettelungen nun aber für fünf Jahre gemietetes Haus in Alt-Rahlstedt – Elisabeth Förster-Nietzsche überwies den Nutzungszins vierteljährlich. Zurück auch zur Wilhelmstraße 10, wo Benn damals in Marburg wohnte. Es ist jene »Kaiserzeit« um 1900, in der alles heil, sauber geordnet uns scheint; – und die Moral durch Vatermörder und Patent-Uhrfeder-Corsetten der Frauen oder solche mit Fischbeineinlagen gesichert. Wo die Eier drei Pfennig das Stück kosteten und für uns Nachgeborene das damalige Gefühl der Behaglichkeit und Geborgenheit manchen störenden Mißstand zudeckte.

Es war der Höhepunkt der induktiven naturwissenschaftlich-progressiven Epoche. Die materialistisch-fortschrittlichen Anschauungen triumphierten. Hören wir Benn: *ihre Methoden, Gesinnungen, ihr Jargon, alles stand in vollster Blüte, es waren die Jahre ihres höchsten Triumphes, ihrer wahrhaft olympischen Größe.*

In den letzten zehn Dekaden bis zum Jahrhundertbeginn hatte sich die Bevölkerung Deutschlands fast verdreifacht. Essens Einwohnerzahl nahm dabei von 6 000 auf 300 000 zu, Hamburg wuchs von 150 000 Köpfen auf eine Million: Liliencron lebte am Rande der zweitgrößten Stadt Deutschlands. Lebte am Rande seines täglichen Elends mit »plebejischer Gesundheit«, immer noch voller amouröser Leidenschaften, diesen »kleinen Ausweichungen«; und mit den verhaßten »Bajazzoauftritten« als Vortragender – um Geld – auf Einladung. Ein erster, volkstümlicher Ruhm kam ihm auf Umwegen zu, durch die Hintertür des »Überbrettl«, Wolzogen hatte es, den Geschmack des Publikums zu heben, zum Winter 1901 am Berliner Alexanderplatz eröffnet. »Die Musik kommt«, vorgetragen vom Sänger Koppel nach einer Melodie von Oskar

Straus wurde ein »hit«. Die Leierkastenmänner Spree-Athens hatten es sogleich auf ihren Walzen: »zog da ein bunter Schmetterling, tschingtsching, bum, um die Ecke«? Gottfried Benn kannte dies »Deutsche Chanson« mit seinem »Leutnant rosenrot und braun«.

Und dennoch: Scheinbar nachlässig, eher salopp beginnend, mühelos zu hoher sprachlicher Kunst emporsteigend, voller neugeschöpfter Worte bei stupendem technischem Können, seine Verse. Das war weit fort von allem Platten, Trivialen, Herkömmlichen, dieses »flatternde Geplauder«, das ».. Einfällt der Weltenhimmelfirst«, das »Als stützt Natur die Stirne in die Hände – «.

Wann war »Flußabwärts« je erklungen? Selbst die Galle, blutfestgetrockneter Sporenritz, das Ächzen und Stöhnen der Sterbenden nimmt Liliencron in sein Gedicht hinein. Ja, Kot läßt er auf Rot sich reimen; Jagdgeschichten, Feuersbrünste, Natur, erlebt aus dem Sattel, die moderne Maschinenwelt wurde ihm versfähig: Schornsteintürme, Güterwagen, Eilgutformulare, Lokomotiven, der Schaffnerpfiff und die Gasflamme in den Coupés:

»Fortfortfortfortfortfort drehen sich die Räder
Rasend dahin auf dem Schienengeäder ...«

Wohin wohl? Er sprach es aus, kein Hans der Schwärmer, dem noch, auf der Hochzeitsreise, »hingegossen in die Polster einer alten Mietskarosse, Küsse mit der allerschönsten Herrin ... tauschend« der Schaffner vom Hochsitz des letzten Wagens – »Kurierzug aus Nüchterna«, – ironisch »huldvoll seine Grüße zuwinkte«.

Wohin also ging die Reise? Mit bezwungener Lippe, zurückgenommen, sprach er es vor sich hin: »Zwanzigstes Jahrhundert«. Dies war also der Mann nach dem Herzen des emporsteigenden technischen Zeitalters, Liliencron, der die industrielle Revolution in die Lyrik brachte, so selbstverständlich wie die Natur. Er, der »von Holdchen zu Holdchen schweben schien«, legt

»Durchs Telefon eine frische Rose
Auf die welken Hände des Bettlerkindes.
Schluß!«

Und ruft beim »Stapellauf« den »Erfindern von technischen Wundern« ein »Hoch aller Arbeit, die rastlos gehämmert« zu.

Und ist zugleich Surrealist. Schickt seinen utopischen Geist auf kosmische Reise, im »Poggfred«, seinem Schmerzenskind. Türmt – ein anderer Chirico – in der »Sündenburg«

»Turm auf Türmen und Terrassen
Und Loggien, Hallen, Säulengassen,
Zugbrücke, Grotten, Gärten schweben ...«

und sieht sich selbst in einer Reihe mit Mörike und Storm.

Wir begreifen, welche Seelenverwandtschaft, eine Chemie der Gefühle und des telepathischen Einverständnisses – für einen Augenblick – den einsam dichtenden »im Ausdruck noch schwachen« Gottfried Benn, von den Marburger Vorlesungen des Neukantianers Cohen, durch Bad Bolls theologisches Orakel Blumhardt zur Medizin Entlassenen, mit der Lyrik des Hochgefeierten verband. Und der Liliencrons eher schüchtern ins Bild gebrachte Ästhetik der Technik und damit des Häßlichen, den Geruch des Lebensekels, auch das lyrisch Widerwärtige erahnte. Oder hatte der Zeitgeist – Benn eingeschlossen – die Witterung angenommen in Richtung auf eine neue Formenwelt? Die ihren vollkommenen Ausdruck findet im Absoluten einer Schiffsschraube, in einem U-Boot oder Düsenflugzeug? Das Kaufhaus fähig zu provokativen Illusionen, der Supermarkt als Kathedrale unserer Zeit? Und das Glücksgefühl – sicher zu stehen im Unendlichen – gegen bar gekauft?

Lebt nicht die Kunst am liebsten dort, wo sie keiner erkennt? Die neuen Strukturen, von den Naturwissenschaften auf den Weg gebracht? Hier, in der Eiform des Atomreaktors oder der Erhabenheit einer Bohrinsel, diesem Tempel auf Stahlsäulen: Wäre hier das Bewußtsein der neuen Wirklichkeit formal zur Vollendung gebracht? Wäre d i e s – vielleicht – die große Kunst, die Mythe unseres Säkulums?

An einer Stelle, wo niemand sie sucht, bindet Benn die *Ausdruckswelt* in ihrer durchaus metaphysischen Sehnsucht, dem nie gelöschten Heimweh nach *Didos Zeiten ... wo sich die Seele tränkt* in ein Bild: *die Hermen oder der Daimlerflug.*

Kunst ist weder gute Absicht noch fortschrittliche Gesinnung. Einzig die Formvollendung ist es, die ein Werk über das Triviale hinaushebt und es als Ausdruckswelt mit dem Adel einer neuen Wirklichkeit versieht:

Form nur ist Glaube und Tat,
die erst von Händen berührten,
doch dann den Händen entführten
Statuen bergen die Saat.

So werden wir es – gereifter – eines Tages hören.
Aber »alle Weltveränderung resultiert aus der Maschine«.

S i e ist Schicksal. Und doch: leben wir nicht in einer aufgehellteren Welt als all die Zeitalter zuvor? Sind unsere Kenntnisse nicht größer? Auch dürfte – als ganzes gesehen – eine läßlichere M e n s c h l i c h k e i t eher zugenommen haben: all dies ein Verdienst jener Wissenschaft, die im Begriffe ist, sich an uns zu rächen.

Wo denn auch das Abstoßende, Provozierende, Eisenbahngeleise, Fabrikschornsteine, Dampflokomotiven und – die *Morgue* ihren Platz haben. Denn »alles ist glatt und gefährlich auf unserer Bahn«. Nur »ist das Eis, das uns noch trägt so dünn geworden: – Wo wir noch gehen, wird bald niemand mehr gehen können«. So tönt es aus Sils Maria.

Solange die Normen vertraut bleiben, in einer traditionsgebundenen Periode, sie sei lang oder immer kürzer, empfinden wir die Werke der Kunst, der Lyrik in unserem Falle, als schön. Schlimmstenfalls, so dem Vorrat an Einfällen, an Originalität nichts mehr hinzugefügt werden kann, was nicht schon da war – *die Stile erschöpft* – als Kitsch.

Auf diesem Grat sehen wir Gottfried Benn, in unverkennbarer Eigenheit; zwar den Finger gehoben zu anderen Gipfeln, ein kurzes Wegstück nur Detlev v. Liliencron folgen. Jahrzehnte später noch, in den Briefen an Elinor Büller erinnert er sich des »Poggfred«, zitiert – am 29. Mai 1935 – die Schlußzeile des vierundzwanzigsten Cantus: »Vadder, un sien Familj. Klein Abel lacht: Papa, hat Du mich auch was mitdebacht«.

Wirklich bedeutende Werke, die eine neue Sehart, ein neues Empfinden inkarnieren, die den altgewohnten Normen kein Plüschkissen der Gewohnheit mehr unterschieben, sie bleiben entweder unverstanden »der Zeit voraus«, – oder aber sie werden als häßlich empfunden. Wobei wir, mit der neu zu gewinnenden Ästhetik des – noch – als häßlich Beschimpften einem Gespräche Picassos mit Gertrude Stein folgen: Der Name Picasso taucht ja merkwürdig früh im *Vermessungsdirigent* – 1916 geschrieben – bei Benn auf.

Hoch hinaus, über Liliencrons Reiterpoesie führt am Ende diese Gratwanderung. Vorbei an Baudelaires Ästhetik des Bösen, seinen Cannabis-entbundenen paradis artificiels. Weit fort von der impressionistischen Nuancierungskunst des Holsteinischen Barons: Bald sitzt Benn im eigenen, radikalen Sattel.

Aber im Mantelsack des von unbändigem Haß gegen die bespieene Väter-Generation gestachelten Pegasus, dem bis ins Aberwitzige getriebene Ich-Gefühl findet sich eine erstaunliche Wegzehrung, ein verblüffender Vorrat an Bildern, Vorlieben, alter Last und nostalgischem Gerümpel. Hin bis zur sanften, über die Dinge hinwegmusizierenden Dämpfung aller Leidenschaften; – wohl *thalassalische** Regressionen. Oder ein schmaler Vorrat Benns und Liliencrons gemeinsamer Strukturmerkmale?

Wir treffen Benn und Liliencron wieder in Gärten, vor Tulpenbeeten, vor dem Apfelbaum. Sie nehmen das Veilchen in die Strophe hinein. Liliencrons »mächtige, deutsche Pappel«, bei Benn *verhalten, ungeöffnet in Ast und Ranke ... dämmert, ein Tal mit weißen Pappeln, ein Ilissios mit Wiesenufern ...*

Die Rose, Metapher des Widersprechlichen und Unmöglichen zugleich, wird sorgsam benannt: sei es Liliencrons Niphetos-Rose, die 100blättrige, schneeweiß geborene Seelenrose; sei es die »Souvenir de Malmaison«. Oder gar die vornehme, zartgelbe »Marschall Niel«, *an schwarzen Marmorsärgen* ruhend.

Wir finden diese schönste unter den Teerosen bei Benn wieder in *Schutt* als *Maréchal Niel der Lüge* – :

Komm, es fallen die Rosen
Götter und Götter-Spiel
... funkelnd von Flor ...

Vergessen wir nicht das Bild des dem Styx zuwandelnden *alten Spinnenmannes*: diese Metapher begegnet uns als »alter Spinnrich Tod« in Liliencrons »Ist das alles«. Wie man überhaupt vermuten darf, daß Liliencrons Antike-Verständnis – ironisch gebrochen – für Benn förderlich gewesen ist. Denken wir nur an Liliencrons »Hadesfähre« oder sein »Acherontisches Frösteln«: ein Benn und Liliencron eigentümlich gemeinsames Lebensgefühl.
Und schwingt nicht in Benns:

Du sollst die braune Hand des Gärtners sein
im Herbst, die all die warmen Früchte fühlt ... –

ein lang zurückgehaltenes Echo jener Liliencron-Zeilen

»Dann wirst du wohl ein stiller Gärtner sein
Der Rosen bricht
Und all die Kränze, all die Kränze dein
Sind ein Gedicht.«

Benn, der eher zurückgenommene Bewunderer klassischer Musik – *Tosca sagte ihm mehr als die Kunst der Fuge* –, hört im wirbeligen *Nachtcafé*:

H Moll: Die 35. Sonate.
Zwei Augen brüllen auf:
Spritzt nicht dies Blut von Chopin in den Saal, ...

Derweil für Liliencron im Landgasthaus »nach einer wilden, wüstdurchzechten Nacht« ein junger Freund die G-Moll-Ballade-Chopins spielt.

Und beide sind erschüttert, »überrascht« von Beethovens Neunter Symphonie.

War es nur die Lungenkrankheit Klabunds, die Benn – oft als Arzt gerufen – mit dem Veilchenliebhaber und Apothekerssohn aus Crossen zu den letzten Worten des *Krankheitskameraden* Chopin trieb? Zu jenen »verräterischen Einblicken«, aufgenommen in die *Statischen Gedichte*: *Meine Versuche sind nach Maßgabe dessen vollendet, was mir zu erreichen möglich war*?

Auch führt eine eigentümliche Verfeinerung – eine Duftspur – von Nietzsche über Liliencron zu Gottfried Benn: ich meine, die Freiheit jener drei, sich zu parfümieren.

Wobei Liliencron – »von einer alten Liebessache her« – neben sehr diskretem Gebrauch des von Houbigan für die Kaiserin Eugenie geschaffenen »Peau D'Espagne« das »Eau de Cologne Imperiale« bevorzugte. Mit jener Hesperiden-Note, gezogen aus Zitrusextrakten, Blumen und Eisenkraut von Pierre F. P. Guerlain, eine kühle, hochkultivierte und elegante Duftkomposition.

Nicht zu verwechseln mit Kölnisch Wasser, »4711«. Dessen rasch verfliegender Anhauch eher Distanz, Frische und täglichen Wäschewechsel signalisiert; und damit kaum der Vorstellung Benns vom ältesten Sinnesorgan entsprochen haben dürfte. Ist die Geruchsempfindung doch befähigt – ein Schlüssel der Seele –, vor die mythischen Tiefen des Riechhirns zu treten und Blaubarts Tür zu öffnen.

Nietzsches Schwäche für Parfüm ist durch Prof. Mähly, seinen Fakultätskollegen aus Basel bezeugt: In seinen Erinnerungen an Friedrich Nietzsche schreibt er: »Auch die sorgsame Pflege, die er auf sein Äußeres verwandte ... mochte ihnen imponieren ... Auch daß gewöhnlich ein Wohlgeruch von ihm ausströmte, war bei der im Schulzimmer und Hörsaal brütenden Atmosphäre ihm nicht als Sünde anzurechnen, im Gegenteil ...«

Gottfried Benn aber nahm nicht nur *duftende Seife*, eh er zu der Geliebten eilte: Alice Schuster erinnerte sich seines überkorrekten Anzugs und aller Wohlgerüche Arabiens, in Überdosis, die ihn einhüllten. Auch ließ Benn sich gern – so ein bescheidenes Präsent zur Weihnachtszeit schicklich war – von den Apothekern Parfümflakons schenken. Duft – auch *bisamartiger* Dufthauch, findet sich häufig in seinen Gedichten.

Wohl, diese zwischenhirnlichen, unbewußten Gemeinsamkeiten peitschten ihre Voluptia. Es gab Liaisons, nicht eben wenige, auch von Rang, sehr unterschiedlich eingeschmolzen ins Gedicht. Wenn Liliencron – zu Unrecht – als »ursprünglicher« Mensch verstanden wurde, »dem Weib Bauerndirne bedeute, Liebe ins Heu werfen« –, so ist auch Benn zu diesem Punkt nicht erklärt mit schnoddrigen, manchmal melancholischen, Unbehagen bekennenden Briefstellen *für warmes Leben, Zungenkuß, Seitensprünge ...*

Kaum jedoch verbindet beide ihr Offiziersberuf: Ovationen Benns auf den Kaiser gibt es nicht. Wennschon eine wehmütige Erinnerung an Anstand, Haltung, Stil des Königlich-Preußischen Offizierskorps hin bis zur Deutschen Wehrmacht – seiner Reaktivierungszeit – immer erhalten blieb.

Blicken wir in heute bekannte Anthologien hinein, Gedichtsammlungen, die den Charakter ansprechen wollen, nicht den Geschmack, so wird uns bestätigt, was das ahnende Gemüt, das Erhellung, Entrückung und überwölbende Wortmagie in neuen Bildern suchende Herz – was auch Gottfried Benn zu Detlev v. Liliencron zog: Ein herrliches Angebinde seiner Gedichte, von: »Auf die Terrasse war ich hinbefohlen« über »Wenn sanft du mir im Arme schliefst, ...« bis hin zu »Tief liegt das Dorf in seinem Frieden ...« schmückt, siebzehnfach gewunden, das hochgestufte, von Richard Luksch entworfene, Blüten-Mädchen gekrönte Jugendstil-Grabmal auf dem Alt-Rahlstedter Friedhof.

Wie erinnert sich Benn damals, entschlossen die blau paspelierten Tressen am Rock des Kaisers zu tragen, schon auf dem Wege von Marburg nach Berlin, nach mehr als einem halben Jahrhundert:

das Herz stieg auf, noch nicht das alte jetzt
das junge noch, nach einem Wandertag,
...
den Rucksack unter den Kopf,
die beide nichts enthielten
als für des nächsten Tags
Gelegenheiten.
Ein Paar Schuhe. Ein Musensohn.
Damals war Liliencron mein Gott,
ich schrieb ihm eine Ansichtskarte.

Bewacht, gefesselt des Kindes Glieder schon
durch Liebe, die nur Furcht war; ...
Aber ich will mein eigenes Blut.
Gottfried Benn *(Söhne)*

Fünftes Kapitel

Zwischenspiel

Marburg – Bad Boll – Berlin

Ja, die Szene spielt auf dem Perron des Anhalter Bahnhofs in Berlin. Pastor Gustav Benn, der Vater, trifft seinen Filius, zufällig vielleicht, zwischen zwei Zügen. Harsch läßt er Gottfried an, wegen seines verbummelten Philologie-Studiums in Marburg. Der Sohn ist trotzig: *Vater, laß mich Medizin studieren, dann werde ich auch richtig arbeiten*. Man trennt sich im Streit.

Wie kam es dazu? Und wie ging es weiter? »Mit den besten Wünschen für sein ferneres Wohl« hatte man dem 17jährigen in Frankfurt/Oder sein Zeugnis der Reife überreicht, ihm »redliches Streben« und »eine erfreuliche Kenntnis des antiken Lebens und Denkens« attestiert. Die Schlußbemerkung lautete: verläßt die Anstalt »um Medizin zu studieren«.

Gottfried war der erstgeborene Sohn der auf sieben Köpfe angewachsenen Geschwisterschar, von der Hans-Georg bereits im dritten Lebensjahr an Meningitis tuberculosa – wir hörten es – verstorben war. Gottfried wurde in dem Haus in Mansfeld geboren, in dem sein Großvater bereits als Seelsorger gelebt hatte. Es schien selbstverständlich, daß der Älteste in diese Abfolge protestantischer Pfarrherren sich einfügte, – aber Gottfried entschied anders. Sicher gegen den Willen des Vaters, der seinen Sohn bereits in dieser Reihe gesehen hatte. Unerfreulich, verschlossen gegeneinander haben wir uns die Ferienwochen in Sellin zwischen *Jerusalemhölzern und Golgathakränzen* in Zimmer und Haus des Pfarrherrn zu denken. Mochte die Mutter auch schlichten, besänftigen. Der

Hausvater bestimmte: Wennschon nicht Gottesgelehrsamkeit, dann sollte Gottfried Philologie und nebenher nur Theologie studieren. Das war bei den beschränkten Mitteln eben noch zu leisten. Ein Medizinstudium war zu teuer. Auch dauerten Studium und Ausbildung bis zur ökonomischen Selbständigkeit zu lange, darin war dem Vater recht zu geben.

Was Gottfried im abgeschlossenen Kreis des Friedrichs-Gymnasiums, der dörflichen Stille Sellins – 700 Einwohner – hin zur Medizin gelenkt hat, wir wissen es nicht. Kaum dürften es die spärlichen Hinweise aus dem Wilamowitzschen »Griechischen Lesebuch« zur Synopsis von asklepianischem, gebildetem Arzttum, Kultur, auch Sprache gewesen sein. Vielleicht jener Onkel, der einige Meilen Elbstrom abwärts, in Lenzen als Arzt lebte? Die Familiengeschichte bleibt stumm. Auch der späte Benn, autobiographisch nicht unergiebig, schweigt hierzu.

Philologie also. Aus Vater Benns Berliner Studienzeit stammende Beziehungen halfen weiter: Der »Cartell-Verband der Akademischen Turnvereine«, jetzt – 1903 – in Korporation »Turnerschaft« umbenannt, half: Gottfried bezog, nicht eben freudig, *entgegen (s)einer Neigung* zum Wintersemester eine Studentenbude in der Wilhelmstr. 10 bei der Familie Reinhard in Marburg.

Marburg und die Alma mater Philippina: Die Stadt, kaum über 17 000 Einwohner zählend, noch von Ortega y Gasset, der dort bis in die ersten Weltkriegstage hinein Philosophie studierte, als klein beschrieben, »an einem dunklen, schwerfälligen Fluß« gelegen. Nennenswerte Gewerbeeinrichtungen gab es nicht. Marburg mag von unserm ostelbischen Gymnasiasten als gotisch oder als ein verwinkeltes Duodezfürstentum-Städtchen empfunden worden sein, nie nennt er den Namen. Erst 50 Jahre später, dort zu einem Vortrag eingeladen, erwähnt Gottfried Benn zum Schluß der Lesung über *Probleme der Lyrik* seine zwei Studiensemester in der Lahnstadt – nicht eben erinnerungsbeladen: eine kleine Verbeugung vor seinen Gastgebern, Benn war selten unhöflich. Denn Frankfurt/Oder schien gegen diese im Kasseler Regierungsbezirk gelegene Kreisstadt schon beinahe hauptstädtisch, mit ihren 62 000 Einwohnern, gradlinigen, breiten Straßen, dem deutlich an einem bescheidenen Wohlstand erkennbaren Gewerbefleiß.

Immerhin, die Zahl der Studierenden an der Philipps-Universität lag um eineinhalb Tausend. Wie überhaupt diese aus den theologischen Bedürfnissen der Reformationszeit heraus sich entwickelnde Hochschule der Stadt Glanz und Ausstrahlung verlieh. Namentlich nach dem großen Aufschwung, den sie unter preußischer Herrschaft genommen hatte. Die neukantianische Bewegung besaß in der philosophischen Fakultät, vertreten durch Hermann Cohen und Paul Natorp ihre herausragendsten Vertreter, als »Marburger Schule« bekannt, mit Ausstrahlung über das ganze Reich. Emil von Behring, Mediziner und Hygieniker, hatte für die Entdeckung des Diphtherie-Heilserums und der Tetanus-Antitoxine – damals nicht seltene und gefürchtete Krankheiten – zwei Jahre vor Gottfrieds Immatrikulation den Nobelpreis für Medizin bekommen. Die Philipps-Universität genoß mit diesen Koryphäen eine glänzende Reputation und konnte sich, auch was die Studentenzahl betraf, mit Göttingen gut vergleichen. Die Wohnung des stud. phil. Gottfried Benn, mehr südlich, außerhalb des alten Stadtkerns gelegen, war nur wenige Gehminuten vom Universitätsgebäude entfernt. Auch dieses war im neugotischen Stil erbaut.

Ging er zu den Vorlesungen, zu Professor Cohen etwa über neuere Geschichtsphilosophie oder zu Professor Elster, der u.a. über »Poetik und literaturhistorische Methodenlehre« las; besuchte er kirchenhistorische Kollegs von Johannes Haller oder Carl Wirbt, so streifte sein Blick das gotische Schloß auf dem gegen das rechte Flußufer sich abflachenden Bergrücken. Die vom Deutschen Ritterorden im reinsten frühgotischen Stil gegründete Elisabeth-Kirche, über 600 Jahre alt, war eine Zierde der Stadt. Nichts von alledem dringt zu uns. Kein Brief, kein studentenfroher Ausbruch Benns ist überliefert. Gottfried schweigt, jetzt und auch später. Dennoch ließ er sich für die Familie, für seine Schwester Ruth offenbar, photographieren: korrektes Nadelstreif-Jackett, Gilet, das gemusterte Plastron von einer seitlichen Agraffe gehalten, hoher, halbsteifer weißer Kragen – kein Sturm- und Drang-Anzug. Verschlossen das Gesicht, volle Lippen, die Oberlippe ziert der Anflug eines Bärtchens, kräftiges, nach der Mode kurz gehaltenes Haar, Mittelscheitel. Die Nase stark, die Züge noch weich, jugendlich gerundet. Der Neunzehnjährige hält an sich, öffnet sich nicht, ist selbstbewußt. Kein Anhauch eines sozial depravierten armen Dorfpfarrerssohnes, Gottfried leidet nicht am Outcastsyndrom.

Vielmehr schreibt er Gedichte, wie viele es tun, hat aber den Mut, Urteile darüber einzuholen: Die »Deutsche Roman-Zeitung« in Berlin-Lichterfelde hält hierfür eine Rubrik bereit: An jenem Marburger Vortragsabend, 47 Jahre später, *ein Bundesminister, zwei hessische Minister, viele Universitätsrektoren ...* waren anwesend, erinnert er sich an die Antwort Otto von Leixners, des Redakteurs, auf die er *zitternd einige Wochen* gewartet hatte: *Stud. G.B. in M. Warmes Gefühl, unzureichender Ausdruck ...* Und zitiert weiter, berühmt nun, ein Fünfundsechzigjähriger, *senden Sie gelegentlich wieder ein.*

Marburg aber, der Versuch, *die Philologie zum Hauptzweck seines Lebens zu machen*, ist ein Mißerfolg. Und Gottfried setzte den Hebel, seine Existenz zu verändern, dort an, wo er seinen Vater beeinflußbar glaubte: Nicht mit ihm sprach er sich aus, dagegen finden wir seinen Namen zum Ende des Wintersemesters 1904 im Fremdenbuch von Bad Boll. Fünf Tage später folgt ihm sein Frankfurter Schulkamerad und langvertrauter Selliner Bekannter Heinrich Graf v. Finckenstein, der in Bonn Jura studierte. Eine offenbar abgesprochene Bittreise zu Christoph Friedrich Blumhardt, dem Sohn des charismatischen Wunderheilers Johann Christoph Blumhardt, der durch einen zweijährigen *Gebetskampf* eine hysterische Frau, eine Besessene aus den Tälern des Schwarzwaldes zur Genesung geführt hatte.

Die Blumhardts und Bad Boll: Diese eigentümliche Form des späteren Pietismus, die Hinwendung zu Abweichungen des menschlichen Seelenhaushalts, den man durch Bußübungen und Erweckungsséancen auf den rechtgläubigen Pfad gottergebener Tugend zurückzuführen suchte: Ausfluß des damals die Geister bewegenden Mesmerismus und des tierischen Magnetismus. Jene dem modernen Pietismus eigene strenge Rechtgläubigkeit fügte sich ohne Bruch in die ihn begleitende Opposition gegen allen Rationalismus ein. Deshalb wohl auch die ungebrochene Anziehungskraft, welche unsichere, seelischen Halt und Stütze suchende

Psycholabile, durch Bußkrämpfe nicht Erleichterte, oder vor wichtigen Lebensentscheidungen Schwankende nach Bad Boll zog, Erleuchtung und Hilfe zu finden.

Diese besondere Spielart der württembergischen, gegen die dogmatische Stockung des religiösen Lebens gerichtete Frömmigkeit, die auch in Berlin, in Wuppertal, in Halle zahlreiche Anhänger und begeisterte, konventikelbildende Vereinigungen fand, muß bereits dem Großvater Gottfried Benns geläufig gewesen sein. Schickte er doch seinen Sohn Gustav, Gottfrieds Vater, als Theologiestudenten auf die Frankeschen Stiftungen nach Halle, einer Hochburg pietistischer Glaubenslehre.

Wie die Trossiner gräfliche Familie, die v. Finckensteins zu dieser eher asketischen Form des Kirchenglaubens kamen, muß uns zunächst verborgen bleiben.

Die religiöse Ausstrahlung dieses Blumhardt-Kreises war immerhin so stark, daß Gustav Benn vor seiner Eheschließung für kurze Zeit Erzieher der Blumhardtschen Kinder in Bad Boll wurde. Wir dürfen also ein Vertrauensverhältnis zwischen beiden Familien voraussetzen, das sich ja in der Folge bewähren sollte.

Der 17jährige, unwillige Philologiestudent aus Marburg wird gewußt haben, wem er seine Seelennot anvertrauen konnte; sollte doch Blumhardt Zuträger seines Halbentschlusses, seine Lebensverhältnisse total zu verändern, an seinen Vater sein. Wenn schon Studium, dann Medizin und Naturwissenschaften.

Der fünf Tage nach Gottfrieds Eintreffen in Bad Boll sich anmeldende, etwa gleichaltrige Heinrich Graf von Finckenstein konnte Benns Absicht durch das Gewicht seines Namens und des väterlich gräflichen Einflusses auch bei ablehnend beschiedenem Bittgang nur nützlich sein: ist ein abgeschlagenes Vorgeplänkel, ein glücklich ausgeführter Rückzug doch oft die Base zukünftiger Siege.

Der jüngere Blumhardt, Mentor der Bennschen Familie und auch ihr Orakel, wußte also um die Spannungen in der Selliner Pfarrfamilie und konnte sich mit dem Vater Benn, der Bad Boll im November des gleichen Jahres besuchte, darüber aussprechen.

Von welch unsichtbaren Fäden gezogen die Dinge sich nun entwickelten, wir wissen es nicht. Aber wir finden Gottfried im Wintersemester dieses Jahres – wir schreiben 1904 – in Berlin, genauer in der Neuenburgerstraße 1a, vier Treppen hoch wohnend, immer noch an der Philosophischen Fakultät inskribiert. Das Philologie-Studium? Wir hören wenig, eigentlich nichts davon. Fast könnte man den Verdacht haben, diese Umsiedlung in die preußische Metropole wäre ein Zeichen sinkenden väterlichen Widerstandes gegen Gottfrieds naturwissenschaftliche Ambitionen, – nach jener Konsultation im schwäbischen Schwefelbad Boll. Eine Art Wartestand bis zur Bewilligung einer Freistelle an der – Pépinière. Unterstützt – vielleicht – durch Zeugnis und Gutsage des Trossiner Grafen von Finckenstein und des Herrn von Rohr, Pastoratsherren der Kirche von Sellin.

Von Berlin wissen wir nur von einer Nietzsche-Vorlesung, die Gottfried im Sommersemester 1905 belegt hat, bei Richard M. Meyer, einem illustren Mitglied der an bedeutenden Köpfen nicht eben armen philosophischen Fakultät der Friedrich-Wilhelms-Universität.

Halten wir dieses Faktum fest. Nietzsche war, von seiner Schwester Elisabeth gepflegt, erst fünf Jahre zuvor in Weimar verstorben. Sollte dieses Kolleg Epoche bei unserem jetzt 19jährigen gemacht haben?

Seltsam dunkel bleibt uns diese dreisemestrige Zäsur zwischen Schulabgang und Eintritt in die Pépinière, wäre da nicht ein Brief, aufgefunden lange nach Gottfried Benns Tod, den der 19jährige an Carl Busse richtete. Busse war damals einflußreicher Journalist, Groß-Kritiker, Romanautor und Lyriker der Spreemetropole.[4] Jener Brief, eine Hilfe und Bestätigung suchende Eruption, schrecklich erhellend, in welch himmelschreienden Nöten und inneren Bedrängnissen, hin bis zur Irrsinnsfurcht sich Gottfried befand – und kein Ausweg.

Wir schreiben die ersten Februartage des Jahres 1905. Es ist tiefer Winter in Berlin. Frost, das Thermometer sinkt bis auf minus 11° C. Wenn Gottfried zum Kolleg ging, kam er, den Belle-Alliance-Platz, in dessen Nähe er noch während des Krieges Praxisräume bezog, hinter sich lassend zur vollbelebten Friedrichstraße, die ihn schnurstracks zur Straße Unter den Linden führte. Rechts davon lag die Staatsbibliothek. Früh geöffnet. Man stieg die Stufen des imperialen Treppenhauses empor, kam zum Lesesaal. Es war warm dort.

Gottfried Benn (1905)

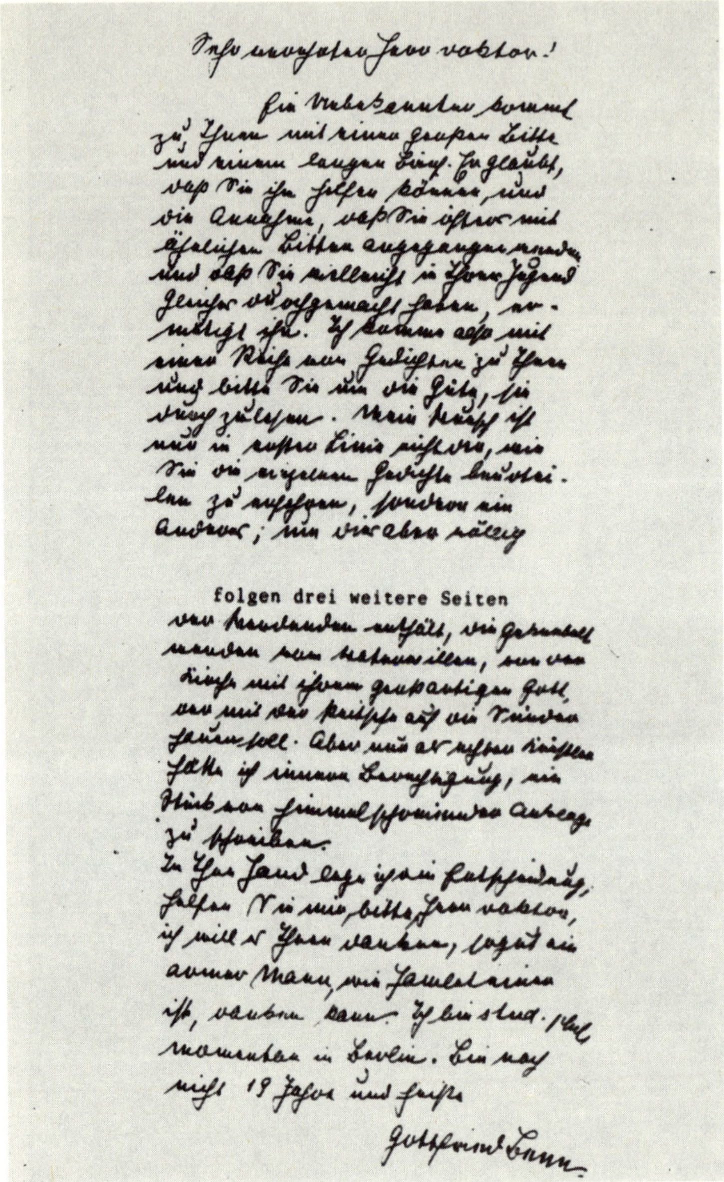

Sehr geehrter Herr Doktor!

Ein Unbekannter kommt zu Ihnen mit einer großen Bitte und einem langen Brief. Er glaubt, daß Sie ihm helfen können, und die Annahme, daß Sie öfter mit ähnlichen Bitten angegangen werden und daß Sie vielleicht in Ihrer Jugend Gleiches od. durchgemacht haben, ermutigt ihn. Ich komme also mit einer Reihe von Gedichten zu Ihnen und bitte Sie um die Güte, sie durchzulesen. Mein Zweck ist nun in erster Linie nicht der, wie Sie die einzelnen Gedichte beurteilen zu erfahren, sondern ein anderer; um dies aber näher

folgen drei weitere Seiten

der brennenden [illegible], die geweckt wurden vom Vaterwillen, von der Kirche mit ihrem grausamen Gott, der mit der Peitsche auf die Sünder hauen soll. Aber nun [illegible] hätte ich immer [illegible], ein Stück von himmelstürmender [illegible] zu schreiben.

In Ihrer Hand liegt jetzt die Entscheidung, helfen Sie mir, bitte, Herr Doktor, ich will es Ihnen danken, so gut ein armer Mann, wie [illegible] ist, danken kann. Ich bin stud. phil. momentan in Berlin. Bin noch nicht 19 Jahre und heiße

Gottfried Benn

Brief Gottfried Benns an Carl Busse
vom 7. 2. 1905

Still saß man am hell erleuchteten Tisch, arbeitete, blätterte. Wonach suchte Gottfried Benn dort? Nach dem *traumbeladene*(n) *Wort*?

Die Monatshefte von Velhagen und Klasing lagen aus. Vielleicht nahm der unwillige Philologiestudent das Februar-Heft in die Hand, schlug die Spalte »Neues vom Büchertisch« auf und las – das ist gewiß – hier die von Carl Busse geschriebene Rezension der ersten beiden Bände des an den Folgen eines tuberkulösen Blutsturzes verstorbenen Vaganten-Dichters und Else Lasker-Schüler-Freundes Peter Hille.

Etwas muß Gottfried angesprochen haben in dieser eher abwertenden Besprechung: vielleicht das Wort »Dichterseele«, das Carl Busse benutzte? Er war voller Zwiespalt, beinahe Haß seinem Vater gegenüber, dem Selliner Pastorenhaus auch, wo *die Sorgen und Gebete ihn kleingemacht* hatten. *Heißt Sohn sein: sich höhnen lassen von seinem Blut*?

Mit solchen Gedanken angefüllt können wir uns Gottfried am Lesetisch der damals noch Königlichen Bibliothek an jenem Wintertage denken, – und ein Packen Gedichte lag in seiner Schreibtischschublade. Da hinein nun Busses scharf aburteilende Besprechung der dunklen, formlosen, eruptiven Wortgebilde »dieses Mannes, der unfähig war zu dichten«. Bis der Kritiker dann unvermutet abhebt und Peter Hille »als Erscheinung völlig einzigartig und von erdfremden Küsten ...« charakterisiert und in den wirren Fragmenten seiner poetischen Produktion die »Dichterseele« ahnt.

Gottfried las das, es sprang ihn an, lockte: »Dichterseele« war der »Halbnatur« Hilles bestätigt: Ein Künstler – auch er!

Nie wieder hat Gottfried Benn seine

.. Spaltungen, den Riß, die Übergänge
den Kern wo die Zerstörung

ihm gefährlich nahe waren, so rückhaltlos geoffenbart. Wir lesen in jenem am 7. Februar 1905 an Carl Busse geschriebenen Brief den Beichtkrampf eines seine Adoleszenz abschließenden Pastorensohns aus einem dem Pietismus nahestehenden Pfarrhaus. Hier sucht jemand sich zu befreien *vom Vaterwillen, von der Kirche und ihrem großartigen Gott, der mit der Peitsche auf die Sünder hauen soll.* Will sich retten *aus den Banden, die* (der Vater) *durch Religion und Kirche um mich geschlagen hat.* Ein großartiger Ausbruch: ein junger Mensch, 18 Jahre alt, entwirft vor uns das Panorama seines zukünftigen Lebens. Künstler will Gottfried werden. Siebenmal schreibt er es in jenem Brief heraus: *Künstlerseele*, *Künstlertum*. Ob er *ein Recht zu dieser blutigsten heidnischen Sehnsucht hat,* will er von Carl Busse erfahren. Seine beigefügten Gedichte will er nicht beurteilt wissen auf Schönheit, Originalität, Druckreife. Er will erfahren, ob in seinen Sachen *ein Funken wahren, echten Künstlertums* steckt, wie es der Romancier und dichtende Kritiker selbst dem unzugänglichen Peter Hille bestätigt hat. Er gesteht seine *große Sehnsucht nach Leben und Schönheit.* Leidet, weil all dies *kein Mensch ahnte und half.* Und hatte Furcht, ein Philister zu werden *voll bitterer Skepsis*; zu empfinden wie *alles zusammenbricht zu einem großen Trümmerhaufen* –. Ja, es bricht, fast immer. Und es ist das Wunder des großen Menschen, daß er seine Jugendträume herüberrettet ins Leben.

Gottfried Benn aber hielt aus, machte fertig. Hatte, wie er aus der Winterstimmung jenes Februartages heraus schrieb, seinen *jüngsten Tag arrangiert*, rettete sich vor den *groben Hufen des Rosses Dilettantismus*, rettete auch *die feinen, faserfeinen Schwingungen der Seele*, einer Dichterseele, wie wir nun wissen.

Carl Busses Antwort: Wir kennen sie nicht. Die von Gottfried Benn beigefügten Gedichte sind verschollen. Wie immer auch die Antwort gelautet haben mag – und der Kunstrichter konnte sehr deutlich werden: Es liegt im Geheimnis der Beichte, den um Hilfe, um Klarheit Bittenden Entspannung zu gewähren. Das gesprochene Wort löscht aus und kehrt als Tat zurück:

Ich dulde keine Götter neben mir.
... Laß mich tanzen!

Dies war der Weg Gottfrieds – und er ging ihn.

Der Vater mochte, nach solchen Ausbrüchen des Sohnes und nachweislich verbummelten Kollegbesuchen, nach Kenntnis wohl auch der aus Bad Boll ihm zugeflossenen Auskünfte und Überlegungen; vielleicht auch in geheimer Kenntnis der jeden Vater ängstigenden Künstlersehnsucht seines Ältesten, dem medizinischen Ausweg zugestimmt haben. Um so mehr, als Ausbildung, Unterbringung und die nähere Zukunft eines Pépinière-Zöglings gesichert schienen und ihn finanziell nicht belasteten. Auch war zu hoffen, daß die Realien und Härten, die Notwendigkeiten und Pflichten des ärztlichen Berufes den Pegasus Gottfrieds weg von den blühenden Auen am kastalischen Quell, hin zu den Nahrungs- und Lebenssubsidien versprechenden Wassern des Spreeflusses führen würden. Sein Universitätsmatrikel der Philosophischen Fakultät finden wir nach dem Sommersemester wegen Unfleißes gelöscht. Offenbar war er bis zum Äußersten gegangen: um Michaelis, genauer am 20. Oktober 1905, trug er sich in die Stammliste der Kaiser-Wilhelm-Akademie für das militärärztliche Bildungswesen ein, war stud. med.

Warum, so fragen wir, zog es ihn von den läßlicheren Geisteswissenschaften, die ein breites Umfeld seiner Sehnsüchte abdeckten, in das enge Korsett einer Militäranstalt? Mit reglementiertem, den Tag beanspruchendem Stundenplan, mit vielfachen Zwischenprüfungen. Vielleicht warf er sein *ganzes Lebens in* (diesen) *Schmelztiegel*, nahm den letzten Rest von Energie zusammen, *(s)ein Denken um(zu)denken, (s)ein Sehen um(zu)bilden*, um nicht zur *Halbnatur* zu werden, wie jener abgetane Peter Hille.

Wird es ihm gelingen, sich auf die andere Seite der beiden Kulturen zu retten – und ohne Transzendenz?

Eine vorzügliche Anstalt,
alles verdanke ich ihr.
Gottfried Benn

Sechstes Kapitel

Pépinière

Einen Päan auf die Kaiser-Wilhelm-Akademie für das militärärztliche Bildungswesen in Berlin gibt uns Benn im *Lebensweg eines Intellektualisten*. Hören wir ihn, den Zögling jener Pépinière, »... die in Laienkreisen merkwürdig zäh den französischen alten Namen beibehielt«. Wie schreibt er, ein Jahr nach der Wahl Hitlers zum Reichskanzler: .. *Eine vorzügliche Hochschule, alles verdanke ich ihr! Virchow, Helmholtz, Leyden, Behring waren aus ihr hervorgegangen, ihr Geist herrschte dort mehr als der militärische, und die Führung der Anstalt war mustergültig. Ohne den Vater stark zu belasten, wurden für uns all die sehr teuren Kollegs und Kliniken belegt, die die Zivilstudenten hören mußten ... Dazu hatten wir aber noch eine Fülle von besonderen Kursen, Repetitorien, hatten Sammlungen zur Verfügung, Modelle, Bibliothek, bekamen Bücher und Instrumente vom Staat geliefert. Dazu bekamen wir eine Reihe von Vorträgen und Vorlesungen über Philosophie und Kunst und allgemeine Fragen und die gesellschaftliche Bildung des alten Offizierskorps. Für jedes Semester, das man studierte, mußte man ein Jahr aktiver Militärarzt sein. Im übrigen war das Leben dort das vollkommen freier Studenten, wir hatten keine Uniform.*

Benn war achtundvierzig Jahre alt, als er dies schrieb. Rauhreif, ja Gefahr fiel auf seine Existenz als Arzt und Schriftsteller. Seine politische Schieflage – vorn die Hörner der braunen Apokalypse, hinten aber die *den Asphalt der Metropole scharrenden* Bocksfüße Pans: Benn wollte nichts verderben in jener autobiographischen Rechtfertigungsschrift, Kapitel I *Erbmasse*: *Alle diese Geschlechter der Schwedter Dragoner und der Fürstenfelder Ulanen, ... ihre Söhne waren der zweite Schlag, mit dem ich groß wurde ... und mit denen mich noch heute eine vielfältige Freundschaft verbindet.* So kam es, daß Benn dorthin retirieren mußte, woher er kam, als Oberstabsarzt, *in die Armee.*

Aber wir greifen hier vor.

Zum Wintersemester 1905, am zwanzigsten Oktober, betritt Benn, neunzehnjährig, durch das schlichte Tor der Kaiser-Wilhelm-Akademie, Friedrichstr. 140, das zwischen der Spree und der Georgenstraße dreiecksförmig gelegene Grundstück, welches der Fiskus 1822 zur Errichtung des medizinisch-chirurgischen Friedrich-Wilhelm-Institutes erworben hatte. Es war dies jener Landsitz, der einst dem Branntweinbrenner George gehörte, mit dem Borkhaus im Garten, in dem Alexander von Humboldt 1806 – Napoleon hielt Berlin besetzt – seine magnetischen Beobachtungen während des Durchzugs eines Lichtmeteors machte: der Herzog Carl August von Weimar saß damals zuweilen neben ihm.

Erst zehn Jahre vor Benns Eintritt, durch Allerhöchste Kabinettsordre vom 26. November 1895, aus Anlaß der hundertjährigen Stiftungsfeier, waren das Friedrich-Wilhelm-Institut und die parallel dazu bestehende Akademie zur Kaiser-Wilhelm-Akademie für das Militärärztliche Bildungswesen zu e i n e r Anstalt zusammengefügt worden: Die zeitgeschichtliche Verknüpfung wollte es, daß das Grußtelegramm der kaiserlichen Majestät zum vereinigenden Festakt aus Frankfurt/Oder kam, jener Stadt, in der Benn ein Jahr danach das Königliche Friedrichs-Gymnasium beziehen sollte.

Durchschritt Benn das Einlaßtor, trat er in den Innenhof der seit der Fertigstellung 83 Jahre zuvor nur wenig veränderten Anlage: Ein gepflegtes, mit Buchsbaum eingefaßtes Rasenparterre, mit halbkugelig geschnittenen Taxusbüschen besetzt; sorgfältig geharkte, um ein Rondell führende Kieswege gaben freien Raum und atmeten wohlproportionierte Heiterkeit. Obwohl das ursprüngliche Grundstück durch Bau der Reichstagsuferstraße und den 1880 errichteten Centralbahnhof Friedrichstraße schmaler und spitzer wurde, war der parkähnliche Garten den Akademie-Direktoren immer noch bedeutend genug, um auf die Förderung des Schönheitssinns und den Vorteil der frischen Luft für ihre Zöglinge wiederholt hinzuweisen. Hob der Neuankömmling die Augen, so erblickte er vor dem malerisch unter Bäumen geborgenen dreistöckigen Bibliotheksgebäude, – Stolz der Akademie – ernst grüßend den Zenotaph Dr. Johann Goerckes.

Es ist nicht ganz sicher, kann aber, zumindest für die ersten Semester, vermutet werden, daß Gottfried Benn, schon um die väterliche Kasse zu schonen, im Wohngebäude der Akademie Quartier nahm: Je vier Studierende teilten sich in den ersten Semestern eine Wohnstube mit anstoßender Schlafstube. Das Wohnungsinventar ist einfach, aber vollständig, zweckmäßig und entbehrt nicht einer gewissen, zurückgenommenen Behaglichkeit.

In den späteren Semestern – 1910 – bewohnt Benn als einer der 117 Externen eine private Studentenbude dann im Nordwesten Berlins, in der Nähe des Moabiter Krankenhauses.

Es muß für ihn, den aus dem engen Marburg kommenden Philologiestudenten, ein befreiendes Gefühl gewesen sein, in Berlin unter den 178 Bewerbern als einer der glücklichen 36 Neuaufgenommenen sich wiederzufinden: Waren doch die Auswahlkriterien recht streng. Ein zu schmales Brustmaß konnte bei der Einstellungskommission zur Abweisung führen. Da die Zöglinge in Garderegimentern dienen mußten, war die schon lange geltende Gardemaßvorschrift, d.h. 170 an Körperhöhe – ausnahmsweise 167 cm – als physische Voraussetzung der Bewerbung für Gottfried Benn (Größe 167 cm) kein Hindernis. Die pekuniäre Seite betreffend hieß es in den Bestimmungen für die Aufnahme: »Die noch immer hier und da gehegte Ansicht, daß die Kaiser-Wilhelm-Akademie geeignet sei, den Söhnen nicht hinlänglich bemittelter Eltern das Studium der Medizin zu ermöglichen, ist eine durchaus irrige«. Und der §1 der Bestimmungen zur Aufnahme schließt unmißverständlich: »Es wird ausdrücklich bemerkt, daß Freistellen oder Stipendien bei der Akademie nicht vorhanden sind.«

Zwar gab es für außerhalb der Anstalt wohnende Studierende, zu denen Benn zählte, eine staatliche Zubuße zum Wohnungsgeld von monatlich 25 Mark. Es gab die noch vom Generalstabsarzt Coler getroffene Einrichtung, bei der Beschaffung der zu häuslichen Studien geeigneten Lehrmittel einen Zuschuß von zwei Dritteln der Kosten zu bewilligen. Das galt für die notwendigen Bücher, ja sogar für jene Instrumente, welche den Angehörigen der Akademie für ihre spätere erste ärztliche Tätigkeit erforderlich waren. Geldunterstützungen wurden jedoch nur für Fälle nachträglicher, unverschuldeter Notlagen gewährt: *Ich habe mein Studium mit Schulden beenden müssen und meinen Koffer nicht bezahlen können, mit dem ich zum Regiment abfuhr, ich habe sie später abgezahlt*, so bestätigt uns Benn.

Dies aber war nichts Ungewöhnliches. Das Offizierskorps der Königlich Preußischen Armee war nie übermäßig wohlhabend; ja, es wurde früher oft in Offiziersfamilien ganz buchstäblich gehungert. Er »hat Schulden wie ein Stabsmajor« war sprichwörtlich.

Der Arztberuf war immer ein Aufsteigerberuf für begabte aber wenig bemittelte Außenseiter; und dieses Wort sei zustimmend und förderlich aufgefaßt! Nicht im Sinne mentaler Verfinsterung und sozialer Deprivation; jener gedrückten Stimmung, dem neuzeitlichen Gefühl, man habe es schwerer als andere in diesem Leben getroffen. Auch war der Neidkomplex im allgemeinen und bei Benn im besonderen zu dieser Zeit wesentlich geringer ausgeprägt.

So hatte Benn in der Pépinière unter einer scheinbar sozial höheren Stellung seiner Mitstudierenden nie zu leiden oder sich gar gegenüber »den großbürgerlichen und adeligen Kommilitonen deklassiert« fühlen müssen. Benn gehörte mit den anderen Pfarrers- und Arztsöhnen durchaus zur Elite seiner Jahrgangskameraden, war – seiner natürlichen Anlage ohnehin gemäß – nie zu einer Demutshaltung gedrückt, trug den Kopf mit immer selbstverständlicher Autorität oben.

Träger adeliger Namen, ostelbische Junker, Gutsbesitzer und Abkömmlinge des Großbürgertums vermissen wir in den Stammlisten der Militärärztlichen Akademie. Aber wir finden unter den 36 Neueingetretenen zu *Michaelis 1905* – unter ihnen Gottfried Benn, – neben väterlichen Berufsangaben wie Pfarrer (viermal), Arzt (fünfmal), eher die Söhne von Oberförstern, Eisenbahnsekretären, Gendarmerie-Oberwachtmeistern, Postkassenbuchhaltern, Obergrenzkontrolleuren und Zollinspektoren: Mehr als die Hälfte dieses Jahrgangs stammte aus Elternhäusern ohne akademische Ausbildung. Und da die Ausnahme die Regel bestätigt, sei denn jener einzige Träger eines Adelsprädikats unter diesen 36 benannt: Waldemar v. Puttkammer, der dann krankheitshalber die Akademie verlassen und späterhin ein Sanatorium aufsuchen mußte. Also keine – oft hochverschuldeten – pommerschen Rübenäcker, keine generalväterliche Wechselabstützung zum beutelleeren Monatsende für die Äskulapjünger. Nichts von schulterklopfender Herablassung, weder Unsicherheit auf der einen, noch irritierender Hochmut auf der anderen Seite: »Geld ist Dreck – wer Gott und dem König am besten dient, ist der Vornehmste.« Das war – auch – die Parole Preußens.

Man sucht also unter Benns Jahrgangskameraden vergeblich nach Großbürgerabkömmlingen oder altem Adel: Aristokratie und Geld fanden andere Möglichkeiten ihre Söhne zu versorgen. Und der Arztberuf, dem ja immer etwas Handwerksmäßiges anhaftet, lag wohl ziemlich weit außerhalb ihrer Sphäre. Selbst die Väter der nachmaligen Direktoren und Subdirektoren der Kaiser-Wilhelm-Akademie, der Generalstabsärzte und Generalärzte, waren nicht die berufenen Großbürger oder ostelbischen Junker. Diese Väter waren brave Rechnungssekretäre (Kern) oder Oberförster (Stahr), bestenfalls Amtsgerichtsräte (Keitel). Der Vater Johann Goerckes, des eigentlichen Begründers der Pépinière, war Prediger im ostpreußischen Sorquitten: Man mache sich die Mühe, suche dieses Kirchdorf – 26 Feuerstellen – auf einer Landkarte. Und erinnere sich des Geburtsjahres von Goercke: 1750! Die Version von der »peinigenden Entwicklungsgeschichte des unterprivilegierten Dorfjungen« Gottfried Benns läßt sich nicht halten. Was deckt in diesem Zusammenhang letztlich die Formulierung der »extremen Sozio- und Psychogenese eines Heranwachsenden, der allen Widerständen zum Trotz doch ein bedeutender Künstler wurde« [6] –, was jene Überlegungen zu Benns Sozialisation wirklich ab? Der Privatunterricht durch den Vater? Das Zusammen-Aufwachsen und die Erziehung mit den gräflich Finckensteinschen Kindern? Vom tuberkulösen Hauslehrer Wehner hin bis zur gemeinschaftlichen Internatswohnung mit Heinrich Graf v. Finckenstein in Frankfurt/Oder? Die Finckensteinsche, die von Rohrsche Gutsage für die Aufnahme in die Pépinière?

Überschaut man dies, darf man es trockenen Sinnes aussprechen: Gottfried Benn war in all diesen Jahren von Sellin bis Berlin ein Günstling des Geschicks: das patriarchalische, fördernde Selbstverständnis, die menschliche Fülle und Breite seiner Zeit, das unbedenkliche Unterschiede-machen-Können; ungleich, nach Charakter, Qualität und Leistung zu entscheiden, das war ihm hilfreich.

Benn war es, der die Bauern- und Arbeiterkinder seines Dorfes, denen er nie zugehörte, hinter sich ließ, indem er emporstieg, wie es seit jeher in den Dörfern üblich und gewohnt war: Die Lexika sind voll von Namen und die Ehrenplätze der Städte geschmückt mit Denkmälern berühmter Pfarrhaussöhne: War Horatio Nelson nicht Sohn des Reverend zu Barnham-Thorpe in Norfolk? Van Gogh ein Ausbrecher aus der Pastorale von Grot Zundert; wurde nicht Jacob Burckhardt dem Antistes zu Basel geboren?

Geborgen also fühlte sich Benn in den großzügig bemessenen Einrichtungen der Pépinière. Die Räume waren hoch, die Fenster breit, Licht strömte herein, die Brust weitete sich, *die schöpferische Seite des Objektiven* wurde ihm offenbar. Begleiten wir ihn bei einem Gang zur Institutsbibliothek, durch den Garten, vorbei an Schinkellaternen und Geißblatt umgrenzten Rabatten. Ein bequemes Treppenhaus führt zum Lesesaal, erhellt durch drei riesige, mit romanischen Bögen abschließende Fenster: 67 700 Bände Bestand, darunter die medizinische Dissertation Friedrich Schillers: »Versuch über den Zusammenhang der thierischen Natur des Menschen mit seiner geistigen«. 1000 Bände jährlicher Zuwachs, 129 Fachzeitschriften des In- und Auslandes, womit man wohl sämtliche bedeutende Journale der damaligen medizinischen Welt erfaßt haben dürfte. Die Benutzungszeiten bequem bemessen: das Lesezimmer ist täglich von 9–22 Uhr geöffnet, auch samstags; sonntags bleibt es von 9–13 Uhr zugänglich: glückliche Zeiten.

Hier also geht der cand. med. Benn ein und aus. Liest in dem Arbeitszimmer, entnimmt Bücher, Zeitschriften aus den Fächern der überschaubar dahinter angeordneten Bibliotheksregale, wo Tische, zwischen den Büchergestellen, zum Auslegen der Druckschriften und Werke aufgestellt sind. Von hier geht er zu den praktischen Übungen durch den hallenförmigen Gang, der die Bibliothek mit dem Lehrgebäude verbindet, dem ein hygienisch-chemisches Laboratorium zugeordnet war. Man bekommt den rechten Begriff vom Stellenwert all dieser der medizinisch-naturwissenschaftlichen Ausbildung und darüber hinaus Forschungszielen dienenden Einrichtungen, also jener *Disziplinen, die im spezifischen*

Das Lehrgebäude und die Bibliothek der Pépinière
Ansicht von der Spreeseite (um 1906)

Sinne das letzte Jahrhundert erkenntnismäßig bestimmten, wenn man weiß, daß nur für die Laboratorien 1554 qm Grundfläche bereit gestellt waren: 115 Mikroskope standen zur Verfügung, Anschaffungspreis je 400 Mark; man kaufte vom Besten, man war nicht kleinlich.

Die medizinischen Studienpläne sind – wie heute noch – minuziös ausgearbeitet und fest verbindlich.

Immerhin – Rodenwaldt schreibt in seinem Lebensbericht, wie der Mentor und Vorgesetzte, der »Semesterstabsarzt«, den ersten Semestern ihren neunstündigen Tages-Stundenplan vorlas und beiläufig bemerkte: »Ich gebe mich nicht der Illusion hin, Sie würden das alles hören. Mein Rat ist, was Sie schwänzen, schwänzen Sie gefälligst konsequent«.

Die Pépinière belegte für die angehenden Sanitätsoffiziere *all die sehr teuren Kollegs und Kliniken*. Und man bemühte sich um *die besten Plätze, nämlich vorn*. Die Berliner Medizinische Fakultät stand während der Studienzeit Benns in ihrem höchsten Ruhm. Erlauchte Namen hielten die Vorlesungen, Praktika und Demonstrationen ab, die er zu absolvieren hatte: Bis vor kurzem hatte Virchow noch über Skelett-, Knochen- und Bänderlehre gelesen, Waldeyer trug Anatomie und mikroskopische Anatomie vor; Oskar Hertwig übernahm die embryologischen Kurse. Bücher von ihm, einem weit über das Fachliche hinaus gebildeten und bis ins Politische hineinwirkenden, herausragenden Lehrer, standen in Benns Bibliothek, haben seine geistige Richtung sicher berührt. Denken wir an Hertwigs »Widerlegung der Darwinschen Zufallslehre« oder die Abwehrschrift gegen den »ethischen, ... sozialen und ... politischen Darwinismus«.

Bei Bumm hörte Benn Geburtshilfe und Gynäkologie, Bier vertrat die Chirurgie. Der berühmte Emil Fischer, Nobelpreisträger für seine Arbeiten über die Purinkörper, Entdecker des Veronals, stand für die Chemie; Lesser hatte das Kolleg über Haut- und Geschlechtskrankheiten übernommen: Der Glanz dieser Namen strahlte bis in die Mitte unseres Jahrhunderts, wurde festgehalten in Lehrbüchern, Kampfschriften, weithin leuchtenden Ansprachen, blieb lebendig in Anekdoten und Charakter: Man hatte noch Willen und Kraft, sein Leben zum Kunstwerk zu überhöhen; Bedeutungsbezüge auch zum Einzelnen und Alltäglichen mit der Aura selbstbewußten Charismas zu einem Allgemeinen und Verbindlichen emporzuheben: *Es sammelte sich noch einmal in diesen Jahren die ganze Summe der induktiven Epoche, ihre Methoden, Gesinnungen, ihr Jargon ... es waren die Jahre ihres höchsten Triumphes, ihrer folgenreichsten Resultate, ihrer wahrhaft olympischen Größe.* So Benn rückblickend im Juni 1943, im *Lebensweg eines Intellektualisten.* Selbst Röntgenkurse, von Rumpel, Steyrer und v. Bergmann angekündigt, sind – neun Jahre nach der Entdeckung der Strahlen – obligatorisch. Man mußte in der Welt Deutsch lesen und verstehen können, um an den letzten Erkenntnissen, den neuesten Resultaten der medizinischen Naturwissenschaften teilhaben zu können: Die Epoche war auf ihre Spitze getrieben.

Aber ganz unten im Studienplan und an den Samstagen finden sich erstaunliche Ankündigungen: Griechisch für Realgymnasiasten war verbindlich, Englisch und Französisch wurde über alle Semester hinweg fakultativ angeboten. Generalobersstabsarzt Schmidt trug den letzten Semestern über ärztliche Ethik vor, Reitunterricht war für das VI. Semester donnerstags und samstags von 5–7 Uhr Pflicht, das II. Semester konnte einen Tanzkurs absolvieren: das meint Benn also, wenn er – nicht ohne Nachdenklichkeit – resümiert: *Dazu bekamen wir ... die gesellschaftliche Bildung des alten Offizierskorps.*

Es mag für uns Heutige, so leicht ermüdet und erschöpft sich Wähnende nicht ohne Reiz sein, sich Verzeichnis und Titel *von Vorträgen und Vorlesungen über Philosophie und Kunst und allgemeine Fragen* während Benns Studienzeit an der Kaiser-Wilhelm-Akademie zu vergegenwärtigen: Umfang und Qualität des Angebotes sind durchaus überwältigend. Über alle 12 Semester zieht sich eine samstägliche, im Stundenplan festgelegte, von 4 bis 5 Uhr nachmittags abgehaltene Kollegstunde über Kunstgeschichte. Höhepunkte des alljährlichen Stiftungsfestes am 2. Dezember waren die wissenschaftlichen Ansprachen: Benn hört seinen Subdirektor Generalarzt Professor Dr. Kern über »Das Wesen der menschlichen Seele und Geisteslebens« vortragen; »Über das Gedächtnis« spricht der Psychiater Professor Ziehen, der Chirurg Hildebrand zur »Entwicklung der plastischen Chirurgie«. Professor Bier, Direktor der chirurgischen Universitätsklinik in der Ziegelstraße, referiert 1909 »Über die Berechtigung teleologischen Denkens in der praktischen Medizin«. Noch las Hermann Grimm, der als »elfjähriger Knabe an Goethes Knie gestanden«; von Wilamowitz-Moellendorff, bedeutender Altphilologe, der auf seinem Fahrrad mit langem schwarzen Rock und weißer Hose durch den Tiergarten radelnde Professor eloquentiae, hielt Kolleg über Griechische Kultur im Zeitalter des Perikles: *Kälte des Denkens, Nüchternheit, Bereithalten von Belegen für jedes Urteil, Sicherheit im Unterscheiden von Zufälligem und Gesetzlichem ... vor allem aber die tiefe Skepsis, die Stil schafft ... das wuchs hier.*

Das ist Benns summarisches Urteil.

Es ist selbstverständlich, daß in einer Anstalt, welche begründet war, die besonderen Bedürfnisse des Heeressanitätswesens zu erfüllen, über diese Exkursionen in himmelblaue Höhen die praktische Kranken- und Materialnähe, die experimentelle Ausbildung nicht zu kurz kommen durften. So sind denn die medizinisch-naturwissenschaftlichen Sammlungen der Kaiser-Wilhelm-Akademie – einschließlich der Bibliothek – über die Grenzen Deutschlands hinaus berühmt: Ein Etat von 15 800 Mark ermöglicht 1912 neben reichen Stiftungen eine fortlaufende Erweiterung und Qualitätsanhebung: es ist das Jahr, in dem Benn sein medizinisches Staatsexamen ablegt. In der Arzneimittelsammlung streift sein Auge die kunstvollen, plastischen Nachbildungen der einheimischen Pilze: Die Namen dürften ihm seit seinen Kinderjahren in Sellin vertraut sein.

Die Sammlung chirurgischer Instrumente, ein lückenloser Überblick der Entwicklung, im besonderen der Kriegschirurgie, ist durch ein kaiserliches Geschenk, einen Kasten mit Nachbildungen altrömischer ärztlicher Instrumente, bereichert worden: Doch Benn hat sich zur operativen Szene nie hingezogen gefühlt.

Eine anatomische Sammlung mit auseinandernehmbaren Modellen, Moulagen, vervollständigte das Ensemble. Wenn auch nicht so prächtig, mit so hoher künstlerischer Vollkommenheit – »die medizinische Venus« – wie die wunderbaren anatomischen Wachspräparate der mit 1192 Stücken munifizient ausgestatteten Sammlung des Josephinums in Wien, genügt sie durchaus dem ausdrücklichen

Anspruch der Akademie-Vorstände nach ästhetischer Perfektion des Anschauungsmaterials: auch das Grauen einer Lepra-Moulage kann, den Gesetzen der Kunst folgend, Anspruch auf Schönheit erheben.

Es wurde also ausgesprochen und nachdrücklich Wert darauf gelegt, die Exponate und Lehrgegenstände der Akademie nicht nur durch eine klare und glückliche Aufstellung interessant zu machen, sondern bei ihrer plastischen Herstellung und farbigen Ausgestaltung mit künstlerischem Geschick zu verfahren: *und das ist wichtig bei den naturwissenschaftlichen Fächern, bei denen man sein Wissen mit Hilfe von Experimenten, Demonstrationen, Krankenvorstellung in sich aufnehmen muß*. So Benn.

An den Hochschulen lebte der universale Atem, die allumfassende Gebärde. Man übersah sein Fach, die materialistisch-progressiven Entwicklungs- und Fortschrittsströme schienen sich ins Unendliche zu weiten, kein Ende war abzusehen. Man war – als Professor – Mitglied des Herrenhauses, arbeitete anthropologisch, polemisierte im Reichstag gegen Bismarck und seine Nachfolger, engagierte sich, nahm unbedenklich Partei: Rudolf Virchow hatte Schliemann zum Freund: man fuhr vierspännig in die Klinik. Vor diesem Hintergrund, vor diesen Kutschen, hamsterfell-gefütterten Mänteln, steifen Hüten, Pour-le-Mériten müssen wir die in die Jahre gekommene Pépinière sehen. Auf der Kartusche über dem in friderizianischen Barockstil gestalteten Haupteingang des 1910 fertiggestellten Neubaus in der Invalidenstraße der Namenszug W.I. Darunter in goldenen Lettern: Scientiae, Humanitatis, Patriae: Man beachte die Abfolge der Worte. Trat man hier ein, wie Benn in seinem letzten Semester, so wehte fast Leisure-Stimmung mit englischer Weiträumigkeit aus dem statuengefaßten Portal: Die Neueintretenden wurden von Generalarzt Kern, einem würdigen, väterlichen Herrn, Verfasser philosophischer Schriften, persönlich begrüßt: eine wohlwollende Willkommensgeste, die sein Nachfolger Generalarzt Dr. Keitel von ihm übernahm. Je zwei Examenssemester lebten in zwei Einzelzimmern, die von Korridorwärtern in Ordnung gehalten wurden. Die Unterbringung war komfortabel, modern, hell. Im Wohnzimmer stand ein Sofa, wie in Cambridge. Frühstück und Abendessen wurden auf das Zimmer gebracht. Man konnte wählen zwischen Kotelette, Beefsteak, Rührei, Setzei. Rollmops und ein kleines Bier, »Seehund« genannt, für die schmale Kasse berechnet, kosteten je fünf Pfennig extra.

Oft genug assoziiert das Publikum mit dem Reizwort Militärarzt–Stabsarzt jene Darstellungen des Simplizissimus mit der bündigen therapeutischen Formel: Rizinus–Aspirin. Was die Nachtseite militärärztlicher Wirklichkeit, neben Streberei, Geltungssucht, Karrieredenken auch gewesen sein mag.

Sicher, im preußischen Offizierskorps gab es eine tiefverwurzelte Abneigung gegen jeden geistigen und intellektuellen Hochmut, gegen Bildungskoketterie jeder Art. Und man hielt es lieber mit der Untertreibung, stellte sich gern ein bißchen dümmer, als man wirklich war. Aber kehren wir zu Generalarzt Dr. Kern zurück und beziehen auf ihn das Urteil des bedeutenden amerikanischen Deutschlandkenners Harry Sulzberger, der 1945 in der Wochenzeitschrift »Life« schrieb: »The average prussian general speaks fluently french and english, plays Chopin préludes by heart and has the complete works of Shakespeare in English in his trunk.« Das ist natürlich sophisticated, aber zielt dennoch in die Richtung des Erwarteten.

Benns mutwillige Seitensprünge, noch vor dem Staatsexamen, unabgenabelt von seiner militärärztlichen Ziehmutter, mit dem Poem *Rauhreif* und *Gefilde der Unseligen* befangen in Liliencrons Nachfolge: man sah beiseite. Und dann nachdenklicher, ätzender – als 24jähriger – im *Gespräch* über Jacobsens Methode, setzt er Wörter wie *Säfte*, *ausgelöschte Hirnfunktionen*, *Zerebralgeschöpf*, auch *Urahnen* und *Raumausfüllung*. Was sagt die Akademie zu diesen Erstaunlichkeiten, Ausschwüngen, Peinlichkeiten? Was zur *Morgue*, jenem exemplarischen Paukenschlag, seinem »Werther«, mit dem sein Ruhm sich gründete? Eine »zügellose, von jeglicher Herrschaft geistiger Sauberkeit bare Phantasie«, eine »abstoßende Lust am abgründig Häßlichen« wurde ihm, dem »Höllenbreughel« öffentlich in den Zeitungen attestiert. Benn trug damals die Uniform eines Assistenzarztes beim Infanterieregiment 64 in Prenzlau, war preußischer Offizier: Und dann die Affäre mit der Lasker-Schüler. Sehen wir Deutschlands große Lyrikerin, »Versgebilde von der Schönheit beschatteter Engelsaugen« verstreuend als Passantin, Arm in Arm als Geliebte eines Militärarztes beim 3. Pionierbataillon in Spandau, den Kurfürstendamm überqueren: .. *pechschwarze Haare, große, rabenschwarze bewegliche Augen ... Man konnte weder damals noch später mit ihr über die Straße gehen, ohne daß alle Welt stillstand und ihr nachsah: extravagante weite Röcke, oder Hosen, unmögliche Obergewänder, Hals und Arme behängt mit auffallendem, unechtem Schmuck ...* Ein Hippie-Mädchen also, und das 1912, und dazu siebzehn Jahre älter als ihr des Kaisers Rock tragender Begleiter. Aber: *Du bist Ruth. Du hast Ähren an Deinem Hut, Dein Nacken ist braun von Makkabäerblut.* Womit denn ein anderes Kapitel berlinischer Geistigkeit, Gewährenlassens und Einübung in Aufklärung, Askese und Weltläufigkeit, Preußentum und Judentum also zu beginnen wäre.

An diesem Punkt angelangt ist einzuhalten: Verblüfft, – darf man das Wort wagen – entzückt nicht die Duldsamkeit, das Durch-die-Finger-Sehen, die gelassen abwartende Zuwendung der schnauzbärtigen Oberen, der Generalärzte Klein, des Subdirektors Keitel gegenüber solchen Sturm- und Drangperioden, – wie man meinte? Aber suchte man – im Gegenteil – nicht Sinn und Geschmack der Pépinière-Zöglinge auf Kunst und Literatur zu richten? Veranstaltete man nicht gesellige Abende mit eigenen musikalischen Darbietungen? Das Gefühl des Zusammenhaltens, der Stallgeruch sollte geweckt, sollte großgezogen werden. Die ausdrückliche Absicht der Akademieoberen war dabei, die Geselligkeit und nicht die Kameradschaft zu fördern.

Offenbar war man sich in den Führungsetagen klar darüber, daß so individualistisch Ausgebildete, so – in der ärztlichen Entscheidung zur therapeutischen Tat – auf sich selbst Zurückgeworfene, so auf die eigenen sinnlichen Wahrnehmungen, das Tasten, Hören, Sehen, ja auf das Riechen hochtrainierte Einzelne nicht recht zur Kameradschaft, zum Kasinoton taugen. Wie denn auch jeder hierin Erfahrene weiß, daß der Militärarzt im Offizierskasino eine halb respektierte Narrenposition einnimmt; man läßt ihm viel durchgehen. Benn formuliert das so:

Eine Kugel muß man sich im Kriege immer noch aufsparen:
Fürn Stabsarzt, wenn er einen verpflastern will.
Na Prost, Onkel Doktor! –

Benn als Outcast – am »Pariasyndrom« leidend?

Um nichts auf dieser Welt wollte die Kaiser-Wilhelm-Akademie altmodisch oder rückständig werden: »den veränderten Verhältnissen muß man sich anpassen ...« Die Direktion der Anstalt vertritt – gerade und ausdrücklich zu Benns Zeiten – »den Standpunkt, daß die freie Entwicklung der Persönlichkeit nicht gehemmt werden darf, daß vielmehr feste Charaktere sich bilden, wenn sie sich ihren eigenen Weg suchen.«

Benn suchte sich seine eigenen Wege. Und es soll hier unerörtert bleiben, ob post hoc oder propter hoc: Was alles barg die Monarchie nicht unter ihrem adlerbekränzten, hermelingeschmückten, purpurseiden-gefütterten Schwingenmantel:

> »lieber etwas weniger Moral
> und etwas äußere Oberschenkel«.

Das einbegriffen. Unbesonnene Verfehlungen übersah man. Man verfügte über ausreichende Einsichten, Erfahrungen, auch Enttäuschungen, um jederzeit das Wünschbare, die hochgreifende Absicht mit den Verirrungen ihrer zeitlichen Vertreter ins Gleichgewicht zu setzen.

Als Benn sein Studium beendete, im Februar 1912 – nach ordnungsgemäßen zwölf Semestern –, war die neue Kaiser-Wilhelm-Akademie – bislang das »Oberste Gericht der DDR« – 1910 mit größtem Pomp eingeweiht: Kein Echo hiervon klingt aus Benns Hinweisungen, Briefen, autobiographischen Schriften zu uns herüber. Seine tieferen Strukturen, wenn sie überhaupt berührt worden waren, blieben dem alten Institut verhaftet. Blieben verbunden mit einigen Kommilitonen, die nach dem Weltkrieg in der Reichswehr zu hohen ärztlichen Stellen gekommen waren: Die Einübungen in Geselligkeit, von der Pépinière als Erziehungsziel deutlich erklärt, trugen am Baum pädagogischer Einsicht die Frucht des erwünschten Korpsgeistes: Man erinnerte sich seiner später; obwohl der cand. med. Benn – wohl schon in seiner Studienzeit – *unterhaltlich kein Matador* war, *selten auf Fêten ging.*

Wir schließen diesen Kreis.

Es war – nicht nur – die Pfeifhahn-Verwandtschaft der Pépinière-Zöglinge, welche jenen Ausweg aus seiner braunen Verirrung freigab. Nicht nur Kameraderie – für feinere Organe behaftet mit dem Odeur des Anstößigen und durch Examensnachweis gemilderter, balkanesischer Unterschleife – begünstigte seine Reaktivierung. Ein Anhauch preußischen Gleichmuts half Benn; jene Aura, jener Anruf aus fernen Welten, welcher Menschen, die *leben können wie die übrigen, und dennoch in ihrem Inneren ein Nein tragen*, mit zarter Melancholie umspielt; die sie wie Blütentau vor letzter Zerstörung bewahrt – so die Zufälle des Schicksal es wollen.

Aber wir sind aus dem Jahre 1912 weit herausgetreten, 1912 im Februar, als der Fünfundzwanzigjährige die Akademie verließ. Nicht eigentlich die Institution, aber die Hörsäle, Präparierböden und Praktika, jene Einübungsstätten für das Eigentliche, Erwählte, und auch irgendwie Geliebte.

Das Staatsexamen, die Promotion waren – termingerecht – mit einer mittleren Note abgetan. Wie er überhaupt seine Examina, gleichmäßig durchschnittlich, mehr als gleichmütige Selbstverständlichkeiten absolvierte denn eigentlich bestand: intellektuelle Schwierigkeiten oder Verirrungen des Charakters hat es hier nie gegeben. Auch hören wir nichts von Ordnungs- oder Disziplinwidrigkeiten. Die abgesteckten Pfade der allgemeinen Konvention waren Benn breit und bequem genug. Vieles Extravagante, selbst schillernde Originalität deckte zu seiner Zeit, wenn nicht Verständnis, so doch die Unmöglichkeit, oder die mangelnde Notwendigkeit darüber zu sprechen, solange die Regeln beachtet blieben. Es gab kein Problembewußtsein, das nach außen, für jeden – und alles – Stellung nehmen wollte.

Die feste Form, die vorgeschriebene Stunde, der regelmäßige Ablauf der Dinge waren Benn eher behaglich als Unordnung oder Unpünktlichkeit. Auch hielt er es mit der Sitte, Not und Schwären behutsam zu verdecken. Die Leiden zu kaschieren, ihnen Größe und Kraft der Keuschheit zu erhalten: »nur niedrige Menschen sitzen am Wege und zeigen ihre Wunden«.

Wir stehen vor dem Geheimnis der melancholischen Konstitution, die immer dem Zauber der Lehre von der Erbsünde schwesterlich vertraut ist. Die Konflikte lösen sich nicht; kein Ausweg, unwandelbar bleiben die Dinge:

Sterben heißt, dies alles ungelöst verlassen,
die Bilder ungesichert, die Träume
im Riß der Welten stehn und hungern lassen –
doch Handeln heißt, die Niedrigkeit bedienen ...

So vorbereitet verließ er *die von der Patina des Alterns und dem Rauch verdunkelten Gebäude* der Pépinière in der Friedrichstraße: *Rückblickend scheint mir meine Existenz ohne diese Wendung zur Medizin und Biologie völlig undenkbar.* Und es war nicht nur die *Induktion*, der *Positivismus*, der bald von ihm so verachtete Fetisch des Werdens, den er als rasch abgeworfenes Kleid mit hinausnahm, an die Betten der Kranken, in die Leichensäle. Was ursprünglich nur Mantel war – klinikweiß –, es legte sich um ihn in höchstpersönliche Falten, wurde Teil seiner Lebensgeschichte, amalgamierte mit seinem zukünftigen Dasein: Woher käme die Kraft, das äußere Leben als Maske zu spielen und dahinter zu existieren: Integer vitae; scelerisque purus?

So auch bei Benn. Das Unvergeßliche der gehaltenen Ordnung einer militärärztlichen Ausbildungsstätte, alle Absurditäten, die ganze Normalheit jugendlich-halbsoldatischer Kumpanei; auch die – nicht unangenehm empfundene – Subordination unter eine Autorität, die letztlich – Benn spürte es – auf einem irrationalen Fundament ruhte: die Fülle von Vorurteilen, die der Zeit – jeder Zeit – eigentümlich waren; die Miteleven, deren größtes Vergnügen darin bestand, »die Collegia zu versäumen, Karten zu spielen, Bier zu trinken«: All dies tangierte das Innere Benns wenig.

In jenem März also, im *Jahr, in dem es in allen Gebälken zu knistern begann*, enden seine Wege zur Charité, jener Krankenanstalt in Berlin, der Friedrich Wilhelm I. den Namen gab, die bis in den Ersten Weltkrieg hinein in inniger Wechselbeziehung zur Kaiser-Wilhelm-Akademie stand: Als Unterarzt verabschiedet er sich mit einer vorletzten Verbeugung, nicht undankbar, von dieser Pflanzstätte nicht nur medizinischer Wissenssetzlinge. Und salutiert, zusammengerafft, ein Einsamer, vor dem inneren Portal, über dessen Rundung das *dic, cur hic* – Sag', warum bist Du hier – zur immerwährenden Ermahnung eingemeißelt war.

»Er steigt hinunter ins Gewölbe
seines Krankenhauses und schneidet die Toten auf.
Ein Nimmersatt, sich zu bereichern an Geheimnis.
Er sagt: › tot ist tot‹ .«
Else Lasker-Schüler

Siebentes Kapitel

Aufstieg vom Leichenhaus

Schwungvoll klingelnd hielt die stark besetzte Straßenbahn der Linie Britz-Moabit-Wilhelmshavener-Straße vor dem roten Backsteinbau Turmstraße 21. Einfaches Volk steigt aus, Frauen mit Kopftüchern und Flügelschulterschürzen, am Arm den Henkelkorb, Kinder an der Hand. Manche Mädchen hatten eine Schleife ins Haar gebunden, selten war ein Kapotthütchen zu sehen. Die Männer in ärmlichen Westen-Anzügen, Melone oder Schirmmütze auf dem Kopf: Ein beleibter Schutzmann mit Pickelhaube und »es ist vollbracht«-Schnurrbart wies Fragende zum Eingangstor, vor dem für die Krankenbesucher ein paar Blumen, Puffreis und Zeitungen feilgeboten wurden. Das Mittelrisalit des stattlichen Gebäudes war mit Hausteinsäulen gegliedert, korinthische Kapitelle trugen eine Volute. Aus zwei Füllhörnern ergossen sich auf das Gesims darunter zierlich in Stein gehauene Blumen. Sie hielten das Berliner Wappen mit dem Stadtbären.

Einige hinzutretende junge Herren – besseres Tuch, Vatermörder, kurzgehaltenes Haar, hie und da ein Schmiß – begrüßten sich kollegial distanziert. Sie hatten das gleiche Ziel: ein Fünf-Minuten-Marsch; vorbei an den in ausgemauertem Fachwerk kurz nach dem Deutsch-Französischen Krieg errichteten Cholera- und Pockenbaracken mit überhängendem Vordach, gußeisernen Bänken vor den Türen, strebten sie der nordwestlichen Ecke des Geländes zu: Hier lag das Leichenhaus, dem Gesichtskreis der Patienten entzogen.

Man betritt den Vorraum, kleidet sich um, im weißen Kittel tritt die kleine Gruppe der jungen Mediziner in den weißgekachelten, nach Norden gelegenen hohen Saal. Professor Benda, der Pathologe, begrüßt die Teilnehmer am Sektionskurs, gibt erste Erklärungen. Der süßliche, fremdartige Geruch wie von Moschusdrüsen, gemischt aus Formol-Paraffin, faulenden Säften und Lysol ruft Tiefes an – »das Gefühl einer ernsten Handlung und der Ehrfurcht vor den Toten bestimmen die innere Haltung eines Arztes, der eine Leichenöffnung vornimmt«. Diese Maxime eines bedeutenden Prosektors bestimmt zu jeder Zeit die Aufführung des Sekanten.

Geringe Abweichungen von diesem Grundsatz – Entladungsmechanismen derer, die mit dem Tod als dem »eigentlichen Regisseur und Maschinenmeister des Lebens« vertraut sind – werden mit verständigem Kopfschütteln hinweggerügt.

Überhaupt geht es leiser zu in diesen Räumen. Die Sprache gedämpfter, das Hantieren mit den Instrumenten, das Ab- und Zugehen der Wärter, man hat keine Gründe zur Eile. Auch der Stumpfeste fühlt: Sterben und selbst das Verrecken jeder Art nicht zu respektieren heißt das Leben banalisieren. Der Leichendiener legt das schöngeschliffene lange Parenchymmesser mit abgestumpfter Spitze, das kräftige Knorpelmesser, die mit rundlichem Knopf versehene Darmschere bereit, stellt die emaillierten Näpfe zur Aufnahme der Organe, den Abfalleimer, die Kiste mit Holzwolle zum Aufsaugen der Körpersäfte nach Abschluß der Höhleneröffnung beim Nahtverschluß in handliche Nähe. Die kräftigen Gummihandschuhe überstreifend läßt Professor Benda, geschätzter Sekretär der Berliner Medizinischen Gesellschaft, die Kursteilnehmer einen Blick in die Morgue werfen: Da sind die Namenlosen, Verunfallten, die Unbehausten, »die man aus Bäumen schnitt«. Manche auch, »die schon tief durch Röhricht glitt«, mit »zerfallenem Munde – im Haar ein Nest von jungen Wasserratten«: Georg Heym, der 23jährige Jurist aus Hirschberg, hatte diese Ophelia- und Morgue-Töne auf den Schattenwiesen Rimbauds gepflückt. Hier lockten die »Blumen des Bösen«: »abschreckende und widrige Bilder« wie Stefan George befand.

Da lagen sie nun, die *unbekannt verstorbene Dirne*, der *ersoffene Bierfahrer*, *ein Nigger, durch Pferdehufschlag Augen und Stirn zerfetzt*: »wo Schicksal graut, wird alle Sprache bald zum Trug«.[7]

Alles war bereitet, die sachkundige Durchtrennung der Haut

Baracken im Moabiter Krankenhaus am Weg zur *Morgue*
(Krebsbaracken)

von Schulterhöhe zu Schulterhöhe dicht unterhalb des Schlüsselbeins, den zweiten Schnitt in der Mittellinie links am Nabel vorbei bis zur Schamfuge zu erlernen. Da warf dann der geöffnete Leib einen *Purpurschurz aus totem Blut um ihre Hüften.* Die Näpfe voll: von Hirn bis Hoden. Dann wurde »von der Brust aus, unter der Haut mit einem langen Messer Zunge und Gaumen herausgeschnitten.« Und neben dem Schädelknochendach lag das Gehirn: Professor Orths Anleitung zur Ausführung von Obduktionen, nach der man lange arbeitete, fand sich noch nach Benns Tod in seiner Bibliothek.

Hier mag auch *am Ende eines Kurses Albrecht, Professor der Pathologie* alias Professor Karl Benda, Chef der Moabiter Prosektur, ein Meister der Färbetechnik feingeweblicher Präparate, den *Studierenden der Medizin zum Schluß noch eine ganz köstliche Überraschung aufgespart* haben: *die Pyramidenzellen aus dem Ammonshorn der linken Hemisphäre des Großhirns, eine bestimmte Fettart* (also) *mit Osmium und Nilblau ... nicht rot, sondern rosarot mit einem leicht braunvioletten Farbenton, der ins Grünliche spielt,* gefärbt.

Wir finden diese von Dietrich angegebene Färbemethode im Stöhrschen Lehrbuch der Histologie, das cand. med. Gottfried Benn in der Auflage von 1901 und 1906 besaß, minuziös beschrieben, so daß er es wörtlich übernehmen konnte.

Anfang 1912 kam der 25jährige Militärunterarzt – in Zivil, wie sich versteht – bei schon vorgeschrittener Dämmerung, denn es war Winter, aus der Prosektur auf seine Bude im Nordwesten von Berlin zurück. Die Briefe aus Mohrin, kaum noch von der Hand der Mutter, klangen bedrückender. Ihr Brustkrebs, an dem sie litt, schritt unabwendbar seinen autonomen Weg: »Gottfried, du bist jetzt Arzt, du mußt mir helfen«, hatte sie ihrem Sohn zugerufen. Aber es gab keine Hilfe. Was nutzten *Dunstverbände,* die Heilbäder. Was Gottvertrauen und *Befiehl du deine Hände* -. Der lokale Befund, *die zerfallene Brust,* die Metastasen schmerzten wie Eisenzangen.

Morphium hatte der junge Mediziner empfohlen, das einzig Sinnvolle und Menschenwürdige zur Linderung der Qualen. Vater Benn jedoch hoffte zu Gott, vielleicht im stillen Einverständnis mit seiner Frau, – und die litt.

Daran mochte er sich erinnern, als er vor seinem Hause in Berlin-Tiergarten stand, Spenerstraße 4. Er stieg die Treppe empor bis zum Türschild Rau; an den Händen, in den Kleidern noch den Geruch des Xylos und des Talkums der Sektionshandschuhe: Geruch und Gedächtnis! Da gibt's Beziehungen. Wir erinnern uns: *Als ich die MORGUE schrieb, mit der ich begann, ... als der Dämmerzustand endete, war ich leer, hungernd, taumelnd und stieg schwierig hervor aus dem großen Verfall.*

So erinnert sich Benn – kopfschüttelnd – noch zweiundzwanzig Jahre danach.

Was war geschehen? Zu welchen Höh'n hob ihn sein limbisches* Hirn? Eine Vision also, im Nordwesten Berlins. Von der Hinfälligkeit alles Irdischen, der Schwatzhaftigkeit unserer Tage, der erhabenen Gleichgültigkeit einer Schöpfung, der Leere im Nichts. Gottes Stelle, – ein Loch. Gewiß, schon recht. Wagen wir nur es auszusprechen: ein großes Gefühl strömenden Glücks muß Benn in jener aufsteigenden Stunde außer sich gesetzt haben. Teil hatte er an der *mystischen Partizipation*, ohne die kein Gedicht sich *herauswirft*. Er war des Lebens nicht überdrüssig.

Kein Ekel, keine Verzweiflung, Zynismus nicht oder Ruchlosigkeit führten ihm die Hand, als er die *Kleine Aster*, die *Schöne Jugend*, *Kreislauf*, *Negerbraut*, *Requiem* und die *Krebsbaracke*, vom Leichenhaus ausruhend, schrieb. Kanzelsprache weht uns an: Die O's, die U's schweben unter der Kuppel der MORGUE: Die Brust, die Zunge, dieses Wollen, auch Mund und Blut und Gold. Von Sonne, Huf und jungem Ohr hören wir, von Gott, von hurten, Rosenkranz und Schoß. Von Sonntag, Glut und Rufen: Wenn von erhabenen Dingen die Rede geht, besinnt sich die Sprache mit Vorliebe auf jene dunklen Vokale.

Aber wir eilten voraus. Zu neugierig strebten wir dem frühesten Geniestreich unseres Helden zu; noch sind die Auditorien, die Säle für mikroskopische, für bakteriologische Kurse sein notwendiges Zuhause.

Das Studium der Mediziner ist streng reglementiert. Leicht kommt man, in Schwerpunktsemestern, auf 38, auf 42 Vorlesungs- und Praktikastunden. An- und Abwege nicht eingerechnet. Ganz zu schweigen von Ausarbeitung der Kollegheften und vertiefendem Lehrbuchstudium. Fast scheint es unmöglich, nebenher noch Lektüre anderer Art zu betreiben, Ausstellungen, Museen, Theater zu besuchen. Ja, selbst einer Freundin die erwartete adorierende Zuwendung zu schenken wird schwierig: Die Disziplin fordert den Menschen ganz. Der oft bespöttelte Einbahnweg zukünftiger Konversation bahnt sich an: Sitzen drei Ärzte gesellig beieinander, versinkt die Welt. Und nach wenigem, den anwesenden Damen gegönntem Salongeplauder führt man Fachgespräche aus dem Näh- und Schatzkästlein der ärztlichen Erfahrung und besonderen Welteinsicht. Wobei oft genug Kurioses herauskommt.

Benn war 24 Jahre alt, hatte sich in der Pépinière gut eingelebt, hatte die Philologie, hatte Marburg vergessen, da zogen seine Eltern in das 12 km entfernte Mohrin: »Caroline«, sagte Pfarrer Benn, spät am Abend seines 49. Geburtstags, – und der noch im elterlichen Schlafzimmer schlafende Ernst-Viktor hörte das Gespräch – »Caroline, mit meiner Gicht kann ich nicht mehr auf die Dörfer fahren. Ich habe mich entschlossen, die Pfarrstelle in Mohrin anzunehmen«. – »Wenn Du es richtig findest, Gustav, ist es gut«, antwortete die Mutter. Und so ging es im großen Jagdwagen des Gutes über Falkenwalde und durch den Sterntaler Forst, bis blau der Mohriner See aufblitzte.

Es ist das Jahr, in dem Gottfried Benn *Rauhreif* und *Gefilde der Unseligen* im »Grenzboten« veröffentlicht, sein Studium fortführend, pünktlich und kein Semester zu viel. Mohrin, – hier *beendete* (er) *seine Jugend in einem villenartigen Bau, ... zwar noch zwischen Wäldern und Seen, aber doch schon von der Struktur einer kommunalen Baracke.*

Das Gespräch war im »Grenzboten« gedruckt: Erste *Urworte* präludieren: *Inselsehnsucht, Herden, Strand und fremdes Blut.* Jens Peter Jacobsens und seines *naturwissenschaftlichen Stils* war gedacht, ein erster Entwurf aller kommenden Produktion: Um ein Gedicht zu schreiben, *müßte man Chemie, Physik, experimentelle Psychologie, Atomistik, Embryologie studieren?*

Der zum Unterarzt beim Infanterieregiment 64, *dem Regiment von Mars-la-Tour* avancierte junge Arzt – einhundertzwanzig Mark Militärgebührnisse erhielt er nun – hatte sein pflichtgemäßes Medizinalpraktikum zu absolvieren. Es zog ihn zur Nervenheilkunde. Bald stand im »Grenzboten« sein *Beitrag zur Geschichte der Psychiatrie*. Auf schmalem Grat, zwischen propädeutischem Überblick und Feuilleton balancierend, steht der vier Seiten lange Aufsatz seltsam exotisch zwischen Blumenbewisperern und Heimatgesängen. Große Geister werden beschworen: Locke, Newton, Berkeley, Hume und Kant mit seiner Kritik der reinen Vernunft sind als Inauguratoren *der Annahme der Induktion als methodologisches Prinzip* angerufen. Bacon natürlich mit seinem »Novum Organum«, die *legitime Ehe zwischen Erfahrung und Verstand* verkündend. Wir hören von körperlicher Krankheit, Irresein und Sünde, Idealismus gegen Wahnsinn, Philosophie und Arzneimittellehre zueinander in Beziehung setzend. Ganz im Verständnis der Aristotelischen Medizin, die bis ins neunzehnte Jahrhundert Herrscherin blieb.

Und diesen beinahe noch mittelalterlichen Vorstellungen insbesondere der Geisteskrankheiten stellt er gegenüber Titel von *Versuchen bei Tieren mit Rückenwirbeln*, oder *Untersuchungen der Brust zur Erkennung der Brustkrankheiten*; – *Titel, die sagten: wir verzichten auf Metaphysik*. Benn bekennt sich zur *wahren wissenschaftlichen Induktion* als *festes und sicheres Haus*. Er macht deutlich: *das Psychische ... ward Fleisch und wohnte unter uns*. Mit *Irresein als Symptom von Körperkrankheiten* sich befassend, breitet er große und Verstecktes aufspürende Literaturkenntnisse vor uns aus: Alkmäon, Schüler des Pythagoras, 5. Jahrhundert, wird verknüpft mit dem Arzt Jacobi, der 1830 sehr moderne Auffassungen über *Pathologie und Therapie der mit Irresein verbundenen Krankheiten* vertritt.

Die *über fünfhundert Arbeiten der abendländischen Literatur* von 1459 bis 1799 sind eingebunden in das Arbeitsgebiet von Griesinger, dem ersten Lehrbeauftragten für Psychiatrie und Neurologie an der Berliner Universität im Jahre 1865; und die *mustergültig durchgeführten Versuchsreihen von Kußmaul* sind einbezogen in die Tierversuche Brown-Séquards zur Untersuchung der *heiligen Krankheit* – der Epilepsie. Womit das Thema einer anderen Arbeit Gottfried Benns über *Die Ätiologie der Pubertätsepilepsie* bereits anklingt.

Immerhin, die sieben Seiten über die Pubertätsepilepsie werden in der »Allgemeinen Zeitschrift für Psychiatrie« veröffentlicht, ein erster Königlicher Preis, eine Goldmedaille der Berliner Medizinischen Fakultät war damit erworben. Benn begnügt sich mit der kupfernen Ausprägung, läßt sich die 200 Goldmark auszahlen. Und er schreibt weiter – publish or perish. Von Oktober 1910 bis Januar 1912, in fünfzehn Monaten, erscheinen – seine Doktorarbeit eingeschlossen – vier medizinische Publikationen von ihm. Man könnte meinen, dem Schreibzwang öffne sich hier ein Ventil, wohl kaum in Richtung auf eine akademische Karriere, obwohl eine wissenschaftliche Laufbahn denkbar gewesen wäre: er war empfohlen durch die Pépinière, belesen, schien ernsthaft engagiert, solide Familie. Hätte sein Intellekt den Willen angestachelt, alle unternommenen Absichten, wenn je vorhanden, wären erreichbar gewesen.

Jene drei Monate auf der psychiatrischen Abteilung der Charité bei Professor Ziehen sind eigentümlich still auf uns gekommen. In seinen vier Studien dieser Zeit: *Beitrag zur Geschichte der Psychiatrie – Die Ätiologie der Pubertätsepilepsie – Zur Geschichte der Naturwissenschaften – Medizinische Psychologie* – erfahren wir einiges über eine weit zerstreute, eher an der Oberfläche der Dinge angesiedelte Lektüre, Belehrung und Vertiefung bei den merkwürdigsten Autoren suchend. Ruft er zunächst Cartesius, Aristoteles, Galen als Eideshelfer an, so scheut er sich nicht, den sinistren Pastor primarius Rattclef aus Diepholz zu zitieren, wenn dessen Acridotheologie nur abwegig genug schien, in seine Gedankengänge hineinmontiert zu werden. Alles ist zwar einfühlbar und verständlich, die Obervorstellung seiner Aufsätze bleibt überall erkennbar. Und doch ist alles, wennschon nicht fremdartig, so doch auf eine Schwindeln machende Art verschwommen, bei aller Zuverlässigkeit der Einzelfakten. Zum Schluß dann läßt Benn den Leser ungetröstet fallen.

Wir hören von eigentümlichen Störungen seines klinischen Arbeitsablaufs. Er konnte sein *Interesse nicht mehr auf einen neueingelieferten Fall sammeln oder die alten Kranken fortlaufend individualisierend beobachten*. Anamnesen zu erheben war ihm eine körperliche Qual; vor der Routine der Intelligenztests und der Krankenjournalführung versagte er, sein *Mund trocknete aus*, seine *Lider entzündeten sich*.

Dem Zusammenbruch oder *Gewaltakten* kam sein Chef zuvor,

der ihn zu sich rief, *über vollkommen unzureichende Führung der Krankengeschichten zur Rede stellte* und entließ.

Eine höchst bedenkliche Situation für einen Absolventen der Militärärztlichen Akademie, eines im königlichen Sold stehenden Unterarztes. Wir können nur vermuten, was der psychiatrische Chef der Klinik, Kenner derartiger schizothymer* Züge, für Urteile abgegeben, vielleicht auch in seiner Brust verschlossen haben mag.

Die Unbegreiflichkeiten des Herzens eines noch jugendlichen Arztes jedenfalls blieben entschuldigt, Seelen-Kunstschlosserei war nicht die Sache der preußischen Armee.

Die Lücke zwischen der bedenklichen Charitéentlassung und dem Termin zur ärztlichen Prüfung, am 24. Februar 1912 mit »gut« bestanden, benutzt Benn neben den Examensvorbereitungen dazu, um seine Promotionsarbeit voranzutreiben. Das Thema: *Über die Häufigkeit des Diabetes mellitus im Heer* hatte ihm Professor Hiller gestellt. Eine seltsam blasse, lieblos gemachte Dissertation, 19 Seiten Kleinoktav, neun Literaturstellen nur werden herangezogen. Bei Max Schmersow/Kirchhain in der Niederlausitz wurde sie gedruckt. Die 255 aus Voruntersuchungen entnommenen Beobachtungen ordnete er nach Armeekorps. Stellt heraus, daß im Gardekorps 13,5% aller Zuckererkrankungen auftraten, und kommt zu dem Schluß, ... *daß die Art der Beköstigung im Heer an der Entstehung des Diabetes keinen Anteil hat.* Der Referent dieser auch für damalige Verhältnisse bescheidenen Arbeit, Geheimrat His, Chef der Medizinischen Klinik der Charité, ließ sie mit *befriedigend* passieren.

Als Benns jüngerer Bruder, der damals erst 14 Jahre alte Ernst-Viktor, nachfragte, warum der junge Doktor – Stolz der Familie – gerade ihm dies Opuskulum gewidmet hätte, bekam er zur Antwort: *Weil sie so schlecht ist und nichts taugt.*

Womit er recht hatte: selbst der Wohlmeinendste wird sie nicht als Geniestreich bezeichnen können. Weder machte der Doktorand quantitative Angaben über die Menge des ausgeschiedenen Zuckers bei den 255 untersuchten, an Diabetes leidenden Soldaten, noch wurde über wichtige, damals schon erfaßbare Laborparameter, wie die Azetonausscheidung im Harn berichtet: Benn hat keinen einzigen Patienten gesehen. Er entnahm die Angaben den Sanitätsberichten über die Königl. Preußische Armee während der letzten 10 Jahre um die Jahrhundertwende.

Auch der Umgang mit Zahlen war offensichtlich nicht Gottfried Benns starke Seite. Über insgesamt 255 Fälle wollte er berichten: rechnet man die publizierten Tabellen und Prozentzahlen nach, so kommt man bei den Gardekorps auf nur 246 Beobachtungen, die Addition der Prozentzahlen ergibt dagegen 0,85% mehr als Erkrankte aufgeführt sind. Die Monatstabelle, nach Häufigkeit des Beginns der Zuckerkrankheit gegliedert, weist statt der notwendigen 100% Erkrankten nur 88,10% auf. Der Doktorand berichtet auch über den weiteren Ausgang der Erkrankung, gegliedert in Todesfälle, Heilungen und anderweitig verbliebene: In der wiederum prozentualen Angabe fehlen 6,08%. Nun gut, niemand hat es bemerkt und die Diabetes-Forschung ging nicht daran zugrunde.

Es klingt nach uneingestandener Enttäuschung wegen der mangelnden Aufmerksamkeit für seine medizinischen Aufsätze, wenn er acht Jahre später in *Eikthese* räsoniert: *Eine Elektrode auf einen Froschschenkel zu setzen, genügte für das Bakkalaureat, mit Zahlen über Zuckerkrankheit im preußischen Heer erwarb man akademischen Rang und Titel, waren es fünfzig Seiten geworden und der Produzent kein Konkurrent, gelang damit die Habilitation.*

Seine Biographie bekommt in dieser Zeit individuelle Züge. Noch gelingt es ihm nicht, die äußere Existenz als Maske zu leben, um hinter ihr verborgen sich von der Sprache, von den Worten, die er bald finden sollte, in ein neues Leben hinein ziehen zu lassen.

Eigentümlich sein Lebensgang. Wir hören die ständige Klage über *gehirnliche Schwere*, eine Hypotonie des Bewußtseins. Im literarischen Keller-Kabarett »Schall und Rauch« soll er – nicht unwidersprochen – im Winter 1911/12 mit Applaus seine *nach Schwefel und Absinth* stinkenden Moabiter Leichenhaus-Gedichte vorgetragen haben. Noch vor ihrer Veröffentlichung als einundzwanzigstes Flugblatt des Verlages A.R. Meyer–Munkepunke. Fünfzig Pfennig kosteten damals die acht Seiten klinischer Lyrik.

Kopfschütteln natürlich in Mohrin: Bis in die halbländliche Pfarre erfuhr man vom öffentlichen Auftreten des kurz vor dem Abschluß stehenden Gottfried. Dem Vater ist nachzufühlen und sein Groll verständlich, den Sohn unter die Zöllner und Wechsler gefallen und die unter Schmerzen gebilligte medizinische Laufbahn gefährdet zu sehen. Dennoch, die jüngste Schwester – Edith –, jene, die auf Gottfrieds Knie sitzend sich dem Königsberger Photographen für das Familiengruppenbild stellte – erinnert sich jener Lesungen: »Gottfried war der Clou des Abends«.

Wir sehen ihn – immer noch Militärarzt – mit Else Lasker-Schüler eine Liebesbeziehung anknüpfen. Sie war zweimal geschieden und Mutter eines Sohnes. Fiebrig wurden die ersten Nummern des »Sturm«, der »Aktion« von ihm erwartet; diese Lektüre war ihm vordringlicher als das Studium medizinischer Zeitschriften.

Der Abschied aus Berlin, von der Pépinière, der Charité stand nach Promotion und Staatsexamen ins Haus. Geld war knapp, wie immer. Als Benn zum Regiment abfuhr, dem er während der Medizinalassistentenzeit an der Charité *stellenplanmäßig* zugeteilt war, reichte es nicht, den Koffer gegen bar zu kaufen *ich habe* ihn *später abgezahlt.* Im März beginnt er dann seine beim Eintritt in die Pépinière auferlegte Verpflichtung zu erfüllen: für jedes studierte Semester ein Jahr als aktiver Militärarzt abzudienen. Zwölf Jahre hatte er nun vor sich als Revier- und Truppenarzt, hatte *auf den Kartoffelfeldern der Uckermark die Regimentsübungen* mitzumarschieren *und in Döberitz beim Stab des Divisionskommandeurs im englischen Trab über die Kiefernhügel* zu setzen.

Es gelingt schwer, sich Gottfried Benn in herrenmäßiger Haltung mit Schleppsäbel und Feldmütze auf dem Rücken eines Pferdes vorzustellen. Derweil in Berlin das Skandalon explodierte, die MORGUE, sein Werther.

Ein unlustiger Soldat mag Benn gewesen sein, bestimmt aber kein schlechter Vorgesetzter beim 3. Spandauer Pionierbataillon, wohin er bald versetzt wurde. Kaum bei der Truppe, mußte er um Urlaub einkommen: Seine Mutter Caroline starb 53jährig an ihrem Brustdrüsenkrebs. Am Grab, beim Leichenschmaus, werden Vater und Sohn nicht eben im Einverständnis miteinander gesprochen haben: *Pastorensohn*, jenes zehn Jahre danach geschriebene Gedicht, hält die Wunde offen: *Verfluchter alter Abraham ... Brech-*

eisen durch die Gottesflabbe. Das klingt nicht nach rascher Versöhnung, nach Weihrauch, Myrrhen und *Lilientum.*

Wir wissen nichts über Benns dienstliche Aufführung. Die Akten der Militärbehörden, oft befragt, sie schweigen. Auch zu einem Bataillonskommandeur, in ein mit kleinen Schnäpsen Kommunikation und Menschlichkeit sich zuprostendes Offizierskasino werden die kabarettistischen Begebenheiten gedrungen sein. Das Umherziehen mit der kurzhaarigen, extravagant in Hosen gekleideten Dichterin, die klinisch-psychiatrische Rüge aus der Charité, das *Indianergeheul der Entrüstung und Wut* einer ratlosen Presse über den MORGUE-Zyklus; die Katalogisierung ihres *Onkel Doktor* als eines »Höllenbreughel«.

Und ihr militärärztlicher Doktor schiebt nach: Der »Pan«, die »Aktion« drucken neue Sachen von ihm: *Nachtcafé: – Mann – D-Zug–.* Im August erscheint *Kasino*: Pamphlet und Donnerschlag. Dem Menge-Rastenburg, den Junkern, den Arnims muß es schier den Atem verschlagen haben. Ironie, heitere Souveränität, gelassenes Darüberstehen, Lächeln? *Einigt Lachen alles?* Alles gut. Vieles barg der preußische Königsmantel unter seinen Falten, so Verdienst entschuldbar machte.

Aber – Ass.-Arzt Dr. Benn war ganze 26 Jahre alt, sein Berliner Umgang nicht eben überzeugend, ein sonderbarer Neuling im Regiment. Das sollte nicht in die Spandauer Kaserne, nicht nach Döberitz, nicht unter die Türritzen in die Salons der immer neugierigen, auf individuelle Pikanterien erpichten *Gnädigsten* gekrochen sein?

Das Ganze schien ziemlich unmöglich, abwegig, irrwitzig, Selbstzerstörung eingeschlossen. Wäre nicht eher Zurückhaltung am Beginn einer Laufbahn angemessen? Gerade angetreten, schon Urlaub. Na gut, Tod der Mutter, kinderreiche Pfarrersfrau, Krebs. Kaum Kontakt zu den Offizierskollegen, lebt für sich allein. Verkehrt in Damencafés, zweifelhafte Gesellschaft, geht viel mit Juden um, liest komische Heftchen. Im Dienst man mäßig, unlustig; hat andere Sachen im Kopf. Der Kopf, ja, könnte der es sein? Wie war das damals bei dem Professor für die Klapsmühle in der Schumannstraße? Und d e r Mann wollte Offizier sein, so ganz ohne Fasson? Und was er über die Weiber sagt! Na schön, unter Männern, im

Kasino. Aber dann das *Unsägliche. Stirb hin Resede.* Wer heißt denn schon Resede? Und die Beine *sollen eine Halle sein aus lauem Rot, .. nur eine süße Vorwölbung der Luft*? Unheimlich wurde den Menges und Arnims. War der Mann in Ordnung? Oder hatte er einen sitzen? War überstudiert? Meschugge?

Wer die strengen Begründungen kennt, die zur Dienstuntauglichkeit – zur totalen sogar – angezogen werden müssen, – wer bedenkt, daß die Studierenden der Militärärztlichen Akademie viel Geld gekostet haben; – daß man erwartet, sie arbeiteten treu ihre Schuld in zwölf Jahren ab; – wenn man bedenkt, daß nur »erstklassiges Menschenmaterial« nach gründlicher Einstellungsuntersuchung aufgenommen wurde; wenn man weiß – als Arzt –, daß eine Senkniere selten Symptome macht, vom Kranken kaum wahrgenommen wird; – wenn man hört, daß Ärzte ihre Beschwerden gern nicht zur Kenntnis nehmen, mit der eigenen Todeskrankheit vor ihren Patienten stehen; – wenn ein Blick in den Mering, – ein damaliges Lehrbuch der Inneren Medizin, Gustav Fischer Verlag 1907, es stand in Benns Bibliothek, – lehrt: »Die bewegliche Niere wird hauptsächlich bei Frauen gefunden. Es ist sehr verlockend und bequem, die so schwer zu deutenden abnormen Empfindungen im Leibe auf eine ›Wanderniere‹ zu beziehen. Viele Beobachter sind geneigt, der Wanderniere fast jede klinische Bedeutung abzusprechen. In der Mehrzahl der Fälle von ›Wanderniere‹ handelt es sich um ... Zustände allgemein nervöser Natur, die als Hysterie oder Neurasthenie bezeichnet werden.«

Bedenkt man all diese durch den Fachmann geprüften Unstimmigkeiten, Unschärfen, Unverläßlichkeiten, weiß von Benns Geldsorgen, seiner ungewissen beruflichen Zukunft außerhalb der Armee ohne fachärztliche Ausbildung, so kann man nur kopfschüttelnd jenen so leichthin gesprochenen Text lesen, zweiundzwanzig Jahre danach; wennschon aus der immer gefährdeten Reserve einer bescheidenen Praxis für Haut- und Harnleiden: *Ich nahm den Abschied, da sich bei einer Korpsübung, bei der ich den ganzen Tag im Sattel sitzen mußte, ein angeborener Schaden herausstellte, der mich sowohl feld- wie garnisonsdienstunfähig machte.* Und er wiederholt es, *da nach einem sechsstündigen Galopp bei einer Übung eine Niere sich lockerte.*

Bei allem Respekt, eine über weitere vierunddreißig Jahre asymptomatische Senkniere – nie wieder hören wir etwas davon – soll einen sechsundzwanzigjährigen Assistenzarzt garnisonsdienstunfähig machen? Der kaum vierundzwanzig Monate später bei Kriegsausbruch sofort eingezogen wurde? Anstandslos dann als Oberstabsarzt, zwei Jahre nach Hitlers Machtergreifung reaktiviert wurde? Der an Ernst Jünger schreibt: *Bis in das 70. Jahr konnte ich mit meinem Körper machen, was ich wollte, – er parierte u. tat alles, was mir gefiel.* Die General-Untersuchung im Berliner St. Gertrauden-Krankenhaus, vom 7. bis 20. Januar 1956, sechs Monate vor seinem Tode gibt – bei normalem Harn-Sedimentbefund – in der protokollierten Erhebung der Anamnese den lapidaren Hinweis: »Nach seinen Angaben sei Pat. immer gesund gewesen«.

Was also war es, das so abrupt und verschwiegen zugleich zur Suspendierung Gottfried Benns vom Militärdienst führte?

Benn war Arzt, lebte – was selten erinnert wird – ein *Leben vor dem Leib*; hatte Einsicht in sich selbst: *ich versuchte mir darüber klar zu werden, woran ich litt.* Fragte nicht schon ein Jahr nach seinem Tode sein erster Biograph, Thilo Koch[8]: »Wie ging es zu, daß die persönlichen geistig-seelischen Zerrüttungen eines jungen Berliner Arztes, deren Ursachen vielleicht noch einmal detaillierter nachgewiesen werden können, dazu beitrugen, jenes Phänomen zu schaffen, das unter dem Namen ›Expressionismus‹ Geschichte gemacht hat. Wie wurde dieser Gottfried Benn zum Kronzeugen der gegenwärtigen geistigen Krise«?

Er wurde dazu durch eben diese Lebensschwierigkeiten, die ihn schon vor der MORGUE außer sich gesetzt hatten. Durch eine Krise exemplarischer Art, von ihm selbst als *Zustand der Depersonalisation oder als Entfremdung der Wahrnehmungswelt* bezeichnet.

Der Arzt Benn wußte, welche Quellen den Dichter Benn speisen. Ins Widmungsexemplar der *Gesammelten Schriften* schreibt er – zehn Jahre später – für Gertrud Zenzes:

Man denkt, man dichtet
Gott weiß wie schön.
Und schließlich war man
bloß hebephren.

Man denkt persönlich
ist Stil u Lied
Quatsch, Typenreihe
schizoid.

Gottfried Benn war Mediziner, mit starken Hinneigungen – anfänglich – zur Psychiatrie. Die Kunstsprache dieses Faches war ihm vertraut. Und er benutzte sie, meisterlich eingefügt in sein Werk.

Aber wir? Wer hat schon ein Wörterbuch der Psychiatrie zur Hand. Ganz abgesehen von der Zumutung, es auch zu benutzen.

Sollte also hier nicht der Ort sein, einige Hinweise aus dem Formenkreis der so oft genannten Schizothymie zu geben? Könnte der geneigte Leser doch sonst dieses Kapitel ungeduldig überblättern. Was eigentlich schade wäre. Denn Begriffe wie schizoid – hebephren* – ja Schizophrenie* sogar nimmt Gottfried Benn in seine Prosa, in die Lyrik hinein. Damit eine Temperamentsform aufzeigend, die er – wennschon ironisch gebrochen – auf seine eigenen Texte bezieht. Und von der er ahnt – wir dürfen wohl sagen – von der er weiß, daß sie zu seiner Persönlichkeitsstruktur gehört. Daß sie Motor seiner Künstlernatur und Antrieb seiner Produktion ist.

Mut also! Blättern wir diese notwendigen Kürzel der medizinischen Fachsprache für unsere Zwecke auf, so gut es eben geht. Nehmen wir jene Textstelle Benns als Ausgangspunkt, in der er – als Künstler – seine von ihm empfundene Gespaltenheit ausspricht: *In ihren Augen sind wir nur eine Erkrankung, die klinischen Bilder der Melancholie und Schizophrenie werden aufgeboten, um uns wegzueskamotieren.*

Gottfried Benn nennt damit die beiden großen, nach der Jahrhundertwende insbesondere durch Ernst Kretschmer und seine Konstitutionstypologie* Anfang der zwanziger Jahre herausgearbeiteten Formenkreise der angeborenen Geistesstörungen. Wobei Benn unter dem Begriff Melancholie die manisch-depressiven Störungen subsumiert. Genauer noch, jene leichten, noch normalen Gemütsschwankungen zwischen himmelhochjauchzend und zum Tode betrübt, uns allen vertraut.

Er selbst aber, Gottfried Benn, ordnete sich in die Typenreihe der »Schizothymen« ein. Ja, geht darüber hinaus, hat Zweifel am Persönlichen von *Stil und Lied*. Läßt Nachdenklichkeiten erkennen, was das treibende Agens seiner lyrischen Produktion sein könnte: *Man denkt, man dichtet Gott weiß wie schön.* Um dann – im Mai 1922 – den Verdacht zu äußern: vielleicht ist *man bloß hebephren.*

Interessant, daß er solche Selbstdiagnosen nur gut Bekannten, Vertrauten gegenüber äußert: 1922 zu Gertrud Zenzes, dem »Trudchen«. Oder später – 1934 – in einem Widmungsgedicht zum 50. Geburtstag Oskar Loerkes: wo Du noch Ringe fliehst, die Dich zerstören. Sich selbst fühlte er noch zum normalen, gesunden Typenkreis der Schizothymiker gehörig, in deren Zwischenrang er den Larvendrang dunkler Götter spürt. Sich dabei einer Gefährdung bewußt bleibend, die ihn ganz versinken lassen könnte! Hinunter bis

... dann ganz am Grund
Der Höllenscharen
naht sich ein Geistermund ...
Doch wenn Du ganz versinkst, ...
naht die Unsterblichkeit:
Strophen und Götter.

Oskar Loerke, ein großer Lyriker auch er, sich – wie Gottfried Benn – fest in das Korsett einer bürgerlichen Lebensweise einbindend, wird ihn verstanden haben. Er wußte, woher die Anrufe für die Poesie, für das *Walten* und den *Lebensgrund* kamen.

Nun ist das Feld bereitet. Gottfried Benn nimmt uns selbst an die Hand. Begleitet uns auf dem Pfad, den seine Wegmarken – hebephren – schizoid – Schizophrenie – bis hin zur Schizothymie deutlich machen.

Um es gleich auszusprechen: Benn war kein im Sinne der Konstitutionstypologie Erkrankter. Er war normal, er war gesund – aber er f ü h l t e sich gefährdet.

Bleiben wir also beim Wort *hebephren*. Es ist ein schon vor der Jahrhundertwende gebräuchlicher Ausdruck für die jugendliche Form der Schizophrenie. Manchmal mit Enthemmung, Ausgelassenheit, Rücksichtslosigkeit einhergehend. Oft durch raschen, meist ungünstigen Verlauf gekennzeichnet. Benn mochte hier nach Lektüre des ihn lange Jahre begleitenden Werkes von Ernst Kretschmer: »Körperbau und Charakter« und der dort beschriebenen schizothymen Temperamente diesen unberechtigten Einwurf in Hinblick auf seine Dichtungen vor 1922 formuliert haben.

Wir kennen bei der *schizoiden Typenreihe* das fabelhafte Aufblühen geistiger, lyrischer Produktivität hohen Ranges fast noch im Rahmen der Pubertät und Postpubertät, die dann ins normale »Philisterhafte« oder sogar Psychopathische absinkt.

Schizothymie ist also ein Konstitutionsbegriff, der nicht mit negativer Libido besetzt ist, sondern Gesunde und Kranke gleichermaßen umfaßt.

Schizoid dagegen ist einen Schritt näher an der Psychose. Steht also zwischen dem als durchaus normal zu bezeichnenden schizothymen Temperament und der eigentlichen Schizophrenie. Auch hier folgt Benn der Kretschmerschen Auffassung. Wobei nicht verschwiegen werden soll, daß die moderne Psychiatrie den etwas schwammigen Begriff des *Schizoiden* eher zu vermeiden sucht. Schizoid führt uns schon in die Richtung der eigentlichen Krankheit, der *Schizophrenie.*

Warum viele – normale – schizothyme Menschen, sogar solche, die als *schizoid* angesprochen werden können, dennoch ein gesundes, sozial akzeptables Leben führen können, ist vielfach untersucht worden. Folgen wir wiederum Ernst Kretschmer, wie Gottfried Benn es tat, so scheint es, daß ein pyknischer Körperbautypus, wie Benn ihn besaß, einen gewissen Schutz gegen den Einbruch einer *schizoiden* Psychose darstellt.
Was ja schon Cäsar wußte:

> »Laßt wohlbleibte Männer um mich sein
> Mit glatten Köpfen und die Nachts gut schlafen ...«

Gottfried Benn war von seiner körperlichen Konstitution her ein Pykniker*: wohlbeleibt, Embonpoint, mittelgroße, gedrungene Figur, kurzer Hals, kurze, breite Hände, ein Erbteil seiner Mutter. Wenn überhaupt, so war sein Körperbau ein starkes Bollwerk gegen etwaige Entgleisungen einer schizoiden Wesensart.

Welches aber sind nun die »Entgleisungen«? Mit welchem Vokabular kennzeichnet die Psychiatrie diesen Formenkreis – Schizothymie – schizoid – Schizophrenie? Beim ausgeprägten Bild des Spaltungsirreseins (Schizophrenie) sind die psychischen Funktionen in charakteristischer Weise gestört. Die Persönlichkeit verliert ihre Einheitlichkeit. Denken, Fühlen und die Beziehungen zur Außenwelt fallen auseinander. Dieses, von Gottfried Benn angesprochene Krankheitsbild braucht uns hier nicht weiter zu interessieren.

Die konstitutionellen Verhaltensformen aber des noch Gesunden können jedoch voller Bezüge und Parallelen zum voll ausgebil deten Krankheitsbild sein.

Wir sprachen von Kontaminationen bei Gottfried Benn: raumumschlungene *Läuferglieder stranden Dich zu Krug und Hang*. Es werden hierbei unterschiedliche, zum Teil unvereinbare Bedeutungen untereinander verquickt.

Der intentionale Bogen ist gestört. Womit gesagt ist, daß die Durchhaltekraft für eine logische Gedankenführung nachläßt. Parathyme Affektstörungen wurden erwähnt. Hier passen die realen Situationen und die Stimmungslage nicht zusammen. Paraphasien kennzeichnen die Schwierigkeit, aus Worten ein den Regeln der Syntax entsprechendes Satzgefüge zusammenzusetzen. Andererseits wurde der Begriff Wortagglutination erwähnt, d.h. das Verschmelzen mehrerer Wörter zu einem neuen.

Weiter gehört die Loslösung des eigenen Ich von Körperempfindungen oder seelischen Regungen, das Entfremdungserleben mit dem Erleben des »Gemachten« als Depersonalisation hier hinein.

Zugleich kann die psychästhetische Proportion verschoben sein, womit gesagt wird, daß das ansonsten ausgewogene Mischungsverhältnis zwischen Unempfindlichkeit und Überempfindlichkeit gestört ist. Die schizoiden Temperamente sind nicht entweder überempfindlich oder kühl, sondern – wir folgen hier, wie Gottfried Benn, weiterhin Ernst Kretschmer – sie können kühl und z u g l e i c h überempfindlich sein. »Er ist ein Tropfen feurigen Weins in einem Faß von Eis« sagt z.B. Hebbel über den gesunden Schizothymen Ludwig Uhland.

Mit dazu muß man rechnen die Autoskopie, die gestörte Wahrnehmung des eigenen Leibes, eine Art Doppelgängererlebnis. Wobei der eigene Leib außerhalb der eigenen Person empfunden wird. Auch wäre die intrapsychische Ataxie* hier einzuordnen. Eine Störung, die durch das Auseinanderklaffen zwischen Darstellung bzw. Vorstellung und den dazugehörigen Affekten besteht.

Werden unter der Einwirkung eines Affektes, eines gefühlsmäßig besonders stark besetzten Erlebniskomplexes seelische Inhalte verfälscht, wird eine Idee überwertig, werden dadurch Entscheidungs- und Handlungsfreiheit zunehmend eingeengt, spricht man von Katathymie.

Aus stammesgeschichtlich älteren Schichten des Seelenlebens sind die hypnoiden Schaltungen abzuleiten: unbeeinflußt von Willen und Ratio, im Dämmerbewußtsein sozusagen nehmen sie ihren Weg, mechanisch fast, zu Ausdruck und Weltverhalten. Sich wiederholende, zwanghafte Bewegungen z.B. der Hände, als Stereotypien bekannt, sollen diesen Erklärungsversuch des von Benn so genannten *klinischen Bildes* abschließen.

Viel wäre dem noch an Wenns und Abers hinzuzufügen; hier eine Ergänzung zu geben, dort etwas abzuschwächen. Genug, – ich schließe diese facettenreiche Abweichung vom Wege, die Vita unseres Helden nachzuzeichnen mit der Einsicht: Weniger als der gleiche Wortstamm *schizo* vermuten läßt, haben schizothym und schizoid mit der Charakterisierung krankhafter Psychosengruppen (Schizophrenie) zu tun. Der Schizoide ist gesund, wenn auch auf eine besondere Art in seiner Wesensart charakterisiert. Kein Zweifel besteht, daß Gottfried Benn sich diesem Formenkreis zugehörig fühlte. Manchmal – vielleicht – am Rande des Absturzes. Sicher gefährdet in seinen jungen Jahren. Gehalten, bewahrt durch seine pyknische Konstitution, die Durchmischung mit dem rund schwingenden zyklothymen Status seiner Mutter.

Aber d i e s e n Widerpart seiner gespaltenen Struktur wollen wir hier nicht auseinanderlegen.

Wir sollten aussprechen: Der Formwille, das Auf-die-Spitze-Treiben, jenes *das Material kalt lassen*, das Rauschhafte, expressive, das Funkeln-Lassen der Kanten und Ecken um jeden Preis, bestätigen und beantworten jene Frage nach dem Wie und dem Warum: Die Töchter der Euphrosyne hatten Benns Stirn an der Wiege berührt.

Benn hat dies alles – MORGUE und die Folgen – mit bewunderungswürdiger Einsicht gesehen: *Es muß eine schwere Krankheit gewesen sein, jetzt ist sie ausgeheilt,* so urteilt er über diese erste Hoch-Zeit vierzig Jahre später. *Als Wurf und Wahnsinn erschien mir das Ganze gut.* Nicht ohne die limbischen* Antriebe verschleiernd hinzuzusetzen: .. *Enzephalitische Prozesse, halb lyrische Epilepsie, halb moralische Lethargien –* ...

Wir haben den seltenen Fall vor uns: ein Arzt – *ursprünglich wollte ich Psychiater werden* – sehr früh, sehr intensiv sich mit den dienzephalen* Zwängen beschäftigend, die hin zur Kunst, zum Wort führen, mit weit gespannten psychologischen Literaturkenntnissen. Den Lombroso [9], den Lange-Eichbaum[10] den Kretschmer[11] hatte er studiert und aufgenommen. Dabei klarsichtig den eigenen, genetischen Spannungsbogen seiner elterlichen Herkunft erfassend. Den produktiven Auslösungskeim, – vor der Ratio, der Filterung und Absiebung des Unbrauchbaren, nicht Passenden – hellsichtig erkannt.

Jener Moabiter Sektionskurs-Cocktail, sein Sich-Geben auf den uckermärkischen Stoppelfeldern, in Döberitz. Unmögliches im Kasino – *eine schwere Krankheit*!

Zwei berufliche Abstürze – Charité, 3. Pionierbataillon – hatte Benn glimpflich überstanden. Mit Schulden zur Truppe, ohne Mittel nun auf der Straße. Immerhin, es waren die Straßen Berlins, breit, metropolisch, wilhelminisch. Die Stadt dröhnte von explosiver Vitalität. Aus Schlesien, Ostpreußen, Kaschubien strömten neue Menschenmassen hinein. Die Bautätigkeit war enorm, nur Amerika konnte noch mithalten. Es gab Theater – über sechzig –, gab Etablissements für alle Bedürfnisse. Ein riesiger Kulturbetrieb zog die besten Köpfe, die aggressivste Avantgarde zu sich heran. Es gab den Eulenburg-Skandal und die Köpenickiade. Es gab Armut, Obdachlosigkeit, Verbrechen und Prostitution. Im Moabiter Krankenhaus ging Benn auf dem Weg zum Sektionskurs an den Betten von über einem halben Tausend jährlicher Syphiliskranker vorüber. O Zeiten, da unserem Vaterland eine solch zermalmend fördernde, so luxurierend anziehende Reichshauptstadt gegönnt war.

Der Sezessionistenstreit tobte – »die ganze Richtung paßt uns nicht«; Gerhart Hauptmann bekommt den Nobelpreis. Picassos

Name geistert durch die Galerien, Gurlitt zeigt Bilder der Brücke-Maler Kirchner, Haeckel und Schmidt-Rottluff. Herwarth Walden stellt skandalumwitterte Bilder der »Blauen Reiter« aus: Marc, Kandinsky, Macke, Klee und Jawlensky. Worringer[12] schreibt als Sechsundzwanzigjähriger die Bibel der ästhetisch und philosophisch Interessierten. Postuliert in »Abstraktion und Einfühlung« das Angstgefühl als eine der Kunstwurzeln, entwickelt den Gedanken, Kunst könne vom »Abstraktionsdrang« gespeist sein. Man war also vorbereitet.

Immer ist das ganz Andere, das Extreme, das Entgegengesetzte, das Neue von unwiderstehlicher Anziehungskraft. Und versagten sich Melpomene, Thalia und Euterpe, so helfen Rauschgift, Alkohol und Kaffee die Haut dünn und die Nerven mürbe zu halten.

Prinz Jussuf von Theben, wie Else Lasker-Schüler sich schmückend oft unterschrieb, kannte den jungen Arzt von Leseabenden der »Aktion« her. Bei A.R. Meyer hatte sie ihre »Hebräischen Balladen« kaum ein Jahr nach Benns MORGUE drucken lassen.

Wenn sie auftrat – dreiundvierzig Jahre alt –, ihre Gedichte las, gern bei Kerzenlicht, im blauen Seidenwams, weiten, am Knöchel geschnürten Hosen, breitem Talmigürtel, an dem ein kleiner Dolch baumelte, silbernen Schuhen, tiefschwarzes Seidenhaar, »ganz Weib, ... voller Sinnlichkeit«, mochte man glauben, einer »somnabulistischen Modetänzerin« zuzuschauen. Ihr allseits vagabundierendes, rücksichtslos über sich selbst verfügendes, in diamantenen Träumen sich verströmendes Herz zog sie zu dem Nibelungen, dem Barbaren, zu Giselheer, wie sie Gottfried Benn nannte. Sie sah Dr. Benn aufsteigen vom Leichenhaus. Sein Gedichtband – MORGUE – »lag auf meiner Decke: Grauenvolle Kunstwunder, ...«

Gewiß, Benn hatte in dieser Zeit andere Sorgen. Er suchte eine Ausbildungsstelle, war mittellos, sah das materielle Elend, die Pumperei der Bohème in den Cafés, den literarischen Cirkeln, im Nollendorf-Casino, im Schwarzen Club. Schon schien er zu distanzierter Verschlossenheit, tadelsfreier Haltung nach außen und Annahme seines ärztlichen Berufes bereit. Schon gab er sich eine Haltung, die Maske des Doppellebens verschleiernd über sein Dasein haltend. So hielt er sich einstweilen bedeckt vor der glühenden Werbung der mondsichelfahrenden Sappho. Seine Neigungen gingen – nicht immer – in Richtung des Unkomplizierteren, geistig

Schlichteren – *der Mann will vom Weib nicht am Gehirn berührt werden.* Aber er war für Reize jeder Art nicht unempfänglich: ogni figura, ogni aeta. Wir werden davon noch berichten.

Aber die grandiose Geste, die Anerkennung durch eine große Dichterin mochten ihm schmeicheln. Benns Leben nimmt in den Monaten bis zum Ausbruch des Weltkrieges ein neues Tempo an: Eine Assistentenstelle wird gefunden, die Spandauer Scharte ausgewetzt, reich strömte die Produktion: Verse, ganze Zyklen entbinden sich. Im »Neuen Pathos«, im »Sturm«, in der »Aktion« erscheinen Gedichte. Manche taumelnd, ataktisch. Gedanken, Impulse, Triebe durcheinander schlingend, voller Wortneubildungen, – akausal das Denken, katathym.

Andere aber formstreng, voller Sehnsucht nach *Mutteraugen*; nach

Fernes Glück: ein Sterben,
hin in des Meers
erlösend tiefes Blau.

Man reist. Wohin? *Tyrrhenisches Meer.*

Ein frevelhaftes Blau.
Die Dorertempel. In Rosenschwangerschaft
Die Ebenen, Felder
Sterben den Asphodelentod.

Thalassale Regressionen also. Das Vokabular aller späteren Produktionen ist vollständig, so früh schon. Blau, die Farbe des männlichen Prinzips, herb und geistig, fähig zur Zusammenhangsdurchstoßung, ist angerufen als Rauschkomplex, von hohem *Wallungswert.*

Blau, einen ganzen Komplex ästhetischer Dimensionen anrufend: unsinnlich, kühl und transzendent, ist blau die Lieblingsfarbe der Schizothymiker.

In der Juni-Nummer der »Aktion« von 1913 stehen sich beide gegenüber, auf einer Seite – einander respondierend –: die Lasker-Schüler mit *Doktor Benn* und einer Zeichnung, den jungen Giselheer im Mohrinschen Halbprofil zeigend. Gottfried Benn rückt *Drohungen* ein:

Ich treibe Tierliebe
In der ersten Nacht ist alles entschieden.

Dann – von weither schon – die Widmung im *Söhne*-Zyklus: *Ich grüße Else Lasker-Schüler: Ziellose Hand aus Spiel und Blut.* Ein Zitat, entnommen aus Tino von Bagdads Briefroman »Mein Herz«.

Die Liebe war zerbrochen, – auf Hiddensee. Aber Tino von Bagdad schrieb hingerissen und dankbar dem farbig poetischen Franz Marc: »Gestern hatte ich eine große Freude. Der Zyklop Dr. Gottfried Benn hat mir seine neuen Verse: Söhne, gewidmet, die sind mondrot, erdhart, wilder Dämmer, Gehämmer im Blut – Jussuf.« Und Benn, der Giselheer? Verhalten nur zeigt er sein Herz. Einige Briefe – bis 1932 – sind in Else Lasker-Schülers Nachlaß in Jerusalem bewahrt geblieben: *Immer Ihr Bewunderer und Verehrer, – Ihr ergebener Freund, – dem großen lyrischen Genie*, so lauten die bewundernden Unterschriften. Dem Prinzen Jussuf, seinem *königlichen Becher,* Liebe entgegenzubringen war vielleicht möglich; – halten konnte den Schwan Israels niemand.

Später erst – vierzig Jahre nach der Trennung – huldigt er im British Center Berlins *der größten Lyrikerin die Deutschland je hatte.*

»Fühlst du mein Lebtum
Überall
Wie ferner Saum?«

Dem Bericht an Oelze über dies erste öffentliche Auftreten seit 20 Jahren fügt er hinzu .. *war ja mal meine Freundin, – 1912 –.*

Betrachten wir Gottfried Benns weiteren Lebensgang. Die letzten Monate vor dem Krieg treiben seine Biographie in einem für ihn ungewöhnlichen Eilschritt voran: Fleißig seziert er im Pathologisch-Anatomischen Institut des Westend-Krankenhauses. Mikroskopiert, schreibt mit eigener Hand die Sektionsprotokolle. Beginnt eine wissenschaftliche Arbeit. Ist mit Carl Einstein, Paul Boldt, Alfred Lichtenstein bekannt. *Morgue II* wird nachgeschoben: ausgestoßene Plazenta nur, Nachgeburt des Moabiter Erstgeborenen. *Räuber-Schiller*, *Madonna*, die *Nachtcafés* werden in der

»Aktion« gebracht. Der befreundete George Grosz macht seine luziferische Zeichnung dazu. Hektischer werden Benns Lebensäußerungen, kurz die Briefe. Trotz anschwellender Produktion schreibt er an Paul Zech, Herausgeber des »Neuen Pathos«: .. *ich verwerfe mich fast vollständig, Sehr in Eile (Kaninchen, Mäuse, Affen schreien nach mir).*

Aber wo Verleger finden? Kurt Wolff gibt Einsendungen zurück: *Wie kann man überhaupt Gedichte schreiben u. herausgeben,* reflektiert Benn. *Kunst ist eine Sache von 50 Leuten, davon noch 30 nicht normal sind.*

A.R. Meyer druckt dann die *Söhne*. Jene achtzehn Gedichte mit dem Titelbild Ludwig Meidners, das Benn nicht gefällt. Wie er überhaupt unzufrieden ist mit diesem .. *Schund. Taugt nichts. Gibt eine Pleite*, schreibt er dem Verleger Munkepunke – A.R. Meyer – am 4. September 1913 auf einem Kopfbogen des Städtischen Krankenhauses Charlottenburg-Westend, Pathologisch-Anatomische Anstalt.

Und widmet den Zyklus dennoch Else Lasker-Schüler; – sie wird die fünf Zeilen *Drohung* nie vergessen:

Meine Liebe weiß nur wenig Worte:
Es ist so schön an deinem Blut.

Der Alltag seiner Berufsarbeit läuft unauffällig nebenher. 297 von ihm durchgeführte Sektionen protokolliert er – säuberlich auf Oktavbögen in Sütterlin geschrieben. Sein Chef, Professor Dietrich, hat die Niederschriften durchgesehen, Notwendiges am Rande korrigiert.

Man kann nicht sagen, Benn hätte damals gebummelt. Beinahe täglich war eine Leichenöffnung auszuführen. Die Toten reden nicht, und Gottfried Benn litt nicht an schwachen Nerven. So fand er seine Überlebensnische. Für ein paar Monate war er in eine Dependance der Westend-Prosektur, ins Bürgerhospital Charlottenburg abkommandiert: *Ich war Leiter eines kleinen Pathologischen Instituts*, erinnert er sich nicht ohne Stolz im *Doppelleben*. ».. Und hat sich dieser Aufgabe in jeder Weise gewachsen gezeigt«, bescheinigt sein Abgangszeugnis.

Eine versteckte Existenz als Arzt. Die Pathologie hielt große Freiräume für die Assistenten bereit. Keine quälenden Gespräche mit Angehörigen, die Krankheitsvorgeschichte erbrachten die Kliniker. Es gab keine Visiten, keine körperlichen Untersuchungen, kein Kontaktsprechen mit den Schwestern und Pflegern. Man blieb allein im Sektionssaal, die Schnitte kaum hörbar ausführend. Schon lautes Klirren eines zu hart auf den Marmortisch zurückgelegten Messers ließ versunken aufblicken: Ein großes Quantum von Sachlichem sammelte sich an; – bald werden wir es hervorbrechen sehen. Häßlich, unästhetisch? Grausame Einblicke und Daseinsekel? Sich durch das Wort vor dem Wahnsinn rettend? Der Mutter Krebssterben? Es geht ihm nahe, sicher. Aber .. *es fließt das Herz sich nicht draus tot.*

Man muß selbst am Sektionstisch gestanden haben, für längere Zeit, um zu wissen: All dies ist nicht richtig. Eher überkommt den Sekanten eine große Ruhe. Abgeklärter sieht er die Menschendinge, seine Urteile werden läßlicher: In diesem Raum endet der Gang des Dasein. Stärkend wirkt das Erkennen der Lage. Die MORGUE und was danach kam: ist das die Wahrheit? Es ist e i n e Wahrheit.

Sehen wir Dr. Gottfried Benn am Sektionstisch stehen, gummibehandschuht, die rote Gummischürze vorgebunden? Soll sich hier nicht ein anderes Verhältnis zum Menschen entbinden als ein bloß lyrisches? Er greift zum Hautmesser, durchtrennt die Oberfläche: das subkutane Fettgewebe quillt empor. Gelb, rötlich geädert. Auch das fließt ein ins Gedicht, gibt Farbe und Anschaulichkeit. Was daran ist schamlos, abgrundhäßlich? Das Obszöne und das Heilige, wie sollte es ihm, dem Pfarrerssohn, hier nicht in eins zusammenfließen?

Im Weihnachtsheft der »Neuen Kunst« erscheinen die sechs *Finish*-Gedichte: *Tiefblau, – Dieses ferne Glück, – Ägäisch sind die Fluten, – Vor Tanz, vor Sommer, Strand und I t h a k a* : Méditerranée, die mythischen *fernen Reiche*, mykenisches Licht hebt sich empor. Aber nun, in *Ithaka*, dieser Elf-Seiten-Szene *öffnen sich Unendlichkeiten ... über dem Morgenrot des Konditionalismus. Aus dem Ammonshorn der linken Hemisphäre ... einer vierzehntägigen Ratte aus dem Stamme Katull*, aus der *Arbeit über die Lücke im Bauchfell des Neugeborenen*, aus dem *Laboratorium des Patholo-*

Pathologische Anatomie des Westend-Krankenhauses Berlin-Charlottenburg

gie-Professors, am Ende eines Kurses mit Studierenden der Medizin, aus der wohlgeordneten, wenn auch bescheidenen Existenz eines Assistenzarztes tritt Dr. Rönne, das Alter ego Gottfried Benns, zu seinem anarchistischen Höhenrausch an. Verhöhnt wider alle Vernunft die *selbstgenügsame Naivität* seiner eigenen kasuistisch-medizinischen Studie über die Bauchfellücke. Verhöhnt, das *Erfahrungen sammeln, systematisieren als subalterne Gehirntätigkeiten*. Seinem Chef ruft der Unbotmäßige zu: *Sie haben es nicht vermocht, auch nur das Atom eines Gedankens aufzubringen, der außerhalb der Banalität stände.*

Gelb, gelb ... ruft Rönne im visionären Anblick des *Mittelländischen Meeres, der weichen Buchten, der blau durchrauschten Haine und rosenfüßigen Sonne* rauschhaft aus. Gelb: dorthin zieht es ihn, sanft, heiter und sinnlich. Man will nicht *das sandige Geknarre Ihrer Intellektakrobatik, – lieber wolle er finsterste Mystik* hören: Von Döberitz nach Ithaka. Ein großer irrationaler Ausbruch.

Lauschen wir am Text, lassen wir uns von Dr. Rönne weiterhelfen: *Ans Kreuz fühlt er sich geschlagen, voller Qualen, dieses Am-Ende-Sein* kaum ertragend. Fragt, bin ich *degeneriert, neurasthenisch*? Es hat *seine Zusammenhänge zerdacht, nur nach innen sieht er*, ist *abgesondert und ich*. Unheimlichkeitsempfindungen kommen hoch: *Es geht etwas in einem vor, – man wird gelebt.*

Sela! Psalmenende biegt sich's zurück zum Aufstieg vom Leichenhaus: Wir hören von Gottfried Benns Gespaltenheit. Er erinnert uns an seine Störungen des Denkens, seine Depersonalisationssyndrome. Der Verlust seiner Realitätsbeziehungen, verborgen hinter einer Maske von Gleichgültigkeit.

Und die Neologismen, die *Marmorschauer*, das *Rosenhirn*, *Höherzwielicht*, der *Hirnhund*? Die gehobene, mitreißende Stimmungslage? Enthemmt sich steigernd zur Aggressivität in *Finish* und *Räuber-Schiller*, rücksichtslos in *Ithaka* Professor Albrecht ermordend. Bricht der flüssige Gedankengang nicht plötzlich ab? Werden die rationalen Schaltungen nicht durch die hypnoiden ersetzt, von Rhythmus und Sprachmelodie getragen, auf den Leser als Wort- und Farbsymbole einen magischen Reiz ausübend? Zusammengebrochen die syntaktischen Ordnungen, geschmückt mit Kontaminationen, Gedanken- und Wortagglutinationen, logisch nicht vereinbare Bedeutungen miteinander verquickend? Schon schwillt *Der Süden die Hügel hoch, die Gebisse umgewachsen zu Rechenmaschinen*. Carl Einsteins Idee der »absoluten Prosa«, Kandinskys »Klangform« scheinen hier erprobt: »Das Ding muß klingen, und durch diesen Klang kommt man nach und nach zum Inhalt. Der muß aber niemals klar sein ...: je mehr Möglichkeiten für Phantasie und Interpretation, desto besser.«

Aber auch des Körperlichen seines Zustandes will erinnert sein: Vergessen wir nicht die Leibhalluzinationen Gottfried Benns, die *gelockerte Niere*. Sie war der Grund für die Entlassung aus der Armee. Vielleicht.

Der Knick seiner Lebenslinie. Entfernung aus der Psychiatrischen Klinik der Charité bei Nachlassen des intentionalen Bogens, der zu begrenzter Durchhaltekraft im Gespräch mit den Kranken führte. Vermerken wir im affektiven Bereich: Stimmungslage und Situation passen nicht zusammen: Mordgeschehen *im Blütenfall aller Welten*. Gurgelnd im Erstickungstod das professorale Opfer: Aber *Blühend und weich die Stirn*.

Dabei grob und eher unhöflich das Verhalten. Unkontrolliert gegenüber der Einordnung der eigenen Person in seine reale Umwelt. Wer sagt schon zu seinem Chef – und läßt es drucken: *Sie verblöden seit hundert Jahren die Länder, sie Bettpisser mit ihrer Klabusterbeere von Gehirn.* Wer schon tritt ihm *in den Hintern, daß sie vom Katheder flögen*.

Nun denn, – Professor Albrecht gibt sich erstaunlich läßlich, erkennt den Kern des Borderline Syndroms* seines Assistenten Dr. Rönne und spricht es aus: *Er ist durch Denken ohne ernste, zielgerechte Arbeit etwas zermürbt*. Natürlich entläßt er ihn.

Gottfried Benn steht nach *Ithaka* also auf der Straße. Abrupt endet sein Versuch, eine geordnete, normale ärztliche Tätigkeit zu begründen. Er versagt vor den Aufgaben der alltäglichen Routine einer Krankenhausarbeit. Zweifel am Sinn seines Berufs und Ablehnung der praktischen Medizin bestärken ihn in seiner Schizothymie; die psychästhetische Proportion ist verschoben: einerseits ist man kühl, gibt sich schroff fremdem Leiden gegenüber. Um auf der anderen Seite Überempfindlichkeiten zu kultivieren: Schmerzen stillen in Hütte und Palast? Er zuckt die Schultern. *Kleinen*

Leuten den Tod bekämpfen, wen's reizt ... Kindersterben und jede Art Verrecken gehören ins Dasein wie der Winter ins Jahr.

Irgendwie aber behält Rönne-Benn die Kontrolle über seine bürgerliche Wohlanständigkeit und über seine Symptome, empfindet sie, reflektiert darüber. Und registriert seinen ungeordneten Zustand als Krankheit, erlebt sich selbst in einem Grenz- und Überschneidungsbereich zwischen *degeneriert* und *neurasthenisch*, fühlt sich gestört durch hirnliche Benommenheit und depressive Verstimmungen.

Aber – nachdrückliche Empfehlung für zukünftige Bewerbungen – seine in *Ithaka* so abschätzig zurückgeworfene Arbeit *Über einen Fall von innerer Einklemmung infolge Mesenteriallücke bei einem Neugeborenen* war in Band 9, 1914 in der Fachzeitschrift »Arbeiten a.d. Gebiete der pathologischen Anatomie«, Tübingen, erschienen.

Paul Zech erfährt Mitte März von einer *größeren Auslandsreise*: An einem Sonnabend, den 4. April 1914 sieht Gottfried Benn als zweiter Schiffsarzt des Doppelschrauben-Postdampfers »Graf Waldersee« die Landungsbrücken, den Turm des Hamburger Michels, elbabwärts nach New York fahrend, versinken. Der Vater in Mohrin öffnet erstaunt ein Telegramm: *Mich zog es an Bord. Gottfried.*

Nach dem Zweiten Weltkrieg im *Doppelleben* werden diese Erinnerungstrümmer noch einmal aufgenommen, die Neigung zur Seekrankheit, die Geldknappheit damals, um New York zu genießen. Aber es reichte für eine Karte in die Metropolitan: der *kleine, dickbäuchige Caruso* sang, *arielhaft*, *arionschön* wird seine Stimme erinnert.

Auch in der vorgegebenen menschlichen Nähe eines nicht allzu großen Schiffes fiel es ihm schwer, natürlichen Kontakt zur Umwelt zu finden: *die widerlichen Passagiere waren ausgeschifft.* Drückende Hitze im Hafen von Hoboken.

Benn löst seinen Vertrag bei der Hapag, heuert auf einem Getreidesegler nach Wladiwostok an, kündigt diese Abmachung kurzfristig. Der Frachter ging auf der Reise unter, *kam nie zurück.*

Seltsam rasch wechselt er die Stellen. Nach jenem Hapag-Zwischenspiel treffen wir ihn im Fichtelgebirge: In Bischofsgrün bei

Bayreuth vertritt er den Chefarzt einer Lungenheilstätte – sagt man.[13] Es ging nicht gut. Das Entfremdungssyndrom nahm eher zu: Vertraute Gegenstände der ärztlichen Praxis, sein eigener Körper wirken ihm verändert, unbekannt. Der gewohnte Blick aus dem Sanatoriumsfenster ist anders als früher. Stereotypien, zwanghaft auftretende, rhythmische Bewegungsabläufe beobachtet er, wir kennen sie: *Oft ... drehte er seine Hände hin und her und sah sie an ...*

Das Wahrnehmen, die Körperempfindungen, selbst Fühlen, Denken und Handeln werden nicht mehr als dem Ich zugehörig erlebt: Wer bin ich eigentlich; *wo bin ich*, fragt Dr. Rönne denn auch in den *Gehirne*-Novellen. Depersonalisationssyndrome also, dem Psychiater gut bekannt. Der Versagenszustand verstärkt sich, die Versorgung der Patienten leidet. Jener Chefarzt mußte nach kaum einer Woche zurückgerufen werden und ihn ablösen.

Die Sarajewo-Morde, die Wirren einer Epoche, die untergehen will, schlagen durch bis auf die *Höhe des Gebirges*, wo Gottfried Benn in *Veranden, Hallen und Remisen* die Tuberkulosekranken ärztlich zu betreuen versucht hatte.

Den Gestellungsbefehl in der Tasche, rasch noch das einstrophige Gedicht *Marie, Du Vollweib, jedes Kind kann durch dein Becken* für Alfred Richard Meyers Frauenlob-Anthologie aus Bischofsgrün geschickt – und ab geht es wieder nach München. Bei Professor Zumbusch, in der Hautpoliklinik der Universität hospitierte er; in der Kaulbachstraße wohnte er. Will aber auch in der Universitätsklinik Würzburg gearbeitet haben: Etwas konfuse vier Monate offenbar. Selbst nach seinen eigenen Angaben, die er für das Gesundheitsamt Schöneberg am 10. Januar 1947 machte. Jedenfalls schließt sein Brief an den Verleger, der ihm zwei Jahre zuvor die *Morgue* gedruckt hatte, mit *Gut Blut! Gut Hades!*

Gottfried Benns erotische Aura: faszinierend. Bis in die reiferen Jahre besaß er eine starke männliche Ausstrahlungskraft. Und er hatte Anstand, Haltung. War voller Grazie, Delikatesse, von hohem Charme, hatte Manieren und blieb verschwiegen. Ein Herr also. Man liebte ihn sehr! Kurzum, in der turbulenten Mobilmachungsphase trifft er sich am Starnberger See – in Leoni – mit Edith Brandt, geborene Osterloh, geschiedene Brosin, einer Schauspielerin, acht Jahre älter als er, mit einem kleinen Sohn – Andreas. Aus einer angesehenen Dresdner Honoratiorenfamilie stammend, war sie nicht nur anziehend, elegant, belesen, kultiviert, glänzend Klavier spielend, sondern auch einigermaßen wohlhabend und unabhängig. Auf Hiddensee hatte er sie kennengelernt, ein Jahr zuvor, als er mit der »Prinzessin Jussuf«, Else Lasker-Schüler dort war. Und im gleichen Augenblick wohl, als das *Lebtum* zwischen Else Lasker-Schüler und dem »Barbaren« zerbrach, war die andere zur Stelle, Zustrom, Auftrieb, Wärme entgegenbringend: das weibliche Element, nie konnte Benn es entbehren, so oft er auch ausbrach.

Rasch war das ungleiche Paar in Leoni getraut. Zwei Münchener Gepäckträger, die man von der Straße auflas, waren Trauzeugen bei der Zeremonie am Starnberger See: Am Abend des Hochzeitstages mußte der eben Vermählte zurück nach Berlin, zu den *Luftschiffern* nach Spandau, seinem 3. Pionierbataillon, das er so plötzlich und unter so merkwürdigen Umständen zwei Jahre zuvor verlassen hatte.

Der Aufbruch war allgemein. Die kriegerische Begeisterung, der *Schicksalrausch* erfaßte die Hefe Deutschlands, selbst die Nachdenklichsten, Thomas Mann, die Zögernden im Vaterland, selbst Rilke: Ein Zeitalter wollte zu seinem Ende kommen.

In diesem Jubel, geschwenkten Sommerhüten »Unter den Linden«, Umarmungen, Küssen, Verabschiedungen haben wir Mühe, unseren Helden in der Oberarztuniform mit den Äskulapstäben nicht aus den Augen zu verlieren.

Da ist reines Gelb.
Das löst wie Zuckerei.
Da kann Gott nicht weit sein.
Was heutzutage Gott ist:
Tablette oder die Originalstaude
mit Pottasche oder Coquero.
Gottfried Benn

Achtes Kapitel

Im Irrgarten der Alkaloide

Der Dichter des »Rondell«, Georg Trakl, Apotheker, starker Trinker und Drogenesser, starb – 27jährig, als Soldat, *Medikamentenakzessist* – im November 1914 im Krakauer Garnisonsspital an einer Überdosis Kokain:

Verflossen ist das Gold der Tage,
Des Abends b r a u n und b l a u e Farben:
Des Hirten sanfte Flöten starben, ...

Die *Karyatide* entstand im März 1916 im besetzten Brüssel. Benn war dort Oberarzt in einem *Hurenkrankenhaus*, in geselligen Kreisen also, in die, von New York, von Paris her angeweht, der »weiße Schnee« auf die europäischen Metropolen fiel:

Sieh' dieses Sommers letzten b l a u e n Hauch
Auf Astermeeren an die fernen
Baum b r a u n e n Ufer treiben, ...

In jener Zeit, einer *großen Phase visionärer Kreativität*, nahm Benn Kokain, wie Trakl und Ernst Jünger. Kokain, die zerebrale Droge, das Alkaloid der Licht- und Tasthalluzinationen, der *weißen Wolke, der blauen Buchten*, des *Auch ich zu: braun!*

Hören wir ihn selbst: *Eigentümlicher Frühling, drei Monate ganz ohne Vergleich ...; das Leben schwang in einer Sphäre von Schweigen und Verlorenheit, ich lebte am Rande, wo das Dasein fällt und das Ich beginnt. Ich denke oft an diese Wochen zurück; sie waren das Leben, sie werden nicht wiederkommen, alles andere war Bruch.*

Wie kam es, daß gerade die Blätter der *göttlichen Pflanze der Inkas*, des in den Anden heimischen Kokastrauches, während des Ersten Weltkrieges, und danach, so rasche Verbreitung unter den Intellektuellen – und in der Demimonde fanden? Zwar war das Kokain seit der spanischen Konquista in Europa bekannt. Cowlay, in Oxford promovierter Mediziner, preist um 1660 in seinem »Book of Plants« die aphrodisierende Wirkung der schmutzig-grünen, lanzettförmigen, durch kräftige Mittel- und Seitennerven charakterisierten, eher dünnen und steifen Blätter des peruanischen Rotholzes »That gave the small but valiant Coca Birth: This champion that makes war-like Venus Mirth.«

Die indianischen Minenarbeiter wurden damit versorgt, um ihre Leistungen zu steigern. »Die Koka ist dem Peruaner die Quelle seiner besten Freuden«, lesen wir. Mantegazza gar, der in der Mitte des 19. Jahrhunderts als Arzt in Südamerika praktizierte und Selbstversuche mit einem Infus aus Kokablättern unternahm, weist nicht nur auf das Brennen in Mund und Kehle, die Rötung oberhalb der Augenlider, das Herzklopfen und das Hautkribbeln hin, sondern beschreibt ein Gefühl bisher nie gekannter Kraft und Energie, eine ruhevolle Glücksstimmung bei gleichzeitiger, unendlich scheinender Ausweitung des geistigen Horizonts, bis auch er das Bedenkliche streift: »Von zwei Cocablättern als Flügeln getragen, flog ich durch 77 348 Welten, eine prächtiger als die andere ...«

Sigmund Freud rühmt in seiner Studie »Über Coca« noch Ende des vorigen Jahrhunderts die stimulierende, leistungssteigernde und aufheiternde Wirkung der Droge, – erprobt an sich selbst und empfiehlt sie bei Magenverstimmung und Auszehrung. So war bald der Extrakt oder Tee-Aufguß als Mittel für Rekonvaleszente, Melancholiker, auch seelisch Erschöpfte weit verbreitet.

Aus Frankreich kommend wurde Kokawein in Künstlerkreisen als Vin Mariani, als ausgezeichnetes »Stärkungsmittel« auch in Deutschland um 1900 bekannt. Erstaunlich spät, bei einem so breit unter das Publikum gestreuten Phantastikum, erprobte man die segensreiche medizinische, schmerzstillende Wirkung des Kokains bei Entzündungen der Schleimhäute. Danach erst die Entdeckung, auch umfangreichere Operationen durch Einspritzung des Alkaloids, sei es lokal, sei es als Infiltrations- oder Lumbalanästhesie*, schmerzfrei durchführen zu können.

Benn kannte die anästhesierende Wirkung des Erythroxylon Coca aus der Arzneimittelsammlung der Pépinière: Colloquien über die im Deutschen Arzneibuch verzeichneten Drogen waren dort obligatorisch, die entsprechenden Pflanzenpraparate waren für die Studenten ausgestellt. Zur Linderung schmerzhafter Reizzustände der Augenbindehäute, des Kehlkopfs, der Harnröhre war ihm die ärztliche Anwendung von Kokainlösungen geläufig. Seine Patientinnen in der Rue St. Bernard Nr. 1, *tote Völker*, von *fernen Küsten*, *aus dem Freudenhaus in Aden*, schätzten die »Bernice«, »diesen Kämpfer, der der kriegerischen Venus Heiterkeit bereitet«. Der erotisierende Effekt des Liebestranks war in Dirnenlokalen und Tanzdielen bekannt: »Frauen werden (durch Kokain) sexuell erregt und verlieren jegliches Schamgefühl«; eine Dosisfrage – offenbar.

Man lese *Der Geburtstag* – und *Edmée*. Jene Frau, *mittelgroß, blond, mit Wasserstoff gebleicht*, die dem Schiff entstieg, *sie liebt weiße ... Kristalle* und steht *plötzlich über mir in einer Stellung, die ihr Schmerzen machen muß*. Wo sich dann Benns Worte verwirrten: *Schmelzend durch den Mittag kieselte bächern das Haupt.*

Wir erinnern uns der Zunahme der Muskelkraft, der körperlichen Geschicklichkeit und Anhebung der motorischen Aktivitäten durch die weißen Alkaloidkristalle. Aber auch Soldaten und *Araberboys* – in den Brüsseler maisons de tolérance *Rausch und Heimat* suchend – fühlen die Empfindungen der Sinne gesteigert beim *Wiesenakt* und vor der *Hüften Liebestor*: Das war es – auch – was im Weltkrieg mit seinen Strapazen und in der Zeit der Entbehrungen danach, den *weißen Schnee* so anziehend machte.

Benn kannte also die sich langsam erst durchsetzende Einnahme des Kokains als Schnupfpulver, daneben aber den Aufguß der fein zerbrochenen Blätter als Tee. Nehmen wir Benns Rezept, in der *Insel*: .. *hingegeben an die übliche Menge gemahlenen Tees, in einer*

Flasche geschüttelt, gefüllt, gekorkt und nochmals geschüttelt, und dies übermittelt dem Bekannten, dem Nachbar oder dem Wißbegierigen redlichen Sinnes und helfender Gesinnung, was blieb dann noch der Verführung zugänglich ...

Das Wort »Schnee« ist seit jener Zeit in der Szene als Trivialbezeichnung für Kokain gebräuchlich. Wir finden die Periphrase elfmal in Benns Gedichten; – und selten gibt sie ihr Geheimnis preis.

Halten wir hier einen Augenblick ein und lesen – vorausgreifend – jenen bestätigenden Brief an Ernst Jünger vom 19.XI.51, aus Berlin: *Darf ich bei der Gelegenheit erwähnen, daß ich Drogen weder selbst nehme noch genommen habe (außer einer kurzen Episode mit Kokain im I. Weltkrieg).*

Benn reagierte mit dieser Hinweisung auf die Ermunterungen seines ihm – *außen oft verbunden*(en) – Briefpartners zu *Provokationsversuchen*. Und er verfehlte nicht, sogleich einschlägige Literatur zum *Meskalinrausch* und über die *Phantastica* zu benennen, mit Angabe des Verfassers und des Erscheinungsortes: Interessanterweise waren die 1951 erwähnten Bücher von Beringer[14] und Lewin[15] bereits vor 30 bzw. 24 Jahren erschienen: Benn schöpfte hier aus erprobten Quellen. Nehmen wir im Zusammenhang mit seinen Hinweisungen zu der mexikanischen Zauberdroge die Worte *Rausch* und *Traum* als Metapher eines zentralen Bedeutungskomplexes heraus und betrachten sie näher, so wird deutlich, welche Hauptstellung und Ur-Bedeutung sie in seinem Werke besitzen.

Es ist reizvoll, der Konkordanz dieser Begriffe, diesen Sinneinheiten in Benns Lyrik nachzugehen, wie es nach Wellershoff [16], Lyon und Inglis [17], natürlich mit dem Computer, getan haben: Das Wort *Rausch*, seine Nominalkomposita und Neologismen verwendet Benn 40mal. *Traum* finden wir in 52 Bedeutungsvariationen, und *Mohn* wird neunmal benutzt.

Vor allem das Alkaloidwort blau, von hohem *Wallungswert* finden wir in allen Verknüpfungen 36mal in seinen Gedichten. Toxisch, Vision, Betäubung, das Hauptwort Blut, auch Hirn sollen hier unerörtert bleiben: Diese *ligurischen* Begriffskomplexe sind für Benn Hilfsmittel; auch Transzendierungsvehikel, die zu den

Ursprüngen führen: durch Rausch und Form hin zum *provozierten Leben. Entlockungen,* durch *toxischen Traum,* fähig machend zu *Alexanderzügen mittels Wallungen.* Aufgerufen die *Instinkte der Mythen*; und die *Säulen des Herkules* um einige Millimeter versetzt.

Benn war ein hervorragender Kenner seltenster Pflanzen, die Gartenflora eingeschlossen, wir werden davon noch hören. Alle toxikologischen, halluzinatorischen Wirkungen der Pharmakopöe waren ihm vertraut. Geläufig spricht er vom Aconit, vom Schlafdorn und Coquelicot; Haschisch und Hyoscyd (Bilsenkraut) waren ihm so gegenwärtig wie Opium und Meskalin. Preludin nahm er selbst, und dann natürlich *Kokain*: *Den Ich-Zerfall, den süßen, tiefersehnten.* Benn beschreibt ihn minuziös, nimmt die Trockenheit der Kehlkopfschleimhaut in die Strophe mit hinein. Wir hören von akustischen Halluzinationen, dem *fremden Klang.* Die Körpertemperatur steigt an, die Pulsfrequenz nimmt zu. Die Gefühlsabirrungen der *Tastkörperchen,* der Haut sind in das Gedicht *O, Nacht–:* hineingearbeitet, so wie auch die Geruchsverfeinerung: *ein Hin und Her und mit Gerüchen.* Neben dem fremdartigen Leib-Erleben, dem *zersprengten Ich,* der Depersonalisation, dann die visionäre Erleuchtung: *es sternt mich an,* das mythische Erleben *das Ur, geballt,* .. Letztlich die entrückte Euphorie, das *im Überschwange noch einmal vorm Vergängnis blühn*; *Gesichte,* hoch empor, ihn als *mich, einsamer Gott* sich selbst enthüllend.

Eine genaue Beschreibung der Drogenwirkung also: Hier spricht ein Eingeweihter. Alle aufgezählten Symptome sind von ihm in eine gültige poetische Form gebracht, oft ironisch eingehüllt, umspielt vom Leidenszug des Taedium vitae, vom Gefühl der Vergeblichkeit und von *resignativer Größe.*

Es sollen hier nicht Koinzidenzen zwischen Benns Konstitution und seiner Brüsseler Ausgangslage über Gebühr vermerkt und in allen möglichen Gangarten vorgeführt werden: Wir blicken auf ein unentwirrbares Knäuel nahezu klinischer Hinweisungen zur Bewußtseinsspaltung, verwebt mit traumhaften Visionen und mystischen Rauschzuständen. Vielleicht greift hier am ehesten der Begriff Modellpsychose, um deutlich zu machen, in welche Richtung diese Wirkungsbilder der Bennschen Halluzinationen zielen, des

Drogenflips, voller *Blauschatten*, *Entschweifungen* und *Gewölbe*(n) *von großem Glück*. Das Zeitgefühl entbirst, Entrückungen, *ein leises Klirren der Zersprengung* hat *sich vollzogen*, *roch blau*, *Überhöhungen* aus *osmiumblauen Meeren* wogen heran. *Eine Kuh auf einer Weide* wird *namenloses Glück*, dann rufen *Klänge* und endlich: *da geschah ein Ton*. Hier, in den poetischen Hervorbringungen dieses *eigentümlichen Frühlings*, lebend *in einem konfiszierten Haus, elf Zimmer, allein ... geschah ihm die Olive*.

Aus den Rönne-Novellen, in *Gehirne – Eroberung – Reise – Insel – Geburtstag*, *Der Garten von Arles*, die Lyrik eingerechnet, weht uns der Atem eines scheinbar gespaltenen Ichs, die mögliche Pathographie einer schizothymen Wesenheit, eines fast schizoiden Zugs an. Traumhaftes Erleben, überhöht vom Glück schwankender Stimmungslagen, ein großer schöpferischer Aufschwung stellt sich ein: .. *und um die Säulen sang es*. Und rückblickend, 1921, im *Epilog* noch erinnert sich Benn an jenen *Einstrom der Dinge* im Café Toison d'or, seinem Brüsseler Standquartier an der Porte Louise: *Was ich an Literatur verfaßte, schrieb ich, mit Ausnahme der ›Morgue‹, die 1912 bei A.R. Meyer erschien, im Frühjahr 1916 in Brüssel*.

Dem Pfarrerssohn aus Sellin waren Kirschlorbeer, Eisenhut, Stechapfel und Mohnfelder langvertraut, auch die *Kaktee, mexikanischer Star*, also die Psychosen nachahmenden Psychomimetika*. Zumindest ihre Sinnestäuschungen hervorrufenden Wirkungen dürften ihm vom Studium der Arzneimittellehre her bekannt gewesen sein. Denn es will scheinen, daß einige der im Œuvre erfaßbaren Vollbringungen und Hervorspielungen, daß – so möchte man sagen – einige nachgeschriebene Visionen durch den *Rausch aus weißer Droge* allein nicht zureichend erklärt sind.

Nehmen wir das Zauberalkaloid aus Peyote-Kaktee* – wir finden das Wort bei Benn versteckt als *Pulque-Cocktail* –, so werden einige der *starken Empfindungen, denen er gegenüberstand*, deutlicher. Synonyme Vorstellungen klingen an, wenn die freaks, durch den Mißbrauch der dem Meskalin* chemisch anverwandten Lysergsäure* ihren acid trip – wörtlich – als *Reise* erfassen. Benns gleichnamiges Prosastück, und das ebenso benannte Gedicht, *geschahen* denn wohl auch im simultanen, *schattenlosen* Anlauf.

Nun treffen ihn die neuen Erfahrungen des eigenen Inneren als *Einstrom der Dinge*; ähnlich den Elevationen der Coqueros und der *Yakis mit Aztekenwort*. Es zielt *auf Bereicherung und den Aufbau des Seelischen, er glaubte an Erweiterung*. Die lyrische Sprache löst sich vom Realitätsbezug, Fremdwortkatarakte *vollziehen* sich, Störungen des logischen Gedankenablaufs führen zu Assoziationsketten .. *über Maita – Malta – Strände – leuchtend – Fähre – Hafen – Muschelfresser* hin zu *Verkommenheiten*. Dies also vollendete sich *und Rönne schwankte in seinem Glück*. Das Gedicht wird zum assoziativen Exerzitium:

Megalithen zuhauf
Und die Gräber und Hallen
Hammer des Thor im Lauf
Zu den Asen zerfallen –

Werff Rönne strebt nach *der Schaffung der neuen Syntax*, er möchte *den Du-Charakter des Grammatischen ausschalten. Die Konkurrenz zwischen den Assoziationen, das ist das letzte Ich–*, so dachte er. Die rationalen werden durch die hypnoiden Schaltungen ersetzt, die von Rhythmus und Sprachmelodie getragen sind. Große Prosa – Hölderlinsch – *preisgegeben ... einem atemlosen Himmel* und *seines Ohres Rausch*: *So trug ihn die Erde leise durch den Äther und ohne Erschüttern an allen Sternen vorbei. Ich wollte eine Stadt erobern, nun streicht ein Palmenblatt über mich hin. Wo war sein Süden hin? Der Efeufelsen? Der Eukalyptos, wo am Meer?*

Die *Kretische Vase erfüllte* sich, ein klassisches Beispiel für Benns hyperämische Theorie des Dichterischen. Eine Assozisationsreihe folgt der anderen: *Die Stunde kommt und belädt sich mit Bildern* sagt er selbst hierzu. Dieses im Frühling 1916 *hervor*(ge)*spielte* Gedicht ist ein Musterstück der Gedanken- und Wortagglutination, der Kontamination:

Tiere, Felsen; Hell-Entzwecktes:
Veilchenstreifen, laue Schädel,
Wiesenblütig.

Glut, Traum, Verklärung des halluzinatorischen Rausches treiben ihn zu Wortneubildungen. Die *Freigebärung, Aufwuchshirn, wiesenblütig, Hell-Entzwecktes.* Und an anderer Stelle: *Leichenkolombine, Erweichungsparasit, oder Formenonduliertes, ananasdurchwehn.* Die Substantive häufen sich, die syntaktischen Ordnungen sind zusammengebrochen, das Denken ist akausal, katathym*: *Das Gehirn ist ein Irrweg*, befindet Rönne, der junge Arzt.

Aber nicht nur die Aufschwünge, *der stille blaue Nebel*, die Verklärungen: *bis an die Lippe stand das Glück*, finden wir in den poetischen Protokollen jener Brüsseler Trance: Benn selbst bezeichnet *Die Eroberung* als *ein Stück Tagebuch.*

Noch sind Rönnes Drogenerfahrungen gering, noch zaudert er: *... wo waren Garantien, daß er überhaupt etwas von der Reise erzählen könnte? War er tollkühn ... trotzte er dem Zusammenbruch?* Denn *alles waren Dinge, die konnten nur im geheimen vor sich gehen ...*; was wußte er *von den Eigentümlichkeiten* (der) *tropischen Frucht*? Aber andere hatten davon *drei bis vier gegessen und einen ernsthaften Schaden nie bemerkt.* Auch macht Rönne sich moralische Vorhaltungen: *Lag denn in der Tat eine Erscheinung von so ungewöhnlicher Art vor, ein Vorkommnis sozusagen, das die Aufmerksamkeit weiterer Kreise auf sich zu lenken geeignet war, sei es, weil es in seinen Verallgemeinerungen bedenkliche Folgeerscheinungen hätte zeitigen können, sei es, weil es als Erlebnis aus der besonderen Atmosphäre des Tropischen zum Nachdenken anzuregen geeignet war?* Dann ermutigt er sich. *Umrauscht vom Wissen um das Gefahrvolle der Tropenfrucht* fühlt er sich als *schweigsame*(r) *Forscher*, und greift zur Droge: *Jetzt oder nie, Aufstieg oder Vernichtung.* In der *Reise* werden die vegetativen Wirkungen des Drogengenusses kennerisch vor uns ausgebreitet: das Erregungssyndrom des sympathischen, des förderlichen, des Eingeweidenerven, der nicht dem Hirnkommando untersteht: Er fühlt sich erschlagen, Schweißausbrüche stellen sich ein, ein Zittern wird notiert, ein Anhauch von Atemnot – *Erstickung.* Der Anstieg des Blutdrucks, die Pulsbeschleunigung werden registriert, die *Blutverteilung ist im Gange.* Auch die häufig – bei höherer Dosis – vermerkten Cocainläuse, in die Oberschicht der Haut lokalisiert, finden als *Hautgesang* im *Reise*-Gedicht ihren Platz. Auf die

Schleimhautreizung des Schlundes – *schon ist die Kehle rauh* – wurde bereits hingewiesen. Auch erwartet Benn die leichten Temperaturerhöhungen, *verwehte Fieber*. Spärlicher, weil dosisabhängig und abhängig von der Erwartungshaltung und der individuellen Ausgangslage sowie den interindividuellen Unterschieden der Persönlichkeitsstruktur, wechselnd auch mit der aktuellen Umwelt des Drogenessers, werden die lemurenhaften Empfindungen des trips vermerkt. Angstgefühle treten auf, *er schloß sein Zimmer hinter sich ab*; eine eigentümliche Starre bemächtigt sich seiner: *Er lag immer in einer Stellung: steif auf dem Rücken. Not übermannte ihn*, Feuer- und Donnervisionen erschrecken und entzücken zugleich, (er) *fühlte sich tief ermüdet und ein Gift in seinen Gliedern. Fratzen* umstehen ihn, drohend. *Fern und kühl* fühlt er sich den Dingen gegenüber. Selbst das *Frühstück arbeitet an* (ihm) *herum*; Distanz und Loslösung also, sich selbst und den Mitmenschen gegenüber.

Dann aber hebt es ihn empor, ein hohes Gefühl der Schwerelosigkeit, des Fliegenkönnens, der drogenbedingten Perseveration* übermannt ihn *Er schwang über die Boulevards*. Die akustischen Halluzinationen des Kokainrausches werden notiert: Das Ohr rauscht, *Klänge rufen*. Gewöhnliche Geräusche erscheinen verklärt: *Anstaltswagen, ordnete er an, möchten auf der Landstraße hin und her fahren; ... es tat ihm wohl, Wagenrollen zu hören*. Farben, Gerüche und Töne verschmelzen synästhetisch, unter *Triumpfgesängen*; *eine Frau kam vorbei und roch blau, die Geigen schimmern einen Regenbogen*.

Auch die motorischen Stereotypien, Wirkungsbilder des vollausgebildeten Rauschzustandes, fast ein den Geisteskrankheiten ähnliches Zustandsbild, beobachtet Rönne an sich: (er) *drehte seine Hände hin und her ... als bräche er eine große weiche Frucht auf*: Reminiszenzen an die Hirnsektionen in der Prosektur des Berliner Westend-Krankenhauses – *sehen Sie, in diesen meinen Händen hielt ich sie, hundert oder tausend Stück*.

Es überwiegen jedoch die Glücksempfindungen, der Genuß des andersartigen Leiberlebens. Das Persönlichkeitsgefühl ist entfremdet: *es* geschieht, *da geschah ein Ton – ich geschehe – es hatte sich vollzogen*. Dieser Zustand der Depersonalisation verändert das Ich-Gefühl tiefgreifend, wird, bei geeigneter Disposition, als

Euphorie, als Überhöhung erfahren, hin bis zur Empfindung mystischer Erleuchtung und visionärer Erlebnisse, als unendliche innere Bereicherung: *Verklärt stand er vor sich selbst.*

Benn erinnert sich – nicht ungerne – noch 18 Jahre nach der Brüsseler Kokainepisode im *Lyrischen Ich* dieser halluzinatorischen, nur Augenblicke währenden Zustände des Entrücktseins, in denen *Zusammenhangsdurchstoßung* erfahren wurde. Er war *zu einer anderen Behörde geschickt. Die Straße zu gehen war kurz, doch von den Horizonten brach das Dionysische, die Stunde war zerstückt und bronzen, Verbranntes überall, auf ihrer Kuppe hatte ein Feuer gewütet ...*

Die sympathikotonische Anhebung des Erlebnisniveaus durch Rauschgifte, insbesondere Kokain, weniger Meskalin, kam der phänotypischen Seite der Konstitution Benns, seinem pyknischen Habitus, insgeheim entgegen. Dann aber auch – eng damit verschwistert – seiner Sensibilität gegenüber Gerüchen und Geräuschen, seiner dokumentierten Erschöpfbarkeit, im Gegensatz zum meist frischen Aussehen; seiner glänzenden optischen Auffassung der Dinge, – und mit plastischen, urbildmäßigen, auch farbigen Erinnerungsbildern.

So ist es verständlich, daß Rönne-Benn, der ja die *Provokationsversuche* – nicht ohne Skrupel – wohlgeplant in einer all seine Wünsche erfüllenden Umgebung – große Wohnung, Bedienung, ohne Geldsorgen, *mit nichts behaftet* – ausleben konnte; daß er, als Phantasiebegabter, durch Veranlagung, ästhetische Differenzierung und Genie vor anderen Ausgezeichneter durch das Halluzinogen in jenen Zustand der Beglückung, visionärer Erleuchtung sich erheben konnte; Entrücktseins in blaue Fernen und kosmisch-mystischer Auslöschung des Ich-Gefühls, die aus jenem Werk so deutlich zu uns sprechen: Von den Rönne-Novellen hin bis zu den Offenbarungsgedichten: *Kokain* und O, *Nacht* –: Wobei natürlich das Hirntoxin, das Kokain, und die mit dem Alkaloidgenuß verbundenen Hochgefühle ein Hilfsmittel sein sollten, den Anspruch gegen sich selbst, das selbstgewählte Leistungsniveau zu bewahren, ja steigern zu können. Die visionäre Erlebnisfähigkeit und Kreativität – *Entschweifungen der Schläfe* – emporschwingen zu sehen, noch einmal zu *blühn*, den *Überschwang* zu fühlen: *Einen Augenblick streifte es ihn am Haupt: eine Lockerung, ein leises Klirren der Zersprengung ...*

So weit Werff Rönne. Es bestand stillschweigendes Einverständnis zwischen ihm und seinem Autor, daß solche Erweckungen, Selbstdurchstoßungen und Werke durch die Droge nur von potenten Gehirnen geleistet werden können: *Potente Gehirne stärken sich nicht durch Milch, sondern durch Alkaloide.* Auf eine akzeptable Formel bringt es Ernst Jünger: »Die Drogen sind Schlüssel, sie werden freilich nicht mehr erschließen, als unser Inneres verbirgt.« Womit gesagt ist: Wo nichts ist, kann auch nichts werden.

All diese Hinweisungen über Drogenerlebnisse von Baudelaire, De Quincey und Maupassant kommen also von ohnehin Kreativen und Hochbegabten, denen die Rauscherfahrung bestenfalls eine Handhabe, Bereicherung und Verstärkung erprobter künstlerischer Kräfte, vorhandenen Einfallsreichtums, Phantasie und formalen Könnens sein kann. Und die sich in ihrem Werk auch ohne *kleines Rammeln* und *Zermalmungsschauer*, auch ohne daß der *Mohn an meine Schläfe ziehe* als *potente* Hirne ausgewiesen haben.

Doch kehren wir zurück in Benns *Mohnfeld*, zurück in seinen Garten der Alkaloide. Wahrscheinlich ist, daß jene frühe Episode in ihrer, wenn auch monatelangen Kontinuität der Drogenzuführung, in seinem Leben die Ausnahme gewesen ist. Spätere Anhebungsversuche seiner oft von ihm geklagten *hirnlichen Schwere* mit Amphetaminen* (Preludin), worüber ein Rezept von 1956 – *ad usum proprium* – wünschenswerte Klarheit gibt, kann nicht als Drogengenuß bezeichnet werden. Die Piloten der Nachtjäger des Luftkrieges bekamen von Dienst wegen derartige Weckamine*; und jeder Medizinstudent in den Examensnöten der Nachkriegszeit verfügt über einschlägige Erfahrungen. Und ob Benns Brief aus dem zerstörten Berlin, im Juli 46 an Frank Maraun – alter Börsenzeitungsbekannter –, *wenn ich das Zeitliche segne, was wohl bald der Fall ist bei meiner exzessiven Art zu leben (mit Drogen, Zigaretten, Koffein, Pyramidon a la carte u. in Mengen), ...* wohl die weißen Kristalle des Cocastrauches andeuten will – oder nur ein bißchen renommiert?

Geht man die Gedichtproduktion dieser Jahre durch, bleibt, bei allen Vorbehalten und Verhüllungen, vom Text, von Wortwahl und

Syntax wenig, was diese Vermutung stützen könnte: Kaum der *gelbe(r) Mohn* in *Orpheus Tod*, nicht *Gewisse Lebensabende*, *Rosen* oder *Quartär*, kaum die Andeutung im etwas späteren *Acheron*, *denn alles trank sich Rausch aus weißen Drogen* gibt einen begründeten Hinweis. Auch atmet die Nachkriegsproduktion nicht die *Warme Schwellung*, den *Stirnzerfluß* wie jene Brüsseler Blütenfrühe. Dennoch bleibt viel dem Traum, dem Rausch, der Mythe Anverwandtes. Bleibt als Schatten das Depersonalisationsphänomen, die Distanz zum Mitmenschen. Die Grenzen der Person und der Situation verschwimmen ins Ungefähre, die Wahrnehmungen, dichterisch überhöht, erscheinen ungeordnet, die Sprache oft kunstvoll umständlich, verwaschen: einerseits der kühle und klinisch sachliche Bericht über die Erschießung der englischen Spionin Miss Cavell*, den er Thea Sternheim bei seinem Besuch in »La Hulpe« gab: Ohne Sentiment, mit erhabenem Gleichmut berichtet er über die Erschießung, die Feststellung ihres Todes, die ihm als Exekutionsarzt oblag. Und dies – fast gleichzeitig – geschrieben neben der *Karyatide*. Der Gegensatz zwischen Dr. Werff Rönne und Dr. Gottfried Benn erscheint unbegreiflich. Die gläserne Kälte des Gedichts *Die Curettage*, die Kontraste zwischen den Titeln *Requiem*, *Schöne Jugend* und dem Gedichtinhalt machen uns deutlich, daß diese Ambivalenz der Gefühle, dieses heiß und kalt zugleich sein, diese – scheinbar – fehlende Harmonie allen Einstellungen gegenüber zu den wenig zweifelhaften Symptomen der schizothymen Konstitution Benns gehören. Einer Verhaltensabweichung, die im *Rausch der weißen Droge* eine *krokusfarbene* Anhebung und Wiederholung erfährt, so daß, in Abhängigkeit von Dosis und Zeitdauer des Drogengenusses, gleiche Bilder, als Modellpsychose, den Betrachter, den Leser verwirren – und entzücken.

Hier, in der Verwandtschaft zwischen toxischem Traum und konstitutionellem, geistig-seelischem Habitus erfüllt sich der tonale, rhythmische Zauber der dichterischen Sprache Benns, jener verzaubernde Sound, wie ein Narkotikum einzuschlürfen. Die Kokainstimulation fügt dieser Grunddisposition Benns nichts Neues, kein Anderssein hinzu: Er besaß bereits in herrlicher Fülle, was er im Rausch des Ich-Zerfalls fand.

So wird verständlich, daß uns manche Ergebnisse seines Denkens fast schizoid verschroben erscheinen. Wie kennzeichnete Enzensberger, ein – darf man es sagen – großer Liebender Benns, diese Denkbemühungen? »Philosophie als Rührei, Benn war seiner Sprache intellektuell nicht gewachsen. Gedanken waren nie seine starke Seite gewesen«. Enzensberger findet die Prosa »verblasen gedacht und schlammig formuliert«, erheitert sich über die »unglückliche Liebe zu Fremdwörtern« und rührt damit an den Genotyp, die intimste Schicht des Bennschen Seins, an seine schizothyme Wesensart, zeigt uns den Motor dieser unausgeglichenen Produktion. Diese Gedichte, diese Essays kontrollieren die Resultate des Denkens nicht an der Wirklichkeit, sie folgen keinen logischen Gesetzen. Die Grenzen der Erfahrung gelten nicht. Zufällige Assoziationen, vage Analogien, affektive Zwänge kennzeichneten dieses autistisch-undisziplinierte Denken*, charakteristisch für die Schizothymie.

Betrachten wir den jungen Benn, vor dem See in Mohrin. Das Haar noch dicht, pelzmützenartig ins Gesicht wachsend, die kräftige Nase mit Winkelprofil, den eher zurückfliehenden Unterkiefer, den später zum Fettansatz neigenden Körper noch schlank. Sehen wir seine schwierige Haltung den Mitmenschen gegenüber, seine Unbeholfenheit in praktischen Dingen: *Er überließ ihnen* (den Schwestern) *alles zu tun; das Herumdrehen der Hebel, das Befestigen der Lampen, den Antrieb der Motore, mit einem Spiegel dies und jenes zu beleuchten.*

Vermerken wir diese ungewöhnliche Lebensführung, den häufigen Wechsel der Ausbildungsstellen; hören wir von ihm die ständigen Klagen über *gehirnliche Schwere*, eine Hypotonie des Bewußtseins, notieren wir seine unharmonische, sperrige Kälte: *Gemüt ... was fange ich damit an*; *Leiden, was ist das überhaupt*, *sehe ich menschlichen Gram, denke ich nebbich*; beobachten das manchmal fast stupuröse Erstarren, eine gewisse Zeremonität, seine Furcht vor unvorhergesehenen gesellschaftlichen Arrangements. So fuhr er mit der Eisenbahn von Berlin nach Bremen, um den ihm eng befreundeten Herrn Dr. Oelze zu besuchen, kehrte jedoch am Ankunftsbahnhof um, fuhr zurück, ohne Oelze gesehen zu haben: .. *ich wußte nicht mehr, ob ich Ihnen gelegen kommen würde*, schrieb er ihm hinterher. Halten wir seine Ernsthaftigkeit, den nur im Ansatz nachzuweisenden Humor, die Unfähigkeit zur versöhnenden Synthese fest: Nun beginnen wir zu verstehen, woher diese »schlammigen« Formulierungen kamen, von denen Enzensberger[18] ein herrliches Beispiel abdruckte: *Mich sensationiert eben das Wort ... rein als assoziatives Motiv und dann empfinde ich ganz gegenständlich seine Eigenschaft des logischen Begriffs als den Querschnitt durch kondensierte Katastrophen.*

Ist das verblasen gedacht? In mustergültiger Weise charakterisierte der Psychiater Bleuler[19] mit einem klassischen Satz die intrapsychische Ataxie des schizoiden Denkens: »Epaminondas belagert die Akropolis mit Kanonenbooten und schlägt eine Panzerfregatte der Engländer.« Im *Urgesicht* braucht man nicht lange zu suchen, um bessere Sätze als den von Enzensberger beigebrachten als Lehrbeispiel für Benns schizothymes Temperament zu finden. Ich zitiere weiter einen Absatz aus dem Lehrbuch der Psychiatrie von Ewald[20]: »Aber es werden so seltsame Dinge nebeneinander gestellt, räumlich und zeitlich Auseinanderliegendes mit Selbstverständlichkeit zusammengefügt, scheinbar spielerisch, auch Klanglich-Assoziatives dazwischengeschoben, logisch Unmögliches mit erstaunlicher Selbstverständlichkeit vorgebracht, Gedankenreihen miteinander verquickt und in einen Satz geschoben, die gar nichts miteinander zu tun haben, ja Zusammenschiebungen von Gedanken zu einem neuen Wortgebilde vorgenommen; verschwommen, unklar, unlogisch, fremdartig und voller Fehlbezeichnungen, so stellt sich diese formale gedankliche Störung dem Normalen als unheilbar und unverständlich gegenüber; es sieht aber so aus, als ob eine Obervorstellung irgendwo noch wirksam wäre.«[21]

Ach, Alexander und Olympia's Sproß
das Wenigste! Sie zwinkern Hellesponte
und schäumen Asien! Aufgetriebenes, Blasen
mit Vorhut, Günstlingen, verdeckten Staffeln,
daß keiner sticht! ...

Hier versagt die Logik, Vergangenes wird wie Gegenwärtiges behandelt, Zeit und Raum verlieren ihre Geltung, Wichtiges und Unwichtiges erhalten gleiche Wertakzente. So erklärt sich das »tierische Gestotter«, das den italienischen Interpreten Mario Pensa[22] störte, das »stadio postgrammaticale«. Beklagt sich der Kritiker nicht über die zweifelhafte Grammatik, fällt Benn nicht mitten im Satz zusammen, verläßt die Konstruktion, wird agrammatisch? Die intrapsychische Ordnungsstörung bricht durch, Gedanken, Gefühle, Impulse, Triebe taumeln durcheinander, die Assoziationsspannung ist gemindert, Paragrammatismen* stellen sich ein. Die »prophetische Gebärde« stört Enzensberger. Sie ist hier, bei den Schizothymen wohl zu erwarten. Alles drängt in dieser Sprache zur Symbolisierung der Wirklichkeit: Mystik, Rausch, Ekstase sind das Endziel.

Gottfried Benn fühlte die *Mechanik des Genialen* in sich arbeiten, verknüpfte seine schizothyme Wesensart, seinen zerebralen, nach Transzendenz begierigen, schöpferischen Rausch und sein besonderes Gedächtnis für assoziative Prozesse mit seinem Genie. Er erfand und wählte: Mania und Ratio. Auch hier tritt uns die schizothyme Ambivalenz entgegen, kalt und heiß zugleich zu sein, der Negativismus; und dahinter die Sehnsucht nach Ansprache, Wärme. Stets empfand er eine Glasscheibe zwischen sich und der Mitwelt, und war doch voller Hingabebereitschaft:

Das sind doch Menschen, denkt man,
wenn der Kellner an einen Tisch tritt,
einen unsichtbaren,
Stammtisch oder dergleichen in einer Ecke,
das sind doch Zartfühlende, Genüßlinge
sicher auch mit Empfindungen und Leid.

So allein bist du nicht
in deinem Wirrwarr, Unruhe, Zittern, ...

Er war gequält von Autoskopien, das Auge war überempfindlich gegenüber Eindrücken. Er liebte das Dämmerige, *die eigentliche Menschheitsbeleuchtung*, er litt unter dem Mißverhältnis zwischen Wollen und Können. Er liebte die Einsamkeit, aber er litt unter ihr, war kontaktschwach und wollte angesprochen werden, ein schizothymer Zug.

Man möchte nicht glauben, daß Benn diese Verfremdungseffekte, diese intrapsychischen Ataxien, dies Versagen der Spannweite des intentionalen Bogens, die Paraphasien* und Paragrammatismen, die Nivellierung der Werturteile, die Bedeutungsübertragungen, die Parathymie* – zuzeiten provoziert durch Drogen –, mit einem Wort einige Lehrbuchseiten der schizothymen Verhaltensformen manipulierte, bewußt einsetzte, um sie seiner Kunst dienstbar zu machen.

Suchen wir nach äußeren Zeichen der schizothymen Veranlagung, fällt uns der Knick seiner körperlichen Entwicklung ins Auge: Die *Morgue*, *Nocturno*, *Gehirne*, *Eroberung*, *Karyatide*, *Söhne*, auch die *Dänin*, O, *Nacht –:*, *aus Fernen, aus Reichen*, dazu *Ithaka*, die *Pameelen-Szenen*, *Diesterweg* und den *Epilog* seiner Gesammelten Schriften schrieb er als schlanker, fast hagerer Mann. Dann schwieg er lange und tritt uns um 1928 als rundlicher, eher pyknischer, untersetzter Arzt entgegen, unter dem weißen Kittel der Ansatz eines Embonpoints. Seine lyrische Produktion tritt zurück, wird läßlicher, souveräner.

Diese Beleibtheit, von ihm stets als störend, nicht adäquat empfunden, verließ ihn bis zu seinem Tode nicht mehr. Er gehörte zu jenen zehn Prozent Schizothymen, die pyknische oder uncharakteristische körperliche Merkmale aufweisen und deren gute biotonische Vitalität einem möglichen paraphrenen Zerfall widerstand.

Es besteht also eine Wahlverwandtschaft, eine geschwisterliche Entsprechung zwischen Gottfried Benns eingeborener, konstitutioneller Grundstimmung und dem *hellen Ablauf der Zerstäubungen der Gehirne*, den Steigerungen durch die Halluzinogene. Deshalb gleitet er ohne Abstürze von den Höhen der *Lockerungen*, des *mykenischen Lichts* in die gleichschwebende, aber gelassenere Produktion seiner späteren Jahre.

Wobei manche der Versuchung nicht widerstehen konnten, Freuds Ableitungen an den Rönne-Geschichten und frühen Gedichten zu erproben.[23] Die prägenitale Phase des *Kokain*-Schwertes »noch in kunstvoller Symbiose mit der Mutter« auslebend, wie jenes Gedicht interpretiert wurde. Verstehe es, wer kann. Aber daß Rönne – Benn die Sexualität als etwas »Niedriges und Schmutziges« auffassen soll – wie Psychoanalytiker, »Wo Lust und Leiche winkt«,[24] es haben wollen – ist wohl *Nervenmythe*. An Oelze schreibt Benn hierzu: *Die muffigen Auslegungen von Freud langweilen mich.* Benn, ein großer – und gentlemen-like diskret Liebender.

Benn als homme à femme, Liebesfähigkeit und -durst dieses Frauenfreundes, der die *Schöße* besungen hat wie kein anderer, hier *Heimstrom, letzte Glück-Lügen-Stunde, Stirnzerfluß*, hier *Süden, Hirt und Meer* suchend. Oder ganz prosaisch zu Oelze sich äußernd: *ich fand in meinem Leben auch körperliche Beziehungen sicher nicht ausschlaggebend wichtig aber im Allgemeinen und vielfach sehr angenehm –*. Also – daß Benns Sexualität »ein Produkt preußischer Erziehung« und daher voller »Verkrampfung«, und »Unterdrückung der Gefühle« sein soll ist eine Ableitung, die nicht zur Kenntnis nimmt, daß Verhaltensmuster, selbst preußische, wie Härte, Zwang und Pflicht, zwar konditioniert, aber auch angeboren sind. Benn dachte in anderen Kategorien: *präzise Beziehungen, Ordnung, Kosmos, Hierarchie.*

Eben wegen dieser autochthonen Gegebenheiten kann Benn auch ohne Halluzinogene sein *toxisches Weltbild* ein Leben lang durchhalten: Es ist das Grundmuster seiner schöpferischen Konfession. Aus diesen Träumen, Räuschen, Visionen strömt ihm das Eigentliche und Ursprüngliche *als Mittel zur Erzeugung des Kunstwerks*, zur *Wirklichkeitszertrümmerung* zu. Und er wendet sich nicht an das Leben, sondern *an Letalfaktoren: Hunger, Fasten, Auf-Nägel-Treten, Schlangen-Vorsingen, Zauberei, Bionegatives, Tod.* Und zitiert Thornton Wilder: »Wir kommen aus einer Welt, in der wir unglaubliche Maßstäbe der Vollkommenheit gekannt haben und erinnern uns deutlich der Schönheiten, die wir nie festzuhalten vermochten, und kehren wieder in jene Welt zurück.« Daher sein wahlverwandtschaftliches Verhältnis – hocharistokratisch und reflektiert – zu den *pflanzenentbundenen Steigerer(n) und Rauscherzeuger(n).*

Benn sieht die Kunstherstellung aus dem Aspekt des Bionegativen, aus der *Rückenlage, Regression, ... weit unter den Reflexen, hin zu Wurzel, Kalk und Stein.* Die *Rhythmus-Trancen* der Negertänze führen auf den Weg zum Ich-Zerfall, zum *Blühen* und zu hochgetriebenen *Fähigkeitsgefühlen*. Es ist Platos Mania, die hier angerufen wird: .. *endogene Bilder sind die letzte uns gebliebene Erfahrbarkeit des Glücks*. Das Hirn ist ihm *eine Herberge von Rudimenten und Katakomben*, die es durch *Cocain-Pulque, oder ... eine Prise Schnupfpulver an die Schleimhaut* ... zu entbinden gilt:

O, dass wir unsre Ur-ur-ahnen wären.
Ein Klümpchen Schleim in einem warmen Moor.

Es mag lange zweifelhaft bleiben, aus welchen Quellen eine solche Vergötzung des Ursprungs gespeist wird. Unfähig zur Anpassung, Entwicklung, Fortschritt, bleibt jene konstitutionelle Eigenart unverrückbar. Aus welcher die Rauschempfänglichkeit, jenes weg von der *abendländischen Schicksalsneurose Wirklichkeit* sich erklärt; und zugleich das, was reaktionäres Denken bezeichnet: Der Besitz kostbarer Offenbarungen, die frühe Völker in einem schon vor jeglicher Zivilisation gelebten Zeitalter als Intuition bewahrt haben. Die Anziehungskraft des Zaubers einer Unwandelbarkeit der menschlichen Natur. Letztlich also die statische Weltsicht, das sich Wiederholende, Konstante, Typische.

Benns Wendung zur Herrschaft durch Führer, zum *Geist, anthropologischen Geist* findet hier ihre tödliche, rauschhafte Wurzel; sein »goldener Schuß« – sozusagen. Der Kampf in Richtung jener aristokratischen, antimodernen Idee und gegen das Trugbild der Evolution geführt, den Ausweg aus der abendländischen Krise in einer Synthese der realen und geistigen Macht suchend; geborgen unter dem Gewölbe einer neuen Universalität; Europa wieder *ein Block aus Metall und Blut*: diese *dorische* Erwartung eines radikalen Umschwungs stachelte zur Hybris, lähmte seine Urteilskraft und ließ seinen Geist träumen: Dies war sein Irrgarten, hier verlor er sich. Jedoch kam er bald wieder – ernüchtert, kalt – zum Vorschein.

Gottfried Benn hat sich in dieser Haltung ein Leben lang nicht anfechten lassen. Durchgehalten die Grundharmonie, den Generalbaß seines Lebens .. *als Offizier wie als Arzt, zwischen Schiebern und Exzellenzen, vor Gummi- und Gefängniszellen, an Betten und an Särgen ... verließ mich die Trance nie, daß es diese Wirklichkeit nicht gäbe.* Immer wieder, periodisch, auch ohne Halluzinogene, stieg *eine Urschicht herauf, berauscht, an Bildern reich und panisch.* Wo immer wir Benns Werk aufschlagen, werden diese transzendenten Anrufungen uns entgegenleuchten *im Sturz und traumbetäubt.*

Es sind diese Rhythmen, diese seltsamen, Nahes mit Peripherem verkoppelnden, wichtige und unwichtige Reize nicht mehr unterscheidenden Entrückungen; die überraschenden Kontrastierungen innerer Erlebnisse mit empirischen Aktualitäten. Dazu jener *tiefe Leidenszug*, welcher die eigentümliche Rausch-, Trance- und Erhebungs-Wirkung seiner Lyrik mitbestimmen. Die Selbsterfahrungen, bestätigt durch die lockernde und potenzierende Kraft der – bedachtsam – erprobten Halluzinogene wird eingebracht in *Vers* und *Flötenlied.* Dichtkunst als provoziertes Leben, als Steigerung und Urtraum, abgelöst von Wirklichkeit und Hirn: Die Kunst als Droge, die Droge als Gott, – und *im Rhythmus lag letzten Endes das Weltgeschehen.* Das Metrum ist es, der leere Raum zwischen Form und Inhalt des Versmaßes. Dort, in der Leere bewegt sich das Entscheidende, das Numinose des Gedichts.

Immer wieder spielt Benn diese Uridee seines poetischen, und wie er glaubte, denkerischen Selbstverständnisses durch, im Gedicht, der Prosa, den Briefen, in allen Figuren und Variationen. Er will »von Atreus Söhnen, von Kadmos« will er künden, Menschheitszüchtung betreiben, sich zynisch, kalt, als Misanthrop und Frauenliebe-Herabziehender gar gebärden: »doch seine Saiten tönen« nur immer ihn selbst. Sind beherrscht von jenem Gefühl einsamer, entsagender Melancholie – und letztendlich von »Liebe im Erklingen«.

Es war also nicht allzuweit her mit seinem Drogenkonsum, sieht man von jener Episode in Brüssel, jener fraglichen, eher unwahrscheinlichen, auch vom Werk schwer beweisbaren Wiederaufnahme der Kokainzufuhr kurz nach dem Zweiten Weltkrieg in Berlin, und der gelegentlichen Anhebung der Bewußtseinslage durch Preludin* ab. Wobei offenbleiben muß, ob dieses Euphorikum, das durchaus kokainähnliche Wirkungen entfalten kann: *Schon eine Pille nimmt dich auf den Arm und macht das Trübe hell, das Kalte warm*, ob dieses Pharmakon vom alternden Benn nicht auch zur

Dämpfung des Appetits eingenommen wurde. Er litt unter der ihm lästig werdenden, für die Beautis unattraktiven Korpulenz seiner reiferen Jahre.

Verzichten wir auf Anmerkungen zum Alkohol – mäßig – und dem gern getrunkenen und oft gepriesenen Kaffee; auch hier hielten sich seine Rationen weit unter den toxikomanischen.

Es soll hier nicht jeder Bezug Benns zu den Alkaloiden, dem Rausch, sei er abgeleitet aus seinem Œuvre, sei er deutlich gemacht aus den unbestrittenen Fakten seiner Vita, minuziös hervorgeholt und mikroskopiert werden: Die Tatsachen sprechen für sich.

Immer finden wir Benn verhaftet den Halluzinogenen, den Pflanzenbasen aus tropischen Ländern, welche so unvorstellbar selbstverständlich und früh erkannt, gesammelt und genossen wurden. Eine unheimlich sicher auswählende Affinität zwischen diesen Traumentlockern und dem Hirn, das auf *Form ... Steigerung ... Reize* hin angelegt war. Diese Hinneigung zur Mythe, Rausch und Irrationalem, bei Benn verstärkt durch jene endogenen, eingeborenen Eigenschaften, die den Menschen – und mehr noch das große Individuum – auf jene Einbahnstraße setzen; oft zu Verdammnis und riesigen Irrtümern. Dann aber auch zu den staunenmachenden Wunderwerken führend, welche die Unmittelbarkeit des Genius atmen und »dem Menschen Geheimnisse offenbaren, die in ihm liegen, und von welchen er ohne sie nur ein dunkles Gefühl hätte«.

Immer wieder – ein unabscheidbarer Teil seiner Konstitution – werden diese ursprünglichen Geheimnisse, werden diese bereits zuvor verwirklichten Paradiese von Benn hervorgeholt und mit rückwärtsgewandter Prophetie beschworen. Denken wir an *Alexanderzüge mittels Wallungen*, an *Provoziertes Leben* vor allem, 1943 kurz vor dem Exodus in die Kaserne von Landsberg a.d. Warthe geschrieben: fast ein Hymnus auf N e r v e n e x i s t e n z , auf den *Sockelgesang prälogischer ... Welten*: »Tiefe Wahrheiten nämlich lassen sich nur erschauen, nicht errechnen.« Deutlicher – und funkelnder – ist selten etwas von einem Dichter (und Arzt) über den unstillbaren Drang zur Entselbstung, zum Rausch und seinen metaphysischen Hintergründen gesagt worden: Benn empfiehlt geradezu ... *durch den Ausbau visionärer Zustände, etwa durch Meskalin oder Haschisch, der Rasse einen Zustrom von Erkenntnissen und von Geist zu vermitteln* ... Er setzt die Wirklichkeitserfahrung durch Alkaloide, ihren Durchstoßungscharakter, die »fanâ«, die Entpersönlichung, das von sich selber wegkommen, hoch an. Toxische Schädigungen gelten ihm gering, ... *sie könnten Kompensationen bringen, die das Verlorne weit an Lebenswert übertreffen.* Aber er weiß, daß die Rangordnung der Alkaloide in der abendländischen Tradition des Tatmenschen, der funktionell und kausal denkt, immer in Richtung der Ausbeutung und aggressiver Expansion – also negativ – definiert werden muß: *Drogen, Rausch, Ekstasen, seelische Exhibitionismen, das klingt der Volksgemeinschaft infernalisch.* Denn dem *Stehaufmännchen des Behagens* sind Entwicklung und Fortschritt helle Wörter.

Es genügt der Hinweis auf *Provoziertes Leben*: Lewins Monographie über die »Phantastica« stand Pate. Hieraus zitiert Benn, faßt alles noch einmal summarisch zusammen, die Kokain-*Propfplombe* im kariösen Zahn, selbst die Artbezeichnung *der wunderbaren Pflanze Erythroxylon coca* ist in ihrem kulturgeschichtlichen Zusammenhang kenntnisreich eingefügt. Mama Cuca nannte sich die Inkakönigin. Und die peruanischen Götzenbilder wiesen die gewölbte Backentasche vor, in der sie den acullico* bargen, entnommen aus dem Chuspa*-Beutel, gemischt mit der Pflanzenasche aus der Kürbisflasche. Voller triebhafter Intuition fügt sich ein Bild an das andere: Benn legt sein So Sein der Welt als Folie unter – und alles wird zur Spiegelung seiner Existenz. Und wir genießen jene halluzinatorischen Visionen, vorgetragen mit der Emphase des alle metaphysischen Wahrheiten ausbeutenden Pamphletisten. Dem Wollen entzogen findet sich unsere Seele in all den Schrecknissen dieser kühnen Unbedenklichkeiten wie im Auge des Taifuns, voller Ruhe und Selbstglück gleichmütig über den Erscheinungen schwebend.

Dies – neben Form und Rhythmus – ist das Geheimnis des oft beredeten Puccini-Sounds der Bennschen Lyrik; WORTE als Narkotikum, auch als Rauscherzeuger und Halluzinogene: *Deutlich neigt sich Platon herüber.* Ein atembedrückender Satz, im Verständnis des *provozierten Lebens. Steigerungsphänome, Ausweitung, rückerinnerndes Wissen* – und Ikarien*. Hin bis zu den rücksichtslosesten Folgerungen einer staatlichen Utopie mit Aufhebung der Freiheit, der Selbstbestimmung, Einführung gemeinschaftlicher Erziehung: auch Züchtungsgedanken sind nicht fern. Leitmotivisch klingen alle Akkorde, Nervenzwänge formalästhetischer Kategorien, jene Verachtung des Werdens und die lockenden Verführungen eines geheimnisvollen Ursprungs in dieser hinreißenden Programmschrift eines zynischen Partisanen an. Letztlich die Welt mit dem Bauch, mit der *Muskelseele* gedacht, und *überall der unerhörte Jubel einer starken Harmonie, das Gefühl des Mittags*: endlich also den Regenbogen berührt.

Junge Völker entbanden aus facettierten Verzückungen, aus mythischen Halluzinationen die Kunst. Wir vernehmen Benns Credo in *Dorische Welt*: *Die Griechen waren ein primitives, das heißt rauschnahes Volk* ... So knüpft das Ende sich an den Anfang, das Glücksgefühl des götterlosen Nihilismus an das rückerinnernde Wissen, an *jene Prähistorie der Wirklichkeit*. Der Rausch – Metapher der Alkaloide und nächtlicher Ekstasen des Dionysos – steht in einem geheimen Zusammenhang mit der Vorwelt und *ihren verdeckten Kräften*. Ist also das große Reservoir des Lebens, wo alles schon war und von dort alles her kommt: – wüßten wir nur, diesen *geistanthropologischen Geist* der Menschheit erkennend zu begreifen, *dann wäre alles klar*. Dann macht *griechisches Glück* alles vergessen, und *Anemonen und Hyazinthen, Dolden der Mythe aus Asche und Blut senkt Hellas auf Deutschland* ...

In ihren Augen sind wir nur eine
Erkrankung, die klinischen Bilder
der Melancholie und Schizophrenie
werden aufgeboten, um uns
wegzueskamotieren.
Gottfried Benn

Neuntes Kapitel

Dr. Rönne im Hurenspital

»Papa in seinem Brüsseler Haus 1915/16«. Ein eigentümliches Photo, von Benns Hand bezeichnet, befindet sich im Archiv der Berliner Akademie der Künste. Frau Nele Soerensen hat es dorthin gegeben. »Papa ...«? – Ja, schon, für Nele, Benns Tochter, der er auf eine ferne Art zugeneigt blieb. Wen aber erblicken w i r ? Dr. Werff Rönne. Und woher diese verwehten Namen? Ludwig von Rönne, der Publizist, Appellationsgerichtspräsident und Mitglied des Reichstages; der streitbare, denkmalgeehrte Volksschulpädagoge Friedrich Diesterweg? Berliner Straßen in Charlottenburg und Prenzlauer Berg tragen ihre Namen. Benn muß sie aus seiner *Morgue-Ithaka*-, aus seiner Sektionskurs- und der Assistenzarzt-Zeit in Moabit und am Westend-Krankenhaus gekannt haben. In *Ithaka* erwürgt Rönne seinen Professor, den Pathologen Albrecht, diese *Klabusterbeere von Gehirn*. Aus Bischofsgrün, nahe Bayreuth, meldet Rönne sich wieder: *zweitausend Leichen waren* (in der Charlottenburger Prosektur) *durch seine Hände gegangen*. Noch blieb ihnen jene Bewegung eigentümlich, mit der man Gehirne seziert: *nach oben offen, an den kleinen Fingern zusammengelegt, ... als bräche* (man) *eine große weiche Frucht auf ...* Wir werden das nicht vergessen.

Jetzt aber sitzt Dr. Rönne, wenig im Sessel zurückgelehnt, im büstengeschmückten, hohen, von vier Fenstern erhellten Salon der requirierten, eleganten Wohnung: Brüssel, Rue St. Bernard 1. Die Arme hält er locker verschränkt vor der Brust, die übereinander geschlagenen Beine auf den persischen Teppichen, die den Boden bedecken, weit von sich gestreckt, Vertraulichkeit demonstrierend.

In Brüssel also, genauer *in der ersten Etage des einem Emigranten enteigneten Hauses schlug* Dr. Rönne *die ... Seuche der Erkenntnis ...*

Gottfried Benn war wieder Militärarzt, trug – als Oberarzt – *den Waffenrock mit den Äskulapstäben.* Schlieffens Aufmarschplan »... macht mir den rechten Flügel stark« rollte halbherzig an. Lüttich genommen, Antwerpen erstürmt: Der Truppenarzt Dr. Benn war dabei, wurde mit dem E.K. II ausgezeichnet.

Vier Wochen später finden wir ihn beim Gouvernementsarzt in Brüssel. Er wohnte nahe am Parlamentsgebäude, Rue de la Loi. Das Königliche Palais lag gegenüber. Die Museen, die berühmte Bibliothek Albertine waren nahe. Mit einem Wort, der Zögling der Berliner Militärärztlichen Akademie, ausgestattet mit nicht zu übersehenden Privilegien, ausgebildet für den aktiven ärztlichen Einsatz bei der Truppe, *lebte* dort *in der Etappe einen guten Tag.* Während der Reservist Dr. med. August Stramm fiel und selbst Döblin Truppenarzt war, um nur einige Namen zu nennen. Ein höchst eigenartiges Phänomen.

Oder gab es für Dr. Benn andere Rücksichten? Jene angeblich gelockerte Niere, die ihn Monate nur nach Abschluß des Pépinière-Studiums der Verpflichtung enthob, für zwölf Jahre den Waffenrock mit den Äskulapstäben zu tragen? War er nur eingeschränkt tauglich? Oder was könnte die Ursache seiner damaligen abrupten Freistellung vom Militärdienst gewesen sein? Lassen wir dies zunächst unbeantwortet, um mit vorrückender Einsicht in jene Zusammenhangsfragen gesicherter darauf zurückzukommen.

Arzt (also war er) *an einem Prostituierten-Krankenhaus, ein ganz isolierter Posten, ... hatte wenig Dienst, durfte in Zivil gehen.* Wir kennen den Namen dieses Spitals. Es lag an der Rue Marconi, dreißig Minuten Fußweg entfernt von Dr. Rönnes Quartier im Bezirk St. Gilles und nach dem gleichen Heiligen benannt. Immerhin, es lag nicht im Stadtkern, wenn auch nicht *außerhalb der Stadt und aller Pflasterwege.* Dabei scheint es einem mit dem Krieg und mit Lazaretten Vertrauten ungewöhnlich, ein ganzes Hospital nur für venerisch Erkrankte und Prostituierte beansprucht zu sehen. Doch es war so. Die Heeresleitung war ernstlich besorgt, die Syphilis und

Gonorrhoe begannen die Kampfkraft der Truppe zu beeinträchtigen. Allein im Brüsseler Kriegslazarett IV, geleitet von Professor Karl Zieler, Gottfried Benns Chef vom 1. Dezember 1915 bis 1. September 1917, gab es 4000 Betten, nur für Geschlechtskrankheiten, wie Benn berichtet.

Folgen wir Dr. Rönne – Benns Schilderung des Ablaufs eines ärztlichen Betreuungsganges zu seinen recht verständnisvoll und nachsichtig von ihm angenommenen Patientinnen. Er spricht von einem langen Korridor, mit einer Klinikuhr – und Haarnadeln auf dem Fußboden. Den Krankenzimmern gegenüber sah man vom Flur aus nach rechts auf einen Garten mit einer Wiese. Zwei Hämmel waren hier angepflockt, die *Wassermann-Hämmel*, deren abgezapftes und vorbehandeltes Blut der serologischen Diagnostik der Syphilis diente: die Beschreibung einer Station für Geschlechtskranke in einem Krankenhaus, das auch andere Patienten versorgte. So spricht Rönne von Röntgenröhren, Messern, Sägen, spricht über Apparate und Maßnahmen, die für Diagnostik und Therapie venerologischer Zustände nicht benötigt werden.

Umfangreich war die Ambulanz. Rönne läßt uns im *Vermessungsdirigent* in ein Untersuchungszimmer blicken: Die Patientin ist auf dem gynäkologischen Untersuchungsstuhl gelagert. Ein Spekulum wird angereicht: *... das kleine ... nein, das große ...*, ein Abstrich wird gemacht: *Sekretentnahme*. Drei Mikroskope stehen zur Verfügung, nach der bleichen Spirochäte*, nach dem Meißnerschen Gonokokkus zu suchen.

Es ging ungezwungen zu, auch andere Damen waren im Zimmer, auf dem Flur .. *über dreihundert ... jeden Morgen*. Auch protestierend am Untersuchungsstuhl .. *Sie sind wohl verrückt? Ich eine Krankheit? Seit drei Wochen habe ich keinen Mann angerührt*: Eine Frau, vielleicht von der Militärstreife bei der Razzia im Prostituiertenviertel zufällig mitgenommen. Es werden ambulante Behandlungsmaßnahmen beschrieben: *Ichthyoltampons ... in die Scheide*, Harnröhren werden mit Protargol* gespült, dazu intramuskuläre Injektionen: *Man sticht in Hinterteile*. Denn nicht nur den Töchtern der Lais, dem *Grünspan der Gestirne* galt sein Dienst. Den Fräuleins und Damen, wie Dr. Rönne sie nennt, eher sorglich, mit wissendem Distanzblick: – *ein Haufen sekundärer*

Geschlechtsmerkmale, anthropoid gruppiert, und das Dreieck mit hundertachtzig Grad – die Schamhaare. Darüber hinaus waren die Fronturlauber, welche die ärztlich überprüften Bordelle, die illegalen Puffs, und schlimmer noch, die unkontrollierbaren Straßendirnen frequentierten und ihr *Staatsorgan* infizierten, für Rönne, den Arzt, das *Vorgeschriebene seiner Bestimmung*. Der Syphilis, insbesondere jedoch dem Tripper galt es zu begegnen. Denn *klar zutage lagen die Lüste zwischen den Soldaten und den Frauen*. Und *Erektion und Barzahlung* waren nicht eben Schutzgötter der Prophylaxe. Auch sammelte Dr. Rönne Erfahrungen, *las in den angesehensten naturwissenschaftlichen Journalen* darüber. Dann war es soweit: Sonst eher als *der Grübler, der sich ernst nahm ... der Düstere*, abseits sich haltend, stellt er sich den Herren, den ärztlichen Kollegen, Gemeinschaft suchend, förmlich vor: *Ich sammle hin und wieder so kleine Beobachtungen: nicht uninteressant, aber natürlich ganz belanglos, kleiner Beitrag zum großen Aufbau des Wissens und Erkennens des Wirklichen ...* Womit denn seine Studie *Nebenwirkungen bei Arthigon* angesprochen ist.

Wunderbar isoliert steht diese Arbeit, in der Zeitschrift für Urologie Bd. XII erschienen, zwischen Dr. Rönnes *Gehirne* und *Karandasch*, zwischen *Karyatide* und den *Fleisch*-Gedichten. Wennschon der eröffnende Absatz mit gekräuselter Lippe geschrieben scheint: *Heute, wo die Frage der biologischen Behandlung ... wieder im Vordergrund des spezialärztlichen Interesses steht, ist es vielleicht nicht unangebracht, über Erfahrungen ... mit dem Arthigon zu berichten.*

Immerhin, wir können aus dieser neun Seiten langen wissenschaftlichen Publikation neben dem Spezialärztlichen interessante Einzelheiten entnehmen.

Man nimmt die geschlechtskranken Soldaten stationär auf. Sie kamen mit akutem Tripper; aber auch wegen gonorrhoischer Komplikationen: Gelenkbeteiligungen: *Beulen in die Knochen*, Nebenhodenentzündungen: *verkäst die Herren* und Harnröhreneinengungen: *Harnröhrenplätterinnen*. Und die Patienten waren zahlreich: Über 8000 Injektionsbehandlungen wurden mit der Gonokokkenvakzine in sechs Monaten durchgeführt. Dr. Rönne registrierte die Resultate und Nebenwirkungen, wertete sie aus und verglich sie mit entsprechenden, in der Lazarett-Bibliothek vorhandenen Veröffentlichungen der medizinischen Fachliteratur. Das Hospital verfügte – so erfahren wir – über eine psychiatrische Fachabteilung, von Stabsarzt Rittershaus geleitet. Ja, sogar eine Arbeitsschule war dem Lazarett angegliedert: eine Rehabilitationsklinik würden wir heute sagen.

Eine wohlorganisierte Anstalt also, mit siebzehn Ärzten, wenn wir jenem Photo von 1916 trauen dürfen, das Dr. Rönne–Benn inmitten seiner Kollegen in Brüssel zeigt, den Anstaltspfarrer eingeschlossen. Nur einer trägt eine Brille.

Dr. Rönne im Hurenspital: Ein Leben vor dem Leib also, wo man nicht zimperlich sein konnte, wo auch transzendente Anliegen materialisiert und deutlich angesprochen wurden. *Das Hirn verwest genau so wie der Arsch*: *Das ist kein Bräutigamsurin*. Hatten wir Anderes, Duftendes erwartet? Vielleicht *Houbigant*? Mit Heliotrop als Basisnote in Quelques Fleurs? Benn nennt dieses Parfüm. Mit dem Bouquet von Sommersträußen, abgerundet zu fruchtiger Frische hin bis zur Süße einer Sommernacht? Oder gar das ältere Fougère Royale? Wo Heliotrop als Herznote den *Unterleib* aus Moschus, Tonka und Cumarin mit charakteristischer Geruchsfarbe zusammenklingen läßt? Wie spricht Rönnes Lyrik auf uns ein? *Die Syphilisquadrille*, die *Sackluden* und *verkästen Herren*, denen das Geschlecht zugewachsen ist? Die blutbäuchige *Psychophysenfose im Wiesenakt*, mit nach der Scheide klappernder Syntax und verwester Blase? Der *grauenvolle Unterleib, die fratzenhafte Spalte, das Afternahe*? Gattungspack und Föten, kotbedrängte Höhlen und Filzläuse, rülpsende Därme, Lymphknoten, Ammonshörner, Bedürfnisanstalten und Phenylhydrazin*? Die ganze süße Leiblichkeit; und *in der Mitte klebt überall die Scham*. Das ist er: *die Krone der Schöpfung, das Schwein, der Mensch* –.

Wir stehen vor dem Arbeitsalltag eines Arztes – Rönnes. Der aber *denkt Ithaka, Die Tempel wehen Marmorschauer von Meer zu Meer*. –

Auch *sah* (Rönne) *den Gang entlang, da stand sie Edmée: Wie eine Schale trug sie ihre Scham kühl durch die Beugung des erwärmten Schritts*.

Eigentümlich erregt ist Dr. Rönne. Unablässig umströmt ihn der

Grünspan der Gestirne. Da war der rüde Kasinoton, unter Medizinern. Der Versuch, das Selbst gegen Schweiß, Filzläuse, stinkende Säfte und Infusorien zu schützen. Den Fleck sich zu bewahren, *das Fleckchen, wo sich Gott erging ...!* Rönne kannte alles. Doch wollte er weiter. Wollte mehr und erschuf sich Edmée, Traumfrau und Schutzleib vor dem Ansturm der Fosenwirklichkeit, dem *Hurenkreuzzug* und den Trippergeschwadern in der venerologischen Ambulanz von St. Gilles. Diese Wirklichkeit aber, er nahm sie an, sie durchdrang ihn ganz. So daß denn die Prosa jener Zeit, die Gedichte vor allem durchtränkt sind von erotischen Bezüglichkeiten und unverhülltem onanistischem Vollzug. Selten hat ein Lyriker das derb Koitale, die Vorspiele, den Orgasmus auch, formal in solche Höhen gehoben. Wo sie sich denn verblüffend und selbstverständlich zugleich in der Transzendenz begegnen und vereinen:

Es lohnt kaum den Kakau. Dann schiebt man ein
Und stürzt: ich bin an Gottes Saum hervor;

Viel freie Zeit hatte Dr. Rönne. Bescheidene, aber ausreichende Mittel standen zu seiner Verfügung. Keine Mietkosten bedrängten ihn. Heizung, Licht, Bedienung, Verköstigung und Kleidung: Der Krieg zahlte alles. Dazu standen ihm 280 RM Kriegsbesoldung zur Verfügung. Rönne war in Brüssel sehr glücklich – *ganz ohne Vergleich*. Seine Frau? Edith Osterloh? Nun ja, kaum war die Lage stabilisiert, besuchte sie ihn, im Dezember des ersten Kriegsjahres. Damit wird wohl zusammenhängen, schrieb Gottfried Benn später an seine Tochter Nele, daß *Du im September des folgenden Jahres geboren wurdest*.

Ein merkwürdiger Ehemann und Vater war er. Der an der Porte Louise des Abends Posten faßte, umspült vom quirligen Glanz, von den Beauties, der allseits belebenden Atmosphäre der glitzernden Etappenhauptstadt. *Mit nichts* (fühlte er sich) *behaftet*, hing an keinem: Edith Osterloh, die schöne Dresdnerin aus Hellerau, hatte keine glückliche Hand bei der Wahl ihrer Lebenspartner. Im eleganten Café Toison d'or also saß Rönne wohl an Frühlings- oder Sommerabenden, vielleicht mit jener Truppenbetreuerin, der *berühmten Altistin der Berliner Staatsoper, die in den Lazaretten sang* und die seine Geliebte wurde. *Keine unangenehme Erinnerung*, schrieb er noch Jahrzehnte später in einem Brief an Oelze, *obschon sie 25 Jahre älter war als ich.*

Vielleicht auch las er in Else Lasker-Schülers zu dieser Brüsseler Zeit erschienenem Gedichtzyklus »Doktor Benn«:

> *»Alle meine Schmetterlinge*
> *Scheuchte ich in deinen Garten.«*

König Rönne–Giselheer aber ging allein. *Laß' deine Blüten nur verblühen* antwortete er damals dem Prinzen von Theben. Die Öffentlichkeit nahm Anteil an dieser Liebesbeziehung. In der »Aktion«-Zeitschrift, wurde diese Affäre bedichtet und entrückt. Siebzehn Jahre jünger war Benn als Else Lasker. Siebzehn Liebesgedichte und Prosa umfaßte der Zyklus an »Giselheer, dem Heiden«. Was wohl mochten die Herren im Kasino, die *nach der Mahlzeit einen kleinen Schnaps nicht verschmähten*, dazu sagen, falls sie das Buch je zur Hand nahmen? War man gewarnt? Die Frauen? Wir hören von einer dunkelhaarigen – Doussie –, die bei Dämmerung in sein Brüsseler Haus schlüpfte: Noch im Jahr vor seinem Tode erinnerte er sich an sie. Maskierte und offene Freudenhäuser, er kannte sie, dienstlich sozusagen.

Jene Jahre in der Rue St. Bernard, jener Frühling insbesondere, in dem ihm *Der Geburtstag* geschah, waren durchtränkt von den Heimsuchungen Cupidos. Alles ist vor dem Geschlecht geschrieben, vom Direktesten bis ins Zarteste sich verlierend. Halluzinatorisch nennt Benn vierunddreißig Jahre später diese Arbeitsweise. In einem »phallischen Prozeß«[25] kamen Prosa und Verse zu ihm. Womit denn alles gesagt ist. Wennschon noch anderes hinzukam, um das *blau* in Rönnes *Prozesse und Elevationen* strömen zu lassen. Wir haben davon gehört.

So saß er im Café, so trieb er über die Boulevards. *Trug Frauen in seinen Falten wie Staub*. Solche *in Flammen und Klang*, auch hatte er nichts gegen *Frauen, die etwas schreien und albern lachen*.

Wennschon er häufig höher griff, um *Lust und Skepsis aus ernüchterten Gehirnen* der Ersehnten sich zu verschaffen. Wie heißt es bei de la Ponte? Cameriera, principessa, ogni forma, ogni eta.

Dr. Rönne, dem *die Olive geschah* – einiges kennen wir jetzt von ihm. Und Oberarzt Dr. Olf, in *Etappe*, der *gefallene Morgenstern*? Wird abgeführt. Wohin? Ins Irrenhaus. Jef van Pameelen, der Kindesmörder, eine andere Figur Benns im *Vermessungsdirigent*, früher ein Arzt, halluzinierend in seiner Hochgebirgshütte? Er stirbt. Um ihn sind Hunde, Knochen, – aber auch Blumen.

Dann aber Dr. Diesterweg, mit dem zwanghaften Tick. Wir treffen ihn wieder. Wo? In Berlin, nachdem er durch all diese Formen, durch Rönne, Olf, Pameelen geschritten war. Welches Jahr schreiben wir? Neunzehnhundertundsiebzehn. War noch Krieg? Ja, es war. Die Sommeschlacht – vergeblich, aber eine Million Tote. Festgekrallt in Kreide und Schlamm war man erschöpft, ausgeblutet. Rübenwinter im Vaterland, Achthunderttausend verhungern. Nun ist der Ozean bedeckt mit Schiffen: Die Yankees greifen ein. Gewaltig, unvorstellbar ihr Potential. Sie werden den Krieg gewinnen.

Diesterweg! Noch treffen wir ihn im Kasino von St. Gilles. Noch war er kriegstüchtig, führte das Erforderliche seines Dienstes leidlich aus. Und im Vorbeigehen, auf dem Klinikkorridor *ein Scherzwort an die Beamtin*. Nahm noch teil am Kasinogespräch, zitternd zwar, unter Atemnot. Noch reihte er sich ein, hatte Kraft zu einem geordneten Abgang, schloß die Tür.

Dann aber, allein, *stäubt* ihn *Zermalmung an* – und *eine Frau roch blau*. Da waren *weiße Kristalle* und *die übliche Menge gemahlenen Tees* ... Ermüdet fühlte er sich, und .. *Gift in seinen Gliedern*. Und sah *klares Land, schwingend in Bläue und Glut* ... Die *Herren* Kollegen aber, im Hospital, begannen zu tuscheln, denn er verließ das Untersuchungszimmer –. Ging *in den Park, sah Luft aus osmiumblauen Meeren, ein Ton geschah. Noch erhob er sich des morgens in betreff des Dienstes, wennschon sich das andere Leben wieder in ihn hineinlehnte.* Nahm teil an Kasinoversammlungen, meldete sich zur Tagesordnung, spürte in der Kameradschaft *die Sicherheit des Geformten*. Doch galt er als Störenfried, *sein Antlitz zuckte und war gespannt*. Dem beobachtenden Chefarzt, der die Versammlung leitete, fröstelte. Dann aber, *zur mitternächtlichen Stunde kam Gesang empor*, Gerstensaft wurde getrunken. Da überstürzte es Diesterweg, *wie weit er abseits stand*, hier der Traum und dort die Wirklichkeit. Schließen wollte er seine Spaltung, eine Person sein.

Wollte etwas an sich haben wie die anderen Mitherren, die am Tische wuchteten, wollte diesterwegisch sein, hier *wo er jetzt wenig galt*. Und kam so zu dem *nervösen Wischen, ... mit dem Zeigefinger an der Backe*, fühlte sich groß, *benommen von Taten ...*, *von* seiner *Werke Rauschen*. Doch sein Blick umfaßte nicht mehr die Dinge des Arbeitstages.

Ein neuer Diesterweg erstand, der südliche. Die anderen, die sechzehn ärztlichen Kollegen jenes Photos im Winterpark des Brüsseler Lazaretts verrichten weiter die *kärglichen Dinge* der medizinischen Kriegspflicht. Diesterweg *aber wandelt in Schaum von Blüten. Er schreitet gelöst, im Zug geschmückter Masken*. Seine Kollegen aber sprechen von prophylaktischen Maßnahmen, bis Diesterweg ausbricht: .. *Lemurenbataillone!* Verwunderung macht sich in der ärztlichen Kasinorunde breit, doch bleibt man nachsichtig. Zwar *sind die Herren etwas betreten, beachten* (ihn) *jedoch nicht weiter*. Schon schien es Diesterweg, *als bogen sich die Fenster*. Schon *stand ihm* (dort) *das Weiße eines Auges*. Dann schrie er, *das ist der Dämon, der alles heimholt* .. Verständlich, daß die Herren, obschon Ärzte und erfahren, unerschrocken auch beim Betrachten des Ungewöhnlichen, *ein Stück zurück traten*: hatten sie doch einen Anfall von Depersonalisation erlebt, bei ihrem Kollegen, der sich abseits hielt, der sich *entstirnte*.

Hatten diese biederen, durchaus nicht banausischen Doktoren, denen zwar Rechtschaffenheit und Impfzwang am Herzen lag und quantitative Erfassung der Wirklichkeit, eines jener Hefte der »Weißen Blätter« in die Hand genommen, wo ihren Kollegen Dr. Rönne-Benn, Oberarzt d.N. *die Erde leise durch den Äther trug*? *Wo ihn Zermalmung anstäubt* und er *von blauen Buchten benagt* wird?

Wußten sie es, die Kollegen, die Kasinogenossen: *Ich nahm schon Kokain*?

> *Den Ich-zerfall, den süßen, tiefersehnten,*
> *Den gibst Du mir: ...*

Ja, nun hatten es alle gesehen, den Ich-Zerfall, – und sie machten sich ihren ärztlichen Vers darauf: *Diesterweg ... wurde nach Berlin zurückgeschickt*.

Ich forschte in militärhistorischen Ämtern, bei Versorgungsbehörden, in Berliner Krankenbuchlagern nach Begründungen für diese erstaunliche Entlassung aus der Armee. Sollte es wieder jene geheimnisumwitterte Senkniere sein, von der wir schon hörten? Mitten im Krieg, in einer Phase, wo der Heldenklau umging und jeder Mann gesucht und festgehalten wurde? Wir hätten erwarten können, den Etappen-Doktor als Bataillonsarzt an die Somme oder zum Fort Douaumont kommandiert zu sehen, und finden ihn wieder als Assistenten der Charité, in der Hautklinik, die damals wie heute auch die Venerologie abdeckte. Hatte Professor Lesser ihn angefordert? Er war dort sein Chef, zumindest für drei Monate. Auch verstarb er bald. Offenbar ging es darum, von einem bedeutenden Fachmann ein Zeugnis für den Kreisarzt des Bezirks Kreuzberg zu bekommen, das zur Niederlassung als Arzt für Haut- und Geschlechtskrankheiten in der Belle-Alliance-Straße berechtigte. Am 10. November 1917 war es soweit. Amtsärztlich bescheinigt konnte er Haut- und Harnleiden behandeln. Wobei für Harnleiden Tripper und Lues standen. Zu jenem Demimonde-Gewerbe verstand sich Dr. Rönne – und Dr. Diesterweg – und Oberarzt Olf, die ihre Pathographien selbst schrieben. Auch Dr. Olf führte man ja ab, wir hörten es.

Nach solchen Ausbrüchen, seinem Brüsseler Chef, den Kollegen, Grafen, Herzögen, Prinzen, Exzellenzen gegenüber: *Schiebergeschmeiß ... Luden eines abgetakelten Gehirns, ... elende Kadaver ..., brüchige Kaldaunen und ihre verdickte Vorsteherdrüse*: was geschieht mit Dr. Olf–Benn? Man entschuldigt ihn sogar noch: *Exzellenz, er ist krank, er ist schwerkrank*. Und die so angesprochene militärische Exzellenz streckt ihm gar die Rechte hin: *Was für Redensarten ... Armer junger Mann*. Wohin führt man Olf–Rönne–Diesterweg? In die *reorganisierten Irrenanstalten*, wo die Exzellenz *das schmerzliche Schauspiel haben* (wird), *diesen gefallenen Morgenstern noch einmal zu begrüßen*.

Dieser Brüsseler produktive Schub höchsten Ranges, war er nur Komödie, Trick und feinsinniger Humor, *die Erkenntnis eines denkenden Kopfes*? Nur ironisierender Slapstick, gegen die Wirklichkeit, gegen die psychodelischen Halluzinationen, gegen die artifiziellen Kunsträusche gestellt? Und diese Kasinoherren, waren sie wirklich nur *wiehernde Gäule, aufgeblasen bis zur Lächerlichkeit ...*? In anderen Kasinos – immerhin –, saßen Flake, Carl Einstein, Hausenstein, Döblin. Sollte es in der Berufssparte der Waffenrockträger mit den Äskulapstäben nur Marionetten und Banausen gegeben haben?

Olf–Rönne–Diesterweg: Haben sie sich diese poetischen Aufschwünge nur ausgedacht? Muß bei der Lektüre der Prosa, der Gedichte des Frühjahrs 1916 alles Biographische auf der Strecke bleiben? Schon, ein Beruf deckt eine produktive Potenz nicht ab, sie wird ausbrechen. Aber Rönnes *leicht bedeckte Venerologie* schlägt überall durch. Brüssel, das Hurenspital St. Gilles, hin bis zum Praxisschild und den Gesammelten Schriften sind durchtränkt, gesättigt mit Assoziationen, mit Bildern von erotischen und Coquelico*-Räuschen ...

Betrachten wir das Brüsseler Umfeld, jene Stadt, in der es durch die internationale Verpflegungskommission alles zu kaufen gab was im Reich, das im Hunger litt, unwirklich schien. Manches Paket mit Schokolade, Seidenstrümpfen und duftender Seife wurde der Gemahlin, der Soldatenbraut auch in die Heimat geschickt.

Sternheim und seine Frau Thea wären da zu nennen, mit ihrem schloßähnlichen Landsitz Claircolline in La Hulpe. Wenige Kilometer nur von der ville lumière gelegen, wo die dienstverpflichteten Intellektuellen, die Kriegskolonie, in Brüsseler Propagandaeinheiten tätig, empfangen und gespeist wurden. Neben Hausenstein, Carl Einstein auch Rudolf Alexander Schröder. So wurde auch Dr. Rönne eingeladen, der es genoß, daß er dort *morgens sein Frühstück auf das Zimmer gebracht bekam*. Thea Sternheim, geschiedene Löwenstein, geb. Bauer, Millionenerbin, führte Tagebuch: Sie beschrieb Benn als blond, schlank, typisch preußisch aussehend »in der Art der jungen Bredows und Unruhs«. Sie notiert seine Kasino-Eigentümlichkeiten, die Verbeugungen beim Handgeben, beim Betreten, beim Verlassen des Zimmers. Ihre läßlicheren Urteile über belgisch-englische Subversionen und Störversuche: Ihr Entsetzen über den Tod der englischen Krankenschwester Edith Cavell, die als Spionin erschossen wurde, wozu Benn als Arzt abkommandiert war, prallt an ihrem Gast ab: »Man rennt mit dem Kopf gegen eine Mauer«, vermerkt sie. Und registriert »seine geistige, seine literarische Entwicklung auf naturwissenschaftlicher Basis«.[26] Jene Besuche und Gespräche müssen bei ihr einen sehr sachlichen Eindruck hinterlassen haben. Natürlich kannte sie

Benns Arbeiten, ihr Mann war fasziniert davon. Und nun, aus der Nähe, dieser steife, Bücklinge machende Pastorensohn aus der Mark Brandenburg in Uniform. Und sie fragt: »Wie kommt sein Wortschatz so ins Blühen?«[27] Woher seine Fähigkeit, den prosaischen Gehalt des eigenen Lebens in Poesie zu verwandeln? In der *Eroberung*, in *Reise* und in *Geburtstag*? Wie können wir uns diesen Zwang zur Halluzination, dieses Anheben erlebter Alltäglichkeiten ins Artistische, in die Regionen der Kunst erklären?

In *Etappe* und *Diesterweg* gibt Rönne die Antwort selbst: Man führte ihn ab, er galt als erkrankt. Welche Erkrankung könnte es gewesen sein? Hatte der Arzt Benn nicht in der Charité-Psychiatrie bei Professor Ziehen etwas über das *Zerlassensein* erfahren?

Stäubende: – tiefe Szene,
wo sich die Seele tränkt,
während der Schizophrene
trostlos die Stirne senkt.

Diese konstitutionelle Veranlagung Rönnes, die Schizothymie, das Schizoid, »die Krankheit des großen Flugs«, insbesondere der Frühzeit, ist sie uns deutlich geworden?

Auch an die ökonomische Freiheit Rönnes soll noch einmal erinnert werden: Hier war ihm – dem sonst oft Bedrängten – alles zur Hand. Des Leibes Last und Not waren von ihm genommen. Der Krieg? Sicher, viel Schiebertum, Drückebergerei und Unrechtes geschah. Dr. Olf empört sich darüber – mit den bekannten Folgen. Was war Rönne–Benn *die Kanonade von der Ysère,* was der unsäglich traurige Café-Besuch mit seinem kriegsfreiwilligen, bald gefallenen Bruder Siegfried in Brügge. Man befaßte sich mit Literatur. Stille also um Rönne her. Die Herausgabe einer *Enzyklopädie zum Abbruch bürgerlicher Ideologien* mit Sternheim und Carl Einstein wurde geplant, das waren die Beschäftigungen *außerhalb des Dienstlichen.* Wir hören nichts von seelischen Notständen durch Trommelfeuer, zerschosse Lungen, blutgraue Leichenschädel und zersplitterte Visagen.

Carl Einstein, der Maler wie Braque und Juan Gris, der den Pariser Kunsthändler Kahnweiler kannte, stand ihm in Brüssel wohl am nächsten. Sehr früh, im *Vermessungsdirigent* taucht Picasso auf,

Gottfried Benn *in den Rönnejahren 15/16 in Brüssel*

der Maler mit dem Tierauge. Rönne wird durch Einstein, den Verfasser des Bebuquin, davon erfahren haben.

Seltsam fern geht Rönne durch das *Schiebergeschmeiß* der Etappe, *lebte am Rande* der Ereignisse. Im Materiellen versorgt. Erregt durch die allseitig ihn umgebende laszive Atmosphäre der Etappenmetropole, zwischen westlichen Stahlgewittern und östlichem Rübeneintopf, Kokotten und Huren, maisons de plaisances und Straßenpuffs wurden seine Hervorbringungen erotisch aufgeladen. Phallische Eruptionen einer durch Anlage und exogene Reize einem Höhepunkt absoluter Prosa zustrebenden Poesie: Selten war Benn so groß wie in diesen Rönne-Jahren.

Oder blieb etwas unerwähnt? Es fiel das Wort: Reize. Ja, Rönne-Pameelen läßt es Picasso im Untersuchungszimmer des Arztes – Pameelens – aussprechen: der Maler mit dem Tierauge will mehr als *Kokain,* will so viel, daß das *Reizpotential eben überschritten ist.*

Dr. Rönne überschritt es. Gab sich die *Hirnschauer mürbesten Vorübergehns. Es taumelt sein Schädel-Flederwisch* bis es ihn ansternte: so – auch – kam sein Wortschatz ins Blühen. Und überschritt jene Grenze aus dienstlichen Umgangsformen und Entfremdung der Wahrnehmungswelt, bei erhaltener militärischer Straffheit. Errichtete die Glaswand zwischen sich und den anderen Ärzten des Lazaretts. War heiß und kalt zugleich. Hatte Sehnsucht nach dem Angenommenwerden, sich einreihen Können, – und war von schroffer Ablehnung gegenüber menschlichen Berührungen. Das Banale wünschen – und wenn es sich zeigt, eisbergkalte Distanz und Flucht in halluzinatorische Blütenträume. Nervöse Ticks, Grimassieren und zwangmäßige Fingerbewegungen, letztlich Gesichte und *das Weiße eines Auges* vor dem Fenster und Rönnes Entsetzens-Schrei.

Wir wollen annehmen, daß es Kameraderie und kollegiale Rücksicht war, wenn man den Entlassungsgrund aus der Armee auf jenen Leibesschaden, auf die gesenkte Niere abstellte. Auch mochte man hoffen, daß jener Brüsseler Schub bald vorübergehen würde. Rönne war umgeben von Medizinern, man kannte sich aus: eine mit verantwortlichem ärztlichen Handeln nicht zu vereinbarende seelische Störung lag vor. Es galt zu entscheiden – und man entschied: *Diesterweg galt als erkrankt und wurde nach Berlin zurückgeschickt.*

»Wir wandeln in Spuren, und
alles Leben ist Ausfüllung
mythischer Formen mit Gegenwart.«
Thomas Mann

Zehntes Kapitel

Griechenheit

Wir alle erinnern uns des Glückshauches, der uns beim Anblick des kampfgebietenden olympischen Apollon anweht: Ithaka ruft. Und Mohn, Skabiose, Zistusrosen, die Myrte füllen balsamisch die Mittage, wo Ölbäume, gelehnt an pentelischem Marmor, dem Zikadengeschrill lauschen.

B l a u steht der Himmel am Ausgang der Welt. Weiß spielt das Licht mit dem duftenden Äther: Hier baut Benn seinem Herzen Altäre. Früh schon, im ersten veröffentlichten Gedicht *Gefilde der Unseligen* hören wir von *Inselsucht*, von *stummen Herden*.

Schon ruft ECHO durch den Mund des Dichters ihrem NARZISS die *Chiffren* – orphisch verwandelt – sehnsüchtig zu: *Leukée!* Schon tönt der Päan des Achill. Schon flüchtet Orpheus, *von Erebos gestoßen*. Schon irrt Demeter, die Tochter Kore suchend, *durch's leis gefrorene Tal, das silbern in Olivenzweigen stand.*

Da fügt sich attische Lekythe von selbst zur Hadesmythe. Und Parthenongötter, *weiß, die schon den Hermenfrevel sahen*, verdämmern *in Verfeinerung, Abschied, Trauer ...*

Dionysos, dem *Rätselgott der werdenden Welt* tönt einmal noch, im Jugendrausch, mit *Ithaka, im Blütenfall aller Welten ...* der wilde Dithyrambus.

Dann aber senkt sich der *Thyrsenstab. Hörnerdurchlaubt*, geschmückt mit *Rosen, syrisch* – niedergezogen vom *ungemischten Trank* und der zum Tode lockenden *tieftönenden Flöte von der Lippe taumelnder Auleten* weist Apollon, der *Phoibos*, der Schiefe, dem *Nächtlichen* das Grab zu seinen Füßen.

Erloschen nun die Fackel des thrazischen Gottes. Welk auch der

Mohn in der Hand schlafender Genien: Hell wird das Land. Nun atmen – *lange nach den Adoniden* – der Rosmarin, Salbei, Lavendel – *nun weißer Thymian, Tarant und Dosten ..*

Womit sich Benn – ein genauer Pflanzenkenner – der Oder zuwendet: Tarant und Dosten, sie wachsen dort, *wo die Ebenen weit.* Dort nun ruft *Echo durch gelbgetönte Wiesen. Voll erblüht der Löwenzahn* um die heimatlichen Dörfer. Durch *Wiesenschaumkraut,* »sylphidenumjachtert«, durch *Rotdorn, Flieder und Ulmen* geht ihr zärtlich klagender Ruf: *Narziss, Narziss ...*

Wir berühren ein eigentümliches Phänomen bei Gottfried Benn: der Ruf aus den östlichen Ebenen nach *Südlichkeiten.* Ein sehnendes, ja zuweilen wildes und unziemliches Drängen zu *fernen baumbraunen Ufern*; jene *Säulensucht*, *blaudurchrauscht*, und *in Oleander die Ufer hoch.* Auf *ägäischen Fluten* hin zu den Marmorschauern, der *Karyatide* und dem *5. Jahrhundert*; hin zu *Apollon* und *Hyacinthos leicht bewegter Last.* Eine alle Konventionen und scheinbare Vernunft unwiderstehlich niederreißender Trieb nach südmotivischer Vereinigung. So als wolle ihn ein chromosomales Gedächtnis, in mystischer Partizipation mit dem Frühesten, den *endogenen Bildern* lustvoll und schmerzlich wieder zusammenbinden. Platons Idee, daß alles in unserer Erinnerung sei: Anamnesis –.

Es wird Zufall bleiben, daß die *Säulensucht*, das hin zur *Olivenlandschaft*, zu *ligurischen Komplexen,* Aufgabe und Schicksal sehr norddeutsch – und sehr protestantisch – bestimmter Männer wurde: Winckelmann aus Stendal in der Altmark, mit dem alles begann, faszinierend, bis in unsere Tage – und die Griechenheit zu »freierem Leben, höherer Existenz, Leichtigkeit und Grazie« erhebend. Schliemann dann, geboren in Neubuckow in Mecklenburg-Schwerin; jener Kaufmann, der uns – mit dem Homer als Baedeker in der Tasche – Troja, Mykene, das heroische Griechenland erhellte.

An Hölderlin ist zu erinnern. Seiner traumsichern Stimme, das Innerste des »seligen Griechenland, Heimat der Götter du«, uns merkwürdig anamnestisch verklärend, ohne es je gesehen zu haben.

Und dann natürlich jene strengeren Geister, welche auf ihre flachländisch deutsch-lutherische Art den inneren Süden suchten: Der Niebuhr und der Mommsen aus Schleswig-Holstein, Gregorovius gar aus dem Bernsteinland Ostpreußen: Wortkünstler hohen Grades auch sie. Und steigerten nicht Jacob Burckhardt, der große Baseler, der »Nordlicht«-worttrunkene, halbitalische Theodor Däubler ihr Lebensgefühl am Lichte, das von den Hellesponten, vom Tyrrhenischen Meer smeralden sie ansprach? Es zur schwindelnden Höhe des von bleicher Krankheit gesteigerten Pfarrersohnes Nietzsche aus Röcken emporschraubte?

Zu schweigen von jener Heerschar erleuchteter viri eruditissimi von Basel bis Heidelberg, welche der antikischen Königsstraße der Poesie festen Grund und Richtung gaben. Erwin Rohdes[28] und Werner Jaegers[29] sei hier erinnert, aus denen Benn schöpfte. Und welche unbehauene Steine zur Genüge am Wegrand ließen. Die dann, in der Hand der Musen, genetzt vom kastalischen Quell, an den Kanten zu funkeln begannen:

Ach, aus den Archipelagen,
da im Orangengeruch
selbst die Trümmer sich tragen
ohne Tränen und Fluch, ...

So auch bei Benn, Pastorensohn aus der Westprignitz. Wo, seltsam genug, rauschbereiter Flieder, Ginster und Erlenbüsche, kurz der vollständige Topos eines Pfarrhausgartens, behütet, begossen von mütterlichen Händen, dem Wein, dem Lorbeer und der Zypresse sich entgegenbog.

Sehr drückend, daß ich es sage, steht vor mir, das Verwandtschaftliche, das Halb-Brüderliche im Wesen der Griechen und der Deutschen hier deutlich zu machen. Können wir, vielleicht, Nietzsche zustimmen, als er im Nachlaß der achtziger Jahre schrieb: »Die Deutschen sind vielleicht nur in ein falsches Klima geraten: Es ist etwas an ihnen, das hellenisch sein könnte, – das erwacht bei der Berührung mit dem Süden.« Diese »weitgehende Parallelität des hellenischen und deutschen Geistes«. Gottfried Benn ist es, beim Bankett des Schutzverbandes der Deutschen Schriftsteller, der Heinrich Mann mit dieser Redebeschwörung aus des Geehrten Roman »Minerva« feiert: ».. Die Mänade taumelt, die Nymphe lacht und ein Widerschein ihres ewigen Prangens fällt auf die vergängliche Hand.« Und Benn endet die Geburtstagsansprache: *Dem Sieg des Griechen Blumen und Wein.*

Wie nun stand es um Benns Kenntnis der Antike? Norden und Süden, Niflheim und das helle Licht mythischer Meere und Küsten *gefüllt mit nie endenden Strahlen*, Antike auch und das Christentum: das war der Acker, ererbt vom Vater, der Mutter – Mediterranée – *säend und gießend, irdisch, allem Lebendigen nah*. Also schon angebautes Feld, mehr Sand zwar und glacialer Geschiebemergel, so konnte der Zehnjährige sich der humanistischen Erziehungsanstalt in Frankfurt/Oder öffnen. Dort, am Königlichen Friedrichs-Gymnasium unterrichteten bedeutende Männer, Graecisten: Professor Friedrich Poppo, über die Grenzen hinaus bekannter Graecist und enthusiasmierender Kommentator des Thucydides. Gottfried Benn fand in seinem Nachfolger, Professor Rethwisch, einen universal gebildeten, wennschon etwas trockeneren Lehrer der Humaniora. Der Unterricht ging über das Grammatikalische und Paukmäßige der üblichen Griechisch-Lektionen weit hinaus. In acht Schuljahren, bei mehrstündigem wöchentlichem Pensum trägt man mehr davon als die Erinnerung an einige Vokabeln und das augenerfreuende griechische Schriftbild. Vater Benn schenkte seinem elfjährigen Sohn Gustav Schwabs »Sagen des klassischen Altertums«; Phantasie-Futter, Anschauungsmaterial, Genealogie-Lehrbuch der griechischen Mythologie.

Im letzten Schuljahr las Gottfried aus Ulrich v. Wilamowitz-Moellendorffs »Griechischem Lesebuch« von 1902, erschienen in der Weidmannschen Buchhandlung, Berlin. Es steht noch in Benns Bibliothek. Wir finden u.a. Texte von Demosthenes, aus dem Phaidros, aus der Ethik des Aristoteles. Der Herausgeber und Verfasser des Lehrbuches, Ulrich v. Wilamowitz-Moellendorff, setzt die Lektüre des Homer voraus, die welterziehende Mission des Hellenentums war ihm unzweifelhaft; darum schmückt die Vignette Alexanders des Großen das Titelblatt. In der Vorrede werden die Primaner als »liebe Schüler« väterlich ermahnt, »redlichen Willen« mitzubringen. Auch soll sie das »bißchen Arbeit« bei der interessant und weit gefächerten Lektüre der vier Halbbände nicht schrecken. Breit ist das Angebot: Äsopische Fabeln, Geschichtliches aus Solon und Pausanias. Vor allem aber die naturwissenschaftlichen Wurzeln der Erd- und Himmelskunde, aus Strabo, Diphoderos und Athenaios geschöpft, werden den »deutschen Jünglingen« nahegebracht. Die hellenische Wurzel der Mathematik, die Himmelsphysik führt zum Verständnis des Monotheismus, der letztlich zum Glauben der alten Christen lenkt. Mußte doch selbst Paulus, der Pharisäer, das alte Testament in griechischer Übersetzung lesen. Nicht vergessen waren Hinweise auf den Reichtum der griechischen medizinischen Literatur, vertreten durch Auszüge aus der Hippokrates-Schrift von der heiligen Krankheit, der Epilepsie.

In den Erläuterungen zu einem Kapitel aus der Gesundheitspflege, der Hygiene des Diokles von Karystos – einem Zeitgenossen Platons –, wurden die »schlichten und anmutigen Reden« der griechischen Ärzte gelobt und ihre aus den Erfordernissen der Standesehre abgeleitete Pflicht zu ausgebreiteter Bildung, als sie der Beruf fordert: »Man wird der griechischen Kultur nicht gerecht, wenn man den Arzt neben den Grammatikern und Philosophen vergißt.« So v. Wilamowitz-Moellendorff.

Es ist jener Ulrich v. Wilamowitz-Moellendorff, ein 24jähriger Doktor, der Friedrich Nietzsche nach Veröffentlichung seines von Benn so hoch gehaltenen »Artistenevangeliums«: »Die Geburt der Tragödie aus dem Geiste der Musik« – Neujahr 1872 erschienen – philologisch als unzureichend abqualifizierte, Nietzsches Stellung in Basel damit schwer erschütternd. Gottfrieds Vater und seine Mutter aber hatten auf einem v. Wilamowitzschen Gut in Gandow die Kinder aus dem Umkreis jener Familie unterrichtet: So früh schlossen sich die biographischen Kreise.

Der Primaner Benn hat dies alles lesen müssen, vielleicht darüber nachgedacht, vielleicht Lebensziele daraus abgeleitet. Wir wissen es nicht. Griechisch, so wird erinnert, ist »das Organ des Geistes einer ganzen Weltperiode«. Fast alle großen Gedanken finden wir in dieser Sprache ausgesprochen. Die Götterlehre war Gottfried Benn, so wie sie uns Homer vorstellt, geläufig; wenn auch die höchste Dreiheit: Zeus–Athene–Apollon vorherrscht. Homer, der die Wende zum neuen Geist, zum eiserenen Zeitalter vollzieht, aber in seinem Gedichte den alten Mythos noch kennt, empfindet die Ungeheuerlichkeiten der mythischen Frühzeit schon als geschmacklos, er verschweigt sie. Im Untergrunde nur rumort hier und da noch bei Homer der kleinasiatische Einfluß: Apollon, der fernhintreffende, furchtbare, todbringende Gott steht in der Ilias noch ganz auf seiten der Trojaner. Noch fehlt ihm das Enthobensein, die sternklare Geistigkeit, das Ordnungsprinzip. Erst später steht Apollon der Welt mit jener Freiheit gegenüber, die nicht nur die Mutter vieler Künste, sondern auch der Wissenschaft wurde. Noch müssen die Götter beiseite treten, wenn Moira ihren Schützlingen den Tod zuteilend einherschreitet.

Benn hat auch aus diesen Quellen seines griechischen Schulbuches geschöpft. Spaß wird es ihm nicht immer gemacht haben: mit »genügend« in Griechisch schied er aus der Schule. Dennoch, stets klang ein Echo zurück, wenn er von seinem Gymnasium sprach: ... *zum Glück ein humanistisches* ... Stets knüpfte er unbefangen an verfügbare mythologische und homerische Bestände an, ohne ornamentale Absichten oder Reminiszenzprotzerei. *Antikes* – wir lesen es in *Doppelleben* – war ihm immer zur Hand. Er selbst versteht sich als Künstler, als *Mensch mit dem Erlebnis der Antike*. Besonders in der frühen Zeit, im Verständnis der von ihm mehrfach betonten *Phase I* des nachantiken Menschen: Benn setzt den Menschen neu zusammen: *Montagestil – Retortenstil*, so rief er aus: ... *Machen Sie Verblüffendes* ...:

Ein Hirtengang eichhörnchent in das Laub,
Euklid am Meere singt zur Dreiecksflöte.

Nehmen wir sein späteres, 1943 in Landsberg entstandenes Prosastück *Pallas*. Selten ist in deutscher Sprache das Standbild des Phidias, die Göttin Athena Promachos, die Lanzentragende, in leuchtenderer Sprache aufgerichtet worden. Hier herrscht Attika absolut. Um diese Achsengottheit des griechischen Mythos ordnen sich Bilder und Reminiszenzen aus der Ilias, aus Aischylos, Sophokles. Selbst Platos wird gedacht und der Theogonie des Hesiod.

Wir verhalten hier einen Augenblick: die Hochgelehrten, die Großkenner der Griechenheit, wer waren sie zu seiner Zeit? Aus welchen Quellen schöpfte Gottfried Benn? Welche Zufallslektüre, Abbildungswerke, welch' auf ein Ziel hin gerichtetes Lesen strudelte ihm die Assoziationen, Einsichten, Kenntnisse, Vokabeln heran? Hin bis zu wörtlich übernommenen Formulierungen, die seiner Prosa *Pallas*, seiner Lyrik *Leukée*, kunstvoll montiert Glanz und Dauer verleihen?

Verschaffen wir uns einen summarischen Überblick, welche Quellen Gottfried Benns Griechenheit speisten: Schwabes »Griechische Heldensagen«, lassen wir es einmal beiseite. Das »Griechische Lesebuch« wir kennen es schon, – und Benns Friedrichs-Gymnasium: Solche Wurzeln greifen dann schon tiefer. Die Pépinière ist stumm. Der Erste Weltkrieg beginnt: In Gottfried Benns Bibliothek findet sich ein bei Georg Müller 1915 herausgekommenes Buch von Elisabeth Förster-Nietzsche: »Wagner und Nietzsche«. Ein später hinzugekaufter Zufallsfund? Die Brüsseler Epoche nun, aufgeladen mit antikischen Ornamenten und mythentradierten, leitmotivischen Klangassoziationen, wird gerne als Benns Auseinandersetzung mit Nietzsches »Dionysos-Dithyramben« und den »Liedern des Prinzen Vogelfrei« gesehen.

Dabei ist nicht einwandfrei festzustellen – sehen wir von jenen Berliner, noch philologischen Kollegstunden ab –, wann Benns intensive Befassung mit Nietzsche anzusetzen ist. Wirklich so früh, bereits in den Jahren vor 1914?

Immerhin, wir finden als Requisiten im *D-Zug ... griechisches Glück* (1912); auch *Ikarus* in *Gesänge VII*. Im gleichen Jahr dann taucht aus den *ägäischen Fluten Ithaka* empor. In *Englisches Café* liegen *Die Dorertempel* am *Tyrrhenischen Meer* getaucht in *frevelhaftes Blau ... Die Säulensucht* dann wieder, der frühen *Inselsucht* respondierend. Und tiefer erfahren *gürtet ... sich Venus mit den Tauben* in *Karyatide*, – hin bis zur *Dreiecksflöte*, zu der *Euklid am Meere singt*. Kam Benn in Brüssel ein Abbildungswerk griechischer Vasen auf den Tisch? Wir hören von *mykenischem Licht*, von *Ton-Zäunen* und *Läufergliedern* in der *Kretischen Vase*, mit jenen verwirrenden Endzeilen:

Wenn bei Fischkopf, Zwiebel, Flöten
Leda-Feste rosenröten
Paarung, Fläche, Niedergang. –

Womit denn, für unsere Absicht, genug der philologischen Sammlerfreude geleistet sei. Ein biographischer Essay ist kein Zettelkasten. Was könnte man nicht noch alles ...

Helene Homeyer[30] umfaßte Benns antikes Verständnis wohl als erste, gefolgt dann von Friedrich Wilhelm Wodtke,[31] nunmehr bereits monographisch. Hätte diesem doch ein Amanuensis zur Seite gestanden: Ein Register erst würde die hier verborgenen Schätze zugänglicher machen.

Gottfried Benn nimmt uns selbst an die Hand, erwähnt Bultmann, Werner Jaeger, führendes Haupt des dritten Humanismus, dessen Zeitschrift »Die Antike« er gekannt haben dürfte. Selbst Eduard Nordens wird gedacht. Johann Jakob Bachofen [32], Jacob Burckhardts »Griechische Kulturgeschichte«, Erwin Rohde, wären zu benennen: *Leukée – die weiße Insel des Achill* .. Wir genießen des Dichters wunderbare Zitat-Erhöhungen aus dem Buch »Psyche, Seelenkult und Unsterblichkeitsglaube der Griechen« des Nietzsche-Freundes Erwin Rohde aus Leipziger Studententagen.

Dann natürlich Walter F. Ottos[33] fundamentales Werk über »Die Götter Griechenlands«, das auch Thomas Mann für seinen Hermes, den »Gott der Diebe und der Schalken« als wissenschaftlichen Steinbruch benutzte. In Benns Bibliothek stand Hippolyte Taines hochbelobte »Philosophie der Kunst«: die Ägäis, Ithaka und die Inselsucht im azurnen Meer, hier mochten sie ihm begegnet sein. Gegen Ludwig Klages »kosmogonischen Eros«, gegen Ernst Bergmanns »... Mutter-Geist« schrieb er *Pallas:* die Form, das Unwandelbare und das Doppelantlitz seiner Griechenheit verteidigend.

Wir erinnern an den Ethnologen Lucien Lévy-Brühl, dessen »mystische Partizipation« Benn einschmolz in sein Antike-Verständnis. Natürlich gehörten Oswald Spenglers »Untergang...«, C.G. Jungs Archetypen und die halluzinatorisch-kosmogonischen Vorstellungen Edgar Dacqués in diese Reihe.

Beschließen wir diese Ephemeriden zur Griechenheit Gottfried Benns mit einer Verbeugung vor seiner lebenslangen, wennschon oft unterbrochenen Lektüre der Originalia: Homer, die Vorsokratiker, Plato, auch Sophokles, Ovid vor allem waren ihm in Übersetzungen zur Hand. Jedoch war der *letzte Ptolemäer* keiner idealischen Linie verpflichtet: Gelehrtentum und die Materialheranschaffer waren ihm eher ein Greuel.

Er nahm, preßte, verformte die aus *Asphodelentrust* ihm zuströmenden Worte, woher auch immer sie kamen. Oft aus zweiter Hand; aber wie sicher erfaßt und gesetzt. Dabei war ihm der korrekte Sitz des philologisch-scientizistischen Rockes stets gleichgültig. Es ging ihm um Klangfremdheit, Suggestion und mythische Härte. Fernen aufrufend, ohne schwächendes Beiwort, und von hohem *Wallungswert*. Gottfried Benn wußte es: »In der Kunst fasziniert nicht die Wahrheit, sondern die Lüge.«

Leukée zum Beispiel, die III. Versgruppe aus dem Zyklus *V. Jahrhundert:*

Leukée – die weiße Insel des Achill
Bisweilen hört man ihn den Päan singen,
Vögel mit den vom Meer benetzten Schwingen
streifen die Tempelwand, sonst ist es still.

Von den 27 Wörtern der ersten vierzeiligen Strophe sind 19 den Anmerkungen aus PSYCHE – »Seelencult und Unsterblichkeitsglaube der Griechen« von Erwin Rohde entnommen. Jacob Burckhardt, dessen »Griechische Kulturgeschichte«, dreibändig posthum im Leipziger Verlag Kröner erschien, liefert Gottfried Benn Baumaterial für seine *Dorische Welt*: Wörtlich fast entnimmt er Burckhardts staunenswertem Kunstwerk vollständige Gedanken- und Faktenreihen. Der große Baseler führt Benn hier an der Hand. Einerseits findet er Burckhardt als Briefeschreiber, auch an Nietzsche – Burckhardts Baseler Professoren-Kollegen – ... *recht imposant*. Andererseits aber *als Ganzes auch nicht so sehr interessant*. So in den Briefen an Oelze. Benn nahm Worte, Sätze, Gedankengänge, wo er sie fand, und montierte sie zu funkelnden Arrangements. Funkelnd und faszinierend: wennschon nicht unbedenklich in jene Richtung zeigend, die Frau Ilse andeutete, wenn sie ihrem Mann sagte: *Alles abgeschrieben und zusammengesucht*. Wir denken an den Nietzsche-Essay (Bertram, Jaspers, Podach); oder an *Probleme der Lyrik* (mit Reminiszenzen an Marinetti, Valery, T. S. Eliot, Eluard).

Doch scheint es, die Ergriffenheit Gottfried Benns durch die Griechenheit, von ungezügelt Dionysischem über das unentschiedene, mystisch Orphische hin zur reifen apollinischen Traumkunst des späten Benn – mehr biologisch ablaufende Lebensstufen als rationale Einsicht – ist nicht nur Folge eines äußeren Einflusses. Wobei wir an das pastorale Elternhaus, das Königliche Friedrichs-Gymnasiums in Frankfurt/Oder, an die Elevationen durch Nietzsche denken: Etwas anderes wird ätiologisch deutlich. Benn spricht es – gegen alle Vorbehalte zur Zerebralisation und Machbarkeit, zur strengen Selbstaufforderung *das Material kalt* (zu) *lassen* – oft und beinahe zwanghaft aus: Es ist das Irrationale, das ihn anzieht, das Mythologische, der *Fanatismus zur Transzendenz*. Ein unwiderstehlicher Drang zum prälogischen und akausalen Denken, zur *Wirklichkeitszertrümmerung* hin bis zum *Traum des Absoluten.*

Die Dichtung geht auf die Gene, so urteilt der Naturwissenschaftler, der Mediziner Gottfried Benn, der es aus ärztlicher Alltagserfahrung heraus wohl wissen muß. *In der Tiefe ist ruhelos das Andere, das uns machte ...* Dieses Atavistische, Zerstörerische, das Weg-von-der-Mitte; Benns bedenkliche Neigung zum Dämonischen, ja zum Bösen und Infernalischen; seine *transzendentale Utopie,* Kunst und Macht verschwistert zu sehen. Die eigentümliche Veranlagung seines Gemüts, tränenschwer und sentimental zu sprechen, zugleich aber kaltherzig und gemütsruhig zu handeln, nennen wir es seine dorischen Qualitäten, ist für ihn *ein Gesetz gegen das Leben ..., der Mensch, die Mischgestalt ... in feiner Fassung kannibalisch. Das Gute, das Rechte, die Tugend, vor allem Frieden,* das ist ihm *Shawsche Mediokrität.* Das Zweideutige der antiken Gesellschaft zieht ihn an, *schön und tückisch ist sein Alkibiades.* Auch erkannte er die Antike als etwas anderes als Winckelmann, Hölderlin, Schiller sie faßte, sah sie ambivalenter, wilder, bei aller Paideia: Seine Griechenheit war schön und schrecklich zugleich; voller zauberhafter Virilität; aber begabt mit der Brutalität von Totschlägern: Die bronzenen Griechenhelden, aufgefunden in Riace, bezeugen es uns.

Benn sah weiter, wenn er dachte, *wie viel ... Plattheit von den Griechen auf uns gekommen ist, wie viel Menschheitsbedrohungen ...* Um hinzuzufügen: *Wahrscheinlich waren die Hellenen doch ein geniales Drecksvolk.* Doch täusche man sich nicht: alles umfassend, die Schönheit mit der Kraft verschwistert, erkannte Gottfried

Benn diese mit dem Furchtbaren, dem *Treubruch, Verfehlen, Verfall* beladenen als Hintergrund ... *der griechischen Glücke.* All das war durch sein Herz gezogen, ... *soviel Lügen geliebt ..., und dein eigenes Herz so wandelbar, bodenlos und augenblicklich –.* Und es war mehr als eine bittere Tagesnotiz an Oelze, im zweiten Kriegsjahr, wenn er ihm schrieb: *Eigentlich hätte tatsächlich mit den Griechen Schluß sein können, viel Neues ist nicht hinzugekommen.*

Dennoch bleibt eine geheime Affinität, eine offenbar chromosomal programmierte Haltung, das *anthropologische Prinzip* der frühen Griechen, *unnatürlich* zu werden, sprach ihn an. Weg vom Urmuttergemunkel, hinab der babylonische Drachen Tiamat und die ägyptische Schlange Apophis. Fort also das Vegetative und Weichliche: Zum Stil, zum Ausdruck will – für Benn – die antike Welt werden. Hier finden wir die eigentlichen Wurzeln der Seelenverwandtschaft Gottfried Benns mit seinem endogenen Bild von Griechenheit.

Und diese Seelenverwandtschaft trägt auf ihrem Rücken die ganze Last, die ganze selige Fracht Hellas. Widergespiegelt von Gottfried Benn in seiner Lyrik; vielleicht als Letztem in dieser Tradition.

Was bleibt, und was für den Leser interessant wird, ist Benns lebenslang durchgehaltenes Eintauchen in die antike Geisteshaltung, ein offenbares Wohlempfinden, wie in einer zweiten Heimat. Das geht von der Beschwörung des Odysseus im elften Gesang Homers, aufgenommen ins *Quartär,* über den fünften und einundzwanzigsten Gesang der Ilias, über Ideenketten aus Sophokles, Aischylos, Plato, Herodot in *Pallas* bis hin zu formalen Anregungen, aus den *Metamorphosen X* des Ovid geschöpft: *Orpheus' Tod.*

Auch vermag es Gottfried Benn, ohne Zwischenglieder, aus dem Stand, jene Chiffren, schmucklose Substantive, mit Assoziationskraft gesättigte antike Elemente, auch Zufallswürfe als *unverbrauchte Wirklichkeit* in ein modernes bengalisches Licht zu setzen. Der Sprung aus der Antike in die unmittelbare Gegenwart gelingt ohne Anstrengung, ist stimmig. Nie wirken die antiken Requisiten als unverbunden umherrollende Worthülsen, den Prosatexten, den Gedichten aufgesetzt: Bewundernd stehen wir vor dem sicheren Griff, diesem Einssein mit der Sprache. Symbole,

Eigennamen, Orte, die hohen Evokationen verbindet Gottfried Benn direkt mit den Banalitäten des Selliner Alltags:

Gemüsefrauen, Psychophysenfosen,
Verpantarheierten Kohlrabistauden.

Gottfried Benn ging den Weg zurück zum griechischen Mythos, vor aller Philosophie, wenn auch magisch illuminiert und ins Christlich-Platonische gewendet. Gegen die Naturwissenschaften – im Verständnis seiner Zeit – geradezu ein Irrationalismus-Syndrom entwickelnd. Bis hin *zu der Reihe der Totalen, der Chaoisten in einem Maße haltend, daß ich Darwin für eine Hebamme halte und den Affen für Kunstgewerbe.* Darwin also und der Evolutionsgedanke: lebenslängliche Antipoden, bespottet, verachtet, polemisch herausharanguiert: *Ach diese ewige Entwicklung, welch eine kommerzielle Kontinuität.*

Benn verfügte von seiner humanistischen Schul- und Studienzeit und von seiner späteren Lektüre her über ein umfangreicheres Faktenwissen zur griechisch-römischen Antike und darüber hinaus über fundiertere griechische Sprachkenntnisse als George und Rilke. Und griff dennoch eher auf Bücher, Titel, z.T. erstaunlich entlegener Art, auf Abbildungen, Zeitungsnotizen, Sekundärliteratur zurück als auf systematische, gelehrte Werke, obwohl er auch diese nicht verschmähte. Um, dicht an diese Studien gelehnt, hin bis zur Kompilation, sie bruchstückweise und unsystematisch als Montagestücke, als gegensätzliche und scheinbar unzusammenhängende Partikel zur Spannungsaufladung, zur beschwörenden Klangassoziation ins Laboratorium seiner Worte hineinzunehmen.

Jene eruptiven Würfe, wir kennen sie – und sollten wenigstens einige Symbole und Chiffren benennen: Ithaka, Panathenäen, Okeanide, Tartaros, Daphne, Dido, orphisch-apotheos, Iole, Dryope, Prokne, ägäisch, Myrmidone, Theogonien, ... and so on, usque ad finem.

Ungewöhnlich war auch sein Adaptationsvermögen. Begriffe, Worte, Bilder, gleich woher sie ihm kamen, übernahm er, sammelte er und baute sie ein – Montagestil – in die Gedichte, in seine Prosa. So behielt *eine ganze Heerschar von Worten und Bildern und Vorstellungen*, denen er gebieten konnte, jenen *Schmelz, den sie trugen, als sie zu uns kamen.* Erstaunlich, bereits im *Gespräch,* 1910, zwei Jahre vor der *Morgue*, dieses Hintasten zur *Heimat der Dinge*, zur Heimat all dieser Worte.

So läßt er in unaufhörlichem Reigen, in den frühesten Gedichten und Prosastücken die glänzenden Gestalten des griechischen Mythos an uns vorüberziehen. In der F r ü h z e i t dionysisch tanzend, rauschhaft, die Mütter anrufend, alle Individualität verschlingend. Gegen das Rationale, die Naturwissenschaft, gegen Darwin gestellt:

Wir aber wehn. Ägäisch sind die Fluten.
O was in Lauben unseres Fleischs geschah!
Verwirrt im Haar, im Meer, die Brüste bluten
Vor Tanz, vor Sommer, Strand und Ithaka.

Einen Augenblick halten wir an diesem Punkte ein, uns – jetzt nur respektvoll flüchtig – vor Nietzsche zu verbeugen, dem .. *weitreichenden Giganten der nachgoethischen Epoche,* wie Benn ihn benannte. Vor ihm und seinem *Artistentum,* dem *Olymp des Scheins,* von Benn – auch rückblickend – statisch gedacht – und wiederum auch nicht. Am Schöpferischen rauschhaft teilnehmend, erhebt Benn »Die Geburt der Tragödie aus dem Geiste der Musik« zur Epiphanie seines eigenen Kunstwollens. Dies Frühwerk des Baseler Professors und Wagner-Freundes muß wie eine Erleuchtung, wie eine Vision über den jungen Benn gekommen sein: Dionysos, der thrazische Gott; in Rausch und Nähe; trunkenen Blicks im sturmhaften Taumel bis zur seligen Auslöschung des Bewußtseins grenzenlos rasend. Voll des mykenischen Lichts erfaßte es Benn wie eine *mystische Partizipation,* über Tiere, Felsen ins Bacchanale stürzend:

Blauer Ton-Zaun, Rosen-Rotte,
...
Welle gegen Starr und Stirn,
Glüher tiefer Bachanale ...

Hier also sind Benns Helfershelfer, bis weit in die zwanziger Jahre hinein. Nietzsches forcierte Gegenüberstellung des Dionysischen und des Apollinischen fasziniert Benn. Gestützt vom poetologischen Haushalt einer zweihundertjährigen Tradition, die er zu zerbrechen glaubte, während er großartig an ihrem Ende steht, greift Benn das Rauschvokabular des Zagreus, des Zerrissenen aus Thrazien, auf. *Südworte* sollen helfen, die Wirklichkeit mystisch zu zertrümmern. Das *Blau – frevelhaft* strahlt über *Inselsucht, Zu griechischem Glück. Darin ist Süden, Hirt und Meer*, ist *Tanz, ist Strand und Ithaka.*

Wir hörten es: In der Maske des Vorlesungsassistenten und jungen Pathologen Dr. Rönne gestattet sich Gottfried Benn, 27jährig in einer Szene, in *Ithaka* diesen scheinbar irrationalen Ausbruch:

Wir wollen den Traum. Wir wollen den Rausch.
Wir rufen Dionysos und Ithaka.

Und ist dann Erlösung von der Stirn; ist Benn ein Halt in der Realität des Lebens; ist Wegweiser hin zu jenen *fernen Reichen*, wo die Götter noch leben, wo Pan regiert. Wo Fackel und Mohn, wo Rausch der Liebe, wie selbstverständlich den Tod umgreifend, das in die Leere, das Nichts starrende *Moderne Ich* zur mythologischen Mittagslandschaft der Méditerranée erlöst.

Doch bleiben wir beim Vokabular. Benn ist Expressionist. Fiebrige Vokabeln, Satz- und Wortzertrümmerungen, Rausch, Grenzüberschreitung und Atomisierung der Sprache kamen aus dem Widerspruch gegen die Umwelt. In seiner Zeit aber steht niemand neben ihm, durch dessen Produktion ein nie unterbrochener, mächtiger Strom der Griechenheit unüberhörbar rauscht.

Zuerst dionysisch, *Wirklichkeitszertrümmerung* durch Auslöschen der Individuation erhoffend. Um dann, in einer mittleren Phase zwischen 1920 bis 1930 sich einem nicht immer deutlichen und reinen Orphismus zuzuwenden. So Benns Auffassung der Urur-ahnungen, der Irrationalität des nächtlichen Rätselgottes, dem der wilde Dithyrambus ertönt. Bacchantinnen und Mänaden über die gipfel- und wälderstürmenden Ekstasen; letztlich herabführend zu Lotos und Sansaras Rad, zu den vorderasiatischen Symbolen des Nichts, der Leere.

Später erst nähert sich Benn der lichteren Seite des Griechentums. In dieser Zwischenphase seines Werkes, wenn denn schon

Zäsuren gesetzt werden müssen, in diesen »goldenen« zwanziger Jahren, in denen Berlin zur Megapolis Europas wurde, fällt seine zunehmende Hinwendung zu griechischen Benennungen des Todes auf. Wir lesen leitmotivisch *Worte, dicht von Sachverhalten*. Benn spricht vom Acheron. Charon steigt düster empor, den Styx zum Hades überquerend. Er spricht von Lethe, dem Strom des Vergessens, und von Tartaros, wo die Erinnyen die großen Missetäter strafen: *Nacht* – so der Titel eines Gedichtes aus dieser Zeit – ist es für ihn.

Schon früh erkennen wir die Ambivalenz gegenläufiger Ungewißheiten in seiner Antike-Auffassung. Hier *ligurische Komplexe* und *thalassale Regressionen*, dem thrazischen Gott anverwandt. Dann aber Odysseus, hinter dem sich riesengroß Athene, die Tageshelle, die Klugheit Schützende erhebt. Die ihren Schützling, – welch herrliches Bild –, als er nach seinen Irrfahrten endlich am Ufer von Ithaka, seiner Heimatinsel erwachend sich wiederfand, lächelnd streichelte ...

Berauschung und Nüchternheit, Trance und Bewußtsein, dies waren die ambivalenten Pole, die Gottfried Benn, ohne Auflösung des Widerspruchs nebeneinander bestehen ließ. Ja später dann, im *Roman des Phänotyp, als Verschmelzung eines jeglichen mit dem Gegenteil* der *Phase II des nachantiken Menschen* als Charakteristikum zuordnete.

Lassen wir ihn selbst über sein Verhältnis zur Antike sprechen: *Der Mann heute wie einst vermag nicht mehr, als das Seine ohne Tränen hinzunehmen. Dieses an der Antike gebildete Gefühl stand über jeder meiner Stunden.* So pflegte Gottfried Benn – Däubler wäre hier nochmals zu nennen – in der Epoche des Expressionismus eine nie unterbrochene Berührung mit dem Altertum, insbesondere dem Griechischen, – wennschon mit Vorbehalten. Die Antike aber als Bildungstradition: darüber war er lange hinaus.

Die Wissenden ahnen, daß es ohne Mythos, daß es ohne das Böse und ohne Gewalttätigkeiten am Heiligen mangeln könnte. Schrecklich also zertrümmerte der angehende Berliner Unterarzt des preußischen Infanterieregiments 64 zu Prenzlau, noch behaftet mit der Ungebundenheit glücklich sich selbst versuchender Studentenzeit, das Panorama seines Säkulums. Und trug, unsichtbar noch, das *krokosfarbne Kleid schon der Geweihten.* Quälender stellt Benns lyrisches Ich die Frage nach Schein und Wirklichkeit. Geist und Leben trennten sich – nicht nur für ihn: womit es denn zu Ende sein könnte. Aber da ist ein *Fanatismus zur Transzendenz*, eine stammhirngetriebene Anamnesis, jene platonische, von Benn berufene Rückerinnerung *zu den Schöpfungsgeschichten, zu den Urbildern*, zum *blauen Anemonenschwert* und *Südwort.*

Womit wir nun – notwendig umständlich – beim mediterranen Mythos angekommen wären. Abendländische Daseinszusammenhänge werden hineingeknüpft, von Babylon, vom Nil bis zu den kretischen, kopfputzgeschmückten Prinzchen im Tale von Knossos. Benn denkt in großen Räumen und Epochen. Wobei Griechenland der innere Palast und Achsenpunkt seiner blauen Träume ist.

»Hier der Ruhe heitres Blau«: Ohne Tröstung spricht Schiller den ewigen Widerspruch aus – zwischen Freiheit und Notwendigkeit, zwischen Geist und Leben in einer götterlosen Welt. Wie denn auch Benn – ein bedachtsamer Schillerverehrer – das Blau, *ein frevelhaftes Blau*, als Zentralwort und Schlußstein in den Ratio ausschließenden Kuppelbau seiner aus imaginären Bildern errichteten Mediterranée- und Mythenwelt einfügt.

Blau also als Noumenon*. Blau als flüchtiger Stoff, der Welt vorgebildet im Wasser, in der Luft: »Blau ist die Sehnsucht, die Ferne, blau ist, was wir niemals erreichen«.

Nach einer eigentümlich gefärbten Evolutionsvorstellung, verbandelt noch mit darwinistischen Begriffen, beeinflußt von der Pépinière, dem Geist des induktiven Zeitalters, von Jens Peter Jacobsen und dessen darwinistischen Ideen; vielleicht vom früh gelesenen »Zarathustra« her, beginnt Gottfried Benn sich bald von Technik, Ratio, ja Naturwissenschaft zu lösen, radikal und im zunehmenden Sturmschritt. Dionysisch wird sein lyrisches Vokabular, zum *griechische*(n) *Glück* ... fährt sein *D-Zug Berlin–Trelleborg und die Ostseebäder*, bereits im Jahre der *MORGUE.*

Mediziner sind gewohnt, das menschliche Leben zwischen urinam et faeces geboren und enden zu sehen. Zeugung, Blut und Tod sind die ewig wiederkehrenden Konstanten, den Elementen verbunden: Erde soll zu Erde werden. Seit Ewigkeiten. Häufiger als andere führt sie diese einfache Erfahrung zur Einsicht, das Dasein sub specie aeternitatis zu betrachten,– die Hinfälligkeit allen Seins gegenwärtig zu halten. Sie begleiten viele im Tode, hilfreich, hilflos.

Jeder Tod aber ist einzeln, geborgen zwar in der Würde seiner individuellen Seele. Gottfried Benn, Pathologe, Arzt, 297 Sektionen hat er gemacht: Die Seele?

Meint ihr, um solch Geknolle wuchs die Erde
Von Sonne bis zum Mond–? Was kläfft ihr denn?
Ihr sprecht von Seele, – was ist eure Seele? ...

Nachdenklich kommt man, bei solch blühender Vielfalt des Lebens und der erschreckenden Eintönigkeit des Todes zur Frage nach einem ewigen Wert des Individuums, der Einzelseele. Geht das Gesetz allen Lebens nicht zum Tode hin? Ein erhabener Trick der Natur neues Lebens zu schaffen? *Das Sein ohne Tränen hinzunehmen*, das ist Benns apollinisches Denken, seine Phase II des nach-antiken Menschen: H a l t u n g des Erkennenden, vornehmer Abstand. Nicht Seele, sondern Geist gebietet Apollo am Giebel des Zeustempels in Olympia überwältigend großartig hin ausgestreckter Arm über das wüste Kampfesgetümmel, hinaus über das Individuelle der Person und der Einzelseele. Das Unwandelbare, das, was ü b e r der Person ist, das, was auf die ewigen Formen hinweist, das ist seine Offenbarung. Und um die Lippen jener wissende Zug zarter Schwermut. Neben ihm stand Athena Promachos, seine Schwester, die sich mit den Männern nur in Tatbereitschaft verband. Ausgelöscht durch beide das Urgemunkel der Mütter *und aller embryonalen Gallerte*: Wir hören Benns *Pallas*-Sprache, ein Abgesang an die Mutterrechtler, den dionysischen Rausch auch seiner Frühzeit.

Fortschritt? Aufhebung von Schuld und Reue durch Demütigung vor den Göttern? Erlösungen? Im Kosmos der alten Mythe kommen auch für den Bußfertigen die Folgen seiner Taten unerbittlich über ihn. Keine Frage nach Güte, nach Verzeihen, keine Gnade. Größe, d a s sucht der dieses Götterpaar verehrende Griechengeist, nicht Glück. Moira, die Todesbestimmung, sie umsteht das Weltverständnis des antiken Menschen.

Dies alles spricht Gottfried Benn an, dies fügt sich in die Visionen seines Geschichts- und Kunstverständnisses. Da fühlt er sich seiner Mittel gewiß, geborgen in seinem Seelenhaushalt, inmitten der Traumgebäude seiner aus Mythen genommenen Kunstschöpfungen.

Immer war Gottfried Benn sich – den Griechen ähnlich – dem Unerforschlichen der Ursprünge und dem Schwankenden menschlicher Einsichten gewiß. Immer deckte sich für ihn mit dem Wort Fortschritt das Gegenteil: Zerfall, Abstieg und Trauer. Und daß dieser Traum griechischer Kunst und Mythen über dem dunklen Abgrund eines selbstsüchtigen, ewig gespaltenen, neidischen und unglücklichen Volkes aufblühte, »über einer ganzen, geistvollen Nation, die vom Leben so übel dachte«, mußte ihm faszinierende Bestätigung sein: – *Hinan, hinab*, beginnt das *Unaufhörliche*-Motiv.

So wäre denn Benns Œuvre fort und fort zu durchleuchten, Bezüge aufdeckend, antik Ornamentales, Montiertes oder Leitmotivisches bewundernd. Auch die Zufallswürfe und genußvoll dissonanten Klangfremdheiten von *nackter Haune* über *orphisch apotheos* hin bis zu *acherontischen Zonen* und *Hirnanadyomene.*

Und wie dies erklären? Es bleibt nichts, als die Inspiration, die Mania anzurufen, eine Antizipation vor allen Kenntnissen. Das Geniale also im Erfassen des erinnernden Denkens, ein unbewußtes Wegräumen von geronnener Zeit. Den Riß zu erspüren im Gewebe der Gegenwart, durch den die Vergangenheit am Faden des Mythos einbricht. Zusammenhangsdurchstoßung also. Und das Leben nicht der moralischen Instanz der Gerechtigkeit unterworfen. Apollo und Dionysos, das ferne Bruderpaar über Geist und Wirklichkeit hinaufragend zu einem Gipfel, hinter dem das Menschliche weit zurückliegt. Die Dinge also sich verschließend gegen das Soziable, gegen die menschliche Ordnung. *Sehe ich menschliches Leid, denke ich nebbich ...* Gottfried Benn verwirft denn auch die mildere Vision einer dialektisch besänftigten Welt und beharrt auf den archaischen Urgrund des Rätsels, der feindseligen Grausamkeit des Gottes Apollo; beizeiten, im Alter gemildert, aber nie geleugnet. Der Kernsatz des vorsokratischen Weisen, Heraklit: ».. die ursprüngliche Natur liebt es, sich zu verbergen« findet sein Echo in Gottfried Benns hierarchisch verschobener, aus tieferen Sphären sich entbindenden Weltvorstellung: Er ahnte, der Geist war vor dem Großhirn in der Welt.

So muß denn alles Sprechen, die Rhetorik, die geglättete, geformte Schrift am Zügel der Weisheit und ihrer Wurzel, der Mania, vom Quellursprung der Skulptur her betrachtet werden. Der plastische Ausdruck also, langwierige Arbeit war notwendig, wenn das Kunstwerk auf den Gipfel seiner Vollkommenheit gehoben werden sollte: Wir hören Benn, als 30jährigen von seiner *Säulensucht* sprechen. Wir lesen *An einem Vers, einer Zeile muß man arbeiten wie an einer Statue.* Und auf den hochsten Nenner gebracht in der Abbreviatur: *Stein, Vers, Flötenlied ...*

Es war Benns autochthone Erfahrung, jenseits allen Studiums, aller Lektüre, daß der Geist, frei aller blinden Zwecke der Selbsterhaltung, die Wahrheit erahnen kann. Und alle Versuche, das destruktive Potential seines göttlichen Ursprungs als gegen den Menschen gerichtet, durch spekulative und dialektische Versöhnung zu verdunkeln waren ihm verdächtig. Daher seine Skepsis. Daher auch sein Genie, das am Wegrand gefundene banale Wort, das Ekelerregende selbst, zu transzendentaler Spannung, zum Erhabenen emporzuheben.

Dieser Rückgriff auf die vorsokratische Weisheit, die mehr ein mystisches Wissen, eine indirekte Erkenntnis, ein erinnerndes Denken ist, führt uns zur aristokratischen, auch zur antichristlichen Haltung Gottfried Benns: Hieraus nährt sich sein Zweifel, ob die Denkweise *des Stehaufmännchens des Wohlbehagens*, die soziologisch-kommunikative Denkweise unserer Epoche überhaupt fähig ist, *mit wahrer Härte zu ihrer Gegenwart zu sprechen.* Kein Wort von Versöhnung in diesem mythischen Raume göttlicher Willkür, keine *speichelleckende Begier nach Synthese*, so Gottfried Benn. Auch das mochte er daraus erkannt haben: *Leben ist ein tödliches Gesetz ...*

Indem er die Worte nicht in ihrem Alltagskleid vorführt, knüpft Gottfried Benn auf eine unbewußte Weise an die archaischen Wurzeln der griechischen vorphilosophischen Weisheit an. Er wählt den Weg des delphischen Rätselgottes, »wirkliche Dinge zu sagen, durch die Verknüpfung von unmöglichen Dingen«: *Lockerungen. Es vollzieht sich Freigebärung. Lose, leuch-*

tend Tiere, Felsen; Hell- Entzwecktes: Veilchenstreifen, laue Schädel, wiesenblütig.

Der Dichter stößt an jene Grenze, an der eine genaue, von ihm so empfundene Erfahrung sich als unaussprechlich erweist: »Das Gedachte wird vom Wortlaut nicht bestimmt ausgedrückt«.

So lebte Gottfried Benn in zwei Welten zugleich – wie wir alle. Nur war er mit sensibleren Antennen ausgestattet. Ist doch alles Irrationale, die Widersprüchlichkeit unserer Existenz und das Unvernünftige unseres Verhaltens die unauslöschliche Spur unserer Evolution aus Schlangen- und Reptilienzeiten.

Wir denken über diese Zusammenhänge und die Bilder seiner Griechenheit nach: Es muß ewig ein Rätsel bleiben, aus welchen Quellen Gottfried Benn solche Einsichten geschöpft haben sollte. Nichts bleibt als die Gewißheit, daß das Brunnenhaus der Poesie seine Heimat war. Wennschon Erfahrungen, unendliche Lektüre, des Lebens Not und Jauchzen, Liebesnächte auch, Trauer, Melancholie und Einsamkeiten ihn hilfreich emportrugen.

Ich habe mich oft gefragt und keine Antwort gefunden, woher das Sanfte und das Gute kommt, weiß es auch heute nicht und muß nun gehn.
Gottfried Benn

Elftes Kapitel

Darwin

In der vierbändigen Limes-Ausgabe der Werke Gottfried Benns wird der Name des in der Westminster Abbey nur wenige Schritte neben Newton unter die Weltheroen entrückten Naturforschers und Bakkalaureus der Theologie – Darwin – einundzwanzigmal genannt.

Rechnet man hinzu, daß Begriffe wie Rasse einhundertzweimal; Züchtung, Zuchtwahl, Auslese, Evolution, Erbmasse u.a. dreiundneunzigmal notiert werden; von Zerebralisation achtzehnmal, von Entwicklung fünfunddreißigmal gesprochen wird und gehäufte Stichworte wie Biologie, Blut, Gehirn, Körper, Morphologie und Physiologie in die gleiche Richtung zielen, so geben schon jene statistischen Hinweise einen Eindruck von der Bedeutung des großen britischen Weltumseglers für Benns Geistesrichtung.

Darwin also, das Jahrhundert erschütternd mit seinem 1859 veröffentlichten Hauptwerk – alle 1250 Exemplare am Abend des Erscheinens verkauft –: er läßt die »Entstehung der Arten durch natürliche Zuchtwahl ...« mit dem erstaunlichen Schlußsatz enden: »Es ist wahrscheinlich eine großartige Ansicht, daß der Schöpfer den Keim allen Lebens, das uns umgibt, nur wenigen oder nur einer einzigen Form eingehaucht habe, und während dieser Planet den strengen Gesetzen der Schwerkraft folgend sich im Kreise schwingt, aus so einfachem Anfang sich eine endlose Reihe immer schönerer und vollkommenerer Wesen entwickelt hat und noch fortentwickelt.« Nicht ohne kryptisch hinzuzufügen: »In einer fernen Zukunft wird auch Licht fallen auf den Menschen und seine Geschichte.«

Das Licht fiel: Wodurch in der Folge eine Welt verändert wurde.

Doch wir halten, bevor sich die Bühne zu dem evolutionistischen Schauspiel Sir Charles öffnet, einen Atemzug inne und betrachten jenes Gemälde, welches den noch ungehobenen, schon ausgeblichenen Vorhang schmückt: Der Absolutismus im Rückzug, der Jardin du Roi umbenannt in Jardin des Plantes. Die aufgeklärte Vernunft, das Volk sogar im Vormarsch, Aufbruchsstimmung überglänzt die Gesichter. Max Stirner (»Der Einzige und sein Eigentum« mit seinem Leitspruch: »Ich hab mein Sach' auf nichts gestellt!« und dem absoluten Prinzip: »Mir geht nichts über mich!«), auch Feuerbach und David Strauß waren unterwegs zu den kalten Himmeln des Materialismus, Hedonismus und schrankenlosen Egoismus. Die Verkünder dieser neuen positivistischen Art der Weltbewältigung wurden in den zwanziger Jahren dieses großen neunzehnten Säkulums geboren: F.A. Lange, Moleschott. Und Ludwig Büchner mit seinem »Kraft und Stoff«, Erstausgabe 1855, die bis zur Jahrhundertwende einundzwanzig deutsche und zweiunddreißig fremdsprachige Auflagen erlebte. Das »Kommunistische Manifest« erscheint. Zur gleichen Zeit steigt die industrielle Massengütererzeugung gegenüber dem Jahre 1800 um das Sechsfache. Der Idealismus verfällt mit unglaublicher Plötzlichkeit und Vollständigkeit: Der Tod Schellings oder Schopenhauers markiert diese Zäsur in der deutschen Geistesgeschichte.

Hatte der junge Gottfried nicht den Pastor Benn von der Selliner Kirchenkanzel verkünden hören: »Und Gott schuf Pflanzen und Tiere, ein jegliches nach seiner Art«? Durch Noah errettet als unveränderte Schöpfung und auf unsere Zeit herübergekommen?

Aber war nicht der durch Neuplatonik und Scholastik bewahrte Achsensatz: »Es gibt soviel Arten wie am Anfang erschaffen wurden« durch den Weimarer Kreis, durch Goethe selbst ins Wanken geraten? Okens genialisches Ahnungsvermögen sprach es aus: »Jedes Thier metamorphosiert sich durch alle Thierformen hindurch«; und er ergänzte sich – 1811 – in Jena: »Im Ganzen ist jede Schwangerschaftsgeschichte keine andere als das Durchlaufen aller Thierklassen.«

Und hatte Goethe nicht jubelnd aus Italien an Herder geschrieben: »Ich habe gefunden weder Gold noch Silber, aber was mir unsägliche Freude macht, das Os intermaxillare beim Menschen.« Jenen Zwischenkieferknochen, bei den Summoprimaten, also auch beim Menschen, bis auf seltene Ausnahmen mit dem Oberkiefer verwachsen; in der Säugetierreihe jedoch deutlich vorhanden. 1932, im berühmt gewordenen Aprilheft der »Neuen Rundschau«, Goethe gewidmet, findet sich neben Arbeiten von Thomas Mann, Gerhart Hauptmann, Gundolf, Gide und Hermann Hesse Benns bedeutender Essay *Goethe und die Naturwissenschaft*. Nachdrücklich weist hier Benn auf Goethes kühne, von *Johann Müller, Deutschlands größtem Physiologen ... und Zeitgenossen Goethes* herausgehobenen evolutionistischen Ansätze hin; Ideen, zu denen der eingeschlagene Entwicklungsgang der Naturwissenschaft führte, wie Johann Müller, wie Helmholtz es aussprachen. Ein allgemeines Hindrängen zu deszendenz-theoretischen Fragen, so Goethes »der Mensch ist aufs nächste mit den Tieren verwandt« – *also darwinistische Klänge* – lagen wie ein Gewitter in der Luft.

Die deskriptive Methode der Naturbetrachtung neigte sich ihrem Ende zu; der große Geognost Leopold v. Buch starb 1852. Sieben Jahre später folgte ihm Alexander v. Humboldt: »zum letztenmal mit einem alten Blick, mit einem alten Gedanken über die Erde sehend«.

Langsam hebt sich unser Kanevas. Und auf der Bühne üben die neuen Heroen ihr Stück von der mechanischen Erkenntnis, der mathematisch-physikalischen, als der einzigen wissenschaftlichen Denkungsform. Der Geist evolutiver Zwangsläufigkeit erfaßt die Abstammungslehre. Die Evolutionstheorie setzt an, die Welt von jeder Transzendenz zu befreien: *Transzendenz*, ein Lieblingsbegriff Gottfried Benns – einundfünfzigmal im Register nachzählbar – und unbeirrbar festgehalten.

Nach dem *Totenfest des Idealismus um 1800*, so sieht es Benn, neigt sich der Geist des Westens der induktiven Denkweise zu und drängt die Wissenschaften auf den Pfad des Experiments. Rasch treiben die Forschungsmethoden und ihre von der Technik forcierten Impulse die Wissenschaften voran: *Bei der Methode liegt alle Gewalt des Wissens*. Wie denn auch die *genetische Methode, unter der Idee der natürlichen Gestaltwandlung durch die organische Welt geführt, die weittragendsten Resultate ergab*.

Und so baut sich das Evolutionsszenarium um den immer zaudernden, glücklich – zehn Kinder – und reich mit Emma, der Tochter seines Onkels Josiah Wedgwood – des Porzellanfabrikanten –, verheirateten Weltumseglers auf. Darwin, immer noch zögernd, wußte um die Absage eines Schöpfungsgottes und des Gartens Eden durch sein lange zurückgehaltenes Werk. Die Gesetzmäßigkeiten der Evolution, die Selektion, die Zuchtwahl, letztlich die Natur wurde zum eigentlichen Souverän. Gott war entmachtet, war vielleicht noch *Anstoß–Ursache*, aber immer mehr im Allgemeinen sich auflösender und läßlich geduldeter Symbolträger. War Darwin durch seinen alten geologischen Lehrmeister, den Theologen Sedgwick, der den umfangreichen, 231 Manuskriptseiten umfassenden Entwurf der »Entstehung der Arten« kannte, vor der Veröffentlichung nicht gewarnt: »die Menschlichkeit würde zu Schaden kommen, sie würde unmenschlich werden« ohne den sittlichen Halt des Menschen an Gott?

Hielten den Autor ähnliche Bedenken zurück wie einst Kopernikus, 300 Jahre zuvor, dessen Kirchen- und ptolemäische Lehre auflösendes Werk »De revolutionibus orbium coelestium« erst nach seinem Tode erschien? Wollte Darwin der Menschheit diese z w e i t e Erniedrigung ersparen? Der dann Freud die *d r i t t e Demütigung*, des Tieres in uns – nach seinen eigenen Worten – hinzufügte.

Und so sehr wir abzuschweifen scheinen, diese Gottvertreibung, die *Auflösung allen Gefühls*, das schmerzlich empfundene Fehlen *jeder Spannung zu einem Jenseits* in dieser biologischen Idee Darwins macht uns Gottfried Benn – den Studenten schon – im hier so umständlich Vorgestellten allzeit gegenwärtig: Gottfried Benn, so werden wir erfahren, hatte frühe Nachdenklichkeiten, konstitutionelle Vorbehalte gegenüber dieser Deszendenztheorie.

All diese Zuflüsse und Ströme der vorandrängenden Epoche mündeten schließlich in Darwins »Entstehung der Arten« und verhalfen dem Darwinismus explosionsartig zu ungeheurer Popularität. Zuchtwahl und Auslese, der – falsch verstandene – Struggle for life und die Auslese der Tüchtigsten lagen in der Linie der herbeigedachten mechanistischen Welterklärung. Ja, setzte man an die Stelle von NATÜRLICHER ZUCHTWAHL, jenem immer nach

Vervollkommnung strebenden Prinzip, das Wort GOTT, so sähen die Theologen kaum Anlaß zu widersprechen. Der Satz hätte für sie seinen vollen Sinn: Bald sollte Marx sein Hauptwerk »Das Kapital, Kritik der politischen Oekonomie«, Charles Darwin mit der Widmung überreichen: »On the part of his sincere admirer«.

In Deutschland aber fand dieser »bedeutsamste Gedanke der zweiten Jahrhunderthälfte«, fand Darwins Entwicklungsgedanke neben tiefster Entrüstung und Abwehr einen glühenden Apologeten, ja seinen wahrhaftigen Paulus in Ernst Haeckel. Ihm, einem Vulkan an Temperament und glänzenden Didaktiker war es gegeben, Feuer zu hauchen in die »liebenswürdige Miszellensammlung des Meisters« – so Friedell; »in dieses verwickelt und eigensinnig angelegte Gebäude von ... typischer Zähigkeit und Breiträumigkeit des englischen Denkens«. Britisch nämlich, »weil freihändlerisch, in dem die Konkurrenz entscheidet, zweitens korrekt, drittens liberal, denn es herrscht Fortschritt, aber zugleich konservativ, denn der Kampf um den Fortschritt vollzieht sich ... in langsamen Übergängen und durch Majoritätssiege«.

Es glückte dem Jenenser Zoologieprofessor, einer hitzigen und polemischen Künstlernatur, die eher schüchtern vorgetragene und von Darwin selbst als ergänzungsbedürftig empfundene Idee als eine heitere, bezwingend klare und unwiderstehliche, wie ein Kunstwerk leuchtende Mechanik vorzustellen, den Evolutionsgedanken damit über Deutschland hinaus in ganz Kontinental-Europa verbreitend.

Ja, bis an die Schwelle der Gegenwart reicht Haeckels Ausstrahlung einer fast poetischen, wissenschaftlich nicht immer auf den festesten Gründen ruhenden Entwicklungsvorstellung: noch 1922 erschien die 390. (!) Auflage seiner »Welträtsel«, von Arnold Gehlen als »wahrhaft wüst« apostrophiert; – von Gottfried Benn – auf der Schulbank – noch als verbotene Lektüre studiert.

D A S also bewegt das Jahrhundert, bewegt Gottfried Benn schon 1910. Im »Grenzboten« veröffentlicht der Medizinstudent das *Gespräch:* Eine verblüffende, formal an Hofmannsthals »Gespräch über Gedichte« erinnernde Analyse des Zentralkomplexes des 19. Jahrhunderts, des Entwicklungsgedankens Darwinscher Prägung und des Individualitätsbegriffes. Aber eingetaucht bereits in die *Seligkeit gehörloser Urahnen.* Noch bindet Benn – zögernd – die Einheit oder die Trennung von Geist und Leben in einen problematischen Vitalismus ein. Doch alle Präludien zukünftigen Ich-Zerfalls als notwendige Folge nicht mehr erfahrbarer Leib–Seele Einheit klingen bereits an. D a s a n d e r e also – *dumpf, triebhaft, feucht,* – das Vegetative, das Pflanzliche: Schon deutet die Bildgewalt seines späteren Werkes sich an. Sie entbindet aus dieser darwinistisch-entwicklungsgeschichtlichen Folie des Zeitgeistes jene ganze *Heerschar von Worten und Bildern und Vorstellungen, denen du gebieten kannst.* Und es ist Jens Peter Jacobsen, *der Däne,* der *in der Heimat all dieser Worte wohnt.* Gerüche, Farbe, Leibliches und Tierisches bringt er ein in Gedichte und Novellen. Stellt die Dinge *auf eine wissenschaftliche Basis,* hat *Chemie, Physik, studiert.* War *ein leidenschaftlicher Darwianer, übersetzte die Entstehung der Arten ins Dänische, popularisierte Darwins Ideen.* Kein Dilettant also, sondern ein *großer Naturwissenschaftler.* Er schrieb eine *Preisarbeit über die Desmediazeen Dänemarks, ... wollte eine ganze Botanik von Dänemark schreiben,* saß über sein Mikroskop gebeugt und studierte an einer Zelle, *wie das Leben ... in dem das Seelische, das Zerebrale sich aufgefasert hat ... sich über ein anderes Leben beugt ... und wie beide* (der mikroskopierende Forscher und der Einzeller) *doch zusammen gehören und durch beide e i n e Welle läuft und wie beide leibsverwandt sind bis in die chemische Zusammensetzung ihrer Säfte.*

So hören wir den jungen Benn, – vierundzwanzig Jahre alt, noch (Beinahe-)Darwinist –, im Ahnen des Zukünftigen das *Neue, Eigentümliche, Künstlerische* s e i n e r schwierigen Ausdruckswelt suchend. Finden ihn auf dem Wege, *diese Methode aus den Naturwissenschaften* bewußt in die Kunst hineinzunehmen, diesen *ganzen* (Jacobsenschen) *absolut naturwissenschaftlichen Stil.* Womit denn auch die Evolutionstheorie gemeint ist.

Aber es stiegen Zweifel auf, damals bei Benn. Bedenken, wie sie ein Arzt, bekannt mit dem genetischen Prinzip des Bewahrens und den Lockungen des Darwinismus, nur haben kann. Ahnende Gewißheiten, ob *ein Gesetz* den Dichter nicht trüge, ein *künstlerischer I n s t i n k t* ihn an die Hand nähme und *ihn s o ließ?* Zweifel kommen hoch am strengen Determinismus der Evolutionstheorie.

Geist und Welt ineinander verschlungen wie die Doppelhelix* der Chromosomen? Und nicht als quälender Gegensatz, sondern, wie es das Johannisevangelium faßt: »Und das Wort ward Fleisch und wohnte unter uns«?

Da ist es auf einmal, *das Intuitive ...*, mit einem Wort *das Schöpferische*, der *kosmische Unterton*. Und Darwin? Weit fort *von der albernen Affenabstammungsgeschichte* empfindet Benn mit diesem Entwicklungsgedanken sich dennoch anverwandelt allem, was da ist. Fühlt, daß sein *Leben verknüpft ist mit vielen anderen Leben, ja, daß wir verwandt sind mit allem was überhaupt Leben heißt.*

Und liest Niels Lyhne mit dem Behagen einer *Müdigkeit, die aus körperlicher Arbeit kommt ... wie mit ausgelöschten Hirnfunktionen.* Das Hirntier, *das Zerebralgeschöpf, das Resultat millionenjähriger Entwicklung, nun wird es zurückgezogen zum Vegetativen, Pflanzlichen ... wie heimgekehrt.* Der Darwinismus also eingebunden in das *Gefühl des ewigen Flutens und Weitermüssens und Aufsteigens in neue Formen.*

Das klingt – nach über einem halben Jahrhundert – erstaunlich modern. Es scheint dicht neben der Auffassung der Evolution als »kognitiver Prozeß« angesiedelt, als Systemwirkung, als poststabilisierte Harmonie, gleich fern von Prädestination und Determinismus.

Aber so weit war das Jahrhundert noch nicht. Die Orthodoxie der (Neo-)Darwinisten bekam durch die Einbindung der Genetik, der mutativen Sprünge in der Erbmasse erst rechten Stand. Entwicklung und Fortschritt wurden gleichbedeutend mit zukunftshell und progressiv. Und das Wort Schöpfung stellte Haeckel ins rückwärtsgewandte Lager, der absinkenden Zeit zugehörig.

Benn aber wird das Wort Schöpfung in allen seinen schillernden Variationen und Zusammensetzungen wenigstens einhundertsiebzehnmal in seinem Werk einsetzen – und immer ist es mit positiver Libido besetzt. Während »Entwicklung« von ihm fast immer abwertend benutzt wird.

Dieses frühe Prosastück *Gespräch* ist der Schlüssel für vieles Folgende. Benn streifte damals bereits das, was den Rang seines Künstlertums ausmacht: *es erinnerten sich sozusagen seine Organe, nicht der Kopf.*

Womit denn zugleich seine Stellung zum Darwinismus charakterisiert ist. Ambivalent und irisierend an seine Tiefenperson gebunden, als *Fortschritt* verhöhnt im *Hesperidentraum der Innungskrankenkassen.* Und dennoch angenommen als *Schwellungscharakter der Schöpfung* für seine späteren Züchtungsphantasmagorien. Als *neue idealistische Anthropologie*, widerwillig als Gen, Erbmasse und Züchtung durch die Nebenpforte eines *weitreichenden menschlichen Entwicklungsgesetzes* eingelassen.

In diesem schon während des Studiums an der Pépinière aus darwinistischen Anschauungen entwickelten Zentralbegriffs der Hirnentwicklung, der *Großhirnrinde*, des *Zerebralen* liegt die Wurzel der von Benn so tragisch empfundenen Polarität von Ich und Welt, von Geist und Leben. Er erkennt darin das Achsenproblem des Zeitalters, das *nicht nur Klages, sondern uns alle bedrängte, die Jahrzehnte nach Nietzsche und Freud ...*

Hier lag der tiefe Abgrund, der Evolution und Schöpfung im Bennschen Verständnis trennte: Leib, Seele und Geist sind keine *Realia*, die unabhängig voneinander existieren können. Die dualistische Auffassung vom Entwicklungsgang des Menschen: der Leib durch Entwicklung aus Zuchtwahl, Auslese und Mutation – die Seele, der Geist aber durch Schöpfung, bleibt im Bereich wissenschaftlicher Ontogenese ohne jeden Anhaltspunkt.

Doch konnte Gottfried Benn dies annehmen? Nie unterwarf er sich, so dürfen wir wohl sagen, dieser harten, nie unerschütterten, aber dennoch demütigenden naturwissenschaftlichen Gewißheit. Große Teile seiner Szenen und seiner essayistischen Arbeiten werden sich ein Leben lang mit dem *Begriff und Sein des primären Charakters innerhalb des Biologischen* beschäftigen.

Aber blieb nicht ein Widerhall der väterlich-pfarrherrlichen Bibellesungen, eine frühkindliche Prägung in Richtung der geistigen Odemeinblasung in den schon lebenden aber noch schlafenden Adam? Eine Urvorstellung, daß die psychischen Qualitäten sich unabhängig von den körperlichen entwickelt hätten? Hörte nicht Gottfried, zu Füßen seines predigenden Vaters sitzend, von großen Offenbarungen, von Schöpfung, Geist, Wort, Sein? Sind Kinderträume nicht das Fundament künftigen Lebens?

H i e r werden wir nach Gründen für Benns ein Leben lang

durchgehaltenes *es wird nichts, es entwickelt sich nichts* zu suchen haben. Und dies sind Gründe jener Art, gegen die es keine Revision gibt: sie ruhen in einer Sphäre außerhalb der Ordnung, der Regel, der Konvention. *Aber es gab ein Land, taubenumflattert, Marmorschauer von Meer zu Meer, ... in weiche Buchten süß vergangen ...* – Mania hebt die Lider, und wir erschauern vor dem Basilisken-Blick, der Clairvoyance, Antizipation – und Widersinn im Herzen des Künstlers wachsen läßt.

Immer wieder kommen Benn Zweifel, ein Ungenügen an rationaler Erklärung der S c h ö p f u n g ; die Trauer um *die Auflösung alter Bindungen ... die Nivellierung aller Werte ...* hin bis zum Nihilismus. Nicht ohne Grund setzt er Worte wie Gehirn, Seele, Geist, Bewußtsein, Mythen, Natur, Schicksal, Schweigen, Sein, Traum und Transzendenz so oft im Werk ein.

Auch für Gottfried Benn ist *das Gen, die Erbmasse da. Ist ... fundamental, naturhaft und wohl unausweichlich.* Er weiß um die durch geschlechtliche Zuchtwahl und Auslese, beinahe durch Inzucht selektiv entwickelten logisch-abstrakten und sprachlichen Fähigkeiten des Pfarrhausmilieus, dem er selbst entstammt: blanker Darwinismus also? Aber immer wieder setzt er an, sich vor das Leben, ja vor *den Geist als ein anderes und höheres Prinzip* schützend zu stellen; vor das Gehirn, das ihm *nicht das kleine Praktikum der Aufklärung* bedeutet. Sondern *der menschliche Geist ist als Totschläger entstanden ... er galt dem Kampf gegen die Krokodile der Frühmeere und die Schuppentiere in den Höhlen – nicht als Puderquaste!*

Hinter allem Leben steht ihm grausam und bedrohlich eine purpurne Wand *aus Blut und Sperma.* Der schöne Traum aber, *manchmal eine Stunde* – und weg ist sie, die schöne Schwebe.

Schmerz ... Faustschlag gegen das Pamphlet des Lebens ... so trägt er seinen irrationalen Anti-Darwinismus den jungen Arzt-Kollegen leidenschaftlich vor. Hören wir *Das moderne Ich*: *.. ich will hier nicht vor Ihnen den Darwinismus bekämpfen, das ist seit einiger Zeit geschehen ...*

Suchen wir weiter, was er für Materialien bereithält, um Darwin zu attackieren, so finden wir Namen wie Oskar Hertwig, den Anatomen in Berlin, einen Schüler Haeckels, der »Das Werden der Organismen« und »Zur Abwehr des ethischen, des sozialen, des politischen Darwinismus« verfaßte. *Besonders aktuell* notierte Benn 1918 dazu. Er war beeindruckt von den antidarwinistischen Ansichten des Fürsten Pjotr Krapotkin, eines querulatorischen Anarchisten, der an der Gültigkeit der Darwinschen Gesetze zweifelte. Auch beschäftigte er sich in dieser Zeit mit Nobikow, einem Bauernsohn, späteren Matrosen bei der russischen Kriegsmarine, und mit Carl Pearson, einem Engländer, beides Anti-Darwinisten eigentümlichster Prägung. In vorderster Reihe der Ablehnung dieses *Züchtungstohuwabohus* jedoch stand für ihn Semi Meyer, dessen erster Band »Probleme der Entwicklung des Geistes« sich dadurch auszeichnete, daß *ich nie gehört habe, daß jemals ein Naturwissenschaftler ihn gelesen hätte.* Hält man die Lektüre dieser umständlichen, 1913 von dem Danziger Arzt bei Ambrosius Barth in Leipzig veröffentlichten 429 Seiten durch, liest man die 22 Kapitel – *schwer und dunkel* –, so läßt uns das Werk verwirrt und ein wenig nachdenklich zurück: so trüb flossen die Quellen, aus denen ein größerer Geist Bestätigung schöpfte?

Aber einige von Benns zukünftigen Denkrichtungen werden uns deutlicher: Für Semi Meyer ist Darwin, insgesamt eher respektvoll behandelt, vielen ›Problemen‹ etwas schuldig geblieben. Wir werden diese Gedanken bei Benn wiederfinden. Das Wort *Schöpfung* – Benns Lieblingswort – auch im Zusammenhang mit Entwicklung, *schöpferische Entwicklung, schöpferische Tat* ist vielbenutzt. Das Gegensatzpaar *Geist und Leben* spricht Meyer oft an, läßt es dann jedoch unerörtert. Im *Aufbau der Persönlichkeit* folgt Benn ganz den Vorstellungen Meyers vom *Gegenbegriff des Bewußtseins*, das *von Anfang an, als Mensch ... auf der Erde begann.* Wir treffen auf Formulierungen, die sich buchstabengetreu bei Benn – *Das moderne Ich* – wiederfinden: *Nach ewigen Gesetzen bewegen sich die Körper und wirken die Energieformen. Das Licht erschuf die Linse nicht, die Organismen haben sie geschaffen ... Entwicklungsskräfte, Anpassung*, auch *Kampf ums Dasein* und *Erblichkeit*, selbst *Zufall* sind bei Semi Meyer keineswegs in Zweifel gezogen, werden aber in steter, den freien Blick hemmender *üppiger* Dämmerung gehalten: *Entwicklung ist immer fertig und doch nie zu Ende.* Meyer stellt sich gegen die anerkannte evolutionäre Auffassung, die dem

Menschen keine Sonderstellung in der Natur einräumt. Er steht gegen das entwicklungsgeschichtliche Faktum, daß Geist und Hirn sich gegenseitig bedingen: »Auswahl im Daseinskampf, Fortentwicklung ... führt uns nicht zum Verständnis der Entwicklung des menschlichen Geistes, dessen Kräfte über alles hinauswachsen, was wir die organische Entwicklung leisten sehen«.[34] Semi Meyer war die dritte – neben der geschlechtlichen Zuchtwahl und Auslese – verändernde Kraft im Gang der Evolution nicht bekannt: die Fähigkeit biologischer Systeme zur Mutation.

Bis in sein Spätwerk ist Gottfried Benn dem Verfasser dieser inkommensurablen, wie ausgegossenes Wasser im Ungewissen sich verlierenden Produktion gefolgt: Wollen wir annehmen, es lag auf der Linie s e i n e r Prädestination?

So daß wir für Gottfried Benn ohne die Poesie Freudscher Ödipuskomplexe, Libidoverschiebungen, homoerotischer Verdrängung des pfarrherrlichen Vater-Über-Ichs und der *Leben–Geist* symbiotisch zusammenfügenden Phallusattrappe auskommen können. Jener sich als Wissenschaft ausgebenden Dichtung, deren Wahrheitsgehalt eher an ihrem hohen Stil denn an naturexperimenteller Nachprüfbarkeit zu messen ist. Moschusduftend eingehüllt in die Aromen des Smegmas und der Cowperschen* Drüsenabsonderungen: die Geburt großer Prosa inter urinam et faeces.

Wie soll man Benns widerborstiges Verhalten verstehen, die Darwinschen Anschauungen, deren naturwissenschaftliche Richtigkeit zu seiner Zeit außer Zweifel stand, ein Leben lang zu verachten, zu beschimpfen und lächerlich zu machen? Hier war doch die von ihm so oft berufene Klarheit, *die Kälte des Denkens, die Stil schafft, progressive Cerebration.*

Faßt man die Bennschen Autoritäten ins Auge, so erscheinen sie alle zweitrangig, trüb. Wir vermissen bei ihnen den von ihm so gern benutzten *kalten Oberflächenblick.* Wie also können wir uns Benns unkritische, auch bei ablehnender Haltung weit über eine normale Polemik hinausgehende Formulierungen erklären?

Hier wird deutlich, daß er, wie andere vor ihm und mit ihm, Darwins Lehre mit dem determinierten Materialismus verknüpft. Ja, in ihm den wahren Wegbereiter einer materialistisch-ethischen Haltung sieht, die nur für das eigene materielle Wohlergehen sorgt und alle geistigen und sittlichen Werte ungestillt läßt.

Über Darwin läßt Benn seinen ganzen Unmut auf das Jahrhundert der Wirklichkeit, der Tabellen, Statistiken und Urinkontrollen hereinbrechen: *Ach, diese ewige Entwicklung, welch eine kommerzielle Kontinuität.* Er kann diese englische Lehre nicht ausstehen, diese Tatsachensammlung, an die einige vorsichtige Hypothesen geknüpft sind. In der das Passendste, der Mittelmensch überlebt, in der Fortschritt herrscht und Liberalität. Benn steht erschrocken vor dem Phänomen der riesenhaften Vermehrung, des Fortwucherns der Massen, diesen Gründungen, Proklamationen, dem Aufstieg. Im Anilingebrodel der Jenaer Glaskolben, in der *rassenhaften Hausse* sah er eine Fehlrichtung der Menschheit.

DETERMINISMUS hieß des Reizwort. Aber – wir spüren es – etwas anderes mußte noch hinzukommen. Etwas, das tiefere Schichten menschlichen Seins ansprach, als es der nackte Verstand, die Ratio, letztlich Benns oft angerufene und leidend ertragene Hirnhemisphären es zu tun vermochten. Etwas, das neben den ethischen, den sozialen, ja den politischen Dimensionen des Darwinismus das hohe Gut der Freiheit, des Willens anrührt.

Jene Bedenklichkeit, die zögernd und unsicher nach menschlicher Verantwortlichkeit und Entscheidungsfreiheit fragt: Der Determinismus also ist es, Schattenbruder des Materialismus, der alle Beseelung und Irritabilität verneint.

Die strenge, kausale Gebundenheit aller Entwicklungsschritte, d a s vor allem war es, was vom späten Shaw bis Oskar Hertwig, ja bis zu den Affenprozessen des Jahres 1925 in Tennessee und der Schulverordnung in Louisiana 1981 die öffentliche Meinung erregte: die Auflage, darwinistische Theorie und christliche Schöpfungsgeschichte den Schülern als gleichwertige Hypothesen vorzustellen.

Wobei man übersah, daß der Kampf, die Heilige Schrift als naturwissenschaftliches Protokoll über das Werden des Kosmos zu verstehen, durch den Sieg des kopernikanischen Weltbildes lange entschieden war.

Dabei war sich Gottfried Benn der Ungewißheit ethischer Verantwortlichkeit im Ablauf der Anthropogenese durchaus bewußt:

Dreimal benennt er den Pithekanthropus, der als ›erectus‹ mit 900 ccm Schädelinhalt und gerade gerichteten Oberschenkelknochen in *Verzweiflung* neben den Lustmörder Kürten gestellt wird: Benn sieht das Problem menschlicher Willensfreiheit. War – wenn determiniert – der Massenmörder Kürten etwa *verantwortlicher* als jener *Java-Mensch*, der vor 700 000 Jahren lebte?

Wennschon die leidige Herkunft des Menschen aus einer tierischen Ahnenreihe die Abscheu vor dem Darwinismus verfestigte, so war Gottfried Benn, neben dem Fehlen aller Transzendenz als Erklärungsstütze, der *Lohn des Starken fur Kampf und Sieg* höchst zuwider. Hier entstand *der neue menschliche Typ, der materialistisch organisierte Gebrauchstyp, jener Vorstellung einer menschlichen Schicksalshaftigkeit zynisch entwachsen ...*

Und Benn empfand richtig: Der evolutive Prozeß durch natürliche Auslese, beladen mit allen Risiken, auch den Fehlschlägen, tendiert in Richtung Angepaßtheit, geringster Reibung zwischen Umwelt und Organismus. Kurz, er neigt in fataler Weise zum Opportunismus, ein für Gottfried Benn unerträglicher Gedanke.

Die Wurzel seiner lebenslangen Ablehnung *jedes Materialismus historischer oder psychologischer Art für die Erfassung und Darstellung des Lebens* finden wir in der Atmosphäre der orthodoxen evangelischen Glaubensgemeinschaft, in der er heranwuchs: *... durchdrang das Religiöse meine Jugend ganz ausschließlich*, so hören wir von ihm; – so weit er sich davon auch später entfernte.

Womit die irrationale Unterlage seiner Abscheu deutlich wird; mit allen ihren Widersprüchen, Verirrungen, Ungereimtheiten, Eklektizistischem, ja Abersinnigem.

Dabei gibt es so etwas wie Zusammenklingen, Genossenschaft, ja benutzen wir ruhig das Wort, Harmonie im Verständnis einer Evolution: Ist doch »Darwins Ringen ums Dasein« durchaus metaphorisch zu verstehen: entstandenes Leben wird immer in Harmonie mit seinen Existenzbedingungen zu sehen sein.

Es könnte also Freiheitsgrade geben, welche das so unabwendbar gedeutete Panorama nach Darwin, Marx, Freud und den Menschen als fremdgesteuertes, abhängiges Lebewesen begreifend, in einem freundlicheren Schimmer, r u h e n d in der Natur erscheinen lassen.

Doch sehen wir weiter: *Gott vertreiben, wo immer er stand*, so begriff Benn die Aufklärung. Vom *Gespräch* des Jahres 1910 im *Restaurantzimmer, durch dessen weite Fenster man einen See und Wälder und seine Ufer sieht*, bis in die letzten Oelze-Briefe hinein: *im zwölften Jahrhundert schwerfällig beginnend, jetzt im Szientifismus*. Darin eingeschlossen – ... *Newton Imperator – Darwin Rex*, so ruft er aus. Und *Wirklichkeit, das war Darwinismus, das waren Parzellen, ... Hypothekeneintragung, alles was mit Preisen ausgezeichnet werden konnte ... die internationale Steeple Chase und alles sonstwie Privilegierte*.

Neben Wissenschaftsfeindlichkeit klingt hier ein antikapitalistischer Ton an, eine Erinnerung längst abgetanen Christentums, dem ja eine egalitäre Tendenz und moralische Aufwertung der Arbeit innewohnt, bei gleichzeitig humanitärer Intention, das »Kind Gottes« von menschenunwürdiger Tätigkeit zu entlasten: die Technizität aus dem Geiste des Christentums.

Die ungeheure Popularität des Darwinismus nährte sich, neben dem endgültigen Sieg der naturwissenschaftlichen Weltanschauung, noch aus zwei anderen Wurzeln. Einmal zogen die biologisch-zoologischen Behauptungen Darwins ihre Durchschlagskraft aus seinem überzeugenden Stil, in dem er sein Buch schrieb. Eine Art Rumpfstandstil, Worte, die man unangelehnt zu lesen unternimmt. Wobei der Leser, fasziniert von der umständlichen, demütigen Strenge, mit der die Sätze gebaut sind, nicht daran zweifelt, daß solch hoher Stil zumindest in die Richtung der Wahrheit ziele.

Zum anderen ist der Darwinschen Theorie ein lebendiger poetischer Sinn nicht abzusprechen: fast »Begriffsdichtungen« könnte man die schrittweisen Ableitungen des Meisters nennen; durch Haeckel im biogenetischen Grundgesetz ausgesprochen: ein herrlich gegliederter, von den Urtieren über die Würmer zu den Stachelhäutern und immer erhabener getürmter Dom, mit klaren Grundrissen von hoher Faszinationskraft, den logischen und ästhetischen Bedürfnissen des Menschen entgegenkommend: Denn »gibt es etwas Schöneres und Tröstlicheres als den Gedanken, daß wir alles, was die Erde trägt, für kurze Zeit schon einmal gewesen sind, ehe wir das Licht der Welt erblickten, Urtier, Wurm, Fisch, Lurch und Säugetier«?[35]

Das Zauberwort war gesprochen: Natürliche Zuchtwahl und Auslese schallte es über die Kontinente. Ergänzt durch Versuch und Irrtum der von Gott entblößten Natur, später dann durch mutative Kleinstbewegungen verfeinert. Fort die ... *Zeiten ..., wo nach ewigen Gesetzen sich die Körper bewegten ...* Fort *der Individualitätsbegriff, Erbe des aristotelischen Zeitalters ... der autochthone Wille, die aufrechtgehende Weltvernunft von Kollektivismus unterminiert ...*; – und *Gottes Mumie über den Wassern:* So sieht es Gottfried Benn, studierter Mediziner und Naturwissenschaftler. Womit die Ambivalenz seines zutiefst unwissenschaftlichen Verständnisses von Geist und Leben deutlich wird. Wennschon im Werke Abstriche getan werden, kleine Verbeugungen vor dem darwinistisch-entwicklungsgeschichtlichen Urstrom seines ärztlichen und artistischen Entwicklungsgangs.

Wirklichkeit und *Wirklichkeitszertrümmerung*, Leben und Geist wird in der biologisch-szientistischen Epoche seines Lebensgangs zur zentralen Frage; schwer wird ihm, ja unmöglich, die Entscheidung zwischen *anthropologischer Substanz* und *Wirklichkeit*. Sollte beides identisch sein? Ein fürchterlicher Gedanke – für Benn. Auch ihm ist »Erkenntnis eine schönes Mittel zum Untergang«.[36]

Aber kehren wir für einen Augenblick zurück zu jenen leuchtenden Signalen, die zum letzten Gefecht aufriefen und sich sofort der exakten Wissenschaften als einzig legitimer Basis einer zukünftigen Weltanschauung bemächtigten: Die göttliche Absicht in der Natur war mit der Evolutionstheorie heraus eskamotiert. Das, so schrieb Marx zwei Jahre nach Erscheinen des Darwinschen Hauptwerkes an Lassalle, »paßt mir als naturwissenschaftliche Unterlage des gesellschaftlichen Klassenkampfes«. Darwin aber lehnte Marx' Angebot, ihm die englische Ausgabe von »Das Kapital« zuzuwidmen, höflich ab.

Wir dürfen annehmen, daß Gottfried Benn diese Zusammenhänge nicht kannte. Auch nicht die schnelle Schwenkung Friedrich Engels' zum Lamarckismus, niedergelegt in seiner Studie »Anteil der Arbeit an der Menschwerdung des Affen«. Eine andere Auffassung als das ausdrückliche Bekenntnis zur Vererbung erworbener Eigenschaften würde der milieutheoretischen Auffassung des Marxismus auch widersprochen haben. Das ist es auch, was Gottfried

Benn ängstigt ... *das gute, warme, pausenlose Familienleben, gestützt durch Versicherungspolicen, Renten, Ansprüche, bis zu den Lebensabenden, garantiert und wohltemperiert von einer Art Bierwärmer: dem Staat.*

Dagegen steht der eher konservativ-elitäre Charakter des Darwinismus: Das Geschenk einer günstigen Folge von Mikro-Mutationen als glücklicher Zufall kann durch notwendige Zuchtwahl und Auslese für eine kleine Minderheit zur harmonischeren Adaption an ihre Umwelt führen, als es den Mitstrebenden gelingt. Und darüber hinaus werden diese dadurch Begünstigten jene vorteilhaften Eigenschaften an ihre Nachkommen weitergeben können, die daraus Nutzen und Chancenverbesserung ziehen. So erklärt die Mutabilität die scheinbare Antithese zwischen der konservativen Starre der Vererbung einerseits und der progressiven Evolution andererseits: Fast scheint es, daß Benn auch diese dynamische Vision akzeptiert .. *die Notwendigkeit ruft und der Zufall antwortet.* Er kann sich der Tatsache nicht verweigern: *daß ... das Gen, die Erbmasse da ist, ... fundamental ... und unausweichlich.* Die Biologie des Darwinschen Zeitalters sah er als eine *Art objektiver Sicherung der Ablaufgemütlichkeit des Einzellebens, eine Art Säftepazifismus oder anders ausgedrückt: das individuelle Drüsenidyll als letztes Idol der weißen Rasse ...*

Man kann derartige Ausbrüche, ins Artistische gesteigert, in den Essays mit Entzücken genießen. Die härtesten Brüche, selbst Inhalte ohne Sinn kulinarisch genießen, so sie *blenden* und *funkeln.* Kann Benn sogar als *Arrangeur und Formkünstler* auskosten, getragen von der unbewußten Gewißheit, *daß in jeder Form, die fasziniert, genügend Substanzen von Leidenschaften, Natur und tragischer Erfahrung leben.*

Ein weiteres kommt hinzu, Gottfried Benns Doppellebigkeit dem Entwicklungs- und Auslesegedanken Darwins gegenüber zu erklären: sein – wollen wir es so nennen – triebhafter, in die Physiologie seiner Persönlichkeit eingebundener, sehr früh erkennbarer – wohl also eingeborener, als quälend empfundener *Gegensatz von Trieb und Seele, Konstitution und Erkenntnis.* Die uralte »Sphinxfrage«, sich zu entscheiden zwischen dem *großen Gewährenlassen* also, – oder aber dem griechisch-christlichen Begriff der

Wirklichkeit: *Das Prinzip des Agonalen, ... Überwindung durch Leistung, List, Tücke, Gaben, Gewalt, griechisch in der Gestalt der Arena, späteuropäisch in der des Darwinismus.* Das Ich trennt sich von der Welt. Brutal und niedrig alles zergliedernd, aussondernd, ein endloses Hin und Her, niedertretend und kämpfend, nie fertig einem imaginären Werden zutorkelnd. So sieht es Gottfried Benn.

Gehen wir hier weiter, suchen nach anderen Quellen, welche Benns antievolutionäre Haltung speisen, so stoßen wir auf ein scheinbar menschen-, ja lebensverachtendes Phänomen: Ich meine den Begriff des Bionegativen. Von Lange-Eichbaum für das Genieproblem zur Definition des ungünstig Abnormen der Lebensfunktion oder der Nachkommenschaft eingesetzt, von Benn benutzt, um seine *radikale Ablehnung der positivistisch-naturwissenschaftlichen Strömung der Zeit* deutlich zu machen.

Natürlich weiß Benn, der nach dem medizinischen Staatsexamen im »Grenzboten« einen *Beitrag zur Geschichte der Psychiatrie* und acht Monate später am gleichen Ort einen den Gegensatz von Körper-Geist umschreibenden Aufsatz *Medizinische Psychologie* veröffentlichte; – selbstverständlich kennt der Dr. med. das unheimliche Eingebundensein des Psychischen in das Physische, weiß Geist und Körper als zwei komplementäre Seiten des Lebens zu begreifen. Wie auch Welle und Korpuskel im Denken der modernen Physik e i n e Wesenheit sind. Womit die monistische Auffassung des Leib–Seele Komplexes deutlich wird, die Benn bedenklich scheinen muß: *Das Tierische und der immer nackter sich sublimierende Gedanke: gibt es in der abendländischen Welt noch ein solches monistisches Prinzip*? So fragt Dr. med. Werff Rönne, Benns Alter ego: Spencer, Darwin, Ostwald und Haeckel sehen dem *jungen Arzt, der viel seziert hatte,* dabei über die Schulter.

Es ist also nicht weit her mit Benns reservierter Haltung dem b i o l o g i s c h e n Phänomen Leben gegenüber. Speise und Trank, dem Bier und den Frauen blieb er kreatürlich, das Getriebe erhaltend, verbunden. Sein Haß gegen das Leben, – und wir haben Ursache ihn beim Wort zu nehmen: *Das Leben – dies Speibecken, in das alles spuckt,* – seine Ablehnung gilt nicht dem Ablauf von Organfunktionen, dem Ineinandergreifen der Drüsenabsonderungen, dem Vegetativen aller körperlichen Umsetzungen, nicht also dem

Urgrund jeglichen Daseins, sondern dem Leben in seiner *geschichtlich-zivilisatorischen* Gegebenheit.

Hören wir ihn selbst in seinem Rundfunkvortrag *Soll die Dichtung das Lebens bessern?* ein Jahr vor seinem Tode: *Was ist eigentlich das Leben selbst?* fragt er einführend. Und antwortet, uns die Pforte seines Lebensverständnisses öffnend: ... *ein Residuum des biologischen neunzehnten Jahrhunderts.* Nicht gegen die Körperlichkeit, die Selbstverständlichkeiten des Somatischen richtet sich sein bald resignativer, bald melancholischer oder auch Verachtung schleudernder Groll. Es ist die physikalisch-biologische, die mythenlose, den Ingenieuren und fortschrittlichen Machern an die Hand gegebene Zivilisation, *die naturwissenschaftlich-hygienisch-technische Welt.* Es ist der Positivismus und der als Materialismus begriffene Determinismus des ›großen‹ 19. Jahrhunderts, in dem Darwin eine so überragende Rangordnung einnimmt.

Gegen diesen Positivismus, gegen das evolutionistische Prinzip, das den Entwicklungsgedanken siegreich über die Schöpfung setzt; gegen die Realität unserer technischen, von der Naturwissenschaft bestimmten und beherrschten Welt, in der das Sein vergessen und das Leben durch utopische Zukunftsentwürfe ganz auf das Werden gerichtet ist, bezieht Benn feuerfeste Stuben. Um dort sein Verständnis von Leben, gespeist vom archaischen Bilderreichtum griechischer Mythologie und den stammhirn-geborgenen Erinnerungen frühester Welten in die durch *magische Verbindungszwänge rein transzendentaler Art* mit rauschhafter Süße beladenen Gedichte zu gießen:

Welle der Nacht –, Meerwidder und Delphine
Mit Hyacinthos leichtbewegter Last,
die Lorbeerrosen und die Travertine
weh'n, um den leeren istrischen Palast, ...

Kann man deutlicher gegen die naturalistische Tendenz der induktiven Epoche polemisieren? Gegen die immerwährende Richtung auf Zukunft? Gegen das unaufhaltbare Auseinander-Höher-Weiter- bis in die Unendlichkeit-Treiben? Wie sehr mußte diese nach allen Seiten offene Strömung einem Dichter zuwider sein, dessen

Kunstaxiom lautete: *Ein Werk entsteht nur im geschlossenen Raum.*

Ist GRIECHENHEIT die eine, NIETZSCHE die andere Säule, auf der Benns Werk ruht, so ist DARWIN die dritte Zentralachse, um die sich Gottfried Benn evokativ hassend und dennoch förderlich bewegt. Selbst auf uns Spätgeborene übt die Dreizahl noch ihre magische Kraft aus. Trinität, Tonalität, Terz, der dreigebeinte Sitz der Pythia. Selbst Freud baute das Herzstück seiner Metapsychologie aus drei Instanzen. Wobei das ES – ein wüstes, nur auf Lust versessenes Monster – fatal nach Nietzsches »blonder Bestie« schielt. Woher sie denn Groddeck [37], von dem Freud das ES entlehnte, wohl geholt haben mag.

Nietzsche, dem Benns Verehrung, ja Anbetung gehört. Aber da ist eines, wo Benn sich sperrt. Wo er nicht bereit ist, dem *weitreichenden Giganten der nachgoetheschen Epoche* – so seine Worte – bedingungslos zu folgen: Es ist Nietzsches Versuch, die Ästhetik ins Biologische zurückzuführen.

Es klingt unerwartet in der Besprechung eines heute vergessenen Buches von Schmidhauser[38] durch Benn .. *Zarathustra war das Ejakulat eines riesigen Genies, aber selbst dies muß heute mit seinem Namen dafür büßen, daß es die reine Vision verließ und dynamisch, das heißt im damaligen Sinne biologisch-darwinistisch wurde.* Und Benn urteilt hart, Oelze gegenüber, nichts vergebend, immer im Abstand zur Wissenschaft: *Nietzsche brach vielleicht zusammen, weil er sich plötzlich so sehr des Zarathustras schämte, seines züchterischen Optimismus ... seiner darwinistischen Pathetik ...*

Aber wir sind weit abgekommen vom bärtigen Patriarchen in Down: Labil war Darwins Gesundheitszustand, oft litt er an unklaren Krankheiten; in Sanatorien Kaltwasserbehandlungen erduldend, sehr mit seinen Kräften haushaltend, pedantisch in seiner Zeiteinteilung. Nach eineinhalbstündiger Morgenarbeit auf dem Sofa sich ausruhend, am vorgelesenen Roman dann sich erquickend. Schlechter Schlaf, oft im Bett die Nacht aufrecht sitzend, »da er viel Unbehagen litt«. Ein liebevoll sich gebendes, egozentrisches Ungeheuer, voller Neurosen, Depressionen und Erschöpfungen. Seine Frau muß ein Engel gewesen sein.

Ein Genie also, welches Nietzsches provokativen Gedanken,

daß es »ein und dieselbe Kraft ist, die man in der Kunstkonzeption und die man im geschlechtlichen Aktus ausgibt«, bereits aufgegriffen hatte, und mit wahrhaft inspiriertem Blick, für die Kunstrichtung der Musik, über den Gesang der Vögel, einen Zusammenhang mit deren sexuellem Leben sah.

Zwar spricht auch Benn von der *hyperämischen Theorie des Dichterischen*, verleugnet nicht die Corpora cavernosa* im animalischen Bereich, die ihm für den *Schwellungscharakter der Schöpfung* stehen. Ist einverstanden mit dem phallischen Prinzip jeder Kunstproduktion, setzt Ejakulat und Kunstschöpfung in ein Bild, fühlt bei artistischer Hervorbringung *sphingoide Lust* und Ekstase zugleich.

Aber daß Kunst und Schönheit indirekte Äußerungsformen des Geschlechtstriebs seien, diesen umstürzlerischen Gedanken der Einbindung der Ästhetik in das Biologisch-Animalische: Benn hat diesen Gedanken nie nachvollzogen, vielleicht nie begriffen.

Wir fragen uns, warum Darwin mit seiner Deszendenstheorie triumphierte, warum Haeckel 1904 in Rom bei einem gemeinsamen Frühstück des Internationalen Freidenkerkongresses in den Ruinen der palatinischen Kaiserpaläste zum Gegenpapst ausgerufen wurde. Die Antwort für diese allgemeine Zustimmung zum Darwinismus müssen wir in der weit verbreiteten bürgerlichen, antikirchlichen und antireligiösen Bewegung suchen. Auch konnte der Darwinismus die, wennschon bedenkliche, Unterlage des geschichtlichen Klassenkampfes abgeben. Zumindest das Prinzip der allgemeinen Gleichheit der Menschen war aus ihm abzuleiten. Wodurch er zugleich ein gewaltiger Anreger zur Überwindung der Klassenstruktur durch Verbesserung der allgemeinen Bildung wurde. Denn diese darwinistische, diese wie eine Heilsgewißheit aufgenommene Evolution bei Bewährung der Tüchtigen zog einen faszinierenden Hunger nach Bildung hinter sich her: Abendgymnasien, Volkshochschulen, Volksbildungswerke, Arbeiterbildungsvereine wurden gegründet. Die irrige Gewißheit, daß Darwin, Marx, Haeckel und Engels ein und dasselbe sind, war weit verbreitet. Es ist die Zeit der Göschen-Bücher; Teubners »Aus Natur- und Geisteswelt« werden auch von Benn gelesen.

In diesem Gewoge, schwimmend im Meer des Zeitgeistes, müssen wir Gottfried Benn sehen, der sich durchaus als Kleinbürger, als Arme-Leute-Doktor in einer wenig einträglichen Praxis fühlte. Einerseits durchaus bereit, sich mit den Proletariern und Prostituierten zu identifizieren, die mit Krankenschein und Haut- und Geschlechtskrankheiten in seine Sprechstunde kamen. Gottfried Benn, andererseits verwirrt durch eine wahllose Lektüre unterschiedlichster Provenienz, eingebunden in die kollektive Neurose, sensibilisiert durch seine wennschon spät einsetzende Apokalypsenästhetik Nietzschescher Prägung; bekannt mit den pseudowissenschaftlichen Theorien und Hypothesen zur Evolution, zum Sozialdarwinismus und zur Rassenlehre; durch seinen Rang aber unfähig und wohl auch unwillig, langatmige, dürftig stilisierte politische Programme zu analysieren: Benn blickt zurück. Er summiert; greift, halluzinatorisch und mit Hilfe assoziativer Zuströme in akausale Zeitalter. Bleibt gefangen in einer Vision statischer Konstruktionen; denkt in neuplatonischen und christlichen Gedankenreihen, steht also g e g e n die Natur.

Eine weitere Linie der Bennschen Aversion gegen Natur, Naturwissenschaft und damit die Darwinsche Evolutionstheorie finden wir in seinem immer wiederkehrenden Gegensatzpaar Leben und Geist. Nicht gegen das Leben als biologisches Faktum, sondern gegen das Leben als soziale, geschichtlich eingebundene, durch Technik, Produktions- und Tauschbedingungen in Verhaltenszwänge gepreßte ›Wirklichkeit‹. Sein Haß richtet sich nicht gegen den Menschen, das Individuum, den Nachbarn, soziales Leben, das ihm *Wohnungs- und Nahrungsverhältnisse* oder *Wirtschaftslage* bedeutet. Wobei er ahnt, daß ein Stillstand der Denkprozesse nicht vorstellbar ist. *Der Fortschritt selbst ist irreversibel, der vom Faustkeil zum Computer verlaufende Entwicklungsstrom nicht veränderlich, bestenfalls in seinen Ergebnissen vorübergehend aufzuhalten, unzerstörbar.* Woraus die Unmöglichkeit eines Stillstandes evolutionistischer Tendenzen resultiert. Die Auflösung aller Substanz, die *Nivellierung aller Werte*, Resultat des von ihm gehaßten wissenschaftlichen Utilitarismus und des Rousseauschen Gleichheitsgedankens schienen ihm damit unabwendbar. Er höhnt: *Der Mensch ist gut, sein Wesen rational, und alle seine Leiden sind hygienisch und sozial bekämpfbar.* Sperrt sich gegen *die kaufmän-*

nisch gewordene Erkenntnis, den Staat als reinen Verpfleger, den Menschen als reinen Rentenempfänger zu sehen. Und er prophezeit apokalyptisch: *Das Leben wird seinen Rachen aufreißen gegen die Zivilisationshorden, die das Meer als ein Nährklistier achten und ihre Austernbänke und das Feuer als Bierwärmer unter ihre Asbestplatten.* Was nicht eben philosophisch gedacht war: Die Gewalt liegt am Anfang der Dinge, nicht an ihrem Ende.

So sehr war Benn gegen Darwin eingenommen, daß er Dacqués Idee von den Erdzeitaltern, jedes charakterisiert durch eine definierte Fauna und Flora; – daß er, Uexkülls Umweltlehre eingeschlossen, derartige Utopien als *interessanten Gedanken* empfand, weil es ein *Gedanke außerhalb des Mechanischen* war.

Wir werden uns hüten müssen, die Prosa-Ausbrüche Benns, die sich mit Fragen der Züchtung, der Selektionstheorie und ähnlichem befassen, als Quellen zuverlässiger Erkenntnis zu betrachten. Eher sind sie zu sehen als eine Art Dichtung, kaleidoskopähnlich ablaufend, ästhetisch passend gemacht, von rauschhafter Wirkung – und sehr expressiv. Aber selten an der Wahrheit noch an der Wirklichkeit orientiert.

Dieses Jonglieren und Spekulieren, mehr fiktive Halluzination als erläuternder Hinweis, trifft auch zu für Benns eigentümliche, seiner antidarwinistischen Haltung gar nicht entsprechende, genealogische und rassische Züchtungsvision, vermischt mit lamarckistischen Momenten.

Immerhin, er verarbeitet Kretschmers[39] Konstitutionslehre, kompiliert streckenweise Lange-Eichbaums Werk über »Genie, Irrsinn, Ruhm« und bewegt sich für eine fingerlange Spanne sogar in darwinistischen Bahnen, wenn er notiert, daß der Schädelumfang und damit die Gehirngröße bei Schülern der höheren Schulen größer sei als bei Kindern in Volksschulen.

Dann aber, herabsinkend zu einem vitalistischen Lamarckismus, erklärt er dies Phänomen damit, daß *die geistige Beschäftigung der Ahnen körperliche Erbfolgen für die Kinder nach sich zieht.* Die Wahllosigkeit, die Gnade, das Geschenk mutativer Reihungen, die geschlechtliche Zuchtwahl – wie die im engen Erbmilieu des evangelischen Pfarrhauses gewohnten Einheiraten – und damit den Primat des Genetischen vor dem Milieueinfluß blindäugig beiseite schiebend. Er kann aber auch die Dinge verblüffenderweise mit dem kalten Blick des Naturwissenschaftlers, des Eugenikers sehen. Für die protestantischen Pfarrhäuser formuliert er, daß *Höchstbegabung bis zum Grade letzter Einmaligkeit erbmäßig vorbereitet und gezüchtet werden kann, unter Bevorzugung einer für Deutschland charakteristischen Verknüpfung des Denkers der zugleich Dichter, oder des Dichters, der zugleich Philosoph und Gelehrter ist*. Um sich – widersprüchlich – sofort wieder in Richtung Entelechie und nichtrealhistorischer Stufenleiter der Phylogenese zu verlieren: *Die Erbforschung ... sie ist dabei, die nationale Moralwissenschaft zu werden, der eine neue idealistische Anthropologie entsteigt ...*

Auch aus diesen anthropologischen Mißverständnissen erwuchs seine Fehlbeurteilung der zukünftigen Entwicklung, die Deutschland dann nehmen sollte.

Wir müssen hier verhalten: Benn tat die aus empirischen, unendliche Daten sammelnden, experimentell nachprüfbaren Erkenntnisse Darwins als *intellektuelle Hypothese* ab. Womit er denn seine Abneigung gegen die Entwicklungslehre als *extrem, ausdruckshaft, lauthaft und d i c h t e r i s c h , voller Haß ... gegen alles Mechanistische des Lebens* begreift: so bezeugt er es selbst.

So ist das Bennsche Züchtungsverständnis eigentümlich gespalten. Einerseits gefangen im Irrgarten halluzinatorischer Schöpfungsimpulse, andererseits gegen den von ihm *schwammig* genannten Begriff des Darwinismus antaumelnd, ihn dennoch aufgreifend und spielerisch *lauthaft* umkreisend. Halb ihm *ausdruckshaft*, halb als Züchtung durch *militante Transzendenz* zustimmend. Eine unentwirrbare Gemengelage, von *Züchtung I* über *Erbmasse und Führertum* hin bis zu *Geist und Seele künftiger Geschlechter*. Die pessimistische Tapferkeit, die Darwins Theorie innewohnt, nimmt er nicht an. Zu sehr widersprach das Progressive, Opportunistische, ständig sich Bewegende, nach keinem Ziel ausgerichtete Werden seinem Verständnis. So widersprach auch das sich Duckende und Anpassende dieser *Naturmassen* seinen elitären, statischen Begriffen des Seins.

Ein abschließendes Urteil über Darwin gibt Benn in einem Brief – Pfingsten 1946 – an Oelze: *Die Darwinschen Sachen sind mir natürlich bekannt ... Diese ekelhafte Naturmasse mit Pollen, Insek-*

tenkolben, klebrigen Rundungen, sich befruchtend: so kommen wir nicht weiter. Um dann auszuholen: *Diese ganze naturwissenschaftliche Empirie, Induktion, Materialsammlung, nichts wie leeres Gedankenfüllsel, falsche Deskription, Zeit totschlagen an irgendeinem Lehrstuhl oder Studierzimmer ohne Entscheidung geistiger Art ... ohne Erkenntnis.* Und er schließt gegenüber dem anfragenden Oelze: *Die Entscheidung über Ihr Dasein ohne diese bequemen klebrigen Rundungen nimmt Ihnen niemand ab, – die Biologen jedenfalls nicht, diese Dünnbiergehirne.*

Benn stand am Beginn seines siebenten Lebensjahrzehnts, als er dies schrieb: J. P. Jacobsen, des Darwinisten und Desmediazeenforschers Einwirkungen, ein zwölfsemestriges, streng naturwissenschaftlich-induktiv ausgerichtetes Studium der Medizin; intensive, in die entlegensten Winkel evolutionistischer und in die Gegenrichtung auch sich verzweigender Lesefrüchte; der alltägliche Augenschein in seiner ärztlichen Praxis; die makabre Ahnenforschung in eigener Sache: Hier spricht jemand, dem *über das Empirische und Soziale hinaus ... Gegenbilder ... aufsteigen, aus der ewigen, vom Untergang umkränzten, ... der stygischen Flut.* Benns metaphysische Kondition geht unangefochten durch alle Feuer und Errungenschaften der Darwinschen Determinanten hindurch: Der Dämon falscher Evidenz ist's, der ihn leitet.

Wir kennen sie nun, diese orphische Biologie, fern aller Wirklichkeit, in mythischen Restbeständen ruhend, verfeinert, den Abstieg bereits ahnend, – Selbstvernichtung eingeschlossen: *Woher nur weiß von all dem das Gewissen?*

»Aber nicht lange täuschte es an
jenem Einsamen, der seine Maske
doch nur so ungewandt trug, wie
jemand der aus Wüste und Gebirge
den Rock der Allerweltsleute trägt.«
Lou Salomé

Zwölftes Kapitel

Nietzsche

Am 6. Januar 1889, es war ein Sonntagnachmittag, stieg der Postbote, vorbei an staubigen Mehlsäcken, die in der Diele des Hausbesitzers und Bäckermeisters in der Baseler St. Albanvorstadt standen, die zwei steilen Holztreppen nach oben, um Jacob Burckhardt einen langen, wirren Brief auszuhändigen, abgestempelt in Turin. Absender Friedrich Nietzsche, via Carlo Alberto 6: »Negligé des Anzugs Anstandsbedingung« erbat sich der Briefschreiber für ein Treffen ... Jacob Burckhardt, um seine Freundschaft inständig von Nietzsche umworben, früh vom unbestimmten Hauch der Einöden und Gletschergipfel des Sils-Maria-Wanderers verkühlt, hatte zwei Tage zuvor schon eine irritierende Epistel seines einstigen Kollegen geöffnet. Unterschrieben: »Dionysos«. Anders als die langvertrauten, als Peter Gast, Freund und Komponist, Meta von Salis, als Cosima Wagner – »Ariadne« –, selbst als Franz Overbeck, Nietzsches langjähriger Basler Haus- und Briefgenosse, die um die gleiche Zeit ähnliche Briefe erhalten hatten, handelte Burckhardt, ging die wenigen hundert Meter bis zur Sevogelstraße, wo Professor Overbeck wohnte, und sprach ein lebenserfahrenes Wort zu dem noch immer Ahnungslosen.

Denn schon hatte Davide Fina, Nietzsches Wirt, seinen Logierherrn in verwirrtem Zustand von der Straße in seine Stube führen müssen: Es war nach jenem – von Podach[40] berichteten – »öffentlichen Skandal«: Nietzsche sei einem vom Droschkenkutscher mißhandelten Gaul tränenüberströmt um den Hals gefallen. Immerhin, eine Gedenktafel vor den Arkaden der Piazza Carlo Alberto erinnert an dieses Ereignis.

Overbeck also fuhr schleunigst nach Turin, sah diesen großen Geist »blasted by ecstasy« – und führt ihn fort in die Basler Psychiatrische Anstalt Friedmatt. Die Diagnose des Chefarztes Prof. Wille: Paralysis progressiva. Die Mutter kommt, ihren Sohn zu holen – Zwischenaufenthalt in der Großherzoglich Sächsischen Landes-Irren-Heilanstalt Jena. Der dortige Leiter, Professor Binswanger, bestätigt die Baseler Krankheitsdiagnose, kümmert sich um seinen Patienten, nimmt Einsicht in das Krankenjournal aus Basel, legt ihn in die 2. Klasse (Tagespflegesatz 2,50 M), ist an Person und Werk Nietzsches interessiert, nimmt die Krankenvorgeschichte des neuen Patienten selbst auf, befragt die Begleitperson, die Mutter und einen Arzt aus der Baseler Klinik. Ihn unterstützt sein damaliger Mitarbeiter und Vertreter, Dozent Dr. Theodor Ziehen, der bald einen vielfach aufgelegten »Leitfaden der physiologischen Psychologie« schreibt. Zehn Jahre später, nunmehr Professor, von der Schwester Elisabeth gerufen, hat er Nietzsche in Weimar in der Villa »Silberblick« zwei Jahre vor seinem Tode nochmals untersucht.

Theodor Ziehen, Ordinarius für Psychiatrie in Berlin: Erinnern wir uns? Gottfried Benn nennt den Namen im Curriculum vitae seiner Promotionsarbeit. In Ziehens psychiatrischer Klinik in der Charité hatte Benn als Medizinalpraktikant vor dem Staatsexamen gearbeitet. Professor Ziehen war es, der ihn wegen unzureichender Führung der Krankengeschichten zur Rede stellte und abmahnte. Durch Ziehens Prinzipien einer empirischen Psychologie, Neurologie und experimentellen Psychologie wurde die Psychiatrie als Wissenschaft auf feste Füße gestellt. Gefördert durch die Lektüre fortführender Ziehenscher Lehrbücher: »Über die allgemeinen Beziehungen zwischen Gehirn und Seelenleben« schrieb Gottfried Benn seine in dieser Zeit noch durchaus positivistischen Essays zur psychophysischen Seite des Leib–Seele-Problems: *Beitrag zur Geschichte der Psychiatrie* und *Medizinische Psychologie*. Und durch Professor Ziehen, der sowohl in Jena als auch in Weimar mit Nietzsche persönlich und mit seinem Werk bekannt geworden war, die pflegende Mutter und die Schwester Elisabeth ärztlich beriet, den

Kranken behandelte, könnte Gottfried Benn mit dem Namen des ein Dezennium zuvor Verstorbenen in Berührung gekommen sein. Wie denn auch Theodor Ziehens akademische Biographie ungewöhnlich war: 1917 finden wir ihn in Halle auf dem Lehrstuhl für Philosophie: Es war Karl Jaspers, der 20 Jahre später denselben Weg von der Psychiatrie zur Philosophie ging.

Gottfried Benns Richtung also war angedeutet. In seiner Bibliothek finden sich, den Basso continuo präludierend, Paul Deussens »Erinnerungen an Friedrich Nietzsche« von 1901, die »Lieder des Prinzen Vogelfrei« in einer Ausgabe von 1920. Desgleichen Elisabeth Förster-Nietzsches Buch »Wagner und Nietzsche« von 1915. Vielleicht eine spätere, eher zufällige antiquarische Akquisition? Otto Ernst (1914) ist mit seiner Anti-Schrift »Nietzsche als falscher Prophet« vertreten. Der »Zarathustra« ist in der Reihe der Krönerschen Taschenausgabe von 1940 vorhanden.

Gottfried Benn schöpfte aus jenen verdienstvollen, unsere Jugendzeit erleuchtenden »überaus handlichen blauen Leinenbänden«: 2,25 RM kostete damals – Anfang der dreißiger Jahre – der 382 Seiten starke Band: »Die Geburt der Tragödie« und »Der griechische Staat«.

»Die Kunst ... – letzte metaphysische Tätigkeit innerhalb des abendländischen Wertezerfalls«; – dies wird von nun an die Tonika Bennschen Kunstverständnisses sein. Nichts verwirrt ihn auf diesem Wege, alles geht zu diesem Ziel.

In seinen drei frühen essayistischen Versuchen, allesamt im »Grenzboten« veröffentlicht, suchen wir vergeblich nach einer Spur, die zu Nietzsche führt. Dabei wissen wir – von einem Ohrenzeugen[41] –, daß Gottfried Benn »schon als Zwanzigjähriger an Nietzsche geriet, zuerst an den Zarathustra ...« Und an Paul Zech schreibt Benn ein Jahr nach der *Morgue*: *Kunst ist Irrsinn, ... ist eine Sache von 50 Leuten, davon noch 30 nicht normal sind. Nietzsche hat Zeit seines Lebens seine Rechnungen nicht bezahlen können ...* Was zwar nicht zutrifft, sich aber in diesem Zusammenhang gut liest. Also auch Biographien und Briefwechsel dazu waren ihm bereits vertraut.

Dann aber, ohne jede vorbereitende Eröffnung, springt uns ein Name an, verschollen heute: *Diesterweg*. – Jene autobiographische

Novelle, die uns deutlich macht, warum der Oberarzt Dr. Benn aus der Brüsseler Etappe *als erkrankt* nach Berlin entlassen wurde. Wie kam Gottfried Benn auf Diesterweg, einen vor mehr als einem halben Jahrhundert verstorbenen, wenn auch in seiner Epoche gerühmten Vorkämpfer für die Verbesserung der Volksschulerziehung? Sicher, auch andere Wege sind denkbar: Diesen einprägsamen Namen aber erwähnt Friedrich Nietzsche in den Skizzen und Gedanken zu seinen Baseler Vorträgen »Über die Zukunft unserer Bildungsanstalten«. Und ist nicht eben gut auf diejenigen zu sprechen, welche mit Ungestüm, ja Schroffheit, wie Diesterweg, auf die Anhebung der »sogenannten Volksbildung« losgehen. Könnten dies – auch – verwischte Spuren der fortgesetzten Nietzsche-Lektüre Gottfried Benns sein? Sonderbar paranoid ist ja diese *Diesterweg*-Novelle, *erregt und fliegend* , – die sich *biegenden Fenster, ... der Dämon ...* der schreiende Kranke. Selbst ein *Gaul* fehlt nicht, – zum guten Ende.

»Ohne meinen Bogen wird kein Ilion erobert!« – Ein gewaltiger Satz, mit dem Nietzsche seine Pfeile auf die Sehne setzte. Und Gottfried Benn? War er unter den hundert Jünglingen, mit deren Gefolgschaft Philoktet sein Ilion erobern wollte? Gehörte Benn zu der kleinen Schar der Anstößigen, der Unersprießlichen, *auf die sich der Geist mit besonderer Sympathie niederzulassen pflegt*?

Nähern wir uns dieser Vorstellung und suchen nach weiteren Zeugnissen jener Gefolgschaft, so stoßen wir auf den Rundfunkdialog, das polemische Wetterleuchten gegen Johannes R. Becher und Egon Erwin Kisch. Geschrieben im Streit um die *Zivilisationslektüre*, das soziale *Engagement* des Dichters: *Können Dichter die Welt ändern*, nannte Benn diesen Fanfarenstoß gegen die politischen Bilderstürmer, die Unterschreiber von *Aufrufen gegen die Notstände der Zeit*. Ihm ist der Künstler *ein Freibeuter, ... ein Ästhet*. Und er ruft seinen Kronzeugen an: Nietzsche! Endlich spricht er den Namen aus, zitiert ihn: »Wer fällt, den soll man auch noch stoßen«: Ein ungeheurer Satz, geschrieben von einem so *zarten Mann*. Und holt mit einem Nietzsche-Zitat aus dem ersten Kapitel der »Philosophie im tragischen Zeitalter der Griechen« gegen die *literarischen Lieferanten politischer Propagandamaterialien* aus: *Keine Mode kam Ihnen hilfreich und erleichternd entgegen.*

Von den altgriechischen Meistern Thales, Anaximander, Heraklit, Parmenides ist hier die Rede; dieser Genialen-Republik, in großartiger Einsamkeit alle Späteren übertreffend. Benn endet dann in Absicht auf diese philosophischen Riesen altgriechischer Frühe: .. *ungestört durch muthwilliges lärmendes Gezwerge, welches unter ihnen wegkriecht, setzt sich das hohe Geistergespräch fort.*

Voll ausgebildet ist Gottfried Benns formale Attitüde des *Artistenevangeliums* – wie er es bei Nietzsche gefunden zu haben glaubt – dann in der Rede auf Heinrich Manns 60. Geburtstag: *Fanatismus des Ausdrucks, Virtuosentum großen Stils ...*

Womit denn die Spurensuche zunächst beendet sei: Das Vollbild – nosologisch* gesprochen – das Panorama des Nietzsche-Verständnisses unseres Dichters liegt vor unserem Blick. Und – um im medizinischen, Benn ja vertrauten Jargon zu bleiben – es stellt sich auch dem Wohlmeinenden als recht skotomhaft* dar, mit erheblichen Einengungen des Wahrnehmungsfeldes.

Nun liegt es nicht in der Absicht dieses Kapitels, der Verknüpfung des Geistesganges Gottfried Benns mit dem für seine innere Biographie äußerst bedeutsamen Namen Nietzsche eine neue Nuance abzugewinnen. Mehr oder weniger einleuchtende philologische Untersuchungen des Bennschen Nietzsche-Verständnisses gibt es in Fülle. Sogar als Monographien[42], oder in Halbkapiteln, seien sie im Gesamttext voluminöser Werke oder in Einzeluntersuchungen versteckt. Und je nachdem, welcher philologischen Häresie sie entsprungen sind, stimmen sie in der Grundauffassung überein oder aber bekämpfen sich. Manche gelten dann eine kleine Weile, bis sie von anderen Deutungen abgelöst werden, um letztlich zu verblassen und im Syllabus der geschriebenen Wörter zu verschwinden: Gottfried Benn war kein Philosoph. Und die Urteile kluger Kritiker über manche seiner Essays, »Philosophie als Rührei«[43], liegen nahe am Kern, wenn man den konstitutionellen Zwang außer acht läßt, der hinter diesen Versuchen leuchtet. Andere – und große Geister – womit Heidegger gemeint ist, schüttelten mit dem Kopf, wenn man ihnen Bennsche Prosa andiente. Lasen aber mit Anteilnahme und Genuß seine Lyrik. Noch heute erinnert sich die Witwe des Freiburger Philosophen an das Gedicht *Anemone*, das ihr Mann liebte:

Der Erde ohne Güte,
der nur die Macht gerät,
ward deine leise Blüte
so schweigend hingesät.

Den philologisch-philosophischen Arbeiten zum Nietzsche-Verständnis Gottfried Benns eine weitere Facette hinzuzufügen ist müßig, das Lebensbild unseres Helden gewönne weder an Transparenz noch im Detail. Man wird finden, daß Gottfried Benn für die eigentliche Philosophie Nietzsches wenig Interesse gezeigt hat, – darf man sagen, sie nicht verstanden hat? Etwas anderes war es, das ihm half, in der Gefolgschaft des Philoktet Nietzsches Bogen zu spannen. Und über alle Abgründe und Dunkelheiten hinweg, allem »cave musicam« zum Trotz, aus endogener Verwandtschaft sich ableitend, Nietzsche zu begreifen: als Künstler, als Artist, *Sätze bildend, Ausdruck findend*, mit einem Wort ... *die Kunst* als *die eigentliche Aufgabe des Lebens, die Kunst als dessen metaphysische Tätigkeit* erkennend.

Hier stehen wir auf festem Boden und können getrost die weiteren Alliterationen beiseite lassen. *Verkündete er eine Philosophie? Keineswegs.* So sieht Gottfried Benn Nietzsche, den *blendendsten literarischen Erzieher seit Goethe, ... das größte Ausstrahlungsphaenomen der Geistesgeschichte.* Womit denn entschieden ist, was ihn faszinierte: Es war der .. *unfaßbare tiefe Glanz seiner Prosa*: Nietzsche als sprachschaffender Künstler. Inspiriert, ».. Mundstück, bloß Medium übermächtiger Gewalten.«[44] »... wie ein Blitz leuchtet ein Gedanke auf, mit Notwendigkeit in der Form ohne Zögern, – ich habe nie eine Wahl gehabt«.[45]

Diese Übereinstimmung im Verständnis irrationaler Schubkräfte künstlerischer Produktion; dies .. *Geheimnis, daß der Mensch Kunst macht*; der metaphysische Horizont, den Benn bei Nietzsche – dem vorgeblichen Anti-Metaphysiker – intuitiv erfaßt. Das Rauschhafte, jener *Phallus im Stammhirn*, die *sphingoide Lust* ist es, die den so seßhaften Berliner Dichter mit dem unstet Wohnung und Wohnort wechselnden – 21 Wohnungen in 7 Wochen – Künstler, Musiker und Philosophen verbindet. Schienen die Quellen, aus denen die europäische Seele sich speiste, nicht erschöpft wie ausgebeutete Steinbrüche? Vermochte die Existenz des Geistes sich nur noch in der FORM zu beweisen, *die Form also ... Ausdrucksmedium einer Tiefe, eines menschlichen Seins*?

Hier aber sollten wir einen Augenblick innehalten. Nannten wir nicht eine Wegmarke: Irrationalismus? Wir haben Furcht vor diesem Wort bekommen. Ist doch der Geist des Entdeckerischen, die Wendung, der Impuls gegen das Normative vom neopositivistischen Ansatz her diskreditiert. Soll nicht nur alles Wirkliche vernünftig sein? Furcht sollten wir haben vor dem intellektuell noch Unbekannten. Vor historischen Möglichkeiten, die als Revolution ins aufgeklärte Zimmer stürmen. Aber Geschichte, Natur, was immer Unfaßbares man nennen mag, wird es, da als vernünftig akkreditiert, »im Hausrock des Gedankens«[46] in unser Leben treten? Nietzsches Paradoxien, seine asozialen Phantasien, das Extravagante und unbezähmbar Subjektive seiner aphoristischen Philosophie, selbst sein ästhetisches Pathos, das »spöttische, leichte, flüchtige, göttlich unbehelligte«[47], das er von der Kunst forderte. All das: Aggression, Einfälle, Handlung (– die Kunst als metaphysische TÄTIGKEIT –); den irrationalen, metaphysischen Begriff von Kunst einer philiströsen Begradigung, dem dogmatischen Anspruch alltäglicher Vernünftigkeit zum Opfer bringen? Das war nicht der Weg Nietzsches. Andere Horizonte öffneten sich ihm, weg von der Hegelschen Vergötterung des Erfolges, »den Nutzen als Ziel und Zweck der Bildung, noch genauer, den Erwerb, den möglichst großen Geldgewinn«.[48] Und die Bildung als Aufgabe, »möglichst kurante« Menschen zu bilden.[49]

Hier, in der Kunst als Faszinosum, als gestaltetes Schönes und damit allein Unvergängliches, als *blendendes Arrangement*, Dichtung als *Zaubern, Seiltrick* verstehend, treffen sich Sils-Maria und die Belle-Alliance-Straße: »Nur als ästhetisches Phänomen ist das Dasein der Welt gerechtfertigt.«[50]

Der FORMZWANG ist es – *Gott ist Form* –, der, mit dem *schöpferischen Rausch* sich verbindend, Triebkraft der künstlerischen Hervorbringung ist:

»Laß den Anfang mit dem Ende
Sich in Eins zusammenziehn! ...
Danke, daß die Gunst der Musen
Unvergängliches verheißt,
Den Gehalt in deinem Busen
Und die FORM in deinem Geist.«[51]

Wie fordert Nietzsche ».. an einer Seite Prosa wie an einer Bildsäule arbeiten.«[52] Und auch für ihn .. *tönt das › Ich ‹ des Lyrikers ... aus dem Abgrund des Seins.* Auch er spricht von der »Erregung des kunstschaffenden Zustandes, des Rausches«.[53] Spricht ».. Das Wesentliche am Rausch ist das Gefühl der Kraftsteigerung und Fülle. Aus diesem Gefühl gibt man die Dinge ab ...«[54]

Ein Wort – ein Glanz, ein Flug ein Feuer,
ein Flammenwurf, ein Sternenstrich –,
und wieder Dunkel, ungeheuer,
im leeren Raum um Welt und Ich.

Der Dichter, Gottfried Benn, folgt einem *inneren Auftrag*, so wie Nietzsche der »heiligen Nötigung«. Als Künstler produzierend ».. in einem Sturme von Freiheits-Gefühl, von Unbedingtsein, von Macht, von Göttlichkeit ...«[55], folgt Benn dieser .. *inneren Stimme, die niemand hört. Er weiß nicht, woher die Stimme kommt, nicht, was sie schließlich sagen will.* Und .. *welcher Art dieser Auftrag und diese Bindung ist, ist mir dunkler als je.*

Auch Gottfried Benn also hat Elevationen durch das Wort erlebt, überwältigende Inspirationen,– wenn er auch gerne darüber schweigt, uns gar auf eine falsche Fährte zu locken sucht. Diese Übereinstimmungen sind der Ort seines kongenialen Verstehens Nietzsches, hier trifft Benn die Mitte des Seienden, jene Transzendenz, die letzte Horizonte eröffnet. Es war der Blick des Künstlers, mit dem Benn Nietzsche umfaßte, dessen ... *artistische Delikatesse, Helligkeit, Wurf und Glanz* ... Hierin folgte er ihm – vielfach wörtlich. So verstand er Nietzsche als *das Erdbeben der Epoche*. Nietzsche als Philosoph, als Metaphysiker des Willens zur Macht, als Umwerter aller Werte hat er nicht zur Kenntnis genommen. Wir werden noch zu erörtern haben, warum Benn – eher unbewußt – und dennoch nicht zu Unrecht, Nietzsche nur als Formkünstler, ja als Literaten verstehen konnte.

Nicht daß Gottfried Benn dem Studium philosophischer Werke aus dem Wege gegangen wäre. In seiner Bibliothek finden sich offenbar sehr früh schon erworbene Bücher philosophischen Inhaltes: Eduard von Hartmanns Studien und Aufsätze von 1876, Richard Müller-Freienfels mit Ausgaben von 1916, von 1919. Max Dessoirs »Philosophisches Wörterbuch«, 1917 bei Enke erschienen. Die »Allgemeine Geschichte der Philosophie« des Nietzsche-Freundes Paul Deussen (1919) ist ebenso vorhanden wie das Teubner Taschenbüchlein »Einleitung in die Philosophie«; – sogar in einer Ausgabe von 1911. Womit wir nicht am Ende der Aufzählung sind. Und wir wissen nicht, was Benn nebenher – es dürfte nicht wenig gewesen sein – in der Staatsbibliothek gelesen oder sonstwo entliehen hatte.

Irrationalismus war das auslösende Wort, und der Gegensatz der »Unzeitgemäßen Betrachtungen« zur alltäglichen Vernünftigkeit, zu der Tyrannis einer zur Ideologie erstarrten Rationalität.

Ich kehre zu dem Punkt zurück, von dem wir auszugehen haben. War doch das hier Ausgesprochene nichts anderes als ein Kommentar zu der besessenen, glühenden, unbeirrbaren Nietzsche-Gefolgschaft Gottfried Benns: *Eigentlich hat alles, was meine Generation diskutierte, innerlich sich auseinanderdachte, man kann sagen: erlitt, man kann auch sagen: breittrat – alles das hatte sich bereits bei Nietzsche ausgesprochen und erschöpft, definitive Formulierung gefunden, alles Weitere war Exegese.*

NIETZSCHE also! Wobei es denn schwer fallen dürfte, der Versuchung zu widerstehen, Gottfried Benn jegliche tiefere Kenntnis der Philosophie Nietzsches abzusprechen.

Es ist berichtet, es ist gezählt worden: Der Name des Ikonoklasten aus Sils-Maria, der weder Prinzipien noch Vorurteile mit anderen teilte, ist in den Werken Gottfried Benns, bis hinein in die Briefe allgegenwärtig. Benn zieht ihn zu Rate, wo immer es geht. Er ruft ihn an, wo immer er eines starken Eideshelfers bedarf. Weit über hundertmal fällt Nietzsches Name im Œuvre, und oft folgt das Zitat, ordnungsstiftend, von unwidersprechbarer Evidenz.

Und Benn hat alles gelesen: Vom Geniewurf der »Geburt der Tragödie aus dem Geiste der Musik«, der – dennoch – Nietzsches Ruf als ernstzunehmenden, wissenschaftlichen Altphilologen bedenklich ins Schwanken brachte, – bis hin zum »Ecce homo«, der Autobiographie seiner letzten Turiner Tage. Abgehoben bereits vom realen Leben. Brillant, von unübertroffener Stilhöhe – wennschon uns die Augen des Wahnsinns zwischen den Zeilen anstarren.

Auch die »Opera minora« hatte er studiert, die – noch – akademischen Schriften der frühen Baseler Jahre, auch »Die Philosophie im tragischen Zeitalter der Griechen«. So daß er die Vorsokratiker – ein Gipfel griechischen Denkens – aus diesen Arbeiten kannte. Nietzsches Briefe waren ihm vertraut – wie auch diejenigen Jacob Burckhardts, sie standen in seiner Bibliothek. Später dann – *Nietzsche nach 50 Jahren* – las er noch einmal den Bertram – »Versuch einer Mythologie« –, der ihm mehr entgegenkam als Karl Jaspers' Nietzsche-Darstellung. Unbedenklich hielt er die rocker*-Wiege in diese Quelle und klopfte das ausgewaschene Gold in das Cloisonné seiner Essays. Wir brauchen hier nicht die Leseliste Gottfried Benns zu diesem Nietzsch-Rundfunkvortrag vorzuführen: Sie reicht von Wilamowitz' Verriß der »Geburt der Tragödie ...« über Podachs klinische Berichte hin bis zu Thomas Manns Unbehagen an Zarathustras bedenklichen Tänzerbeinen.

Den Dichter Nietzsche schätzte er.

»Wer das verlor
Was ich verlor,
macht nirgend Halt«,

war Anlaß zu Nachdenklichkeiten Oelze gegenüber.

Zahlreich sind die Anrufungen Nietzsches im Briefwechsel. Schon in Max Rychners Ausgabe der »Gesammelten Briefe« zählt der Index neunzehnmal den stets mit Lob Bedachten. In den 749 Briefen und Karten Gottfried Benns an Friedrich Wilhelm Oelze läuft der Name Nietzsche wie selbstverständlich in und zwischen den Zeilen, sobald von Kunst, Schwierigkeiten beim Dichten, von Nihilismus die Rede ist. Die über einhundert Bezüge und Nennungen machen die Achsenrolle des als *Titan*, als *Gott* Angerufenen deutlich. Wahrhaftig, der doch sonst den schwellenden Päan eher Verachtende; der – neben Goethe – niemanden so recht im Parnaß sah, vor Nietzsche beweist Benn Demutshaltung, blickt auf zum *größten weißen Genie nach Goethe*, findet sein Damaskus.

Sicher, so sagten wir, er hatte alles von Nietzsche gelesen. Nicht als Philosoph, schon gar nicht als Philologe. »Ich horchte mit dem Ohr meiner Liebe«[56], so las Gottfried Benn dies *Weltgenie*. Der Künstler in Nietzsche war es, der seine Seele zum Schwingen brachte. Er empfand das Bohemienhafte an der äußeren Existenz des *auf zerrissenen Sohlen ... nach Aufschnitt* laufenden Nietzsche, des Poeten, der bei der Verfertigung eines Gedichtes – bei einer Liebeserklärung – in die Grube fiel. Den Künstler also sah er:

> »Der Dichter, der lügen kann
> wissentlich, willentlich,
> der kann allein Wahrheit reden.«[57]

Nietzsche–Benn: Übereinstimmungen, Anlehnungen, ja Entlehnungen, wo finden wir sie? Die Pfarrhaus-Genealogie? Gewiß, Benn wußte davon. Aber war dies zu jener Zeit nicht etwas Häufiges, eher Zufälliges? Man brauchte früher weniger studierte Juristen oder Mediziner. Die Theologen stellten die Masse der studierten Berufe.

Die von Nietzsche eher nebenher abgetane, schon wahnhafte polnische Abstammung? Gottfried Benns frankophone Mutter aus Neuchâtel? Interessanter sind Parallelen zur Arbeitsweise: Wir wissen, daß Nietzsche ein eifriger Leser war. Viele ethnologische und naturwissenschaftliche Bücher waren darunter. Wöchentlich ließ er sich Listen neu erschienener Bücher zusenden. Und er empfiehlt: »... man exzerpiere sich aus einzelnen Wissenschaften alles, was künstlerische Wirkungen macht ... sei ein Sammler von dergleichen Dingen bei Tag und Nacht«. Wir haben gehört, wie Benn ganze Gedankenreihen aus Büchern entlehnte, hin bis zur Kompilation: mögen Jacob Burckhardt, Erwin Rohde, Otto Kretschmer, Semi Meyer, Lange-Eichbaum für die anderen stehen. *Der Lyriker kann nicht genug wissen ... er muß sich orien-*

tieren ... muß dicht am Stier kämpfen ... Was Benn denn auch tat, durch das Vorbild des Weimarer olympischen Urgroßvaters darin entschuldigt:

»Von wem auf Lebens- und Wissens-Bahnen
Wardst du genährt und befestet?
Zu fragen sind wir beauftragt.
Ich habe niemals danach gefragt.
Von welchen Schnepfen und Fasanen,
Kapaunen und Welschenhahnen
Ich mein Bäuchelchen gemästet.
So bei Pythagoras, bei den Besten,
Saß ich unter zufriednen Gästen;
Ihr Frohmahl hab ich unverdrossen
Niemals bestohlen, immer genossen.«[58]

Etwas Handwerksmäßiges liegt in diesem Bild. Hier fügt sich Nietzsches Forderung nach körniger Gedrängtheit, Ruhe und Reife in der sprachlichen Arbeit ein, wodurch denn Stil entsteht. »An einer Seite Prosa wie an einer Bildsäule arbeiten«, fordert er. Und wir vernehmen das Echo Gottfried Benns: .. *eine Handbreit Prosa in tagelanger Arbeit wie eine Statue zu meißeln, lückenlos die Seite, kühl der Satz.* Das klingt sehr großartig. Und ehrfürchtig möchte man den Hut vor solch langwieriger und mühevoller Meißelarbeit ziehen. Sieht man die Schwielen in der Hand, die das Werkzeug führt? Aber – hält das Bild stand vor der Wirklichkeit? Nietzsche,– fassen wir ihn näher ins Auge: in Sorrent und Venedig, in Genua, in Riva am Gardasee, in Portofino, Santa Marguerita, in Nizza, in Sils-Maria, zuletzt in Turin..

S i l s - M a r i a : Er tritt aus der Türe des Spezereiladen-Hauses Durisch, wo er als bescheidener Zimmerherr wohnt, 1 Fr. täglich Logierkosten. Um die Stirn den grünen Augenschutz, in der rechten Hand der rote Schirm, ihn vor der Sonne zu schützen. Er ging zur Post am Silvaner See, hatte der Mutter nach Naumburg geschrieben, für ein Päckchen gedankt: »Der Lachsschinken ... abscheulich versalzen. Dagegen die Zwiebäcke schmackhafter als irgendwelche. Auch der Kürbiss hat einen sehr angenehmen und interessanten Geschmack ... Allerschönsten Dank!« Dann beginnt sein täglicher Spaziergang, manchmal sechs, acht Stunden im Freien – wir sollten besser Wanderung sagen. Hingelagert auf Rasenbänken über einem tosenden Gebirgsbach notiert er seine Einfälle in Quarthefte mit festen Einbanddeckeln, kaum leserlich die Handschrift. Braungebrannt sein Gesicht kehrt er heim, Kinder mußten ihn über Stege und hinunter leiten: *Er trug 14 Dioptrien, meistens zwei Gläser.* Um 7 Uhr das Abendessen im Zimmer mit der selbstgewählten braun-blau-grünen Tapete, auf dem rosengeblümten Sofa sitzend vor dem kleinen Tisch mit der Petroleumlampe: ... ein Stückchen Schinken, Thee (zweiter Aufguß), 2 rohe Eidotter und 2 weiße Wecken.« Frische Eier liefert sein Hauswirt. Auf alten Bildern kann man noch den Stallanbau hinter dem Haus mit dem Hühnerhof erkennen. Die Stube einfachst möbliert, das Interieur bohèmehaft: Kaffeetasse, Eierschalen, Manuskripte, Toilettengegenstände in buntem Durcheinander. Im Stiefelknecht steckt noch ein Stiefel, das Bett ist ungemacht. So beschreibt Paul Deussen, Urfreund noch von Schulpforta her, das Ambiente der Wohnung; seine Höhle nannte es Nietzsche. In solcher Umgebung, gequält von heftigen und schmerzhaften Krisen, schrieb er »Der Fall Wagner«, konzipierte und schrieb er erste Teile der »Umwertung aller Werte«, der »Genealogie der Moral«. Der Titelentwurf »Wille zur Macht« machte Mut zum noch »zu absolvierenden Hauptpensum (s)eines Lebens«; die »Dionysos-Dithyramben« werden geordnet. Oft steht er um zwei Uhr nachts auf, getrieben von arbeitsamer Unrast, hört seinen Hausvater sich zur Gemsjagd rüsten...

Dieser Lebensstil mochte dem mandarinenhaft in seiner unaufgeräumten Hofstube hockenden Benn, neben dem Mikroskop am Schreibtisch Gedankensplitter in kleinen Arbeitsheften mit steifem grauen Pappdeckel festhaltend, gefallen: In Hannover, vielleicht in der Arnswaldtstraße schreibt er *Turin*:

›Ich laufe auf zerrissenen Sohlen‹ ,
schrieb dieses große Weltgenie ...
Ich kann mir keine Bücher kaufen,
ich sitze in den Librairien:
Notizen – dann nach Aufschnitt laufen: –

So auch Benn. Migräne plagt ihn. Seine eigene Handschrift kann er nicht lesen. Die Wohnung – *kein Anblick für Götter* – liegt nach hinten, geht auf Wände und Höfe. Er kocht sich seinen Kaffee selbst, die Bettlaken zerrissen, das Bett von Sonnabend bis Montag nicht gemacht. Durchlöcherte Sachen, liegengebliebene Briefe vervollständigen die Unordnung.

Scheinbare Spitzweg-Atmosphäre, in Sils-Maria und in der Arnswaldtstraße? Sehen wir das Verwandtschaftliche, Gleichklingende, die Künstlernaturen? Der Produktionstrieb – ein Zwang. »An einer Seite Prosa wie an einer Bildsäule arbeiten ...«? Glühend wäre sein Meißel in der Hand geworden: »Zarathustra«, die drei Teile in kaum je zehn Tagen niedergeschrieben. Hoch inspiriert »... in der Form ohne Zögern«, so überfiel ihn die Eingebung, mit Notwendigkeit. Und dabei unendliche Spaziergänge: »Ich kritzele auf meinen Wegen hie und da etwas auf ein Blatt, ich schreibe nicht am Schreibtisch.«[59]

Sicher, – Nietzsche hatte sein Denken im Sitzen begonnen. Das ihm vorschwebende Bild oder der Gedanke führte die Feder. Zur Argumentation trat der Akt des Schreibens hinzu, und brachte wiederum den Gedanken hervor. Einen schöpferischen Keim, eine Ahnung muß der Autor haben, erst im Sitzen aber bemächtigt sich der Schreibende des Gedankens. Auch bei Benn stand .. *ein alter Schreibtisch ... im Mittelpunkt (73 cm zu 135 cm)*, überladen mit *zugesandten Manuskripten ... Bündeln von Briefen ... Zeitschriften ... Stempelkissen (für die Rezepte), drei Kugelschreiber, zwei Aschenbecher, ein Telefonapparat ...*: *Es ist ein Zimmer, und es ist ein Schreibtisch, von dem sich schon mancher gebildete Mensch mit Erstaunen abwandte.*

Ganz anders bei Nietzsche. Auch er saß am Tisch – selten als »Schreibtisch« ausgewiesen –, vervollständigte die Notizen, zog sie zusammen, fertigte Abschriften. Aber bei ihm ändert sich etwas: Die Keime seiner Gedanken kommen ihm beim Gehen im Freien, in Sorrent, am ligurischen Meer, auf der Charté, jener schmalen Halbinsel im Silser See oder bei Surlej, wo jener pyramidenförmige Stein am Ufer des Silvaplanersees steht. Sein höchster Gedanke, der »Gedanke der ewigen Wiederkehr« überfiel ihn hier:

›Hier saß ich, wartend, wartend, – doch auf nichts, ...
Da, plötzlich, Freundin! wurde eins zu zwei –
– Und Zarathustra ging an mir vorbei – ...‹

Ich berühre das Mineral jenes Steins – kryptokristallinisches Kalzium-Magnesium-Karbonat –, Aufhilfe für den so leicht Erschöpften erhoffend. Ein alter Freund, Sils-Maria-Erklimmer und profunder Nietzsche-Kenner, schenkte mir einen winzigen Splitter davon: w i n z i g , zur Beruhigung des Naturschutzvereins sei es gesagt.

Nietzsches explosive Erleuchtungen; Gedanken, produziert beim Gehen, im Gegensatz zu den Gedanken, die im Kopf eines sitzenden Menschen entwickelt werden. Und Nietzsche war überzeugt davon: »Nur die ergangenen Gedanken haben Werth.«[60] Eine wahrlich extravagante Behauptung. Woraus sich denn zweifelsfrei die aphoristische Form erklärt, in der er seine Gedankenwelt ausbreitete. Diese ergangenen Einfälle dann zu Papier gebracht in jenen kleinen Notizbüchern, die er stets bei sich trug:

»Ich schrieb nicht mit der Hand allein:
Der Fuß will stets mit Schreiber sein.
Fest, frei und tapfer läuft er mir
Bald durch das Feld, bald durchs Papier.«[61]

Dies diskontinuierliche Schreiben, die geringe Fähigkeit zur Herkunftserforschung der Universalien und zur kategorialen Analyse bei allseits umfassendem Urteilsvermögen war der Grund, warum er sein systematisches, großes Werk nicht zu Ende bringen vermochte.

Nun wird man sogleich fragen: War Friedrich Nietzsche überhaupt Philosoph? Im eng begrenzten Raum sich zusammenziehend? Eher gehemmt auf äußere Reize reagierend? Eher rezeptiv als rasch im schriftlichen Ausdruck hervortretend?

War Nietzsche nicht dagegen ein Literat in geradezu verblüffendem Ausmaß? Hat er nicht zuviel geschrieben? Bei Künstlern, ja selbst bei Bach, bei Picasso, bei Goethe, bei Balzac haftet dieser enormen Produktivität etwas Irritierendes an. Das Mirakel der hohen Qualität dieser Hervorbringungen subsumieren wir unter den Begriff des Genie-Akkordes,– begreifen können wir es nicht. Die genialen Schöpfungen stehen außerhalb der rationalen Kategorien, sie sind Teil der so oft von Benn beschworenen *mythischen Partizipation.* Die Wurzeln greifen tiefer, halten sich bedeckt: Schafft der Künstler etwas Lebendiges für die Gegenwart, oder findet er nur etwas in der Vergangenheit wieder? Die schiere Masse des produktiven Ausstoßes bei Nietzsche, ihr vulkanhaftes Hervortreiben, der nur mühsam durch alle Arten von Verkleidung und Masken kaschierte geistige Hochmut: »Hat man mich verstanden ...? ... ich bilde mir ein, mit diesem Zarathustra die deutsche Sprache zu ihrer Vollendung gebracht zu haben ...«. Sein von Kennern gerühmter musikalischer Nachlaß, seine Lyrik: »Ich bin der Erfinder des Dithyrambus«: Die zitternde Existenz eines zerrissenen Individuums, das Gedichte macht, das Maske und Lüge des Dichters beschwört. Selten – dann jedoch einzigartig – gelingt es

Die Spaltungen, den Riß, die Übergänge,
den Kern, wo die Zerstörung dir geschieht, –

zu verhüllen. Man sieht geradezu in den »Dithyramben«

die Tränen und die Härten,
... das Fleisch, ... das dies vollbracht.

Bestehen Zweifel, daß Gottfried Benn in diesem Gedicht *Verhülle dich* – den Künstler-Kollegen Nietzsche andichtete?

»An der Brücke stand
jüngst ich in brauner Nacht.
Fernher kam Gesang;
goldener Tropfen quoll's
über die zitternde Fläche weg.
Gondeln, Lichter, Musik
trunken schwamm's in die Dämmerung hinaus ...«[62]

Gottfried Benn aber, ging er uns verloren? Machten wir doch diesen Umweg zu Nietzsche, um unseren Helden als einen zu erkennen, der unsere so langsam auseinandergebreiteten Gründe und mutmaßlichen Beweisführungen antizipatorisch wußte, in ihnen sicher und gewiß sich eingerichtet hatte. Benn hatte es im Augenblick erfaßt: das Künstlertum Nietzsches. Die Philosophie – er gab sie drein.

Umständlich könnte man nun die Rezeptionsgeschichte Nietzsches in ihrem Bedeutungsaspekt für Gottfried Benn verfolgen. Verfehlt aber ein allgemeines Gerede über die symbiontischen Qualitäten des Nietzsche-Benn-Aspektes nicht diesen Prozeß der Aneignung? Das Einschmelzen fremden Materials im Essay, im Gedicht vollzieht sich nach Regeln, die im konstitutionellen Wahlverhalten des Lesers – Gottfried Benns begründet sind: Der Bauer frißt nur was er kennt; will sagen, man sieht nur, was man weiß.

Doch schürfen wir auf tiefgepflügtem Acker. Sollte die Pflugschar hie und da doch noch einen nicht erkannten Scherben blinken lassen? Oder daß – der Ackersmann weiß darum – immer neue Steine und Knollen nach oben drängen, die aufzuheben, zu wenden, an den Bruchflächen zum Funkeln zu bringen interessant sein könnte?

Wobei die genauen Kenner und Fachgelehrten auf ihren breiten Schneisen und wohlgepflegten Alleen ungestört – und bewundert bleiben. Denn angestrengt ist in dieser Richtung gearbeitet worden, grimme Furche und flache Gräben aufreißend: Man gab dem Erstaunen darüber Ausdruck, daß der scharfe Grat, der die ästhetische von der metaphysischen Ausrichtung »im Dichten und Denken« Gottfried Benns trennt, nicht genügend beachtet worden ist. Die Ableitung der monologischen Kunst, die Auffüllung des Begriffs der Artistik mit Inhalt, das Bionegative und der evolutionsverklärte Übermensch in Absicht auf das große Individuum. Hier das Einströmen der Lebensbejahung – Lebensverneinung als Gegensatz der Kunstsicht Nietzsche–Benn herausgearbeitet, dort als wenig begründetes Urteil verworfen. Gründliches, solides Suchen nach Fußstapfen Nietzsches im Werk Gottfried Benns, wortkombinatorische Reflexionen zur Kunstproblematik in eindrucksvoller Nietzsche-Beleuchtung: So geht es hin und her, zwischen Köln und Colorado. Es strömte davon in den frühen siebziger Jahren.

Vierteljahreszeitschriften und Doktorarbeiten faßten dieses Bruderpaar: *Und waren es mehr als 50 Seiten geworden, gelang damit die Habilitation.* Viel Theaterdonner dabei. Offenbare Gemeinsamkeiten und verborgene Gegensätze subtil herausgearbeitet; letztlich führte man seine eigenen Attraktionen vor. Geschmückt jedoch mit prunkenden Anmerkungen, wo denn die köstlichsten Happen für den hungrig Einkehrenden zu finden sind. Getrüffelt mit Scholien, die Leselust zu reizen. Oft aber – sehr oft leider – ist die fehlende Leseliste zu beklagen, selten ein Namensverzeichnis vorhanden. Wobei die lobenswerten Ausnahmen die Regel bestätigen: Gilt doch unverändert der Ausruf des großen Alexander von Humboldt zum Wert des Registermachens: wird man Nachsicht haben, daß ich sein Urteil in einer Parenthese verberge?*

Benn kannte die Nietzsche-Sekundärliteratur seiner Zeit: Bertrams – dem George-Kreis verpflichtete – ästhetisch-musische Deutung, Jaspers'[63] Versuch, ihn als gescheiterten Existenzphilosophen zu verstehen. Alfred Baeumler gar wollte ihn für den nationalsozialistischen Hausgebrauch zurechtbiegen. Nietzsche wurde populär: »das schlimmste Schicksal, das ein Denker haben kann ...«[64]

Dabei konnte Benn die Nietzsche-Interpretation Heideggers[65] noch nicht kennen, dem es gelang, die verborgene Metaphysik im Werk der ambulanten Philosophie des rastlosen Wanderers aufzuspüren.

Benn hätte diesen metaphysischen Ansatz wohl goutiert. Und der Röckener Pfarrerssohn – erklärter Anti-Metaphysiker – in seinem Grabe an der Südseite des Kirchenschiffes: Wäre ihm dazu wohl mehr eingefallen als das mögliche *On verra* ... seines Mansfelder Panegyrikers?

Ein Wort noch zu den *Bedenken gegen Nietzsche*, zur Interaktion des Begriffes *Nihilismus* und der neuen »ethischen« Realität, die ihn überwinden könnte: Diese Kontroversen sind bekannt, tragen nichts zur Erhellung bei, sind Schnee von gestern. Wir ersparen uns die Repetition.

Gottfried Benn war vierzehn Jahre alt, als Nietzsche in Weimar starb. Und bald sollte ihm dieses grandiose 19. Jahrhundert im Tode folgen. Jene fast ein Säkulum währende Epoche: Tut man einige Abstriche, ein wahrhaftig goldenes Zeitalter. Ein Zeitalter des Maßlosen überhaupt: Naturwissenschaften und Technik kamen an die Spitze. Imperialismus auf allen Gebieten: Was glaubte man nicht leisten zu können? Größe und Machtstreben allenthalben: Wie sollte Nietzsche nicht infiziert sein mit dem Bazillus gewagtester Übersteigerung gründerzeitlichen Machtverlangens? Denkt nicht auch Zarathustra aus kältester Einsamkeit in übermenschlicher Pose sich empor zu den Höhen der Menschheit? Um zugleich – oh, reiner Widerspruch – die ganze Atmosphäre seiner Zeit zu verändern?

Nietzsche und Benn: Der weitreichende Gigant der nachgoetheschen Epoche und die *Laus aus Mansfeld*: Ist es vermessen zu sagen, im Zwang der unausweichlichen Notwendigkeit, der Offenbarung und des Unbedingtseins, – *nie eine Wahl gehabt*, – ist es Mutwille, b e i d e »im Gefühl der Kraftsteigerung« und der »göttlichen Lust des Schaffenden«, nebeneinander stehend aus gleicher Schöpfungswurzel Rausch und Form ziehend zu sehen?

Im Gedicht begleitet Gottfried Benn Nietzsche nach Turin, nach Sils-Maria:

wer so wie ich verloren,
wer so wie ich erkannt,
der wird nicht mehr beschworen
durch eine weisse Hand – ...

»Wer das verlor,
was du verlorst, macht nirgends halt –, ...«[66]

Die *weisse Hand* aber des großen Einsamen, sie hielt und beschwor Gottfried Benn.

Eins ist es, das Spinnengeflecht, in dem er sich verfing, analytisch zu entzerren, die Klebepunkte zu lösen, Benn seine eigentümlichen Konturen wiederzugeben, das Gespinst aus Worten, Sätzen und Gedanken zu entkräuseln.

Ein anderes aber ist es, das Bild des Silvaplana-Wanderers so aufzurichten, daß die ungeheure Komplexität seiner Erscheinung deutlich wird, zwischen strengem Ernst, der Zerstörung jeglicher Moral, – und dem Weltenspaßmacher mit der Narrenkappe. Und für die, welche mir bis hier gefolgt sind, seine Größe noch im höherklimmenden Entschwinden sichtbar zu machen.

S i l s - M a r i a »... eine Leuchtkraft aller Farben, ein Blau auf See und Himmel, eine Klarheit der Luft, vollkommen unerhört«.[67]

Jene Dame aber, frühere Lehrerin aus Deutschland, die das alljährliche Nietzsche-Colloquium – 6000 Fuß über dem Meere – genoß, sollte sie recht haben, wenn sie beim Frühstück schon im prachtvollen Jugendstil-Speisesaal des Edelweiß-Hotels sagte: »Ich will Nietzsche nicht allein den Germanisten überlassen. Diese Götterspeise gehört auch mir.«[68]

... kein Gas vielfach, keine Kohlen.
Dieser Monat ist einer der
furchtbarsten meines Lebens gewesen.
Gottfried Benn
24.II.1929

Dreizehntes Kapitel

Krisen

Dabei hatte es sich zu Beginn so gut angelassen. Selbst sonntags, von 10 – 11 Uhr, hielt Dr. Benn Sprechstunde ab; wir lesen es auf dem Praxisschild des Facharztes für Haut- und Harnleiden. Im Kreuzberger Viertel, nördlich des nahen Halleschen Tores und nicht fern dem Friedrichstraßen-Milieu, fanden die Strichmädchen billige Absteigen. Die Wirtinnen sahen mehr aufs Geld, nicht so sehr auf die Moral. Mit der es ohnehin schlecht bestellt war.

Durch Not, Hunger, Straßenschlachten und Inflation suchte die besiegte Nation ihren Weg aus dem Chaos der Nachkriegszeit. Aus dem Osten strömten ganze Völkerscharen heran. 300 000 Russen wohnten in Berlin, vorzugsweise in »Charlottengrad«. Sechs russische Banken, drei russische Tageszeitungen, siebenundachtzig Verlage standen ihnen zur Verfügung. Exilanten aus Prag, Sofia, Belgrad belebten die Szene. Da wurden die Schleimhäute lebendig. *Koks* (Kokain) wurde gesellschaftsfähig, die niedere Minne zum Broterwerb. Benns Spezialität florierte, mehr als ihm lieb war. 87000 Geschlechtskranke waren 1918/19 registriert. Ein Bruchteil dessen, was ungemeldet durch die Ordinationszimmer, in die Polikliniken strömte: Protargolspülungen des *heiß geschäkerten Blasenausganges*, Salvarsaninfusionen für den *Erweichungsparasiten**: *Hepp ... großer Run ... und dowe Bande ...*, so kann man es auch sehen.

Sprüche wie: Der Gonokokkus sitzt und lauscht, wenn Protargol vorüberrauscht; die Verszeile: Ei, ei, ei wer kommt denn da? – die Spirochaeta pallida! waren aus dem medizynischen Vokabular in die Volkspoesie entwichen. *Jobber und Bänkeljulen, Chuzpen und Luden* trafen sich bei *Hurentorte mit Sodomitensahne: alle Skalen* tosten.

Tosten sie überall? Sicher, der schwarze Schwan, Else Lasker-Schüler war abgetan. Die Berliner Sängerin, dem Oberarzt Dr. Benn anvertraut, zur Truppenbetreuung in der belgischen Etappenstadt geschickt und andere *Schnuckchen* passé. Aber, erinnern wir uns, war Dr. Benn nicht verheiratet? Hatte er nicht eine dreijährige Tochter, auf seinen ausdrücklichen Wunsch hin Nele genannt? Wie war es damit? In Hellerau, dem noblen Gartenvillenvorort Dresdens hatte er, noch von Brüssel aus, sein in den Windeln liegendes Töchterchen besucht. Zum erstenmal sah er seine Frau in ihrer angestammten Umgebung: Patrizierfamilie, wohlhabend, aktive Generäle, Exzellenzen, königliche Ministerpräsidenten in der Verwandtschaft. Kultiviert, gebildet, musikalisch. Selbstverständlich und gewandt in den Salons; Konzerte, Theaterbesuche gehörten zum Lebensstil. Wie mag Mimm, die Schwiegermama, wie Ada, seine nunmehrige Schwägerin, Augenärztin in Jena, den acht Jahre jüngeren Schwiegersohn ihrer Tochter, der Schwester gesehen haben? Zwar war er superkorrekt gekleidet, wie immer, – aber als Gesellschaftsmensch?

Und er selbst? Der Eigenbrötler und mauernumgeben, erwachend aus den sorgenfreien Jahren der Brüsseler Etappe, jetzt erst gewahr werdend, daß er – Ehemann ist? Seine Frau Edith, gute Figur, schlank, gepflegt, kam mit ihrem Blüthner-Flügel und Nele aus Dresden angereist, wollte eine Familie sein. Brachte auch ihren Sohn Andreas mit, ein Kind der Liebe zu einem durchreisenden Kapellmeister, der sie dann sitzen ließ. Vier Räume nur hatte Benns Praxiswohnung. Zur Straße gelegen das Ordinationszimmer und zwei Wartezimmer, von denen das eine etwas komfortabler eingerichtet war, so daß auch private Besuche empfangen werden konnten. Und jener vielbesprochene, zum Innenhof gelegene Raum, in den *sich ein Musikcafé ergoß*: sein Schlafzimmer. Hier, in dieser mäßigen Etage hatte sich Dr. Benn eingerichtet. Hier entwickelte sich das Geschäftliche seiner Existenz, hier war seine Dichterklause und sein *Siechenhaus*, sturmfrei natürlich. Für eine Familie war kein Platz. So wurde in einer Nebenstraße des Tauentzien, halb-

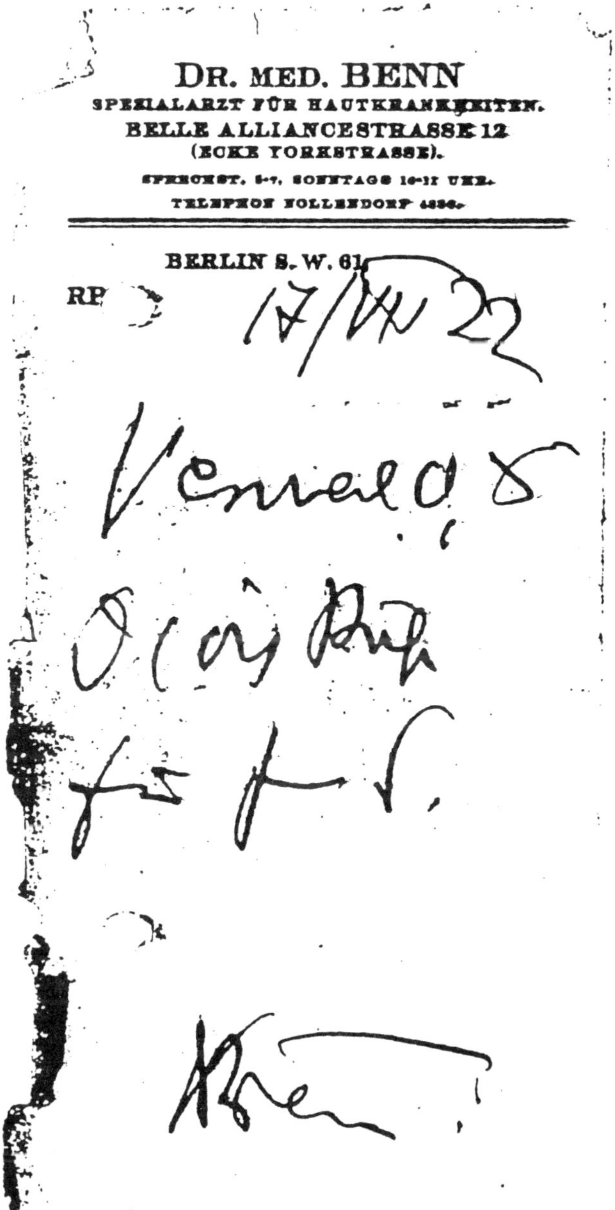

Rezept von Gottfried Benn (17. 07. 1922)

wegs zwischen Kaiser-Wilhelm-Gedächtniskirche und dem Wittenbergplatz, eine zweite Wohnung gemietet, Passauer Str. 20. Hier, so hoffte die junge Ehefrau – 40 Jahre war sie alt –, sollte ihr Mann sein zu Hause haben. Und sie richtete alles so her, daß er sich hätte wohlfühlen können.

Aber es kam anders, wir sollten es aussprechen: Benns Möglichkeiten waren seinen bürgerlichen Wünschen nicht gewachsen. Aller Nachvollzug, alles Suchen nach Gründen für sein Verhalten, vermeintlicher Willensaufwand, mit schlechtem Gewissen, das Familiäre als Störfaktor dichterischer Produktion von sich fernzuhalten, mit Anfällen von Reue auch: Es gibt hier nichts zu applanieren und nichts zu verstehen. Jeder Versuch, den Venerologen als geschlossene Ganzheit zu sehen, die einzelnen Züge zu einer harmonischen Individualität zu synthetisieren, gehen fehl: *Fragmente*. So ist der menschliche Aufbau Gottfried Benns nicht zu begreifen. Umhergestreute Trümmer acherontischer Zeiten, ein sinnloses Nebeneinander zufälliger Bruchstücke, chromosomales Verwirrspiel, genetische Gegebenheiten der im Erbgang geschüttelten Desoxyribonukleinsäuren*. Die Tatsachen grell gegeneinander gesetzt, wie er handelte, sich verhielt: s o sind wir ihm am nächsten. Nicht nur seine Kunst, auch sein Privatleben hatte einen doppelten Boden, was er wußte und aussprach: *Die Einheit der Persönlichkeit ist eine fragwürdige Sache*.

Benn kam also nach der Praxis nicht in die Passauer Straße, in die Arme seiner Frau, umschmeichelt von den Kindern, die sich seiner Heimkehr freuten, die glückliche Harmonie dieser naturhaften Zuwendung unbewußt empfanden. Jedenfalls kam er selten – »es war wohl nicht oft«[69], blieb abgekapselt, führte ein Leben für sich. Seltsame Zustände. So mochte Frau Edith denken, schwieg aber und spielte ihm auf dem Flügel etwas vor: »das liebte er«.[70] Noch trug seine Praxis die ökonomische Basis für diese doppelte Haushaltsführung. Noch waren die Zeiten schlecht, *Bartflechten* und auch der *Hodenschurz voll Läuse* waren dem Hautarzt willkommen. Noch kassierte Herr Stummel und Frau Stänke ein, wenn *ein Provinziale in einer Minettschnauze ertrinkt*, *sich nicht* (das Kondom) *das Seelchen überstreift*, um dann, mit *cyanüren Schwälen*, oder *gonorrhoischen Schwarten* Hilfe und Heilung suchend, in die

Belle-Alliance-Straße 12 zu kommen. Blühte doch Dr. Benns *Demimonde-Gewerbe* immer nach großen Zusammenbrüchen, auch später, wenn Not und Libertinage die City leben lassen: selbst *Frau Mimose will auch was haben, was ein bißchen neckt –* .

Wir müssen uns vor dieser ersten Frau Gottfried Benns verbeugen, was immer in dieser seltsamen Ehe uns besser verborgen bleibt. Kam er, so hörte sie ihm zu, richtete Weihnachtsfeiern aus. Ließ Nele, fünf Jahre alt, eines seiner Gedichte aufsagen, wohl um ihn an sein Kind zu erinnern. Doch vergeblich ihr *hoch der Familientisch* –, sie sah ihren Mann immer seltener. Auch des Sonntags saß er in der Belle-Alliance-Straße, *preßte und peitschte sich, um Kunst zu machen*, um *mit Kaffeetrinken bis zum Taumeln die Sätze und Träume des Garten von Arles ... aus den coffeinerweiterten Gefäßen des Hirns ... spielend hervorzuzaubern.* Was hast Du vor? Wann kommst Du? Diese Ehe war ihm zuwider. Gebarme der Kinder, Ehefrau-Fragen, *Zeitgeschichtliches, Grundsätzliches* gar: Wie sollte ein Dichter da leben, bei sich selbst sein? Weder wollte er bewundert werden, noch mochte er Frauen, die wie Kletten an ihm hingen. Und wie anders konnte er Frau Ediths Versuche, ihn zu binden, verstehen? »Frauen und Kinder hat man nicht, man wird von ihnen vielmehr gehabt.«[71] Frei wollte er sein, um jeden Preis: Der Egoismus des Produktiven brach sich Bahn. Die Gefühle seiner Frau, aller Frauen, die er verließ, ließen ihn seltsam unberührt: *Sehe ich menschlichen Gram ... Leid des Herzens, ... denke ich nebbich ... Vielleicht ist das eine angeborene und primäre Einstellung*, fügte er einem Abschiedsbrief an Gertrud Zenzes hinzu. Wahr gesprochen, nichts ist dem hinzuzufügen.

Die Bindung an die Passauer Straße lockerte sich zusehends; hinzu kamen finanzielle Bedrängnisse. Nach Auflösung und Apokalypse stellte sich im Reich eine maßvolle Ordnung her. Zwar oft gestört, aber man faßte Tritt. Die Gewerbe belebten sich, Fabriktore öffneten sich, wennschon zögernd: das Ärgste schien überstanden:

Die Börsenbullen und die Bänkeljulen,
Die haben Deutschland wieder aufgebaut.

Wodurch – antizyklisch – bei sinkender Not, auch Haut- und

Harnleiden zurückgingen. Gesundheits- und Meldeämter befaßten sich mit den venerologisch Erkrankten. Paul Ehrlichs Arsenpräparat war wirksam gegen die Syphilis. Die voranschreitende Automatentechnik machte Fromms Act in jedem P. P. zugänglich: den Kokken war der Weg zu den Schleimhäuten versperrt. Trotz sexueller Freizügigkeit und Nachtcafés gingen die venerologischen Erkrankungen zurück, Dr. Benns Wartezimmer war häufig leer, die Mittel flossen spärlicher, *gewisse häusliche Schmerzlichkeiten* nahmen zu. Einer jungen Geliebten ergießt sich das Musikcafé ins Hofzimmer der Belle-Alliance-Straße: Gertrud Zenzes vertraut er seine Bedrückungen an, einer klugen Frau, Archivarin und promovierte Bibliothekarin. Aber es waren nicht nur die *schwierigen Zeitverhältnisse*, welche die ärztliche Praxis drückten. Gottfried Benns Verhältnis zu seinem *Beruf kapitalistisch-opportunistischen Kalibers* wurde entschieden gespannt. *Schmutzfinken von Patienten* nennt er die Kranken, welche ihn noch aufsuchen: Kein Erfolgsrezept, um die Sprechstunde blühen zu lassen. *Miserabel* fühlt er sich, bekocht sich selbst, *viele Mauern um* (s)*ich rum*, das *Dasein sinnlos*. *Arbeiten an eigenen Sachen* macht ihn müde und depressiv. Er *will den Laden verkaufen ... oder die ganze Passauer-Straße zum Deibel jagen, aber eine Tochter kann man nicht zum Deibel jagen, wenngleich* – ... Ein schlimmes Epitheton dieses wenngleich. Denn letztlich tat er es doch, sechzehn Monate nach diesem Brief an *Trudchen*. Wie es dazu kam?

Von ihrem Mann aufgefordert, durch eine Beschäftigung – an ein *Pianofortenmagazin* war gedacht – selbst etwas zu verdienen, wollte Edith Benn sich zuvor wegen eines Gallensteinleidens operieren lassen. Ihre Wahl fiel auf Jena. Dort praktizierte ihre Schwester als Augenärztin, ihre Mutter könnte sie dort, von Hellerau aus, besser besuchen. Vielleicht wollte sie auch fort von Berlin, von ihrem Mann, der abseits von ihr lebte. Professor Magnus, Chef der Chirurgischen Universitätsklinik, operierte, es ging nicht alles nach Wunsch. Drei Tage nach dem Eingriff starb sie, *abends um zehn Uhr in meinen Armen*, so schrieb Gottfried Benn 25 Jahre später an ihrem Todestag seiner Tochter nach Kopenhagen. Und preist die früh verstorbene Mutter als freundlich, höflich und ritterlich, die noch auf dem Sterbebett *nicht im geringsten an sich selbst dachte*, –

so war sie immer gewesen. Doch damals, vor ihrem Tod beschrieb er sie Mungo – Gertrud Zenzes – als *alles andere als arbeitsam ..., sie war ausgesprochen auf Amüsieren und Leichtlebigkeit aus.* Das steht scharf gegeneinander, so sollte es stehen bleiben. Und wie kam Nele nach Dänemark?

Es gibt Augenblicke im Leben, in denen steht man nackt vor dem Urteil der Konventionen, der Sitte, des Anstands, die eine Gesellschaft sich gibt, sich geben muß, um Mensch neben Mensch bestehen zu können; sozialer Kitt, kalmierendes Öl, um Reibungen erträglicher zu machen.

Doktor Benn also begrub seine Frau, stieg – *nach diesem traurigsten Tag meines Lebens* – in den D-Zug Jena–Berlin. Mit ihm im Abteil saß eine statuöse Dame, lebenserfahren, kaum älter als er, üppig, runde Arme, an good arm full. Eine Bekannte der Verstorbenen, von Theater- und Opernzeiten her. Witterte die Opernsängerin Ellen Overgaard, denn sie war es, *den alten Roué*, der ihr gegenübersaß? Ein coup d'amour trieb beide zueinander: Schnell bezieht die Dänin, wie sie fortan genannt werden wird, die Wohnung der Verblichenen: Eurydike ist tot, Orpheus wird wieder singen.

Erschrocken sieht Nele, die siebenjährige Waise, plötzlich zurückgeholt aus dem behüteten Selliner Pfarrhaus ihres Onkels Stephan, die fremde Frau wie selbstverständlich in der vertrauten Umgebung ihrer vor fünf Monaten verstorbenen Mutter eine große Gesellschaft vorbereiten: Die Bayreuther Sängerin – zwar sang sie nicht die Sieglinde, aber es reichte (1925) für die dritte Norne in der »Götterdämmerung« und für die Gerhilde in der »Walküre« –, selbst kinderlos und wohlhabend verheiratet, sie nimmt Nele an die Hand und wird sie an Kindes Statt aufziehen. Man steigt in den Zug nach Kopenhagen: »froh winkend« blieb der Vater zurück, »als wir uns auf dem Bahnsteig in Berlin von ihm verabschiedeten«.[72] So war es – und außerhalb aller Charakterschönheit.

Andreas, Benns Stiefsohn kam in ein Internat nach Niesky, bei Görlitz: »Arbeitsruhe hier in Berlin.«[73] So ließ Frau Soerensen, inzwischen Mutter zweier Kinder, es siebenunddreißig Jahre später in ihrem Erinnerungsbuch drucken. Wir haben ihr zu danken: sie hatte das Recht, bitter zu sein, – und blieb dennoch nobel.

Die Ehe- und Kinderkalamität also war überstanden. Von Mungo hatte er sich vor dem Tod seiner Frau bereits getrennt: ein meisterlicher Abschiedsbrief, Tränen trocknend, den Bund trennend, das verbindende Band jedoch noch haltend. Zum Sie bald übergehend. Denn es gehörte zu seinem Ritual, die hochaufschäumenden Affären – und es waren nicht wenige – in den beruhigten Hafen vertraulicher Offenheit zu lenken. Was ihm – fast – immer gelang. Seine erotische Eminenz muß sehr groß, seine Ausdruckskraft überwältigend gewesen sein. Wo denn das Leben, bei solch ausdauernden, geglückten Balancen eine Reihe von Jahren hindurch zusieht.

Krisen: Wo sie festmachen bei einem Menschen, der berufliche Zusammenbrüche, finanzielle Desaster, Ruin des Vaterlandes, Liebe, Tote auch ohne Laut und Regung hinein nahm in sein Dasein, sie produktiv machte und als Summe des eigenen Lebens in seinem poetischen Schatzhaus barg.

Frei war er nun, wenig behelligt von der Praxis: *degoutant* fand er sie. Man wird nicht sagen können, daß Gottfried Benn, zumindest in dieser Zeit, ein begeisterter Arzt gewesen wäre. Wennschon eine eigentümliche Schwäche, ein inneres Kommando zu Hilfen, Nächstengefühl, Samaritertum sichtbar blieb.

Als Maschinengewehrsalven rüttelten, die Straßen leergefegt waren, Putschisten und Kommunisten verletzt liegen blieben, niemand sich exponieren wollte, war Benn es, der die Blutenden verband, sich um sie kümmerte. Und schimmert nicht selbst aus der *Morgue*, aus *Affenlied* und *Requiem* ein irrlichtender, stets bedeckt gehaltener Glanz menschlicher Zuwendung uns entgegen? Schroff abgebrüht, dann mit eiseskalten Egoismen, – und ohne Brücken. Benns Kunst, seine Artistengesinnung ist antibürgerlich, extrem: *lieber lächerlich als bürgerlich*. Natürlich geht er dann *im Cutaway zum Rendezvous*. Er schweigt, zwei Stunden lang, im Romanischen Cafe Alice Schuster an, die es mir selbst erzählte: Äußerlich ein Lord, war er ein Revolutionär der Begriffe, Anarchist, Rebell der Freiheit – und dem Ideologischen seltsam entrückt. Becher, Brecht schickten ihm Widmungsexemplare. Mit Döblin, *ruhmreicher Epiker*, fühlte er sich im Einverständnis als *Arzt, der von Kassenpraxis lebt*.

Mit Grosz war er gut bekannt, man duzte sich. Der linksstehende Franz Pfempfert druckte in der »Aktion« seine Sachen. Carl Einstein, Benns anderer Duzfreund, dachte während der Bürgerkriegswirren in Berlin in Richtung einer bolschewistischen Regierung, wünschte die Diktatur des Proletariats. Im »Querschnitt« läßt Benn einen Essay drucken, eindeutig links gerichtet: *Dein Körper gehört dir*.[74] Die polemisch zustimmende Besprechung eines Buches, das im Verlag seines geschätzten Bierfreundes Erich Reiss erschienen war: Benn begrüßt die Tendenz dieses gegen den Abtreibungsparagraphen 218 geschriebenen Romans. Stellt die gesellschaftlichen Mißstände heraus, welche die *kapitalschwachen Schichten* zwingen, *Streichhölzerköpfchen* (zu) *schlucken und den Thermometerinhalt auf die Schmalzstullen zu schmieren, damit sich die Gebärmutter in Bewegung setzt.*

Fest steht er auf der Seite der Dienstmädchen, der Proletarier, gegen den Staat, *der für das keimende Leben dies riesige Interesse bekundet, das er für das ausgekeimte dann schnell verliert.* Steht gegen Kapitalismus und Rüstung. Und läßt das Pamphlet, im Anblick der leidenden Proletarierscharen mit den Worten Marguerittes, des Verfassers, enden: *Sie sind die Mehrheit! Wenn sie ihre Kräfte nur erziehen wollten.*

Zwar folgen Intermezzi mit Becher und E.E. Kisch, dem rasenden Reporter, wegen der Besprechung seiner *Gesammelten Prosa* durch Herrmann-Neiße, der sich gegen die »literarischen Lieferanten politischen Propaganda-Materials« wendet. Noch ein Jahr danach sieht Klaus Mann ihn, wennschon mit ahnungsvollen Einschränkungen, auf seiner Seite: »Sie stehen selbst links, Gottfried Benn ...« Und selbst im beginnenden Höllensturz des Jahres 33 hat er sich gegen den Verdacht des Defätismus zu verteidigen: *.. ich bin nie links gewesen, nicht eine Stunde.* Wir werden zu untersuchen haben – später – wie Benn in den Geruch kam, ein Linksintellektueller zu sein: Er war es nicht, seine Sterne leuchteten über anderen Meeren.

Aber immer blieb Benns verlegene Grazie des Helfenwollens, dem Einzelnen gegenüber – hin bis zum Honorarverzicht; bei kältestem Urteil gegen das Allgemeine, die Menschheit; nennen wir es sein soziales feeling. Auch war die öffentliche Situation, waren

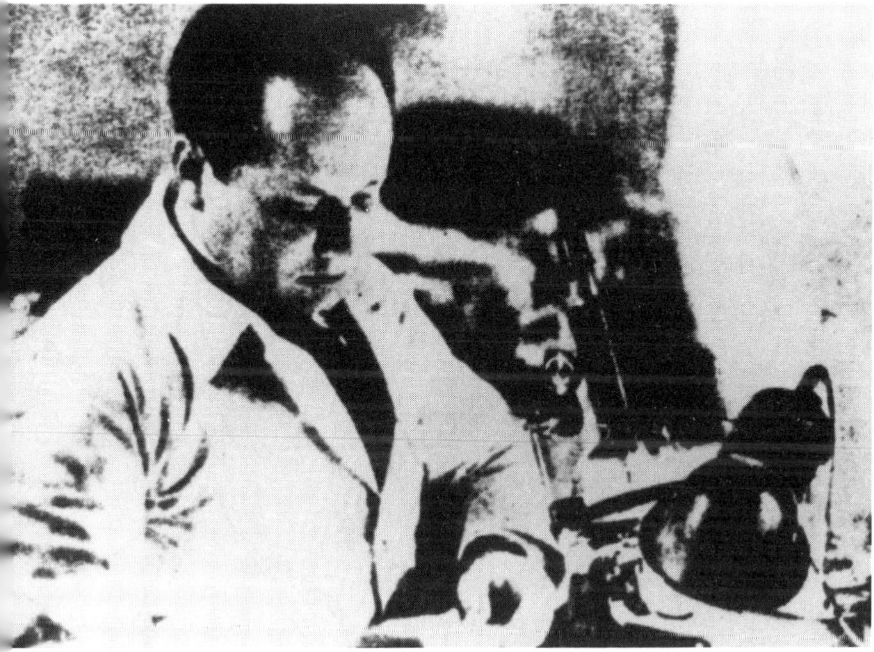

Gottfried Benn am Mikroskop, etwa 1929

Gottfried Benn (1930)
Lithographie von Manfred Pahl

Benns rückläufige Quartalsabrechnungen mit den Krankenkassen nicht dazu angetan, den Zeitläuften, dem Staat besondere Erbauungsgefühle zuzuwenden.

Sagen wir es offen: Gottfried Benn lavierte bis in die dreißiger Jahre am Rande des finanziellen Ruins.

Gewiß, auch die anschleichende Inflation mochte dazu beitragen. Als Erich Reiss, nach einigen Querelen mit dem Kurt Wolff-Verlag, der 1916 *Gehirne* herausgebracht hatte, im Mai 1922 Benns *Gesammelte Schriften* annoncierte, sollte der geheftete Band, 220 Seiten stark – auf holzfreiem Papier – immerhin 75 Mark kosten.

Aber das kann es nicht gewesen sein. Traf doch die Geldentwertung die ganze Nation – und wurde überstanden. Zwar kann der Dichter Gottfried Benn sich nicht genug tun darzulegen, daß der H a u t a r z t , Dr. med. Benn seinem Pegasus die Futterkrippe füllte, wennschon *im nahen Umgang mit Gerichtsvollziehern.* So durchzieht die Briefe – von denen er viele schrieb –, ja selbst seine Essays, bis zu seiner Reaktivierungszeit im April 1935 als Generalbaß der kaum unterbrochene Klageton seiner Misere. Oft bleibt die Praxisklingel stumm, *tödliche Stille, unerträglich ... mikroskopisch klein* läuft das *Geschäft*, wie er es nennt. *Mies geht es ihm, bergab, schlechte Wirtschaftslage, armselige Existenz*, so hören wir. Die Steuer droht mit Pfändung: Krisen also auch hier. Immerhin hält er die komfortablere Privatwohnung in der Passauer Straße – wir sahen dort Frau Overgaard – noch vier Jahre nach dem Tode seiner Frau. Aber lebten nicht auch die anderen Ärzte von den 1,80 M, die sie pro Patient und Monat von der Krankenkasse erhielten? Waren es wirklich nur die staatlichen Fürsorge- und Beratungsstellen, die Prophylaxe, die Verbesserung des öffentlichen Gesundheitswesens, welche die Patienten von der Belle-Alliance-Straße fernhielten? Wie sieht sich der Doktor selbst, dem *dies tägliche Schmieren und Spritzen und Quacksalben* zuwider ist. Der seine Kranken *nichtssagend* begrüßt, der unentwegt daran denkt, *mehr Zeit und Raum für sich zu haben* für *Arbeiten an seinen eigenen Sachen. Meistens mißvergnügt* ist er, oft in *unterhaltungsfeindlicher Verstimmung*, von *geradezu krankhafter Menschenflucht.* Aber machte sich der Stadtarzt nicht über die von Patienten erwarteten *Aufbauworte*, über *Genesungssubstantive* lustig? Begreift seine Kollegen als *Blut-*

druckapostel und Kardiogrammschamanen, sieht ihre exakten Untersuchungsmethoden als *Lächerlichkeiten der internistischen Manipulation*? Sollte sich dies am Halleschen Ufer und Kreuzbergviertel nicht unter den Patienten herumgesprochen haben? Ohne Schnörkel und Scheu sollten wir es aussprechen: Es war – auch – Dr. Benns eigenes Verhalten, Reserviertheit und Kälte, die Ratsuchende davon abhielt, die Klingel an seiner Praxistür zu betätigen. Und einmal mehr haben wir Frau Nele Soerensen zu bewundern, geb. Benn aus Dresden/Hellerau, die ihrem Vater, der sie so schnöde im Stich lassen mußte, dennoch zutraute, als Modearzt am Kurfürstendamm, als Fels im Meer, und den Horch-Wagen vor der Tür, sich zu etablieren.

Entgegen allen Klage- und Verzagensrufen stimmt uns Widersprüchliches nachdenklich: Schon, kein Daimler stand in der Garage – was damals ohnehin unüblich war. In den zwanziger Jahren erledigte der Hausarzt seine Krankenbesuche zu Fuß oder mit dem Fahrrad. Was stand neben Gottfried Benns Melancholien und Depressionen? Was haben wir von seinen Dämmerungswünschen, berufsfeindlichen Stimmungen, seiner Gesellschaftsscheu zu halten? Daß er ein Techtelmechtel auslädt, nicht zum tête à tête nach Frankfurt a.d. Oder zum Mungo, zu Gertrud Zenzes fährt, weil er gerade eben von einer amourösen Stippvisite in der Tschechei zurück war; Thea Sternheims Einladung ausschlug, weil er den anwesenden André Gide nicht leiden mochte, der Konversationston ihm mißfiel und seine französischen Sprachkenntnisse mangelhaft waren? Über *Alter und Einsamkeit* hören wir den 41jährigen aus seiner Hinterstube klagen.

Schon – entweder einsam oder ...?

Es ist kurz nach dem Weltkrieg, Revolutionsstimmung, ein Maiabend, keine Schüsse am Denkmal des Alten Fritz. Ruhig liegt der Pariser Platz, ruhig wiegt sich Spree-Athen, das neue Babylon, über seiner chaotischen Tiefe. Ein aufgeregter Herr springt aus dem Doppeldecker-Bus der Linie 1, stürzt ins Hotel Adlon! Feinste Adresse. Grün livrierte Pagen, Kellner im Frack. Frauen, *kanaanitisch braun*, Chinchillastolen, federgeschmückt die Seidenkappe, Veuve Cliquot im Silberkübel. Der Aufgeregte – es war Eduard Künneke – stürmte zur Bar: »Eine Schere, schnell eine

Schere«, ruft er. Es erhebt sich von einem der Tische ein distinguierter Herr, knappe militärische Verbeugung: *Doktor Benn. Ich bin Arzt – kann ich Ihnen helfen*? Die Verwirrung klärt sich, der Operettenkomponist hatte im Omnibus musikalische Einfälle auf die Manschette notiert: Dr. Benn zieht aus der Brusttasche eine gebogene Verbandsschere, trennt die Manschette vom Hemd, fragt nach abgeschlossener Operation *hat es sehr weh getan*? Man eilte in den Festsaal, Künneke öffnet den Flügel, die Manschette als Notenheft vor sich aufgestellt: »Ich trink auf dein lächelndes Augenpaar«, – und »Onkel und Tante, ja das sind Verwandte, die man am liebsten nur von hinten sieht« ertönt. Die Umstehenden lachen, man singt mit: Si non e vero e ben trovato.[75]

Aber nicht nur im Adlon treffen wir Dr. Benn. Wir finden ihn auf Maskenbällen, die Negerkapellen aus New Orleans faszinieren ihn, Otto Dix hat sie gemalt. Existenzsorgen, schlechte Wirtschaftslage, verluderte Häuslichkeit, und in der Küche die selbstgekochte Suppe. Mit Freunden oder Bekannten frequentiert er das berühmte Restaurant Schlichter, ißt bei Siechen, im Lokal Fürstenberg. Immerhin, es sind dies die Tempel der Kochkunst, die Treffs der feinen Welt. Man mußte schon rasiert sein und duftende Seifen benutzen, um hier eingelassen zu werden. Von den Rechnungen wollen wir schweigen.

Es ist eine Mär, aus Büchern und Briefpapier gezogen, daß Gottfried Benn ein redekurzer Einsiedler und asketischer Eigenbrötler gewesen wäre: Er aß gerne und reichlich und wies die Anbietplatte nicht zurück, wenn sie sich zum zweitenmal näherte, und wurde zornig, wenn er keine Stoffserviette bekam.

Nicht umsonst umgab ihn ein Schwarm von Frauen, anspruchsvolle darunter und gesprächserfahrene, sie wußten es anders. Der Kreis seiner Bekannten und solcher, die Kontakt zu ihm suchten, war enorm. Die Aura eines infernalischen Ruhmes umgab ihn: Die Berliner Kunst-, Theater-, Verleger- und Literatencliquen kannten ihn. Und Berlin wog damals viel, der Rest des Reiches war Provinz.

Krisen? Gewiß, aber sie wuchsen aus dem Konstitutionellen, das gesellschaftliche Umfeld war sekundär. Benn wußte, daß er vorne lag, zeitgenössisch im großen Stil mit seiner experimentellen Lyrik. Ein »Parzifal mit dem Kokainlöffel« nannte ihn Rudolf Kurtz, die

Welt als den objektiven Geist in der Morphiumspritze sehend. Er sei eine der wesentlichsten Erscheinungen nicht nur der deutschen, sondern der europäischen Literatur, bestätigte ihm Hermann Kasack. Und er blieb vorne, während die anderen, die mit ihm heraufgekommen waren, zurückblieben, weich wurden, die Öffentlichkeit, den Erfolg suchten und damit den Anmutungen des Metallreizes erlagen. »Wandlungsfähige Macher« waren sie, wie ihnen Herrmann-Neiße bescheinigt. »Nur Benn ging ran«, so schrieb Carl Einstein an eine Freundin.

So war man denn berühmt, der *kleine Ruhm jener Berliner Jahre.* Hatte sich *massakriert u. erniedrigt, um zum letzten erfüllbaren Ausdruck zu kommen.* Jene kennerische happy few, welche das Pikante selbst dann zu schätzen weiß, wenn es mit Geist verbunden ist, hatte sich mit den *Gesammelten Schriften* bekannt gemacht. Nun spürte er das Echo, wurde eingeladen, war im PEN-Club aufgenommen, um Verfertigung von Operntexten von berühmten Komponisten, Mercedesfahrern, gebeten. Und hatte sich um Pickel und Yohimbin*, Rachenmandeln und Lidrandentzündungen zu kümmern, des Leibes Notdurft zu stillen. Kann man, *Picassos Geigen* schauend, getrieben von produktiven Zwängen, die Splitter aus geborstenen Kosmen mit *zärtlicher Langsamkeit* neu verbinden zu einer Geige aus Blut? Kann man danach, um 9 Uhr des Morgens, das Wartezimmer betreten und rufen: der Nächste bitte?

Daß er mit den vier Mark fünfzig im Monat, welche seine dichterische Produktion ihm einbrachte, als *einer der Größten dieser Zeit* seine Tripper spritzen mußte, um pünktlich am ersten die Miete bezahlen zu können, d a s war die eigentliche Krise.

Eine seiner Krisen. Von anderen werden wir noch hören. Das ging so weit, daß er *Demut nur noch vor einem Teller Brühe und Ehrfurcht vor einem Dollarschein empfindet.* Einnahmen aus literarischen Arbeiten waren also spärlich, Rundfunkeinblendungen zu selten. Vielleicht nahm dieser oder jener seinen Namen dabei auf, wie Oskar Loerke es tat; finanziell reichte es kaum für seinen Bedarf an Kölnisch Wasser.

Ja, Gottfried Benn suchte, an einem Tiefpunkt seiner Existenz, materielle Sicherung und Unterschlupf in einer beamteten Stelle als Amtsarzt. Schrieb Stellengesuche. Doch schien ihm das Angebot der Kommune nicht akzeptabel: Stundenlange Anfahrten, 2000 Kinder ärztlich zu versorgen, Bereitschaftsdienste dazu und ein kümmerliches Entgelt. Vielleicht – so kann man seinen Bericht darüber lesen, waren sein Anspruch zu hoch, seine Vorstellungen unrealistisch: wünschte er doch, in seiner Person die Kunst gefördert zu sehen. Die *produktive Substanz* anerkannt durch *Gehaltsklasse VII mit Zulagen.* Und *können und gehen mögen sie, wann sie wollen.* Das klingt, in einem Stellengesuch, nie gut. Selbst wenn der Adressat, der über Stellen zu entscheiden hat, Professor ist, halbwegs wohlwollend Erkundigungen einzieht, seine Pappenheimer aber zu kennen scheint und eine mögliche Anstellung halb zustimmend einschränkt: *Wenn Sie anständig und pflichttreu arbeiten wollen ...*

Wir hörten es: Benns *kleiner Ruhm* war nach der Veröffentlichung seiner *Gesammelten Schriften* nicht mehr auf den Kreis der Connaisseure beschränkt. Die Öffentlichkeit nahm ihn – zögernd – zur Kenntnis. Die Casino-Herren, wir kennen sie – nicht immer wiehernde Gäule –, sind manchmal an Literatur interessiert: die »Weißen Blätter« und »Die Dichtung« wurden auch hier gelesen. »Der Querschnitt«, den Duft der großen, weiten Welt atmend, oder der »Simplicissimus« mag sogar in Wartezimmern ausgelegen haben. Da wird es verständlich, wenn jener professorale Personalstellenleiter die Bennsche Bewerbung nachdenklich auf seinem Schreibtisch hin und her schob: Der Bewerber mochte *Stuhlgangskurven* offenbar nicht viel abgewinnen. Auch gegen Badeärzte sprach er sich aus. *Rezepte der bombastischsten akademischen Titel* sind ihm gleichwert mit den Heilungsvorstellungen von Telepathen und Wünschelrutenbenutzern. Forschung und Wissenschaft: *Verwertungsproblematik ... kongreßdurchflochtene Biedermannsbetriebsamkeit zwecks Absonderung von ... Lehrstühlen.* Rönne taucht wieder auf, *meist mißvergnügt*, sieht seine Patienten als *Kunden*, war *manchmal benommen, ... auch schwankend in der Struktur.* Möchte als Chirurg *den Verlauf dieser Operation ... dem protokollführenden Wärter ... Sternheimsch diktieren.* Belustigt sich über die *Normung selbst der Gase*, über die *amtlich deputierte ... Säuglingsblase.* Ist man nicht eher erstaunt, daß jener medizinische Personalchef den Bennschen Bewerbungsbrief überhaupt beantwortet hat? Offenbar hatte er von ihm gehört, vielleicht wollte er sogar helfen. Und wird dann aufgeatmet haben, als der Abschluß nicht zustande kam und er in der »Literarischen Welt«, im »Simplicissimus« seine bösen Ahnungen über den Bewerber bestätigt fand: Ein Spott- und Hohnkübel ergoß sich über das, *was weiße Kittel trägt*. Über *Fett und Bauch* vom *Krankenstand* (ge)*nährt*, über diese Unfug produzierenden *Villenzusammenforscher*: *für jede Rattenkreuzung eine Domäne*. Wobei auch die Dichterkollegen ihr Fett abbekommen, diese *flüssigen Epiker ... und Stauer von Mittelstandvorfällen*. Der zornige Rundumschlag läßt die Politiker nicht aus, die mit belebenden Theater-Subventionen *dem preußischen Volke* »Charleys Tante« und das »Weiße Rößl« nahebringen. *Hohenzollern oder Republik, das ist Jacke wie Hose*. Womit denn die politische Seite der Kunst angesprochen ist, – das *an sich nihilistische Problem der Kunst*.

Da waren jene Anrempeleien mit Johannes R. Becher und Egon Erwin Kisch. Becher – als expressionistischer Lyriker mit Benn in der Anthologie »Menschheitsdämmerung« vereint –, hatte ihm drei Jahre zuvor noch seine »Maschinenrhythmen« handschriftlich dediziert. Jetzt verurteilte er die *Gesammelte Prosa* Gottfried Benns – glänzend besprochen von Max Herrmann-Neiße – als »Bekenntnisse einer schönen Seele« und »Literatendünkel in seinen widerwärtigsten Formen«. Für Kisch gar »stinkt widerliche Aristokratie ... aus jeder Zeile des Bennschen Prosabuches«. Der Hintergrund dieses zunächst als Literatengezänk abgetanen, dem Publikum zum Lesegenuß in der »Neuen Bücherschau« ausgebreiteten polemischen Geplänkels war das Verbot des Kommunistischen Rotfrontkämpferbundes nach einer blutigen Demonstration am 1. Mai 1929; sieben Tote und Hunderte von Verletzten waren zu beklagen.

Sicher, Inhalte, erlangte Einsichten und »Abbruch überkommener Begriffe« des überlegenen Weltdichters, wie Herrmann-Neiße Benn in jener Rezension nennt, waren in ihrer Kälte, ihrem elitären Anspruch, ihrem »urwaldblühenden Nihilismus«, für die Herzen fortschrittsfreudiger Sozialisten im Angesicht des Massenelends mit Millionen von Arbeitslosen nicht eben Manna. Daß die Bombe jedoch platzte, war mehr Herrmann-Neißes fast polemischer Charakterisierung der literarischen Linken als der besprochenen Essay-

Sammlung Gottfried Benns zuzuschreiben: Neißes Formulierungen: »keß intellektuelle Publikumslieblinge, literarische Lieferanten politischer Propagandamaterialien und schnell fertige Gebrauchspoeten« waren nicht dazu angetan, Balsam in die Wunden der »Glücksverheißungen« und »den Nachklängen der französischen Revolution« lauschenden Revolutionäre zu gießen. Womit sich die Heftigkeit und Grundsätzlichkeit dieser Polemik und ihrer Nachwehen erklärt. Benns Gegenzug, sein offener Brief an Gerhart Pohl, den Herausgeber der »Neuen Bücherschau«, prompt veröffentlicht, war denn auch danach: Kisch war schnell als *wichtigtuerischer Meinungsäußerer, als feuilletonistischer Stoffbesprenger* abgetan. Mit Johannes R. Bechers »Bekenntnissen einer schönen Seele« jedoch ging er sorglicher um: Noch sprach hier Kollege zu Kollege, Rangunterschiede zum »unfundierten Rum- und Mitläufer« Bechers wurden deutlich. Auch schwoll das polemische Unwetter bald ab, wobei Gottfried Benn glänzend bestanden hatte. Aber dunkle Wolken blieben am Horizont, neue Verfinsterungen und Wetterleuchten: Die Profile wurden deutlicher, die Kanten härter, das Verbindende, es existierte nicht in jenem Licht, *welche alle Dinge zeigen, die sich vollendet haben.*

Wie kam es, daß Benn den Sprung, den Riß, die Zäsur nicht spürte, hier, inmitten der Ouvertüre seiner größten Lebenskrise? War es das Irrationale, die *Regressionstendenzen mit Hilfe des Worts*, das *ich bin der Stirn so satt*, die Zwangsbindung der mit seiner Doppelhelix ihn forttreibenden *produktiven Vorstöße*? Wir werden im fünfzehnten Kapitel davon zu reden haben:

Giraffe, halkyonisch, Känguruh
du, du bist in Arkadien geboren
mein Beutelhase, grunz mir zu!

Seinem *hyperämisch sich entladenden Ich*, immer nahe beim *Tuch, in dem der Pilzsaft sich befindet*, sein Irrationalismus konnte ihm glaubhaft machen, daß *reinrassige Neger ohne Vorkenntnis Motive aus der griechischen Mythologie produzieren* können. Ein Geisteskranker, so schreibt er, brachte Symbole hervor, die später auf einem Papyrus sich fanden: In dieses Schwerfeld sank alles Dunkle, die Lockerungen auch und *Körpererfahrungen aus vorbewußten Sphären*. Dort hinein sank ihm die Aufklärung mit ihren Gesetzen der Naturwissenschaft, Darwin auch und der Entwicklungsbegriff. Können wir diesem verirrten Zögling der Pépinière noch folgen, wo ihm *Kälte des Denkens, Nüchternheit, letzte Schärfe des Begriffes* zugewachsen war? Zu welchen Aufschwüngen und Niederbrüchen würde dieser Irrationalismus, diese Gebärde gegen Gesittung und Zivilisation ihn noch führen? Und keine Momente der Bewußtseinsaufhellung, der Wahrheit? Auch anderen, vor Benn, war die Entgötterung der Welt deutlich, war Gott tot, – und sie widerstanden nur schwer der Versuchung, das Nichts an diese Leerstelle zu setzen. Selten jedoch tönte der Entsetzensschrei über die Profanierung des Seins und der Dinge so rauschhaft und melancholisch zugleich.

Die politischen Zustände in Berlin, Erdbeben, an denen das Schicksal des Reiches hing: wir hören wenig davon. Sehen wir genauer hin, eigentlich gar nichts.

Saalschlachten, Straßenkämpfe: kein Echo. Und wenn es heißt:

> *... ein Stuhlbein her, ein alter Abtrittsmöbel,*
> *ein Schlag, der Rest ist Knochenchirurgie ...*

dann reimt sich das für Benn auf *Menschheitslititi, auf Dichterpack, ... das Schleimgeschmeiß*. Ein anderer »Parzifal mit Belladonnaaugen ...« geht er durch diese Wirklichkeiten der Metropole. Erinnern wir uns der Brüsseler Jahre? *Der Kanonade von der Yser ... ich lebte am Rande, wo das Dasein fällt und das Ich beginnt.* Über Verletzte, die auf der Straße lagen und denen er half, schritt er hinweg in seine Boutike, ging er zu seinen Freundinnen, parfümbestäubt. Leicht war ein Veilchenstrauß zur Hand. Und sie kamen wohl auch zu ihm; in die kaum vorzeigbare Wohnung, in das Hofzimmer mit den *entführenden Weisen* aus dem Musikcafé.

Wochenlang, auch allein, von Suppen lebend, asketisch, war er bedrängt von einem imperativen Triebbedürfnis. Für Klaus Mann der Inbegriff »fanatischer Reinheit« im Wort, konnte es ihn, ein anderer *Trimalchio*, in ein Strichcafé ziehen

Besambar sitzt an jedem Tisch mit Federn
Am Hut und stellt das Bein ...

Gottfried Benn lebt von diesem Milieu, würdigt es nicht herab, arztet mitten darinnen ohne sozialkritische Attitüden; die Dinge sind halt so, du wirst sie nicht ändern. Und wenn der *Hure To*, die nicht krankenversichert ist, das Geld ausgeht, so blieben Abstrich, Spülung oder Salbentampon ohne Bares. Wir wissen wenig davon.

Ein anderes aber waren jene Frauen, von denen wir wissen. Über die Benn spricht, die er vorzeigt, die Briefe von ihm haben:

25 Frauen verlassen
4 x an Gräbern geweint ...

Lassen wir die Gräber einmal beiseite – Edith Osterloh – Lili Breda – Herta v. Wedemeyer ... Auch die Verlassenen wird er nicht gezählt haben.

Leicht wäre es, eine Anthologie von Gedanken, Einlassungen, Lyrismen, Briefstellen auch, zu einem mächtigen Gebinde zu winden, aus dem es denn wenig duftet, kein Wohlgeruch uns umströmt: *Eva, in ihren Formen ... nichts als ein Volkslied, das man trällert.* Oder an Ernestine Costa, aus dem Theatermilieu, wie andere: *Ich denke an Sie, wie an ein kleines rotes Rosenblatt, das ich zwischen den Lippen trug u. auf dem ich ein Balaleikaliedchen summte. Sind Sie darüber böse?* Als er auf diesem Rosenblatte summte, war die Passauer Straße noch von seiner Frau und den Kindern bewohnt: *Liebe, ein Surrogat für Unproduktive?*

Hindemith gar sollte ein Duett komponieren, wo e r der in Hingabeparoxymus verblendeten, reichen Amerikanerin *mit Pampasfülle* absagt:

wer so wie ich erkannt,
der wird nicht mehr beschworen
durch eine weisse Hand –

Wir kennen den Vers.

Belassen wir es bei diesen Bruchstücken. Niemand war darüber in Zweifel gelassen, wie dieser hinreißende, von vitaler Aura getriebene Gentleman hier dachte. Nichts ist verheimlicht, alles liegt offen zu Tage. Und die Frauen waren ihm dankbar dafür, die ja, wie geschrieben ist, *leichter die Zivilisationsschicht durchbrechen*. Dieses: »ich bin einer, auf den ihr euch nicht verlassen könnt«, faszinierte; zog sie an; machte Mutwillen, Bekehrungsversuche zu erproben. Oder enttäuschte, wenn die Schulter, an die man sich zu stützen glaubte zu schwach war, um zu tragen.

Das alles war Gottfried Benn. Nicht sowohl als auch, sondern entweder – oder. Gentleman und Puff, Pair und Clochard; Haltung, Stil – und die süßen Wonnen der Gewöhnlichkeit. Wer hier Widersprüche sucht, wird nichts finden. Er ist sich seines Ranges bewußt, hochmütig bis zum Selbsthaß und zugleich bescheiden sich zurücknehmend. Höflich, der Mann am linken Flügel des zweiten Gliedes. Von aristokratischer Geisteshaltung und in der Kneipe hockend, mit Warenhausdirektricen und hageren Kellnerinnen sich verbindend. Sein Herz aber ausschüttend vor tröstenden Gräfinnen, als eine andere Freundin, Lili Breda, zu Tode kam.

Womit wir die sentimentale, die zärtliche und sanfte Türe zu seinem Charakter öffnen, kaum durch einen Pfosten von jener anderen, zynischen, kalten, menschenverachtenden, egozentrischen Pforte getrennt. Wobei das Zurückgewandte und Strahlende an ihm keineswegs das Schlechte und Zweideutige seiner Natur verhüllen kann:

Lächelnder Asternstrauß dargeboten.
Darin dann das Küchenmesser, welches zur
Gurgel fährt.

Wo immer wir ihn suchen, Gottfried Benn ist alles was wir von ihm wissen und erwarten – und von allem das Gegenteil. Heil denen, die nur die Sonnenseite seines Wesens erfaßten, denen des Mondes abgekehrtes Rund glücklich verborgen blieb.

Seltsam steht dieses jahrelange Klagen und Jammern und Lamentieren gegen den Phänotyp Gottfried Benns: Eine nicht kleine Anzahl von Fotografien – unerwartet bei einem Mann, der unermüdlich sein Verbergen, seine Maske, das Anonyme seiner Existenz aussprach – zeigen ihn in gut geschnittenen Anzügen, offenbar englisches Tuch. Darunter zugeknöpfte wollene oder Stoffweste, modische Krawatte, wenn möglich Atkinson, das Einstecktuch in der Jackett-Tasche.

Die besseren Restaurants der Stadt kannte er: Adlon, Schlichter, Fürstenberg, den Franziskaner. Aber auch Namen wie Horcher, Marquard und Ziro gingen ihm glatt über die Lippen. Chanel und Orchideen für Tilly Wedekind, vierzehn Stunden im D-Zug *bei Vollmond über die Karpaten* für eine Liebesnacht – es ging. Nele, die Tochter, und die *Dänin* wurde mehrfach am Oeresund besucht:

ruhe in Frieden, Seele,
du vollendet süßer Traum–

Mit Erich Reiss wohnte man zehn Tage im feudalen Hotel »Weißer Hirsch«, erstes Haus am Platze in Schwarzburg/Thüringen.

Benn nahm Teil am internationalen Syphilidologen-Kongreß in Paris. Bei Charleville, Laon, den Schlachtfeldern des Weltkrieges wurde haltgemacht. Die Revuen, Moulin rouge, Konzertbesuche, Grand Opera mit der Götterdämmerung und die Comédie Francaise gehörten zum Programm. Das Restaurant, in dem er an der Seine dinierte, war kein Bistro: Hermelin-mantillengeschmückte Damen mit haselnußgroßen Solitären im Ring traten durch die Tür: sie werden selten in einem Beisl gesehen.

Auch war in der Belle-Alliance-Straße eine Hausgehilfin zur Hand, welche die Tür öffnete, wenn es schellte: Sonntags wurde ohnehin außerhalb gespeist: Sich Geben und Leben, Sein und Schein sind unvereinbar, fallen auseinander: *Wenn man das Ganze überblickt, ist es von großer Unverständlichkeit.*

Wir finden Gottfried Benn in seiner Stammkneipe, dem »Reichskanzler« in der Yorkstraße: eingelegte Eier, saure Gurken im Faß, mal eine Boulette im Glasschränkchen auf dem Tresen. Hier traf er sich mit Bekannten, mit Leuten, die ihn zu sprechen wünschten, ging dann wieder die paar Schritte nach Hause. Zwei Pfennig Lohnerhöhung für Arbeiter sind ihm wichtig. Für die Lasker-Schüler hält er seine Wohnung offen, läßt sie wissen, daß *mein Essen u. Trinken Ihnen mit gehört.* Seltsam interessiert ihn das Abtreibungsgeschäft. Er kennt hier genaueste Zahlen: *875 750 Abtreibungen* pro anno. Zehn Jahre Zuchthaus stehen auf die Beihilfe dazu, – diese meist entgeltlich, wie Benn vermerkt. Nur 600 Fälle wurden abgeurteilt: *Pechvögel.* Zehn Mark war das Sündengeld, oft für Pfuscharbeit. *Vierundvierzigtausend Frauen* verstarben an den Folgen des unsachgemäßen Eingriffs: *Für die Damen der höheren Schichten ... ist dies keine Problematik.* Die Honorare waren hier offenbar höher, der eingreifende Sachverstand qualifizierter.

Im Heft 4 des »Anbruch« von 1921 lesen wir ein Gedicht, welches den Vorgang exakt beschreibt, hin bis zum *Untergang* des *Protoplasmas als solches.* Titelüberschrift: *Curettage.* Auch die zweite Szene des *Vermessungsdirigent* tritt hinzu: Pameelen – ein Arzt, und Mieze, die in ihrem *Bauchwerk physiologische Bizarrerien ... treibt*: *Also Fräulein*, so Pameelen .. *Jetzt ist es dritter Monat und geht noch in eine Kaffeetasse.* Schließlich Operationstisch, Äther. Die Assistenz, Schwester Berta, wird herbeigerufen: Die Kaffeetasse war wohl nahe.

Betrachten wir jene Affäre mit der Schauspielerin Lili Breda, die als amouröser Generalbaß diese Jahre durchzieht. Während die zugeordneten Akkorde: Ernestine Costa, die Dänin, Gertrud Zenzes, die *Buschis*, jene »Donna« aus Böhmen durchaus ihren Rang und Anspruch behalten.

Nun springt diese *hübsche kleine Freundin* – Lili – aus dem fünften Stock, weil Benn sie nicht heiraten wollte. Kündigt ihm ihren Fenstersprung, schluchzend am Telefon, Minuten zuvor an – und springt. Und Benn? Natürlich wirft er sich in ein Taxi, jagt hin; die Feuerwehr war schon da, *hob den gebrochenen Körper auf.* Er begräbt sie, wie seine Frau, mit Todesanzeige in der »B. Z. am Mittag«, unter seinem Namen: Man schreibt den 5. Februar 1929. Nun lesen wir sehr melancholische Briefe an Damen seiner Bekanntschaft, an Sophia Wasmuth, an den Mungo alias Gertrud Zenzes, jetzt wieder gesiezt, an Frau Elsa Fleischmann. Wir hören: .. *möchte diesen Gang alleine gehen*, als man ihn zur Beerdigung begleiten will. Sein Herz ist *erfüllt und traurig*, kann *gewisse Dinge schwer vergessen.* Tränen hat er in den Augen, da er sie *tief liebte. Irgend ein neuer Mensch wird aus mir, wenn ich dies alles überwinde.*

Ja, so war es. Wir hören die Stimme des Melancholikers und Depressiven. Keine Heuchelei, kein Getue. Alles wahr und empfunden. Was zu jenem Trauergedicht wird:

Gib in dein Glück, dein Sterben,
Traum und Ahnen getauscht,
diese Stunde, ihr Werben
ist so doldenverrauscht, ...

um dann abzuheben:

Du mußt dir Alles geben,
Götter geben dir nicht,
gib dir das leise Verschweben
unter Rosen und Licht, ...

S c h n i t t : Dieses kalte Substantiv müssen wir setzen, um jene Gedankengänge des Leidgedrückten anzuzeigen, die vier Monate später in einem Brief an Sophia Wasmuth – eine Vertraute jener Tage – geäußert werden: *Ich möchte daher noch aussprechen, daß mich absolut keine wirtschaftlichen oder Geldinteressen veranlassen könnten, mich zu verheiraten ... Diese Frau ist ... durchaus nicht in besonderen Verhältnissen, sondern ich werde für sie arbeiten u. sorgen müssen, u. sogar große Sorgen haben, ob u. wie alles gehen soll.* Um dann in fast gespenstischer Manier über jenen Todeskummer und das Leid meditierend auszubrechen: .. *mit all diesen Affektausstellungen fühlt man am Sinn des Lebens vorbei ...* Lili, die um seinetwillen auf dem Grantittrottoir Zerschmetterte, aber sieht er dort, wo *das Leben ... jene mörderische Indifferenz, jene unübersehbare Charakterlosigkeit hat, vor der ich mich beuge.* Sollte Frau Sophia, die Gottfried Benns Leporello-Liste zumindest ahnte, nicht der Atem stocken, wenn dieser Brief mit dem Credo seiner Wunschfrau abschließt, von der er erwartet: *zwei wundervolle Eigenschaften ... ritterlich u. treu* soll sie sein.

Wir stehen vor dem Phänomen der Sentimentalität bei Gottfried Benn. Was jeder Bestimmung des Wortes Zynismus im Verständnis der Bennschen Seelenlandschaft Stich hält, findet sein Komplement in diesem tränenseligen Wabern der Gefühle. Auch zwei Jahrzehnte später, als Herta von Wedemeyer, seine zweite Frau, sich die tödliche Morphiumspritze gab, auf einem Kartoffelsack liegend, östlich der Oder, verlassen, zitternd – singt unser preußische Orpheus:

Wie du mich zurückläßt, Liebste –,
von Erebos gestoßen, ...
Drei Jahre schon im Nordsturm!
An Totes zu denken, ist süß, ...

Aber wir sind abgekommen. Eben noch sprang Lili aus dem Fenster, wurden unscharfe Telefonate und Briefe mit Sophia Wasmuth in Heiratssachen geführt, die *Dänin,* die Tochter Nele, am Oeresund trostreich besucht.

Die Eisenbahnszene mit Ellen Overgaard im D-Zug Jena – Berlin, nach Edith Osterlohs Begräbnis wiederholt sich auf eine gespenstische Art: Noch mochten die welken Kränze auf Lilis Grab liegen, als ihn kurz danach, auf der Rückreise von Dänemark, Amors Finger berührte: Es war Ines Leuwen, Sängerin, der Theaterszene zugehörig, wie jenes andere Rosenblatt, auf dem er ein Liedchen summte ...

Von Frau Schuster hörten wir bereits in dieser Epoche, Tilly Wedekind kündigt sich an. Und es waren dies Frauen von Charakter, weltklug, manche auch wohlhabend: monnaie war etwas, vor dem Benn den Homburg zog; keine *Schnuckchen* also. Dennoch: »Lasciar le donne? Pazzo! Per me son necessarie più che l'aria che spiro!«

Wir haben uns aber zu hüten, dieses zugleich heiß und kalt zu sein, dieses Entweder – Oder als widersprüchlichen Charakter zu deuten. All dies ist zum gleichen Augenblick in ihm, eine Harmonisierung ist unmöglich. Weil – Benn nimmt uns entschuldigende Erklärungsversuche ab – *das was man denkt, etwas anderes ist als das, was man lebt.*

Goethe wußte dies alles, sprach es auch aus, »Abschied« heißt das Gedicht:

»Zu lieblich ists, ein Wort zu brechen,
Zu schwer die wohlerkannte Pflicht,

Und leider kann man nichts versprechen
Was unserm Herzen widerspricht ...
Was ich gesollt, hab ich vollendet
Durch mich sei Dir von nun an nichts verwehrt;
Allein verzeih dem Freund, der sich nun von dir wendet,
Und still in sich zurücke kehrt.«

Seelenverwandtschaft, Geistesverwandtschaft, Doppelbödigkeit, Erbverwandtschaft, *abgeschlossene Gene, erstarrte Chromosomen?*

Diese virile Maske seiner durch Verfeinerung und männliche Aura sublimierten Triebstruktur bricht selten ein. Begleitet ihn vom Prinzen von Theben (was er wohl von *meiner ziellosen Hand aus Spiel und Blut* denkt?), hin bis zu jener rostigen Telefonzelle am Innsbrucker Platz, wo er einer letzten Frau leise seinen einsilbigen Namen nennt, sie zu Champignontoast und Eis am warmen Sonnennachmittag einlädt. Denn weibliche Gesellschaft stellt er hoch, wenn die Gespräche geläufig sind, man zu respondieren versteht, die Scherze geräuschlos bleiben und im Satzbau versteckt. Es waren bedeutende, großsinnige Frauen, die ihn bis in den Tod hinein, bis ins Grab begleiteten.

Genug der Abschweifungen, unvollständig zwar, dennoch genug, um das Bild zu runden.

Da lag sie also, die *kleine Freundin*, tot auf dem Pflaster: Erschütterungen, Überwindungen, Krisen.

K r i s e n ? Hat ein Mensch des Entweder-oder überhaupt die Chance, Krisen zu erleben? Setzt der Begriff Krise nicht die Möglichkeit der Katharsis voraus? Die tödliche Gefahr ist überwunden, ein neuer Mensch geht aus der Klimax hervor. So hatte es Benn in der Nosologie* gelernt, als Arzt am Krankenbett gesehen. Aber es blieb stumm, keine Häutung. Saulus blieb Saulus: »zu schwer die wohlerkannte Pflicht, – und leider kann man nichts versprechen, was unserm Herzen widerspricht«.

So werden denn auch die Zusammenbrüche – nennen wir sie so, – wennschon nicht nachvollziehbar, so doch verständlich, im klinischen Sinne fast. Und das Lechzen nach Synthese, die Versuchung des Biographen nach Widerspruchsausräumung, Harmonisierung und Abschwächung hat ein Ende – ist als verfehlt und endgültig abzuschließen.

So stand er an der Grenze, ohne es zu wissen. Und wenn es eine Gefährdung, eine Krise in Gottfried Benns Leben gab, so war es die – unbewußt – widerstandene Versuchung herauszufallen, sich aufzulösen im warmen Meer der Gewöhnlichkeit.

Ein Wunder – oft sehen wir es in anderen, ins Große entworfenen Lebensabläufen – und fast ohne eigenes Verdienst: Die chromosomale Grundlage trägt, Rettung ist möglich, das Dasein bricht nicht ein. Trotz Melancholien und Depressionen, die seine Briefpartner, seine Nächstvertrauten mitzutragen hatten.

Denn dies ist die andere, die wärmere Seite seiner Veranlagung, vererbt von der Mutter, gebunden an die Körperform, *dem Lebendigen nahe ... Pfahlbürgertyp mit dem realen Sein voll Lächeln und Tränen*. Wir hörten es. D a s war es, was durchhielt. Eine nachdenkliche, verschleierte Trauer; die Fähigkeit, auch hinter Faltern, Schilf und Immen die Täuschung zu ahnen, die Fraglichkeit zu schmecken. Und das Verhangene, im Grenzbereich Blühende zu träumen, sich nicht zu verlieren, sondern sich zurückholen zu können. Das balancierte die gefährlichen, die steiltreibenden Aufschwünge und Elevationen aus, half so dem Stein zum Flötenlied, süß, sentimental manchmal: Benn-Sound. Selten unterbrochen, durchzieht die Briefe dieser Krisenjahre ein Schattenstrom von Versagungen, Müdigkeiten, Ungenügen mit sich selbst. Heben wir einige Immortellen nur aus dem welken Kranz von Abschied, Trauer und Agonie der Seele heraus: *mein Herz zu melancholisch, der ganze Mensch nicht gebrauchsfähig*, *tiefe Downheit*; *manchen Tag ... habe ich immer Tränen in den Augen*. Die Stimmung ist oft pessimistisch, er lebt nur so vor sich hin. Er fühlt sich *körperlich und seelisch äußerst apathisch, abgekämpft* – verbringt Vormittage im Bett, steht nicht auf. Denn ihn drücken *Gedanken von einer Aussichtslosigkeit, die bewußtseinsraubend ist*. Und in einem Brief an Gertrud Zenzes lesen wir: mein *Altersheim, Siechenhaus, Greisenasyl ... still in den Hafen der Greis*. Das ist 1926. Benn ist vierzig Jahre alt, als er dies schreibt.

Vor diesem Hintergrund werden die Widmungszeilen an Paul S. Fleischmann verständlicher, die er ihm – 1927 – in ein Exemplar *der Gesammelten Gedichte schrieb: Herrn Professor Dr. Paul Fleischmann, dem chevalleskesten Vertreter unserer manchmal etwas demimonden Zunft, dem gütigen Helfer, dessen Stimme am Telefon, dessen Anblick schon heilt, dem Leiter des mustergültigen, heilungsverbreitenden, genesungsausströmenden Sanatoriums, in das ich öfter flüchtete.*

Waren es nur körperliche Zufälle, die ihn in die Behandlung des ärztlichen Direktors der Inneren Abteilung des Berliner Hindenburg-Krankenhauses geführt haben? Jener Paul Fleischmann: ehemals (1913) Assistenzarzt an der Inneren Klinik der Charité, wo er gemeinsam mit Alfred Döblin medizinische Arbeiten veröffentlichte.[76] Krisen, körperliche Zufälle; – aber stützen sich nicht, wie bei einem Gewölbe, das sonst zusammenstürzen würde, die einzelnen Segmente gefährdender Anlagen und äußerer Einwirkungen gegenseitig? Das Doppelbödige, Schwankende, und die Tendenz zum Einsturz hält den Bogen.

Die Krisen seines äußeren Lebens, des Berufes, der Miserabilia vitae, monnaie eingeschlossen; die geglückten Amouren oder die tieferen, durch Todesfall traumatisierten Bindungen. Das Soldatenleben: ein so unwahrscheinlich überstandener Ritt über den Bodensee – sie versinken vor den Gefährdungen seines eingepflanzten Triebes –, nennen wir es Irrationalismus. Hier standgehalten zu haben – das ist das eigentliche Wunder seiner Existenz.

Und Gottfried Benn übersteht, im Halbdämmer der Belle-Alliance-Straße 12.

Berlin aber leuchtet.

Wir sind aus Riesenstädten, in der City, nur in ihr, schwärmen und klagen die Musen.
Gottfried Benn

Vierzehntes Kapitel

Berlin

Stadtbahn Belle-Alliance-Straße: Lange noch konnte man die abbröckelnden Schriftzeichen unter dem neuen U-Bahn Schild Mehringdamm entziffern. Im Ausgang beruhigt ein Plakat: »Das Küssen macht so gut wie kein Geräusch.« Abgebildet ist ein Paar, gekleidet im Stil der zwanziger Jahre. Sie mit Federn im Haar, das rechte Bein im Knie gewinkelt, leicht die Hand auf den Arm des Mannes gestützt. Der im Abendanzug, weiße Nelke am Jackett. Darunter die Anzeige: »Musikalische Revue«, Kleines Theater am Südwestkorso.

Wir schreiben das Jahr 1989, »Berlin – Kulturhauptstadt der Welt«: Da sind sie wieder, die Roaring twenties. Abgemagert zu Schemen, Reminiszenzen, zur Touristenattraktion.

Was aber waren die goldenen Zwanziger zu ihrer Zeit? Und was war Berlin? Wie kam es zu *Totaler Auflösung, monströsesten Konglomeraten, neurotischen Apokalypsen*, wie Gottfried Benn es den *Gesammelten Schriften* als Prolog voransetzte? Wie konnte sich auf der kargen Talsandfläche des Urstromtales des letzten Glacials, begrenzt von den Endmoränenhügeln des Barnim und des Teltow, jene vom *Stadtarzt* geschätzte *Embonpoint-Metaphysik latenter Antithesen* festsetzen? Und so übermäßig aufgehen, daß sie über die Krakenarme des *Synopsen-Zuckergusses*, Wien, London, Paris, ja selbst New York hineinquoll?

Und es ging schnell, rasend wurde das Tempo: Trotzki als Volkskommissar für auswärtige Angelegenheiten unterzeichnet am 3. März 1918 für die Bolschewiki in Brest-Litowsk: Friede mit Rußland. Scheidemann, kneiferbewehrt, ruft ein halbes Jahr später vom Balkon des Reichtags die Republik aus, bald war der Kaiser mit 54 Waggons und 200 Thermometern in Doorn. Spartakus macht Terror; Liebknecht erschossen, Rosa Luxemburg ermordet im Landwehrkanal: Menschen »Über der Welt« nannte Conrad Felixmüller ihr Gedenkblatt. Er schnitt es in Holz. Die »Aktion«[77] brachte es. Hier hatten Prinz Jussuf und Giselheer, die Lasker und Benn – einander respondierend – ihr Liebesdramulett vor den Abonnenten ausgebreitet. Friedrich Ebert handhabt im Cutaway honorig und überlegt die Geschäfte des Reichspräsidenten, noch von Bismarcks Arbeitszimmer aus. Die Münchener Räterepublik von Ritter von Epp unter dem Beifall Thomas Manns niederkartätscht: »eines Gefühls der Befreiung und Erheiterung entschlage auch ich mich nicht«.[78] Eisner, Landauer erschossen, Ernst Toller verhaftet. Hermann Müller, Reichsaußenminister, zugleich Parteivorsitzender der SPD, und Dr. Bell als Justizminister hatten in Versailles unterschrieben – nur die Russen stimmten gegen den Vertrag.

Pfempfert, Carl Einstein, Hiller fühlen den freieren Atem. Im Reichstag, zwischen Soldaten-Wurstpellen und Margarine-Pergamentpapier, hat sich der »Rat geistiger Arbeiter« konstituiert – von Döblin begrüßt. Gottfried Benn schreibt seine Rede *an die Studenten* der naturwissenschaftlichen Fächer. Ihm ist – anders als der Novembergruppe, als Wieland Herzfelde, Curt Stoermer aus Worpswede – *gänzlich unerwiesen, ... daß Deutschlands Zusammenbruch aus irgendeiner ... inneren Notwendigkeit heraus erfolgt* ... sei. Immerhin, Oskar Schlemmer, Novembergruppenmitglied auch er, wie der Maler Georg Tappert, wie Max Pechstein, Mendelssohn und der Bildhauer Belling, sie wollten die Kathedrale des Sozialismus bauen. Der Kapp-Putsch niedergeschlagen: Den Angeschossenen, blutend und unversorgt auf der Straße, hilft Dr. Benn.

Überstanden die Thüringer und Hamburger Aufstände. Rapallo öffnet die Grenze weiter zum Osten, nachdem schon die Ungarn, Georg Lukács, Andor Gabor – der strenge poetische Lehrer Johannes R. Bechers – Berlin zum Exil gewählt hatten. Bald sollte der Kurfürstendamm den Spitznamen Nöpski-Prospekt tragen, Gorki am Saarower See wohnen und Majakowski dem Schmerz Deutschlands von Berlin aus seine Stimme leihen.

Die Auslieferung der *Gesammelten Schriften* Gottfried Benns, ohnehin erschwert durch Verlagsrechtsstreitigkeiten, verzögert sich weiter. Das Schreckenshaupt der Inflation zeigt sich: Ein Jahr später müssen für einen Dollar 4,2 Milliarden Reichsmark bezahlt werden.

Hjalmar Schacht wird Reichsbank-Präsident, Stresemann Außenminister. Dann Währungsordnung, Dawesplan-Anleihen und Annäherung an Frankreich, rasche politische und wirtschaftliche Konsolidierung der Weimarer Republik. Und rascher noch, obwohl schon jetzt kräftig sprudelnd, steigt, vielfach sich verzweigend und schillernd, die riesige Fontäne des neuen *Orbis pictus empor* – Berlin. Wirft *Stern und Licht* über ganz Europa – *katadyomenal.* Hatten sich unter dem weiten, eigentümlich läßlichen Königsmantel preußischer Monarchen lange schon Baumeister, Literaten, Maler, Musiker und Naturwissenschaftler in der Hauptstadt tummeln und halb verbergen können, so treten jetzt die Ateliers und Galerien, die Cafés und Verlagshäuser mit forscher Selbstverständlichkeit in die Brokat- und Silberschnallenschühchen der Salons und Akademien des 18. und 19. Jahrhunderts: Man war entschlossen zu leben – und fürchtete nichts.

Siemens, die AEG wuchsen zu industriellen Großimperien heran und sicherten – fürs erste – die Arbeiter, den kleinen Angestellten:

Es gilt den kleinen Mann ...:
selbst kleinem Mann steht offen Lust zu ...

Wir kennen Gottfried Benns Empfindlichkeit gegen des *Mittel-Menschen Dyskrasien.* Er breitete sein Mißbehagen – soeben war der Krieg zu Ende – vor seinen jungen *Kollegen, die jetzt Medizin studieren wollen,* aus: *... der Mittelmensch, das kleine Format, der Barrabasschreier, der bon und propre leben will ...: Eines Zeitalters Maß und Ziel.* Das nun lasen Herr Kisch, Herr Mehring, George Grosz, Pfempfert und Rubiner, auch Johannes R. Becher. Und es wird nicht wie Menschheits- und Fortschrittsstimulanz in ihren Ohren geklungen haben. Obwohl – ja, obwohl zu Grosz, zu Becher insbesondere noch etwas zu sagen bleibt.

Belle-Alliance-Straße – U-Bahn-Station Hallesches Tor: Hier rauschte das Chaos durch die Straßen *im Run der Äonen*. Bürgerkrieg, Schüsse, Straßen- und Saalschlachten – 42 Tote –, Putschisten, Lüttwitz, Morde an Erzberger und Rathenau, galoppierende Inflation, Ruhrbesetzung. Und das neue Babylon, Berlin? Alles geht weiter, elefantenmäßig. Schüsse im Kabarett: Niemand wendet den Kopf, ungerührt bringt die spanische Tänzerin ihre Nummer zu Ende. Das großstädtische Leben – vier Millionen – die *Paraphilien der Bagnonacht* bleiben unerschüttert von diesen blutigen Kämpfen zwischen Utopie und grauem Alltag. Ausgefochten mit Stuhlbeinen und Mitrailleusen – beispiellos seit den Tagen der Französischen Revolution.

Dringt ein Echo hiervon aus der Praxisetage im Südwesten Berlins, I. Stock, Sprechstunde von 5 bis 6? Die Wirren der Epoche, Gebärwehen der Republik, Umwälzung des Ehren- und Sittengefüges, weg vom kaiserlich-preußischen Korsett, hin zum *Zeitstrom* der *Jobber* und *Schieber*, zu *Trimalchios entsprungenem Blut:* – Funkstille.

Aber hinter der Praxistür tönt es von Ephesos, dem Tal des Kaystros; Nilschlamm ist da: *das ist Eierstockschlamm von Ur-Europa*; und die *zwei Sonnen* Vision des *Idioten von Arles ... Van Goghs*, mit der *Verbrecherstirn. Auch ist da Demetrius, und eine Chlamys, bestickt mit allen Welten und Sternenwelten. Horden im Rentierfell* sind da. Man wendet sich zum *Entwicklungsgedanken, d(er) proletischste(n) Idee des Abendlands, hin bis zum Formelfick mit Kosmikappretur: Relativitätstheorie. Um dann zu enden – Das letzte Ich –* mit *Hesychasten, ... Amarantenmeer und Athoniten, mit Sirifrucht und Typhon bei Sansaras Rad.*

Rönne – wieder auferstanden – sieht ein Jahr später, aus seinem Schlafzimmerfenster am Weihnachtstag die Sonne sich langsam über der Gneisenaustraße erheben. Man überreicht ihm Parfüm, das er so liebte: *Mouchoir de Monsieur* von Guerlain, im phantastischen Flakon. Und Benn lenkt ein, wird läßlicher: *Alexanderzüge mittels Wallungen*, die Lächerlichkeit des Politiker-Ruhms, der knödelnde Tenor, der Blätterwald. Lenkt ein zu Büro- und Lichtbildherstellern, zu Pissoirs und den Fortschritten der Ölfeuerung; zu Patienten denn auch und Keuchhusten, Manometern und Hyperämie: so steht er *im Sturz und traumbetäubt*.

Jenseits der Fenster aber, aus denen Rönne *brandrot und langsam* die Sonne sich erheben sah, wuchs chaotisch und gewaltig die neue Megalopolis, »kein Ort in den Zwanziger Jahren, der mit Berlin zu vergleichen gewesen wäre«.[79] Endlich einmal war es die Zentrallage Deutschlands – so lange Fluch und Verhängnis des Vaterlandes – die Berlin auf den Schild erhob. Die Ostgrenze – Rapallo – war offen. Musiker aus Wien, Schriftsteller, Lyriker aus Prag, Künstler aus Budapest, Theaterleute aus Preßburg, Emigranten aus Bulgarien und Polen strömten in die Hauptstadt des Reiches. Dazu der Sauerteig jener »umstürzlerischen Elemente« aus allen Ländern, nicht immer zur Freude des Innenministers Severing. Berlin wurde »zum Bindestrich zwischen Paris und Moskau«.[80]

Jenes toxisch-stimulierende Wechselverhältnis zwischen Kunst und Politik, Kapital und Kommerz, alle Widersprüche des konventionellen Kunstverständnisses und eines revolutionären, auch antibürgerlichen Vorwärtsdrängens waren das Treibhaus, dessen Ambiente produktiv machte. Und in reibender und fördernder Gegenwirkung deutscher und ausländischer Künstler jenes Spektrum schöpferischer Nervosität stimulierte, welches notwendig ist, um mehr und andere Erscheinungen zu entfalten, als die Natur sie hervorbringt: Die Avantgarde fand ihre Heimat in Berlin und hob die Spreestadt in den ersten Rang der europäischen, ja der internationalen Kunstmetropolen. Seltsam vorbereitet durch die revolutionäre Modernität des dümmlich belachten Wilhelminismus. Aus den Ruinen des Vaterlandes, aus allen Verfallserscheinungen, Tabu-Zertrümmerungen, aus Libertinage und dem Verdämmern jeglicher Transzendenz trieb die Hauptstadt der Weimarer Republik sich hoch, wurde »das Zentrum eines neuen perikleischen Zeitalters«.[81] Welche Reize aber provozierten dies, welche Notwendigkeiten waren erforderlich, um diesen Geysir zu erhitzen, der so rasch sich entladen sollte? Es kann kein Zweifel sein: Die Auslöschung des k.u.k. Österreich, die Leninsche Revolution und das enorme Gewicht Rußlands; die unbedingte Hineinnahme ausländischer Ideen und ihre kreative Assimilation nicht nur aus dem Osten, sondern auch aus Paris, aus New York waren Impulse höchster Qualität. Und fähig, die Besten, die Unruhigsten und

Ehrgeizigsten unter den Intellektuellen, den Theatermenschen und Künstlern, magisch fast, an sich zu ziehen. Waren doch – Beschluß noch des preußischen Landtages – seit Oktober 1920 alle 87 bisher selbständigen Gemeindebezirke zum Riesenorganismus Groß-Berlins zusammengeschlossen: Eine Stadt solcher Dimension war einzig in ganz Deutschland.

Und der Zustrom begann früh. Um dann, nach den Turbulenzen der Inflation mächtig anschwellend, belebt durch glänzende Arbeitsmöglichkeiten, gedopt durch Geldzuflüsse von Unternehmern und kunstsinnigen Mäzenen fähig und entschlossen zu sein, das neue Lebensgefühl und jene Innovationen auf den Weg zu bringen, die weiterwirkend und riesenhaft verbreitert zur Schicksalsstraße der Kunst im 20. Jahrhundert werden sollten. Die Basis aber dieser ins Exzentrischste und Verfeinertste gespitzten Pyramide war breit, wennschon nicht sonderlich solide: Während man auf der politischen Bühne noch die Leichen der Ermordeten, der Rosa Luxemburgs und Karl Liebknechts in die Kulissen zog und die Blutlachen der Kämpfenden von links und rechts, hier angefeuert von Radek-Sobelsohn, dort kommandiert von Noske ins Proszenium tropften, saß vor dem langsam sich öffnenden Vorhang des abklingenden Hauptstückes der Stuhlbeinheroen und Revolutionäre ein Massenpublikum und ergötzte sich – an Operetten und Revuen. Tanzte in den Nachtcafés atemlos und gierig den Shimmy, Charleston und Black Bottom: *Matchiche:*

Ida paßt ihre Formen der Musik an.
Buchtet sich ein und aus.
Wirft sich aus ganz ebenen Stellen auf:
›Mensch, Ida, du hast woll een Gelenk zu ville‹.

So wiederholte es Gottfried Benn am Ende des Krieges. Die Photographie war den Kinderschuhen noch nicht ganz entwachsen, Innenaufnahmen waren schwierig. Noch trugen die Kameras – sie waren selten, ihr Glasnegativformat: 13 x 18 cm – wohlklingende Namen: »Contessa Nettel« nannte Herbert Hoffmann seinen ungefügen Apparat. Zuvor hatte Nolde herrliche Aquarelle der Tanzcabarets und der Cafégäste gemalt, von denen *Nachtcafé* ein nachhallendes Echo zurückwirft:

Die Tür fließt hin: Ein Weib:
Wüste ausgedörrt. Kanaanitisch braun ...

George Grosz zeichnete – in Freundschaft – *Dr. Benns Nachtcafé*: Unser Nuttendoktor aus der Belle-Alliance-Straße – *ach, die geben einem so nett die Hand* – kannte sich aus in solchen Etablissements. War – schweigend an seinem Tisch sitzend – ein genauer Beobachter des sich selbst vergessenden, *stark bewegt*(en) ... *Höhenschwungs im Cafétrubel.* Sah – nicht ungern – Betrunkene, auch später noch: Der Anblick eines Menschen, der allmählich seine Contenance verliert, war ihm interessant. *Zwölf Mann Kapelle*(n) spielten auf, und *achtzehn Kellner* (waren) *da.* Luden, Schieber, Jobber und Börsenbullen färbten sie Szene vom *süßen Westen* bis zum *Tauentzien.* Dazwischen das von Noske versammelte *Aschenheer*: meist Angehörige der ehemaligen Gardeschützendivision. Und hinter den als Deckung auf die Straße des Zeitungsviertels gerollten Papierballen kämpften, angefeuert von Sobelsohn, *Windrose fremden Stammes* ... kämpfte *Mitropos Neophytenschwemme* ...

Doch das war vorbei. Vorbei auch das Schlangestehen vor Brotläden und Pfandleihen; kein Hamsterfahren mehr und Schwarzhandel. Verraucht der Kinderabzählreim:

»Ich und du, Schiebers Ruh,
der eine, der schiebt Schmalz,
der andere, der schiebt Speck,
Zwirn und Garn und Hosenknöpp'
und du bist weg.«

Streiks wurden seltener: Berlin ohne Licht, ohne Wasser, ohne Gas, Zeitung und Verkehrsmittel, man hatte Erfahrungen damit gesammelt: *Streik? Dowe Bande! Eignes Licht im Haus!* So Gottfried Benn – 1922.

Nimmt man eine Plakat- und Ankündigungssammlung zum Ende dieser Gay twenties zur Hand, durchfliegt eine nur unter den 2633 Zeitschriften und Zeitungen, den »Querschnitt« z.B., so schafft flüchtiges Durchblättern schon Rausch und Berückung: »Es tut sich was in dieser Stadt, die einen eignen Rhythmus hat.«[82]

Bleiben wir, einen Augenblick noch, bei den fünfundsiebzig Kleinkunstbühnen und Kabaretts, den zweihundertundzwanzig Bars und Tanzlokalen. Zwischen Revue, Tingeltangel, Transvestitentreff, Augiasgaragen und Drogenflip suchte diese Warenhausmassenkunst sich in Konkurrenz gegen die 47400 allabendlich angebotenen Theaterplätze, die Varietés und die drei Opernhäuser zu behaupten, von den 363 Kinos abgesehen.

Und man kann sagen, es gelang. Rasch umzustellen, aktuell zu bleiben im Programm, war Voraussetzung des Überlebens. Dabei wurden alle Geschmacksrichtungen angesprochen: sowohl die agrarischen Herren aus Mecklenburg und Schlesien mit noch latent subpatriotischer Fridericus-Haltung als auch die »Alt-Bayern«-Besucher am Bahnhof Friedrichstraße mit Hofbräuhaus- und Grinzing-Allüre fuhren beglückt auf ihre Dörfer zurück: Auch sie hatte der Duft der großen weiten Welt berührt.

Sketche, Parodienummern, Varietéeinlagen amüsierten das Publikum im »Kabarett der Komiker« oben am Ku-Damm. Hier sang Claire Waldoff, die Asphalt-Orchidee, mit rauher Kehle, in der man Tränen ahnte, ihre schnodderig gebrochenen Chansons: »Warum soll er nich mit ihr vor de Türe steh'n.« Und das aus bekanntem, ordensgeschwollenem Anlaß berühmt gewordene »Hermann heeßt er ...«

Weiter unten, nahe der Kaiser-Wilhelm-Gedächtniskirche, spielte Rudolf Nelson seine graziösen Ohrenschmeichler, engagierte Josephine Baker, organisierte, komponierte Revuen und ließ singen: »Wenn du meine Tante siehst, ich laß sie grüßen.« Selbst im Zuchthaus Plötzensee spielte die Tanzkapelle Dajos Bela Jazz, und die drei Fratellinis zeigten ihre Kunststücke.

Wie denn in keiner anderen Kapitale Europas Presseberichte, Theaterideen, Manuskripte oder Zeichnungen schneller an den Mann gebracht werden konnten als in Berlin. Kam man aus Rußland, ob per Bahn oder zu Schiff, via Stettin, alle Wege führten zum Bahnhof Friedrichstraße.

Unter den Linden 21, bei van Diemen, wurde fünf Jahre nach der Oktober-Revolution die erste Russische Kunstausstellung eröffnet. Man zeigt die Konstruktivisten, die Suprematisten. Malewitsch, Rodschenko, Lissitzkij, auch Tatlin stellen aus.

Kandinsky geht an das Weimarer Bauhaus, Marc Chagall wohnte ein Jahr in wechselnden Quartieren, traf sich mit Carl Hofer, George Grosz, Ludwig Meidner. Doch nicht nur die »Sturmschwärme der Revolution«[83] flogen ein: Dem Russenfilm, berühmt durch Eisenstein, erschloß sich der Weltmarkt über die Berliner Filmtheater.

Was nahm Gottfried Benn hiervon auf, was bemerkte er überhaupt? Über seinen musikalischen Geschmack sind wir – durch ihn selbst – hinreichend unterrichtet: *Ein Schlager von Klasse enthält unter Umständen mehr Jahrhundert als eine Motette ...*

Seine spärlichen Komplimente zu den Schönberg-Darbietungen der beiden *Buschis* – Alice Schuster und Else C. Kraus – dürfen wir wohl eher als amouröse Verbeugungen verstehen. Hindemiths Vertonung seines *Unaufhörliche*-Textes blieb Episode. Theaterbesuche, Konzertbesuche, Opern insbesondere, reizten ihn nicht. Auch in späteren Jahren sah man ihn selten in Kunstausstellungen oder Galerien. An Antiquitätengeschäften ging er achtlos vorüber. Gottfried Benn war kein optischer Typ. Ästhetische Unterschiede an Kunstgegenständen, Farbnuancen oder Arrangements nahm sein Auge schwer an. Frauen, die ihn kannten, ihn liebten, Kunstsammlerinnen hohen Ranges, hielten ihn für amusisch; bei hoher Sensibilität für Wörter und enormer Fähigkeit, Fakten, winzige Details zu bemerken und sich ihrer zu erinnern. In der »Tribüne der Kunst und Zeit« äußert er sich 1920 – selbst dazu: *Ich finde nämlich in mir selber keine Kunst, sondern nur in der gleichen biologisch gebundenen Gegenständlichkeit wie Schlaf oder Ekel die Auseinandersetzung mit dem einzigen Problem, vor dem ich stehe, es ist das Problem des südlichen W o r t s .* Um dann fortzufahren .. *Mich sensationiert eben das Wort ...*

Sicher, er kannte Herwarth Walden und natürlich den »Sturm«, las die »Weltbühne«, war früh im Kunstsalon von Paul Cassirer aufgetreten. Gelegentlich traf er sich mit Carl Einstein – großer Kunstkenner, alte Freundschaft aus der Brüsseler Zeit –: Sprach man über Kunst, vielleicht über Juan Gris oder Braque? Einstein, der mit dem Pariser Kunsthändler und Picasso-Freund Kahnweiler bekannt war? Nein, nichts klingt zurück, kaum ein Partikelchen davon finden wir in die Gedichte, in die Prosa eingeschmolzen.

Einmal nur, im *Prolog* der *Gesammelten Schriften* hören wir *Prometheus, los, den Wudki an die Schnauze ...* Und erinnern uns: War Prometheus nicht jene Berliner Vertriebsgesellschaft für Russenfilme? War Benn Kinogänger, hatte »Polikuschka« oder »Das Wunder des Soldaten Iwan« gesehen?

Wir vergewissern uns: Nein, auch das geht nicht: Drei Jahre trennen die *Gesammelten Schriften* von der Gründung des proletarischen Filmverleihs, der das Monopol für den »Panzerkreuzer Potemkin« hielt.

Mit erstaunter Wehmut verlassen wir diese Epoche, beladen mit Aufbruchsstimmung, voller Optimismus und hellem Fortschrittsglauben – und finden uns wieder zwischen Tanz- und Schlagermusik. Eine Springflut von Onestep, Boston und Tango ergießt sich in die Cafés und über die Bühnenbretter, oft von verblüffender Qualität, Evergreens darunter. Rasch mußte es nur gehen. Tempo, Tempo! Das Sektglas in der linken Hand, die Rechte auf der Klaviatur, animiert lehnt der Texter im Flügelrund. Denn die *Bänkeljulen ... und liederreichen Thulen* warteten schon auf *flotten Nebbich mit Gesang*: *Wer fixt per Saldo kessen Schlager raus?* war die Parole.

Und wenn es glückte war der Saldo nicht gering. »Ausgerechnet Bananen«: 25000 Dollar kassierten Salvers und Cohen für diesen Shimmy. Wie denn überhaupt diese Symbiose von *Spree und Jordan*, Preußentum Berlinschen Zuschnitts und weltläufigem Judentum einzigartig ist – und nie vergessen.

Berlin, die Goldenen Zwanziger: Theater, Malerei, Musik, die Literatur hätte nicht so hoch kommen können ohne jenes große Glas Champagner, das aus Preßburg, aus Prag, Wien und Witebsk allbelebend, umtriebig, erfindungsreich und gesättigt von Qualitätsgefühl Straßen und Plätze, Verlage und Bühnen, hin bis in die Akademien belebte. Tempi passati. Man weine.

Die Animiermeile aber war die Jägerstraße, mit Schönheitstänzen, Venusreigen und lebenden Nacktplastiken: Jener Bezirk – die Friedrichstraße –, aus dem auch die Patientinnen des Venerologen Dr. Benn kamen, sei es zu Abstrichkontrollen oder vom Amtsarzt geschickt.

Alles aber wurde überboten von James Klein, dem Erfinder der Nacktrevuen in der Komischen Oper: »Häuser der Liebe« mit sechzig Aktmodellen, die ein Himmelbett bevölkerten. Das Polizeipräsidium und der preußische Landtag befaßten sich wegen großer Gefährdung des sittlichen Lebens und Verbreitung der sehr eindeutigen Schlagertexte durch Grammophon-Schallplatten bis in die kleinsten und abgelegensten Dörfer mit dieser Vergiftung der Volksseele: Man befaßte sich vergebens.

Doch anders auch, raffinierter, hob sich Venus vulgivaga, Berlinisch Nutte genannt, zur fast mythischem Pandemos aus dem Schlamm der Großstadt: Man tanzte und sang sich cool aus dieser Region der Verrücktheit empor: Lotte Lenya plapperte mit infamer Zurückhaltung, lüstern-kindlich die Brechtschen Songs aus »Mahagonny«, aus »Happy End«. Bis dann die Spitze erreicht und das erotische Couplet fast zum heidnischen Hymnus, zum Choral der Sinnlichkeit wurde: Friedrich Holländer machte Text und Musik zum »Blauen Engel«. Und wenn wir heute die Schellackschätzchen hervorkramen und Marlene Dietrichs rauhe Whisky-Stimme mit ernster Unverschämtheit nackte, egozentrische Erotomanie zu kultischer Selbstverständlichkeit emporsingt, entblödet sich der Blick: von diesem Gipfel löst der Absturz nur:

»Ich bin von Kopf bis Fuß
auf Liebe eingestellt,
denn das ist meine Welt
und sonst gar nichts.«

Ja, in dieser Stadt lebte Gottfried Benn. Besuchen wir ihn im ersten Stock seines Hauses. Es ist Mittag, die Uhr geht auf eins. Ein junger Mann, Schüler der Oberstufe des Joachimsthaler Gymnasiums kommt die Treppe hoch, will nach Hause, in die Wohnung seiner Eltern, die im zweiten Stock gelegen ist. Sein Vater, Kassenarzt auch er, betreibt dort eine ausgedehnte Allgemeinpraxis bis in Theater- und Prinzessinnenkreise. Die Tür, eine Treppe tiefer, steht schon angelehnt. Dr. Benn, in weißem Mantel, öffnet: *komm doch rein Oskar*. Man setzt sich in eine Art Wartezimmer–Salon, wie im Tanzcafé Mocca Efti. Nicht selten verabschieden sich rasch junge, gut aussehende Frauen, immer vom gleichen Typ, nicht zu klein, blond, keine mensendieckenden Magerpuppen. Man spricht – sparsam, man schweigt.

Das haftete dem damaligen Unterprimaner noch fest in der Erinnerung, als er es mir erzählte, nach 67 Jahren. Man schwieg, aber kein Engel rauschte durchs Zimmer: Der Schüler spürte die Gegenwart eines bedeutenden Mannes – und bildete sich daran – ohne Worte.

So ging es oft. Auch ließ sich Benn in den »Reichskanzler«, jene mäßig gehobene Destille um die Ecke, vom Vater des jungen Oskar einladen, einen zischen. Dr. Schäfer zahlte dann, bot Ariston-Zigaretten an, die Benn mochte. Über dies oder jenes wurde gesprochen, wenig über die Arzterei; aber über Johannes R. Becher, mit dem sich Benn bis Mitte der zwanziger Jahre gut verstand. Geld war knapp bei Dr. Benn. Er schlug Einladungen, auch gesellschaftlicher Art, nicht immer aus. Wobei er ständig Frauen um sich hatte, auch solche mit Geld, was manches erklärt. Denn die Patienten, wenn welche kamen, merkten bald, daß ihr Doktor andere Dinge im Kopfe bewegte, als sie es von ihm erwarteten. Obwohl nicht unfreundlich, schien er dem Hautekzem gegenüber gleichgültig, abgewandt vom Menschen, der daran litt. Nie wurde bemerkt, daß er zu einer Fortbildungsveranstaltung ging. Erst später, in der Hitlerzeit, hören wir davon.

Benn war also gereizt, war mißvergnügt, wobei es rätselhaft bleibt, wie aus dieser *Aussichtslosigkeit der privaten Existenz* heraus gewählt korrekte Kleidung, Smoking, Lackschuhe, ja eine Parisreise zum internationalen Syphilidologen-Kongreß möglich war. Und die Mißachtung des Paragraphen 218 wurde strengstens geahndet, wenn etwas ruchbar wurde. 1000 Mark wurden für eine Abtreibung bezahlt, sehr viel Geld nach der Inflation. Und die Versuchung dazu dürfte allenthalben groß gewesen sein.

Aus solcher Verstimmung heraus – und Geldnot – entwickelte sich jener seltsame Ausfall gegen postalische Unregelmäßigkeiten, die ihn trafen, *Das Elend* überschrieben und im »Berliner Tageblatt« – gegen Honorar – veröffentlicht: Ausbruch eines schwer bedrängten Mannes ohne *vier bis sechs Wochen Urlaub ..., ohne Vergünstigungen ... mit Hilfe von Konsum- und Genossenschaftsvereinen ... und ohne solide Pension für das Alter –. Ungeschützt gegen die Zynismen des Lebens.*

Es muß schlimm um Benn gestanden haben im Herbst 1926. *Mit*

Gedichten hausiert er: M 75,- pro Stück zahlt der »Querschnitt«-Herausgeber v. Wedderkop ihm für *Annonce* und *Jena*. Dennoch, Berlin bleibt die Stadt seines Lebens. Jahre später noch, aus Hannover, lobpreist er den *verfaulten Asphaltschund* der Metropole, hat Heimweh nach der Riesenstadt, die seine war – seit 1904. Und trotz Not und Mangel seiner Lebenszeit antwortet er auf eine Umfrage der »Literarischen Welt«, *Ich möchte nirgends anders wohnen als in der Belle-Alliance-Straße ...*, seinem Hauptquartier.

Von hier aus die erotischen Streifzüge, die Nächte vielfach verbummelt. Auf den Straßen die blaßfetten, giftigen Kokotten, wie Dix und Kirchner sie malten. Auch jenes eben postpubertären Mädchens im U-Bahnbogen – Dorothee Hahn –, der er schrieb, wollen wir uns erinnern. Tänze zwischen Rausch und Tod in den Bars und Kleinbühnen: Anita Berber war Königin der Berliner Bohème: Alkoholikerin, bisexuell, Cocainistin. Leichtfertigkeit, Genußsucht und Frivolität; ins Bild gezerrt und verzogen von George Grosz.

Die Tiller-Girls in der Scala und Zilles Kinder im Hinterhof: »Orje, jehste von de Blumen weg, spiel mit'n Mülleimer«. Himmelschreiendes Krüppelelend und high life in Baden-Baden: *Hungerratten und Geier* sind die Lilien *des Seins*.

All das kannte Gottfried Benn, war durchdrungen davon; wennschon wir ihn eher im Adlon-Café als bei Zuntz sel. Witwe –, der Tschibo-Urahnin, treffen werden.

Berlin-Wannsee: Mit der Freundin fuhr man im Opel oder Motorrad-Beiwagen zum Baden, hatte die Kopfhörer des Detektor-Radios am Ohr oder lauschte einem Tango, der »Jalousie«: Ein Ferien-Electrola-Grammophon von »nie gehörter Lautstärke« spielte die Platte am Strand. Benn ließ diesen Ohrwurm der zwanziger Jahre in *Primäre Tage aus Gärten dringen*: in der siebenten Reihe der zweiten Strophe finden wir den Schlager eingebaut: Montagetechnik.

»Berlin stimulates like Arsenic«, findet Harold Nicholson, mit seiner Frau Sackville-West Schöpfer des Gartenwunders Sissinghurst. Um fortzufahren »Berlin is a girl in an pullover, not much powder on her face, Hölderlin in her pocket ...«

Das mit Hölderlin ist interessant. Und Stimulation? Die *Gesam-*

melten Schriften sind abgetan: ... *zweihundert Seiten, sehr dürftig, man müßte sich schämen, wenn man noch am Leben wäre.* Aber Benn ist am Leben, doch wird es schwerer: Nur in mageren Zeiten *werden die Schleimhäute lebendig*, und die Praxis floriert. Jetzt aber, bei verbesserter Wirtschaftslage, Rückgang der Syphilis, *Terrainverlust durch die Salvarsan**-*Behandlung, in Konkurrenz gegen die nichtapprobierten* 600 neuzugelassenen Heilpraktiker wird es miserabel, existenzgefährdend. Wir hörten davon.

Zwar entstehen Gedichte. Das Verfertigen von Gedichten scheint unabhängig von äußeren Umständen: *Wo, wann, was die Produktion in Bewegung bringt, ist wohl doch schleierhaft. Chaos, Stadtarzt, Weiße Wände* sind Verdichtungen des dürftigen ärztlichen Alltags. Neben den Höhenflügen poetischer Eingebungen – *sieh die Sterne, die Fänge* – anders jedoch die Prosa. Nur wenig entsteht in diesen Jahren. 1924 ganz leer. Auch führt das Wort »Prosa« für die Arbeiten dieser Jahre in die Irre. Sicher, die Titelüberschriften halten sich bedeckt: *Das Elend*, *Medizinische Krise*, *Summa summarum*, dann *Kunst und Staat*, so lauten sie. Zwar ist es der Bennsche Originalton, melancholisch und dennoch des kastalischen Quells sich erinnernd. Denn diese kurzen Jeremiaden über die Begrenztheiten und Nöte seines dermatologisch-syphilidologischen Gewerbes wären passend und willkommen für das »Deutsche Ärzteblatt« oder eine ärztliche Standeszeitschrift gewesen, und mit deutlicher Niveauanhebung: .. *was aber bleibt, stiften die Dichter,* wird der sonst nicht übermäßig geschätzte Hölderlin zitiert.

Dürftig aber die literarische Ausbeute. Nur in *Alexanderzüge mittels Wallungen* will Rönne – noch einmal – stimuliert durch den schwülen Parfümduft von »Mouchoir de Monsieur« die Welt erobern. Sonst Prosastille, fünf, ja sechs Jahre lang.

Aber täuschen wir uns nicht. Sein kleiner Ruhm, zunächst auf die Kapitale beschränkt, beginnt sich auszubreiten, wennschon nicht auf Taubenfüßen, so doch durch die Sammlung der in abgelegenen Zeitschriften, Journalen und Flugblättern veröffentlichten Arbeiten. *Die Gesammelten Schriften* wurden in der weit gelesenen »Weltbühne« besprochen. Oskar Loerkes Name wird zu wiederholten Malen in den Rezensionen von *Spaltung* und der *Gesam-*

melten Gedichte genannt. Der *Gesammelten Prosa* (1928) huldigt Klaus Mann: ».. Mythen atmen ... fremde Atmosphären wehen uns an«.[84] Nun sind es zwei blau eingebundene Bücher geworden. Das macht Masse, hat mehr Gewicht als in Heftchen und Blättchen umherejakulierte Ergüsse.

Benn als Autor dieser Arbeiten wird weiteren Kreisen deutlich; wer ging schon zum Autoren-Abend bei Cassirer, samstags um 8 1/2 Uhr abends, im März? Wer las die »Tribüne der Kunst und Zeit«? Selbst Der »Querschnitt«, elitär und anspruchsvoll als »Magazin der aktuellen Ewigkeitswerte« kam in den ersten Jahren kaum über 1000 Auflageexemplare hinaus, erst später wurden es mehr. Sicher, im inneren Zirkel des Literaturklüngels war Benn zu Hause, wennschon er selten zu Feten ging und im »Romanischen Café« kaum gesehen wurde. Aber die Zahl seiner Bekannten war groß, obwohl er sie nicht suchte, eher einsiedlerisch schien. Aber er war interessant, schon in den frühen zwanziger Jahren. Man wünschte ihn kennenzulernen, wozu Vertraute und die wenigen Freunde die Hand reichten. Nennen wir einige Namen: Da war die Lasker-Schüler, der Prinz von Theben, mit ihrer Knopfsammlung, von Nüssen und Obst lebend, Johannes R. Becher, nach jugendlichem Beinahe-Herz-Selbstmordschuß als Kultusminister Ulbrichts sich später wiederfindend. Beide besuchten Ludwig Meidner – »Septemberschrei« – in seinem Atelier. Becher wurde von Meidner, dem Leonidas mit der Zaunlatte, gezeichnet, gemalt. Bei Gottfried Benn reichte es nur zum Titelbild für *Söhne*. George Grosz, mit dem Benn sich duzte, was selten war, blieb ihm bis in die fünfziger Jahre vertraut, schrieb noch aus New York. Fast endlos die Reihe derjenigen, die ihn kannten, ihm schrieben, mit ihm in Berührung zu kommen wünschten.

Freunde hatte er wenig, *lebe wie immer isoliert* hören wir. Man überschätze dies nicht. Er traf schon, wen er wollte, und zu einem Zeitpunkt, den er bestimmte. Selbst sein Bruder, Ernst-Viktor, der ihn unangemeldet in der Belle-Allinance-Straße besuchen wollte, wurde nicht eben höflich und lautstark herauskomplimentiert.

Selten ging Benn auf Parties, fühlte sich unwohl in Gesellschaften, dem Klatsch, der Neugier ausgeliefert. Lächelte wohl auch, kam es zum Händeschütteln, zum Austausch von Höflichkeiten, unbeholfenen, aber wohlgemeinten Bemerkungen über sein Werk: »Herr Doktor, ich höre, Sie besteigen ab und an den Pegasus?« Und Gottfried Benn, damals schon Mitglied des Berliner PEN-Clubs, neigte sich jener Dame zu, das Glas in der Hand, wortlos, als habe er nichts gehört – und den Leuten in Frau Fleischmann-Flemings Salon so überlegen.

Ein Glückskind? Ein unziemliches Wort – an dieser Stelle. Wußte es Benn, daß er, sein Leben lang, die Macht besessen hatte, andere durch seine Besonderheit an sich zu ziehen? Frauen natürlich – warum, war ihm schleierhaft.

Es hieße den Wannsee mit dem Nähhut ausschöpfen, wollten wir die kunterbunte Zahl von Namen, auf vielen Blättern notiert, Revue passieren lassen. Fast wäre es der Gotha, sicher aber ein »Querschnitt« zu allem, was Glanz und Flitter der City war: Fünfzig, sechzig Namen drängen heran, wollen genannt sein – sind ja genannt. Verblüffend, wie Benn trotz scheinbarer Flüchtigkeit des Anlasses, in maßvoller Distanz zu seiner Umgebung die Menschen festhielt, unbewußt: seine Eminenz muß bedeutend gewesen sein. War er treu? Teils – teils ... Anhänglich? Teils – teils ... Sentimental? Hier stimmen wir zu. Seyerlen zum Beispiel, Egmont Seyerlen.[85] Unwahrscheinlicher Lebenslauf. Drei Jahre jünger als Benn, evangelischer Johanniskirchen-Organistensohn aus Stuttgart, Choral- und Pfarrhausdunst auch um ihn. Schrieb – als Farussi getarnt – eine »Harlekinade in drei Akten« – vergessen. Dann einen autobiographischen Wälzer »Die schmerzliche Scham«. Samuel Fischer druckte es, 1913; von Rezensenten an Musils »Törleß« gemessen – immerhin. Gottfried Benn kannte Seyerlen von den Autoren-Abenden bei Cassirer. Dann zum Leutnant avanciert war er bei der Goltzschen Truppe in der Türkei. Tätig in Rohstoffgesellschaften, als Wollhändler, fallierender Radiofabrikant, Matrose, Warenhaus-Angestellter, Ratenzahlungssystem-Organisator – zuletzt Wehrwirtschaftsführer und mehr. Eine Karriere ganz nach dem Geschmack Gottfried Benns: jugendliche Ausbrüche, etwas Anrüchiges auch, ein Hauch von Scharlatanerie, das Unseriöse, die »Neigung für alles Illegitime«,[86] das Entweder–oder einer Künstlernatur, Wahlverwandtschaftliches also. Wozu auch das später äußerlich Beruhigte gehörte, der Beruf, Ehemann auch, die Camouflage Seyerlens als Bürger in Tittmoning, an der österreichischen Grenze, nahe Salzburg, bis er 1972 starb und christlich begraben wurde.

Eigentümlich anhänglich blieb Benn ihm, *dem treuen der Feindlichen Brüder.* Womit Paul Boldt, Leo Matthias, Alfred Lichtenstein, Egmont Seyerlen, alias Lamoral Farussi und Alfred Wolffenstein gemeint waren. Alfred Pfempfert hatte diese »Aktionsabende« bei Cassirer organisiert. An den Wänden des Kunstsalons in der Viktoria-Straße standen zu dieser Zeit Bilder der École de Paris, einen Cézanne konnte man für 400 bis 600 Mark kaufen. Bei Alfred Flechtheim, dem anderen großen Kunsthändler Berlins – Benn war dem *kunstverkündenden Mann* in Brüssel begegnet – hingen Klees und mythenmeerische Rousseaus in der Galerie. Gottfried Benn kannte diese Bilder, nennt sie zum 50. Geburtstag *des durch Äonen strahlenden Gründers* des »Querschnitt«. Sein Festgedicht, *Die hyperämischen Reiche,* besingt Rousseaus Löwen, Palmen und die ananasdurchwehten Lianenbarren, den Urwald und die Tiernacht. Mit Paul Klee tat er sich schwerer als mit Rousseau, des Maler-Zöllners *wallungsweichen Vorwelten.* Aber gut getroffen, dennoch *die Übergänge mit monistischem Ziel,* Klees *Schnecken* auch *im Trancespiel.* Beiträge von Klee, auch Max Beckmanns finden sich mit Benns *Schöpferische Konfession* im 13. Heft der »Tribüne der Kunst und der Zeit«. Mit Beckmann, dem Freund und Maler Käthe von Poradas, ist er bekannt. Von seiner Brüsseler Radierung »Das Leichenhaus« dürfte er gehört haben. Ein späteres Treffen in Berlin scheiterte: *Man konnte sich über die Wahl der entsprechenden Lokalität nicht einigen.*

Hier zwischen den abgestellten Picassos, Juan Gris', Braques der Kunsthandlung, hinter dem Podium, wo er auftreten sollte, ging Gottfried Benn, verärgert, »mit militärisch kurzen Schritten« auf und ab, weil Paul Boldt – »Junge Pferde, Junge Pferde« – nicht da war, vielleicht die Straßenbahn verpaßt hatte. Egmont Seyerlen beruhigte ihn, jener Lamoral Farussi: als schicker junger Mann, mit Schnauzer, dichten Augenbrauen, gerader, kräftiger Nase, Stehkragen und Zylinder auf dem Kopf sieht er uns von seinem Vorweltkriegs-Photo an. Nach solchen Vortragsabenden ging man ins Café des Westens. Carl Einstein: – »Bebuquin« – auch Alfred Wolffenstein: – »Die gottlosen Jahre« – waren dabei. Dr. Benn – in diesen Abendstunden weit ab von seiner Charlottenburger Prosektur – kam mit Melone und abgesteepptem hellem Overcoat, begrüßte die Anwesenden mit kurzem, militärischem Nicken. Nicht eben das Bild eines deutschen »Höllenbreughel«: »Man konnte kaum korrekter gekleidet sein«, so schildert ihn Leo Matthias.

Sicher, da waren Pausen in dieser Freundschaft mit Farussi. Aber wir finden *Die Gesammelten Schriften* auf Seyerlens Tisch. Auch seine *Frau Vera Violetta und die beiden Doggen* zog er in die Widmung mit ein. März 1934, Benn war Vizepräsident der Union Nationaler Schriftsteller, lud er Seyerlen ins Haus der Deutschen Presse ein *Komm, Lamoral* zum Marinetti-*Empfang mit einfachem Abendessen ... ohne Getränke MK 2,-*. Aus Hannover – später – wurde dann Vertrauliches mitgeteilt, über die *reizende Favoritin*, in *Lavendelbadesalz von Yardley aus der Bond street* gebadet und zum Christfest mit der *neuesten Création von Patou*: »amour, amour« zu gemeinsamem Genuß beschenkt. Ein Jahr später die Hochzeitsanzeige mit diesem *Pagen* Herta von Wedemeyer, *mit Dank für 24jährige Freundschaft 1914 – 1938 und hoffentlich weiter.* Briefe dann aus der Bozener Straße, aus Landsberg, ein Jahr vor Kriegsende, am *Roman des Phänotyp* arbeitend, mit einem Kompliment noch für Seyerlens einzigen Roman, »Schmerzliche Scham«, vor dreißig Jahren gelesen. Der Suizid Hertas wurde ihm im Oktober 1945 mitgeteilt, später kommen Literaturdinge zur Sprache, Korrekturfahnen der *Statischen Gedichte* werden geschickt, die Heiratsanzeige mit Ilse Kaul .. *sie ist ungemein reizend, ein großes Glück für mich, sie gefunden zu haben.* Benns Come back endlich: *zur Erinnerung an die Bozener Str. 20 und 35 Jahre Freundschaft* bekommt der – immer gesiezte – Freund aus den Cassirerschen Aktionstagen die *Ausdruckswelt* geschenkt, nach Tittmoning die *Destillationen* geschickt.

Ja, es ist schon eigenartig, daß wir kein bedeutendes Ölbild von Gottfried Benn haben, obwohl er über Meidner, Grosz hin bis zu Karl Hofer mit der Kunstszene Berlins vertraut war. Sicher, da war die Terrakotta-Büste G. H. Wolffs: .. *halb Kaligula halb japanischer Ringer ...*, wie Benn empfand. Manfred Pahl hatte ihn gezeichnet.

Reizvolle, den Augenblick des Vorlesens einfangende Radierungen von Emil Stumpp sind überliefert.[87] Was dann – aus dieser Epoche – schon alles ist; wenn wir von den Fotos absehen, von denen wir erstaunlich viele kennen.

Nehmen wir die Bindung an Klabund. Wir kennen die Vorgeschichte, noch aus der Frankfurt/Oder-Zeit, wo Benns jüngerer Bruder Stephan mit ihm auf einer Stube in der Gubener Straße wohnte und Gottfried mit dem lyrischen Schmetterling bekannt machte. Man hielt Kontakt. In den *Gesammelten Schriften* schreibt er ihm ein vierstrophiges Gedicht mit den Reihen:

nehmen Sie jene Verse,
Reime, Strophen, Gedicht,
die unsere Jugend erhellten
und man vergaß sie dann nicht.

Denn oft ging Benn *zu ihm als Arzt*, auch vormittags, brachte ihm Blumen mit, Veilchen, die er liebte, wie Chopin, sein Krankheitskamerad. Wieder in München, trifft Klabund seine zukünftige – zweite – Frau in der Ringlinie 2 a der Straßenbahn, schickt Rosen in die Garderobe, heiratet die 24jährige Carola Neher: kapriziös, gertige Gestalt, flächiges Gesicht mit Katzennase, hübsch, klug, begabt, Schauspielerin, Freundin Brechts, auf ihre verwirrte Art links stehend. Geliebte auch des deutschen Exkronprinzen Wilhelm, eine Männerfresserin, nicht eben Benns Typ. Er empfindet sie als *eine rasend nervöse und launische Frau, die dem Mann das Leben zur Hölle machen kann*. Klabund war damals eine Berühmtheit: Über 100mal spielt Elisabeth Bergner seinen »Kreidekreis« im Deutschen Theater, eine Honorarplantage war ihm eröffnet, der Zauberberg Davos', das milde Klima von Brioni erschlossen sich ihm; seine Phthisis* war unheilbar geworden, die Kochschen Bazillen hatten den Kehlkopf erreicht. Die intermittierenden Fieberschübe der Lungentuberkulose, die Toxinausschüttungen mobilisierten letzte Reserven. Stück um Stück wirft der Moribunde auf den Markt, zur neidvollen Bewunderung Gottfried Benns: *Ich wollte, ich wäre so fingerfertig wie Klabund, der ja heute abend schon wieder einen ›Cromwell‹ im Lessingtheater hervorkar-*

nickelt. Während die Praxis des Hautarztes dagegen *nahezu unsichtbar, degoutant* wird und er mit Gedichten hausieren geht. Benn vermietet ihm für fünf Wochen die teure Wohnung seiner verstorbenen Frau in der Passauer Straße, feiert mit Klabund das letzte Weihnachtsfest vor dessen Tod. Acht Monate später stirbt Klabund, eine tuberkulöse Hirnhautentzündung brachte das Ende; wir schreiben den 14. August 1928. Siebzehn Gedichtbände, zehn Romane, acht Dramen und mehr hinterließ er. Mit dem behandelnden Arzt Dr. Poeschel saß Carola Neher an seinem Sterbebett: zweimal am Tage läutete das Telefon – Brecht war am Apparat, von Berlin aus: Ist er schon tot? Ist er schon tot? war seine beständige Frage. Carola sollte die Polly, die Hauptrolle spielen. Brecht war mitten in den Proben zu seiner »Dreigroschenoper«. Am 31. August war der Uraufführungstermin festgesetzt. Die Neher kam vom Sterbelager ihres Mannes, schmiß nach einigen Probetagen die Rolle. Brecht schickte ihr Rosen, schrieb die Rolle um, wollte helfen – umsonst. Umsonst auch sein Treffen mit Carola Neher in Moskau – wohin sie sieben Jahre später emigriert war. Sie wurde verhaftet, Tod im Gulag, Genickschuß oder Typhus. Weiß man es so genau? Sie war zweiundvierzig Jahre alt:

»Kleiner Vogel Kukuli
flieh den grauen Norden, flieh,
.. laß die schwere
Erde unter dir und wiege
dich im Himmelsäther – fliege ...«

schrieb Klabund einst für sie.

Gottfried Benn aber hielt die Totenrede für Klabund am Ehrengrab auf dem Crossener Bergfriedhof. An einem sonnigen Nachmittag, Anfang September wurde die Urne beigesetzt. Wir hören seine ruhige, monotone Stimme, eine alte Schallplattenaufnahme hat sie uns aufbewahrt. Ein großes Stück Literatur: .. *Aber eine andere Verwandtschaft drängt herbei ... ich meine die Gemeinschaft derer, die der Menschheit zu dienen glauben, indem sie den Worten dienen, ich meine die Gemeinschaft der Künstler, Dichter, Schriftsteller, die den Härten des Lebens nichts anderes entgegenzusetzen haben als ihren Glauben, ihr Talent und ihre Leiden, und zu denen der Verstorbene sich bekannte in den Jahren der Bedürftigkeit wie in den Jahren des Ruhms.*

Treue – zu Alfred Henschke – Klabund? Sentimentalität, der eigenen Erinnerung gegenüber? Konvention? Gefühl eines Anstandes, den er sich selbst schuldig zu sein glaubte?

Hören wir Benn, *Teils – teils* überschrieb er das Gedicht, zwei Jahre vor seinem eigenen Tode:

Nun längst zu Ende ...
der Garten in polnischem Besitz
die Gräber teils-teils
aber alle slawisch,
Oder-Neißelinie
für Sarginhalte ohne Belang
die Kinder denken an sie
die Gatten auch noch eine Weile
teils-teils
bis sie weiter müssen
Sela, Psalmenende.

Nun, nicht nur Mohrin war abgesunken, sein Elternhaus. Wir wollen auch Klabund in diese Zeilen hineinnehmen, wie in die anderen, ahnungsvoll geschrieben damals:

ach, diese spärlichen vollen
Schläge des Herzens und
über uns fallen die Schollen –
leben Sie wohl Klabund!

Andere drängen heran: Warum nicht Carl Werckshagens gedenken, des Dramaturgen, des getreuen, klugen Eckehart, der Gottfried Benn so hilfreich zur Hand war, sein Charly *mit dem Brausewetterlachen*. Immer bereit zu fördern, öffentlich zu loben. Und so nachsichtig und weise, wenn der Meister seine eigenen poetischen Hervorbringungen recht läßlich abtat. Warum nicht die Wasmuths, den Privatgelehrten und seine Frau Sophia aus dem Syllabus des

Vergessens und der Vergänglichkeit herausholen. Sie waren um ihn, standen ihm beim Tode Lili Bredas zur Seite.

Die Feder lockt zu ausschweifenden biographischen Miniaturen, weit weg von den Glanzlichtern der Kunstmetropole. Wärme aber, Geborgenheit, menschliches Glück – so wenig Benn davon hielt, zu halten glaubte – nähren sich aus anderen Regionen, soweit sie nicht auf der Mond-, der Frauenseite des Lebens stehen. Woran ja kein Mangel war.

Summarisches Überblicken kann hier genügen. Die Prominenz stand im Licht, warf Glitzer und Ruhm auf Tauentzien und die Villenwälder der Chuzpe an der Spree. Georg Levin streifte ihn. Von Haus aus Musikwissenschaftler, für den Else Lasker-Schüler – seine heimliche Ehefrau – den Namen Herwarth Walden erfand, unter dem er als »Sturm«-Herausgeber und Galerist internationaler Avantgarde berühmt wird. Den Blauen Reiter, die Futuristen, Chagall machte er bekannt. Benn war abends bei ihm eingeladen. Im »Sturm« schrieb Walden: »Berlin ist die Hauptstadt der vereinigten Staaten von Europa« und »Im Westen Berlins liegt Rußland.« Das war 1923.

Und dann die dem Worte Dienenden: Paul Zech, Max Herrmann-Neiße, Johannes R. Becher sind darunter, mit dem er lange Zeit gut stand. Auch Kasimir Edschmid ist zu nennen, Benn *aus allen seinen Arbeiten, und gerade den polemischen sehr sympathisch*. Mit lila Tinte schrieb Edschmid ihm Postkarten nach Berlin. Bert Brecht sei gestreift. Klaus Mann, Döblin, Benns *dreifacher Kollege,* werden uns zur Hitlerzeit noch beschäftigen.

Früh tritt Oskar Loerke in den Gesichtskreis Benns, rezensiert im Endjahr des Weltkrieges *Fleisch*: Siebenundachtzig Seiten stark war das fadengebundene Bändchen, für drei M konnte man es erwerben. Loerke war nicht eben angetan von den Filzläusen, Rachenspalten und entschlüpften Därmen – immer wieder Dr. Benns medizinische *Mesenteriallückenarbeit*. Aber er fühlte die kalte Schönheit jener Zeilen »aus denen ein Schlag fährt«:

Das torkelt
Den Abwärtsbogen
Selbstgefällig in den Schatten ...

Loerke, immer ausgleichend, mildes Verständnis, selbst Dichter hohen Ranges, minuziöser Tagebuchschreiber, ein kluger, freundlich begleitender Helfer: Zur Hitler-Zeit wird er uns wieder begegnen.

Andere Freunde sind da, die uns in den Genuß- und Lebensapparat der City zurückführen.

Es ist abends, Bayerischer Platz, die Gaslaternen brennen, beleuchten ein Budikenschild: »Fischer-Bauer«, ein bescheidenes Ensemble. Ein schlanker, eher zierlicher Mann, Verlagsbesitzer – und Freund, gut gekleidet, schiebt die Filzportiere hinter der Tür auseinander, braucht nicht lange zu suchen; mit dem Rücken zur Heizung sitzt Gottfried Benn. Biertrinker, Bierkenner beide. Es wurde wenig gesprochen am runden Tisch, beide Herren schätzten das. War der Bierdurst gelöscht, nach ein – zwei Stunden, trennte man sich und hatte sich verstanden. Auch fuhr man im August 1931 gemeinsam in den Urlaub, nach Thüringen, »Hotel zum weißen Hirsch« in Schwarzburg, *sehr feudal.* Erich Reiss war reicher Erbe, Benn klamm, wie immer in dieser Zeit. Er durfte Reiss' Bad mitbenutzen.

Später, als Benn in Hannover ankam, nun Aspirant bei der Heeressanitäts-Inspektion, lagen Geschenke von Reiss in seinem möblierten Zimmer. Als er nach Berlin zurückversetzt wurde, am 1. Juli 1937, hatte Reiss ihm durch seine Beziehungen zu Immobilienmaklern eine Wohnung in der Bozener Straße 20 besorgt, in der Benn bis zu seinem Tode leben sollte. Ein Foto aus jener Zeit zeigt die sensible und doch liebenswürdige Erscheinung von Reiss, es ist der Kopf eines hochgebildeten Aristokraten. Aus New York, in der Berliner Nachkriegshungerzeit, schickte Reiss Care-Pakete. Benn revanchierte sich mit Klammern, die elastischen Binden für Reiss' Krampfadern zu halten; wünschte *Gute Besserung für die Füßchen.* Denn Reiss litt an Hohlfuß.

Ein Jahrzehnt später noch – Reiss war Jude, saß 1938 im KZ, wurde von Karin Michaelis und Selma Lagerlöf herausgeholt – korrespondierte man im Elendsjahr transatlantisch über Bierqualitäten: *Starkbier, das ist leidlich ... Bötzow oder Engelhardt heute beachtlich*, so Benn.

Neben Erich Reiss, 1951 in New York verstorben, Bibliophilen,

– Prospero – Sammler-Kabinett – und Faust-Monatsschrift-Verleger, Mäzen für Ivan Goll und den Dada-Almanach, Freund Max Reinhardts, Menschen- und Bierfreund Gottfried Benns, sind andere und viele Namen genannt worden, die sein Leben in Berlin mit dem allgemein Menschlichen verbanden. Gerade in jenen Jahren der Bedürftigkeit konnte er sich an ihnen halten, wennschon schroff, ablehnend: *... möchte diesen Gang allein gehen*, wies er Frau Fleischmanns Anerbieten zurück, ihn zur Beerdigung von Lili Breda zu begleiten. Eine Einladung bei Frau Sophia Wasmuth sagte er telefonisch ab. Und schrieb dann .. *seien Sie mir nicht böse, wenn ich heute nicht zu Ihnen kam ...* Diese Anteilnahme, nicht nur weibliche, half ihm, machte ihn möglich als Mensch unter Menschen.

Hier fällt dann der Name Zatzenstein – Franz M. Zatzenstein, Mitinhaber der Kunstgalerie Matthiesen, in der Bellevuestr. 14. Man stelle sich vor: Gottfried Benn, die viktorianische, gamaschentragende, zeremoniöse Figur des Doktors ohne Patienten vom Kreuzberg .. *mir geht es mies ...*, im großen Horch-Wagen, mit Chauffeur, nach Frankreich, Südspanien, aus Freundschaft von Zatzenstein mitgenommen und ausgehalten: *Rebhühner mit Trüffeln* dazu *Château Lafitte im Chapeau rouge.* In prunkvollen Cafés saß er, nahe am Meer, und die Serenade von Toselli erklang: Zatzenstein, großer Connaisseur, ging mit ihm in die Schlösser, die Klöster, kaufte hie und da ein Bild, eine Antiquität, manchmal waren schöne Trouvaillen darunter.

Auch die Folies Bergères wurde besucht: Josephine Baker tanzte dort im Bananen-Kostüm. Das mochte der Doktor. Eine Ganzkörper-Postkarten-Aufnahme der Café au lait-Schönheit erreichte denn auch Emil Stumpp, der ihn mehrfach gezeichnet hat: *C'est une ville pour vous ...* Fabulöse Großmut des Kunsthändlers, Patient auch von Benn, – vielleicht durch Erich Reiss vermittelt. Nichts war zu erfahren, kein Echo kommt zurück von diesem generösen Mann, von Berlin bis Washington, wohin nachforschender Briefwechsel ging. Auch London blieb still, obwohl dort, vom Sohn Matthiesens betrieben, die Handlung weiter geführt wird.

Es war dunkel um Gottfried Benn in dieser Zeit. Dabei standen Talmi und Glamour im Zenit, Amanullah von Afghanistan, Fuad aus Ägypten wurden mit Pomp empfangen, saßen mit Hindenburg, dem Reichspräsidenten, in der Königsloge der Staatsoper; Leo Blech, Fritz Busch, Mengelberg dirigierten. Bruno Walter und Otto Klemperer, der wenig später das *Unaufhörliche* aufführen sollte, kamen auf die Höhe ihres europäischen Ruhms. Erich Kleiber dirigierte die Uraufführung »Wozzeck« von Alban Berg; Wilhelm Furtwängler war Chefdirigent der Berliner Philharmoniker.

Alice Schuster und Else C. Kraus, unabhängige, noble Künstlerinnen, halfen Arnold Schönberg, sich durchzusetzen. Gottfried Benn, mit beiden Damen auf vertraulichem Fuße, rechnet, ganz Kavalier, bei einer Umfrage nach dem Krieg Schönberg zu den *Talenten allerersten Ranges.*

Und die Literatur? Wer liest Benn? Sicher *Die Gesammelten Werke* und die zwei zusammenfassenden, gebundenen Prosa- und Gedichtbände bei Kiepenheuer und dem Schmiede-Verlag, wenig später *Fazit der Perspektiven*, haben seinen Namen, unter Kennern, bekannt gemacht. Ins Französische, Englische, Italienische, ja ins Russische ist er übersetzt. Aber *Monnaie*? Die Honorare reichten schon früher kaum für das, was .. *ich für Kölnisch Wasser jährlich verbrauche*. Man las Wilhelm Speyers »Mädchen mit dem Löwenhaupt«. Georg Hermann hatte mit »Jettchen Gebert« Riesenauflagen, Vicky Baum, »Menschen im Hotel« schrieb glänzend bezahlt fur die »Berliner Illustrierte«. Bald wird Remarques »Im Westen nichts Neues« in zwölf Monaten eine Million mal verkauft. Das Publikum drängt sich, Carl Ludwig Schleichs »Besonnte Vergangenheit« zu lesen. Brechts »Dreigroschenoper« ist ein Riesenerfolg, seinen Dreigroschenoper-Prozeß gewinnt er: 16000 Mark mußte ihm die Nero-Film AG für seine Autorenrechte zahlen. Gottfried Benn sieht dies ohne Neid, wennschon mit einigem Zweifel an Brechts ideologischer Attitüde. Bald schon hatten die beiden sich voneinander entfernt. Auch Döblins »Alexanderplatz« macht Aufsehen und Auflage. Döblin, den Benn schätzt, seiner Sprache wegen: *zehn, zwanzig Seiten ohne einen einzigen inneren Monolog, ohne ein einziges Gespräch ... Das ist sehr schwer. Zehn solcher Seiten wollen gestemmt sein.* Beide sind Kassenärzte, haben Grund, ihren Beruf als einen »Stand mit einem tragischen Schicksal« aufzufassen, tun sich schwer. Bald sollten sich ihre Wege trennen.

Gottfried Benn in den zwanziger Jahren: Großer Dichter – kleiner Arzt. Schnorrer fast – doch wagt man nicht es niederzuschreiben. Und neben dieser kärglichen Existenz, *immer weiter bergab* sieht er *die flüssigen Epiker, die Rülpser des Anekdotenschleims, die psychologischen Stauer von Mittelstandvorstellungen* die Champagnerflaschen entkorken. Bei Benn aber wollte die Steuer pfänden, der Gerichtsvollzieher war häufiger Gast.

Hatten nicht, mit Plakat am Schloßplatz stehend, ostelbische Baronessen mit Namen, nach denen Straßen und Brücken der preußischen Königsstadt benannt waren, Verdienst durch Diktataufnahme mit Übersetzungen aus dem Französischen oder Englischen gesucht?

Ja, es waren schlimme zwanziger Jahre für Gottfried Benn – teils. Gottfried Benns ökonomische Existenz liegt zwischen den 1,80 Mark der kassenärztlichen Praxis pro Patient und Monat (selten läutete es an seiner Tür) und Einladungen, Anpumpereien. Praxisaufgabe, Annahme einer Stadtarztstelle wurde bedacht, versucht, abgeschlagen.

Aber es waren die Jahre auch des Glanzes und beginnenden Ruhms. Erstaunlich schmal dabei die Palette der Prosahervorbringungen, mehr Gelegenheits- und Ad-hoc-Arbeiten, im eleganten »Querschnitt«, in der »Weltbühne«. Hin bis zur »Neuen Rundschau«, die Albert Einsteins Schwiegersohn Rudolf Kayser herausgibt, wo Benn *die verrottete Ideologie des Nützlichkeitspositivismus* in der Medizin, mehr aber sich selbst und seinen Berufsstand beklagt. Mit irritierenden Einschüben irrationaler Einsenkungen, weitab von naturwissenschaftlicher Ratio. Es ist das Jahr, in welchem sein Oratorium *Das Unaufhörliche*, von Hindemith angeregt und komponiert, in der Berliner Philharmonie uraufgeführt wird. Briefwechsel, Aufführungspraxis und die gedämpfte Aufnahme des Stückes sind hinreichend bekannt. Benn war erfreut an der Arbeit. Lebhaft war der Austausch zwischen dem schon berühmten Komponisten – Chef nannte ihn Benn – und der Dichterwohnung. Klavierauszüge Hindemithscher Opern – Cardillac – Blumen, Kalmus und Maien fanden den Weg in die Hautpraxis, sollten stimulieren.

Leichtfüßig sehen wir den Schlager- und Krimifan aus jener ersten Etage mit Tenorarie, Hornsolo und Waldhornkantilenen hantieren. Frau Gertrud Hindemith chauffierte – *mit zarten allzu zarten Gelenken* aber *graziös und so sicher* – ihren *schnittigen Mercedes* an den Wochenenden mit Komponisten und Dichter über die Dörfer der Mark Brandenburg und der Prignitz, Heimatland für den Pastorensohn.

Dennoch, wir finden Benn melancholisch. Er fühlt sich betroffen vom Anruf der handgeküßten Frau Gertrud .. *weil ich so lange nichts Neues geschrieben habe, so lange keinen neuen Band herausgebracht habe, so unfruchtbar war* .. Womit die Briefschreiberin, der Benn mit immer wandlungsfähiger, altertümlicher Galanterie begegnete, nur zu recht hatte: Die lyrische Produktion der letzten drei Jahre war mager. An einer Hand kann man die Hervorbringungen abzählen: Krisenzeit also, Euterpe stand nicht neben dem Mikroskop. Zwar hatte die freundschaftliche Zusammenarbeit mit Paul Hindemith ihm Auftrieb gegeben. Vergessen war für die kurze Episode sein wirtschaftliches Elend. Die frauliche Wärme von Frau Gertrud, ihre Einladungen, Douceurs taten ihm wohl; und so kam denn *Das Unaufhörliche* zustande. Danach aber Melancholie und Verzagtheit: Die Kritiken waren enttäuschend. Benns Text »... ein klagendes Lied vom Katzenjammer der vom Daseinsapparat eingestampften Menschen«, streckenweise von kabarettistischer »Schnoddrigkeit« – so die »Frankfurter Zeitung«.[88] Wenige Nachaufführungen des Oratoriums in Mainz und Dortmund, das war alles. Schicksal, Schöpfung, Mythos, große Inhalte hatte Benn emphatisch beschworen: die Ratio als Irrweg der Hirnrinde verkündet, das Sein einengend. Aufschwünge und weiter Blick sind dem Verstand verschlossen. Das Irrationale ist angerufen, hier sind wir auf dem Wege und gut beraten, die Wirklichkeit zu durchstoßen, so sollte es dem Hörer, dem Leser deutlich werden.

Dann hören wir von eigentümlichen Séancen in seiner Praxis: Veli Sameh, Bühnenbildner, ein Bekannter Benns und Ludwig Meidners, berichtet von Damen, nackt auf dem Untersuchungstisch gelagert, in Trance versetzt. Um den Tisch ein breiter Mehlstreifen gestreut. Erwacht erhebt sich das Medium von der Liege, sucht seine Kleider: kein Fußstapf war im weißen Kreis zu sehen. Das beschäftigte Benn zu dieser Zeit: .. *Gefühl und das erregende Wort* können heilen. Ob *Tlinkitschamane oder Lourdes: Ein Anruf, und die Warzen fallen ab*, so Dr. Rönne in *Irrationalismus und moderne Medizin*. Das *Warzenmotiv* also gegen die *verrottete Ideologie des Nützlichkeitspositivismus*. Ja, das sind wahrlich *abschließende Gedanken* für einen Arzt, auf der Pépinière und in den Hörsälen des induktiven Zeitalters erzogen und ausgebildet: Wir begreifen, daß Prof. Fleischmann, oft von Benn konsultiert und ihm freundschaftlich verbunden, zu einer Sanatoriumskur riet, wie schon manchmal.

Warum nicht Worte ernst nehmen: Ja, Benn war gefährdet, ernstlich. Und schenkt dem Ehepaar Fleischmann, sich dankbar seiner *ärztlichen und menschlichen Freundschaft* versichernd, eine jener grazilen Tierplastiken von Renée Sintenis. Gibt *es in Ihre Pflege und Besitz*, als *ein Teil ... seines Lebens und seiner Gesundheit*. Denn er .. *bewegt sich ja gern in magischen und irrationalen Kreisen*.

Sagten wir gefährdet? Ja schon, noch v o r dem Staatsexamen im praktischen Jahr: e n t l a s s e n als Hospitant in der Charité bei Professor Ziehen, dem Psychiater. Wenig später dann, nach einer Regimentsübung über die *Kartoffelfelder der Uckermark* reitend, als aktiver Unterarzt: e n t l a s s e n .

Wir erinnern uns: Bischofsgrün bei Bayreuth, ein Lungensanatorium, Gottfried Benn machte eine Urlaubsvertretung: *Der Chefarzt wurde zurückgerufen: E n t l a s s u n g s g r u n d ? .. – Zerstäubungen der Stirne – Entschweifungen der Schläfe*. In Brüssel, Rue St. Bernard, wo ihm die Olive geschah, der Dämon *das Weiße eines Auges* ... ihm zeigte: .. *erkrankt, e n t l a s s e n , nach Berlin zurückgeschickt*. Mitten im Weltkrieg ...

Nein, diesmal folgte er nicht dem Sanatoriumsrat des Professor Fleischmann. Er will verschwinden, untertauchen, nicht reden müssen. Und fährt mit Erich Reiss, dem *Kümmerer*, in den Thüringer Wald: *Zwei arme Junggesellen im Sturm der Zeit*.

Dann wieder zurück, in Berlin. *Hélas* – so schreibt er an Oelze, Jahre später, *Hélas – Berlin ist meine Stadt – seit 1904 – und wird es bleiben. Berlin ... eine schöne Stadt!* Und er verglich sie mit einer *großen, weissen, blumengeschmückten Stute. Nichts ihr zu verglei-*

chen. In allen Nöten und Abstiegen. Berlin war ihm Daseinsstimmung, Stimulans, *war Quell der Verfeinerung* und des *Zerschmetterns allen Provinziellen.* Berlin war und blieb die *Stadt meines Lebens, meines Schicksals, meiner schönsten Jahre!*

Erinnert sei an jenes mysteriöse Photo aus seiner Praxis: Es ziert die Einbandrückseite der Lennigschen rororo-Bildmonographie. Dr. med. Benn – sehr vollgesichtig, wie Manfred Pahl ihn gezeichnet hat – mit Embonpoint, im weißen Arztmantel sich auf den Beinhalter seines gynäkologischen Untersuchungsstuhls stützend. Links neben ihm der gläserne Irrigator für die Spülflüssigkeit. Mit dem Rücken zum Bild ein dunkelhaariger Herr mit Brille, Dr. Benns Kollege und Fluretagennachbar Dr. Meyerstein, Kinderarzt, Schwager von Manfred Pahl. Woran sich eine kauzige – und menschliche – Geschichte rankt: Dr. Meyerstein teilte seine Praxis mit zwei anderen Kollegen, so waren die Kosten leichter zu tragen, man verdiente nicht viel. Auch Dr. Meyersteins Wartezimmer war häufig leer; der Pädiater aber liebte die Kunst, die Literatur. Und war fasziniert von seinem Kollegen, Arzt für Haut- und Harnleiden – und Dichter. Man befreundete sich. Und da Dr. Benn seine Behandlungsräume nur zwei Stunden geöffnet hielt, kaum Patienten hatte, war genügend Zeit, sich zu unterhalten. Nun schied ein Mitglied jener flurnachbarlichen Dreierpraxis aus. Frau Meyerstein, welche die Praxis ihres Mannes mitfinanzierte, bestand auf Hereinnahme eines neuen Arztes, um die Ausgaben zu senken, die Wahl fiel auf einen Urologen. Dr. Benn protestierte. Sah, mit Recht, eine Konkurrenz neben sich, hoffte wohl auch, Dr. Meyerstein würde dies, um ihrer Freundschaft willen, verhindern. Aber die Ehefrau, in ihrer Existenz bedroht, setzte sich durch, der Urologe zog ein. Dr. Benn mußte die Zahl seiner Sprechstunden anheben – und aus war es. Er schrieb Dr. Meyerstein einen bösen Brief, kündigte ihm die Freundschaft, denn er wolle mit dieser *ganzen Mischpoke* nichts mehr zu tun haben.

Gottfried Benn blieb in der Belle-Alliance-Straße, *lebte sein gewohntes Leben,* alles ging weiter. Kümmerlich zwar, bedroht von der Steuerfahndung, am Rande des Ruins. Und hatte Kraft und Größe, Else Lasker-Schüler Essen und Trinken, ja Wohnung zur Verfügung zu halten, *wenn Sie meiner bedürfen.* Denn die Zeiten waren schlecht. Zwar war die Wirtschaftskrise noch nicht auf dem Höhepunkt, im Restaurant »Schlichter«, wo Benn verkehrte, konnte er für M 1,50 Saure Leber mit Kartoffeln speisen. Die Terrine Löffelerbsen und Spitzbein war bei »Aschinger« für fünfzig Pfennig zu haben. Nicht alle aber hatten eine halbe Reichsmark; die Zahl der 2,4 Millionen Arbeitslosen stieg von 1929 bis 1930 auf 4,3 Millionen. Ein Jahr später waren es 6 Millionen: Während Portokassenjünglinge und Tippmamsells den Fontänenzauber im »Resi« genossen – 24000 Liter Wasser sprudelten, von 140000 Glühbirnen illuminiert – und die Rohrpost Likörfläschchen und Veilchenparfüm im Etui (M 1,50) zur Erwählten katapultierte; – in Carows Lachbühne am Rosenthaler Platz Filmstars neben Waschfrauen, Bankdirektoren neben Stempelbrüdern an Berliner Schnauze und Knorke sich ergötzten; – während die City in Glamour und Rauch glitzerte, standen Schlangen von Arbeitslosen nach Butter an, Höhlenbewohner nisteten sich auf Müllabladeplätzen ein, 5000 Waisenkinder waren im Waisenhaus – Alte Jakobstraße – untergebracht, für Hunderte von Kindern wurden Adoptiveltern gesucht. Durch die Straßen begannen die braunen Kolonnen mit der roten Armbinde und der Swastika auf weißem Grund zu marschieren.

Wirtschaftsskandale, die Sklarek, Kutisker und Barmat mit groß angelegten Betrügereien, waren Tagesgespräch, selbst die Stinnes-Kinder wurden hineingezogen. Die Gebrüder Sass wurden beschuldigt, den kühnen Bankeinbruch am Wittenbergplatz – 153 Safes wurden ausgeraubt – verübt zu haben. Sie aber hatten ein Alibi, und man mußte sie laufen lassen. Lange erfreuten sich die renommierten Geldschrankknacker nicht ihrer Beute: nach Kopenhagen geflüchtet, ließ Himmler sie während des Krieges erschießen: Ihr Name, SA/SS, dazu noch in einen boshaften Vers gebracht, mochte die Aufmerksamkeit auf sie gelenkt haben.

Und Gottfried Benn? Dichter in dürftiger Zeit? Berührte ihn dieser Trubel? Nahm er Anteil daran? Immer konnte er ja nicht in seinem »Reichskanzler« gesessen haben, Bierdurst stillend. Oder in der Staatsbibliothek, im wohlgeheizten Lesesaal, seinem *Satzbordell*. Seine Briefe sind melancholisch, Klagen sehr vereinzelt, und dies auch nur an sehr Vertraute. Die Gedichte verhalten, mit großen Aufschwüngen, manchmal. Seit Lili Bredas Tod kann man die lyrische Produktion an einer Hand abzählen. Selten ein Zeitmotiv einmontiert: *Banane, yes, Banane – Broadways,* Fürst Krafts *Stutenrennen – Kiscazonypreis.* Oder ... *kosmopoler Chik der Schöpfer und Schieber.* Die Sechstagefahrer auch, *Radfahrer, Steher, ... Milchflaschen, Nahrung, vorne am Verdreher : ...* Gereimte Nachdenklichkeiten über Sinn und Unsinn der Arzterei, über den Fortschritts- und Aufbauglauben der Ämter, der Patienten auch:

Normung selbst der Gase, –
amtlich deputiert, ...

Die *Weiße*(n) *Wände* des Operationssaals werden bedichtet, ein Kongreß karikiert, die Abhängigkeit vom Patienten, vom *Entfleischte*(n) beklagt:

.. ach, wieviel Fett und Bauch
nährt Krankenstand
und die Familie auch
an See und Strand ...

Doch läßt Benn *Jasmin* blühen, zwischen Jod, Watte und Op.-Kacheln: »Jasmin, nimm mich hin« reimte Goethe in seiner Weimarer Blumensprache. Wenn Benn aber mit dem Omnibus in die Vorort wälder fuhr oder zur Stadtbahn Hallesches Tor ging, durch Berlins Straßen, von der Staatsbibliothek Unter den Linden zur Friedrichstraße, wo seine Kundinnen auf dem Strich standen, kam er an Leuchtreklamen, Litfaßsäulen, Sandwichboys, Theater, Cabaret- und Barverlockungen vorbei: All das nahm er auf, es erregte ihn. Diese Riesenstadt, .. *ihr monströser Genußapparat, ihr Mördergesicht, ihre Sicherheit: ... Von hier aus versuchte ich mit Hilfe von Bildern und Steinen in den Museen und den Büchern aus den Leih- und Staatsbibliotheken hinüberzuäugen in die beschenkteren Reiche mit Marmor, Öl und Orangen und jene Eroberungen zu betreiben, die dem lädierten Gehirne allein gegeben sind.*

So kehrt das Echo jener Jahre – seiner glücklichsten, dennoch – aus den Oelze-Briefen zu uns zurück.

S t a a t s b i b l i o t h e k : Gottfried Benns Büchersammlung war bescheiden. Durch die Ortswechsel dürfte einiges verloren gegangen sein. Über 1200 Bände kommt man nicht hinaus. Und vieles, besonders in den letzten Jahren, ist eher zufällig, als Dedikation, oder durch die Heirat mit Dr. Ilse Kaul hineingekommen. Goethes »Gedichte« in einer älteren Cotta-Ausgabe gegenwärtig, dazu der »West-Östliche Divan«, wenige vertraute Klassiker. Von Jacob Burckhardt »Vorträge, Briefe, Erinnerungen aus Rubens«. Die »Philosophie der Kunst« des von ihm gerühmten Hippolyte Taine in einer Diederichs-Ausgabe von 1903. Titel, die er als *Bücher, die mich überall begleiteten, mit denen ich alterte* auf eine Umfrage der »Literarischen Welt« (1929) benennt, fehlen in seinen Regalen. Und doch las er viel, wennschon als »flackernder Leser«, wie es Alfred Kurella, in der »Linkskurve« auflistete: Freud wird da genannt, Jung, Planck und Einstein. Driesch und Dacqué natürlich, Kretschmer, Spemann. Von abwegigeren Autoren, wie jenem Semi Meyer aus Königsberg, oder dem jugend-genialischen Otto Weininger »Geschlecht und Charakter« zu schweigen. Einen ganzen Naturpark der Literatur finden wir geplündert. Ein Rätselkasten für Finder und Deuter, was alles mag er noch bergen? Nachdem schon die ersten Bohrungen[89] die erstaunlichsten Funde in die überquellenden Körbe der Philologen gelegt haben. Er veränderte es, band Aktuellstes mit fernen Mythen zusammen, die *Hygienemesse (Testogan)* mit dem *Pithekanthropos.* Nahm die Materialien unbedenklich wo er sie fand: aus Rohdes Psyche, aus Taine und Burckhardt meißelte er *Leukée – die weiße Insel des Achill,* erschrieb die prunkende Prosa der *Dorischen Welt.* Und blieb ganz er selbst, setzte auf den grauen Quilt der Kompilation die Sternschnuppen seiner epigrammatischen Urteile, ließ die Kometenschweife vergangener Ideen in neuem bengalischen Lichte aufblitzen, Bild gesetzt neben Bild. Der Handlungsgrund aber zerstoben und unscharf: fernste Erdzeitalter enteilen in mythischen Milchstraßen, verdämmern in galaktischen Nebeln. Wann las er sich dies alles an? Wir hörten es in *Turin:*

Ich kann mir keine Bücher kaufen,
ich sitze in den Librairien:
Notizen –, …

Lesesaal der Staatsbibliothek Berlin

In Berlin, in Hannover, in Landsberg finden wir Benn als eifrigen Besucher der Stadtbibliotheken, der Leihbüchereien, von denen es viele, privat betrieben, selbst in kleinen Städten, in den Vororten Berlins gab. Aber immer seine Sehnsucht, sein Anruf aus Hannover: die Staatsbibliothek in Berlin.

Man überquert von Benns Berliner Wohnung die Spree, den Belle-Alliance-Platz mit seiner Säule, gelangt in die noch stille Friedrichstraße, die geschäftige Leipzigerstraße, zur Linken dann die Mohrenstraße mit dem stockwerkhohen Antiquariat Gsellius – Bücherparadies meiner Jugend. Der Verkehr nimmt zu, für Radfahrer, Omnibusse, Autos ist die Fahrbahn fast zu eng. Auf dem mit Granitplatten gepflasterten Trottoir drängen sich Fußgänger. Die Damen mit Kappenhüten, darunter Bubikopf, kurze Kleider, man wollte emanzipatorisch ausschreiten können und zugleich Beine zeigen. Chiffon, Georgette, abends Taft waren bevorzugt. Auch Hosenrock, Hemdbluse und schwarzer Schlips waren beliebt, die Damen rauchten, obwohl dadurch frühe Runzeln unter den Augen angedroht waren. Der Herr immer mit Hut, weicher Filz jetzt und Mittelkniff, Spazierstock war obligatorisch. Alles strömt der Prachtstraße zu, Unter den Linden. Biegt man rechts ein, zum Forum Fridericianum, grüßt auf dem Mittelstreif, vor der Friedrich-Wilhelms-Universität Rauchs Reiterstandbild Friedrichs des Großen. Schräg gegenüber, eingefaßt von der Charlotten- und Universitätsstraße, die Staatsbibliothek. Wilhelminisch breit die Treppe, korinthische Doppelsäulen rahmen den kassettengewölbten Aufgang. Dann der Lesesaal: Ausweiskarte. Schon ist der Eintritt frei: Ein Arzt, Pépinièrezögling, Wissenschaftler, Literat hat immer Zutritt. Die Kuppel unendlich hoch, transparent. Die Gesimse, Nischen, Emporen reliefgeschmückt. Zur dunklen Stunde spiegeln Mosaiken das Licht bronzener Kandelaber. Die Stühle bequem, vor jedem Leseplatz eine Lampe. Die Besucher: gemessen, nach innen sehend, selten ein Rascheln umblätternder Seiten, das Klirren eines zu Boden fallenden Bleistifts, sonst Stille. Die Bücher dann: zu Tausenden stehen sie an den Wänden, das Säkulare und Traumbeladene, Zeitvergang und Wortvibrier.

Hier also sitzt Gottfried Benn, fern den *Zweckgewalten* der knapp bemessenen Sprechstunde. Dies ist seine *Kaschemme*, sein

Resultatverließ. Benn sitzt allein. Es ist nicht Arbeit an einem Werk, nichts auf ein Ziel Gerichtetes was ihn hierher treibt. Menschen? Er kannte sie. Und eigentlich mochte er sie nicht so recht, diesen *reinen Versorgungs- und Genußtyp.* Orte und Dinge, Bücher auch, sie stehen fester, und sie sind stumm. Man kann sie manipulieren, ausdeuten, *glühen* lassen, daß sie zu *Fieberparadiesen auferleben.* Hier war Stabilität, Unsterblichkeit – im Wort –, alles an seinem Platz, gestern, heute, morgen. Eine sanfte Ruhe überkam ihn unter dem grünen Schirm seiner Leselampe, die Zeit schien stille zu stehen. Niemand fragte nach Lebenstüchtigkeit, *Schwerpunkt im Beruf, Hoch der Familientisch.* So blätterte er, mehr als er las, flackerte von Titel zu Titel, die Stunden stockten. Da:

Schöpfungsstunde ...
Lustgewinn ...
weil im Satz der Seiten
eine Silbe lockt ...

Machte er sich Notizen? Wir wissen es nicht.

Auf Lastwagen-Anhängern gezogen, geschoben von Medizin-Soldaten, die Bücher im Bombenhagel dann an Schinkels Neuer Wache vorbei zur Spree. Hineingekippt in Kähne. Vielleicht dann geborgen in Salzbergwerken. Hatte Oberfeldarzt Dr. Benn – jetzt Bendlerstraße – es wohl gesehen? In Trümmern bald das herrliche Gebäude, verbrannt die Benutzerkataloge, die Ausleihbelege: Sela! Für Benns Prosa, die Gedichte ohne Belang. Das Material, dies *Pêle mêle von Stoffen und Aspekten* blieb eingeklopft in die Essays, die Verse. Kompilierte Collagen? Der Ton trägt: Benn-Sound, – und manchmal hoch bis zu den Sternen.

Die Universität, neben der Bücher-*Katakombe,* wenig hören wir bei ihm in den zwanziger Jahren davon. Wir kennen Benns Abneigung gegen die Professoren – im allgemeinen; sein irrationales Beiseiteschieben der Ergebnisse, der Fortschritte der induktiven Wissenschaften. Dennoch, er lebte im Umfeld des europäischen Hauptsitzes für Lehre und Forschung: Adolf von Harnack war Präsident der Kaiser-Wilhelm-Gesellschaft. Gottfried Benn nennt diesen Familiennamen in seinem *Lebensweg eines Intellektualisten*. Albert Einstein, Max Planck, Walter Nernst, Physik-Chemiker, Meister der Thermodynamik, standen im Zenit ihrer Weltgeltung, sämtlich Nobelpreisträger. Fritz Haber gelang die Ammoniak-Synthese, auch er bekam den Nobelpreis. Die Medizin, die Geisteswissenschaften, die Philosophie waren durch glänzende Namen vertreten. Bruno Bürgel »Vom Arbeiter zum Astronomen« suchte die naturwissenschaftlichen Erkenntnisse volkstümlich zu fassen. Im Ullstein-Verlag erschienen die grüngebundenen Heftchen der naturkundlichen Reihe »Wege zum Wissen« für drei Groschen.

Und die Antwort aus der Belle-Alliance-Straße auf diese Wissensexplosion? Wir kennen sie: *Das moderne Ich*, *Medizinische Krise*, *Irrationalismus und moderne Medizin*. Eigentümlich Benns Verharren im Irrationalen: die ihm offenbarte Wüste der Wissenschaft erkannte e r als Irrweg der Hirnrinde. Die Realien wanken für ihn. Raum, Zeit, Kausalität und Evolutionsbegriff: Für den Arzt Dr. Benn steht alles wie auf Fischen.

Der Essayist dagegen gewinnt *teils – teils*, »nimmt einen Begriff, einen fremden, großtönenden, hält ihn hoch, läßt ihn leuchten – und Vergangenheiten werden lebendig, Mythen atmen«. So Klaus Mann zur *Gesammelten Prosa*. Wennschon er – wie Thomas Mann, sein Vater – nur wenig später Benns »grimmige« Vernunftwidrigkeit, seine Flucht zu den Schachtelhalmen, seine »große Gebärde gegen die Zivilisation, die Verfluchung des Geistes«[90] bedenklich findet. Wir werden sehen.

Bei der Lektüre eines *meiner zahllosen Bücher durcheinander* ... so bekennt unser Staatsbibliothek-Besucher. Und wir finden ihn, nach dem *Fazit der Perspektiven*, bei der exzerpierenden Aneignung paramedizinischen Materials voranschreitend. Daraus die Collagen *Genie und Gesundheit*, *Der Aufbau der Persönlichkeit* und *Das Genieproblem* kompilatorisch geschöpft. Auch *Zur Problematik des Dichterischen* findet in dieser Reihe ihren Platz. Wir kennen Benns tiefen Respekt vor den Unheimlichkeiten des Körpers, nicht im medizinischen, sondern – verblüffend – im genetischen Sinn. Die Erbströme, die Doppelhelix herrschen über den Körper – nicht nur über ihn. Gottfried Benn weiß es – und will es dennoch nicht glauben. Womit diese Verwirrung eigentlich abgetan ist: Induktive Naturwissenschaft ist kein Seminarstoff für dogmatische Theologie.

Das Genie- und Persönlichkeitsthema: Immer fühlt Benn sich angezogen von Erbströmen und ihren kombinatorischen Möglichkeiten. Folgen wir einem Bericht Manfred Pahls, jenes Portraitisten und Lithographen, dem Gottfried Benn in seinen Praxisräumen Modell saß: »Daß Benn, dessen Mutter Französin war, ein besonderes Interesse an genetischen Umständen hatte, erlebte ich selbst daran, wie wichtig ihm bei mir meine Vorfahren waren! Er verbuchte die Tatsache, daß meine Mutter eine Schwarzwälder Bauerntochter war ..., daß die Vorfahren meines Vaters fast alle Sattler, also Handwerker waren, als guten, ja besten Beitrag für meine besondere Zukunft. Besonders, nachdem in meinem Stammbaum schon einige geistige Berufe bekannt waren ... sah Benn darin die günstigsten Voraussetzungen für eine erfolgreiche Zukunft.«[91]

Da steht nun Benn mit seinem *Bergsteigerideal der protestantischen Glaubensrichtung*, mit dem Entwicklungsbegriff. Denn wo Vererbung ist, dort ist Selektion. Und wo Selektion ist, greift die Entwicklung.

Warum wir dies so umständlich auseinanderlegen? Diese Arbeiten, *Genie und Gesundheit, Der Aufbau der Persönlichkeit, Das Genieproblem,* im gleichen Jahr geschrieben – 1930 – schöpfen aus den gleichen Quellen. Zu Driesch, Jung, Dacqué fügen sich Spemann und Mangold. Im weiteren wird das »Jahrbuch für Charakterologie« zitiert. Hauptquelle aber ist Ernst Kretschmer, Tübinger Ordinarius für Psychiatrie, mit seinen Monographien über »Körperbau und Charakter« und »Geniale Menschen«. Auch Lange-Eichbaums »Genie, Irrsinn, Ruhm« wird genannt. Völlig unbefangen, voll auf der Linie von Stammbaumstudien, Keimmaterial, Vererbung, Auslese und Hochzüchtung faltet er das Thema auseinander, ein anderer Popularisator der Deszendenztheorie und der Evolution. Kopfschüttelnd folgen wir ihm und können es dem eingeschworenen Irrationalisten nicht glauben. Dann aber – endlich – der Salto mortale: das *Genie züchten? Ja, bis zu einer gewissen Grenze – vererben aber kann man es nie*. Und die Rauhhaardackel, das Rennpferd? Der sechzigfach korngebende Mais und das vierzehnrippige Schwein? So fragen wir.

Lassen wir das Problem der Geniezüchtung beiseite, ein weites Feld. Fassungslos aber stehen wir vor diesem gespaltenen Evolutionsverächter und Mythendogmatiker: voll greift er in die Leier strenger, wissenschaftlicher und bewiesener Befunde, – und die Saiten tönen von Tropen und unauflösbarem, rauschhaft mythischem Rest. Eine Erbanlage offenbar, Rot-Grün-Blindheit des Geistes. Ein Spaltungsirren als Bewußtseinszustand, als Seelenlandschaft. Ist das schlimm? Nein, gewiß nicht. Eine Minusvariante, ein Hauch von Bionegativem, harmlos, bald deckt es die Erde. Dann aber das Numinose: der Zeitgeist. Eine aufgewühlte Volksgenossenschaft greift diesen irrationalen Züchtungsirrtum auf, das Wahnhafte bricht sich Bahn, bindet sich an Adolf Hitler: Defekte und Halluzinationen werden angezogen von der stärksten Macht. Man steigt und steigt, ergreift die Stunde, dann noch ein Katastrophensatz:

.. und wunderbar getroffen
sinkst du hinüber, weißt das Sein und schweigst.

Ach, leicht ist es, Benn gegen ihn selbst zu kompilieren.

Politische Verirrungen? Charakterliche Schieflage? Opportunismus? Davon wird zu sprechen sein.

Oskar Loerke, die Preußische Akademie der Künste, die Hitlerzeit beginnen deutlicher zu werden. Auf diesem Podest wird Gottfried Benn stehen, aufgespalten, unvereinbar seine inneren Elemente.

Wenige Gehminuten nur sind es zur Belle Alliance-Straße 12. An der Tür das Praxisschild, neben den anderen, aus Milchglas noch, mit kleinem rotem Kreuz am Kopf, schwarz die Druckbuchstaben: Dr. med. Benn, Facharzt für Haut- und Harnleiden, Sprechstunden von 9 bis 11 u. 5 bis 6, außer Mittwoch u. Sonnabend.

Treffen wir ihn zu Hause? Nein, er sitzt im Christlichen Hospiz, hatte sich mit seinem Vater aus Mohrin, Neumark, jetzt *polnischer Besitz*, dort verabredet. Hier *wohnt Gustav Benn billig, weil er die Morgenandacht hält*. Für die Konditorei Hahnen am Nollendorfplatz wäre er nicht vorzeigbar, *er spricht so laut, daß sich alle immer nach ihm umsehen* und *erzählt, ... daß es 2 neue Pastoratshelfer in seinem Dorfe jetzt gibt ... aber solche Leuchten wie Herr Milster und Herr Leber sind es nicht ...*

Distanzierte Zuneigung? Familiensinn – wohl kaum. Eher eine Vorstellung von Ordnung, hergebrachter Gesittung, Konvention. Auch in die Belle-Alliance-Straße kam Gustav Benn; selten, einmal im Jahr. Eine Tasse Schokolade, zwei Stück mitgebrachten Apfelkuchens, das war's dann. Von Gottfrieds Stiefmutter, Vater Benns zweiter Frau Sophie, geb. Kolbe, mit der er zwei Söhne hatte, hören wir nichts. Sechs Jahre zuvor ging der *Pastorensohn* nicht eben zärtlich mit dem *verfluchten alten Abraham* um. Lassen wir es so stehen; keine weiteren Eröffnungen.

Kein schlechtes Jahr für Gottfried Benn: *Wie Miß Cavell erschossen wurde,* seine Replik auf den englischen Miß Cavell-Film – vielgelesen in London, im Berliner »8-Uhr-Abendblatt« publiziert, ein Stück meisterhafter und kalter Prosa, – wird in der Öffentlichkeit beachtet. Die *Gesammelten Gedichte* sind nicht ungünstig aufgenommen, die Crossener *Totenrede für Klabund* gar auf der Schallplatte fixiert. Mit Oskar Loerke, Akademiesekretär, wurde er persönlich bekannt, *Urgesicht* abgeschlossen, die »Gesammelte Prosa« erschienen.

Auch andere kamen hoch, ihre Sonne glänzte über Berlin, der Stadt Benns: Brechts »Dreigroschenoper« wird ein Skandal wegen der Textanleihen bei François Villon – und ein Riesenerfolg im Schiffbauerdamm-Theater. Kurt Weills Songs – von Lotte Lenya als Spelunkenjenny vorgetragen – werden zu Schlagern. Gottfried Benn sieht es mit Nachdenklichkeit – wie dann auch Brechts »Mahagonny«. Wer aber in Berlin erfolgreich die Bretter beherrscht, dem stehen Deutschlands Bühnen offen. Wem in Berlin das Publikum zujubelt, der kann als Sänger, als Dirigent in alle Welt gehen. Wenn aber

die Ladies aus ihren Bildern treten;
unwahrscheinliche Beautis
langbeinig, hoher Wasserfall ...

wenn Marlene Dietrich, die Polizeioffizierstochter im »Blauen Engel« triumphiert, so öffnet sich Hollywood. Doch dann fallen die Schatten. George Grosz, Benns Duzfreund hat das Elend, die Krüppel, Tod und Verwesung vorweggesehen. Otto Dix, Carl

Hofer, Ludwig Meidner, Conrad Felixmüller haben die Träume vorausgemalt, auf Stein gezeichnet, in Holz geschnitten: Was gibt es, was nicht fragwürdig wäre, so sprechen ihre Bilder uns an.

Schriftsteller aber von Rang, in welchen das Bewußtsein einer nahen Krise heraufdämmerte, sind an einer Hand abzuzählen. Auch bei den Bildhauern – Kolbe, Scheibe, Klimsch, Reneé Sintenis –, mit welcher Benn bis zu seinem Tode befreundet war, – nirgend ein Vorgefühl kommender Katastrophen. Vielleicht noch bei Barlach, durch Paul Cassirer und dessen Geldsendungen nach Güstrow an Berlin gebunden.

Wer aber wurde in diesen Jahren gelesen? Paul Heyse, Maeterlinck hatten vor dem Weltkrieg den Nobelpreis bekommen. Benn nimmt es auf: *störe das sanfte Mittel nicht,* Titel: »Zwischen Lipp' und Kelchesrand«.

Hofmannsthal, Gerhart Hauptmann, Hesse, Wilhelm Lehmann, Musil, Rudolf Alexander Schröder natürlich. Endlos die Aufzählung: Lulu von Strauß und Thorney, Agnes Miegel, Hermann Stehr, Bergengruen: Der Zustrom endet nicht. Und von der meisterlichen Trivialliteratur sprachen wir bereits. Als Lyriker sollen Josef Weinheber und Stefan George genannt sein. Weil Benn sich erinnert, nehmen wir noch Ernst von Wildenbruch hinein: »Die Haubenlerche«. Sein Vater sah sie *Anfang des Jahrhunderts, davon zehrten wir.*

Viele dieser Autoren – obgleich von höherem Anspruch – hatten Auflagen, wurden nicht nur gekauft, man las sie; neben den anderen, gleichen Ranges.

Ist es so, daß mit der Reflexion über »Menschlichkeit«, in der Absicht, jenen »sehr schönen und durchaus heiteren End- und Zielzustand der Menschheit zu erreichen«[92] Euterpe ihr Haupt verhüllt? Leidet mit der Sache das Niveau? Werden dadurch diese Hervorbringungen im Nachhall der Französischen Revolution so flach, steril und auf merkwürdige Weise phantasielos? Wo doch die Sache aller Ehren wert ist, human, moralisch, ethisch? Wir kennen Benns furchtbare Antwort darauf: Ja, – Blutstürze, Abtreibungen, Arbeitslosigkeit und Ratten unter der Schlafstelle: *ja, da sieht der Dichter zu.*

Die Stunde naht, da der Dichter zusah. Abwärts senkt sich der Bogen. Noch ist Hindenburg Reichspräsident, mit wechselnden Regierungskoalitionen, die Parteienlandschaft änderte sich rasch. Stresemann Außenminister, Hjalmar Schacht Reichsbankpräsident, der Sozialdemokrat Otto Braun preußischer Ministerpräsident, ein Ehrenschild. Es gibt Arbeiterunruhen, die Polizei schießt, 32 Tote, Hunderte Verletzte. Das Preußische Innenministerium verbietet den Rotfrontkämpferbund. Gottfried Benn bespricht das Buch von Victor Margueritte »Dein Körper gehört dir«. Ist – auf eine ungewöhnliche, fast möchte man sagen, private Art Partei f ü r die Abtreibung, g e g e n den Paragraphen 218. Und ist ohne Aussicht auf Änderung. Es sei denn, *der Kapitalismus als Moral und Staat, als Rüstung* verschwindet. Benn steht hier erstaunlich weit links. Wo ihn auch einer seiner glühendsten Verehrer, wo ihn auch Klaus Mann zu sehen glaubt.

Nun aber ergießt es sich über ihn, wir hörten davon. Max Herrmann-Neiße, vorgewölbte Stirn, Brille, verwachsen, klug – wir kennen sein glanzvolles Porträt von Ludwig Meidner –, schreibt einen Päan auf Benns *Gesammelte Prosa*, wird zum Auslöser jenes handfesten Literatenkrachs mit bedenklich schrillen Tönen: Gottfried Benn findet sich plötzlich in der reaktionären Ecke, im Schulterschluß fast mit dem heraufdämmernden Dritten Reich. Zwar hatte Hitler bei der letzten Wahl (1928) Stimmen verloren, die Sozialisten welche dazugewonnen, wirtschaftlich aber sieht es schlecht aus.

Die Pleiten, Kredit-Kollapse, *Wechselschulden von Mehlgroßhandlungen, 13 Millionen* – sind die infernalische Ouvertüre. Der schwarze Freitag an der New Yorker Stock exchange, – 25. Oktober 1928, ein berüchtigtes Datum – ist dann der Paukenschlag: das Kursniveau an den deutschen Börsen fiel von 140 auf 110, was als katastrophale Entwicklung verstanden wurde – zu Recht. Die Weltkonjunktur sackte ab, zog die deutsche Wirtschaft in den braunen Schlund. Es sank die Kohlenförderung, damals wichtigster Indikator der Gesamtwirtschaft, um 46 Millionen Tonnen , dagegen stieg die Zahl der Arbeitslosen auf 2,4 Millionen: Hochbetrieb vor den Leihhäusern und in den Strichcafés, die Strizzis ließen ihre Gonokkokengeschwader los, wieder wurden *die Schleimhäute le-*

bendig: Dr. Benns Gewerbe zog antizyklisch an, wenig zwar, die Zahlungsmoral jedoch war schlecht.

Immerhin, in diesem Jahr – Brüning wird Reichskanzler – keine Klagebriefe von ihm, es reicht sogar zu *Chanel und Orchideen* – für Tilly Wedekind, dieser *sanften und schönen Frau* – zum Weihnachtsabend.

Oskar Loerke, Lektor im Fischer-Verlag, hält weiter seine Hand über Benn, hilft den Essay *Zur Problematik des Dichterischen* in der »Neuen Rundschau« zu veröffentlichen, in der Republik weit gelesen: Benn ist aufgenommen in den erlauchten Kreis jener, die bestanden haben. Und Loerke hilft weiter. Benn trifft den Präsidenten der Preußischen Akademie der Künste, Walter von Molo: Die Schatten um ihn beginnen sich zu heben. Heinz Ullstein, der Verleger auch des »Querschnitt«, des besten kosmopolitischen Magazins der zwanziger Jahre, macht ihn mit Heinrich Mann bekannt: Die wichtigste Stufe zur Aufnahme in die Akademie war genommen. Gottfried Benn hält auf dem Bankett des Schutzverbandes Deutscher Schriftsteller eine der fünf Reden zum 60. Geburtstag Heinrich Manns: großes Aufsehen, Polemiken von links bis rechts. Heinrich Mann, Präsident der Sektion Dichtkunst der Preußischen Akademie der Künste, aber war geschmeichelt. Die Lyrismen dieser funkelnden Festansprache – mit angemessener Verbeugung auch vor dem Bruder Thomas –: nur ein steinern Herz würde an solchen Kohlen nicht schmelzen. *Zwischen Salben und Myrrhentinktur* geschrieben, wie wir hören. Und *wie viel von ihm mußte man vergessen, um ihn so zu sehn.*

Dem Nobelpreisträger aber aus der Poschinger Straße in München dürften die Ohren geklungen haben: Was er gegen den Zivilisationsliteraten in den »Betrachtungen eines Unpolitischen« gegen seinen anwesenden Bruder einst vorgetragen hatte, hier, en nuce, wurde es ausgesprochen. Heinrich aber blieb ungerührt, und die visionäre Heraufbeschwörung der neuen *Epoche eines großartig-halluzinatorisch-konstruktiven Stils* verhallte ungehört. Honigworte also – und wo Myrrhen sind, ist auch Weihrauch nicht fern. Kurzum, elf Monate später rief nach abendlicher Sitzung der immer gefällige Oskar Loerke Benn an und konnte ihm seine Wahl in die Akademie mitteilen: *Aber machen Sie doch keine Witze mit mir alten Mann* schallte es zurück. Große Ehre jedoch, Genugtuung bei Benn, Max Liebermann unterschrieb die Ernennungsurkunde. Nur Ricarda Huch war dagegen. Ahnte sie, eine große Schriftstellerin und kluge Frau, den Bocksfuß unter dem weißen Mantel des Tripperspritzers, dessen frühe Arbeiten auf dem Polizeiindex für unzüchtige Schriften standen?

Im April 1932 hört sie dann seine *Akademie-Rede*: was wird sie und der neben ihr sitzende Thomas Mann beim Anhören dieses Ringelkäfer und Stelzvögel bemühenden Wort- und Gedankenbreis wohl gedacht haben? Mochte doch die damenhafte Ricarda Huch Benns »Ekelhaftigkeit« und »abseitigen ... Wörter« nicht. Und nun geballt das *Fruchtwasser* und *Beigeschlecht*, *Augenfleck mit Genitale*, dazu *beleibte Spermatozoen*, der *Lingam* in *gebundenen Luststunden* demoliert *die Becken*. Hier *phallische Relation* und dort *Frigidität*: nur das poetisches Echo eines Dichterlebens vor dem Unterleib?

B e r l i n aber leuchtete. Noch waren es nicht die Fackelträger, die wenige Monate später durchs Brandenburger Tor ziehen sollten: Die Leuchtreklamen sind es und Bogenlampen, die sich so herrlich auf den Asphaltstraßen Lesser Urys spiegeln. Berlin wird zum Auktionszentrum Europas: Acht Millionen erbrachte die berühmte Sammlung des Bode-Freundes Albert Figdor, eine Spitzensumme in der damaligen Zeit. Pacelli, gefeierter Nuntius, immerwährender Freund Berlins, späterer Papst Pius XII. ging vielgerühmt nach Rom: Sechs Jahre zuvor erst, 1923, war in der protestantischen Hohenzollernstadt der erste Weihbischof seit der Reformation zugelassen. Autorennen, Ruderregatten wechselten mit glanzvollen Pressebällen: Der Urleibige, tuberkulosezerfressene Theodor Däubler, Pirandello, ließen sich mit Marlene Dietrich fotografieren. Modeschauen beim Grunewaldrennen. Meyer-Försters »Alt-Heidelberg« wurde Deutschlands beliebtestes Theaterstück, sein Ruhm drang bis in die hintersten Winkel Amerikas: Wer als prisoner of war 1945 dem Campkommandanten sagen konnte, er hätte in Heidelberg gelebt, studiert, wurde sofort in die Heimat entlassen.

Unter der Normaluhr am Bahnhof Zoo trafen sich die Pärchen: Cafés, Cabarets, Fünf-Uhr-Tanztees, Chambres separeés und Absteigen waren belebt, Café Bauer und »Kranzler« proppenvoll: Der Auserwählten wurde Haute-Sauternes spendiert.

Ungebremst auch der erotische Hunger unseres Helden. Hier zeichnet er nicht mit dem Silberstift. Doppel-, ja Dreifacheintragungen nebeneinander hätten viel Tinte gekostet. Bewundernswert seine Fähigkeit, Bindungen sanft zu lösen, die Zuneigung dennoch sich zu erhalten, ja bei Gelegenheit wieder an sich zu ziehen. Hinreißend aber seine Zettelgen und Briefe, wovon Hunderte noch, im schönen Karton liebevoll geordnet, stillbewahrte Erinnerung bleiben. Gottfried Benn war ein zärtlicher und deutlicher Amant. Wunderbare Stilfiguren in seinen Billets d'amour. Und immer Parfüm und Blütengebinde: Orchideen liebte er sehr. Um es deutlich zu sagen: Seine Triebbedürfnisse waren exorbitant. Und erleichtert legen wir die in langen Jahren gesammelten Notata und Register des schönen Geschlechts aus der Hand: Bereits summarisches Überblicken läßt Staunen und Schwindel zurück.

Aber – wir sprechen von Nebensächlichkeiten. Rein phänomenal das Ganze. Auch andere gingen durch blühende Wiesen und trugen bunte Sträuße ins Haus. Fehlte ihnen etwas? Ja – sie hatten keinen Phallus im Stammhirn – wie Gottfried Benn.

Regierungswechsel, Reichstagswahlen, Notverordnungen, Brüning und v. Papen, Kollaps des parlamentarischen Systems, Devisenkontrolle, Bankenkrach. Von den sechs Millionen Arbeitslosen – wöchentliche Unterstützung 6 bis 8,50 M – zu schweigen. Nur wenig davon dringt aus der Belle-Alliance-Etage zu uns. Schon, am eigenen Leibe spürt er es, das *fast Vernichtende unserer jetzigen Wirtschaftslage*, daß es *bergab geht* und das *Ende in irgend einer Form* kommen muß. Aber nichts Eindeutiges, wenig Namen, und diese nur aus dem abgezirkelten Kreis seiner Tätigkeit. Mag alles nach unten zeigen, das Leben will sich dennoch erhalten, will emporsteigen, Lust empfinden.

Noch aber hielt die Decke. Weinfeste und dithyrambischer Jubel, Weltstadtleben in Berlin: City bleibt City. Konzert – Bar – Varieté – Tanz am Bahnhof Friedrichstraße bei »Steinmeier«. Die Schönheitssalons geöffnet, Gesichtskompressen, Sprudelbäder, Massagen, Salbenpackungen. Benn hat es eingearbeitet: *Lotos* heißt sein Institut in der Polis. Hier blondiert er mit Wasserstoff, wäscht mit Blauwasser das Haar, auch Nagelpflege, Behandlungen mit heißen Tüchern, Anpreisung von Birkenbalsam und Brillantine sind geläufig: er wußte Bescheid.

Im Admiralspalast aber: Mit Rum in der Stimme singt Hans Albers »Ich küsse Ihre Hand, Madame ...« Das Publikum rast. Die Behrensstraße verstopft: Daimlers, Rolls-Royces, Maybachs und Cadillacs vor dem Metropol-Theater: Hermeline und Nerze entleeren sich ins Foyer: Franz Lehárs neueste Operette. Die Lieder seinem Tenor Richard Tauber in die Kehle geschrieben. Und Gitta Alpar als Prinzessin Elisabeth Alexandra. Die Logentüren schließen sich, drinnen singt Tauber »Schön ist die Welt, wenn die Welt dir ein Märchen erzählt ...«

Du bist ja nicht der Hirte
Und ziehst nicht mit Schalmei'n
Wenn der, wie du, sich irrte,
Ist nie Verzeihn.
Gottfried Benn
Am Brückenwehr (4.-6.X.1934)

Fünfzehntes Kapitel

Hitler-Zeit

Eigentlich ist alles schon gesagt worden; und ganze Literaturen befassen sich mit seinem Höllensturz. Womit er denn gerichtet wäre: Gottfried Benn, hat er den Geist verraten? Hätte er schweigen sollen? Denn ein geschriebenes Wort lebt ewig: Der Dichter, sowie er politisch wird, sich einer Partei zuneigt, verengt seinen Blick. Von Verdächtigungen auf Charakterdefekte, Opportunismus und Geltungswünsche nicht zu reden.

Alfred Döblin setzte Benn hoch über andere, dennoch sprach er es aus, der *3fache Kollege*: »... aber er ist ein Schuft«. Und nachdenklich, seiner selbst nicht sicher, fragte Benn zurück: *Kann man das sagen?* Alfred Döblin, nach dem Kriege, Offizier nun im Badener Bureau des Lettres de la Direction de l'Education Publique wird – neben anderen – an Gottfried Benns Rundfunkrede *Der neue Staat und die Intellektuellen*, an seine Totenrede für Max von Schillings gedacht haben, – der Heinrich Mann gerade eben aus der Preußischen Akademie der Künste herausgesetzt hatte; ihn Alfred Döblin, zum Austritt veranlaßte. Die »offene Frage« Klaus Manns aus Lavandou an Gottfried Benn, dessen Radio-Antwort und sofortige Veröffentlichung in der »Deutschen Allgemeinen Zeitung« vom 25. Mai 1933 werden Döblin durch den Kopf gegangen sein, als er nach dem Krieg so hart gegen den Dichterkollegen urteilte. Acht Wochen vor seiner Flucht noch hatte Benn ihn den *großen Schiwa* genannt und zum

Weihnachtsfest 1932 ehrerbietig *die Stirne vor ihm ins Gras* gedrückt.

Wir erinnern uns: 1932, am 29. Januar – Max Liebermann war noch ihr Präsident – rief der Sekretär der Akademie, Oskar Loerke, Benn an, um ihm seine Wahl zum Akademiemitglied mitzuteilen. Große Freude Gottfried Benns: ... *eine außerordentliche Ehre, die größte, die einem Schriftsteller innerhalb des deutschen Sprachraums zuteil werden konnte.* Heinrich Mann, Vorsitzender der »Sektion für Dichtkunst« hatte ihn auf die Vorschlagsliste gesetzt, mit 11 Stimmen wurde Benn gewählt.

Womit die unseligen Akademiequerelen ihren Anfang nahmen. Würde Benns Bild in der Nachkriegsgeschichte weniger schwanken, wäre ihm diese Wahl erspart geblieben?

Gottfried Benn aber war enthusiasmiert: Endlich, nach all den Kummerjahren, Praxisschwierigkeiten, lyrischer Austrocknung, endlich im deutschen Pantheon der Dichter. *Eine glanzvolle Angelegenheit.* Und voller Elan stürzte er sich in die Akademiearbeit, nahm Einladungen, Sitzungen, Gutachten, Protokolle verblüffend ernst.

Produktivität und Lebensschwung sehen wir in aufsteigender Linie: Immer war Gottfried Benn stolz auf jenes ... *berühmt gewordenen Aprilheft* der »Neuen Rundschau«, Goethe zum 100. Todesjahr gewidmet. Sein Essay *Goethe und die Naturwissenschaften* steht neben Arbeiten von Gerhart Hauptmann, André Gide, Hermann Hesse, Ortega y Gasset, Thomas Mann: Hochgestirne am Literatenhimmel. Kann man sagen, daß Gottfried Benn unempfindlich für diese Anmutungen der Eitelkeit war? Allen gegenteiligen Äußerungen zum Trotze: Er sah sich nicht ungern in solch illustrer Gesellschaft, wollte seinem Rang nach beachtet sein. Wennschon seine manchmal sarkastischen und distanzierenden Urteile über Vereine, Gesellschaften, Präsidenten-Gefälliges das Gegenteil vermuten lassen. Sie drücken eben seine schriftstellerische Gesinnung dazu aus; menschlich lagen die Dinge anders: Teils – teils, immer wieder: Gottfried Benn – ein Zerrissener.

Er hing also an der Akademie, maß ihr eine Bedeutung zu, die sie nie hatte, woraus sich in der Folgezeit Zuspitzungen entwickelten, die mephitische Schatten auf ihn werfen werden. Blickte man jedoch aus den portierengeschmückten hohen Fenstern des ehemals Arnimschen Palais, aus der belle étage der Königlichen Akademie auf den Pariser Platz hinaus, sah alles anders aus als literaturfreundlich und den Künsten zugeneigt. Aufgeregt die hin- und herflutenden Menschen, Umzüge, Fahnen; die roten mit Hammer und Sichel, die anderen roten mit dem Hakenkreuz. Brüning ist Reichskanzler. Noch. Und glaubt, mit Notverordnungen und Kürzung der Gehälter und Renten der darniederliegenden Wirtschaft aufhelfen zu können. Fast scheint es so. Dennoch, 6 Millionen Arbeitslose drücken nach. Brüning will durchhalten, sieht Rettung aus dem Desaster: »Nur nicht weich werden, ... 100 Meter vor dem Ziel« ruft er in das tumultuarische Szenarium des Reichstags.

Hindenburg, gerade als Reichspräsident wiedergewählt, verbietet SA und SS. Brüning wird abgesetzt. Der Reichspräsident mochte ihn ohnehin nicht: keine Fortune. Von Papen wird Reichskanzler, bildet das Kabinett der Barone. Löst – von der Öffentlichkeit kaum wahrgenommen – die preußische Regierung Braun-Severing auf: Womit denn, am 20. Juli 1932, Preußen als eigenständiger Bundesstaat zu existieren aufgehört hat. Eine Wahl jagt die andere in diesem Jahr: drei Reichstagswahlen von April bis November, fast sechs Millionen Stimmen erhält die KPD. Die von Hindenburg eingesetzten Kanzler geben sich die Türklinke in die Hand: Brüning, v. Papen, General Schleicher. Hitler und seine Partei drängen nach vorne, bei schwankender, aber übermächtiger Stimmenzahl. Die Straße blieb ruhig; Adolf Hitler schwor vor dem Reichsgericht in Leipzig, sich im Kampf um die politische Macht streng an die Weimarer Verfassung zu halten – was er auch tat. Ohnehin wäre eine Revolution, ein gewaltsamer Umsturzversuch ohne Chancen gewesen: Die Berliner Polizei unter ihrem Polizeipräsidenten Grzesinski war glänzend organisiert, stets alarmbereit. Stets war sie Herr aller Putschversuche, Straßenkämpfe und bewaffneten Revolten geblieben. Hinter Hindenburg zudem stand die Reichswehr, die bestausgebildetste Armee Europas. Absolut in der Lage, jede bewaffnete Revolution auf einen Wink des Reichspräsidenten niederzuschlagen. Die Kanzlerschaft Schleichers blieb Episode, persönliche Mißstimmigkeiten traten hinzu. Der General galt als klug, aber nicht treu. Der Reichstag redete, blieb profillos, wie seit

Jahren. Hitler wies ein Programm vor, das einem verzweifelten und gedemütigten Volk, niedergehalten in seinem strebsamen Arbeitseifer und voller Groll über die Grenzen blickend, Hoffnung genug machte, daß endlich gehandelt würde.

Das war die Lage Sylvester 1932. Sicher, es lag etwas in der Luft, aber wann hätte nichts in der Luft gelegen in den letzten fünf Jahren: ... *Mit uns allen geht es immer weiter bergab, das neue Jahr bringt sicher das Ende in irgendeiner Form*, hatte Benn zwölf Monate zuvor an seinen Mungo, Frau Gertrud Zenzes, nach San Francisco geschrieben. Alles wünschte eine Änderung, die Nation war am Ende, es hatte etwas zu geschehen. Und jedermann, der durch fünfjährige Arbeitslosigkeit dumpf und verzweifelt gewordene Kupferschmied, der Schuster ohne Umsatz – dem Gottfried Benn Einwickelpapier überbrachte; der stellungslose Buchhalter, mühevoll den Anschein seiner Kleinbürgerexistenz zu bewahren suchend, jedermann, also auch die Kritiker, Journalisten, Professoren, von der hochsensiblen und phantasievollen Kunstprominenz zu schweigen, hin bis zum Reichspräsidentenpalais und den Beratern des greisen Hindenburg; auch Brecht nicht und die so glückhaft symbiotische deutsch-jüdische Kulturszene konnte sich eine zukünftige Entwicklung anders vorstellen, als in den üblichen Formen europäischer Anstandsregeln: Else Lasker-Schüler feiert ein glänzendes come back: »Arthur Aronymus«, »Konzerte« kamen heraus. Anfang November (1932) erhält sie den Kleistpreis: ... *ein Glückwunsch der deutschen Dichtung* telegraphiert Benn in die Motzstraße, wo sie im Hotel »Sachsenhof« lebte. Man trank seinen Schampus auf das neue Jahr; von der Estrade des »Romanischen Café« erscholl um zwölf Uhr Mitternachtblasmusik, die Welt würde sich weiterdrehen.

Gottfried Benn antwortete auf eine Weihnachts-Umfrage der »Literarischen Welt« wie er über den »Frieden auf Erden« dächte: ... *Auch nicht unter dem Weihnachtsbaum kann ich mir einreden, daß sich die Geschichte demokratisch gibt, daß sie ... andere Methoden* (hat) *als die der Macht und der Gewalt ...*

Es ist der altvertraute Benn-Ton; ausschweifend die Phantasie, welche hieraus geweissagte Apokalypsen herauslesen wollte.

Immerhin, in der zerstrittenen, von der Öffentlichkeit kaum

wahrgenommenen »Akademie« begann es Ende des Jahres zu grummeln: Paul Fechters völkisch-konservative Literaturgeschichte »Dichtung der Deutschen«, von der Deutschen Buchgemeinschaft in Millionenauflage vertrieben, erregte »flatternde Aufregung«:[93] Die liberal-linke Gruppierung der Sektion für Dichtkunst empfand sie als »kulturreaktionär, kunstfeindlich und anmaßend«. »Unverschämt und pamphletig«[94] nennt sie Oskar Loerke.

Man wünschte endlich einmal die Öffentlichkeit anzusprechen, womit sich denn der Vorhang für Heinrich Mann senkte und Gottfried Benn die Bühne betrat. Und die Ereignisse überstürzten sich. Mächtig legte sich Benn ins Zeug, verfaßte – am 18. Januar 1933 – einen hochpathetischen Entwurf gegen Fechters Buch, gegen dessen *Vorstellung von vaterländischer Gesinnung ... und züchterischen Rassenmaßnahmen ...* Die Sektionsmitglieder fanden Benns Proklamation als »zu schwierig« für die Presse, Alfred Döblin sollte die Formulierung glätten, was er auch tat. Aber es kam nicht mehr zur Veröffentlichung. Der Reichspräsident von Hindenburg hatte am 30. Januar 1933 Adolf Hitler zum Reichskanzler ernannt. Die Entscheidung des 85jährigen Reichspräsidenten für ein Präsidialkabinett, und die Ernennung Hitlers zum Reichskanzler waren verfassungsmäßig. Eine Tatsache, auf die Gottfried Benn sich dann berufen sollte: *... es war eine legale Regierung am Ruder, ihrer Aufforderung zur Mitarbeit sich entgegenzustellen lag zunächst keine Veranlassung vor.*

Gottfried Benn also arbeitete mit, persönlich dazu aufgefordert hatte ihn niemand. Und das Tempo des Handelns der neuen Regierung beschleunigte sich jählings. Die vorhandenen bürokratisch-organisatorischen Strukturen erwiesen sich als voll funktionstüchtig, kaum daß erste Ränge neu besetzt wurden. Die Reichswehr, entscheidendes Instrument der Machterhaltung, der Hitler ein Jahr später sogar die SA opferte (Röhm-Putsch), wartete in halber Zustimmung ab.

Gewerkschaften, die anderen Parteiengruppierungen, das »Kabinett der Barone«, von Papen, von Neurath, von Blomberg, von Krosigk, von Eltz-Rübenach, müssen von dieser explosiven Entladung politischer Willensentscheidungen wie gelähmt worden sein.

Der Artikel 48 der Weimarer Verfassung erlaubte es einem Präsidialkabinett, durch Notverordnung unter Gegenzeichnung nur des Reichskanzlers und des zuständigen Ressortministers Gesetze ohne Beratung und Verabschiedung durch den Reichstag in Kraft zu setzen. Wovon denn Hitler Gebrauch machte: Bis zum berüchtigten Ermächtigungsgesetz vom 24. März 1933 wurden in diesen sieben Wochen Dutzende von Gesetzen aller Art erlassen. Europa horchte auf, die ausländische Presse kritisierte die Entwicklung Deutschlands zum Einparteiensystem. Hitler ordnete darauf – acht Wochen war er Kanzler – einen Boykott der jüdischen Geschäfte an, und der Erfolg schien ihm recht zu geben. Nicht eben preußisch diese Gesinnung. Die Länder wurden politisch entmachtet, die schwarz-weiß-rote Fahne und die Hakenkreuzfahne waren statt der schwarz-rot-goldenen nunmehr als Reichsfarben zu hissen.

Drei Monate nach der Machtübernahme wurden die Büros der Gewerkschaften geschlossen, das Vermögen der KPD und SPD eingezogen, die Sozialdemokratische Partei verboten. Die NSDAP wurde durch Gesetz zur einzigen politischen Partei Deutschlands. Ein Versuch der Neugründung einer Partei wurde mit Zuchthaus bis zu drei Jahren bestraft.

Wir schreiben den 14. Juli 1933. Und Gottfried Benn? Wo finden wir ihn? Vielleicht in der Belle-Alliance-Straße? Er hat Zeit zum dichten. Denn die Praxis geht schlecht, sehr schlecht sogar. Nimmt sich der Facharzt für Haut- und Harnleiden keine Zeit mehr für seine Patienten? Er hält Rundfunkreden, .. *verfertigt ... Aufsätze für Zeitschriften, die gut zahlen ...* Muß sich – auch zwei Jahre später – von Kurt Pagel, Lektor seines Verlages, 100 Mark pumpen. Schreibt drei Drohbriefe an den Verlag »Deutsche Zukunft«, wo sein Ahnenaufsatz erschienen ist, um 40 M Honorar zu erhalten.

Eigentümlich nun – gegen die Rundfunkreden, die Prosa-Sachen gehalten –, seine dreizehn Gedichte in diesen Monaten, von *Ein Land* bis *Am Brückenwehr*: Hier spricht ein resignierter, alter Mann. Sieht ein *Reich das endet,* sieht

Urängste, Todesgedränge –:
das Land der Untergänge –:

kennst du es nicht?

Kennt solche

Die nur durch Tränen sahn
das tägliche Vernichten ...

Er beschwört:

nur nicht fragen,
nur nicht verstehn;

Und ruft sich zu:

...: schweigen und walten,
wissend, daß sie zerfällt,
dennoch die Schwerter halten
vor die Stunde der Welt.

Findet Zeilen wie

und müssen im Dunkel verderben ...
das Meer nimmt die Tränen nicht auf...

Immer nachdenklicher werdend dann im Januar 34:

Alles des Grams, der Gaben
frühher in unser Blut –:
wenn wir gelitten haben,
ist es d a n n g u t ?

Das also – auch – ist Gottfried Benn, in seiner Dichterstube; *unvorstellbar isoliert ... es ist tödliche Stille, im Geschäft, im privaten, im Telefon, in der Post.*

Kopfschüttelnd legt man diese Gedichte beiseite und liest die von ihm formulierte Umfrage an die Akademiemitglieder: *Sind Sie bereit, unter Anerkennung der veränderten geschichtlichen Lage weiter Ihre Person der Preußischen Akademie der Künste zur Verfügung zu stellen? Eine Bejahung dieser Frage schliesst die öffentliche politische Betätigung ... aus.*

Vier Wochen zuvor hatten sich – so faßte Gottfried Benn es auf – Heinrich Mann und Käthe Kollwitz politisch öffentlich betätigt: an allen Litfaßsäulen Berlins klebte ein »Dringender Appell« des Internationalen Sozialistischen Kampfbundes, zur Einheitsfront zwischen SPD und KPD aufrufend, damit nicht »Trägheit der Natur und Feigheit des Herzens uns in die Barbarei versinken lassen!«

Er trug beider Unterschriften neben 31 anderen. Sechzehn Tage erst waren seit Hitlers Ernennung zum Reichskanzler verstrichen, – und nun dies. Bernhard Rust, Kurator, will die Akademie schließen, fordert den Präsidenten Max von Schillings auf, die beiden Mitunterzeichner herauszusetzen: Käthe Kollwitz erklärt sofort ihren Austritt. Blieb der Vorsitzende der Sektion für Dichtkunst, blieb Heinrich Mann. 24 Stunden nach der Litfaßsäulen-Aktion versammelt sich die Gesamt-Akademie. Der Sekretär, Oskar Loerke, muß den nicht anwesenden Heinrich Mann telefonisch herbeibitten: Viertel vor zehn Uhr abends empfängt ihn v. Schillings im Präsidentenzimmer – gibt dem Druck Bernhard Rusts nach: Heinrich Mann legt sein Amt nieder. Hin- und Hergerede in der sich auflösenden Akademie: Alfred Döblin, der Stadtbaurat Wagner versuchen Heinrich Manns Verhalten zu verstehen, es niedriger zu hängen. Sie bestehen – zumindest – auf einer ehrenvollen Verabschiedung. Selbst die »Frankfurter«, die »Voss'sche Zeitung« erwarten einen Protest der Akademiemitglieder zugunsten Heinrich Manns: vergeblich. Vier Tage darauf treffen sich die Abteilungsmitglieder erneut, um die Lage zu beraten.

Sogar der schwerkranke Akademiepräsident Max von Schillings war persönlich erschienen: Amersdorffer, Benn, Binding, Döblin, Frank, Fulda, Loerke und Stucken waren anwesend, andere hatten sich schriftlich geäußert: Gottfried Benn war es, der den Ausschlag gab: Durch die Plakataktion »bei dieser Regierung sei die Barbarei«,[95] hätte Heinrich Mann den Kampf gegen die legal und verfassungsmäßig gebildetete Regierung eröffnet, die sich zur Wehr setzte. Eine öffentliche Erklärung sei unnötig, sie könne den Bestand der Akademie gefährden; – vielleicht ein Dank für den Ausgeschiedenen. Das war es.

Hierzu wäre viel zu denken und zu sagen: In aufgeregten Zeiten läuft manches Herz über, und die Hand schreibt Dinge, von denen die mäßigende Vernunft sich erstaunt abwendet.

Am Tage darauf waren die vertraulichen Interna der Akademiesitzung durch eine Indiskretion in den Zeitungen zu lesen: »abgereist« lesen wir im Notizkalender Heinrich Manns unter dem 21. Februar 1933. In Bandol finden wir ihn wieder, nach Deutschland kehrte er nie zurück ... Die Haltung Max v. Schillings' wollen wir beiseite lassen: Fünf Monate hatte er nur noch zu leben: Lungenembolie nach einer aussichtlosen Tumoroperation, auf seinem Grab lag ein Kranz aus dem Bayreuth Winifred Wagners. Die Totenrede hielt ihm Gottfried Benn, zwischenzeitlich kommissarischer Leiter der Dichtkunstsektion.

Wir lassen die Angelegenheiten der Akademie nun beiseite. An anderer Stelle ist diese Wirrnis bedeutend und sorgfältig auseinandergelegt worden,[96] insgesamt kein Ruhmesblatt deutschen Geistes, sieht man von einigen Namen ab: Alfons Paquets, Döblins, Thomas Manns, vor allem Ricarda Huchs sei hier erinnert. Ihre Antwort auf das von Gottfried Benn entworfene Formularblatt *unter Anerkennung der veränderten geschichtlichen Lage ihre Person der Preußischen Akademie der Künste zur Verfügung zu stellen* ... war die Austrittserklärung. Achtzehn Mitglieder der Sektion, darunter auch Ludwig Fulda, stimmten jedoch zu. Wer schon, so mochten sie glauben, könne mit dem Regenschirm den Niagarafall aufhalten. Ein Katarakt an Ereignissen wirbelte die Förderung sachlicher Interessen, berufliche Chancen, materielle Ängste und Notwendigkeiten im brausenden Strudel durcheinander. Auch das Gefühl der Pflichterfüllung, ja Antipathie, kaum ausbalanciert von zunehmendem Mißtrauen. So daß – noch ein Jahr später – die edelsten Geister, daß ein Carl Goerdeler ein Amt aus den Händen des Reichskanzlers annahm.

Selbst Thomas Mann, der auf einer über Amsterdam, Brüssel und Paris führenden Vortragsreise: »Leiden und Größe Richard Wagners« von den Ereignissen überrascht wurde, schrieb von Arosa aus, vier Wochen nach der Abreise seines Bruders an seinen Berliner Verleger, an Suhrkamp, man möge eine »censurwidrige Phrase im Wagner-Essay über den Nationalismus« streichen: »Wozu in diesem Augenblick diese Tiere reizen?«[97] Der Essay erschien dann im April-Heft der »Neuen Rundschau«.

Gottfried Benn und die Familie Mann – fast eine Familien-Epopöe. Oft kreuzen sich die Namen, lassen die Personenregister anschwellen; selbst Nietzsche muß hier zurücktreten. Schon 1913 stehen Gedichte Gottfried Benns neben denen von Thomas Mann: In der Bücherei Maiandros erschien diese Anthologie.

Mit Thea Sternheim spricht Benn – 1916/17 als Militärarzt in La Hulpe bei Brüssel – über Heinrich Mann. Der Sohn Klaus besprach früh und begeistert seine Bücher. Selbst Erika Mann, die Streitbare, schrieb ihm nach dem Kriege, distanziert, aber keineswegs unehrerbietig. Im *Doppelleben* hatte Gottfried Benn ihren Bruder Klaus die Hitler-Zeit als kritischer beurteilend und *klarerdenkend als ich* bezeichnet. Und Erika Mann findet, »dass der Seltenheitswert der betreffenden Buchstelle (kaum je sagt einer laut und deutlich: Ich habe mich graesslich und schändlich geirrt!) groß ist.« Auch fehlt es nicht an Zwischenbemerkungen, Hinweisen, kritisch oft, aber immer von Gipfel zu Gipfel: Heinrich Mann der *Meister, der uns alle schuf*. Als »Zivilisationsliterat« mit seinen sozialpolitischen Neigungen eher den Linksleuten zugeneigt. Seine Vokabeln: Fortschritt, Gerechtigkeit, Demokratie, Menschlichkeit, Gleichheit – immer wiederkehrend. Das »Hingelegte« Grelle, doch manchmal auch Glänzende seiner Prosa, kleine Auflagen nur, wechselnde Verleger: Er schien immer mehr als er war. Müdigkeit wohl, schwere Krankheit und der baldige Tod hinderten ihn – nach dem Kriege –, die Berufung zum Präsidenten der neu zu gründenden Akademie der Künste in Ost-Berlin anzunehmen. Eine Villa stand für ihn bereit; ein Dienstwagen auch und Chauffeur. Zeitweise fast berühmter als sein weltläufiger Bruder Thomas, der als Bürger Amerikas später in Kirchberg bei Zürich lebte und starb. Und dann Klaus, »leidenschaftlicher und treuer Bewunderer« Gottfried Benns: Unser Held hatte sich durchaus würdige Gegenrufer ausgesucht. Und ihr Ruf schallte weithin über die weißen Erdteile: noch heute verspüren wir seinen Nachhall.

Nach Gründen für diese Namensverknüpfung brauchen wir

kaum zu suchen: Heinrich Mann wußte um Benns Anteil in der Akademie-Affäre. Mit Verblüffung wird man Benns Annahme der kommissarischen Leitung der Sektion für Dichtkunst als Nachfolger Heinrich Manns aufgenommen haben. 15 der prominentesten Mitglieder hatten die Sektion verlassen oder wurden ausgeschlossen, darunter alle Juden. Die Rundfunkrede gar und sofortige Zeitungsveröffentlichung: *Der neue Staat und die Intellektuellen* führte zu Tränenausbrüchen, wie Oskar Loerke berichtet: *Halte dich nicht auf mit Widerlegungen und Worten, habe Mangel an Versöhnung, schließe die Tore, baue den Staat*. Das ist schon stark. Und der es vortrug, Gottfried Benn, spürte Feindseligkeit und Anmaßung durch die neuen in die Akademie gewählten Dichter. Aber auch durch Bernhard Rust, den Kurator, der ihn *wegen seiner gelegentlichen Mitarbeit an der ›Weltbühne‹ schon auf dem Strich hatte*. Nicht nur Ausschaltung, körperliche Vernichtung wären zu erwarten, telefonierte er nach einer Sitzung und Uraufführung von Hanns Johsts »Schlageter« an Loerke. Was mochte in Gottfried Benn vorgehen?

Fünf Tage später dann, zum 1. Mai, dem Tag der nationalen Arbeit, ein weiterer Artikel von ihm im »Berliner Tageblatt«: *Deutscher Arbeit zur Ehre*, worin *der Künstler kameradschaftlich neben dem Arbeiter geht* ...

Die Loyalitätserklärung aber *im Sinne der veränderten geschichtlichen Lage* und die damit verknüpfte umstürzende rasche Umformung der Akademie war es, die Intellektuelle und Emigranten erschreckte: Die deutsche und ausländische Presse berichtete darüber, Gottfried Benns Name ging über die Zeitungsticker: Klaus Mann ist es, der diese Meldung aufgreift. Und jenen bewegenden privaten Brief aus Lavandou an Gottfried Benn schreibt. Jener Brief – die immer noch achtungsvolle *Anfrage* seines jungen Bewunderers – vom 9. Mai 1933 und die unaufgeforderte öffentliche Antwort Benns im Rundfunk zwei Wochen darauf. Am nächsten Tag dann Abdruck in der »Deutschen Allgemeinen Zeitung«, nun allen in den umliegenden Gastländern lebenden Emigranten zugänglich: Gottfried Benns *Antwort an die literarischen Emigranten*. Entspringt sie nicht der gleichen skotomhaften Wahrnehmung der Wirklichkeit, wie er sie auch mit den *Linksleuten*, mit Johannes

R. Becher, Ernst Bloch, ja mit Heinrich Mann sogar teilte? Es wird davon noch zu reden sein.

Wie war die Lage? Das Ermächtigungsgesetz war verabschiedet, die Unversehrbarkeit der Person, der Wohnung, des Eigentums aufgehoben; der Reichstag brannte. Dem Aufruf zum Boykott jüdischer Geschäfte, Rechtsanwälte und Ärzte waren Gewalttaten, waren Verhaftungen, Lagereinweisungen, Mißhandlungen vorausgegangen: Im Arzthaus Belle-Alliance-Straße 12, wo Gottfried Benn praktizierte, waren fünf seiner Kollegen davon betroffen: An diesem Abend saß der kommissarische Leiter der Dichtkunstsektion, Gottfried Benn, in Frack und Orden im Akademiekonzert. Heinrich Mann war abgereist, nach Sanary sur Mer: François Poncet, der französische Botschafter in Berlin, gab ihm den unmißverständlichen Wink. Alfred Döblin hatte »wegen der schlechten Witterung in Norddeutschland für eine kleine Zeit Berlin verlassen«. Zwar bejahte er – aus der Schweiz – Benns »Legalitätserklärung«, stellte aber »als Mann jüdischer Abstammung« seinen Akademiesitz zur Verfügung. Thomas Mann erklärte seinen Austritt, um »fortan in vollkommener Zurückgezogenheit s(m)einen persönlichen Aufgaben zu leben«. Alfons Paquet wurde ausgeschlossen. Ricarda Huch, die Unerschrockenste von allen, sprach von »Judenhetze« und trat aus. Am 5. Mai ließ Präsident Max von Schillings Ludwig Fulda, Franz Werfel, Bernhard Kellermann, Georg Kaiser, Alfred Mombert, Fritz von Unruh, Leonard Frank, René Schickele und Rudolf Pannwitz wissen, daß sie »künftig nicht mehr zu den Mitgliedern der Abteilung für Dichtung gezählt werden können«.

Die Akademie eine glanzvolle Angelegenheit? Und Gottfried Benn war ihr kommissarischer Leiter. Alles hatte er zur Kenntnis genommen, den einen oder anderen Anfragebrief mitunterschrieben. Er war fast befreundet mit Oskar Loerke: großer Lyriker, souveräner Geist, von unbestechlichem Urteil, als Akademiesekretär bereits entlassen. Sie werden über diese Dinge gesprochen haben. Man traf sich im »Franziskaner« am Bahnhof Friedrichstraße, aß zusammen, telefonierte, besprach in Benns Wohnung Literatursachen. Gegenbesuch Benns in Frohnau, Loerkes Garten wird bewundert, in Loerkes Musikzimmer steht der Flügel Albert Einsteins, der früh emigrierte. Loerkes klarsichtige Beurteilung der

Lage, seine »niederziehende Stimmung«, sie konnte Benn nicht verborgen bleiben. Herzbeschwerden stellten sich ein. Und dennoch, die Verdunkelungen der Vernunft ließen sich nicht aufhellen. Ohne Notwendigkeit antwortete er den literarischen Emigranten, es scholl über die Radiostationen, es ging durch die Presse. Heinrich Mann, Thomas Mann – und nun Klaus Mann: große Namen, man horchte auf.

Kenner der Zeitgeschichte werden diesen Abschnitt überschlagen. Dennoch, dieses Drama, Benn – die Manns, ist es nicht Akme- und Achsenpunkt der Bennschen Irrnis?

Klaus Mann, dieser entflammte junge Mensch – ein Wälsungenpaar mit seiner Schwester Erika –, hochbegabt, flackernd allen Albenfeuern folgend, um aus dem Schatten seines Onkels, seines Vaters herauszufinden. Von Gottfried Benn in die Belle-Alliance-Straße geladen – eine selten gewährte Auszeichnung. Dieser wohlerzogene »leidenschaftliche und treue Bewunderer« Gottfried Benns spricht ihn vom Ufer des *lateinischen Meeres* aus Lavandou an, spontan und ungefragt: »das ist ungehörig, ich muß noch einmal um Entschuldigung bitten« schreibt er. Und redet zu Benn in noblem Ton: man glaubt zu spüren, sein Vater, die Schwester Erika, auch Golo waren um ihn. Man traf sich in Bandol oder Sanary sur Mer mit Karl Gustav Vollmoeller, nahm Tee mit dem Kunstschriftsteller Meyer-Graefe, besuchte René Schickele und Lion Feuchtwanger: eine hochgesinnte Gruppe, wennschon herabgestimmt durch den Anlaß ihres Hierseins.

Und schrieb: wissen Sie »was sie für unsere Liebe eintauschen«? Fragte Gottfried Benn »Was konnte Sie dahin bringen, Ihren Namen, der uns der Inbegriff des höchsten Niveaus und einer geradezu fanatischen Reinheit gewesen ist, denen zur Verfügung zu stellen, deren Niveaulosigkeit absolut beispiellos in der europäischen Geschichte ist und vor deren moralischer Unreinheit sich die Welt mit Abscheu abwendet?«

Ja, er wirbt für seine Sache, sucht Gottfried Benn in s e i n Lager zu ziehen. Benennt Heinrich Mann »dem Sie wie kein anderer gehuldigt haben«, benennt Thomas Mann »mein Vater, den Sie zu zitieren liebten ... sehen Sie doch hin, wo die sich aufhalten«. Baut dem kommissarischen Leiter der Dichter-Akademie goldene

Brücken des Verständnisses. Scherzt, an dieser Küste gehört zu haben: »Der Benn hat sich einfach so viel über den Döblin geärgert, dass er schließlich Nazi darüber wurde.«

Benennt »den Typus der ›marxistischen‹ deutschen Literaten (fatalster Vertreter: Kracauer)« und jene »Herren, die Dichtungen auf ihren soziologischen Gehalt hin prüften«. Nennt sie aufgeblasene Flachköpfe und »zum Kotzen«. Fühlt sich mit dem Adressaten in ihrer Ablehnung völlig einig. Um dann sich jedoch aufzurichten und in festerem Ton den Angeschriebenen auf seine »zu starke Sympathie mit den Irrationalen« hinzuweisen: »Erst die große Gebärde gegen die › Zivilisation ‹ –, ... plötzlich ist man beim Kultus der Gewalt, und dann schon beim Adolf Hitler«. Ruft dem in der Akademie Verbliebenen fast mit aufgehobenen Händen zu, daß er »zu den Wenigen gehöre, die wir keinesfalls an die andere Seite verlieren möchten«.

Dann aber die Schlußapotheose: »Wer sich aber in dieser Stunde zweideutig verhält, wird für heute und immer nicht mehr zu uns gehören.«

Gottfried Benn muß diesen Brief mit Erschütterung gelesen haben. Und Klaus Mann bittet um Antwort, ist »dankbar für jede Antwort«.

Und Gottfried Benn? Steht mitten im Getümmel der Akademie. Vorausgehende Gespräche mit dem Kultusminister: Alle Juden müssen gehen. Liebermann ist ausgetreten. »Viel Skepsis. Er ist nun ruhiger«, notiert Loerke über Benn im Tagebuch am 12. Mai 1933. Zwei Tage zuvor brannte auf dem Berliner Opernplatz der Scheiterhaufen: 20 000 Bände warf man in die Flammen. Trat man aus den Arnimschen Palais, dem Akademiegebäude, so konnte man vom Pariser Platz das Feuer – trotz Regens – wohl sehen. Eigentümliche Stille darüber bei Loerke. Dafür Gartenberichte, er spielt Bachs Chaconne auf dem Einsteinschen Flügel: herrlicher, berauschender Klang. Stille auch im Tagebuch Thomas Manns. Kein Echo in Gottfried Benns Briefen an Tilly Wedekind, an Ina Seidel. An Oelze schickt er einige Wochen später *Der neue Staat und die Intellektuellen*. Wir kennen die Antwort des Bremer Patriziers auf den Titelessay *Züchtung I* und die *Antwort an die literarischen Emigranten* nicht. Ein Nachsatz Benns immerhin – 3. Juli 33 – läßt aufhorchen: *Niemand wird uns verstehn, alle nur uns zu Grunde richten. Der Weg ist klar, das Ende ist klar – und dennoch.*

Dennoch? Man verbrannte an diesem Tage meist aus den Volksbüchereien herbeigeholte Bücher von Heinrich Mann, Alfred Kerr, Tucholsky, Döblin, Edschmid, Lion Feuchtwanger, Albert Ehrenstein, Walter Hasenclever, Klaus Mann, Kurt Pinthus, Arthur Schnitzler, Ernst Toller, Jakob Wassermann, Stefan Zweig: ein Autodafé des Expressionismus, dessen herausragendster Vertreter ja Gottfried Benn war. Bald schon sollten die Bildersäle, die Galerien und Museen geräumt werden.

Dennoch: Benn antwortete auf Klaus Manns Brief. Vierzehn Tage trug er es mit sich herum. Dann schrieb er nach Sanary, wo Klaus Mann im Hotel de la Tour wohnte, fügte seine in der »Deutschen Allgemeinen Zeitung« stehenden *Antwort* bei. Sein Nachsatz lautete: *Ich werde mich Ihrer freundschaftlichen Gesinnung gegen mich immer dankbar erinnern.*

Galt schon das Vorausgegangene den Emigranten als deutliches Bekenntnis Gottfried Benns zum Nationalsozialismus, mit dieser Antwort an die literarischen Emigranten war alles und endgültig für sie entschieden: »Unversöhnbarkeit gegen die Verräter«.

Und dies alttestamentarische »unversöhnlich« – es gilt bis heute.

Woran denn Benns *A n t w o r t* ihren schuldigen Anteil hat. Niemand hatte ihn dazu aufgefordert, er war nicht Parteimitglied. Unmöglich konnte das politische Umfeld seinem Geschmack entsprechen – *und dennoch.* Er ließ seine Antwort drucken. Ein »völlig tobsüchtiger, hirnverbrannter und infamer Speach«, wie Klaus Mann urteilt. Und sein Vater, nur wenige Kilometer von Sanary entfernt in Bandol wohnend, trug in sein Tagebuch ein: »Las in der D.A.Z. die Antwort von Benn auf den Brief von Klaus aus Lavandou. Quälende Beschäftigung mit dem Dokument.«

Und Benn greift zu großen Namen und Helfershelfern, um seinen Entschluß deutlich zu machen: .. *aber ich erkläre mich ganz persönlich für den neuen Staat* ... Und warum *ich mich denen zur Verfügung stelle, denen Europa, wie Sie schreiben, jeden Rang abspricht.* Er bemüht das »Tiefurter Journal«, den Aufsatz »Die Natur«, nennt Goethe in diesem Zusammenhang. Jacob Burckhardt, Hegel, Fichte, Nietzsche natürlich werden angerufen. So versucht er den Flüchtlingen *in französischen Badeorten* seine *Lebensentscheidung* deutlich zu machen; mit gespitzten Verbalinjurien den Jüngeren in seine Grenzen weisend: *Novellistische Auffassung der Geschichte ..., bürgerliches Neunzehntes-Jahrhundert-Gehirn* hält er ihm vor. Er nennt sie *dort an Ihrem lateinischen Meer Amateure der Zivilisation und Troubadoure des westlichen Fortschritts* .. Die großen Bennschen Elevationen hat Klaus Mann zu lesen: *Rhythmen verdeckter Schöpfungsräusche, zweitausendjährige Antithesen zwischen Idee und Realität.* Es fehlen nicht *die letzten Eiszeiten* und das *ewige Quartär*. Schöpfungsräusche also, vor denen Aufklärung und Französische Revolution versinken.

Er weist auf die Spannungen hin, welche *die innerhalb Deutschlands Verbliebenen erlebten, durch die* sie *in den letzten Monaten hindurchgegangen sind.* Die Umzüge, *das Fesselnde von Fackeln und Musik, das Schauspielhafte des Vorgangs,* die Zeitungsmeldungen, die Rundfunkübertragungen: *Die Geschichte, bilderbeladen bei ihrer vielleicht tragischen, aber jedenfalls schicksalbestimmten Arbeit.* So wirkte die *Erhebung,* so beeindruckte dies Pompöse, Gewaltsame, Rasche, – um das Unwirkliche des Vorgangs zu charakterisieren – als Gesamtkunstwerk, nicht nur auf Gottfried Benn.

Die neue, nationale Form des Sozialismus im neuen Staat hob er hervor und die nunmehr respektierten Rechte des deutschen Arbeiters, für die *am aufrichtigsten und in der sichtbarsten Form und zu wiederholten Malen jedenfalls T h o m a s M a n n* eingetreten ist.

Eine beachtliche Verbeugung. Wohl nicht nur niedergeschrieben, weil Benn wußte, daß der Vater natürlich Kenntnis von dieser Antwort an den Sohn bekommen würde. Kein Zweifel ist möglich: Thomas Manns Einstellung gegen Hitler war eindeutig, immer. Doch mochte er sich erinnern: Hatte er nicht, in den »Betrachtungen eines Unpolitischen« das Verhalten der »Herren Roesemeier, Grumbach, Stilgebauer, Fernau, Michaelis ... die in der Schweiz literarische Arbeit gegen Deutschland leisten ... als eingestandenermaßen ... äußerst ekelhaft« bezeichnet? Aus dieser Nachdenklichkeit heraus, jetzt, die »quälende Beschäftigung mit dem – Bennschen – Dokument«?

All das, und bis hierher, könnte auch ein Spätgeborener noch nachvollziehen. Wie aber steht es mit Benns Satz von der *Nation, die Ihnen auch jetzt nicht viel getan hätte, wenn Sie hiergeblieben wären*? Heinrich Mann geflüchtet, Thomas Mann gefährdet, Klaus Manns Bücher aber auf dem Scheiterhaufen. Benn wußte dies. Und wußte noch mehr. Egon Erwin Kisch, der rasende Reporter, war gewiß nicht sein Freund. Hatte er dessen Aufruf in der Prager Streitschrift für Menschenrechte »An Herrn Dr. Gottfried Benn« übersehen? Wo von »Ermordung und Brandschatzung Ihrer schriftstellerischen und ärztlichen Kollegen« gesprochen wird, von Rechtlosmachung und Einkerkerung? Viele Freunde Benns, viele seiner Bekannten waren Juden. Die Ausgrenzung des »undeutschen Schrifttum«, der Asphaltliteratur, des intellektuellen Nihilismus war Tagesgespräch. War er beunruhigt, daß *gewisse erste Ränge* neu besetzt würden? Schmerzte ihn *die Absage und Trennung in Bezug auf Personen*? Wann begann es zu dämmern?

Kaum, daß die Antwort an die Emigranten in der »Deutschen Allgemeinen Zeitung« erschienen ist, verhandelt er mit dem Vertreter der Deutschen Verlags-Anstalt, mit Kurt Pagel über den Sammelband *Der neue Staat und die Intellektuellen*. Und Pagel sieht einen anderen, nachdenklicheren Benn, der »die politischen Positionen des Frühjahrs bereits geräumt habe und nur noch schwache Rückzugsgefechte führe«.[98] Im Vorwort dieses Buches hält Benn es bereits für opportun, sich gegen den Vorwurf zu verteidigen, er gehöre zu den Linksleuten: *ich bin nie links gewesen, nicht eine Stunde*.

Am Ende der ersten Juniwoche fand die konstituierende Sitzung der »Dichter«-Akademieabteilung statt: Der Präsident, Max v. Schillings, Minister Rust sprachen. Die neuen Mitglieder waren voller »Haß auf die Berliner«[99]; auch Ministerialrat Zierold, dämpfend, ausgleichend, kein Mann der neuen Bewegung, war anwesend.

Benn, als kommissarischer Vorsitzender der Sektion, hielt sich im Hintergrund: Hanns Johst wurde zum Vorsitzenden gewählt. »Die alten Mitglieder: Loerke, Stucken, Molo, Scholz, Benn, Seidel, Halbe wurden absolut ausgeschaltet [100]«. Gottfried Benns Bindung an die Akademie verlor sich. Er will sich von ihr trennen. Loerke, der selbst Bedrängte und Gedemütigte, durch existentielle

Sorgen Belastete muß ihn beruhigen, besucht ihn sogar. Denn es wird einsam um Benn. Der Akademiepräsident Max v. Schillings stirbt.

Immerhin, für ein paar Julitage finden wir Benn in Trossin, seiner Heimatgegend, alte Bekanntschaften noch aus seiner Kindheit und Pépinièrezeit. Ina Seidel gesteht er, sein *Kopf habe alle Hände voll zu tun, um mit anderen Dingen fertig zu werden, mit denen ich aber doch nicht fertig werde*. Er schreibt zwei banale Artikel, die sich mit kompilierten anthropologischen Fragen befassen, für eine Wochenzeitschrift: .. *läppisches Zeug* urteilt er selbst; es ging ihm ums Honorar.

Dann, im September kommen die Einschläge näher: Klaus Mann äußert sich nochmals. Für die Geflohenen ist Gottfried Benn nun der »Prophet des Dritten Reiches«: *Übler Angriff in einem neuen Emigrantenblatt* meldet er. Und *fühlt sich tief erkrankt, schwerer Stoß ins Zentrum* ... Der Rundfunk sagt abrupt eine für den gleichen Abend vorgesehene Lesung seiner Gedichte ab. Noch einmal kann er im Berliner Funk über *Zucht und Zukunft* sprechen: Wiederum Kretschmer-Paraphrasen über Erbmilieu, Züchtungsperspektiven und Rasse. Themen, dilatorisch formuliert, um den Ausdruck laienhaft zu umschreiben, die dem Zeitkolorit nicht entgegenstehen.

Ein seltsames Schwanken, Unsicherheiten, Ängste, Beklommenheiten in diesen vier Monaten von Juni bis September. Was auch andere – Thomas Mann in Bandol – empfinden: »Es fehlen Heiterkeit und Energie um zum Schreiben zu kommen.« »Was soll der Unsinn«. »Nervös und beklommen. Neue Anfechtungen ...«[101], notiert er im Tagebuch.

Bis dann, mit einem Donnerschlag, dieses unheilschwangere Auf-der-Stelle-Treten eine unerwartete Richtung nimmt: In »Reclams Deutschem Almanach« für 1934, ausgeliefert um den 7. Oktober 1933, veröffentlicht Börries von Münchhausen, der Balladendichter, neu hinzugewähltes Mitglied der Sektion für Dichtkunst, einen Beitrag »Die Neue Dichtung«. Nachgedruckt in 34 Zeitungen! Liest man diesen neun Seiten langen Artikel, ist man einmal überrascht von der unerschrocken abwertenden Polemik, mit welcher der Freiherr gegen den zwanzig Jahre geltenden Gotha der zeitgenössischen expressionistischen Literatur anrennt: Von Benn bis Paul Zech ist – alphabetisch geordnet – alles vertreten, was bisher Rang und Ruhm besaß, als Ehrenschild deutschen Schrifttums galt, auch im Ausland. Darunter Heinrich Mann. Thomas fehlt – natürlich. Geht man fehl in der Annahme, daß d e m ohnehin die ganze Richtung nicht gepaßt hatte? Zum anderen nennt Börries v. Münchhausen Dinge, welche der »gesunde Menschenverstand« immer geahnt haben mochte: Waren die Auflagen der expressionistischen Dichter nicht klein? Kaum wurden sie zum zweitenmal gedruckt, viele endeten in den Papiermühlen, worüber Verleger nicht gern sprechen.

War die Sprache dieser Dichter nicht oft »schweißtriefend«? Ein »wild verkrampfter, in verquollenen Sätzen« sich äußernder Hexensabbat? Und die Kritiker? Peitschte »ihr korybantischer Lärm den Marktwert eines Papiers (nicht) in die Höhe, wie der Lärm betrügerischer Börsianer eine faule Aktie«? Dazu Bücher von »Deserteuren, Verbrechern, Zuchthäuslern (deren) Verfasser sich ihrer Taten rühmen«. Auch vergaß *der Schloßherr von Windischleuba* nicht zu erwähnen, daß der jüdische Anteil unter den expressionistischen Dichtern unverhältnismäßig hoch sei. Mehr als eine Bezirksbombe also.

Gottfried Benn war der einzige jener von Münchhausen namentlich benannten Dichter, der noch einen Sitz in der Akademie hatte. Er also fühlte sich aufgerufen, .. *noch einmal vor diese Gemeinschaft zu treten ... und auf gewisse Dinge zu ihrer Verteidigung hinzuweisen.* Ahnte er, daß es jetzt Ernst wurde? Daß Werturteile abzugeben waren, die ganze geistige Epochen hinwegfegen oder stützen konnten? Also begnügte er sich nicht mit einem scharfen Brief an seinen Akademie-Kollegen, empört darüber, daß dieser es aus seinem *eleganten Grand-Seigneur Dasein über sich gewinnt, ... die qualvolle, zerrüttete, erbitterte Existenz meiner expressionistischen Generation mit diesen beleidigenden Ausdrücken zu zeichnen.*

Diesmal ist Gottfried Benn erregt, emotional beteiligt, das ging unter die Haut. *Innerlich zum Bersten mit Trümmer und Modder angefüllt. Muß arbeiten*, schreibt er an Käthe von Porada, chére Kati nun. Er berät sich mit Loerke, dem immer hilfreichen, klugen, auf Ausgleich gerichteten Fast-Freund. *Muß arbeiten ... hatte*

Krach, mußte mich meiner Haut wehren, hören wir. Anfang November veröffentlichte er das Resultat dieser Arbeit, gegen Münchhausens Polemik gerichtet: *Bekenntnis zum Expressionismus*. Wußte er, was er hiermit tat? Welche Geister er herabrief?

Zwar eröffnet er diesen tapferen Aufsatz mit einem Kotau vor dem *Maß an Interesse, das die Führung des neuen Deutschland den Fragen der Kunst entgegenbringt* ... Bringt in den ersten Zeilen sogleich Nolde und Barlach – sie schützend – ins Gespräch: Es ist ein Versuch, den Expressionismus in den Nationalsozialismus hineinzuretten, so wie der Futurismus – der Name Marinetti fällt – vom Faschismus aufgenommen wurde. Die bedeutendsten Namen des Expressionismus werden aufgerufen: Else Lasker-Schüler aber, Jacob van Hoddis, René Schickele, Franz Werfel, Walter Hasenclever – ich nenne nur einige – fehlen: eine arisierte Auflistung also.

Aber Johst wurde erwähnt. Hanns Johst, der auch *aus dieser großen Talentbewegung* des Expressionismus *hervorgangen* ist. Unglaublich und unaufhaltsam sein Aufstieg dann: Präsident der Reichsschrifttumskammer, Preußischer Staatsrat, auch Intendant der Berliner Staatstheater. Er wird in diesen Monaten nicht selten mit Gottfried Benn zusammen genannt: Als die deutschen Mitglieder aus dem internationalen PEN-Club ausscheiden, wird in der dafür neu gegründeten »Union nationaler Schriftsteller« Johst Präsident, Gottfried Benn Vizepräsident. Gemeinsam schreiben sie einen Artikel im »Völkischen Beobachter«. Die Marinetti-Ansprache hält Benn in Vertretung Johsts. Er besucht ihn auch im Herbst 1934 in seinem Haus in Leoni-Oberallmannshausen, am Starnberger See. Man besprach – u.a. – Angelegenheiten der »Union«: *Johst ist immer ein Herz und eine Seele, wenn ich ihn spreche* (23.9.34) *u. schwört, nur mit mir zu gehn, aber was herauskommt, weiß man nie. Ein merkwürdiges Milieu in dem Haus, aber das kann man nur mündlich erzählen.*

Nun, es kam dann im folgenden schon einiges für Gottfried Benn heraus. Und über das Milieu wird noch etwas zu sagen sein.

Dieser Expressionismus-Aufsatz, gegen die Anwürfe Börries von Münchhausens gerichtet, – es ist sein Schwanengesang. Vergebens werden Goethe, Kleist, Nietzsche, Hölderlin und Richard Wagner sogar angerufen als Beispiele expressionistischer Beladung des Wortes, als *innere Erregungen, magische Verbindungszwänge*: »Entzahnte Kiefern schnattern und das schlotternde Gebein, Trunknen vom letzten Strahl« (Goethe): *reiner Expressionismus*, so findet Benn.

Schon, der Vorwurf politischer Instinktlosigkeit in dieser expressionistischen Gruppe bestehe zu Recht. Und er fragt, ob es wohl je *eine gepflegt entstandene Kunst* gab. *Sah nicht vielleicht Kunst von nahem immer so aus*? Aber dann öffnet er das Visier, wird polemisch, den Barden und Balladendichtern dürften die Köpfe geglüht haben: *darf Kunst nur bringen, was vor 20 Jahren bereits in den Volksschulen geläufig war*? Ein Seitenhieb auf den *spezialisierten Humbug* der Wissenschaft fehlt nicht und *die Romanschriftsteller, sogenannte Epiker*, die *in maßlosen Wälzern abgetakeltste Psychologien Deutschland zum Schnappen vorwarfen.*

Freunde wird man mit solchen Einlassungen nicht gewinnen. Da nützt auch nicht die Verbeugung vor den Leuten, die das neue Deutschland führen, Leute, *selber ja artistisch produktive Typen.* Da nutzt es nichts, Odins Adler und die Raben fliegen zu lassen; Barbarossas Bart, der durch den Stein wächst, zu beschwören und *Deutschlands gläubiges Blut.* Mit diesem Aufsatz war Gottfried Benn gerichtet: Der Expressionismus wurde als »Kulturbolschewismus« abgetan. Die andere aber, die linke Seite legte ihn als Vorstufe des Faschismus beiseite. So daß denn Gottfried Benn zwischen allen Stühlen saß, wie immer.

Wie es weiterging? Benns Telefon schrillte – endlich einmal. Es meldete sich der Präsident der Berliner Ärztekammer, strammer Nationalsozialist, warf Benn wegen des Namens seiner Mutter – Jequier – jüdische Abstammung vor. Die ohnehin dürftige Praxistätigkeit war durch Auflagen zusätzlich bedroht; »Ahnenschwierigkeiten« also. In den Berliner Lokal-Anzeiger läßt Benn das Portrait seiner Mutter *Die liebe Fremde* einrücken: *hundertprozentiges, unverfälschtes, noch nie durchkreuztes romanisches Blut ... aus einer alten welschen, einheimischen Familie*. Noch erscheint es ihm *selbstverständlich, daß kein Buch in Deutschland erscheinen darf, das den Staat verächtlich macht.* Doch fordert er Weitherzigkeit im Geistigen. Mahnt an, *den Künsten jenen inneren Spielraum* zu geben, *den sie unbedingt brauchen. Man sollte sie also weniger kon-*

trollieren. Hände weg von der Kunst schreibt er drei Monate später an Ina Seidel, eine Vertraute zu dieser Zeit.

Das Festbankett der »Union nationaler Schriftsteller« zu Ehren Marinettis geht vorüber: Hanns Johst, der Präsident, vertraut Benn weiter, überläßt ihm die Begrüßungsansprache.

Unheimlicher, ungewisser Winter 1933/1934, stockende Produktion, Lebensschwierigkeiten dazu. Und da war der Expressionismus-Aufsatz, die *stigmatisierte zweite Besetzung* hatte ihn gut gelesen. Ein Rundschreiben der »Union nationaler Schriftsteller« – Gottfried Benn war ihr Vizepräsident –, einen weiten Kreis deutscher Schriftsteller zum Beitritt auffordernd, gab den Anlaß: Börries von Münchhausen, der von Benn apostrophierte *Balladenbarde*, Dichter des Hebräischen »Rabbi Manasse Kohen«, des »Theodor Herzl«: »Du Mose der Zeit ...« schrieb einen offiziellen Brief: Einer Schriftstellervereinigung, an deren Spitze ein »reinblütiger Jude« stände, könne er nicht beitreten. Womit denn Gottfried Benn gemeint war. Blitz und Donnerschlag hinein in die dumpfe und stickige Atmosphäre, grell beleuchtet die Klippensituation Benns: Dort stand er, einsam, jetzt mußte er springen. Die *notorischen Nachspieler, die stupiden alten Herren*, sie hatten ihn eingeholt, ihn gestellt.

Benn wußte inzwischen – im April 34 – was es bedeutete, als »jüdischer Mischling«, als Produzent von »Meisterwerken typischer jüdischer Kunst« bezeichnet zu werden. Er wußte, daß *unser Aller bürgerliche Existenz zu schwanken anfängt wenn unser Ariertum in Zweifel gezogen wird.*

Gottfried Benn also wird Ahnenforscher. Viele damals wurden es, auch ohne Not. Heirats-, Geburts- und Taufregister wurden befragt, die Pfarreien hatten alle Hände voll zu tun: ist es doch wärmend, zu wissen, woher man kommt.

Sicher, es entbehrt nicht einer gewissen Komik – oder ist Tragik das bessere Wort? –, Gottfried Benn aufgeregt um seine arische Abstammung bemüht zu sehen. Vom deutschen Pfarrhaus über das Gutachten des Berliner Ordinarius für Orientalische Sprachen; von Anfragen beim anglophilen Oelze hin bis zum Bürgermeister des rheinpfälzischen Weinortes Dürkheim führt ihn dieser Weg. Selbst die Weinkarte des Berliner Gourmet-Restaurants »Kempinski«

wird bemüht. In der Tat, auf der Weinkarte war ein *Dürkheimer Benn*, ein Riesling vermerkt. 1986, anläßlich des 100. Geburtstags Gottfried Benns wurde den Gästen des Hamburger Symposions ein Dürkheimer Hochbenn, halbtrocken, als Jubiläumswein kredenzt. Womit denn dieser Angriff abgewehrt war: Benn, eine Bezeichnung offenbar keltischen Ursprungs. Der Dr. jur., Dr. phil. h.c., Domherr, Kammerherr, Rittmeister d. Res., der Schloßherr von Windischleuba, Freiherr Börries von Münchhausen mußte revozieren. Was er in weltmännischster Form auch tat, »mit dem herzlichen Wunsch, daß dieses ärgerliche kleine Zwischenspiel ... bald vergessen sein möge«. Das Rassenamt hatte Benns Papiere überprüft: *ich bin natürlich reiner Arier.*

Nachklänge dieser *Ahnenschwierigkeiten* faßte der Exkulpierte dann noch im *Lebensweg eines Intellektualisten* zusammen: *Die Erbmasse* überschrieb Benn dieses Kapitel in *Kunst und Macht*. Ein Buch, das er – nach alledem - im Vorwort mit dem Satz eröffnete: *Der Nationalsozialismus ist heute eine feststehende geschichtliche Erscheinung* ... Was ihn jedoch nicht daran hinderte, in der Schlußapotheose des in diesem Band veröffentlichten Essays *Dorische Welt* sich des großen Dichters zu erinnern, den der *Anblick einiger Säulen der Akropolis ahnen ließ, was mit der Anordnung von Sätzen, Worten, Vokalen an unvergänglicher Schönheit erreichbar wäre*. Heinrich Mann redivivus, e r ist der große Dichter. Genau diesen panegyrischen Satz lasen wir in Gottfried Benns Rede zum 60. Geburtstag des nunmehr Verfemten: verjagt aus der preußischen Akademie der Künste, abgesetzt als Präsident der Dichtkunstsektion, seine Bücher auf dem Scheiterhaufen verbrannt.

Zwar zieht sich der Strick immer enger; die Gefahr aber für Leib und Leben, Benn konnte sie damals nicht sehen. Niemand – auch viele deutsche Juden darunter – erkannten in diesen Monaten in den Ausschreitungen, Übergriffen, das Säuseln jenes Windes, der zum Orkan sich steigernd als nunmehr *praktiziertes Rassentheorem* auch Benns Knochen schaudern ließ. Noch im Juni 34, angegriffen von vielen Seiten, schwankt er zwischen dem verflossenen, liberalen Weimarer System und seiner jetzigen, fragwürdigen Position – und bekennt, daß letztere ihm denn doch lieber wäre. Im selben Monat noch schreibt er an Isolde Kurz nach Italien: *Wir können einerseits gewisse weltanschauliche Grundlagen des Nationalsozialismus auf keinen Fall aufgeben ...* Und an Oelze: *über anderes denke ich ja anders wie Sie; kälter, grausamer, entleibter.* Um hinzuzufügen: *aber Sie haben natürlich recht; vieles ist kaum ertragbar ..*

Dann der »Röhm-Putsch«, 85 Tote, Ermordete.

Erstaunlich das geringe Echo darauf in der breiten Öffentlichkeit. Carl Schmitt, der Staatsrechtler, erklärt die Sache gar für legitim: »Der Führer schützt das Recht.«

Unhaltbar wird Benns wirtschaftliche Situation, *um das Leben zu fristen,* muß er Vertretungen in städtischen medizinischen Beratungsstellen annehmen. Einmal mehr fragen wir uns, warum seine Praxis so schlecht ging. Gerade jetzt, wo *nicht genug arische Ärzte im Bezirk vorhanden* waren. Sollte es auch an ihm gelegen haben? Hatte sich sein Interesse weit weg von seinem ärztlichen Beruf entwickelt? Und die Patienten, auch die »Laufmädchen« spürten es, mieden ihn?

Ende Juli dann der Bruch: *Es gibt keine Worte mehr für diese Tragödie. Ein deutscher Traum – wieder einmal zu Ende* liest Oelze. An Ina Seidel schreibt er: *Ich lebe mit vollkommen zusammen gekniffenen Lippen ... Das Ganze kommt mir allmählich vor wie eine Schmiere, die fortwährend »Faust« ankündigt, aber die Besetzung langt nur für »Husarenfieber«. Wie groß fing das an, wie dreckig sieht es heute aus.*

Und setzt dann einen Schlußstrich, an Oelze, zur Kunstpolitik der neuen Bewegung: *hier genügt nicht, mit den Hacken ins Gesicht zu treten und das Maul cäsarisch aufzureißen.* Und er bittet Oelze zwei Tage später *unsere Korrespondenz durch Feuer und Wasser unschädlich zu machen.*

Ja, das war es denn: Gottfried Benns Hitler-Zeit ist beendet. Zwanzig Monate dauerte die »Irrnis«.

Vertretungen in den Städtischen Beratungsstellen hatten Benn etwas finanziellen Atem verschafft: Es reichte für einen Herbsturlaub nach München, zum Starnberger See und nach Oberstdorf: *Eine Woche voll zauberhafter Schönheit.* Hier stand er *Am Brückenwehr,* gedachte des Vergangenen, des Taumels, des Scheins. Und nimmt sich zurück, bleibt auch jetzt halb bedeckt:

Ich habe weit gedacht,
Nun lasse ich die Dinge
Und löse ihre Ringe
Der neuen Macht.

Weiter die gleichen Existenzschwierigkeiten nach seiner Rückkehr. Ein Stellengesuch bei der Stadt wird abschlägig beschieden: *Kein Bedarf; Papiere anbei zurück*. Kontakte mit alten Pépinière-Kameraden werden geknüpft, die in der Reichswehr aktiv blieben und nun an Entscheidungsstellen sitzen: *Man hat mir von da eine ganz günstige Offerte gemacht.*

Ein Weihnachts-Abschiedsbesuch noch bei Nele, seiner Tochter, nach Kopenhagen: Lange erloschen die Liebe zur *Dänin*. Als Kind schon fand Nele kein rechtes Verhältnis zu Ellen Overgaard. Ihr Ehemann dagegen, Christen Overgaard, gebildet, interessiert, warmherzig, wandte sich der Nele liebevoll zu. Ihm hatte Gottfried Benn sein Buch *Der neue Staat und die Intellektuellen* in dankbarer Verehrung gewidmet: »Mein lieber Onkel Christen« nennt ihn Frau Nele – noch heute.

Dann *breitete die R.W.* (Reichswehr) *ihre Fittiche* über ihn aus.

Etwas anderes noch drängt heran. Ein Kapitel eigentlich europäischer Dimension. Wir könnten es beiseite lassen, hätte Benn in seinen autobiographischen Schriften nicht selbst darüber gesprochen.

Beginnen wir von hinten, mit den *Schatten der Vergangenheit*, im *Doppelleben.* Datiert vom Dezember 1949. Es geht um die Emigrantenfrage. Nein, Gottfried Benn kannte kein »Judenproblem«. Und wir können ihm zustimmen. In den Jahrgangslisten der Militärärztlichen Akademie standen die Namen jüdischer Kommilitonen. Niemand kümmerte sich darum. Die Ehrenliste der im Ersten Weltkrieg gefallenen Sanitätsoffiziere – als Prachtband in der Hitlerzeit erschienen – verzeichnete acht Cohns. Albert Ehrenstein, selbst Dichter: »Mein Lied«, Lektor des Kurt Wolff Verlages mit der berühmten Reihe »Der jüngste Tag« öffnet ihm mit der Annahme der *Gehirne* einen kleinen Spalt der Tür zum Ruhm. Mit Herwerth Walden verkehrt er gesellschaftlich. Mit dessen Frau, Else Lasker-Schüler – waren sie schon geschieden? – gab es eine öffentlich ausgetragene metapherreiche Affäre. Carl Einstein war ein halber Freund; Thea und Carl Sternheim nennt er *Freunde in erster Generation*. Professor Paul Fleischmann war ihm oft bedankter Arzt; und seine Frau Elsa Fleischmann-Fleming stand ihm in seinem Kummer um den Freitod Lili Bredas verständnisvoll tröstend zur Seite. *Derjenige Arzt, dem ich körperlich und seelisch die meiste Hilfe verdanke, war eine jüdische Ärztin*, schreibt Benn. Es war Frau Dr. Lulu Doldhaber, eine Internistin. Erich Reiss, vielbelesener, vielvermögender, auch bibliophiler Verleger – er druckte Benns *Gesammelte Schriften* –, war ihm jahrzehntelang Bierstuben- und Reisefreund. Der Kunsthändler Franz Zatzenstein lud ihn zu Frankreichreisen ein: Ein nicht kleiner Teil des privaten, freundschaftlichen Umfeldes Gottfried Benns waren Juden. Ohne ihren anregenden, vermittelnden, fördernden, produktiven Anteil war das Berlin der Kaiserzeit, der Metropolen-Glanz der zwanziger Jahre überhaupt nicht denkbar. Sie waren mehr als der treibende Sauerteig; ihre Urteile waren treffsicher, enorm ihr Qualitätsgefühl. Undenkbar ohne sie das Musikleben, das Theater, der Film. Ihre geistige Beweglichkeit, ihre Weltläufigkeit verknüpften Berlin mit Paris, mit New York. Benn kannte Alfred Flechtheim, den »Querschnitt«-Begründer. Kannte Samuel Fischer, die Mitglieder der Familie Ullstein.

In der Sektion für Dichtkunst waren Ludwig Fulda, Franz Werfel, Jakob Wassermann, René Schickele, Alfred Döblin, Alfons Paquet, Georg Kaiser, Alfred Mombert, Rudolf Pannwitz, Eduard Stucken Akademie-Kollegen Gottfried Benns. Er charakterisiert das geistige Umfeld, das *mich aufs stärkste beeindruckte und meinen inneren Weg bestimmte*: Weininger, Hofmannsthal: genial oder Talente ersten Ranges. Semi Meyer, Erich Unger, Levy-Brühl werden – neben anderen – genannt.

Genug, hier ist der Punkt abzubrechen. Die Kulturgeschichte dieser Epoche ist bekannt. Es ist zugleich ein Päan auf die Blütezeit Berlins, das München, das Wien hinter sich ließ. Berlin »der Bindestrich zwischen Paris und Moskau« [102], Zentrum europäischer Politik, Wissenschaft und Kunst.

Dann kam der 30. Januar 1933. Wenige ahnten, wohin der Weg gehen könnte; die antisemitische Haltung der »Bewegung« war bekannt, das Parteiprogramm *enthielt unter seinen zahlreichen Punkten einen üblen antisemitischen, aber wer nahm Parteiprogramme ernst?*

Es gab Ausschreitungen schon vor der »Machtübernahme«, die SA war kein Seminaristenclub, die Strafverfolgungen dagegen wurden läßlich gehandhabt.

Ich blieb also 1933 in Deutschland. Mit diesem Satz eröffnet Gottfried Benn den zweiten Abschnitt der *Schatten der Vergangenheit*, nach dem Kriege. Und tut sich schwer mit der Fortführung der Autobiographie, zu der sein Verleger, Max Niedermayer, ihn drängt. Die *Judenfrage, ... sehr gewagtes Thema. Wer will, kann aus den mannigfachsten Stellen sich Gift für seine Pfeile holen.* Schon hier sei es eingefügt: Als das *Doppelleben* erschien – 1950 –, flogen kaum Pfeile von den Sehnen. Erstaunlich das. Auch die Emigranten, wollten sie an den Schlaf der Welt nicht rühren? Interessierte es niemanden? Oder sah Gottfried Benn gar die Dinge richtig?

Was war das *Niederschmetternde*? Benn hatte in seiner Matratzengruft jenen *Brief an die literarischen Emigranten* herausgekramt, fand dabei den Originalbrief Klaus Manns. Das mochte schmerzen.

Nein, es war Gottfried Benn nicht möglich, jene Handlungen, von der »neuen geschichtlichen Lage« ihm abgefordert, anders zu sehen, als einen überschwenglichen Aufbruch, ein Elementarereignis, als befreiende Reinigung, auch der Nation. Konnte er ahnen, welch ungeheure Energiemasse dadurch freigesetzt wurde? Und Rivarols Wort: »un grand peuple remené ne peut faire que des exécutions«, wer schon erinnerte sich daran? Jung war die Bewegung, voller Optimismus, Vertrauen in die Zukunft, Hitler mit 43 Jahren war Senior. Die Intellektuellen, die nicht gleich emigrierten, die Mehrheit des Volkes und die etablierte Gesellschaft in Kirche und Staat nahm teil am nationalen Aufschwung. Der Anspruch auf das Monopol der Menschlichkeit, »das Recht, den Gegner zum Unmenschen zu stempeln«[103], sollte er nur bei denen ruhen, die als »Dunkeldichter, Internationale-beschädigt, als Miesmacher« galten und nach dem 30. Januar nicht ins Vaterland der Werktätigen, sondern zum Klassenfeind, in die USA gingen?

War es nicht so, daß ein Volk, eine Nation seinem Schicksal begegnet war? Man folgte seinem Ruf, war opferbereit. Unmöglich, sich nur auf die Idee zu beschränken: Die Tat, das Wort müssen dann folgen, gleichgültig ob Ehre oder Leben dabei verloren sind. Wennschon etwas »Unbegreifliches daran bleibt«.[104]

Ich blieb also 1933 in Deutschland. So schrieb Gottfried Benn im Doppelleben.

Aber die anderen? War das keine Flucht? *War mehr eine Demonstration ... ein Ausweichen?* Mehr ein *gesinnungshafter Protest?* Wich Heinrich Mann nur *persönlichen Fährnissen* aus, als er am 21. Februar abreiste? Und Thomas Mann, Franz Werfel, die zufällig auf Vortragsreisen waren, nicht zurückkehrten? Wennschon – wie Thomas Mann – voller Bedenklichkeiten, innerer Qualen und Gewissenfragen. René Schickele, Lion Feuchtwanger waren bereits in Frankreich, Albert Ehrenstein – hatte Benn ihn ganz aus den Augen verloren? – floh nach dem Reichstagsbrand. Haussuchungen bei Ernst Jünger. Else Lasker-Schüler vor ihrer Flucht in die Schweiz von SA-Männern auf offener Straße mit einer Eisenstange niedergeschlagen. Ludwig Fulda, 429 Aufführungen seiner Stücke noch 1932, saß zitternd in Lugano, vergessen nun. Alfred Döblin blieb in Zürich: Nur *gesinnungshafter Protest?*

Verblüffend – und hier trifft sich dies Wort mit dem Ausruf Gottfried Benns – verblüffend war das hohe Maß an Zustimmung der breiten Massen zur neuen Regierung. Beiseite gesprochen wurden die antisemitischen Übergriffe. Auch kam Ludwig Fulda zurück nach Berlin. Silvester 1933 beglückwünschte ihn Gottfried Benn für das kommende Jahr, *Möge es besser werden als das vergangene.* Zwei Jahre später – nach Wirtschaftsaufschwung und Ausschaltung der SA –, als Normalität sich wieder herzustellen schien, 1935 kehrten 10 000 jüdische Emigranten nach Deutschland zurück. Thomas Mann, mit allen Vorbehalten gegenüber dem »Haß, Ressentiment, Rache, Gemeinheit«,[105], dieser »Revolution« schreibt in sein Tagebuch: »Die deutschen Vorgänge hören nicht auf, mich zu beschäftigen ... Die Revolte gegen das Jüdische hätte gewissermaßen mein Verständnis ... wenn das Deutschtum nicht so dumm wäre, meinen Typus mit in den selben Topf zu werfen und mich mit auszutreiben.« Hatte er nicht in den »Betrachtungen eines Unpolitischen« zur »Klarheit über sich selbst« aufgerufen? Wurde es nicht »Gewissenspflicht für den Einzelnen, sich unter den tumultuösesten, der Kontemplation ungünstigsten Umstände ein Sein auf Grund des Gedankens zu schaffen«?

Die Ambivalenz der Lage war *verblüffend*. Denn wir müssen die Dinge unter dem Aspekt der Gleichzeitigkeit sehen: Kommt man – nachher – aus dem Rathaus, ist man immer klüger. Wie auch Benn unter Demütigungen und nicht ohne Lebensgefahr klüger wurde. Der Januskopf des Regimes, er spie ihn aus. Gottfried Benn, war er nicht eigentlich ein Anarchist? Wennschon im gedeckten Zweireiher, Atkinson-Krawatte, weißen Gamaschen und Homburg? Solche Bisse aber waren unverdaulich *für den neuen Staat*: Die Kunst ist in die Macht nicht integrierbar. Was schrieben zu dieser Zeit die »Basler Nachrichten« über Benn: »Wir fürchten, daß Benn aus diesem Streit ohne den Lorbeer des Sieges hervorgehen wird.«

Wäre dies der rechte Ort für eine notwendige Abschweifung? Nach einer Erklärung suchend – keiner Entschuldigung, – warum sich Männer hoher Reflexionslage utopischer, einmal liebgewonnener Denkmodelle transzendentaler Färbung – auch pseudotheologisch überbauter Diktaturen – so schwer entäußern?

Ja, an ihnen festhalten noch vor dem Strick und Peleton? Es muß hier eine Neuronenverflechtung geben, die das metaphysische Bedürfnis des Menschen mit seinem Ideologiebedürfnis verknüpft; nennen wir es mit seiner Ersatzreligion. Auch mit dem NICHTS kann man leben, im Kaliyuga, in unserem, dem »eisernen Zeitalter«. Wo es denn heroisch wird: *Zucht, Reinigung, Fasten* – so sieht es Gottfried Benn.

Von E v o l a ist hier die Rede, Giulio Evola. Philosoph und Schriftsteller in Rom, Sproß einer »Patrizierfamilie nordisch-normannischen Ursprungs«; ein Kulturkritiker eigentümlichster Prägung, 1974 erst verstarb er.

Der Name taucht zum erstenmal im hymnisch endenden Expressionismus-Essay Gottfried Benns auf: Hier läßt er Evolas Adler der römischen Legion dem Adler Odins entgegenfliegen. Nimmt die Utopie des römischen Barons einer *ghibellinischen Synthese* auf. Sieht *imperiale Symbole .. solare Eliten*. Hört *Ovationen in Amphiestadien, ... Muschelsymphonien in Kalkhallen und mit den Hörnern der Urjäger*.

Das klingt enorm. Und Evola war wohl der Mann danach, dem

Aufruhr gegen die »alten Kirchen« voranzugehen und mit der aristokratischen Aufrichtung der Herren-Werte gegen die Herden-Werte nordisches Wesen zu erneuern: Asen, Thule, Ragnarök, so schwärmt auch Benn.

Und drei Monate später – sechs Briefe erst sind zwischen Berlin und Bremen getauscht – empfiehlt er F. W. Oelze die Lektüre von Evolas »Heidnischem Imperialismus«. »Die Formulierungen Evolas sind berauschend«, begeistert sich ein Rezensent in der Zeitschrift »Hochschule und Ausland«. Alles findet sich auf diesen 110 Seiten, was Gottfried Benn bewegte. Und nicht erst seit dem 30. Januar. Von Dämmerzeiten ist da die Rede; vom Tat-Weg, weg von Gefühl und Humanität. Stramm steht der römische Patrizier gegen Gleichheit und Demokratismus, gegen das Rennen, Keuchen und Laufen der technischen Zivilisation. Hierarchisch soll die neue Ordnung sein. Des jüdisch-christlichen Weges dieser zu überwindenden Welt – des »dunklen Zeitalters« – wird nicht eben freundlich gedacht. Und wenn Evola vom plebejischen Aberglauben an das Hirngespinst der Entwicklung spricht, erwarten wir in Gottfried Benns Handexemplar an dieser Stelle das Ausrufungszeichen...

Wennschon Evola mit dem Faschismus seine Probleme hatte. Und ihn der Name der Partei, die »das Hakenkreuz ... als Abzeichen übernommen hat und die heute Deutschland im Sinne des Faschismus revolutioniert«, – nämlich »Nationalismus als auch Sozialismus, Elemente sind, die sich recht wenig der edlen deutschen Tradition einfügen wollen«.

Julius Evola war zwischen 1925 bis 1933 ein recht fruchtbarer Autor. Zehn z.T. voluminöse Bücher schrieb er in diesen Jahren. Gab dazu eine Zeitschrift »La Torre« heraus, stand den elitären Kreisen des »Ur« vor, veröffentlichte in Zeitschriften und Zeitungen, ging auf Vortragsreisen.

Dennoch, sein Echo blieb gedämpft, in Italien. Nicht nur wegen der Aufdeckung des offensichtlichen Abstandes zwischen Sein und Sollen der höchsten Ideale des Faschismus. Zu klug, zu weltkundig waren Evolas Landsleute, um diesem Aufruf zum »Heidnischen Imperialismus« zu folgen. So gern sie große Worte hören, ihnen zu folgen ist ihre Sache nicht.

Hermann Hesse kannte Evola. Zwar sieht auch er die Weltgeschichte »nicht mehr im Bilde irgendeines Fortschritts, sondern als allmählichen Verfall einer Ordnung die göttlich war«.[106] Zwar fasziniert auch ihn »der blendende und interessante, aber gefährliche Autor«. Aber er sieht auch das wild dilettantische, dazu okkultistische Durcheinanderwerfen der Kategorien der herrschsüchtigen Halbwissenschaft Evolas. »Es wird in Italien beinahe niemand auf ihn hereinfallen ...«[107] So lautete sein Urteil.

Anders die metaphysischen Deutschen. Hier war Verlockung und rauschbefleckte Bereitschaft, die »solare Geistigkeit, (das) heilige Erbe (des) nordisch-arischen Blutes in der Seele aufglühen« zu lassen.

Gottfried Benn las viel, und die widerstrebendsten Sachen: Jacob Burckhardt, Erwin Rohde, Ernst Kretschmer, um nur diese drei zu nennen, sind die reineren Brunnen, aus denen er schöpfte. Hier waren noch Fakten, Entdeckungen, Einsichten und begründete Schlußfolgerungen. Er nahm von ihnen, was das Grundmuster seines Weltbildes nicht störte, ja, ihn im Gefühl des Weltendes bestärkte. Was ihm helfen konnte, zu »Wirklichkeiten« zu finden, dem Dualismus seines Denkens einen Ausweg zu zeigen.

Voll aber tönt seine Zustimmung, enthusiastisch, wenn etwas Visionäres, Transzendentes ins Spiel kommt: Wir hörten von Semi Meyer und seinem Buch »Probleme der Entwicklung des Geistes«. Sehr früh schon faszinierten ihn diese wilden, halb okkultistischen, halb dilettantischen, mit Herrschaftsanspruch auftretenden Offenbarungen, mit dem Rock der Wissenschaftlichkeit sich drapierend: Troeltsch, Worringer, Dacqué liegen auf dieser Linie. Immer dann, wenn weit zurückgegriffen wird, ins Prähistorische, Quartäre, immer dann, wenn *eine Vision, eine Setzung, ein Zauber* zu beweisen scheint, daß *die Schöpfung sich offenbar nach anderen Gesetzen bewegt*, als die Vernunft es uns lehrt, nimmt Gottfried Benn Witterung auf, stimmt zu, glaubt Weggenossen gefunden zu haben. Und bestätigt, einmal mehr, jene Einsicht, daß man nur aufnimmt, was man in sich hat.

So auch JULIUS EVOLA. Und der römische Philosoph ist dazu angetan, dem dunklen, dem eisernen Zeitalter, zu dem wir heruntergesunken sind, die Traditionswelt, *die Herrscher der Frühe, So-*

lare Olympier ... gleichgültig gegenüber dem Menschlichen leuchtend und rettend gegenüberzustellen. Von Transzendenz spricht Evola, Elitismus, Geist ohne Werden. Ist gegen Technik, Moderne, das Mechanische, gegen Darwin und Juden natürlich. Verächtlich und falsch die von der Masse Fortschritt genannte Täuschung; die Evolution: ein Mythos.

Evola setzt den Abstieg Europas früh an, zwischen Homer und Salamis; Nietzsche überbietend, für den der Zerfall der europäischen Seele erst mit Sokrates beginnt.

So schwärmt denn Gottfried Benn für diesen Autor, empfiehlt ihn Oelze zur Lektüre, findet Evolas anderes Buch »Erhebung wider die moderne Welt« *wirklich grandios. Man kann es nur in ganz große Linien setzen.*

Und ist acht Wochen später – am 1. April 1935 – dann in Hannover, Hohenzollernstr. 11 bei Frau Mia Sattler: Oberstabsarzt E bei der Heeressanitäts-Inspektion: Er war am Ende.

Traum und Rausch nicht angenommen von den neuen Machthabern. Kein »Manitu, der ihn, den Einsamen, zum Clan erlöste«. *Balladenbarden, Mittelstand* hielten das Parkett besetzt. Röhm und sein Anhang waren erschossen, ein Vorgang ohne Beispiel in der deutschen Rechtsgeschichte. Nun war es soweit: *Zusammengekniffene Lippen ... Schauerliche Tragödie.*

Benns anarchistisches Parfüm, der Duft seiner expressionistischen Frühzeit drangen durch »Schachtelhalmwälder« und *Kalkhallen.* Seine Schicksalslinie neigte sich in die bedenkliche Richtung: unerwünscht, schlimmer noch, untragbar.

Evola war oft in Deutschland, schrieb für Ernst Niekischs »Zeitschrift für Nationalrevolutionäre Politik«, kannte Gottfried Benn persönlich, seine Essays und seine geistige Haltung: »Da Sie ... das größte Verständnis für die Überlieferungen, an welche ich anknüpfe, haben« schrieb er ihm. Bittend, die Übersetzung der »Erhebung wider die moderne Welt« einer formenden Durchsicht zu unterziehen. Das Resultat war ein begeistert zustimmender Aufsatz Benns für die »Literatur«-Hauszeitschrift der Deutschen Verlags-Anstalt. Er schrieb ihn, schon in Verhandlungen mit der Reichswehr stehend, durch Reaktivierung dem drohenden Untergang zuvorzukommen.

Sein und Werden nannte er diese Besprechung. Wenn es eines Beweismittels bedürfte, Gottfried Benns negative Haltung zur Geschichte, seine lebenslange Verhöhnung des Begriffs »Werden« als »groteske Fratze« deutlich zu machen; sein anthropologisches Wohlgefallen für Worte wie männliche Tugenden, Züchtung, Auslese oder Rasse, für die Welt als »Schöpfung«: Hier finden wir es. Abgelehnt die evolutionäre Entwicklung als »parodische Mißgestalt« – und der *Geist ohne Werden.* Alle Ingredienzen der schwammigen, irrationalen, herrlichst verzaubernden Prosa, dem rationalen Zugriff entschwebende Vorzeitvisionen finden sich hier versammelt. Benn erlag ihnen usque ad finem.

Fünfzehn Monate nach dem existenzgefährdenen Streit mit Börries von Münchhausen und seiner öffentlich ausgetragenen Rehabilitierung als *reinrassiger Arier*; – ohne Geld, da sein ärztlicher Beruf ihn nicht mehr trug, finden wir ihn auf jener Bahn, die »auf das höhere, vom heroischen oder olympischen Mythos gepriesene Dasein Anspruch erhob«.[108]

Und er sieht, ganz Partei für Evola, immer noch, *die Tiefe und das Epochenmachende dieser* faschistischen und nationalsozialistischen *Bewegungen ganz besonders klar.* Als ob es Pflicht für den hohen, den transzendenten, den Traditionsmenschen im Sinne Evolas wäre, die Notwendigkeit unrechter Handlungen zu akzeptieren. Auch dort – wie bei Gottfried Benn –, wo abschreckende, lebensbedrohliche Folgen sich unmittelbar zeigen. Ein vertrautes, den Psychologen bekanntes Phänomen.

Unbeirrt bleibt sein Grundtrieb gegen die Geschichte, gegen das »verzehrende historische Fieber«.[109]

Zwei Jahrtausende Geschichte fragt Gottfried Benn? Seine Antwort darauf: *zwei Jahrtausende Abstieg.*

Beeindruckt war er auch von der *materiellen Unterlegung dieser* Evolaschen *Vision ... die Sicherung durch die Kulturen hin –* . In der Tat, der wissenschaftliche Apparat des Buches ist enorm. Die Anmerkungen machen 113 Seiten aus, in Petit 8 Punkt. Viel Indisches zieht der Autor heran, auch Chinesisches; es dürfte Gottfried Benn fern gelegen haben. Die antiken Autoritäten werden herausragend zitiert: Diodoros, Herodot, Hesiod, Homer, Plato, Plutarch, Pythagoras, Vergil; womit nicht alle genannt sind. Rohde, Bachofen, Nietzsche sind Benn vertraut. Eigenartiger Weise fehlt Jacob Burckhardt: Des großen Baselers Liberalität, Fähigkeit zum Mitleiden, Humanität, – sein Entzücken an Verfeinerung, wenn er sie fand, seine Sensibilität für Glück lagen nicht auf der Linie des solaren Traditionsmenschen Evola.

Das ganze Inventar des Bennschen Denkens; das Anthropologische auch von Evolas dualistischer Theorie, all das fand Gottfried Benn in den beiden Büchern, dem »Heidnischen Imperialismus« und der »Erhebung wider die moderne Welt«. So sah er Europa, die geschichtliche Welt, – und glaubte mit Evola *an die Übertragung anderer Art und die Verwandlung der Elemente.*

Genug nun des herumschweifenden Fragens, der Andeutungen, Hinzuziehung der Biographie anderer, im Dickicht der Zeitgeschichte umherirrender Mit- und Nachlebender, wennschon von verschiedener Couleur.

Wir finden Benn in diesen – sagen wir – zwanzig Monaten in einer eigentümlich vertrackten Situation: Was alles durchkreuzt sich hier nicht, geht durcheinander, nebeneinander. Unvereinbares dazu. Emotionale Schübe, von langher Erdachtes, als Boden und tragbarer Grund empfundene Verwicklungen äußerer Art, haarsträubend eigentlich. Schwerste Lebensnöte, hin bis zum Mangel an Subsidien, auch finanzieller Art.

Opportunismus? Endlich nun vorn zu stehen nach all den Jahren der Verwaisung? Mit Frack und Orden am Grabe Arno Holz' zu sprechen? Mit Minister Rust zu konferieren? Seinen Namen in den Zeitungen zu lesen? Nein – wir sind uns einig, so glaube ich –, dies war es nicht.

Was aber erklärt sonst diese Wirrnis? Ja, dies ist vielleicht der Ausdruck, der, wennschon nicht weiterhilft, so doch das schwebende Vermuten in Richtung der Wahrheit deutlich macht. Denn, ich gebe zu: »um Genauigkeit bin ich verlegen«.

Die Begeisterung der Volksmenge, die Zustimmung auch anderer – Nolde, Barlach, Pinder nur seien genannt – überhörten auch sie die Stimmen der Mahner? Vergessen, verziehen. Kommt bei Gottfried Benn etwas anderes hinzu? Ich meine Name und Gewicht seiner Warner und Gegner, Klaus Manns abmahnende Stimme, der Verstärker-Effekt durch den großen Namen seines Vaters. Der sich schwer tat, im Schweizer Exil, und später auch. Rückkehr erwägend, quälend, und sich selbst prüfend, »Bruder-Hitler« (1939) erleidend. Schon, »Die Sammlung« aus Amsterdam, die Prager »Neue Weltbühne«, Emigranten-Zeitschriften, in denen Benns Hinwendung zum neuen Staat als die »Entwürdigung seines großen Talentes« vorgestellt wurde, hatten kleine Auflagen. Aber sie reichten weit, blieben in Erinnerung. Man sprach hier zur Person, womit denn ganze Hornissenschwärme losgetreten wurden.

Auch überragte Gottfried Benn als Exponent des Expressionismus alle anderen, so daß man ihn weithin sehen konnte. Das Vorrecht großer Menschen aber ist es, streng behandelt zu werden. Was dann auch geschah.

Von Heidegger und seiner epochalen »Irrnis« wurde viel geschrieben. Interessant, nachdem alles ja lange bekannt war. Gottfried Benn und der Freiburger Philosoph haben sich nie gesehen. Aber Benn – nach dem Kriege – fühlte sich geschmeichelt von Berichten, daß Heidegger mit Besuchern über ihn gesprochen hätte. Noch 1962 – nach der Schaffermahlzeit – ins Gästebuch des Bremer Senators Ludwig Helmken einschrieb: *Die Himmel wechseln ihre Sterne – geh.*

Auch Heidegger also fasziniert von dem Neuen Reich, wie Carl Schmitt, der Plettenberger. Und stärker sich exponierend als der Berliner. Als Rektor der Freiburger Universität mit dem Parteiabzeichen am Revers in Rom – 1934 – seinen emigrierten Philosophie-Kollegen Karl Löwith besuchend. Auch Heidegger – wie Gottfried Benn – gegen die Moderne, die Technik; gegen das *Stehaufmännchen des Wohlbehagens*, gegen den Geist normalisierter westeuropäischer Durchschnittlichkeit. Auch er verbunden der Griechenheit, nicht Roms.

Viel Nachdenkliches ist – auch – hierüber geschrieben worden. Die Wurzeln der Hinneigung beider zum Nationalsozialismus in seiner Aufbruchzeit speisen sich aus ähnlichen Quellen. Beiden ist eine persönliche Verfehlung nicht vorzuwerfen. Opportunismus oder Eitelkeit wird man beiden nicht unterstellen können. Beide waren – auch nach dem Kriege weithin sichtbar – herausragende Figuren der Zeitgeschichte. Wodurch denn beide in den Dunstkreis der historischen Denunziation gerieten: tut es doch gut, bedeutende Menschen in ihrer Schwäche zu sehen.

Was aber den besonderen Zorn der kritischen Beurteiler sowohl bei Heidegger als auch bei Benn hervorrief, was ihnen unwiderlegbarer Beweis der moralischen Verstocktheit und letztlich uneingestandenes Schuldbekenntnis schien, war das nie ausgesprochene Eingeständnis ihres politischen Irrtums, der fehlende Widerruf. Daß sie schwiegen, n a c h der Zeit, das galt als ihre eigentliche Verfehlung, ihr Versagen, – nie sah man es ihnen nach.

Und warum schwieg Gottfried Benn?

Immer hatte er diese moderne, europäische Welt bekämpft, hatte das archaisch Ursprüngliche (*oh, wär ich doch ein Klümpchen Schleim*) gesucht, hoffend, dort Rausch und Heimat zu finden. Sein historisches Weltverständnis war ein heroischer Pessimismus. Die Dimension seines Denkens war nicht ins Politische gerichtet. Es waren also geschichtliche und geistige Gründe, und – sprechen wir es ruhig aus – ihm eingeborene, autochthone Muster –, die ihn seinen Irrtum nicht als politische Fehlentscheidung erkennen ließen. Dazu der »Führer«, verhinderter Architekt und Maler, mit erschreckend bohèmehaften Zügen, der *Kunst als eine Staatsangelegenheit allerersten Ranges* betrachtete. So Gottfried Benn. Der das Volk zurückführen wollte zum Mythos urtümlicher Zeiten, zu Blut und Boden: ... *da ich auf dem Land und bei den Herden groß wurde* ... so auch Gottfried Benn. Die archaischen Zeremonien der Aufmärsche, *sechzig Karees mit je 6000 SA Männern, darüber Fahnen*, die Lichterdome, der dionysische Rausch der Massen. *Die Geschichte* – so schien es Gottfried Benn – *bei ihrer form- und bilderbeladenen ... Arbeit zu sehen*. Der Staat als in Szene gesetztes Gesamtkunstwerk. Das eigentümlich Vorkulturelle, von den fackelerleuchteten Thingfeiern bis zur privilegierten Regenwurmzucht des inhaftierten Gerlever Paters Augustinus im KZ Dachau, und die ernährungsphysiologischen Versuche, den Führerdarm mit roter Bete zu sanieren. Daß neben diesem – und den mit Mutterkreuzen geschmückten Bewohnerinnen strohgedeckter Erbbauernhöfe – daß neben dem gegenwartsfeindlichen, historischen Faschismus eine andere Linie deutlich wurde, mit Volkswagen, Autobahnen, Schnelldampfern und Stukas, vorangetrieben in einem Tempo und von solch einer organisatorischen und industriellen Effizienz, daß es Europa den Atem verschlug, wer sah es in der Morgenröte des Aufbruchs? Und wenn man es sah, wer war nicht stolz darauf? Ambivalenz, *die Verschmelzung eines jeglichen mit den Gegenbegriffen*, war es nicht ein Zentralgedanke Gottfried Benns? Woraus denn – vielleicht kann man es so ausdrücken – Hitler »als der große Beschleuniger des Fortschritts ...«[110] sich darstellt, hin bis zu seinem Untergang, in den er die bereitwillig sich ihm hingebenden Massen hinabzog.

Doch kehren wir nach diesen Assoziationen zu Benns antiutilitaristischen, antimateriellen Schwärmereien für die archaisch-primitive Frühe der Menschheit zurück zur Kernfrage seines Verhaltens n a c h der Zeit: Warum er stumm blieb, als alles offenbar wurde? Nicht stöhnte, wie Jeremias. Nicht jene Wallungen des Aufbruchs, des Schicksalsrausches aus seiner Lebensgeschichte strich. Denn was hätte er erklären, offenbaren sollen? Hatte er nicht – im *Doppelleben – jene Antwort an die literarischen Emigranten* als *romantisch, überschwenglich* bedauert? Schämte er sich ?

Kein Zweifel also: Wir finden Gottfried Benn in diesen 20 Monaten s e i n e r Hitlerzeit im Einklang mit seinem Geschichtsverständnis, im Einklang auch mit der Zustimmung seiner Nation, eine bemerkenswerte Koinzidenz. *Volk*, sagte er damals, *Volk ist viel. Wer bin ich, daß ich mich dem entgegenstellen kann.*

Ja, Gottfried Benn hat sich geirrt. Niemanden aber hat er betrogen. Früh hat er erkannt, daß er auf einer schlechten Seite stand: *Liebe K.v.P., verlieren Sie nicht den Mut hier in Deutschland*, schrieb er – am 3.9.1933 an Käthe von Porada nach München. Und blieb doch ehrlich, sich selbst gegenüber. Glaubte er doch, selbst von diesem sich verschattenden Ufer aus, die Morgendämmerung hellerer Gestade ahnen zu können.

»Die größten Vorteile im Leben
überhaupt wie in der Gesellschaft
hat ein gebildeter Soldat.«
Goethe

Sechzehntes Kapitel

Gottfried Benn als Soldat

Es mochte an einem Nachmittag Ende Mai gewesen sein. Gemächlich kommt ein Offizier aus einem Seitenweg des Stadtparks geschlendert, biegt in die Adolf-Hitler-Straße ein, strebt offensichtlich zur Lugestraße. Er ist untersetzt, Ende Fünfzig, hält sich sehr aufrecht, etwas spannt der Uniformrock über dem Embonpoint: silbergeflochtene Achselstücke, zwei silberne Sterne, dazwischen der Äskulapstab, die Paspelierung blau; ein Oberstarzt also. Über der linken Knopfleiste die Schleife des E. K. II, das Band der zwei Dienstjahrmedaillen und das Wehrmachthoheitsabzeichen. Der baumelnde Ehrendolch stört wenig, man geht langsam. An seiner rechten Seite eine erheblich jüngere Frau, größer als er: bescheidenes, tailliertes Kostüm, Kriegsmode 1944. Heute hatte sie ihren Mann zu einem Besuch des Kladowteichs überreden können: Dr. Benn ging sonst nicht gerne spazieren. Noch stand die Sonne hoch am Himmel, doch die Mütter erhoben sich von den Bänken, mit denen *der Verschönerungsverein bestimmte Ausblickspunkte gartenkundlich bedacht*(e) hatte, schoben die Kinderwagen über die *bogenförmige Brücke* heimwärts. Warfen noch einen Blick auf die Schwäne, welche den Uferweiden zustrebten, *den Schwimmvogelkopf so hoch über dem Wasserspiegel.*

Bald hatten Frau Herta und Oberstarzt Dr. Benn den terrassierten Aufstieg zur General-v.-Strantz-Kaserne am Abhang des baltischen Höhenrückens erreicht, eine gute Viertelstunde Wegs, selbst für Frau Herta, die mit ihren schmerzenden Knien nicht gut zu Fuß war.

Ein vorbeikommender junger Sanitätsoffizier, Dr. Goerke, grüßte den träumerisch-mürrisch Vorbeigehenden respektvoll durch Anlegen der rechten Hand an die Kopfbedeckung: Gottfried Benn war der rangdienstälteste Offizier in der *Ackerbürgerstadt*. Nicht eben respektvoll formuliert, denn mit den 53000 Einwohnern teilten sich mehr als 20000 Evakuierte den engen Wohnraum in Landsberg an der Warthe. Die Handläufer der hufeisenförmig zum Eingangsblock führenden Treppe – 137 Stufen – halfen dem kriegsehrenamtlichen, als Bürohilfe tätigen *Hertele* nur wenig: *ein Aufzug wäre auch was wert* – hatte Oelze gelesen. Die Wache vor dem schmiedeeisernen Tor des Stabsgebäudes präsentierte: Längst hatte Oberstarzt Benn es aufgegeben, den Posten zu fragen: *Wer war der General von Strantz? Völlig unbekannt ... Gesunken sein Wimpel ... Es wirkt nicht über zwei Jahrzehnte*. Man bog nach rechts: Hier, im Gebäude der 2. Kompanie war Benns Quartier:[111] .. *eine ganz nette und manierliche 2 Z.-Wohnung mit Bad und warmem Wasser*. So beschreibt es Frau Herta in der Nachschrift eines ihr in die Maschine diktierten Briefes Gottfried Benns an Julius Gescher, Augenarzt, den zweiten Mann von Leonharda Muschelkalk Ringelnatz. Denn der Oberstarzt mußte das Diktat unterbrechen, um *Essen* (zu) *fassen*: .. *Kunsthonig oder Margarine, auf Papierstreifen zum Mitnehmen* ..

Das schmale Konvolut der Militärakte Gottfried Benns vom Finale her anblätternd, macht neugierig auf das: Wie-wird- es-Weitergehen?

Recht mühsam alles zusammengetragen, vom Militärarchiv in Freiburg und Kornelimünster, vom Militärgeschichtlichen Forschungsamt und Bundesarchiv Koblenz, dem Krankenbuchlager und Landesversorgungsamt Berlin. Ja, selbst das Zentrale Staatsarchiv in Potsdam wurde konsultiert. Immerhin, vieles wurde deutlicher, einiges blieb im Halbdunkel.

Wir kennen den Anfang: Pépinière. Ja, man war dort durchaus Soldat, auch wenn man in Zivil ging und auswärts wohnte. Eine militärische Grundausbildung war zu absolvieren. So diente Gottfried Benn vom 1. April 1906 bis 30. September 1906 beim 2. Garde-Regiment zu Fuß mit der Waffe, eine Art Löhnung wurde gezahlt. Militärärztliche Vorgesetzte leiteten das Institut. Das Akademie-Reglement wurde von den verständigen Oberen zwar nachsichtig gehandhabt, war jedoch im Sinne einer Militärdisziplinar-

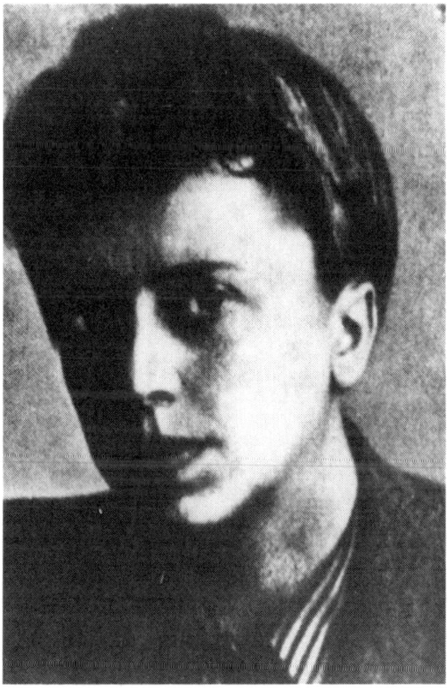

Herta Benn, geb. von Wedemeyer

ordnung verfaßt, mit Bestrafung hin bis zur Relegation. Zeit seines Lebens konnte Benn diese militärische Erziehung nicht verleugnen: straffe Haltung, zusammengenommene Hacken, kaum merkliches Kopfnicken bei der Begrüßung, kurze schnelle Schritte, als er jung war. So sah ihn Leo Matthias – Schriftsteller, Reisender später, alter Bekannter aus der »Aktion«-Zeit – im Cassirerschen Kunst-Salon. Noch während des klinischen Studiums, am 1. Oktober 1910 wurde er Unterarzt beim Infanterieregiment Generalfeldmarschall Prinz Friedrich Karl von Preußen, dem 8. Brandenburgischen Nr. 64, erhält die entsprechenden Bezüge und wird für 12 Monate in die Charité abkommandiert. Durchläuft, wie die anderen Medizinstudenten, das im Ausbildungsgang vorgeschriebene praktische Jahr: Medizinische Klinik bei Professor His, v. Graefe war Klinikchef der Chirurgie, Franz vertrat die Geburtshilfe. Für die Psychiatrie wird Professor Ziehen genannt. Der Name des Dermatologen Professor Lesser ist uns erinnerlich: sechs Jahre nach der Hospitantenzeit erwirbt Gottfried Benn bei ihm – im Geschwindschritt – das Facharztprädikat für Haut- und Harnleiden – soweit es das damals schon gab.

Nachdenkliche, in sich gespaltene, der Literatur, dem Wort sich zuneigende jüngere Ärzte fühlten sich oft zur Psychiatrie hingezogen. So auch unser Hospitant. Vielleicht, so mochte er hoffen, würden durch tiefere Einsichten jene Dissonanzen verständlicher, an denen man selbst zu leiden glaubte. Ist nicht Erkenntnis der Krankheit, das pathologische Interesse, zugleich auch anthropologische Erhellung? Und erfährt man, das Einzelschicksal des Patienten aufdröselnd, nicht sogleich Entscheidendes über die Condition humaine überhaupt? Unser Unterarzt in der Psychiatrie war fleißig. Zwar hatte er mit der Routinearbeit der Aufnahmeuntersuchung, der Krankenblattführung, den Visiten und der Beobachtung der stationären Patienten seine Schwierigkeiten. Auch traten Entgrenzungszustände hinzu, die zu Reibungen mit der Realität eines Klinikbetriebes – und zur Entlassung aus der psychiatrischen Klinik führten. Dagegen wuchs das Sprachwerk des Relegierten: Aus dem Gefühl jenes preisgegebenen Zustandes entwickelten sich drei Aufsätze, paramedizinisch zwar, ohne Zweifel jedoch aus breitem Literaturstudium schöpfend. Diese kleinen Arbeiten, getrüffelt mit erlauchten Namen europäischer Geistesgeschichte, von Locke, Hume, Kant über Bacon zu Seneca und Thomas von Aquin, erschienen kurz hintereinander, während seines Unterarzt-Kommandos in der Charité. Im »Grenzboten« wurden sie veröffentlicht. Alle drei Titel: *Beitrag zur Geschichte der Psychiatrie*, *Zur Geschichte der Naturwissenschaften* und *Medizinische Psychologie* umkreisen den Körper-Geist-Gegensatz, behandeln den Versuch, emotionale Empfindungen im Gehirn zu lokalisieren, fragen nach Sitz und Ursache von Seelenstörungen. Die Fallsucht wird angesprochen. *Die Ätiologie der Pubertätsepilepsie* von Gottfried Benn, Unterarzt im Infanterieregiment 64, erhält den königlichen Preis des Jahres 1910 der medizinischen Fakultät der Universität Berlin und wird in der »Allgemeinen Zeitschrift für Psychiatrie und physisch-gerichtliche Medizin« im nächsten Jahr publiziert. Die Preiskommission der Fakultät hatte nicht mit Lob gespart: Benn war stolz auf diesen Erstling seines wissenschaftlichen Eifers. Im Epilog der *Gesammelten Schriften* 1922 erwähnt er die Ehrung ohne abwertendes Beiwerk: .. *erhielt die goldene Medaille der Universität Berlin für eine Arbeit über Epilepsie.* Fast ein halbes Jahrhundert später wird sie im »Handbuch der Inneren Medizin« Bd. V/3 als bedeutsam zitiert.

Überblickt man diese Produktionen, so wird deutlich, wo der Pépinière-Zögling seine Zeit verbrachte: Anstatt sich um die banalen Pflichten eines Klinik-Hospitanten zu kümmern, saß er in den Bibliotheken, ein anderer Chalkenteros*, las, exzerpierte und schrieb, wobei ihm im »Grenzboten«-Beitrag *Zur Geschichte der Psychiatrie* erstaunliche Formulierungen glückten. Auch ist seine Sammelsorgfalt verblüffend: *Über fünfhundert Arbeiten finden sich allein aus den Jahren 1459 bis 1799, die über Epilepsie handeln.*

Dem Direktor der Militärärztlichen Akademie, Generalstabsarzt Schjerning, mag diese goldene Medaille Grund gewesen sein, den Verweis seines Untergebenen aus der Ziehenschen Klinik läßlich zu behandeln. Jedenfalls schweigt die Institutsleitung zu dieser Peinlichkeit.

Fünf vorlesungs- und klinikfreie Monate standen Gottfried Benn nach dem Akademie-Reglement zur Examensvorbereitung zur Verfügung: Am 24. Februar 1912 bestand er das Staatsexamen –

mit „gut“. Und zwei Tage später promovierte er zum Dr. med. Thema der Dissertation: *Über die Häufigkeit des Diabetes mellitus im Heer* – mit „genügend“ benotet. Offen gesprochen, eine eher schwache Leistung, diese Doktorarbeit. 19 Seiten Umfang, neun Literaturstellen werden angezogen. Er widmete sie dem damals 14 Jahre alten Bruder Ernst-Viktor. Als dieser fragte, warum gerade ihm, antwortete Gottfried: *Weil sie so schlecht ist.* Wobei wir es denn bewenden lassen wollen.

Über körperliche Zufälle Benns haben wir bisher nie etwas gehört, nun könnte die Habenseite seiner privilegierten, sechsjährigen militärärztlichen Ausbildung beginnen: Mit 25 Jahren, zum Assistenzarzt befördert, geht er in die Revierstube seines Infanterieregiments 64 nach Prenzlau, wird kurz darauf nach Berlin-Spandau, zum 3. Pionierbataillon versetzt. Vor ihm liegt die normale Karriere eines aktiven Militärarztes. Aber seine Soldaten-Laufbahn entwickelt sich nicht normal. Wenige Wochen nach seiner Promotion erscheint die *Morgue*. Während Assistenzarzt Dr. Benn *in Döberitz beim Stab des Divisionskommandeurs im englischen Trab über die Kiefernhügel* setzt, druckt »Pan« zwei weitere Gedichte, *Nachtcafé I* und *Kasino*: nicht eben Billets d'entrée für höhere Ränge in der Militärhierarchie. Nicht immer *einigt Lachen alles.*

Lehnen wir uns zurück, schließen die Augen, sehen die Luch-Senken, die spärlich mit Föhren besetzten Sandberge der Mark Brandenburg, wie Leistikow sie malte – und Gottfried Benn im Sattel! Vorstellbar? Ja, durchaus, warum nicht. Wir blättern weiter in seiner Dienstlaufbahnbescheinigung. Und stutzen: Am 22. März 1913, so lesen wir, wird ihm »der Abschied mit der gesetzlichen Pension aus dem aktiven Heere bewilligt. Auf sein Gesuch um Verabschiedung« hin. Und wird »überführt zu der Landwehr 1. Aufgebot«: also nicht einmal garnisondienstverwendungsfähig. Wir erinnern uns des *angeborenen Schadens*, jener *einseitigen Senkniere;* in Brüssel ist sie uns schon begegnet – na ja.

Die Freistellung vom militärärztlichen Dienst muß sehr abrupt im Frühherbst des Jahres zuvor erfolgt sein: Als ich – 1951 – in der Bibliothek der Pathologie des Charlottenburger Westend-Krankenhauses stöberte, fand ich sein erstes Sektionsprotokoll, vom

26. Oktober 1912 datiert. 296 weitere Obduktionsberichte sollten folgen, alle handgeschrieben, mit Bleistiftkorrekturen seines Chefs, Professor Dietrich.

Nichts erfahren wir von urologischen Untersuchungen, eventuellen Röntgenaufnahmen im Liegen und Stehen, ja Kontrastmitteleinspritzungen zur Darstellung der Niere, die damals schon möglich waren. Von keinem Lazarett- oder Klinikaufenthalt wird berichtet, die Archive bleiben stumm. Zwar verbrannten im Februar 1945 bei einem Luftangriff in Berlin alle Stammrollen der ehemals Preußischen Armee. Die Krankenpapiere aber derjenigen Soldaten, die in Lazarettbehandlung kamen, blieben erhalten; über Assistenzarzt Dr. Gottfried Benn sind jedoch keine Aufzeichnungen vorhanden. Womit denn, fürs erste, seine Soldatenlaufbahn abgeschlossen sein könnte.

Aber es kommt anders. Siebzehn Monate nach diesem *Abschied* hat er den Gestellungsbefehl in der Tasche, schreibt *in Eile* aus Bischofsgrün – wir kennen das Tuberkulose-Kurstädtchen im Fichtelgebirge – an A. R. Meyer, seinen Verleger, *Ich muß in den Krieg ... nach Berlin ... als Oberarzt bei den Luftschiffern in Spandau.* Lassen wir das mit den *Luftschiffern* einmal beiseite – es dürfte sogar stimmen –, dort also wurde er wieder eingezogen, befördert sogar, wo er zuletzt gedient hatte, beim 3. Pionierbataillon in Berlin-Spandau, *dem Bataillon vom Übergang nach Alsen*, wie er ironisch-gebrochen in *Lebensweg eines Intellektualisten* notiert. Vielleicht aber auch einer nie verleugneten soldatischen Traditionsschiene folgend: Wir finden Benn, sobald vom Heer, der Armee gesprochen wird, stets auf dem Posten.

Bei den Spandauer Pionieren nun, die zur Eroberung Antwerpens einen bombenwerfenden Zeppelin eingesetzt hatten, kann keine Rede von Felddienstuntauglichkeit sein, zumal jetzt, im Krieg. Dr. Benn war Arzt bei der kämpfenden Truppe, *half Antwerpen erstürmen*, wurde mit dem Eisernen Kreuz II. Klasse ausgezeichnet: Das ist schon etwas für einen Sanitätsoffizier, zehn Wochen nach Kriegsbeginn. War es diese Tapferkeitsauszeichnung, war es Kameraderie aus Pépinière-Zeiten, oder gar die gesenkte Niere: Wir finden unseren Oberarzt, der *ursprünglich Psychiater* gewesen sein wollte, bald auf einem Druckposten in Brüssel.

Kämpfend zwar, doch nicht an der Yper und in den Schlammkratern Flanderns, sondern befohlen, den Neisserschen Gonokokkus und Schaudinns bleiche Spirochäte vom Reproduktionsapparat der Frontsoldaten und Etappenstäbe fernzuhalten. Denn die Ausfälle der Truppe durch venerische Seuchen waren enorm, machten dem Armeeoberkommando und Generaloberst von Bissing, dem Militärgouverneur in Belgien, ernste Sorgen: die Militärgefängnisse faßten kaum die Masse infizierter Soldaten, die zuerst behandelt – und dann bestraft wurden.

Benns Dienst war geregelt, belastete ihn wenig. Die Mahlzeiten wurden im Kasino eingenommen. Ein Bursche, Max – wir kennen ihn –, stand zur Verfügung. Um ihn das funkelnde Treiben einer Großstadt, Ladies auch, die Nachmittage meist frei: Windstille Tage – und im Schatten des Gottes. Wir haben Fotografien von ihm aus dieser Zeit: lässig lehnt er im Sessel seines Salons, steht schneidig vor einer Landkarte des Frontverlaufs, blickt zusammengerafft aus dem Gruppenbild seiner Kameraden, das Band des Eisernen Kreuzes im Knopfloch der Uniformjacke, ein gutaussehender, schlanker Offizier, um die Dreißig herum.

Im St. Gilles-Hospital in der Avenue Molière hat er Sprechstunden abzuhalten. Die deutsche Sittenpolizei, meist Unteroffiziere, führt ihm der Prostitution verdächtigte Frauen zur Untersuchung zu; Abstriche wird er machen, ins Mikroskop sehen, die nach Gram* gefärbten Infektionserreger zu suchen. Akten werden ihm vorgelegt, von Auguste Janssens zum Beispiel, viel Papierarbeit, Dr. Benn mag sie nicht. Er findet Zeit, Sternheims auf ihrem feudalen Landsitz – La Hulpe – zu besuchen: Thea Sternheim empfindet Benn sehr als Militär, uneinsichtig, nicht empört gegenüber den Greueln des Krieges. Ideologie war nie seine Stärke: *Wir sind doch Ärzte, wir übertreiben doch die Gesinnung nicht.*

Wir blättern in unserer Militärakte: zwischen seiner Verabschiedung 1913 und einer – erstaunlichen – Ernennung zum Stabsarzt RDA (Rangdienstältester) am 1. Mai 1925 findet sich keine Eintragung. Auch Brüsseler Insider, Träger des Prix Médicis, die sich mit dem »Geblendeten«[112] romanhaft befaßten, erhellen die militärärztlichen Gegebenheiten nur wenig. Ein Leben, ein Dienst mehr im Verborgenen, die Aktionen aus dem zweiten Glied hervor:

Schweigende Nacht. Schweigendes Haus.
Ich aber bin der stillsten Sterne; ...

Wir aber widerstreben der Versuchung, die Soldatenzeiten Gottfried Benns als seine arkadischen Epochen zu verstehen. Immerhin, die Pépinière steht für die *Morgue*, in Brüssel geschehen ihm *Gehirne*; Hannover: *Weinhaus Wolf*, und in Landsbergs *Block II, Zimmer 66* schrieb er den *Roman des Phänotyp*. Selbst über die Lyrik und Prosa der letzten Jahre, ab 1953, hielt die soldatische Pensionskasse ihre zwar nicht üppig gefüllte, aber vor den härtesten Unbilden des Lebens schützende Hand.

Aus dieser Brüsseler Geborgenheit heraus – die sogar Zeit für eine Durchmusterung von 8000 Krankenblättern mit der Gonokokken-Vakzine Arthigon* behandelter Soldaten bot, – dann ohne aufhellende Anamnese die überraschende Entlassung aus der Armee: ... *galt als erkrankt und wurde nach Berlin zurückgeschickt*. Mehr wissen wir nicht. Und ersparen uns an dieser Stelle Vermutungen. Als sicher jedoch kann gelten, daß der Erinnerungsbogen der Berliner Pfeifhähne nie eigentlich abriß: Immer fühlten sich die Zöglinge der Kaiser-Wilhelm-Akademie für das militärärztliche Bildungswesen als exklusiv, waren ein Orden, hin bis in meine Studienzeit – diese Seilschaften rissen nie. Und immer fand man sie in Kriegslazaretten, Armeekommandos, Wehrersatzinspektionen an einflußreicher Stelle; verborgen zwar, aber viel bewirkend. Man gönnte dem Arzt im Militärwesen viel Freiraum, – Onkel Doktor –, jeder wollte sich gut mit ihm stellen: Irgendwann einmal, so fürchtete man, müßte er kommen *einen verpflastern*. Homer wußte es, in der Ilias, als er Machaon, Sohn des Asklepios in den Kämpfen vor Troja lobte: »Ein Arzt ist so viel wert wie viele andere Männer zusammen.«

In den nächsten 17 1/2 Jahren nun ist es still um Benns Soldatentum. Unterirdisch aber dümpelten die Konnexionen weiter: Nach jenem Höllensturz aus der Hitlerzeit hält ihn wieder das blau paspelierte, feldgraue Tuch mit den Äskulapstäben: Professor Kittel, aus der militärärztlichen Akademie hervorgegangen wie Benn, jetzt, nach Einführung der allgemeinen Wehrpflicht, als Oberstarzt Chef des Stabes der Heeressanitätsinspektion in Berlin, hält schützend seine Hand über ihn. Der wenig erfolgreiche und frei praktizierende Hautarzt, das glücklose Mitglied der Sektion Dichtkunst der Preußischen Akademie der Künste, der Kassenarzt aus der Belle-Alliance-Straße gibt alles auf, verläßt Berlin, *um in die Armee zurückzutreten, aus der ich hervorgegangen bin.* Und Gottfried Benn fügt im *Doppelleben* Kapitel II. *Leier und Schwert* – 1950 – jenen ominösen Nachsatz hinzu, der bis heute wütende Beanstandung auslöst, Nachdenklichkeiten, Exkulpationsgesinnung und schlechtes Gewissen in sich zu tragen scheint: *Damals prägte ich das Wort, das bis 1945 im Oberkommando umlief ... die Armee ist die aristokratische Form der Emigration.* Wie nobel das klingt. Und die Fleischmanns, Reiss', Döblins? – Aber der Glanz eines Wortes verführt manchen dazu, etwas anderes zu schreiben, als er sich vorgenommen hatte.

Auch lehren Erfahrung und Lebenseinblicke, autobiographischen Selbstauslegungen mit milder Nachsicht zu begegnen: Wer ist schon vornehm genug, an seinen Enttäuschungen zugrunde zu gehen? Unfehlbar verliert während langer Kämpfe des Lebens die Wahrheit von ihrer Reinheit und Würde.

Innere Emigration: Und wir begreifen, daß die noch einmal Davongekommenen »ein gelindes Entsetzen vor diesem gemütvollen Dünkel«[113] erfaßt.

An einem Samstag Vormittag – es ist der 30. März 1935 – steht Gottfried Benn auf dem Bahnhof Friedrichstraße, besteigt den Zug, in seinem Portefeuille die Einstellung auf Probe, als reaktivierter Sanitätsoffizier bei der Wehrersatzinspektion. Drei Stunden später ruft der Schaffner: Hannover Hauptbahnhof. Ein möbliertes Zimmer war reserviert, Hochparterre – Benn stieg nicht gern Treppen – bei Frau Sattler, Hohenzollernstraße 11. Er tritt ein, schiebt ein Päckchen beiseite, das Freund Reiss vorausgeschickt hatte: Kognak, Süßwein und Kekse, setzt sich an den Tisch, kaum daß er Paletot und Hut absetzte, auch der Koffer ist noch nicht da, und schreibt an Morchen Büller: *Wohnung ist miserabel. Kein Telefon ...* und das Schlafzimmer nicht verdunkelbar. Andere Briefe, an andere Berliner Vertraute in diesen Tagen geschrieben, klingen nachdenklicher, die Lage erkennend.

1. April 1935, ein Montagmorgen. Ein Zivilist nähert sich dem

Ernst-August-Palais in der Calenberger Neustadt, ein ansehnliches Gebäude, noch aus der Welfenzeit Hannovers. Am Portal das Schild: Wehrersatzinspektion. Dr. Benn tritt ein, Begrüßung, Präliminarien, man zeigt ihm sein Dienstzimmer: *Leiter der Abteilung IVb*. Was ist das? Eigentlich müßte ihn geschaudert haben. Denn aus dem Stand ist er der verantwortliche Sanitätsoffizier für das gesamte Heeressanitätswesen mit den Wehrersatzkommandos nicht nur Hannovers, sondern auch Braunschweigs, Göttingens, Celles, Hamelns und Goslars, ja bis Hildesheim erstreckt sich seine militärische Aufsichtspflicht und organisatorische Funktion. Zwei Wochen zuvor erst war die allgemeine Wehrpflicht verkündet worden: Gründungsfieber, Bauboom für Kasernen und Lazarette. Alles war neu, alles entwickelte sich explosiv: Rekrutenmusterungen, Materialbeschaffung und Einrichtung von Sanitätsstaffeln mit ganzen Wehrkreislazaretten – in Hannover-Buchholz: Wir verstehen, wenn er an Morchen Büller nach vier Wochen schreibt – nicht unstolz: *Habe kolossal viel dienstlich im Kopf ... und die gewagtesten Verfügungen erlassen an die untergeordneten Dienststellen*. Und er bewährte sich: Die zivile Probezeit lief nach sechs Monaten ab. Benn wurde übernommen, wurde aktiver Sanitätsoffizier. Sogleich finden wir die neue Visitenkarte gedruckt: Oberstabsarzt (E), d.h. Ergänzungsoffizier. Vorstellung beim Kommandeur der Wehrersatzinspektion, Generalmajor von Zepelin: *Mütze in der Hand, weiße Handschuhe an ..., Lackschuhe, Dolch umgeschnallt – ...* Gottfried Benn verstand sich gut mit diesem gleichaltrigen, gebildeten Offizier alter Schule. Acht Wochen später finden wir ihn als – privaten – Gast in der gepflegten Eleganz des General-Hauses Seelhorststraße 32 [114], feinste Wohngegend. Man unterhielt sich vorzüglich, .. *ich bin ... doch ziemlich aus mir herausgegangen ...* Das Diner mundete ihm .. *Fasan mit Ananas umlegt u. Kraut u. Kartoffelpuree, dann eine herrliche Schokoladenspeise mit Schlagsahne.*

Gottfried Benn war kein Kostverächter. Und wenn in späteren Jahren sein Bruder Ernst-Viktor ihn zum Essen einlud, griff er unbedenklich zum zweiten Kotelett, nicht immer zum ungeteilten Vergnügen der Hausfrau. Natürlich hob die Kommandeurseinladung sein Ansehen in *der Inspektion enorm. Vor Neid grün alle*(s)! berichtet er nach Berlin.

Gottfried Benn als Oberstabsarzt
in Hannover (1935)

Nach seinem raschen Umzug in die Breite Straße, wo er ein möbliertes Zimmer bei einer Modistin bewohnte – die er bald ausführte –, hatte er ganz in der Nähe das *Weinhaus Wolf* entdeckt: .. *schönes, altes Haus mit Räumen ... in denen früher ein vornehmer alter Generalsklub tagte.* Hier gab er zum Einstand seinen Herrenabend, alle 13 Eingeladenen seiner Dienststelle hatten zugesagt. An alles hatte Oberstabsarzt Benn gedacht, an das Faß Bier, an Korn, Kognak, Zigarren, Zigaretten natürlich. Frau Wolf hatte ein kaltes Buffet vorbereitet, *um 10 h die Schrammelkünstler mit dem Schifferklavier, zackige Sache*. Benns Rede .. *Öl und Mostrich, alles drin, was rein mußte, preußisch. Zum Schluß hart und überzeugt: Die Wehrersatzinspektion Hannover – hurrah. Großer Erfolg.*

Der Dichter des Poems *Kasino*, der Verfasser von *Diesterweg*, beide Elaborate die Grenze des disziplinarisch Erträglichen wohl überschreitend, wußte, wie man solche Liebesmähler organisiert und *sein reifes Können auf solchen Humbug und vor solchen Gestalten* losläßt.

Diesmal also kein Gedicht, keine Novelle; man war gewarnt. Elinor Büller, Friedrich Wilhelm Oelze waren ihm sicherer Giftschrank. Jetzt verstand er sich besser auf die *Tarnung* der *Handelsfreiheit nach innen*, zeigte im Ernst-August-Palais nicht sein wahres Gesicht. Verbarg die *ewigen Gereiztheiten in seinem Kopf*, sein *fremdes Weltgefühl*, die *fremde aufgespaltene Persönlichkeit* hinter *einer neuen Maske: Tags Buldur, dem Licht ergeben, und nachts Loki, den Ratten pfeifend.*

Als Basso continuo nicht nur für den Hannoverschen Briefwechsel, sondern auch die Zeit davor, und selbst die Ruhmesepoche nach Kriegsende, durchzieht eine eigentlich unangemessene Pfennigfuchserei, ein Lamentieren über Geldmangel: Von *rote Rabattmarken* für *die kleinen Geschäfte* und *ein viertel Pfund Butter, ein achtel Leberwurst.* Hin bis zur Untermieterbeteiligung an den Kosten für das Klosettpapier in der Leinestadt. Schon, alles ironisch gebrochen, aber dennoch eigentümlich ernsthaft, jedoch ohne Anzeichen von Geiz.

Und dann die Kinobesuche! In ununterbrochenem Strom berichtet er Frau Elinor Büller davon: der ganzen Ufa-Produktion der Mittdreißiger Jahre wird erinnert. Von »Barcarole« mit Gustav

Fröhlich über den »Johanna«-Film mit Gründgens und George; über »Natascha«, den »Grünen Domino« und »Selige Exzellenz«, hin bis zu »Mazurka« am 26. Dezember 1935.

Restaurants, Cafés, Kneipen werden ausprobiert, gewechselt. Selbst bei einer Modenschau im Café Georgspalast finden wir ihn im September 1935. Wobei er *die kleinen Hüte* (der Mannequins) *sehr häßlich* findet.

Um dann in jenem Brief zu enden: *Du siehst, was man hier aus Stumpfsinn alles betreibt.*

An diesem Punkt angelangt, ist innezuhalten. Plötzlich verspüren wir den Faden Ariadnes zwischen den Zeilen: führt er uns aus dem Labyrinth dieser schwierig zusammengehaltenen Vita? Listig von ihm gelegt in Briefen und den autobiographischen Schriften, eine Bourrage de crâne? Ist nicht das, was wir denken, etwas anderes als das, war wir schreiben? Sind Worte nicht da, Gedanken, innerste Absichten, Handlungen selbst zu verbergen? Denn tief im Herzen: Man mag das Neue. Zog es Benn deshalb zu den Naturwissenschaften, zur Chemie, Physik, Atomistik, Embryologie und Botanik? Wollte er nicht *die chemische Zusammensetzung der Säfte* studieren? Auch die Evolution – Darwin – interessierte ihn. Nicht die Theologie, wie der Vater es wünschte, nicht die Philologie schien ihm der Weg zur Kunst. Etwas Festes, Härteres müßte es sein, *ein Handwerk* – eben die Medizin. Die Notwendigkeit hierzu führte, für ihn, über die Kaiser-Wilhelm-Akademie. Und Benn fügt den bekannten, vielleicht aus Weltklugheit – 1934 – geschriebenen Panegyrikus hinzu: *Eine vorzügliche Hochschule. Alles verdanke ich ihr.*

Immerhin. Oelze liest, aus dem Hannover der Wehrersatz-Inspektionszeit Gottfried Benns: *Arbeite Mobilmachungskalender! Geheimwissenschaft! Donnerwetter, der Generalstab! Weiß, was Form ist: Sekunde, Komma, Millimeter! Exakt – ein Wort, das ich unendlich liebe!* Haltung und Lebensstil der Offiziersaristokratie waren ihm anverwandt. Kleidungsfragen interessierten ihn immer. *Der feine Mann trägt den langen Säbel, und zwar unter den Mantel untergeschnallt. Das ist Stil, alles andere ist schon momentan,* schreibt er Oelze. Nicht nur in der Hochzeitsanzeige wird der Vater seiner zweiten Frau, Herta von Wedemeyer, als der *auf dem*

Felde der Ehre gefallene Hauptmann im Kaiser-Franz-Garde-Grenadier-Regiment Nr. 2 benannt. *Die Kralle um die Kehle gelegt* ist nicht der Uniformkragen, sind nicht die mißliebigen Kasinoabende. Auch die Karrieresüchte und Dekorationszwänge seiner Mitoffiziere berühren ihn nur im allgemein Menschlichen. Nein, es sind die Zwänge des Arbeitsganges, das frühe pünktliche Aufstehenmüssen – um 8[oo] im Dienst – das Telefon, das Nicht-schweigen-Können, antworten müssen: *Herr General haben eine Kartothek anzulegen befohlen, befehlen Herr General sie alphabetisch oder nach Formationen?* Zwar war Ordnung ihm ein Bedürfnis, aber hier galt es sich unterzuordnen. Und mancher Vorgesetzte, Oberstarzt Mantel, obwohl ihm aus Akademie-Zeiten – als Stubengenosse – bekannt, schien ihm unqualifiziert und opportunistisch in seinen Anordnungen. So gab es Spannungen, Unerquicklichkeiten. Wer kennt es nicht, der je im Dienste stand, dieses Salz des Lebens.

Nein, etwas anderes als das Militärische treibt Benn zu solchen Ausfällen und Urteilen gegen das *Soldatenleben*: seine Künstlernatur drängt mächtig heran: nähert Euterpe sich doch dem Einsamen nur. Und Gottfried Benn war gerne allein. Störten nicht schon in der Belle-Alliance-Straße die Patienten? Und jetzt im Ernst-August-Palais: *Befehlen Herr Oberst, ... mit der Meldung, daß ...* Immer gegenwärtig, immer ansprecherlaubt, klappernde Schreibmaschinen, Akten zur Unterschrift vorgelegt, Telefonüberfälle – und kein Ausweg.

Teils – teils, wennschon wir ihn – selten – in Rönnestimmung sehen: Ein Februar-Nachmittag, leichter Schnee auf den Wegen der Herrenhäuser Gärten, gegen das *Grau des Himmels* ein einsamer Spaziergänger, *zahllose Krähen, schrien sehr, haben auch ihre Sorgen*: Oberstabsarzt Dr. Benn *ging zu Fuß eine Stunde ... ging in Gummischuhen, Pelz, langsam, vorsichtig, verfeinert* ..

Er entdeckte die Hannoversche Stadthalle, fuhr nach dem Dienst, oder an den Wochenenden mit der Straßenbahn heraus, Linie 6, Richtung Kleefeld, nahm Platz auf der Bier-Terrasse: Härkebier oder Lindener Bräu, dem Bierkenner mochte es schmecken. Ein Griff zur Speisekarte: Kraftbrühe mit Rindermark, Rumpsteak mit Gurkensalat, Bratkartoffeln, Eisbecher – Gedeck 2,25 M.

Oberstabsarzt Dr. Benn aber dreht um, schrieb auf die Rückseite des Kartonpapiers Gedichte: *Tag, der den Sommer endet.* Oder schickte sie, als Typoskript, an Oelze: *Astern, schwälende Tage ...* lesen wir. Und unten links klebte er für den L. H. Oe. ein altes Foto in Uniform: *Der Autor in den Rönnejahren 15/16 in Brüssel.* Wir zählen – mit den *Stadthallen-Elegien* – sechzehn Gedichte, die teils in dieser Lokalität, teils in der Arnswaldtstraße, seiner Wohnung, entstanden. Lyrischer Kern der *Statischen Gedichte*, Benns erster Nachkriegsveröffentlichung, 1948 im Arche Verlag, Zürich erschienen. »Es sind die Verse, die den alten Benn für die Jugend der Nachkriegszeit zur Leitfigur der modernen Poesie gemacht haben.«[115]

Wie sollte ein Befehls- und Entscheidungsträger, der Kriegsspielarrangierer, Hauptverbandsplatz-Einrichter, ein Dienstreisender nach Kassel, Göttingen, Hameln und sonstwohin, – in der Schublade seines mit Musterungsstatistiken bedeckten Schreibtisches die von Oelze überlassene Reclamausgabe Goethescher Gedichte Verwahrender, wie sollte ein *Mann der Kunst*, der in der Enge und Zurückgezogenheit seiner Wohnung, wenn die Kette vorgelegt war, schreiben können:

Einsamer nie als im August:
Erfüllungsstunde –, im Gelände
die roten und die goldenen Brände,
doch wo ist deiner Gärten Lust?

Ein Soldat, der litt: *was schleppt man da an sich herum! Kolossal Fremdes ...!*, der wußte .. *wer außer mir kann das alles noch ... aussprechen, darstellen in Germany?* Wie sollte ein so Gearteter, von konstitutionellen Zwängen Getriebener sich zwischen *Paschulken und Berufsmännern*, ihrem *Reden, Plaudern, Gewäsch, ekelhafte*(m) *Getue* aufrecht erhalten? Immer direkter dringt die Außenwelt auf ihn ein, wird allzu intensiv erlebt. Alle Dinge gehen ihm nahe – zu nahe: er muß sich von dieser Umwelt zurückziehen. Und er weiß von diesem Getriebensein. Verflucht es auch, als *Gehirnfunktion*. Spricht jiddisch-hebräisch: *Mist die Meschinne** – auf gut deutsch: Der Teufel soll sie holen.

Deutlicher zieht es sich über Benn zusammen. Wir hören von Anfälligkeiten, körperlichen Störungen, schlechtem Schlaf, Melancholien. Sonntagvormittags liegt er im Bett, hat grippale Infekte, fühlt sich *nervös und zerfleddert*, total isoliert, ist mit seinem Vorgesetzten überworfen: Kurzum, wir erwarten die Explosion, wie damals in der Charité, wie beim Pionierbataillon in Spandau, wie im Tuberkulose-Sanatorium Bischofsgrün, wie im Prostituiertenkrankenhaus Brüssel, zuletzt – ja, wir können es aussprechen – wie in der Belle-Alliance-Straße. Schon hören wir von *fremdem Weltgefühl*, er empfindet sich als *eine fremde, aufgespaltene Persönlichkeit*. Noch hält er sich aufrecht trotz der *Scham über meinen Abstieg*, trotz *der großen Vergewaltigung meines Lebens*. Erich Reiss, der ihn manchmal in Hannover besucht, sein jüdischer Freund aus Berlin, hält ihn vor Unvorsichtigkeiten, übereiltem Abschied vom Militär zurück. Seine Uniform ließ ihn die Anwürfe – sie waren gefährlich genug – gegen seine Person, sein Werk glimpflich überstehen. Auch ist Benn durch Lebenserfahrung gewarnt. Zwar fürchtet er um *die Insel bürgerlicher Existenz*, auf der er sich mühsam gerettet glaubte. Dennoch, gegen alle Vernunft, triebhaft darf man sagen, drängt es ihn aus der Hannoverschen Galeere des nicht mehr zu tragenden Dienstes hin zu seinen *Impressionen*! *Nichts darüber, nichts darunter*: Könnte er wenigstens in Berlin sein! Noch einmal bewährt sich die Seilschaft der Militärärztlichen Akademie: Mehrfach schon hatte Gottfried Benn bei seinem Kollegen Professor Kittel um Versetzung nach Berlin gebeten. Jetzt wird es dringend, und die Jahrgangskameraderie half weiter: *Ich arbeite alles auf mit einer Gewissenhaftigkeit, die mich überrascht, – diese dreckigen Akten hier im Büro* ..: Am 1. Juli 1937 treffen wir ihn am Hohenzollerndamm, im Stab des Generalkommandos des 3. Armeekorps. Im letzten Augenblick vor der Katastrophe verließ er das Sklavenschiff in Hannover – und diesmal sollte es glücklicher gehen.

Vor dem Oberstarzt Kittel aber haben wir uns zu verbeugen. Er muß eine klare Vorstellung vom Exzeptionellen in der Person seines Schützlings gehabt haben. Nicht nur half er die Anwürfe gegen den Lyriker und Prosaisten abzuwehren, sondern schaffte ihm Freiraum in einer anderen militärärztlichen Aufgabe, die Benn gestellt wurde. Fortan war er bei der Versorgung, hatte über Wehrdienstbeschädigungen, Rentenhöhen, Versehrten-Einstufung und Badekuren zu entscheiden; bis herunter zur Heilfürsorge und Zahnprothesen. Wir lesen es im *Doppelleben* und haben dem wenig hinzuzufügen.

Wobei denn an diesem Punkt ein avis au lecteur, eine Abschweifung erlaubt sei: Welch gut bemessene Portion widerstandkräftiger Bürgerlichkeit muß Gottfried Benn bis hierher getragen haben. Erstaunen wir doch nicht vor den Unpäßlichkeiten, Einbrüchen, Unstimmigkeiten und Versagensentlassungen der überstandenen Jahrzehnte bis hin zum Punkt, an dem wir jetzt innehalten. Eher erstaunt, daß Benn – auch körperlich – der zerstörenden und erniedrigenden Arbeit, zuletzt diesen siebenundzwanzig Monaten in der Leinestadt widerstanden hat. In diesem militärischen Kostüm, das ihm, teils – teils, nur Schminke war – und Schutzschild zugleich. Niemand kann das äußere Leben ausschließlich einer Maske in Auftrag geben und dahinter unversehrt sein Selbst erhalten. Jede innere Biographie bleibt eine Primzahl. Und im Bewußtsein der diensttäglichen Wirklichkeit kann ein so hoch angesetztes Dasein zum Schiffbruch führen. Immer fühlt sich auf der *Galeere,* wer sein Tagewerk nur notgedrungen abarbeitet. Aber sollte Lebensklugheit nicht einem Mann – einem Gefährdeten – raten, vieles zu tun, was er niemals ernst nehmen kann?

Im Gewusel des Charité-Stationsbetriebes, in der Geschäftigkeit einer Soldaten-Revierstube in Prenzlau oder Spandau, beim milderen Ablauf jenes Bischofsgrüner Sanatoriumsalltags, inmitten der Brüsseler Kasino-Normalitäten, zwischen Untersuchungsstuhl und Mikroskop in den Praxisräumen der Belle-Alliance-Straße, auf dem Dienstsessel des Hannoverschen Wehrersatzkommandos – kurzum, unter Menschen zu leben heißt sie zu ertragen, was Benn an diesen Orten, in diesen Zusammenhängen nur selten gelang. Es braucht nicht, sich der Absonderlichkeiten Grillparzers, Mörikes, Liliencrons, Trakls, selbst Rückerts, selbst Storms oder Uhlands zu erinnern, zu schweigen von Verlaine, von Baudelaire, um eigentlich verblüfft die nur bei Fernsicht kennbare Kontinuität dieses bedenklichen Daseins zu bestaunen. Bedenklichkeiten? Davon die Menge, zu jeder Zeit. Nicht nur gelebt, gesprochen, sondern gedruckt, zwischen zwei Buchdeckeln festgehalten. Feindschaften bewahrend, dies notwendige Zubehör jedes stärkeren Lebens.

Wir aber setzen hier wieder an, wo wir den bald zum Oberfeldarzt Beförderten, in *der sogenannten Versorgung* Tätigen, bei der Erörterung von Zahnersatzproblemen verlassen haben.

Es ist schwer, wenn nicht ausgeschlossen, unbehauenes Material herbeizubringen, um diese Epoche seines soldatischen Dienstes in Berlin vom 1. Juli 1937 bis zur Landsberger Zeit als ein Bild aufzustellen. Epistolographisch wenig ergiebig, wenn wir vom Strom der Oelze-Briefe absehen, sind wir auf Benns breit ausgetretene und allseits bekannte eigene Auslassungen verwiesen. Klaus Mann hatte aus Amsterdam, noch nach Hannover, seinen »Mephisto«-Roman geschickt, die berühmte Gründgens-Camouflage. Gottfried Benn, alias Pelz, ist dort jener »auf dunkle Art hinreißende Lyriker«.[116] Das Buch, die Widmung darin »... Die Du verlassen, sie atmen noch ...«, faßt Benn *mehr als Anhänglichkeit, denn als Drohung auf.*

Noch einmal dann meldet sich der zweitälteste Sproß der Mannschen Sippe zu Wort, dem einst Verehrten »intellektuelle und moralische Abdankung«[117] zu quittieren, Benn nimmt es gelassen hin.

Nochmals gibt es Querelen wegen seiner frühen Arbeiten: Kulturbolschewist ist das dazu benutzte Wort. Auch Rassenschande wird ihm vorgeworfen, war doch *Ruth ...* sein *königlicher Becher, der schwarze Schwan ... von Bagdad* einst seine Geliebte. Die preußische Geheime Staatspolizei befaßt sich mit seinen *Ausgewählten Gedichten.* So hoch wird die Sache getrieben, daß der Reichsführer SS, Heinrich Himmler, sich vor Benn stellt, seinen Dienststellen verbietet, sich in die Affäre Benn einzumischen: ein eigentümlicher Brief aus dem SS-Hauptamt, von Himmler selbst unterschrieben.

Wer mag dem Reichsleiter hierbei die Hand geführt haben? Der höchste Sanitätsoffizier der SS war Reichsarzt Dr. Grawitz. Zwar finden wir seinen Namen in der fraglichen Zeit nicht in den Jahrgangslisten der Pépinière, – 1878 jedoch wird ein Grawitz genannt. Sein Vater etwa? Vage Vermutungen. Eigentlich sollte es gar nicht ausgesprochen werden. Aber Professor Dr. Handloser, zu dieser Zeit Heeressanitätsinspekteur und Benns höchster militärärztlicher

Dienstvorgesetzter, und Professor Kittel – von Gottfried Benn namentlich bedankt – sollten Professor Kittel und Dr. Grawitz sich nicht gekannt haben? Führen nicht verschlungene Pfade oft zu den überraschendsten Ausblicken? Und war Kameraderie nicht nur das Ehrenschild der Kaiser-Wilhelm-Akademie? Der Einfluß der Ärzte aber, selbst des Medizinpersonals, war in jenen eigentümlich naturgläubigen Blut- und Bodenkreisen groß, sehr groß. Erinnern wir uns an Felix Kersten, den Masseur Himmlers, der bei der Massage des Reichsführers KZ-Opfer freiknetete. Oder des Leibarztes Hitlers, Morell; unentwegt mit naturbelassener Ernährung für den Reichskanzler befaßt, hin bis zur roten Bete, um die Bakterienflora des Führerdarms zu sanieren.

Schließlich endet die Affäre Benn dann doch im darauffolgenden Jahr mit seinem Ausschluß aus der Reichsschrifttumskammer. Das Schreibverbot ist damit ausgesprochen. Andere Horizonte beginnen die Aufmerksamkeit der Führung von diesen Kontroversen abzulenken. Chamberlain trifft Hitler auf dem Obersalzberg, das Sudetenland wird besetzt: Ares kommt düster im Osten herauf.

Gottfried Benn kann aufatmen. Und schreibt *unter ein Bild ... für jemanden*:

> *Eine Münze wird man Dir nicht prägen,*
> *wie es Griechenland für Sappho tat,*
> *daß man Dir nicht einschlägt deinen Brägen,*
> *ist in Deutschland schon Kultur-verrat. –*

Später zwar, aber dennoch schlug man ihm die Medaille.[118] Kleine Auflage, sechs Exemplare, dauerhaft in Bronze:

> »Wir merken auf, damit die sichre Kunde
> Im kleinsten auch die Nachwelt nicht verliert.«

So unser Goethe, Benns poetischer Urgroßvater, Kenner und Liebhaber jener Münzbelustigungen.

Fortan also schreibt Gottfried Benn für die Schublade. Als er sie 1949 öffnet, trugen ihn diese Arbeiten auf den Flügeln des Ruhmes fast bis zum Nobelpreis.

Versorgung, – ein doppelsinniges Substantiv. Selten paßt das Wort so in die Situation, wie wir sie in der Bendlerstraße vorfinden. Oberstabsarzt, mit Kriegsbeginn Oberfeldarzt Dr. med. Gottfried Benn hat Wehrmachts-Fürsorgegesetze, Beziehungen zwischen Wehrdiensteinflüssen und Gesundheitsstörungen zu studieren, Akten über Selbstmorde in der Wehrmacht laufen über seinen Schreibtisch. Militärärztliche Aufgaben, am Rande also, *eine Tätigkeit erst bei den Entlassenen und den Folgezuständen der Feldzüge und Schlachten.* Der fordernde, an Erfolgs- und Vollzugmeldungen prüfbare Druck der Hannoverschen Dienststelle war von seinen Schultern genommen. Gleich nach seiner Ankunft in Berlin wirkte er freier und gelöster. Die Weisheit seiner Vorgesetzten hatte ihm eine ökologische Nische geschaffen: *Zwischen Akten und Gutachten kehrte ich gelegentlich zur Lyrik zurück.*

Klopfte es an der Tür des Dienstzimmers im Bendlerblock, *verschwand das Manuskript unter dem Löschkarton* [119] – oder ein Oelze-Brief, den er gerade las.

Auch Benn also war versorgt. Eine Wohnung war gefunden, er hatte rasch entschlossen Herta v. Wedemeyer geheiratet. Der Spanische Bürgerkrieg, das Verschwinden der Mißliebigen, der Juden, von denen er viele zu Freunden hatte, die »Entartete Kunst«-Ausstellung, Sudetenland – Krise, Reichskristallnacht, die Besetzung der Tschechei, schließlich der Krieg – all das dringt wie durch einen Schleier, nebenher gesprochen, und als Metapher durch seine Briefe. Wir wissen warum. – Und das Oelze-Archiv, wohin seine Produktionen seit seiner Rückkehr aus Hannover eingeschlossen wurden, war verschwiegen. Denn natürlich war Gottfried Benn – *ich zeichne: Der Chef des Oberkommandos der Wehrmacht: Im Auftrage ...* glänzend unterrichtet, von dem was vorging, oder militärisch vorgehen sollte. Anders als Thomas und Heinrich Mann. Realistischer, als Soldat und aus Berlin. Schärfer in seinem Urteil, ätzender und verachtungsvoller auch im Menschlichen. Wir kennen das Urteil Golo Manns aus der Zeit der kalifornischen Emigration: »Was reden doch die zwei unwissenden Magier da? Unwissend, weil schlecht informiert, weil wirklichkeitsfern ...«[120]

Verblüffend offen – dennoch Benns Briefe zu dieser Zeit. Angstmachend die Gedichte *General* oder, deutlicher noch, *Mono-*

log. Dergleichen, in die Öffentlichkeit gekommen, hätte diesmal nicht nur zur Entlassung aus der Wehrmacht, sondern direkt ins KZ geführt.

Eigentümlich beschaulich aber das Leben unseres Militärs – von außen betrachtet: Man ergeht sich vom Parterre-Dienstraum aus in einen kleinen Garten, wenn auch bescheiden – *nur ein Fleckchen Schund.* Oder spaziert während der Frühstückspause durch *den schönen alten Teil Berlins* in der Nähe seiner Dienststelle. Mit dem Augenarzt Dr. Gescher, verheiratet mit der Ringelnatz-Witwe »Muschelkalk«, trinkt er schon mal eine Flasche Mosel, lacht. Bibliotheken werden aufgesucht. Um vier Uhr ist Dienstschluß. Zu Hause erwartet ihn seine Ehefrau Herta, bekocht ihn, schreibt seine Manuskripte säuberlich mit der Maschine: ich *brumme, strecke alle Viere von mir, lasse mich bedienen.* Während eines Urlaubs macht er eine Arztvertretung, richtet sich in seiner Wohnung einen Praxisraum ein, privat, denn er hat keine Kassenzulassung. Berlin ist teuer. Und vor der Ehefrau möchte er nicht knauserig dastehen. Gelegentliche Dienstreisen werden notwendig – warum wohl? – führen ihn bis Salzburg, sorgen für Abwechslung.

Zwar stöhnt er darüber, schreibt aber doch für die Witwenversorgungsstelle ein Gutachten *Über Selbstmord im Heer.* Die Frage war: Wie sind die Hinterbliebenen zu versorgen? Benns Antwort ist eindeutig, leitet sich aus seiner – endogenen – Kunstauffassung ab. Die nicht nur Kreativität und schöpferischen Zwang, sondern auch den suizidalen Trieb in die tieferen, archaischen Schichten des Stammhirns verlegt, dementsprechend als schwere Lebensstörung begreift – womit denn die Hinterbliebenen versorgungspflichtig werden: Selbstmord also *schwerste Gesundheitsstörung.*

Aber nicht nur das Oelze-Archiv in Bremen füllt sich mit Manuskripten, auch für die *Wehrmachtsfürsorge und -versorgung ... unserer geschädigten Kameraden*[121] wird unser Oberstarzt tätig.

Seine Akten – und Literaturstudien, seine Erfahrungen als Versorgungsmediziner schlagen sich nieder in zwei Beiträgen zu dem Buch *Der Arzt in der Wehrmachtsversorgung.*

Gottfried Benn war Mitte Fünfzig, als er diese Militärsachen schrieb. Sicher, er hatte Festigkeit, aber noch Sehnsucht. Noch lockte *eine bezaubernd mollerte, gewähltest gepflegte lederta-*

schenumprunkte blonde Baronesse im Coupé von Graz nach Wien. Abgetan. Doch dann: *Noch halten Dich die Götter ... Wer das Nichts im Auge führt, kann manche Stunde kleine Dinge über den Abgrund halten und sieht sie klarer in ihrer begrenzten, so scharf umrissenen, realen Süße ...* Ungelebte Tiefen regten sich. Er blieb frei von jenem Stolz, der sich aus einer Zahl schmählicher Lebenskapitulationen summiert, schämte sich – war entsetzt – daß es mit ihm dahin kommen konnte. Denn zu welchem Ziel bewegte er sich? Sicher, da war die Uniform, sein Auskommen, der Krieg, – andere hatten es schlechter getroffen. Aber auch ein schöner Klotz am Bein beschwert beim Gehen.

Lange schon brodelt es im Untergrund. Die Aktenschreiberei an den unerschöpften Vormittagen, der Kasino-*lunch mit Fliegen und fetten Suppen*, seine Dienststellung zuerst beim Generalkommando in der Kaiserallee, dann im Bendlerblock. Das Milieu dort *zwischen lauter subalternen, erlebnislosen, strammen, kahlen Sachbearbeitern*, das frühe Aufstehen um 6 Uhr morgens – kurzum der normale Arbeits- und Lebensablauf eines vierundfünfzigjährigen Berufsmenschen, im Büro arbeitend, relativ unabhängig dazu, wird ihm unerträglich. Wir kennen seine Erschöpfungs- und Ausbruchsymptome bereits, unstillbar – und wider alle Vernunft. Wir hören von Versetzungs- und Änderungswünschen, bis hin zur Praxisausübung in seiner Wohnung, Bozener Straße. Krank fühlt er sich, von Herzbeschwerden wird berichtet, Schlaflosigkeit plagt ihn: »die Birne ist reif«, die Symptomatologie dieser Neurose – von Benn selbst ausgesprochen – ist uns geläufig, wann wird die Birne platzen? Rönne–Diesterweg–Benn: *ich habe mich krank gemeldet ...*, so schreibt er. Und eine Woche später finden wir ihn bereits im Thüringer Wald, im Reserve-Kur-Lazarett Friedrichsroda – auch aussuchen konnte er sich dieses Sanatorium. Solch große Freiheitsgrade waren ihm selbstverständlich, wurden kaum wahrgenommen. An Oelze dann die üblichen Beanstandungen: die *Mitinsassen*, ihre Familiengespräche, die Tannenwälder, die *greulichen* Thüringer, die *Fußkranken der Völkerwanderung*. Auch gibt es keine Zigaretten, keinen Schnaps oder Wein zu kaufen. Dennoch – anstandslos – verlängert er seine Kur um weitere zwei Wochen, *hatte keine Lust, schon nach Berlin zurückzureisen*. Im OKH

(Oberkommando des Heeres) hat man nicht sehr auf ihn gewartet: Bei seiner Rückkehr findet er sich zum General-Kommando in der Kurfürstenstraße versetzt, ganz in der Nähe des Wittenbergplatzes, weiter in der Versorgung, aber ohne direkten Vorgesetzten. Die Vorsehung, oder wer auch immer, meinte es gut mit ihm.

Nun strömt es reicher in den Briefen an den *cher maître* und *lieben Mister*, der bald zum Hauptmann avanciert, nicht ohne fachmännische Beratung – *Ziffer 1150 der Allgem. Heeresmitteilungen vom 21.XI.40* – durch den Sanitätsoffizier im Oberstleutnantrang Gottfried Benn, der *alle diese Veröffentlichungen, wie »Mitteilungen an die Truppe« u.s.w. mit großer Aufmerksamkeit* liest. Und sich oft und herzlich für die Kaffesendungen der Firma F.A. Ebbecke (F. W. Oelze) aus Bremen bedankt. Es ging Benn nicht schlecht in diesen eineinhalb Jahren, nur über kalte Diensträume und lästige Weihnachtsfeiern wurde geklagt. Dafür aber hören wir von Kino- und Konzertbesuchen: Alice Schuster und Else C. Kraus geben einen musikalischen Abend: Gottfried Benn schickt dann »Orchideen und schöne Verse«, wie Alice Schuster in ihrem Tagebuch vermerkte.

Dies ist vielleicht der Ort, das Kryptogramm des Namens Else C. Kraus zu lösen. Alice Schuster wurde im familiären Kreis Ali gerufen. Else Kraus, bis zum Tode mit A. Schuster engstens zusammenlebend, nahm das C in ihren Vornamen hinein: Gottfried Benn spricht denn auch in seinen Briefen an die Buschis Else Kraus als *C'chen* an.

Der Versorgungsfachmann – *bin mein eigener Herr* – findet Zeit zu ausgiebiger Lektüre. Verblüffend seine literarischen Urteile. Goethe und Nietzsche, gut. Aber die anderen! Vielleicht noch Jens Peter Jacobsen, Platen oder Josef Conrad. Hölderlin zum Beispiel: *ein großer Mann ist er wohl nicht*. Und Rilke? *Keine gefährlichen Absichten bei ihm – .. entmanntes Gestammel*. Aber dann doch *die Donnergestalt einer wahren Daseinszusammenfassung*: *Du mußt Dein Leben ändern*.[122] Gerhart Hauptmann: bei *großartigem persönlichen, körperlichen Eindruck*: *schaumige Flachheiten*. Herrlich und böse diese Exzentrizitäten. Das eine oder andere Urteil dann widerrufend, zumindest abschwächend. Ein schmuckes Blütenparadies literarischer Grobheiten ließe sich hier auspflanzen.

Verblüffend, daß dieser Wildwuchs noch nicht pikiert und in den fußnoten-umgrenzten, nach Namen, Jahren, Stimmungen, um redliche Ordnung bemühten Beeten eines philologischen Mustergärtleins aufgezogen wurde. Man bediene sich dieser Fülle schweigenden Gutes.

Wir aber lassen es mit diesem Fingerzeig genügen, damit die Sache sich nicht ins Abseitige verliert. Wenn schon es nachschwappt: *Stifter! Eine Schlapphutgottheit.*

Die Tages-, die Krimi- und Leihbibliotheksliteratur dagegen findet häufiger Gnade vor seinen Augen. Dort zahlt etwas anderes. Auch diesen Acker überlassen wir der Pflege wohl ordnender Hände.

Kaum zwei Jahre sind vergangen, seit Gottfried Benn zur neuen, dritten Dienststelle in die Kurfürstenstraße umzog. Wieder gibt es Unstimmigkeiten und Ärger, nichts Neues für uns. Und, ans Wunderbare grenzend, wiederum wird das Büro gewechselt. Gottfried Benn, inzwischen Oberstarzt, sitzt nun in Charlottenburg in der Dienststelle des Wehrmachtsfürsorge- und Versorgungsamtes Berlin-Brandenburg, Fredericiastr. 14/15, in der Nähe des Kaiserdamms. Abgeschoben fast, möchte man sagen, im Sommer 1943. Auf die Dächer prasseln die Brandbomben und Phosphor-Kanister. Bomber-Harris lenkt die Royal Air Force zu den von Churchill gebilligten Terror-Angriffen auf die City, nicht nur Berlins. Die amerikanischen Flying Fortress' vollendeten das Werk mit Luftminen. Christbäume, werden später die Berliner sagen, leuchten die zu bombardierenden Stadtviertel aus, kein unschöner Anblick für den, der sie je sah. Die Flak aber schweigt. Wenig können die durch Amphetamine* wachgehaltenen Nachtjäger ausrichten: *finis civilitatis Germanicae* – Benn sieht es früh. Eigentümlich die distanzierte Haltung der Menschen gegenüber den Zerstörungen, dem Verlust der Wohnungen, ihrer Sachen, die doch einst Wärme und Duft ihres Lebens trugen. Endsieg? Ruhig schweigend sah man sich an, wurde davon gesprochen. Denn alle wußten es: der Sieg war verloren, man wünschte das Ende.

Und Benn? Er fühlte sich geborgen in der Fredericiastraße 14/15, diesem *Schmuckkasten an Unbeobachtetheit*. Carl Schmitts Vorlesung – »Über den Begriff des Politischen« – in der Friedrich-

Wilhelms-Universität wird besucht. Unwirklicher wird die Situation, die Unbegreiflichkeiten kaum von ferne wahrgenommen, apersonell. Nur dumpf und dunkel streift es die Ausgebombten, die in den Luftschutzkellern. Die Organe registrieren die Vibration der Explosionen, nicht der Kopf. Der bleibt frei, *das Haupt der Bremer Schule*, den Kaffee- und Rum-Spender aus der Horner Heerstraße *auf etwas Stilistisches aufmerksam* (zu) *machen*: Das *Wir* in *Sätzen und Gedanken ... schwächt ... ab. Stil ergiebt sich aus der Ichform*. Der Oberstarzt aus der Bozener Straße denkt an seine schmale Produktion, im Schreibtisch geborgen, 22 Gedichte, Essays und Aphorismen, *Ausduckswelt*: .. *das Ganze würde wohl ein kleines neues Buch von 200 Seiten geben*. Er will es – wie immer – im Bremer Archiv sichern, als *Nachlaß jenes Dr. Rönne*. Fühlt sich die Spiegelfigur Rönnes – Geist und Leben getrennt, und immer wieder – noch als Sanitätsoffizier, als Soldat? Nein, man hat ihn nicht vergessen. Kaum 14 Tage später muß er jenen *Schmuckkasten* beim Wehrmachtsfürsorge- und Versorgungsamt aufgeben: Glücksfall und Höhenflug seiner mehr und mehr dem Militärischen sich entziehenden Existenz: Bomber-Harris und US-General Spaatz machen es möglich: stürzende Mauern, Schutt und Rauch drängen seine Dienststelle in östliche Provinzen: Landsberg an der Warthe ist das Ziel, General-von-Strantz-Kaserne, Benns *Wüstenfort*: Weit, hoch, herrlich von hier der Blick über die Stadt und das Netzebruch. Ja, Rönne-Stimmung kommt auf in diesen eineinhalb Jahren, ein enormer produktiver Schub hebt ihn empor, wie einst in Brüssel.

Auch das gab es, sonderbare Nischen und unwirkliche Nester der Seligkeit mitten im Krieg. Man saß im Schaukelstuhl des Lebens, schwebend, die eigene Existenz kaum fühlend und sah sich selber zu.

Wer Soldat war, prisoner of war, wer neben Tyche stehend auf der Kugel sich erhalten konnte, kennt solche Augenblicke. Groß wird der Freiheitsgrad, leicht das Gepäck. Höhe des Lebens: Fortuna tritt ein, ihr Füllhorn ergießt sich – und hatte nicht einmal angeklopft. Abgehoben vom Leben, *die Berührung mit der Erde ist sehr flüchtig*, durchaus kein unangenehmer Zustand im ruhenden Auge des wirbelnden Chaos. Wir alle kennen jenes danteske Bild der deckenfeucht umhüllten, gasmaskengeschützten Frau, ihren Kinderwagen eigentümlich unberührt durch die Harries' und USA Liberator Feuersturm-Inszenierung Berlins schiebend: per me si va nella citta dolente ... Ob sie weinte? Ich glaube nicht.

Gottfried Benn also in Block II, Zimmer 66: *Zu tun ist nichts ... die Desorganisation macht sich angenehm geltend.* Jener Zustand, den er ersehnte, auf einmal war er da: *Untätigkeit bei günstigen äußeren Lebensbedingungen.* Ringsum Zerfall, Auflösung, Blut und Tod. Hier, in diesen beiden Kasernenstuben, mit Blick auf den Exerzierplatz, die übende Bataillonskapelle, findet er seine *Beguinage*, feiert er sein *Orchideenfest.* All das ist bekannt und in schön ausgearbeiteten, Fußnoten-Seligkeiten umprunkten, bildhaft geschmückten Studien vor uns ausgebreitet [123], diese *ruhigste und glücklichste Zeit meines Lebens.* Hier entwickelten sich die Dinge. Inmitten der Trillerpfeifenkommandos, Essenholer-Rufen und Stiefelgerassel entbinden sich *Roman des Phänotyp, Pallas*, funkelnde Gedichte – die Schubladenliteratur – eingesponnen in Melancholie und Trauer:

Du, ebereschenverhangen
von Frühherbst,
Stoppelgespinst,
Kohlweißlinge im Atem, ...

Nun steigt unser Oberstarzt, ja Standortarzt und Kommandeur der Heeres-Sanitätsstaffel Landsberg an der Warthe – wir sahen ihn eingangs – aus dem *Stadtpark* kommend zu seiner Kaserne empor. Neben ihm seine Frau, sechs Jahre schon war er mit ihr verheiratet. Undeutlich, verhuscht, eigentümlich grau wirkt ihr verhangenes Bild. Um die Ecke nur lugend, immer in der Kulisse sich haltend. Und war doch, nach den Schilderungen Bekannter, befragt in Oeynhausen, frisch zupackend, offenherzig zu Freunden, durchaus tatkräftig, selbst mit Besen und Schrubber. Blaß hebt sich ihr Leben vom massigen Vordergrund ihres Mannes ab, der die ganze Fläche ausfüllt. Nur durch seine Briefe, weniger als eine Psaligraphie*, kennen wir sie. So prächtig die Heiratsanzeige – das Hochzeitsfoto, wo mag es sein? Briefe, Lebenszeugnisse von ihr? Nur

Nachsätze sind bekannt, spärlich. Aus Landsberg ein Brief an Dr. Julius und Leonharda Gescher (Muschelkalk)*, an die Buschis. Das ist alles. Wir haben Benns Briefe aus Hannover an seine gedoppelten Amouren in Berlin, als es mit Herta v. Wedemeyer ernst wurde – die himmlische und die irdische Liebe, an Elinor Büller und Tilly Wedekind. Wie zieht sich der bien aimé aus der Affäre? *Kleine Vertraute* nennt er Herta, und *keine Sache des Glücks*. Worauf denn Tilly empört abbricht. *Eine kleine Beziehung* ist es für Elinor, Benns *Morchen. Gesicht negroid* aber *gesellschaftlich perfekt*. Und während er das von Oelze geschickte *Lavendelbadesalz von Yardley*, angereichert durch *die neueste Création von Pathou »amour, amour«*, dieser *reizenden Favoritin* unter den Weihnachtsbaum legt, gehen weitere Briefe an die himmlische Liebe, mit *zärtlichen Küssen* für den *lieben, einzigen Mor*. Ein Jahr später ist er dann mit diesem *Pagen* verheiratet, der uns hie und da in den Oelze-Briefen in einem Nebensatz, einer Grußformel begegnet. Eigentlich immer rücksichtsvoll, gentlemenlike, aber seltsam verhalten. Immerhin, wir hören wenig in diesen Jahren von erotischen Explorationen unseres Militärs.

Und Herta? – Kein Echo. Doch, halt, aus der Landsberger Kaserne tönt etwas zurück, wo sie ihm die beiden Stuben mit Kissen und Decken wohnlich herrichtete, seine schwer leserliche Handschrift entzifferte und sauber mit der Maschine hergestellte Manuskripte daraus machte.

Blättert man in ihrem kleinen Kalenderchen für die Tasche, braun eingebunden, schlechtes Kriegspapier von 1944, so finden sich flüchtige Eintragungen, Adressen, Geburtstage vermerkt. Und im altmodischen Duktus stenographische Notizen, Tagesereignisse festhaltend, Banales auch – und Nachdenkliches.

Fast eine Art Tagebuch, am 2. Januar beginnend, mit ihrem Krankenhausaufenthalt in Bad Oeynhausen am 19. August endend. Fast – ja, wir wagen das zu sagen – eine Krise beschwörend. Durch das geschriebene Kürzelwort sich Entlastung schaffend. Mit der lösenden Gewalt des Wortes Unsicherheit und Bedrückungen zerstreuend. Herta also Mitte August 1944 in Bad Oeynhausen, das sie nicht nur aus Ihrer Jugendzeit gut kannte, sondern wo sie auch alte Freundinnen ihrer Mutter hatte: Herta von Eisenhart-Rothe,

General-von-Strantz-Kaserne
(Landsberg a. d. Warthe)

geschiedene Köhler, verwitwete v. Wedemeyer war ja im gleichen Alter wie ihr Schwiegersohn, Gottfried Benn. Hertele war im Johanniter-Heim untergebracht, ihr Badearzt war Dr. Martin Bischoff, den Benn von der Pépinière her kannte. Die letzten 14 Tage mußte sie zu den Jugendfreundinnen ihrer Mutter umziehen, weil das Heim als Lazarett beschlagnahmt wurde. Hier, in der privaten, fast mütterlichen Atmosphäre eines behaglichen Hauses konnte sich das bedrängte Herz leichter öffnen: Die Ehe der jungen Frau, Herta Benn war 37 Jahre alt, war nicht glücklich. Auch das frühere Mädchen von Hertas Mutter, Linchen Kellner wußte davon. Und wußte auch, daß Hertele dem Morphium verfallen war. Vorhaltungen nutzten nichts: »Es ist aber immer so schön danach«, kam als Antwort.

Herta Benns Taschenkalender von 1944: Nicht eben die Tagebuchnotizen einer – wennschon – gemäßigt glücklichen Frau. Wobei natürlich Abstriche gemacht werden müssen und Einverständliches, Zeitgeschichtliches zu bedenken ist. Das beengte Leben in einer Kaserne, Freuden und Nöte bei ergänzender Nahrungsmittelbeschaffung, Sorgen in ihrer Küche. Die oft vermerkten Fliegeralarme: Frau Hertas eigentümlich schwankender Gesundheitszustand mit den als Rheumatismus gedeuteten Beschwerden in den Kniegelenken. Häufige Besuche auch, manchmal lästig wie jener der Buschis, das ist Alice Schuster mit dem Hund Pütz, welche sie – allein – am 5. Februar vom Bahnhof abholte. Nicht ohne Verwunderung, daß sie »Alice, ihr Haar kämmend und sich ... pudernd mit Hund mitten auf dem Bahnhofsplatz sehr ungeniert stehend« vorfand.

Ein nicht uninteressantes Panorama des Lebensalltags – auch Gottfried Benns – spiegeln uns diese Kürzel zurück.

Das Kasernenessen für Hertas Mann, für Benn, wurde gekürzt. Es war ohnehin nicht üppig. Wir lesen am 13. Januar: »Heute abend nur Margarine für ihn«. Frau Herta aber war offenbar eine tüchtige Organisatorin und versierte Hausfrau. Dementsprechend breiten Raum nehmen denn auch Eintragungen über Magermilch, Hirschkalbstücke, »prachtvolle Scheiben Honigkuchen«, Hasenleber, Rehkeulen und Eier ein. Ein Reflex von »G.« – wie sie ihren Mann bezeichnet – zu diesen kulinarischen Anhebungen der dürftigen Ernährungslage, fünfzehn Monate vor Kriegsende, findet sich nicht notiert. Obwohl G. – wie wir wissen – ja kein Kostverächter war. Dann aber lese ich in einem Brief, den sie zwei Tage vor ihrer Abreise nach Oeynhausen an die *Liebe*(n) *Buschis* schreibt: »Gottfried ist von einem unheimlichen Fleiss. Ich habe eben wieder für ihn geschrieben. Das ist immer eine unendliche Bereicherung, eine Flut von Bildern. Ich nenne ihn den Zeitraffer. Nach einiger Zeit findet er mich meist blass geworden unter dieser Fülle und schlägt dann rücksichtsvoll eine Pause vor.« Sie unterschreibt: »Clopin – clopant herzlichst Eure Herta.« Und legt, mit diesem Hinweis auf ihr hinkendes Gehen das – mit der gleichen Maschine – von ihr auf Büttenpapier geschriebene Gedicht *Chopin* bei. Mit weichem Blei fügt Gottfried Benn auf diesem Blatt handschriftlich hinzu: *Spielerei für C'chen auch ich las Pourtalès!* [124] Und mahnt: *Trotzdem ist der Westen besser als der Osten.* Womit denn das Geheimnis der Faktenfindung und Montagetechnik für dieses Gedicht gelüftet ist. Selbst aus schwachem Metall vermag der Dichter goldene Medaillen zu schlagen. Und Frau Herta schließt ihren Brief: »In Eydtkuhnen hört man jetzt schon den Geschützdonner der Front.« Das Chopin-Typoskript mit der neuen Adresse: »Lehmannstr. 68 bei Kretzschmer« ist datiert vom 12. Juli 1944.

Gottfried Benn finden wir in den über acht Monate – wenn auch unregelmäßig – geführten Eintragungen nur an elf Tagen erwähnt. Und, mit Zurückhaltung ausgedrückt, nicht eben liebevoll. Ja, so will es scheinen, wir erleben ein kleines Ehedrama in der General-von-Strantz-Kaserne: Jener französische Kriegsgefangene, der Benns Stuben reinigt und dem er das von Oelze geschickte Gide-Buch borgt, Monsieur Desmoulin, ist häufiger Gegenstand zuneigungsvoller Eintragungen. Nicht nur als willkommener Spender von Schokolade und Zigaretten aus seinen amerikanischen Paketen, als zitternd erwarteter Billet douce-Schreiber und Fliederstrauß-Überbringer: »Blumen mit Widmung für mich gebracht. Nachmittags Beruhigung mit Lesen«. G. dagegen wird als verdrießlich und übellaunig vermerkt, eifersüchtig natürlich, »hetzt mich immer und legt sich selbst ins Bett. Ich wurde heftig, weil er so hetzte. Darauf holte er selbst wenigstens Leitungswasser«, ist am 29. April eingetragen. Ein gemeinsamer Spaziergang mißglückte:

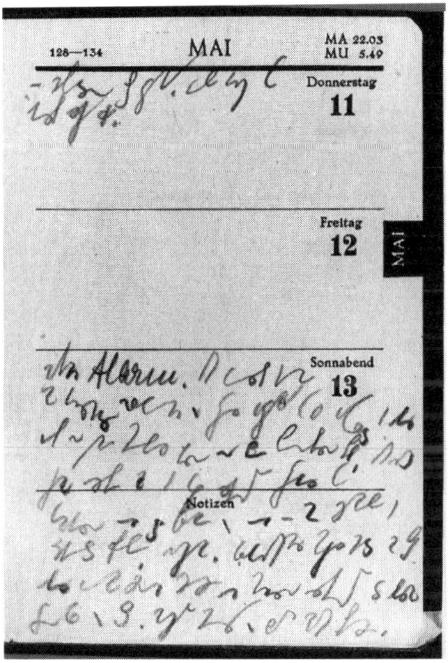

Tagebucheintragung Herta Benns, geb. v. Wedemeyer
Landsberg a. d. Warthe, 11. u. 13. Mai 1944

13. Mai.

Mittags Alarm. Ich währenddem mit Besorgungen unterwegs. Schwer beschimpft von der Bevölkerung, die aber selbst nicht im Keller sondern in allen Fenstern standen. Ich sah zum ersten Mal die wohlgeordneten Geschwader von Bombern über uns fliegen am Himmel, Kondensstreifen machen. Abendlicher Spaziergang mit G., aber beim Hinausgehen aus der Kaserne ertönte Voralarm schon wieder und G. machte kehrt und ließ mich stehen.

».. aber beim Hinausgehen aus der Kaserne ertönte Voralarm schon wieder, und G. machte kehrt und ließ mich stehen«. Das klingt nicht gerade nach Hosiannah und ehelichem Lebensglück. Frau Herta fühlt sich denn auch ständig erschöpft, schläft schlecht, liegt häufig zu Bett, ist abgespannt. Die Zusage, endlich ins Bad fahren zu dürfen – Herr v. Schmiedteck überbrachte die erlösende Botschaft –, wird erleichtert aufgenommen. Am 14. Juli morgens 8.30 h sitzt sie im Zug nach Oeynhausen, am 19. August enden die Tagebucheintragungen: ein eigentümliches Dokument der Verlassenheit, der Fremdheit – ihrem Manne gegenüber. Alice Schuster fand diesen Taschenkalender nach dem Tode von Frau Herta in einem nachgelassenen Koffer, bot ihn Gottfried Benn an: Abrupt lehnte er ab, ihn anzunehmen oder zur Kenntnis zu nehmen; sein Götterbild, rein sollte es in der Erinnerung wachsen, nichts Störendes sollte sich dazwischen drängen: *Wie du mich zurückläßt, Liebste –,..*

So schloß sich der Kreis, und das Tagebüchlein fand nach Oeynhausen zurück, der Heimat von Herteles Mutter.

Vierzehn Tage vor diesen ersten Entwürfen zu *Orpheus' Tod* am 31. I. 1946 schrieb Benn dann nach Oeynhausen, bedankte sich bei Frau Nommensen für die liebevolle Aufnahme der nunmehr Verstorbenen, spricht von seinem *unendlichen Schmerz, Herta verloren zu haben und sie in ihrer letzten Stunde nicht habe trösten und halten zu können*: ein seltsames Gegenbild zur Wirklichkeit dieser Lebensgemeinschaft, zumindest in den letzten eineinhalb Jahren.

Schon, da war Distanz zwischen den beiden Eheleuten. Aber echt war auch die *große Trauer ... dass ich sie nicht mehr werde überwinden können ...* Heiß und kalt zugleich sein zu können war eine besondere Qualität Gottfried Benns:

gespiegelt oder gelogen
du weißt, du weißt es nicht.

Wir sehen in

... den Schlund der Nacht,
er verengert sich, aber am Grund sind Blumen,
es duftet herauf, kurz und zitternd,
dahinter natürlich die Verwesung.

Der Urquell des Produktiven sprudelt nicht in der Liebeslaube. Und immer wird der Dichter jemand sein, auf den man sich nicht verlassen kann.

Versunken nun das Grab des *kleinen Pagen*, neben dem *Friedhofsbrunnen* in Neuhaus. Wir aber salutieren vor Herta v. Wedemeyer: Sie begleitete Gottfried Benns soldatische Existenz von Hannover bis Landsberg. Sie hob das Telefon ab – was er haßte, sie füllte die Steuererklärungen aus. Nie trat sie aus dem Schatten ihres Mannes heraus: Sie muß sehr tapfer gewesen sein. Nie aber auch ein abschätziges Wort über diese *kleine Vertraute* von Benn, lassen wir jene Briefe an die himmlische und irdische Liebe einmal beiseite. Er lobt ihre Schreibmaschinenkünste: .. *sende ich Ihnen eine Folge neuer Gedichte, von meiner Frau köstlich auf Pergament gesetzt*, macht eine Art Testament zu ihren Gunsten, dankt für Rum und Kaffeegabe der Fa. Ebbecke u. Menken stets auch in ihrem Namen. Bittet Oelze, ihr zu danken für die Abschrift von *Weinhaus Wolf*.

An die Buschis schreibt er im November 1945; zwei Monate zuvor hatte er ihr Grab besucht, wußte noch nicht, ob er sich von diesem Ereignis je erholen würde ... Nun ja, er erholte sich davon, zwölf Monate später lernte er seine letzte Frau kennen. Allgemeine Verwunderung, – und Heiterkeit rief die Verlobungsanzeige hervor, die er – ein lebens- und liebesgeprüfter Sechzigjähriger – auf Bütten gedruckt, in der Hungerzeit des Jahres 1946, als alle Welt um eine Mohrrübe und eine halbe Scheibe Brot kämpfte, seinen Bekannten zusendet. Fast wäre es darüber zum Bruch mit Alice Schuster gekommen, wie sie mir in ihrem schönen Haus in Ascona erzählte: Sie gratulierte mit einer Strophe, die vom Jubelgreis im grauen Lockenhaar sprach und der noch geschlossenen Rosenknospe. Gottfried Benn aber, immer auf *die Regels* bedacht, reagierte höchst empfindlich und schrieb ihr, nach monatelangem Schweigen: *Ich wäre eigentlich dafür, daß Du Deine etwas anzügliche Art des Briefeschreibens an mich aufgäbst. Ich kann mir auch bei dem Rosenknospenvers, der es Dir angetan hat, gar nichts rechtes denken. Ich finde es schade, daß unsere Beziehung, die ein halbes Leben lang so nett war, plötzlich so sehr unter ihr Niveau sinken und so witzlos enden soll.*

Und Benns Brief an Alice Schuster schließt: .. *ich will Dir verraten, daß die Rosenknospe nicht nur reif ist, sondern auch viel verdient und mir sehr hilft, das Leben zu ertragen und ich ihr äußerst dankbar bin.*

Im Dezember des gleichen Jahres verschickt er die Heiratsanzeige mit Frau Dr. med. dent. Ilse Kaul.

Aus Hertas Taschenkalender, ihren spärlichen Briefen, aus der Oelze-Korrespondenz gewinnen wir Einblicke in Benns soldatische Existenz: sie war ihm abhanden gekommen. Ohnehin schon auf angenehmem Posten, schwebt er in seinen Räumen über dem Warthegau, hebt kein Telefon mehr ab, ißt in seinen Zimmern, spricht mit niemandem, wochenlang verläßt er die Kaserne nicht, von Hertele umsorgt: halkyonische Monate *für Gehirne mit der Neigung, die Erscheinungen der Erde maßstäblich abzuwägen und für sie einen gedanklichen Ausdruck zu bestimmen ...*

Nichts dringt von Sanitätskommandeur-Anweisungen zu uns, die man doch von ihm erwartet hätte. Überfüllt die Lazarette, vollgestopft mit Flüchtlingen die Stadt: Sanitäres, Hygienisches wäre zu bedenken, Seuchengefahren wäre vorzubeugen gewesen, – kaum daß es noch Ärzte gab. Andere müssen es getan haben. Der Standortarzt und Führer einer Sanitätsstaffel – Gottfried Benn – aber ordnet in seiner *verborgenen Sinekure* den *Nachlaß Dr. Rönnes*, seine Schubladenliteratur, als Dienstpaket versiegelt, und glücklich in Nienburg – *jenseits der Elbe* – angekommen. Über das Kriegsende bewahrt bei Clara Rilke, in Fischerhude.

Briefgespräche mit Oelze über Gedichte, über Lyrikformen, die *achtreihige Strophe*: vier Monate später wird es kein tausendjähriges Reich mehr geben. Oberstarzt Benn ist nur noch eine Dienstjacke mit blaupaspelierten Schulterstücken, der Träger hat sich daraus entfernt, ist *quasi krank gemeldet.* Dann ist es soweit. Die T 34-Panzer des Generals Tschuikow stehen an der Warthe. Am 28., vielleicht sogar erst am 29. Januar überstürzte Flucht zu Fuß, auf der das Vaterland von Ost nach West verbindenden, von Königsberg nach Aachen führenden Reichsstraße 1. Oberstarzt Dr. Gottfried Benn war Standortarzt von Landsberg. Der Generalmajor Gerhard Kegler, Kommandeur der Division »Woldenberg« wurde vierzehn Tage später vom Reichskriegsgericht zum Tode verurteilt, weil er am 30.1. die Stadt kampflos den Russen übergeben hatte. Gottfried Benn und seine Frau also auf der Chaussee: zwanzig Zentimeter hoch lag der Schnee. Bei 10° Kälte quälten sich die ostpreußischen Trecks gen Westen. 46 Kilometer waren zu marschieren, bis Küstrin, wo offene Güterwagen bereit standen. Und Herta Benn, mit ihren kranken Knien, am Stock gehend, manchmal auch im Rollstuhl gefahren? Dürfen wir Zweifel an dieser Diagnose, am Rheumatismus haben? Wie auch die Oeynhausener, ein Vierteljahrhundert nach dem Kriege, sich Herteles und Benns erinnernd. Dabei scheu nach der Tür sehend, als fürchte man den Schatten seines Ruhmes.

Der Rest ist uns bekannt: Teilzerstört nur die Berliner Wohnung, Gott sei Dank. Am nächtlichen Himmel die fliegenden Festungen und Lancaster-Bomber, aus deren Schächten unbehelligt die Bombenströme sich entleerten. Benn bleibt in der hungernden Stadt. Rät dringlich den Nachlaßverwalter Werff Rönnes, westlich der Elbe zu bleiben: Und läßt Herta, seine Frau, nach Neuhaus gehen, sechstausend Meter nur von diesem Schicksalsfluß entfernt – aber auf der falschen Seite.

In Schutt und Asche sinkt Berlin, einst stolze Kaiserstadt. Spätzünder explodieren, Staubstürme über den einstürzenden Ruinen, die Bomber über der von Flächenbränden urtümlich erhellten City, kein Wasser, kein Strom, die Leichen liegen herum. Aus dem Dämmern der Hofstube Bozener Straße, durch die zerborstenen Fenster aber tönt es: *Und manchmal ist eine Frühlingsstimmung in der Luft, als ob Veilchen und Liebe dazu gehörten – ... – oh Dionys, wie leicht bist Du zu erwecken, schon mit einem blauen Streifen in der Luft!*

»Ein Grande, o Zeus, in dem dürren
stygischen Reiche! Eine Anthologie
auf dem berlinischen Sand!«
Goethe, ›Xenien‹

Siebzehntes Kapitel

Preußischer Orpheus

Notdürftig hergerichtet die alte Wohnung in der Bozener Straße. Noch Pappe in den Fenstern. Kälte, eben ein Ofen im Hofzimmer, kaum etwas Holz. Man tauscht. Streichhölzer gegen Weißbrot, ißt mit dem *Dienstmädchen in der Küche*. Hat zu tun, *Typhusimpferei, Gefängnisarzt, Arzt an der Beratungsstelle für Geschlechtskranke*. Sonntagsdienst: Die *Frau mit Nasenfurunkel und eine Angina in einem Seitenflügel IV Treppe* waren zu versorgen. Auch wurden Privatkrankenbesuche gemacht, *um die Kasse zu füllen*.

Streit mit dem Hauswirt *um eine Mieterhöhung von M 4,- monatlich*, Hunger. *Von einer Kokotte läßt* (man) *sich eine Cigarette in den Mund stecken*. Pyramidon gegen die Migräne, *acht bis zehn Tabletten*. Abends dann das Phanodorm, *um nicht mehr wach zu sein*.

So die Lageberichte aus dem in Schutt und Asche liegenden Schöneberg an den *strengen Ritter, meine gotische Figur* in der Hansestadt.

Und Orpheus? Man hat sehr darüber nachgedacht. Ein großartiges »buch der könige« darüber geschrieben. Mit einem Untertitel: »orpheus und eurydike«.[125] Fazit: Frauen, Schreibmaschinenkundige, Manuskripte erstellende, werden dem Hades geopfert, damit Kunst, damit Literatur sich entbindet. Man denkt, ein »Liebesverhältnis« entwickelt sich zwischen »Schreibmaschinistin« und Dichter. Doch dann ist es »nur« ein »Produktionsverhältnis«. Auf Kosten der Frau entwickelt sich der Mann: »Frauenopfer« also. Spätere Ehe nicht ausgeschlossen.

Natürlich ist all das großartig, großsinnig sogar. Nur einen Fehler hat es: es stimmt nicht. Tiefenschwindel im Purpurmantel der Poesie, blaue Blume, reine Dichtung.

Hat schon jemand darüber nachgedacht, warum nicht Eurydike – nein, sie konnte nicht schreiben, schon gar nicht Schreibmaschine – warum nicht die Nymphe die Leier schlug? Gibt es keine Männeropfer? Keine Leichenfelder von El Alamein bis Arras, Maison Blanche? Singt d a n n Eurydike? Wir hören nichts davon. Nein, am Orpheus scheitert's nicht, das schöne Paar. Liegen die Werke der Eurydike etwa auf einer höheren Ebene? Ist ihre uterine raison etwa klüger? Und tippt nicht manch kluge Jungfrau sich mit einer Promotionsarbeit ins Ehebett des Doktoranden? Von Kiel bis Göttingen? Die Schreibmaschine also nicht ein Unterwerfungsinstrument, Guillotine des »Frauenopfers«, sondern Handreichung und Hilfsmittel erotischer Strategien?

Und Orpheus? Ja, wider das Göttergebot dreht sich Orpheus nach seiner Eurydike um. Vielleicht nur Besorgtheit? Nur Vergewisserung? Oder einfach – Liebe? Sind Vergil, sind Ovid etwa keine Eideshelfer? *Die Augen voll Liebe*, »flexit amans oculos« hätte der Kalliope Sohn nach Eurydiken geblickt, so zeugen sie. Seltsames Paar das: Orpheus u n d Eurydike, – und Liebe dazu! Unverständlich für Partner, die in ihrer Beziehungskiste krabbeln, am Honig des Selbstverwirklichung-Schnullers saugen, um glücklich ihr Betroffensein zu genießen wenn der black out-Sturz kommt. Natürlich abgefedert durch Versorgungsansprüche in der sozialen Hängematte.

Ja, die Liebste hatte ihn zurückgelassen, der Hannoversche Page: Herta v. Wedemeyer *perfekte Maschinenschreiberin, ... schreibt 200 Silben ...*, auch nähen konnte sie, Suizid auf dem leeren Kartoffelsack. 6000 Meter bis zum Grenzstrom Elbe; 34000 Meter nur bis Häcklingen, wo der Glanzträger aus Bremen sein Landgut hatte. Ein Zufall nur? Nein, Herta Benns Ehe war nicht glücklich: *Wir wollten spazieren gehen*, schreibt sie in ihr Landsberger Tagebuch, *vor der Kaserne kam Fliegeralarm. Gottfried drehte sich wortlos um, ging allein zurück, ließ mich stehen.* Ihre Knie- und Gelenkschmerzen – sie waren ohne klinisch-morphologisches Substrat. Sie war morphiumsüchtig.

Und Desmoulin, der französische Kriegsgefangene in der General-von-Strantz-Kaserne, den sie liebte? War er ihr Aristaios*? Es gibt mündliche Berichte, die dies bestätigen. Vor i h m floh sie, Eurydike; trat auf die Natter, starb am Gift. Man lese die g a n z e Mythe. Ovid macht es kurz genug. Dahinter dann die Eifersucht des Landsberger Oberstarztes Dr. Benn ... Nein, nicht schickte Orpheus Eurydike in den Tod – kein »Frauenopfer«: die Frauen dem Hades geopfert, damit sich Kunst entbinde. Herta von Wedemeyer trennt sich von Benn, tat es selbst, wollte ein Ende machen: *Sehr mutig und lebensvoll war sie schon lange nicht mehr.* – Warum sonst schleppte sie 2 deci Morphium hydrochloricum, Kanülen und die Rekord-Spritze nach Neuhaus? – Und das Tafelsilber. Ins Haar eingebunden sechs Goldmünzen. Man fand sie im Krankenhaus, wo sie starb.

Dem im Hinterzimmer des Bayerischen Viertels aber *blutet der Gaumen ... nackte Haune*. Aber *die Leier hinab den Fluß* – und *die Ufer tönen*.

Wer je durch die Straßen der zerbombten Städte schritt, in jenen Wintern, sind diese Bilder vertraut: So viel Anfang war nie.

Und es hob sich, aus den Ruinen des Vaterlandes; stieg empor, denn es bedurfte der Dichter in dürftiger Zeit. So auch bei Benn. Eigentümlich kühl, leidenschaftslos sieht er sich selbst. Hält in Ablehnung und Zustimmung Distanz zu seiner Umgebung. Gefühle: Nichts vernehmen wir davon, er hält sich verborgen. Ohne Pathos, gleichmütig seine Urteile, die Briefe: *nur keine Geräusche*.

Zunächst. Doch der erste Brief schon an Oelze, Anfang November 1945, Hertas Tod noch einmal nachleidend: *Mit jedem neuen Tag wird jetzt mein Kummer unerträglicher* – spricht von den Manuskripten: Oelze hatte alle und unversehrt aus Fischerhude zurückgeholt, bei Clara Rilke lagen sie dort sicher. Es sind Papiere zu jenen drei Bänden, von denen Benn oft spricht: ein Band Prosa, der Essayband und die Gedichte. Ja, es hatte sich angesammelt seit dem Schreibverbot, im März 38; Schubladenliteratur. Hoch im Rang von ihm eingeschätzt. Gab es doch Tage ... *von einer wüsten Konzentriertheit von Stimmung, Sussigkeit und dunstiger Träumerei*; – womit denn Landsberg gemeint ist. Auch an die Buschis, an Alice Schuster und Else C. Kraus schreibt er wenige Tage später, dankt für die *lieben Worte* ihres Kondolenzbriefes. *Endgültigen Stoß und*

Niederwurf hätte er durch Hertas Selbstmord erlitten. Und weiß nicht *ob ich mich davon erholen werde ...*

Die Manuskripte aber gerettet. Sie publizieren? *Ich habe noch keinen Schritt unternommen, um festzustellen, ob ich überhaupt publizieren darf. Es interessiert mich nicht mehr, – aber ...*

Gram, Jammer, Elend – und Unerwünschtheit dazu. Dann aber der erstaunte, ja eher dankbar befreiende Satz, daß in der »Neuen Hamburger Presse« drei Wochen zuvor ein Hinweis *mit Bild* von ihm gebracht worden wäre, und man sein *Wiedererscheinen erhoffte und begrüßte.*

Zunächst aber schwieg Benn. Nicht drei Jahre, wie »der begeisterte Thrazierbarde«[126] in den Schluchten und auf den Gipfeln des rauhen Haemus und steilen Rhodopeberges. Anders auch als der thrakische Sänger überquerte Benn seinen Styx, die Elbe. Auch ihn bedrohten Zerberus und Charon: .. *Feldpolizei*, oder *Räuberbande*: *Ein Unternehmen auf Leben und Tod.* Vielleicht etwas überhöht, diese Darstellung der Reise ans Grab seiner Frau. Wer aber ein Jahr nach Kriegsende im August reisen mußte, wird zugeben, sie kommt der Wirklichkeit nahe. Und überall hin seine Klagen »Gram und tränender Schmerz und Kümmernis ...«[127]

Die Leier aber? Sie will nicht tönen. Furcht befällt Gottfried Benn, *ob je noch einmal etwas Neues in mir entsteht und produktiv wird ...* Wie sollte es auch. Kaum Nahrungsmittel, keine Heizung, abgerissen. 50 Pfund hatte der Doktor aus der Bozener Straße abgenommen, wirkte klein, dünn, hatte Ränder um die Augen. Wobei es ihm immer noch besser ging als den anderen; er behandelt nunmehr Soldaten, manchmal – als Entgelt – gibt es etwas zu essen. Auch das demimonde Gewerbe des Venerologen hilft weiter: Die *Flußnymphen* zahlen mit Zigaretten: Tauschwährung auf dem Schwarzmarkt. Seine Schubladenliteratur aber kommt nicht zum Druck, wird nicht zugelassen: .. *ein Leichtes für mich an die Spitze zu gehn und zu führen;* glaubt er. Gottfried Benn kommt sich vor wie einer, *der die Atombombe in der Westentasche trägt vor Anfängern, die noch mit Pfeil und Bogen kämpfen ...* Er denkt dabei an seine Sachen in Oelzes Archiv (nicht, daß ihm das Wort »Archiv« behagte). Sonst aber?

Ein Samstagnachmittag, Ende Dezember. Keine Patienten mehr,

Gott sei Dank, früh dunkel. Der Arbeitstisch vollgekramt, wie immer. Aber auch ein Päckchen Keks aus amerikanischen Armeebeständen dabei: *schmeckt nicht schlecht*. Kaffee konnte man dazu organisieren. In diesem oder jenem wird geblättert; zwischendurch aufstehen, um Holz auf das Feuer zu werfen: endlich ein Ofen im Boudoir. Und man ist allein. Worauf wartet man? Da liegt das Heftchen, schon schmuddelig der Umschlag mit seinen roten Ecken, rauh, gelblich das Papier, keine holzfreie Masse, Nachkriegsproduktion. Mein Kinder-Tagebuch stand auf dem Deckel. »Kinder« hatte er hinzugefügt. Belanglose Notizen darin, Zugverbindungen, ein paar Adressen in Neuhaus. Sonst nichts. Es drippelt nicht. Ein müder Blick aus dem Fenster: leer der Kaninchenstall, der spillerige Hortensienstrauch gerade noch zu erkennen. Kein Anruf; die innere Stimme – schweigt. Immer diese Müdigkeiten. Nur Hülle noch.

Schlechtes Horoskop auch. *Leuchtend von Unsterblichkeit*, – das zieht durch seinen Kopf in diesen *lautlosen ... glücksverhangenen Weihnachtsstunden*. Das Holz im Ofen ist verglüht, lohnt nicht mehr nachzuwerfen, ist auch knapp. Ist auch Zeit zum Schlafengehen, 10 Uhr. Vielleicht träumt man. Grauslich, das Bett noch ungemacht vom Morgen. Zwischen der Unordnung irgendwo die Phanodorm-Tabletten. Aufgeschlagen ist das Arbeitsheftchen – die Seite bleibt leer.

So ging es lange, bis erste Notizen zu *Orpheus' Tod* sich entbanden. Die Praxis lief, draußen war Hoch-Zeit für Treponemen* und Protargol, das lenkte ein wenig ab, er mußte Rezepte schreiben in diesen Monaten. Arbeitsunfähigkeitsbescheinigungen nach Amputation eines Zeigefingers ...

Das brachte Lebenssubsidien, *Wohnung, Café, Cigaretten*. Man konnte daran denken Carl Werckshagen, *alter Kenner und Bücherbesprecher* von Benn, nach Bremen, zu Oelze zu schicken. *(Ich übernehme für ihn die Kosten ...)* [M. 300]. Denn man dachte – einerseits und unablässig – mit seinen Skripten vor das Publikum zu treten. Und Werckshagen, *der treue Paladin*, – *nicht ungebildet, schnorrt auch nicht*, sollte Einblick in die *neueren Manuskripte* haben. Zum 60. Geburtstag wollte er etwas größeres über ihn schreiben –. Immer wieder die Wörter: meine Sache, meine Scripte, meine

Manuskripte, meine Skizzen, die Originale, meine Angelegenheiten. Jede Erwähnung, jedes Lob gar begierig notiert. Den Knöchel krümmend, ungeduldig hier und da anzuklopfen, um sogleich zurückzuschrecken – es lohnt sich nicht. Einerseits – andererseits müde sich dahinschleppend. Verbeugungen vor dem Briefpartner in Bremen-Oberneuland: *Sie schreiben Dinge, die großartig sind, tiefe Blicke enthalten* ... Nachdenklichkeiten über öffentliches Auftreten: .. *völlig vergeblich* ... *sinnlos*, in langen Briefen vor Oelze ausgebreitet, nicht ohne jene rodomontierenden Benn-Schnörkel: *paläontologische Perspective* ..., *diese Menschheit ein* ... *verwehender Reflex* .. *zukünftige Äonen* ..., – Rauschworte, Glasur.

Noch *hängt die Harfe in der Weide*, zwölf Monate bleibt sie stumm. Aber nun, im ersten Jahr nach Kriegsende zirpt es. Im Arbeitsheft werden hinten nicht mehr Zugverbindungen notiert: Berlin, Ludwigslust, Hagenow. Worte wie *gross* ... *Gelber Mohn* finden sich. *Küsse* auch .. *die flüchtigen und die tiefen.*

Oelzes hatten eine Radierung ihres klassizistischen Landhauses in Oberneuland geschickt, *ganz Königin Luise* respondiert Benn. Frau Charlotte Stephanie, geborene Michelsen, legte eine Christrosen-Radierung aus ihrer Mädchenzeit bei: .. *schön angeordnet und ausgestreut mit Phantasie* lobt der Briefpartner ihres Mannes. Und bedankt sich – ist das Eis gebrochen? – dreieinhalb Monate später mit einem Rosengedicht für C.S.M. und den Garten in Oberneuland

Wenn erst die Rosen verrinnen
Aus Vasen und vom Strauch ...

Er findet die Reihen zwar *harmlos* und wie von Gustav Falke, aber immerhin. Noch quälen sich in der Kladde einzelne Nennungen: *gefleckte, bunthäutig*. Aber dann, mit Tinte unterstrichen, lesen wir *Orpheus' Tod*. Jetzt auch liegen die »Metamorphosen« Ovids neben dem neu begonnenen Arbeitsheft. Ist es der große Atem des Publius Naso, oder der kompakte Zugriff seines Übersetzungsgenies Johann Heinrich Voß, der Schlager »Parlez moi d'amour« oder ein Theaterbesuch von Anouilhs »Antigone«: Nach fünf Monaten des Suchens, Tastens, der Verzagtheit strömt es, voll tönt die Harfe, nimmt Leid und Tod der in Neuhaus Verblichenen ... *so ladylike, so*

Frau Dr. Ilse Benn (1949)

sanft, so süß in das Gedicht hinein. Abgelöst nun von den eigenen Erinnerungen, den persönlichen Empfindungen. Unsichtbar gemacht das Ich, das Biographische ausgelöscht: Aprèslude – ein Epitaph für Herta von Wedemeyer. Dann noch ein Besuch, ans Grab, über den Fluß. Die tragische Ode in der Rocktasche: *Nein, du sollst nicht verrinnen ...*

Freier atmen die Briefe an Oelze. Erklärungen, Zitathinweise zu den Geräten der Arbeit bei Ovid, mit denen man Orpheus erschlug: »Lastende Haun, Jäthacken, und langgeklauerte Karste«.[128] Jetzt tönen die Ufer wieder, *An Totes zu denken ist süß ...* Sela – Psalmenende. Drei Monate später heiratet Gottfried Benn Dr. Ilse Kaul, Zahnärztin. 27 Jahre jünger als er.

Lebensmut, Produktivkraft, Selbstgewißheit nehmen zu. Der Brief, mit dem er Oelze von seiner neuen Vertrauten Andeutungen macht, die er *etwas an* (sich) *herangezogen* hat, endet mit einem letzten Hinweis zum Orpheus-Thema und umschließt als entrebillet und Morgengabe für die neu Angetraute das komplettierte *Quartär*-Gedicht, nachdem sich die Briefschreiber schon zuvor über *Gewisse Lebensabende* ausgetauscht hatten:

Du brauchst nicht immer die Kacheln zu scheuern Hendrickje
mein Auge trinkt sich selbst, ...

Und dabei sind die Schleusentore erst einen Spaltbreit geöffnet. Noch knarrt und ächzt es im Räderwerk. Allseitige Hemmungen, die Verhältnisse in Berlin bleiben chaotisch: kaum Lebensmittel, keine Kohle für den Ofen, Stromsperren, die Praxis schwankend, einzig fest nur die Schwarzmarktpreise. Kein Schreibpapier mehr. Post kommt nicht mehr an. An den Feiertagen Nachtdienste – störend und belästigend. Da werden Pakete jubelnd begrüßt: Dr. Benn trägt *einen Schlips vom Broadway* und raucht South Carolinas-Zigaretten. Gertrud Zenzes – das anhängliche Trudchen aus der Zeit der *Gesammelten Schriften* – schickt mütterlich Feuerzeug, Rasierapparat und Hosenträger über den Atlantik. Auch eine Dose Nescafé. In Berlin säumen Trümmerhaufen die Straße, auf den Trottoirs wachsen Brennesseln und Disteln. Tritt man aus der Haustür, braucht man sechs Ausweispapiere, um bei den Razzien nicht sofort aufgeladen zu werden.

Hier nun erging sich unser Held. Alles seltsam fern. Er erinnert sich des Todestags von Goethe, 22. März.

Der modernen Biologie wird kritisch gedacht: eine Verstrickung, ein Fehltritt *die Realitätsentscheidung der empirischen Wissenschaften*. Wir kennen die alte Leier. *Sartre: 3. Aufguß uns längst bekannter Erledigtheiten.* Die weltberühmten »Fliegen« des Existenzialisten: ein *Oberlehrerdrama*. Auch ich erinnere mich. Ich sah es damals, als Staatsexamenskanditat, kurz vor der Währungsreform in Göttingen. Eben erst aus den Hungerlagern Epinals, als POW (prisoner of war) von den Amerikanern nach Kriegsende ohne Grund dorthin deportiert – zurückgekehrt (44,7 kg); nachdem die eisigen Ebenen Rußlands (- 41° C) und die Stalinorgel überstanden waren: Man überlebt die Niagarafälle, um in der Badewanne zu ertrinken.

Der geneigte Leser ist um Nachsicht zu bitten, wenn an dieser Stelle das Zeitgeschichtliche nicht zurückgehalten wird, so daß dieser Abschnitt bedenklich hypertrophiert. Der jüngeren Generation ist dies historisch. Oder märchenhaft, unglaubwürdig. Die absterbende Epoche jedoch wünscht es im Gedächtnis der Nation zu bewahren. Nicht um dieses Überstehen schwieriger Lebensumstände in ein glänzendes Licht zu setzen und eigenem Verdienst anzurechnen. Vielmehr – man zögert es auszusprechen – weil menschliche Entbehrung gewiß der Quell intuitiven Erfassens, vorausschauender Taten, glücklicher Hervorbringungen ist.

Orpheus – nicht er nur, auch Benn bleibt unerquickt von den »Gaben der Ceres«.[129] Noch dauert es, bevor er »mit dem Daumen die klingenden Saiten erprobt«.[130] Ja, Berlin war eine verhungernde Stadt, aber läßlich berichtet der Alte vom Berge aus der Bozener Straße darüber. Wacht nachts auf: *Kohlen und Zucker und Fett und Schuhsohlen und Rasierseife* sind heranzuschaffen; Honig wird auf dem Schwarzmarkt gekauft. Die Kälte vor allem, die nicht eingeheizte Stube bedrückt ihn, *Kälte ist schlimmer als Hunger. Behalten Sie bitte zum Erzählen für spätere Generationen im Gedächtnis, daß jeder Haushalt für den g a n z e n Winter nur 25 Pfund Kohlen bekam ...*, schreibt Benn an Niedermayer. Es gibt keine Gläser für eine schärfere Brille. Dazu die Berlin-Blockade im Juni 1948 durch die Russen: General Clay organisiert die Luftbrücke: Rosinenbomber nennen die Berliner nun die Maraunders.

Vier Jahre zuvor hatten sie Phosphorkanister, Stabbrandbomben und Luftminen für die City an Bord. Jetzt saß ich auf einem Sack Ilse-Briketts, als ich meine Eltern besuchte und mich für eine Assistentenstelle in der Charité vorstellen wollte.

Ständig klagt Benn über die Schwierigkeiten und Einschränkungen im Postverkehr. Der letztlich doch, und in Betracht der Gesamtlage, erstaunlich gut funktionierte. Man sitzt bei Kerzenlicht, Stromabschaltung, *von mittags 12 bis zum nächsten Morgen um 9.* Dazu die Doppelwährung Ostmark–Westmark, Benn berichtet darüber: *sie hat den* Schwarzmarkthandel, *von dem man lebte*, völlig einschlafen lassen. *Kanülenernährung* nennt der jungvermählte Venerologe treffend diese Art zu existieren.

Großartig jedoch Friedrich Wilhelm Oelze: Unentwegt hat die Bozener Straße zu danken für bacon, Kaffee, Chesterfield. Auch Butter packt der umsichtige Park- und Landhausbesitzer ein. Eigenhändig; Gottfried Benn vermerkt es – eigentümlich berührt. Jubelrufe auch von Frau Ilse, wenn sie aus ihrer Zahnarztpraxis nach Hause kommt und Espresso, Mokka-Kaffee aus Bremen vorfindet. *Großes Ereignis* für die Kanülenernährten, wenn es nachmittags an der Korridortüre klopft – weil die Klingel stromlos ist – und der Postbote ein Kaffeepaket aus der Weserstadt bringt: *... es ist die Situation aus einem Märchen,* empfindet es Benn. Und dankt, schickt *Grüße aus dem Thermopylae 1948:*

Wenn die Brücken, wenn die Bogen
von der Steppe aufgesogen
und die Burg im Sand verrinnt,
wenn die Häuser leer geworden,
wenn die Heere, wenn die Horden
über unsern Gräbern sind –

Das war also das ebene Blachfeld, auf dem unser Preußischer Orpheus saß. Nein, das »Frauenopfer« war es nicht. *Ich beende anbei meine blauen Bogen*–, die nach Oberneuland gingen, im Februar 1949–, *an denen ich sehr hing, sie waren noch von meiner verstorbenen Frau gekauft, an deren Schicksal ich unentwegt denke mit unveränderter Trauer, eigentlich jede Stunde ...*

Die Verhärtung weicht von ihm. Die banalen Alltagserfordernisse rücken das fern, lebenswarme Zuwendung auch von seiner jungen Frau Ilse, ihre Anteilnahme an seiner Produktion. Verlagsinteressen werden zum Achsenthema, neue Gedichte werden entstehen: das eigentümliche *Acheron.*

Ein Traum: – von dir! Du Tote schrittest kühl
im Durcheinander streifender Gestalten, ...

Herta von Wedemeyer – nochmals.

Die innere Stimme, sie ist wieder da. Was war ein *bösartiger Winter*, was *in den Trümmern lechzende Gestalten ... ohne Ergänzung durch Nahrungszufuhr, hinfällig, schattensüchtig ...*, der qualmende Ofen, die tropfende Kerze. In seinen Parterre-Stuben, Thermopylae ringsumher, schreibt er am *Ptolemäer. Lotosland* im April, dann *Der Glasbläser*. Im September ist die Arbeit abgeschlossen. Der *Berliner Brief*, Juli 1948 geschrieben und *Drei alte Männer* folgen im nächsten Jahr: Nun hebt sich der Ton, – Triumphgesänge. Was war geschehen? Das unruhige, nervös betriebene, jeden Hoffnungsfaden aufgreifende und übellaunige Suchen nach einem Verlag, nach Publikationsmöglichkeiten hatte ein Ende gefunden: *Das ist ... mein Come back* jubelte es aus dem Schöneberger Hofzimmer: Der Züricher Arche-Verlag druckte in einer Auflage von 3 000 Exemplaren *Die Statischen Gedichte*, 44 Gedichte, fast ausnahmslos in den Jahren des Schreibverbots entstanden. Zwar mußte Gottfried Benn einige Abstriche hinnehmen, *alles düstere und kalte fortlassen.* Und ließ es dann zu, daß man *einen sanften Heinrich* aus ihm machte. Herr Schifferli, der Schweizer Verleger, ob er wohl Tragik und Schärfe im Worte *After, Die Ratte kommt als Labsal gegen Pest*, in *Verwesung* und in *leidenschaftlicher Päderast* gesehen haben mag?

Mit diesem Lyrikbändchen nun geht Gottfried Benns Schiff unter vollen Segeln. Hatten zuvor schon gelegentliche Artikel und spärlichste Teilabdrucke aus unveröffentlichten Arbeiten versucht, das öffentliche Interesse auf den Namen des acht Jahre stummen Dichters zu ziehen – immer zu wenig, immer zu spärlich –, so hob eine Grundwelle zustimmender Begeisterung ihn zum höchsten Parnaß: Endlich konnte er Briefe lesen, wie jenen Panegyrikus des

Gottfried Benn (1946/47)

Bonner Professors für romanische Sprachen, Ernst Robert Curtius: »Wenn ich eine Seite von Ihnen vorlese, versinkt die ganze Deutsche Literatur seit George u. Hofmannsthal ...« Das ist Benn *natürlich angenehm zu hören*. Und das noch von einem deutschen *Ordinarius!* Ganz aber wurden die Schleusen aufgezogen durch die öffentliche Besprechung der *Statischen Gedichte* von Friedrich Sieburg, bedeutender Autor und Literaturkritiker. Mit »einem Flügelschlage reißt uns eine neue Dichtung Gottfried Benns über das Stimmengewirr der um lyrischen Ausdruck bemühten Gegenwart hinaus ...«

Noch bevor ihn das Original der Rezension erreichte, hielt er eine Abschrift der Huldigung Sieburgs in Händen; Gerhart Hauptmanns ehemalige Sekretärin hatte sie ihm geschickt, im Marbacher Oelze-Archiv wird sie aufbewahrt: *Das ist die erhabenste Kritik, die je über mich erschienen ist, – eigentlich müsste man hinfallen u. sterben* hatte Benn mit Tinte für Oelze an den Rand geschrieben.

Und als zeitgeschichtliche Kuriosität sei es vermerkt. Die ungewöhnliche Offerte des Arche-Verlages kam zustande: Aus den Zauberlabyrinthen des Schwäbisch-Marbachschen Autographenparadieses wird dem Faktenwütigen von der sorgsamen Hand Frau Schimmers die Kopie des Soll-Warenbons der Centrale Sanitaire Suisse vom 14.12.48 über 1 kg Fett und 1/2 kg Zucker vorgelegt, für Dr. med. Gottfried Benn, Bozener Str. 20. Was denn auch seine Ordnung hatte und richtig ankam: Der Dichter quittierte persönlich den Warenempfang, und Frau Ilse war erfreut, ihren Hausstand mit diesen Kostbarkeiten zu bereichern: man hungerte damals in Berlin. Und der kennerische Doktor hatte sich – bei 12 % von 3000 Exemplaren *Statische Gedichte* – schon ausgerechnet, daß *eine ganze Reihe Kalorien und Reizstoffe zusammenkommen.* Denn Poesie allein ist wahrlich kein Brotaufstrich.

Doch bitte ich wieder ansetzen zu dürfen, wo ich unseren von der panegyrischen Auslassung der begeisterten Kritiker beglückten Dichter habe stehen lassen, damit rechnend, daß ein Erinnern jener Epoche und das Herbeibringen von Material, um dem Bild Farben zu geben, mich entschuldigt: Wie spricht Friedrich Sieburg von den *Statischen Gedichten*? Es sei Benn gelungen, ihnen »eine süße, fast schluchzende Sangbarkeit« zu geben. Und ist enthusiasmiert vom

»melodischen Ablauf der Strophen ...« Womit er an das Geheimnis jeder Dichtkunst rührt:

»Schläft ein Lied in allen Dingen
Die da träumen fort und fort
Und die Welt hebt an zu singen
Triffst du nur das Zauberwort«[131]

Gottfried Benn kannte dies Zauberwort. Seine Verse, die betörend sich auflösenden Dissonanzen, die herrlich rhythmisierte, das Ohr beischläfernde Schmeichelsprache, ein Verströmen bis in das Tief: sie folgen den zahlabhängigen Verführungsnetzen der Musik: Die Wahrheit der Welt erfahren wir durch das Ohr, es ist das ältere Organ unseres evolutionären Weltverrechnungsapparates. Wer Lyrik hört und fragt, »wie rechtfertigen Sie die Dichtung«, ist schon gerichtet. Zählt in der Kunst nicht nur das, was man nicht erklären kann? Sagte Sieburg »schluchzen«?

Oder Verse, zur Musik montiert. Nein, keine »Kunst der Fuge«. Jazz and Poetry, von den Beatniks in San Francisco und Venice gemacht. Monatagekunst: Das Oscar Peterson Trio jazzt den Django, – darüber erhebt sich *Ebereschen – noch nicht ganz rot* .. Goldperlende Posaunentöne Jay Jay Johnsons: »Tristan-Erotik, umflorter Blick und Asphodelenkränze«. So besänftigt mancher sein Diencephalon*, wird ansprechbar, wird glücklich.

Der Durchbruch also, er war da. Sicher da waren Widerstand, Ablehnung, Cliquengruppen gegen ihn, die rückgekehrten Emigranten. Auf seiner Stirn sahen manche das Swastikazeichen. Schwarze und graue Listen, die ihn nicht hochkommen lassen wollten, ihn, der *einzige internationaler Klasse war, die hier blieb ...* Aber übertrieb Gottfried Benn nicht den Einfluß, die Unversöhnlichkeit der Rückgekehrten, der noch draußen Verbliebenen?

Da war Johannes R. Becher im östlichen Teil der Stadt. 20 Jahre zuvor hatte man Widmungsexemplare ausgetauscht. Jetzt, und rasch von der Person sich lösend, kam durch die lange schon vorausgegangene Expressionismus-Debatte das unerbittliche Verdikt gegen Benn: Sein Fall galt als erledigt. Wobei denn auch Ressentiments, Nebenbuhler-Empfindlichkeiten eine Rolle gespielt haben mögen. Alfred Döblin, ... *3facher Kollege,* als Arzt, Schriftsteller, Akademiemitglied – so von Benn nach dem Kriege apostrophiert, war katholisch geworden, war französischer Staatsbürger, saß im Range eines Oberstleutnants bei der französischen Zensurbehörde in Baden-Baden. Sei von *maßlosem Hass* gegen ihn, nenne ihn »Schuft und Burschen«. Max Niedermayer, der Wiesbadener Verleger, fand Döblin in seinem Zimmer ein Bild Gottfried Benns betrachtend, das an der Wand hing. Und an Paul Lüth hatte er geschrieben: »G.B. steht turmhoch über den beiden Jüngern, aber er ist ein Schuft«.

Nele, Benns Tochter, sucht Klaus Mann in Kopenhagen auf, will wohl etwas für ihren Vater tun, will seiner Unrast gedruckt zu werden aufhelfen: Neugierig zwar, was der ihn einst hochverehrende wohl sagte, aber mit leisem Vorwurf, von weiteren Unternehmungen dieser Art Abstand zu nehmen, notiert er an Oelze: *Er hält mich für den größten lebenden Lyriker, – aber ich hätte bisher nicht bereut und zurückgenommen ...*

Natürlich gibt es in diesen ersten Aufarbeitungsjahren nach 45 noch die eine oder andere Stimme, die sich gegen Gottfried Benn erhebt. Lassen wir es mit diesen drei Namen genug sein. Man kann Becher, Döblin und Klaus Mann wohl begreifen! Welche Odysseen, Schrecknisse, ja Todesängste mußten sie überstehen. Aus ihrer Sprache verstoßen, kehrten sie in die Heimat ihrer Wörter zurück: Wer kannte sie noch?

Auch Gottfried Benn gehörte zu den – zunächst – Vergessenen. Eine Hand hätte genügt, die Zahl seiner Freunde abzuzählen, die sich mit seinen Schriften ernstlich beschäftigten. Aber dieser Opportunist, moralische Versager, Schuft und Unreuige begann das öffentliche Interesse auf sich zu ziehen. Während sie, nach solchen Opfern, im Schatten blieben.

Mit wem nicht alles hatte Gottfried Benn versucht, ins Verlagsgeschäft zu kommen. Eine ganze Liste wäre aufzustellen, vom Berliner Henssel-Verlag über Goverts bis Rowohlt. Sich dabei aufführend wie die bekannte Jungfrau, die wohl möchte, aber sich nicht traut. Voller byzantinischer Verbeugungen drittrangigen Figuren gegenüber, die er durchaus als solche erkennt: *Freude und Ehre ... spreche Ihnen meinen Dank aus ... Mögen Sie meine Bestrebungen nicht von vornherein als vergebens empfinden ...*

Sie waren vergebens, bis die *Statischen Gedichte* erschienen und mit Herrn Niedermayer, Inhaber des Limes Verlages in Wiesbaden, die quälende Suche ihr Ende fand. Bis dahin jedoch glaubte Gottfried Benn an eine Verschwörung der zurückgekehrten Emigranten, schwer greifbar zwar, aber unversöhnlich ihn auf irgendwelche imaginären schwarze Listen setzend. Auch eventuelle Verleger *pöbelten* sie an, wollten ihn nicht hochkommen lassen. Er wird polemisch, *findet ihr Gegeifer nur possierlich*. Ja, fühlt sich geradezu verfolgt, existentiell gefährdet, jetzt, wo er *die Flöte auf dem Tisch liegen hat*. Wo er, geborgen im Rock der Armee, Bedeutsames hatte schreiben können. Jetzt, wo Orpheus' Leier zu tönen begann, er *die klingenden Saiten erprobet,* fürchtet er die Schatten der nahen Vergangenheit. Orpheus und Eurydike: Holt ihn der Mythos ein?

Nein, die crapule hat ihn nicht zerrissen, die Becher, Döblin, der Kesten. Die Umstände waren nicht danach. Auch hielten die vermeintlich so Haßerfüllten unbestechlich an ihrem Qualitätsurteil fest, wußten – fast alle – Kunst von Moral zu trennen. Übertrieben waren Gottfried Benns Ausmerzungsgespinste und Vernichtungs-Phantasmagorien. Auch kam ihm etwas zur Hilfe, was mehr zählt als Symposien, Ausschußsitzungen und Präsidentenstühle in Akademien: Und Benn erkennt es, Feindschaft sieht klar: ... *Sie hatten vier Jahre lang Zeit; alles lag ihnen zu Füßen, die Verlage, die Theater, die Zeitungen hofierten sie ... aber per saldo ist doch effektiv garnichts dabei zu Tage gekommen, kein Vers, kein Stück, kein Bild, das wirklich von Rang wäre.*

Er aber, Gottfried Benn, hatte die Schubladen voller Manuskripte, Gedichte, Essays, Prosa. Setzte die Qualität seiner Arbeiten erstaunlich hoch an: das *Concentrierteste ... was zur Zeit innerhalb Europas zu liefern ist.* Spricht, Oelze gegenüber, von einem *neuen blitzenden Stil.* Eine *Bezirksbombe an Abwegigkeiten und Excentric.* War, als er Gedichte schrieb, in Landsberg, inspiriert – *zu Zeiten braucht man nur in die Luft zu fassen und holt ein.*

Und er holte ein, was in winzigster Auflage, 1943, als Privatdruck erschien: Das *ferne Land* war darin, sein liebstes Gedicht, *eine Augenblickssache*:

Ach, das ferne Land,
wo das Herzzerreißende
auf runden Kiesel
oder Schilffläche libellenflüchtig
anmurmelt, ...

Und er ist nur mäßig erschrocken, und hat *lange über die Sache nachgedacht*, als Frank Maraun, alter Berliner Bekannter, *G.B. Veteran*, Zeitungs- und Filmmann, ihm in die Strantz-Kaserne meldete: daß er ein Buch schreiben wolle: »Hölderlin, Rilke, Benn«. Geschieht nicht alles Große ohne Anstrengung, leichtfüßig und ohne schwitzendes Verdienst?

Es sind dies die Sachen, die zwischen Bremen und Berlin und Landsberg oft hin und her verhandelt werden; der Essayband *Ausdruckswelt*, darin *Pallas*, geschrieben in der *v.-Strantz-Kaserne, ... ungeheizt u. bei Kommisbrod und Kunsthonig*, die *22 Gedichte*, und später dazu dann *Roman des Phänotyp.*

Wobei es nicht blieb: Im zerbombten Berlin, der Krieg war zu Ende – hungrig, ohne Heizung, ... *aber die Feder kann noch von der Hand gehalten werden* ... kamen *Der Ptolemäer*, das ein oder andere Gedicht, wenig davon, dann *Drei alte Männer* hinzu: Die Repositorien, um im Bilde zu bleiben, quollen sozusagen über; auch ein *Tippfräulein wurde inkommodiert* ..., aber ... *das herrliche Vaterland will das garnicht wissen.*

Denn das ist erstaunlich: Auf Umwegen, über Schweden, die Schweiz vor allem, auch von den USA her rührte es sich, wurde die Glocke angeschlagen. Die *Statischen Gedichte* und die überschwenglich lobspendenden Besprechungen waren das Seil, mit dem sein Name in den Mittelpunkt allgemeiner Aufmerksamkeit eingeläutet wurde: Max Niedermayer, Lizenzträger des Limes Verlages und Hockeyspieler, schickte Gottfried Benn einen werbenden Brief: .. *wollte gern und mit voller Überzeugung Ihre Arbeiten verlegen.* Was mutig war, denn der umworbene Autor war quasi unerlaubt. Doch die ICD, die Information control division war läßlich, löste sich auch langsam auf. Benn zögerte noch, warnte seinen sportiven Verleger, an dem ihm gerade das Passionierte gefiel: *kann anständigerweise keinem Verleger zureden, sich dafür zu interessieren ...*

Schickte dann aber doch, nachdem Oelze Erkundigungen eingeholt hatte, den *Ptolemäer* und die Essays *Ausdruckswelt* nach Wiesbaden, keine sauber geschriebenen, wohlgeordneten Blätter, sondern zerschnittene und zusammengeklebte Seiten, schlechte Papierqualität, ausgeschriebenes Farbband, nicht gerade einladend. Niedermayer las, erfaßte die Qualität des Textes, war gewiß: endlich die schmerzlich vermißte *Schubladenliteratur*. Und sein Telegramm in die Bozener Straße: »Manuskripte eingetroffen. Starker Eindruck. Sendet Vertrag« war die Klinke, die Gottfried Benn das Tor zur deutschen, zur europäischen Berühmtheit öffnete.

Hatte Benn einst Balzac resigniert zitiert: die weißen Flügel des Ruhmes würden ihn nicht streifen, so erfüllte sich, in erstaunlichem Tempo, Oelzes Prophezeiung nach dem Erscheinen der *Statischen Gedichte*: ».. ein Rauschen wird sich erheben und nicht mehr zur Ruhe« kommen. Nun rauschte es gewaltig vom Limes-Turm, dem Pariser Hof Signet aus Wiesbaden. Niedermayer erkannte die Gunst der Stunde, wollte seinem jungen Verlag ein Profil geben, wohl wissend und von Kennern kaum ermutigt, daß Gottfried Benn kein Auflage-Autor war und sein würde: Gottfried Benn hatte ihn zum Jahresende das Manuskript *Drei alte Männer* geschickt, wenige Blätter nur. Niedermayer startete eine *Blitzaktion.* In kaum vier Wochen wurde der Text abgesetzt, um Weihnachten 1948 erhielten »sorgfältig ausgewählte Adressen«[132] das schmale beigefarbene Pappbändchen, 48 Seiten stark: *Geschrieben im schlimmen dunklen November 1948 Berlins, bei flackernder Kerze und russenden Paraffinölfunzeln, mit Sorge um Kohlen und Brod* ... Es war das erste Buch Gottfried Benns, das nach *zwölfjähriger Unterbrechung ... wieder in Deutschland erschien.*

Enthusiastisch der erste Pressewiderhall. Entschlossen leerte Niedermayer Benns Schublade, jungfräuliche Manuskripte waren in Mengen da, Zug um Zug legte er den *Ptolemäer*, nochmals die *Statischen Gedichte*, *Ausdruckswelt* und im Oktober des Benn-Jahres 1949 den Gedichtband *Trunkene Flut* vor: Überraschend – auch Gottfried Benn war überrascht – breiteten sich die weißen Flügel. Nicht Hermann Hesse, trotz seines Nobelpreises, nicht Emil Strauß, Guido Kolbenheyer, nicht Alfred Döblin, Musil oder Hermann Kasack, Gottfried Benn hoben die Fittiche des Ruhmes empor: Lobeshymnen in den Zeitschriften, hin bis zur Provinzpresse, selbst Damenjournale ließen es nicht an einer Verbeugung fehlen. Und dick wurde aufgetragen: »Wunderkraft des Wortes«, »exotische Glanzlichter«, »Fazit unserer Epoche, Genialität«, »Großartige Panoramen«, »der größte lebende Dichter«. Es könnte einem schwindeln vor so viel huldigenden Honigworten. Und weiter geht es: »im Glücksrausch gelesen, Sätze, die man an alle Litfaßsäulen plakatieren möchte«, »Brillanz – letztes artifizielles Zusammenweben«. »Hexenmilch aus Klingsors Zaubergarten ...«

Nur wer lange gedarbt hat, kann ermessen, wie dieser erste lobende Trunk willkommen und köstlich den lechzenden Gaumen netzt: *die Leier, hinab den Fluß* – sie t ö n t und »erreicht die Gestade des methymnäischen Lesbos«.[133]

Hier nun wäre einzuhalten, Atem zu schöpfen, sich umzuschauen und zu fragen: Wie kam es zu diesem explosionsartigen literarischen Interesse an Gottfried Benn? Hin bis zu Zeitungsinterviews, Nachtprogrammen und Radiosendungen? Bis ins flache Land hinein, ja bis auf die Wochenmärkte. Selbst nicht Lobredende, selbst Erich Kästner[134] läßt den Kunden die Gemüsefrau fragen: »Was lesen sie denn da, meine Liebe? Ein Buch von Ernst Jünger?« Darauf die Gemüsefrau zum Kunden »Nein, ein Buch von Gottfried Benn. Jüngers kristallinische Luzidität ist mir etwas zu prätentiös. Benns zerebrale Magie gibt mir mehr.« Natürlich gab es auch gedämpfte Äußerungen, schärferen Pfeffer: »G.B. ist wieder da und nihilistelt seinen unerträglichen Pessimismus ...«

Ausländische Bekannte störten sich am Fehlen von *Besserungsversicherungen, von Schuld und Sühne* in *Drei alte Männer. Eine Schriftstellerin, ... die mich früher sehr umwarb kam zu der aparten Feststellung was bliebe Bennsches am Benn, wenn nicht am Schluß bei ihm immer das Gähnen stünde*, – *Gänsegehirn* kommentiert Benn. Aber das waren einsame Stimmen. Drangen nicht durch gegen den Orkan an Zustimmung und Bewunderung: Dr. Benns Wahrsager und Prophet, Alfred Bauer, ein Patient seit 1945, an dem er mit rührender Hartnäckigkeit hing, sollte Recht behalten, wennschon um ein Jahr verschoben: die zweite Hälfte des neuen Jahres *würde meinen großen Aufstieg bringen.*

Warum gerade den seinen, so fragen wir. Was von der deutschen

Literatur war nach 1945 noch erkennbar? Die Emigranten, von draußen in den darniederliegenden deutschen Sprachraum sehend, hatten ihre Schwierigkeiten: Man übersah die Lebensnot, welche sie ins Ausland gedrängt hatte, hielt weiter Distanz zu ihnen. Auch fehlte das bürgerliche Publikum, auf welches ihr Ton eingestimmt war. Alfred Döblin, Walter Mehring, Johannes R. Becher scheiterten. Vielleicht ist hier Bert Brecht zu nennen. Seine Stimme drang durch. Auch als Lyriker. Selbst die Einlassungen Thomas Manns zu Deutschland, auch dem darniederliegenden, blieben lange unvergessen. Die Schriftsteller, nennen wir sie die konformistischen, welche in der Hitlerzeit gefördert, gestützt wurden, zumindest unbehelligt hatten publizieren dürfen, verbargen sich, aus gutem Grund. Einige der Besseren nahmen sich das Leben, wie Josef Weinheber. Vergessen waren auch diejenigen, die zwar in Deutschland verblieben waren, aber nichts hatten veröffentlichen dürfen. Deutschland erschien als literarische Wüste, hoffnungslos, scheinbar ohne literarische Öffentlichkeit: wie diese Leere füllen? Dazu Not und Mangel, die Trümmerfrauen auf den Ruinen der Städte, das kulturelle Zentrum verloren, keine überregionale Presse, vier Besatzungszonen, Provinzialismus allenthalben. Das Verlagswesen streng kontrolliert, Drucklizenzen wurden nur zögernd ausgegeben. Wer eine bekam, hatte fast das Privileg Geldscheine zu drucken, war auf dem Wege zum Millionär.

Doch die Zeit half. Die Besatzungsmächte begannen unterschiedliche Wege zu gehen, ihre eigene Interessenlage schob sich in den Vordergrund. Das Gegensatzpaar faschistisch-antifaschistisch deckte sich nicht mehr mit ihren politischen Absichten. Die Teilung Deutschlands zeichnete sich ab: hie demokratisch, hie kommunistisch war der abdankende Schlachtruf. Es fiel Berlin nicht durch Blockade der Russen, die Währungen fielen in Ost- und Westmark auseinander. Die Sieger, die USA insbesondere, mochten zu diesem Zeitpunkt in Deutschland bereits den zukünftigen Partner gesehen haben und ließen alles läßlicher laufen. Deutlich war, bei allen Vorbehalten, Benn stand auf westlicher Seite. Schon, es gab Produktionen, Hermann Broch natürlich und Robert Musil. Hermann Kasack mit »Die Stadt hinter dem Strom«. Stefan Andres schrieb »Wir sind Utopia«. Werner Bergengruen, Ernst Penzoldt veröffentlichten. Marie Luise Kaschnitz, Rudolf Hagelstange traten wieder als Lyriker hervor. Viele von denen, welche in Deutschland verblieben waren, in der Hitler-Zeit sich bedeckt gehalten hatten, traten jetzt hervor. Zum Teil mit ähnlichen Beschwernissen lebend, wie sie sich jetzt in der Literaturszene der fünf neuen Bundesländer offenbaren. Auch wurde Hans Carossa, Peter Huchel, Hans Erich Nossack wieder gedruckt, nicht unbeachtlich. Aber man wünschte weiter zu greifen, die Hervorbringungen des eigenen Landes in den europäischen Zusammenhang zu stellen. Namen wie Auden, wie T. S. Eliot wurden genannt. Womit denn zugleich der Niveauanspruch deutlich wurde. Und schaute man um sich, hielt nur einer diesem Qualitätsanspruch stand und zugleich der Erwartung, den Tendenzen der modernen, außerdeutschen Literatur gefolgt zu sein: Gottfried Benn. Lange tot waren diejenigen, welche noch gleichrangig hätten neben ihm stehen können, um auf jener Schiene der »europäischen Literatur zwischen den Weltkriegen«[135] das deutsche Element in die europäische Modernität einzubringen. Musil, Kafka, Broch, selbst Loerke wurden erst nach Benns Tod in dieser das Neue schöpfenden, ja revolutionären Reihe gesehen. Benns hochexpressionistische Frühzeit, sein Irrationalismus auf Nietzsches Gletscherpfaden war nicht vergessen, wurde aber als quantité negligeable beiseite gestellt. Max Rychners ist hier wiederum zu gedenken, der diese Tendenz ganz im Sinne Gottfried Benns mit glänzender Feder vertrat – und sich durchsetzte. Goethe, Kleist, manchmal auch Hölderlin waren Benns frühe Wegweiser und Richtungsgeber zum antinaturalistischen Stil *ohne tragende Figur, Inhalt und Form identisch*. Nun im Soldatenrock, zieht es ihn weg von der Endmoränen-Landschaft der Eiszeit, und hin zur Romania: Wir hören die Namen von Pascal, Flaubert, Balzac, Descartes. Dazu eine eigentümliche, deutlicher erst in der inneren Emigration artikulierte Haßliebe zu Deutschland, noch wenig bekannt in diesen Jahren: So konnte er, als Überlebender der modernen Richtung deutscher Literatur, zur Kultfigur der fünfziger Jahre werden. Gestützt, gehätschelt von der Kritik, den Medien – und dem Vakuum um ihn her. Und es war nicht nur die Höhe seiner Produktion, das Genie seiner Lyrik, welche der zerrissenen Identität der Nation zwischen duswidanja und bye bye weiterhalf. Die formale Qualität eines Gedichts, der gut gebaute Satz, er spricht nur einen kleinen, kennerischen Kreis an. Aber Maximen wie *Erkenne die Lage ... passe dich der Situation an*, mochten schon kalmierendes Öl auf der flackernden Volksseele sein; bei Hungerkost und Kerzenlicht über vielseitige Fragebögen gebeugt. Treue sich selbst gegenüber? War Tarnung nicht besser? Und hatte man sich nicht getarnt? Dachte, lebte man denn nicht in Haltungen, wie sie hier ausgesprochen waren? *Mache ruhig mit in Überzeugungen, Weltanschauungen, Synthesen nach allen Richtungen der Windrose, wenn es Institute und Kontore so erfordern.* Der Nachkriegsdeutsche, vor sich die Ruinen des Vaterlandes, auf sich gerichtet die Finger der Welt, hier fand er ausgesprochen, was ihn undeutlich umschwebte: die Doppelbödigkeit menschlicher Existenz, das Zwielichtige, Fehlbarkeit auch und Verirrung: *Wir lebten etwas anders als wir waren, wir schrieben etwas anderes als wir dachten ...* Nein, keine Exkulpation für das Vergangene, auch kein Aufbaupotential für Zukünftiges. Aber das Leben als Kaleidoskop, Empfehlung der Pariageste, der Tarnung, um überstehen zu können: Könnte dies nicht das Faszinosum sein, ein melancholisches Löschpapier, welches Zweifel, Fragen und ewig währende Schuldgefühle wennschon nicht auslöschen, so doch dämmen könnte?

Es sind die Jahre, in denen Konrad Adenauer Regierungschef wird und Gottfried Benn, zwar versteckt, Vorbehalte gegen das *Paulinische*, das Verschleiern der Lage durch die (offizielle) Kulturpolitik anmeldet; letztlich in Adenauer aber den .. *einzigen mit etwas Haltung und Erfolg ...* sieht. Öffentlich hat er sich hierzu nie geäußert.

Orpheus also, nicht nur für Persephone sang er, bittend um Eurydike. Andere auch, Verwirrte, Verzweifelnde zog der preußische Orpheus aus dem Sand der Glaciale zu sich her: »Und mit Gefallen erkannt«[136] von der Menge. Wir betreten ein weites Feld und voller Dunkelheiten, Zwielicht, Widersprüchen. Rätselhaft wird Benns Gestalt.

Wir verschieben diese Erörterung, sehen wir Benn jetzt in seinem Glanz: Ruhm, nun ja. Nicht der anrüchige – der ihm lieb war – seiner expressionistischen Sturmphase *Morgue – Diesterweg*, *Söhne* und *Fleisch*. Auch nicht der kleine Ruhm der zwanziger Jahre, mehr auf literarische Insider, elitäre Zeitschriften und Konventikel beschränkt: *Gesammelte Gedichte*, *Gesammelte Schriften* und *Fazit der Perspektiven*. Jetzt war er da, der g r o ß e Ruhm, den Friedrich Wilhelm Oelze vorausgesagt hatte. Oelze, Bannerträger, glaubensstarker Beichtvater seiner schwierigen Künstlerexistenz. Erschütternd wie e i n e Stimme, ein Echo genügen kann, den vereinsamt Schwankenden zu stützen, ihn vor dem Absturz zu bewahren. Seltsames muß die Brust dieses noblen Mannes bewegt haben, sich neben das Mietwohnungs- und Kasernendasein eines an sich zweifelnden Poeten zu stellen. Auszuharren auch in finsteren Zeiten und sein Bremer gentry-Umfeld, auch seine Ehefrau, geborene Michelsen aus der Schütte-Familie, erste Kreise also, Kaufmanns-Adel der Hansestadt, nicht zu verstimmen. Wie konnte er die Größe Gottfried Benns ahnen? Sein Fortleben auch in der Zukunft. Und daran geknüpft sein Name, Oelze. Denn wer wohl spräche heute noch von Isaac von Sinclair, der sich um den kranken Hölderlin kümmerte, ihm Zuflucht gewährte und Subsidien.

Aber was sollen wir von Gottfried Benns Heruntergerede seines Briefpartners und »Freundes« Friedrich Wilhelm Oelze halten? Jene eigentümliche Neigung Benns, Dritten gegenüber auf Distanz zu gehen, wenn er sich über ihm Nahestehende, ihm Befreundete äußert. Meist kritisch, manchmal abfällig sogar, malcontent auf jeden Fall.

Oelze dann langweilt ihn, ist *grietschig*, besteht aus *80 % Snobismus*. Dennoch hielt diese Verbindung bis zum Tode Gottfried Benns durch. Spannungsfrei und ohne Ressentiments war sie auf keinen Fall, wir sollten uns hier von Illusionen frei machen.

Gottfried Benn also in diesen Jahren – ab 1949 – allenthalben: Pressestimmen vom »Weserkurier« bis zur »Zeit«, selbst der »Spiegel« glaubt nicht auf ein Portrait von ihm verzichten zu können. Die Nachtstudios berichten über ihn, Einladungen häufen sich, auch in private Zirkel: *Ich werde offenbar dorthin berufen, wie sich früher die Reichen nach ihren Diners einen Tenor einluden, um ihn singen zu lassen* ... beschreibt er eine Party bei Margret Boveri. Aber er goutiert es. Zusendungen unerbetener Manuskripte, die er beurteilen soll, häufen sich, er läßt sie liegen. Alte Freunde, Freundinnen melden sich wieder, nachdem sein Name genannt wird, er lächelt darüber. Gibt aber Interviews, läßt sich photographieren: von Hilde *Zenker, renommierteste Pressefotographin Berlins.* Wird Mitglied von Akademien. Promotionsarbeiten über sein Œuvre häufen sich. Der Besuch Ernst Jüngers *bis 2^{oo} h nachts* wird gemeldet: *War ganz nett ... Wir tranken ganz reichlich u. dabei kamen wir uns näher.* In seine Briefanreden schleicht sich gelegentlich ein *Halloh, Herr Oelze, verehrter Mäzen, verehrter Senhor* ein. Eigentümlich früh – im Februar 1949 – taucht der Nobelpreisverdacht bei Nennung seines Namens auf. Vielleicht eine Ente? Gottfried Benn sieht das realistischer: *Bitte keine Witze.* Auch ist Thomas Mann *für die Verteilung ganz maßgeblich.* Immerhin, mit seiner Tochter Nele scherzt er, nach einem Besuch im dänischen Badeort Hornbaek, wo ihm das Haus Pyrole sehr gefiel: *Falls ich den Nobelpreis bekäme, würde ich Pyrole kaufen.*

Mit Heidegger läßt er sich gern zusammenstellen. Hört wohl auch, daß der Freiburger Philosoph bei Damenbesuchen Benn- Gedichte vorliest aus Büchern, die Fritz Werner – Heidegger-Freund, großer Benn-Sammler und -Verehrer – ihm schenkte. Daß seine *Totenrede auf Klabund* im Stuttgarter Nachtstudio zusammen mit Friedrich des Großen Grabrede auf seinen Bruder Heinrich und des Perikles Totenrede auf die Gefallenen des Peloponnesischen Krieges gesendet wird, sieht er zwar als *Karfreitagszauber für die intellektuellen Schichten* – an der Ranghöhe stört er sich nicht. Mallarmé ist ihm wenig bekannt. Daß *Sachverständige* ihn *schon öfter in seiner Nähe gesehen haben,* nimmt er als Selbstverständlichkeit entgegen.

Auch seine ältere G.H. Wolffsche Büste, die im Hamburger Kunstgewerbemuseum stand .. *halb Kaligula, halb japanischer Ringer ...* wird unter den vielen Porträtfotos und Zeichnungen jener Jahre von ihm noch einmal zitiert.

Zum Rundfunk hatte Gottfried Benn schon seit frühester Zeit ein vertrautes Verhältnis: In der Berliner Funkstunde bereits las er 1927 Gedichte. Und dankte später, aus Hannover, dem damaligen Studio-Leiter Edlef Köppen mit der signierten Ausgabe seiner *Gedichte*: *Weihnachtsgruß vom Fremdenlegionär! XII/36.*

Jetzt aber liest er im Funkhaus Prosa, Verse auch, spricht auf Band: Kostbare Inkunabeln jeder Benn-Sammlung: die eher hohe, nicht eben laute Stimme. Die Endsilben betont, nicht zu überhören die glückliche Herkunft aus dem Brandenburg-Preußischen, also Berlinsch. Hinweggelesen über die Interpunktion. Zusammenhänge und Sinnlinien souverän mißachtend: Aber eindrucksvoll, einen zarter Predigerton-Anklang nicht verleugnend, Lesungen voller Reiz. Auch scheute er sich nicht, einen Tag nach seinem 70. Geburtstag für das Fernsehen ein Interview zu geben: Thilo Koch hatte ihn dazu überredet: ein in sich ruhender Mandarin unter müden Lidern; mit der Brille in den Händen spielend. Den rechten Arm aber hielt er sehr ruhig. Acht Wochen später stirbt er.

Was nicht gäben wir drum, die Stimme eines Hölderlin, Mörike, Trakl, Rilke oder die Lasker-Schüler zu hören, sie im Monitor-Bild gar zu sehen ...

Verwirrend die Liste seiner öffentlichen, halböffentlichen Auftritte und Vorträge: die Lesung an der Marburger Universität im August 1951. Frau Niedermayer chauffiert ihn in die Lahnstadt, rät ihm, vor Betreten des Saals die weißen Gamaschen abzulegen, was er tut: *ein Bundesminister, zwei hessische Minister, vier Universitätsrektoren und die dazu gehörigen hohen Kommissare* sind anwesend. Dazu der Aufnahmewagen des Hessischen Rundfunks: *aber* (er) *bezahlt gut* schreibt Benn an Ernst Robert Curtius. Zuvor bat er ihn, sein Redemanuskript *Probleme der Lyrik* anzusehen, fragend *ob ich mit einigem Anstand in dem Milieu bestehen kann.* Er konnte es. Und für ein Jahrzehnt wurde die Marburger Lesung zum Glaubenssatz moderner Dichtung, zur Laboratoriumsanweisung für faszinierende Wortmontagen. Tafeln stellte er damals auf *was mit der Anordnung von Sätzen, Worten, Vokabeln an unvergänglicher Schönheit erreichbar wäre.* Was in der Folge nicht unwidersprochen blieb. Aber wo blüht schon eine Rose ohne Dorn. In Frankfurt am Main wird das Hindemith–Benn–Oratorium *Das Unaufhörliche* aufgeführt: Bundespräsident Heuss saß in der ersten Reihe der Zuhörer.

Die Darmstädter Akademie für Sprache und Dichtung verleiht ihm den Büchner-Preis: als »starkes geistiges Naturell und Temperament« charakterisiert ihn im Oktober 1951 Rudolf Pechel, der Präsident, als »ein Umstrittener« auch. Aber diese Preisverleihung wirkt weit in die Öffentlichkeit hinein: Unumstritten hat Gottfried Benn den Ehrenplatz in der deutschen Literatur eingenommen.

Und es behagte ihm: teils – teils, wir kennen es. Und endlich bekommt er Mittel genug an die Hand, einen Urlaub anzutreten: Meran.

3000 DM betrug die Ehrengabe, das war genug für die gemütliche Hotel-Pension Westend in Meran – und auch für *una birra chiara* – Frost hieß die empfohlene Marke. Denn die Literatur, aller Öffentlichkeit und aller »Bennizitis«[137] zum Trotz: Viel brachte sie nicht ein:

keinen Borgward gefahren –
Zehnpfennigstücke für die Tram,
im Höchstfall Umsteiger.

Selbst der Verleger, selbst Max Niedermayer mußte von Benn getröstet, gestärkt werden: der Absatz seiner Bücher war schleppend, nicht eben üppig.

Zuvor aber noch der Abend im Berliner British Center: 20 Jahre zuvor hatte Else Lasker-Schüler den Kleist-Preis erhalten. In großartiger Freiheit bekannte sich Benn zu seiner Liebesbeziehung zum Tino von Bagdad, wie sie sich nannte:

»Ich raube in den Nächten
Die Rosen deines Mundes,
Daß keine Weibin Trinken findet.«

So hatte sie ihn, ihren Giselheer, besungen.

Das Bundesverdienstkreuz (1. Klasse) bleibt nicht aus. Im September 1952 finden wir ihn in Knokke: Er fährt als Vertreter Deutschlands zur *Biennale internationale de Poésie.* Das Auswärtige Amt finanziert die Reise, man behandelt ihn gebührend, achtungsvoll: *das schönste Zimmer im Hotel, Blick über das Meer und eigenes Bad* notiert er. Sein Korreferat: verkrampft, zu leise, *meine Rede kam nicht an*, so urteilt er selbst. Aber er sah noch einmal Brüssel, auf der Rückreise. Ging durch die Rue St. Bernard, wo er vor 37 Jahren, während des Krieges gewohnt hatte: *Rönnes und Pameelens Geburtshaus.*

Das alles sieht großartig aus, weltmännisch. Hatte sich unser Orpheus frei gesungen, so daß er »Waldungen samt dem Gewild' und folgende Felsen heranzog«?[138] Ein Symposion-Troubadour und Festredner für das Besondere, der selbst vor dem Präsidenten-Gefälligen nicht zurückschreckte? Wir stehen vor der konstitutionellen Zwiespältigkeit seiner Person, einmal mehr: Da geht ein kleiner Herr in grauem Mantel unter großem Hut – »Generaldirektor eines Röhrenwerkes hätte er sein können«[139] – bedächtig, festen Schrittes zum Zeitungskiosk, kauft den »Spiegel». Und steht verloren, zögernd wie ein Kind an der Straßenkreuzung, man hätte ihn ansprechen und hinüberleiten mögen. Einerseits diese Empfänge, blattpflanzenumprunkte Ehrungen, Erste-Reihe-Persönlichkeit: Niemand wird behaupten, er wäre unempfindlich gegenüber diesen Aufmerksamkeiten und sich häufenden Einladungen gewesen. Gern ließ er sich die Mitgliedschaft der Akademien andienen und dankte den Amtsträgern unter Verbeugungen im Goetheschen Kanzlei- und Zeremonialstil. Sorgsam wurden die Posteingänge bei solchen Anlässen gezählt, auch die Minister zu seinen Füßen. Sektkörbe und Größe der Rosensträuße waren ihm buchenswert. Schon wieder 3 – 4 neue Doktorarbeiten über ihn, eine *großartige über meine Lyrik* von einer *26jährigen jungen Dame aus Köln.* Gottfried Benn hatte es leichter als der Weimarer Olympier. Mit seinen Gedichten voller »Tristan-Aroma ... mondänem make up ... augenzwinkernder Idyllik ... von der angreifenden Süße des Kitsches« (wie boshafte Kritiker und Dichter zugleich sich äußerten), fand er eher die stützende Hand Amors als Goethe in Marienbad, der seiner Ulrike ein gutes Pfund Wiener Schokolade zwischen das gehässige Steinwerk auf seinen Tisch legen mußte, damit die »lieblichste der lieblichsten Gestalten« ihn – vielleicht – liebenswert fände.

Einerseits – andererseits jedoch war Benn gereizt über diese Zudringlichkeiten, verbat sich Telefonüberfälle auf die schroffste Art: *Ich werde nicht angerufen.* Lehnt Frühstücks- und Tee-Empfänge ab. Geht nicht zum Schriftstellerkongreß in Berlin, *war nicht da und habe mich um niemand gekümmert.* Bekommt Offerten nach Rom und Florenz, bezahlte sogar: *reise aber nicht.* Auch hören wir – und es klingt nach Überdruß: *sollen sie ihren Kulturkreis alleine betreiben.* Nimmt er eine Einladung an, so sind es persönliche Gründe, oder Pecunia ist das *treibende Motiv*: *Was macht man nicht alles für Unsinn und Abwegigkeiten* könnte man als Summe unter diese Einlassungen schreiben. Einerseits – andererseits.

Da ist sie wieder, seit *Diesterweg*, jene gläserne Wand, die ihn vom Schauspiel des warmen Lebens trennt. Zwar streckt man die Hand, möchte sie strecken. Aber der andere ergreift sie nicht, sieht sie nicht. Der Arzt kennt solche Bilder: Er tritt an das Bett des Patienten, zuwendungsfreudig, doch dieser zieht die Decke über den Kopf. Um nachher, wenn die Visite vorüber ist, zu schimpfen, daß man ihn nicht ansprach: Gottfried Benn ist in Bremen, war mit Oelze verabredet, sah am Bahnhof die Straßenbahn mit dem Schild »Hartwigstraße«, wo Oelze wohnte – und kehrte um: *ich wußte nicht mehr, ob ich Ihnen gelegen kommen würde.*

Die zwei Seelen in seiner Brust, mit jener Inklination zum Rätselhaften, Zynischen, Doppelgesichtigen, sie werden noch zu erörtern sein. Jetzt nur: Daß es Gottfried Benn gelang, d i e s e furchtbare Seite seiner Existenz zu kaschieren, mit Masken und mit Schminken sie zu tarnen; zu überstehen, standzuhalten und nicht abzusinken zu den Wonnen der Gewöhnlichkeit, ja des Infernalischen: das eigentlich ist die Leistung seines Lebens. Die Versuchungen dazu müssen groß gewesen sein. Und sie kamen nicht aus den grauen Zellen des Cerebrum, sondern lagen tiefer. Trieben ihn; aus den Höhlen und Finsterungen des Schlangen- und Reptilienhirns, stark, fordernd, urteilslos – kaum beeinflußbar.

Aber wir sollten noch einmal zurückkehren zu jenen ironisch gebrochenen Eitelkeiten, die seine Briefe mit steigendem Ruhm mehr und mehr von *literarischem Geschwätz* überlaufen lassen. Einmal mehr ist der Hut vor F. W. Oelze zu ziehen, der das Absinken des epistolographischen Spannungsbogens klaglos vermerkte, alle Wünsche, ja Lasten, die Gottfried Benn ihm antrug, zu erfüllen suchte, und, stets sich im Hintergrund haltend, selten von s e i n e n Sachen sprach.

Lockerer werden die Anreden der *Wanze aus der Bozener Straße* an die Bremer *Synthese aus Oxford und Athen*. *Mein Lieber* hören wir, und *Cher Essayist*, auch *Lieber Edler* und *Lieber Meister Oelze*. Dann wälzte sich eine Flut von Kritiken und Besprechungen,

Zeitungsausschnitten über das blaue Briefpapier, ganze Pakete davon gingen in die Hartwigstraße.

Verzeihlich, diese kaum mit sich selbst kokettierende Ruhmredigkeit: Wer lange im Dunkeln lebt, wird sich des Lichtes freuen. Auch Gottfried Benn war nur ein Mensch. Selbst die Amouren, ihre Bedrängnisse, Komplikationen, ja verschwörendes Miteinbeziehen hat der *Herr aus Ascot* in gelassener Weltläufigkeit mitgetragen. Auch Benns Nachdenklichkeiten und medizinisch direkt ausgesprochene Hinweise zum *anti-Sinnlichkeits-Komplex (Anti-Prostata-Komplex): – beraubt Sie vieler Erlebnismöglichkeiten und Genußströmen* – werden ihn wenig berührt haben.

Anders offenbar ging es mit Benns Urteilen über Menschen, insbesondere mit seinen literarischen Urteilen. Sonderbar schwankend sieht er die Mitstrebenden, Mitstreitenden, ja das Personal seiner nächsten Umgebung. Sieht das menschliche Mitfeld sehr distanziert, opportunistisch, fremden Einflüsterungen dabei nachgebend. Sieht es als Reflex auf seine Person, seine Arbeiten: egomanisch also – was als Normalität bei Künstlern ihm nachzusehen und zu verzeihen wäre. Verblüffend aber seine Anmerkungen zur Literatur, zu seinen erloschenen oder mit ihm lebenden Kollegen in litteris; Goethe natürlich – und Nietzsche. Gipfel- und Anbetungspunkt. Hier wirft er sich in den Staub und bewundert, rückhaltlos. Zwar hören wir vom *alten Balkongott* oder *unserem olympischen Ururgroßvater*. Einzig für ihn aber Goethes körperliche und produktive Göttlichkeit, seine *abgefeimte Weisheit*, auch sein Abrundungsbedürfnis, *Fernhaltungsdrang von allem Dämonischen*, Hilfsmittel wohl, um *seine Zusammenbrüche gut* (zu) *verschleiern*. Und war entzückt, ihn in der *Kampagne in Frankreich immer und überall so reizend interessiert an guten Pasteten und Weinen und netten Fräuleins* zu sehen.

Er baute alles hoch – so sein abschließendes Urteil über Goethe. Und etwas Verwandtschaftliches notierte er: die Naturforschung als helfende Kraft, das Individuell-Dämonische zu beherrschen.

Dürfen wir glauben, daß die eigene Befassung mit der Medizin als angewandter Naturwissenschaft Benn vor der Auflösung, ja der Selbstzerstörung bewahrt hat?

Über Nietzsche an dieser Stelle kein Wort: *Weithin reichender*

Gigant der nachgoetheschen Epoche. Lassen wir es damit bewenden.

Aber die anderen? Heinrich Mann, einst *der Meister, der uns alle schuf?* Nun *redet und faselt* (er) *über Alles in einem Stil, so manieriert, daß einem übel wird.* Hermann Hesse: ein *kleiner Mann.* Gerhart Hauptmann: *Schaumige Flachheiten.* Ernst Jünger: *Weichlich, eingebildet, wichtigtuerisch ... kurz: Timmendorfer Strand.* Rainer Maria Rilke: *zähes, mühsäliges Reimplastilin.* Jacob Burckhardt: ... *als Ganzes auch nicht so sehr interessant.* Ludwig Klages: ... *aussen Mephisto, innen Frieda Schanz.* Leibniz und Schubert: *Panoptikum, lächerlich eigentlich das Ganze.* Schiller jedoch: *Ein wahrhaft erlauchter Geist.*

Die Droste: *zuviel Naturgewaber.* Hofmannsthal: *Ein Schieber mit sehr viel gepumpten Beständen.* Und Hölderlins »Brot u. Wein«: ... *nicht verworrener und schlampiger als das Übrige.*

Was ist das? Woher diese Mal contenance, diese Lust am Aburteilen anderer?

Und dies Register wäre mühelos weiterzuführen, mit köstlichen Arabesken: *Bewisperer ... Prospekt einer Konzertagentur ... faselhaft.* Stifter: *Ein Schaumschläger.* Mörike, trotz »Orplid« *völlig geistloser Mann.* Von den Neueren dann, den »Freunden« auch, ganz zu schweigen. Je weiter wir nach unten klettern, um so wohlwollender seine Urteile. Für die Habenseite bleibt wenig übrig, wir müssen lange suchen: Hamsun natürlich *unvergleichlich*, Shakespeare dann *unaufhörlich strömende, unbesiegbare Genialität.* Platen: *groß*, wird mehrfach zitiert.

Hier nun, in den warmen Gewässern der Unterhaltungs-, der romanhaft aufgearbeiteten Bildungsliteratur, eingeschlossen die »Krimis« – *Radiergummi fürs Gehirn* –, jene höchst schätzbare Sparte der Schriftstellerei, fast immer behagliche, gönnerhafte Zustimmung, breit gestreute Empfehlungen, dieses oder jenes zu lesen. Denn Gottfried Benn war ein Vielleser, las auch dickleibige Romane von hinten bis vorne. Was er mit anspruchsvoll sich gebenden Produktionen nicht immer tat.

Ist es so, daß Künstler einen blinden Fleck haben, wenn es gilt, Leistungen anderer zu beurteilen? Verdeckt ihr Genie den freien Blick auf Größe und Schönheit anderer Hervorbringungen? Oder liegt es auf d e r Ebene, daß »Tosca« Benn mehr zusagte als »die Kunst der Fuge«?

Kann es sein, daß der Künstler – Maler, Bildhauer, Tonbildner – diese verdrossene Blindheit als Schutzschild vor sich her trägt, seine Sensibilität, Unsicherheit, Einsamkeit, seine Zweifel auch zu beschirmen? Zerstörung, Auslöschung fürchtend?

Heinrich und Thomas Mann jedoch, um diesen bedenklich angeschwollenen Absatz abzuschließen, finden sich rücksichtsvoll behandelt: an Heinrich hängt Gottfried Benn *in seiner genialen Phase*. Und Thomas ... *ein großer Deutscher*. Beide *Brüder die größten literarischen Begabungen Deutschlands in diesem Jahrhundert*. Taktik, Opportunismus, Weltklugheit oder geprüfte Meinung – wer wollte es entwirren? Nehmen wir eine frühe Bemerkung Benns von Ferdinand Lion in einem Salongespräch – Arosa, Mittwoch 14.3.34 – zum Autor des »Zauberberg« geäußert: *Kennen Sie Thomas Manns Haus in München? Es hat wirklich etwas Goethisches.* Womit der einstige Bewohner recht einverstanden war: wir finden diese Notiz in seinem Tagebuch.

B e r l i n - S c h ö n e b e r g : B o z e n e r S t r a ß e 20. 7 Uhr abends, ein sorgfältig gekleideter, rundlicher Herr, eher klein, trotz erhöhter Hacken und dicker Sohlen, mit Hut und Mantel, graue Gamaschen schützen die Knöchel, tritt aus der Haustür, überquert die Straße, geht zum Briefkasten, ihm zu Gefallen dort aufgestellt, jetzt verschwunden. Wirft Briefe ein, tut es selbst: Die Post war ihm wichtig.

Und geht dann um die Ecke, zu »Dramburg«, den Bierdurst zu stillen. Pünktlich stellte er sich um diese Zeit ein. Häufig kam er allein, etwas overdressed in dieser Umgebung: korrekter Zweireiher, tadelloser Binder. Er nimmt Platz an seinem kleinen runden Tisch, dicht an der Heizung, blinzelt durch die verrauchte Destille zur Theke. Der Wirt kennt ihn natürlich: es ist sein Stammlokal. Die Figur korpulent, aber straff, beweglich, darauf ein gewölbter, runder Schädel – Hutgröße 57 – schütter das Haar, kaum graue Streifen darin. Die Oberlippe schmal, verschwiegen; voller die untere, Fülle und Lebenszuwendung signalisiernd. Die Augen: graublau, halb verhangen durch schwere Lider. Die Nase kräftig: Durchhaltevermögen, Energie ausstrahlend. Sicheres Auftreten, beherrschte Körpersprache voller natürlicher Autorität. Die Gestik sparsam, kaum, daß die Hände bewegt werden: breite Hände, plumpe kurze Finger; sie waren ihm nicht zu Gefallen. Ringsum Gebabbel. Pochen manchmal, wenn die Skatspieler ihre Trumpfkarte ausspielen oder das Geräusch der Würfel auf dem Holztisch. Quäkendes Radio, die Kellnerin eilt, Speisen und Biere aufzu tragen. Ein ambulanter Zeitungshändler bietet die Abendzeitung an, Benn kauft den »Abend«, überfliegt die Schlagzeilen, liest sorgfältig die Annoncen, zieht wohl auch den »Spiegel« aus der Tasche. Vor sich das Glas Bier, manchmal einen Schnaps, die »Juno« qualmt im Aschenbecher. Ein, zwei Biere werden nach bestellt, dann ist es genug, vielleicht noch einen klaren Köhm. Oder er trifft sich mit P. A. Otte, Feuilleton-Redakteur des »Abend« bei Otto Flint. Am Bayerischen Platz betrieb der erste deutsche Meister im Schwergewichtsboxen eine Kneipe. Versuche Ottes, Gottfried Benn für sein Feuilleton zu gewinnen, schlugen fehl.

B i e r : »Würzburger Hofbräu«, »Beck-Biere« *aus Ovation* für Oelze, »Bötzow«, »Engelhardt« oder »Starkbier«, intime Sortenkenntnis verratend. Durch das gesamte Œuvre dröppelt es, wie auch das Wort »trinken« oft vermerkt ist. In der *Morgue* schon begegnen wir dem *Bierfahrer.* In Hannover war es die »Stadthalle« mit der Bierterrasse, wo auf der Rückseite der Speisekarte die Stadthallenelegien notiert wurden.

In Berlin dann wieder, nach den Dienststunden im Büro, abends die 1 – 2 Pilsener, im benachbarten Lokal, köstlich, eiskalt: – *die Götter müssen aus Salz und Durst bestehen, die so Unvergleichliches gaben*. Selbst Nietzsche, der Bier nicht mochte, oberste Autorität sonst, wird als *verdächtig* kritisiert: *Wen Bier hindert ... der trinkt es falsch*. Hohelieder jedenfalls auf das *neue »Helle«, das der Kellner an der Registrierkasse eindrückt*:

Was schlimm ist ...
Bei Hitze ein Bier sehn,
das man nicht bezahlen kann.

Selbst Luther *trinkt noch einmal einen Humpen Bier – kann* (dann) *den Untergang getrost erwarten.*

Gottfried Benn (1951)

Vergnügen wir uns noch ein paar Zeilen lang mit diesen »Dramburg-Oden« der späten Jahre, eine stattliche Zahl kommt zusammen: *Restaurant*, *Notturno*, *Was meinte Luther mit dem Apfelbaum*, vielleicht sogar *Fragmente*, *Stilleben*, und *Du übersiehst dich nicht* – . Im Gedicht *Spät* läßt er die Bierwagen fahren, *Destille* dann, *Bar*, auch *Aufatmen*. Eindeutig dem Labetrank zugewendet, *Was schlimm ist*, *Hör zu* und *Aber du* – ? Herrlich apostrophiert in *Das sind doch Menschen* und *Abschluß*. Nicht daß Benn in den Kneipen hauste, aber hier strudelte er die Dinge an sich heran, *empfand mehr Kulisse als in* (s)*einer Wohnung*. Hier las er seine Briefe, machte sich Notizen, einige Verszeilen gelangen, bis er damit Schluß machte, alles zusammenpackte, ein paar Worte mit der Bedienung, dem Wirt wechselte, *zu fremder Gäste Belange nickte* und *in vagem Säusel*, schweigend und einsam *das Menschentum und sein Gebarme* in sich aufnahm.

Aber auch Frau Ilse hatte Anteil an diesem Bierstubenidyll: Gottfried Benn, altersweise und schwer an Welterfahrung, Kenner der Frauen, konnte ihr Briefchen schreiben: *Liebes, ich war gleich nach 7 Uhr zu Hause. Ass in der Küche. Gehe jetzt:* 9^{30} *Uhr zu Dramburg wegen Durst. Habe so lange am Fenster gewartet. Komm bitte noch hin. Dein G.*: Welch Herz sollte an solch glühenden Kohlen nicht schmelzen.

Na ja, – ist man geneigt zu sagen:

soviel Lügen geliebt
soviel Worten geglaubt ...
und dein eigenes Herz
so wandelbar, bodenlos und augenblicklich.

Aber dennoch, teils – teils: Bewundernswert der Mut Frau Dr. Ilse Kauls, mit 33 Jahren den um eine Generation älteren Mann zu heiraten. Und Benn schreckte vor keiner Konvention zurück: postkartengroß die Hochzeitsanzeigenklappkarte: Den 60jährigen sehen wir vor dem Altar der Kirche knien und mit seiner Frau die Ringe tauschen; aber nur zum Teil staunenswert dies Bild: Wir kennen die totale Dissoziation des Gefühlslebens des nunmehr zum dritten Male Vermählten. Dem es ernst war – im Augenblick. Und es besteht kein Zweifel, daß die junge Frau – arbeitsam und pünktlich als Zahnärztin in eigener Praxis –, zusätzlich belastet mit der Führung des heruntergekommenen und anzuhebenden Haushalts in der unsäglichen Nachkriegszeit, eine glückliche Hand hatte. War es doch nicht leicht, das Zerrissene, Nicht-Alltägliche einer Künstlernatur auszubalancieren, zu besänftigen. In dieser letzten Epoche seines Lebens gab es vielerlei Gründe für den Antrieb, den Motor der Produktivität Gottfried Benns. Der Anteil Frau Ilses daran ist unzweifelhaft: Das »Alterswerk«, anthologie- und schulbuchreif, ist mit ihr Verdienst; wie immer man die Dinge auch sehen mag. Und es gab viel, woran man vorbeizusehen hatte.

Nun mag manchem diese tabakqualmgeschwängerte Pintenidyllik (20 Zigaretten täglich) und Parterre-Hinterhofstubenromantik zu sehr an *Weserlied*, an Hermann Löns und *sinnierende*(s) *Gemütsweben* erinnern. Doch diese Vorwitzigen und Fingerhebenden seien erinnert: wir sind in Preußen. Wo Tabakskollegium, Bierdurst und Leibniz-Korrespondenz von Schloß Charlottenburg nach Hannover durchaus als »normal« in den Geschichtsbüchern verzeichnet steht. Und Orpheus in der »Matratzengruft« der Bozener Straße durchaus ein Bild abgibt.

Um halb acht erhebt er sich von seiner bis zum Tode beibehaltenen schmalen Bettstelle, macht sorgfältige Morgentoilette, frühstückt ohne Zeitdruck mit seiner Frau Ilse, liest die Morgenzeitung. Starker Kaffee ist ihm wichtig, aus den Danksagungen nach Bremen kennen wir seine Vorliebe für den Türkentrank. Um neun verschwindet jeder in seinem Praxis-Zimmer, Frau Dr. med. dent. Benn plombiert und extrahiert *mit zarter Hand* die Zähne ihrer Patienten *(Praxis bei Madame sehr gut).* Gottfried Benn geht in sein Hofzimmer, trotz der zwei Fenster immer dämmerig, wie es in Parterre-Wohnungen denn so ist. Hier empfängt er seine Patienten (wenn welche kommen) – *Praxis sehr schlecht* und hat Raum für die Schriftstellerei. Noch ist er für sich, hat Zeit. Das kleine Praxisschild aus schwarzem Glas vor der Haustür macht deutlich, hier wohnt kein Kassenlöwe: 11 – 12 und 5 – 6 lesen wir in goldenen Buchstaben: Schrift und Farbe an Grabtafeln erinnernd. Hier kramt er in seinen Notizen, versucht in seinen Arbeitsheften die eigene Handschrift zu entziffern: *Pierre Balmain, Fath, Dior,* – die

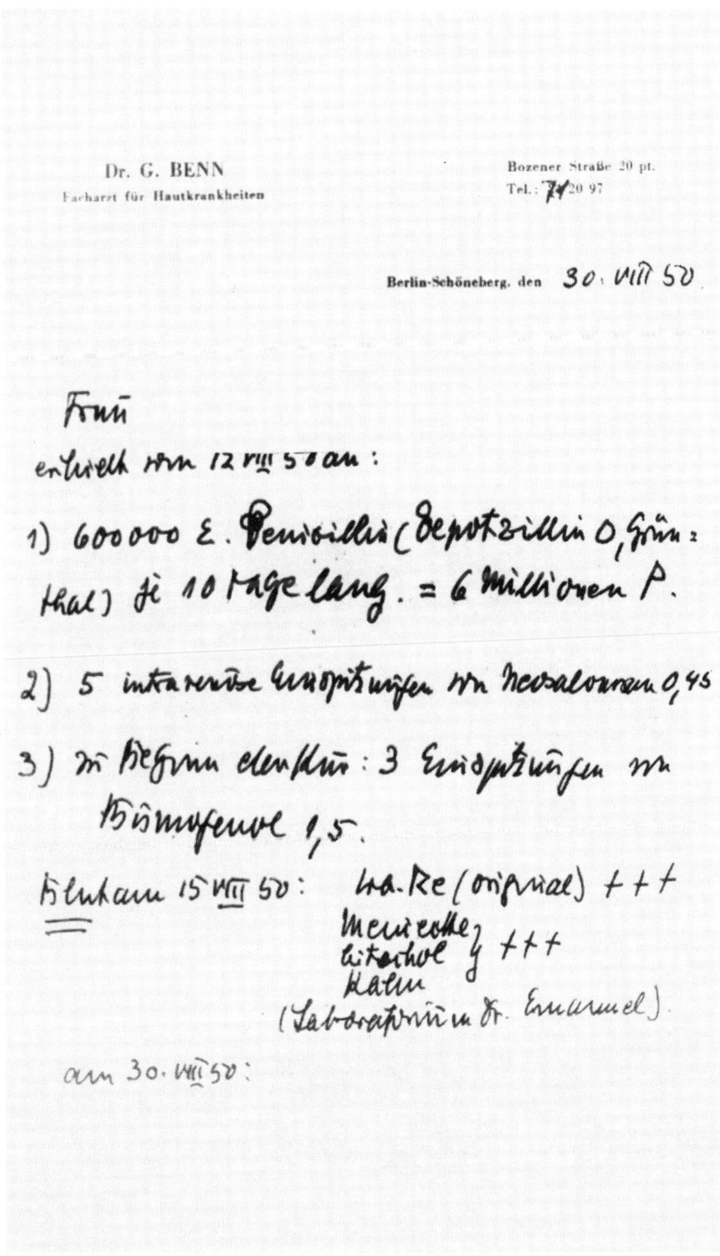

Dr. G. BENN
Facharzt für Hautkrankheiten

Bozener Straße 20 pt.
Tel.: 71 20 97

Berlin-Schöneberg, den 30. VIII 50.

Frau

erhielt vom 12 VIII 50 an:

1) 600000 E. Penicillin (Depotzillin 0, Grünenthal) je 10 Tage lang. = 6 Millionen P.

2) 5 intravenöse Einspritzungen von Neosalvarsan 0,45

3) zu Beginn der Kur: 3 Einspritzungen von Bismogenol 1,5.

Blutbild 15 VIII 50: Wa.Re (original) +++
Meinicke, Citochol, Kahn } +++
(Laboratorium Dr. Emanuel)

am 30. VIII 50:

Ärztliche Bescheinigung Gottfried Benns vom 30. 8. 1950

Namen der Pariser Modekünstler hatte er aufgeschrieben. Dazu *wolkengrauer Satin, wunderbare Corsage – über den Rücken läuft und ... eine Drapé von Knöpfen.* Dazwischen leuchtet es mit Kopierstift: *Es ist ein Garten, den ich manchmal sehe / östlich der Oder, wo die Ebenen weit, ...*

Auf dem Mikroskopiertisch steht die Schreibmaschine. Benn hat seine Schwierigkeiten damit. Aber erst im Typoskript tritt ihm das Geschriebene rein entgegen, die Ratio kann scheiden und sondern, was die Mania, der Augenblick ihm eingab.

Selten stört die Sprechstundenhilfe, einen Patienten anzumelden, meist »Salondamen« vom Strich am Bayrischen Platz. Dr. Benn mochte sie gerne. Sie waren bescheiden, zahlten bar, machten nicht viel Umstände, problemlos die ärztliche Handhabung. Aber es kamen nicht viele. Die Quartalsabrechnungen mit der Kassenärztlichen Vereinigung waren kümmerlich: 40 Scheine für die Monate Oktober bis Dezember im Jahre 1952. Wohl kaum genug, um die Wohnungsmiete zu zahlen. Aber *Literatur und Rundfunk bringen etwas ein.* Dabei war der Absatz seiner Bücher in dieser Zeit nicht üppig. *Der Ptolemäer* brachte es bis 1951 auf 1 423 Exemplare. Will er nach Kopenhagen fahren, um Nele, seine Tochter, zu besuchen, so muß er beim NWDR für das Funkmanuskript *Nietzsche – nach fünfzig Jahren* um Vorschuß bitten. Von *Trunkene Flut* waren im gleichen Zeitraum 1 377 Bändchen verkauft. Etwas mehr wurde das broschierte 3-Mark-Heft *Probleme der Lyrik* gelesen: 2 133 mal wurde es 1951 verlangt. Gottfried Benn, unser Preußischer Orpheus, war kein Autor für Mädchenpensionate und »mach' dir eine gemütliche Stunde«. Die breite Öffentlichkeit las ihn nicht, hat ihn nie gelesen, *trotz aller Aufsätze und Kritiken.* Benn wußte das, nahm es in Kauf, sah seine Probleme *auf des Messers Schneide: Breitere Leserkreise bewahrt man besser vor dem Einblick in diese Katastrophen* antwortet er auf die Umfrage der »Hamburger Allgemeinen Zeitung«. Eine Auskunft, nicht eben bestsellerverdächtig. Und so war er denn auch kein Kassenschlager der Buchhandlungen. Ja, er dachte sogar daran, eine Amtsarztstelle anzunehmen und bewarb sich – im Dezember 1949 – beim Hauptsozialamt des Magistrats von Groß-Berlin um eine Stelle im geplanten Versorgungsamt für Kriegsopfer: sein Gesuch wurde abschlägig beschieden.

Erst in den nachfolgenden Jahren erhöhten die Auflagen sich deutlich, hin bis zum *Provozierten Leben* als Taschenbuch im Ullstein-Verlag: 50 000 Exemplare wurden gedruckt.

In den letzten vier Jahren seines Lebens bekommt er die Pension eines Oberstarztes: *Oh wie wohl das tut! .. nun für den Rest meiner Jahre im Gröbsten ohne Sorgen sein zu können. Und ohne Praxis*! Gottfried Benn gibt sie gerne auf, *diese armselige Tätigkeit*, zumal die Ruhegehaltsvorschriften eine kassenärztliche Nebentätigkeit nicht gestatten. Und der Tochter Nele gesteht er: *Außerdem langweilte mich die Praxis auch sehr, und ich bin froh, daß ich sie endlich loswerden konnte*. Mit 67 Jahren.

Nun ist er ganz frei, für sich, bei steigendem Ruhm. Und Max Niedermayer versteht sein Geschäft – trotz Hockeyleidenschaft. Er muß an seinem Autor einen Narren gefressen haben. In geballter Ladung – man verzeihe mir die Trope – wirft er Altes und Neues auf den Markt. Keine Buchhandlung mittleren Anspruchs ohne eines der rasch abgesetzten Broschur-Heftchen im Schaufenster. Nach den *Statischen Gedichten* die *Trunkene Flut – Fragmente* im übernächsten Jahr. *Destillationen* 1953; zwei Jahre darauf *Apréslude*, – um nur die n e u e Lyrik zu nennen. Dazwischen Sammelbändchen älterer Arbeiten, auch Zweitauflagen und die Prosaarbeiten: *Drei alte Männer*, *Doppelleben*, *Probleme der Lyrik*, *Die Stimme hinter dem Vorhang*, der Briefwechsel mit Lernet-Holenia, *Altern als Problem für Künstler*, schließlich im Todesjahr *Soll Dichtung das Leben bessern?* – um nur die zuletzt entstandenen Sachen zu erwähnen. Dazwischen dann Zeitungsartikel, Interviews, Radiosendungen, Vorträge, Diskussionen; Liebschaften auch, *um nicht ranzig zu werden*. Eine enorme Steigerung aller Möglichkeiten. Nun war er da, der Ruhm, und man wird nicht sagen können, daß er ihm mißfiel.

Unbehelligt sitzt Gottfried Benn in seiner Dämmerstube, umgeben noch vom Inventar der ärztlichen Praxis, von dem er sich nicht trennen mag. Eine rechte »Zauberbude«, wie Ilse Kaul schon empfand, als sie sich – wie 1946 vorgeschrieben – von ihm gegen Typhus impfen ließ. Dies Ambiente ist oft beschrieben worden, auch von Benn selbst – mit einer gewissen behaglichen Eitelkeit. Etwas Zigeunerhaftes muß von diesem verstaubten Ensemble ausgegangen sein, *von dem sich schon mancher gebildete Mensch mit Erstaunen abwandte.*

Gottfried Benns »Zauberbude« also. Nach Aufgabe der Arztpraxis hat sich wenig darin verändert. Noch vollgestopfter die Ablage an der Wand, krimpelig und alles durcheinander. Nichts durfte weggeräumt werden – eindrucksvoll diese Kulisse auf den späten Photos. Dazwischen der Aschenbecher, die Zigarettenschachtel. Brille, ein Ring-Kalender der Arzneimittelfirma Merck, in den er manchmal Eintragungen über das Wetter machte. Kugelschreiber und weicher Kopierstift, mit dem er gerne schrieb, Stempelkissen und Arztstempel – bis zuletzt. Ein bescheidenes Ruhebett, das er – selten – benutzte, um einem Einfall nachzusinnen. Irgendwo ein rotes Kofferradio, über das er mit der Außenwelt kommunizierte. Beiseitegerückt das Mikroskop, aber die Schreibmaschine stand noch auf dem Tischchen: Zwar wurde ab und an eine Sekretärin bemüht, aber es half nicht. Es fiel ihm schwer zu diktieren – so ließ man es. Geht man – heute – durch den Hausflur, öffnet die hintere Tür zum Hof und blickt auf die zwei schmalen, hohen Fenster des Gemachs, an einem regentrüben Novembertag, so erschrickt man über die Armseligkeit dieses Exterieurs. Und dennoch: waren es schon keine Glanzgestalten, marmorne, antike Körper, die Gemach und Saal füllten, wie dort, im Humboldt-Schloß am Tegeler See, so entwickelten sich hier Verse, Gedichte: an einem Gedicht wie an einer Statue arbeiten ...

Die Lebensführung bescheiden, gut bürgerlich. Aber pünktlich hatte alles zu sein: Das Mittagessen 12^{45} auf den Tisch, es wurde nicht lange getafelt. Eine »Stütze« war da, kochte. Dr. Benn war ein dankbarer Esser, nicht wählerisch. Geflügel mochte er besonders gern, auch eingemachtes Obst, Birnen, Pflaumen, »Kompott«, wie man in Berlin sagt: eine östliche Spezialität, Erinnerung an Sellin. Danach ein Blick aus dem Vorderfenster zur Straße hin, eine Zigarette, ein kurzes Mittagsschläfchen, Warten auf die Postbotin. Kam sie nicht pünktlich, um halb zwei, war man ungnädig: »Sie haben heute wieder zu lange geklatscht.« Jeden Mittwochnachmittag kam der Leierkastenmann: er bekam seine zwei Groschen hinuntergeworfen, in Papier gewickelt. Der Posteingang nahm zu, vieles wurde beiseite gelegt, nie beantwortet, die persönlichen Dinge sofort herausgelegt. Ein starker Kaffee steht bereit, um halb drei setzt er sich wieder an die Arbeit. Gegen fünf dann etwas Bewegung – nein, Gottfried Benn ist kein Spaziergänger: *spaziergehen? ausgeschlossen unnatürliche Bewegungsart* –. Mit der Elektrischen fährt er zum Kurfürstendamm, sitzt im Café »Bristol«, nimmt eine Eisschokolade, beobachtet, flimmert die Dinge an sich heran, die Ladies: *Strumpfgröße 10 oder 9 1/2, Arwa oder Nylon ... neuer Anzug, modischer Stil, Knie enger, keine Umschläge unten, 48 cm am Fuß –, Wade besonders ausgearbeitet.* Er wußte Bescheid.

Dreiviertel sieben dann das Abendbrot auf den Tisch, danach Bierdurst, Flint oder Dramburg sind die Stammkneipen. Dann entdeckt er in der Nähe ein neues Lokal, *eine wahre Kaschemme Schnaps und Bier 10 – 20 Pf. billiger als sonstwo, immer überfüllt und schmutzig, da schiebe ich abends manchmal ein.* Was denn zum Gedicht gerann: *Schäbig; abends Destille.* Umgeben von *Fusel, Funk und Flaschen* nimmt er Gesprächsfetzen auf, im Trunk gesprochen. *Diese Leben sind trübe ... Fässer und Hähne* im Hintergrund, da *fällt mir manchmal* (was) *ein.* Eigentümlich, inmitten dieses Gebrabbels, umgeben von halbtrunkenen, robusten LKW-Fahrern, vor sich auf dem Tischchen ein halbgelöstes Kreuzworträtsel, war es ihm möglich, Gefühle zu erleben, auf die die Wüstenväter neidisch gewesen wären.

Besucher, auch Bekannte, Näherstehende werden nicht in die Wohnung eingeladen. Man trifft sich im Lokal. Die Hausfrau – selten – wird dazu gebeten. Um zehn Uhr ist Schluß. Mittwochnachmittags ist Empfangstag – manchmal. Er empfängt ein oder zwei Gäste in der Bozener Straße, – auch Ernst Jünger besucht ihn mit seinem Sekretär – für Frau Ilse ein Nelkenstrauß.

Viele Photos gibt es aus dieser Zeit, auch haben wir mündliche Berichte von heute noch Lebenden. Ein rundschädliger verhangener Buddha, mit schwerer Nase, so zeigen ihn die bessern Portraits, immer im Zweireiher mit Weste, tadellose Krawatte: »das Äußere ein Earl«. Trat er ins Zimmer, ruhig, verschlossen, so war der Raum ausgefüllt: man bemerkte die Gegenwart eines bedeutenden Menschen. Von förmlicher Höflichkeit waren seine Komplimente für die Damen, manchmal direkt auch: Erstaunt verharrt der Kümmerer vor s e i n e m imaginären Bild der weiblichen Seele: ».. doch wer rasch ist und verwegen, kommt vielleicht noch besser fort.« Aber er war sehr anziehend dann, anregend und aufmerksam, hatte »Fluidum«. Das Gefühl zurückgenommener Distanz schwand rasch, wenn er einen Menschen in seinem Umkreis aufgenommen hatte. Väterlich, ja betulich konnte er dann werden, wennschon ironisch gebrochen. Und aus seinen Fragen nach den Warzen der Enkelkinder und dem nachlassenden Hörvermögen Thea Sternheims spricht Anteilnahme und Mitgefühl. Eine große Ruhe und innere Sicherheit strahlte von ihm aus: »hier war der Felsen, der einen retten und tragen konnte«, empfand nicht nur Nele. Wirkte er in fremder Umgebung eher kühl, gemessen in seinen Bewegungen, fast gehemmt, manchmal sogar steif, »geheimrätlich«, so wurde er in vertrautem Kreise offen, heiter, war immer von größter Zuvorkommenheit und altväterlicher Höflichkeit. Dann konnte er scherzen, herzhaft lachen, hatte Humor und war glücklich, wenn die Unterhaltung ungezwungen und einfach dahinplätscherte. Tittle-tattle und Gossips hörte er gern und amüsierte sich darüber: Schadenfreude oder Neid waren ihm fremd.

Größere gesellschaftliche Zusammenkünfte mochte er nicht, vermied sie, wo er konnte. Er war kein Causeur.

Sprach keine Fremdsprache, auch das Französische beherrschte er nur mangelhaft. Das Parkett der Salons war ihm zuwider. Unsicherheit, Reizbarkeit hemmten ihn, er blieb schweigsam: Ein Eichenbaum ist keine Zimmerlinde. Kein Gedanke daran, sich selbst zu stilisieren, keine Draperien und illumierte Felsengrotten, Legenden darin auf Postamente zu stellen. Und keine Tagebücher.

P r e u ß e n : War Gottfried Benn mehr als er schien? Jetzt, wo seine »reifen Gesänge«, die *Statischen Gedichte,* in aller Munde waren und im sechsten, im siebten Lebensjahrzent jene *hinterlassungsfähigen Gebilde* entstanden, von denen er gesprochen hatte? Und unser Orpheus, kanonisiert nun zum modernen Klassiker, der Einzug in die Gymnasien hielt? Und ambitiöse junge Damen mit Arbeiten über seine Lyrik zu akademischem Rang und Titel kamen? Nein, zum Goldschnittklassiker konnte er nicht werden, zu böse, zu defätistisch waren seine Anfänge. Immer – auch später noch – wollte er gegen den Stich gebürstet sein. Wohlgefallen zu erregen war ihm verdächtig. Entsetzlich der Gedanke, von der *herrschenden Clique* anerkannt zu sein.

Dennoch, die Zustimmung war allgemein, und Gottfried Benn genoß es. Schon, es gab Gegenstimmen. Der »Schattenmund«, dem Strophen »fast schluchzender Sangbarkeit«[140] entströmten, mußte Bedenklichkeiten hinnehmen: »exotische Glanzlichter«,[141] »Lippenpflöcke, Kaktusse und Skarabäen«[142]-Wirtschaft. Und Thea Sternheim schreibt in ihr Tagebuch: ».. daß Benn sich ... ununterbrochen wiederholt, sich selbst zitiert, sich selbst bestiehlt. Er lebt poetisch aus gestapelter Ware.« Auch sind Peinlichkeiten hinzunehmen: Nach einem Vortragsabend Golo Manns wollte er ihn begrüßen, mit ausgestreckter Hand: »Ich freue mich, ein Mitglied der Familie Mann wieder in Berlin zu sehen.« Golo Mann, der doch sonst Milde und Läßliche, hat sie nicht ergriffen, ging grußlos an Benn vorbei.

Ist es angemessen, vom Aufspalten seiner Persönlichkeit zu sprechen? Hier die Krankheit des großen Flugs – einerseits; andererseits dann »Heinzelmännchens Wachtparade«. Nein, es geht nicht zusammen – und findet sich doch, als Doppelherme; so Goethe bei Übersendung einer Medaille an Zelter zu dessen Geburtstag – 1831:

»Ein Füllhorn von Blüten,
Ein zweites von Früchten,
Wie möcht' ich gemütlich
Zum Feste sie richten!
Doch saust ein Gestöber
In Lüften so wild;
Wo alles erstarret,
Genieße das Bild!«

Manche Verse des melancholischen Stoikers: Stahlskelette, aus Schwermut montiert, Taedium vitae »unaufhebbarer Trauer«,[143] vernietet mit Sentiment. Und obenauf der Orphiker, weit reicht sein Blick: unter Quartär und Muschelmeer entläßt er uns nicht. Dazwischen dann Laubenkolonien und die Registrierkasse. Orplid leuchtet von Yokohama bis zum Broadway-Noah; mit Hermen und Fächertänzen ist die Szene dekoriert. Und keine Kassandrarufe, nichts von Zivilisationsmüdigkeit. Kaskadengleich strömen die Substantive, weich eingefangen ins Beckenrund des Satzbaus: eine Wassermusik. Schon, selten wechselt das Spielmaterial: Berlin, – und immer wieder Berlin, Sils-Maria, die ethnographischen Panoramen. Seltener dann die Eucharistie der Mediterranée, Kneipen, Reisen, der Rausch, die Transzendenz. Zuerst die Apokalypse und danach die Kohlsuppe mit Fettaugen und obenauf gebratene Zwiebelringe. Aber ein Sound: Musik, direkt ins Fleisch gehend.

Berühmt war er nun also, anders als früher, dieser Gipfel stieg höher. Und wenn er sich schon beim Herabsteigen der Treppe im Foyer des Vortragssaals reckte und an die schwellende Brust schlug, ironisch gebrochen zwar, so bleiben doch Nachdenklichkeiten, nicht schlimmer zwar als die von uns begangenen: ich meine das hohe Selbstempfinden, von dem berichtet wird. Ein Selbstbewußtsein, das sich jede Korrektur verbat, fast an Überheblichkeit grenzend. Auch in der abschätzigen Bewertung ihm Nahestehender. Wovon selbst Holthusen *(zweideutige Figur),* ja Max Niedermayer *(läßt sich nichts entgehen)* und F.W. Oelze *(der Bilderhändler)* nicht ausgenommen waren. Unvereinbar mit dieser hohen Ichvorstellung dann seine Selbstgenügsamkeit, Skrupelhaftigkeit, äußerste Bescheidenheit, ja beinahe servile Ergebenheit und Höflichkeit, auch Fremden gegenüber. War es das, wenn Benn von der *Unvereinbarkeit unserer inneren Elemente* sprach? So wollen wir es denn dabei belassen: Ziert nicht selbst auf dem herrlichen Bilde Bouchers eine mouche* die Wange der Pompadour?

Kann Größe heil sein? Von der Destille zur Bozener Straße geht der Zerrissene, geht Orpheus. Nein – er schwankt nicht, obwohl *vages Gesäusel* vermeldet ist. Klein, grau die Figur, mit Steifhut, und über die Schuhe Gummigaloschen, bei Regenwetter.

Und Eurydike? Trägt es sie wieder davon, nach dem nächtlichen Orte? Nein doch! Sie lebt! Tatkräftig umspritzt sie den achten Backenzahn mit Novocain, setzt die Molaren-Zange, und wirft den Kariösen, Zerstörten zum Müll: zwei Mark sechs Groschen sind ihr nun sicher, so will es die Preugo. Kommt nach Hause. Findet den Zettel, Rezeptformular: *Gehe zu Dramburg wegen Durst. Komm bitte noch hin ...*

Orpheus ruft, der die Leier hält über den Abgrund des Lebens.

Frau Ilse kommt, man zischt noch einen, und »Jetzo wandeln sie dort mit vereinigten Schritten, die beiden ...«

Sagten wir Preußen? Sagten wir Orpheus? Ja! Gottfried Benn, ein Grande auf dem berlinischen Sand! Und sein Wunsch, freundlich ward er gewährt: Nicht ungerühmt wird zu den Schatten er hinabgehn ...

Können Sie sich in einen Gott
hineindenken, der etwas so Sanftes
wie die Pflanzen und die Bäume
geschaffen hat? Ratten, Pest, Lärm,
Verzweiflung – ja – aber Blumen?
Gottfried Benn

Achtzehntes Kapitel

Dr. Benns Garten

Zugegeben: Gottfried Benn besaß nie einen Garten. Nie hielt seine Hand die Dreizinkhacke, das Erdreich für die kanadische Felsenquitte zu lockern. Nie krümelte er Kompost um die schwefelgelbe Rose Diane vaincue, nie auch band er mit Bast die duftende Maréchal Niel ans Spalier. Kein Weidenkorb war ihm Eigentum für die Blumensamen und das Winzermesser, weiße Nelken und die Hyazinthe Bleu passe zu schneiden.

Und dennoch, wir sprechen von seinem Garten? Öffnen Sie die Pforte, treten Sie ein. Halten Sie die *Fliederbüsche, blau und rauschbereit* zur Seite; welch herrlicher Blick: Breath taking würde selbst Lady Sackville-West ausrufen – selbst in Sissinghurst. Und Monet in Giverny nähme seine Staffelei heraus: Un jardin imaginaire. Kokettierte nicht unser Asphalttreter mit seinen zwei Hortensien im Hinterhof der Bozener Straße? Mit den dürftigen Levkojenbeeten Sellins, die seine Mutter pflegte? Und nun dies: *Schildern Sie mir nicht Ihre Terrasse und Ihre Rosen so sehr! Ich könnte das Heulen kriegen, ich liebe ja doch Gärten und Land über Alles.*

Ja, wir können uns Dr. Benn, im Wirtschaftsgarten seines erträumten Sommerhauses sich ergehend, am Genfer See, in Meran, oder dort, *wo das Habsburgische sich mit dem Alt-Slawischen und Italienischen mischt* wohl vorstellen. Und an der Hausmauer Klematishecken, Clematis Jackmannii, *das schönste Blau der Erde.* Ringsum dann *die großen Früchte und Trauben und Narzissen.*

Hier, so trauert der Oberstarzt in Landsberg a.d. Warthe, *wäre mehr geweckt, wäre alles weicher und fruchtbarer geworden.*

Gottfried Benn, aus der rückwärtigen Stube seiner Stadtwohnung auf den von Seitenflügeln umstandenen Hof blickend – Gartenhaus nennt man diese Bauanordnung in Berlin – stellt sich als Liebhaber und Connaisseur der Pflanzenkulturen vor, als Gartenfreund und Genießer: Hätten wir nicht eher das Gegenteil erwartet? Lesen wir aber seine Gedichte, blättern in seinem Briefwechsel oder erinnern uns seiner Kindheit, so weitet sich das Bild. Ein pfarrherrlicher Garten baut sich auf, mit Giroflée, Wegwart und Skabiosen, mit Holunder, Akazien und Faulbaum. Noch klingen die Angstrufe seiner Mutter nach, wenn er im Selliner Garten, bei der Obsternte helfend, wild die Äste des Kirschbaums schwanken ließ. Und es fehlen nicht die Kohlstrünke und Kohlrabi, die Zichorie, Steckrübe und Kürbis im Hausgarten der Pfarrherrin. Beerensträucher säumen den Weg zum großen Rasen, wo die Wäsche gebleicht wurde. Die Alderbeere, die Himbeere: rote Himbeergrütze blieb zeitlebens seine Lieblingsspeise.

Biegen Sie ein in die Seitenwege, verschlungen oft, buchsgesäumt und die Beete üppig gefüllt. Überbordend von Reseden, Päonien, Asphodelen, Georginen, Immortellen, dem Heliotrop, Lilien und Nachtviolen. Dazwischen der junge Gottfried, spielend, in Holzpantinen, – dem die Mutter die Pflanzennamen vorsagte. Natürlich Vergißmeinnicht und Malven, der Thymian für das Bratenhuhn. Und auf dem grün bezogenen Pult des Pfarrherrn, zwischen Jerusalemhölzern und Golgathakränzen ein Rosenstrauß. Weit schweift der Blick über die östlichen Ebenen, über den Pflaumenbaum, bleibt hängen am nassen Gartenzaun: Holzfäulnis und Moosansatz, davor der Phlox *vom Regenguß zerspalten / seltsamen Wildgeruchs*. Um sich dann, die Eberesche streifend, über ein Kornfeld und eine junge Birke am Seeufer in Schilf und Rohr zu verlieren, *vergißmeinnichtumsäumt.*

All dies ist bekannt, beschrieben. Conrad Felixmüller[144] schnitt es in Holz: die Veilchen, welche Chopin so liebte, daß ihm Delphine Potocka in seiner letzten Stunde das Veilchenlied sang: Dicht war dem Moriturus der Erard-Flügel an die Tür gerückt.

Die Pappeln sehen Sie auch, an der Schleuse, die dunkelhellila

Aster in der Brusthöhle des ersoffenen Bierfahrers. Und die Rosen natürlich:

... soweit war ich gediehen,
als Deine Rosen kamen ...
die Rosen haben einen Duft
wie nie Rosen gehabt haben ...

An diesen Rosaceae hatte Dr. Benn das größte Vergnügen. Bedächtig, romantisch fließen sie in seine Lyrik ein. So oft, daß Frau Ilse, die *nun mit zarter und kluger Hand ... in den Vasen die Astern ordnet* ihm verbietet *noch in einem Gedicht das Wort Rosen zu verwenden ...* Schade – so schreibt er an Oelze – *schade, es ist so ein schönes Wort.* Und führt es 78mal in allen Formen vor, zur Würde einer Metapher erhoben, die höchsten Abstrahierungsregionen bezeichnend. Herrliche Fulgurationen* gelingen: Rosenschöße, Rosenmutter, Rosenmövenlied, – hin bis zum Rosenletzten, in dem man dann versinkt.

Nein, Gottfried Benn war – bei Gott – kein Gräserbewisperer. Selbst das Titan, *in der Asche der Rosen* nachgewiesen, war ihm wichtig. Und dennoch: in den 327 Gedichten der Gesammelten Werke halten 634 Nennungen Blumen, Bäume und Gärten fest. Doch meiden Sie diese Rondelle und Boskette, Sie kennen jene lyrischen Anpflanzungen und Gartenparterre.[145] Gewiß, es ist angenehm und tröstet das Auge wieder und wieder, jene floristischen Wunder betrachtend zu genießen. Doch es gibt Anderes, Neues in der Tiefe des Gartens. Sie lösen sich und ergötzen sich staunend an ferneren Ausblicken.

Auf dem Arbeitstisch aber in der City stapeln sich Gartenkataloge. Liebevoll und mit Interesse studierte er sie, das Seltsamste daraus pflückend. Oft und gerne las er im Hehn: »Kulturpflanzen und Haustiere in ihrem Übergang aus Asien nach Griechenland und Italien sowie in das übrige Europa«,[146] eines seiner Lieblingsbücher. Dr. Benn besaß die achte Auflage von 1911. Vielleicht kam sie durch seinen Tanzstundenfreund Jochen Trowitzsch, dessen Eltern in Frankfurt/Oder einen Gartenbuchverlag besaßen, in seinen Besitz. Auch findet sich Rudolf Borchardts »Leidenschaftlicher Gärtner« in seinen Regalen, daneben »Der Gartengott« und das »Alt-Kräuterbüchlein« von Bernug. Der Limes Verlag, der ja aus einem Obstbau-Verlag – Bechthold u. Co. – hervorging, steuert das »ABC des praktischen Obstbaus« bei. Man gab dort auch eine Gartenbau-Zeitschrift heraus, die »Geisenheimer Mitteilungen«. Und als der neue Verleger, Herr Niedermayer, die Autorenexemplare Gottfried Benns in die Restbestände dieser Mitteilungen verpacken ließ, las Benn interessiert im Einwickelpapier. Notierte erstaunt, daß keine Feldmaus je in eine Falle geht, in der eine Hausmaus je gefangen wurde. Während diese lustig weiter am neu aufgestellten, tödlich-salzigen Köder knabbert, wie mir Frau Niedermayer erzählte.

»Kulturpflanzen ...« von Victor Hehn: wir finden diese Notiz in den Oelze-Briefen. Wie denn überhaupt, neben der Lyrik, aus Gottfried Benns Korrespondenzen die herrlichsten Blütenarrangements zu winden sind. Oft zusammengehalten von stachligem Bindedraht. So kramt er am Ende des Krieges in den vom Bombenstaub bedeckten Schränken seiner Wohnung im Bayrischen Viertel, in der fahlen Trümmerstadt am Rande der Hungersnot. Schreibt vom Tod seines gefallenen dritten Bruders, um dann – acht Wochen vor Kriegsende – abzuheben auf eine *alte Postkarte aus Jamaika*, die er noch fand; *Agapanthos Lilies* waren dort abgebildet, jene blaublühende Liebesblume aus der Gattung der Lauchgewächse, die schon das Matthäus-Evangelium preist. Auf der Pfaueninsel im Berliner Havelsee schmückt sie, kübelgesichert, da nicht winterfest, die Gärten der Königin Luise und ihres mit der Grazie der Verlegenheit behafteten Ehegemahls ...

Ergreifen Sie also *die braune Hand des Gärtners ..., im Herbst, die all die warmen Früchte fühlt* und lassen Sie sich führen: Da weist Ihnen der sortenkundige Connaisseur jene berühmte Tulpe *Semper Augustus, die Paris im Siebzehnten Jahrhundert mit unerhörten Preisen bezahlte*. Dort steht die *götternde Succubie: Schutzdach, Platane, verlor die Blätter nie*, umrankt *vom Blau der Traubenhyazinthe, die ligurische, die bisamartig duftet*. Es dämmert. Der Garten nun *in fliederduftender Sommernacht*. Wennschon unser Gärtner solche Wortzusammenstellungen wenig schätzt, zuviel Frieda Schanz, meint er dazu. Ende Mai ist es, abgeblüht die Narzissenfelder, der Magnolienbaum, wir hoffen auf *die Glücke der Blumen*. Aber da sind noch die Tulpen. Sie werden Gottfried Benn von zarter Hand auf die Stube geschickt .. *überwältigend schön ... die grüngoldenen, die nun schon über 2 Tage vollkommen unverändert frisch in immer noch gespannter Haltung ... ihre Blätter tragen*. Oder sie stehen, ein *Urwald ... wundervoller Tulpen*, in einem anderen Zimmer, *die langen Stiele sinken herab, die Blütenköpfe berühren die Tischdecke*. Oberstabsarzt Dr. Benn sitzt davor, in Hannover, *immer in einem bestimmten Stuhl* und beschaut sich das Wunder. Bedankt sich, im Mai 1955 bei den Buschis – Alice Schuster und Else C. Kraus – *den lieben und verehrten Spenderinnen* (für) *königliche Nelken ...*

Nun ist der Rotdorn verblaßt, zu Ende die Kastanienblüte *und ... die Rose noch nicht da*. Aber ein Veilchenstreifen blüht schon am Rosensaum; die alten Bäume im Park der Oelze-Villa in Bremen-Oberneuland beschatten den Flor der Rhododendren: Die Wümme mit Morgennebel und Dunst ist nahe, Labsal für die Alpenrose, der Freundin des Torfs und der Feuchte. Es kommt die Zeit der Zwischenblüte, dann aber überschäumt der Garten. Unsere Cicerone will allein gelassen sein, ein Garten *muss langsam auf einen einwirken*: *Bestimmt würde ich ein Dichter*, schreibt Benn aus seinem Büro im Ernst-August-Palais der Leinestadt in die Hartwigstraße, *wenn ich Ihren Garten hätte, ... eine Woche allein ... und ich würde melancholisch oder verfaßte ein Gedicht*. Und *Gärten bei trübem Wetter im Sommer bei Regen – darüber geht nichts*.

Nun stehen wir vor der Landhausterrasse, wohin uns Benn führte. Zwei Stufen vom Garten herauf, und wir blicken in jene *dunklen Gärten*, die Benn liebte: auch Schilf und Immen fehlen nicht: »Jardins sous la pluie« vertonte Debussy. Und schrieb nicht Chopin, hüstelnd am Pleyel-Pianino, vom Kochschen Mycobacterium* produktiv gereizt, durch die gewitterfeuchten Fensterscheiben in den Garten der Kartause von Valdemosa blickend, seine Regentropfen-Préludes: »Un moribond qui caresse son cercueil.«

Ein vergessener weißer Gartenstuhl steht auf dem regenüppigen Rasen. Gebeugt die Holunderdolde, tropfschwer die Rosen an ihren Pfählen. Gedämpft schimmern die Bienenkugeln, rot, golden und blau. Ein zartes Grau wirft der Regenschleier über das Grün, ebnet die Farben ein, verschmilzt die Konturen. Es tropft von den Blättern, und das fallende Wasser ist *ein Geräusch von Glücken ... da gehst du von Verschleiert zu Verhangenem*, das führt dann zum Gedicht: *Melancholie*.

»Am liebsten hab ich gelebt
Im Schleier verregneter Gärten ...«

dichtete Georg von der Vring.[147] Und er mußte es wissen. Auch er war ein leidenschaftlicher Gärtner. Aber Zweifel werden wach. Müssen wir unterscheiden zwischen dem schaffenden und dem sinnenden Gärtner? Wer je in den naßklammen Mergelboden des westfälischen Niflheims die Dahlienknollen, die Lilienzwiebeln setzte, oder aber das zarte Wurzelgeflecht der Malve, des Schleierkrauts, des Klatschmohns sorglich auszubreiten suchte, wer eine grüne Hand hat, spürt wohl die unbehagliche Empfindung seiner Schützlinge in ihrer feuchten Wohnung. Und dann der Regen. Des Doktors vielgeliebte Georginen, – sie mögen ihn nicht auf ihren Blütenkränzen. Stockig und nicht zu Duft und *Rosenröten* sich entfaltend, verblauen die oft genannten Rosen. Und der Mohn weigert sich im *tiefen Alt* zu leuchten, rot, *an Blutfladen und Menstruation* erinnernd.

Aber wir wissen es: Dr. Benn liebte die Sonne nicht. Er liebte die leicht verdunkelten Zimmer, die Dämmerung ist für ihn die wahre Menschheitsbeleuchtung. Pflanzen und Blütenkelche aber suchen die Sonne. Locker und warm soll die Erde sein, und über der Schulter des Gärtners hängt der schützende Strohhut.

Was Benn, was die anderen beim Anblick der Gärten im Regen empfinden, drückt sich – deutlich genug – in den niedergebeugten Zweigen und Blättern aus. Den tropfnaß gesenkten Blüten; in der Grisaille noch atmender Anmut sich duckender Asphodelen, Balsaminen und Nachtviolen: es ist die Trauer des Daseins, der tiefe Leidenszug, die Melancholie, das Taedium vitae.

Und Gottfried Benn ergeht sich in jenem winzigen Gärtlein vor seinem Dienstraum in der Bendlerstraße, es ist der 22. April, und die Reinemachefrauen säen jetzt darin Radieschen. *Aber es erfreut mein Herz … Franziskanisch* nennt er diese Schönheit, *sie führt ganz von selbst zu den Schmetterlingen und zu den Gräsern hin.* Und er erinnert sich und ermahnt den Besitzer der Krokusse im Oberneuländer Park – *betrachten Sie sie lange.* Die Dinge der Welt treten zurück, bleichen und sterben ab. *Aber die Gärten mit Rosen, die Sie vor Ihrem Fenster haben, hüten den Traum,* schreibt er über den *Bremer Patriziergarten.* Es sind Reflexionen, Überlebenshilfe für das Ausharren in der Bresche, Ordnungsrufe, sich aufrecht zu halten im Dienst. Denn oft gibt es Augenblicke, *wo man den Gedanken, nicht mehr dabei sein zu müssen, wie ein Orchideenfest empfindet.*

Doch werfen Sie noch einen Blick zurück auf Benns Rosen. Viele davon kennt er, aus dem alten Hehn, den Gartenkatalogen, sie tragen heldische, meist aber zärtliche Namen, diese Kinder *eines fernen Landes.* Ein Gärtner der Kaiserin Josephine Beauharnais – als unfruchtbar verlassene Gemahlin des Empereurs, die in Malmaison den ersten europäischen Rosengarten anlegte, ihre schönsten Exemplare durch Redouté porträtieren ließ – André Dupont also züchtete die ersten Arthybriden durch Pollenübertragung. Die Dr. Benn entzückende Noisette-Mutante Maréchal Niel, die *Diane vaincue* waren noch unbekannt. Diane vaincue, welch herrlicher Name, das Gärtnerherz entzückend. Nur – diese *schwefelgelbe, duftende* Rosacea hat nie geblüht; es gibt sie nicht. Dr. Benn hat diesen Rosennamen erfunden, die Wortverknüpfung, sie mochte den »Gärtner« Benn gereizt haben.

Benns Rosenparterre, überschattet von Wehmut und Abschied: *nichts gehört uns, als das Atmen in der von Rosen erfüllten Nacht*, hören wir am Vorabend der Annexion des Sudentenlandes, der Tschechei. So schwebt ein Hauch von Melancholie um seine Rosen-Anrufungen: *unter Rosen und Licht … höre die letzten Laute schweigend an.* Herrlich leuchten die Centifolien, duften die Teerosen. Doch ihre Knospen streift es: *Du blühst wie Rosen schwer in Gärten allen, / Du Einsamkeit aus Alter und Verlust, …*

Sie stehen vor Benns Rosarium. Und was empfinden Sie? Trauer und Tod, letzte Blicke, Unwiederbringlichkeit. Dort die Paquerette-Polyantha *todweiße Rosen Glied für Glied.* Und entschieden im Sinne des Goetheschen Blumenwechsels »Rosenfarb, die Freude starb«:

Ob Rosen, ob Schnee, ob Meere
was alles erblühte verblich
es gibt nur zwei Dinge: die Leere
und das gezeichnete Ich.

Das also sind Dr. Benns Betrachtungen, sitzend im Rosengarten: *das Selbstgespräch des Leides und der Nacht.* Und in der Tat: Wer je die Rosengärten im Schloßpark Bagatelle bei Paris, in Hidcote Manor durchwanderte, die Kostbarkeiten gar der Sammlung alter Rosen in Mottisfont Abbey/Hampshire eratmend genoß, auf ihrem Höhepunkt, streift ihn nicht die Ahnung von Vergänglichkeit? Jener Schleier von Tränen, den Rosensträuße haben können? Denn rasch sinken Pracht und Schönheit. Eine Gewitterwolke, vier Tage Schmachten in gleißender Hitze: dahin all die Herrlichkeit. Dumpfig der Kelch, welk – abgeblättert die Blüte; ich sah es mit eigenen Augen, in Mottisfont Abbey. *Wenn erst die Rosen verrinnen, ... wenn die Rosen vergehn.* Dr. Benn sagt es uns, er kennt seinen Garten. Wehmütig nehmen Sie Abschied von diesem umhegten Hortus conclusus et sentimentalis. Denn selbstverständlich waren Mauern um diese sanften Töchter Chinas gezogen. An roten Backsteinen wärmten sich die rankenden Rosen der Vendeé, die Mauern hielten stürmende Winde von den Empfindlichen und leicht Verbleichenden ab. Durch das offene Steintor gehen Sie: ein Meer von Nelken ist zu durchqueren. Im *Nachtcafé* nennt uns Benn diese *Blumen der italienischen Renaissance*, Dianthus caryophyllus, 1912,

Bartflechte kauft Nelken,
Doppelkinn zu erweichen.

Nun, das waren nicht die *wunderbaren Nelken ... von Fleurop bei uns abgegeben*, für die er sich bei seinem lieben Herrn Oelze zum Neuen Jahr bedankt. Aber der Glanzträger aus der Hartwigstraße, Park- und Villenbesitzer in der Horner Heerstraße, immer *von Gärten umgeben*, welt- und blumenkundig, wählte mit Bedacht für seine Fleuropgrüße die Nelke, *italienisch, garofolo, garofano, französisch oeillet, das Äuglein genannt*, wie Benn sogleich in seinem Lieblingsbuch, dem Victor Hehn, nachschlug; ist doch diese Zierpflanze mit duftenden Blüten recht robust und widerstandsfähig. Lange haltbar in der Vase und von umständlichen Reisen und Transporten erstaunlich sich erholend. Nicht umsonst wundert sich der wißbegierige Hehnleser über Geburtstagsnelken, *im 4. Kriegsjahr von Amsterdam aus zum bestimmten Tag expediert …* Frau Herta brachte die Langgereisten *vorschriftsmäßig in Wasser, zugedeckt, stehen gelassen und* (sie) *blühten fabelhaft auf …; jede einzelne eine Kostbarkeit und die violetten äusserst seltsam.* Es entspricht der kundigen Vorliebe des Spenders der Angebinde, daß Gottfried Benn sich oft für Nelkensträuße zu bedanken hat, zu den Geburtstagen, zum Neuen Jahr, und auch zwischendurch. Und niemals haben wir das Gefühl nur konventionellen Dankes, das Herz schwingt mit: Benn liebte Blumen. Und war so sehr im Einverständnis mit dem *sonderbar krank und klug* gemischten Habitus des Rum-, Getreide- und Weinimportfirmenbesitzers, daß er mit größter Anteilnahme die Oelzeschen *Schilderungen von Gärten und Sträuchern* kommentierte. Ja, die beiden Herren, sonst von eher ritualisierter Distanz, kamen so weit, daß gepreßte Maiglöckchen den Briefen aus Bremen beilagen, sehr zum Wohlgefallen des Empfängers. Eigentümlich auch dies, zwischen Männern. Galt doch schon das Riechen an einer Blume in Preußen für unmännlich. Benn aber, am blauen, wappengeschmückten Briefpapier Oelzes schnuppernd, respondierte: *mich erschlägt heute geradezu Ihr rätselhaftes Maiglöckchenparfum.* Um sich rasch zu korrigieren: *Ihr Parfum ist Jasmin, nicht muguet*! Erinnern wir uns: auch Gottfried Benn liebte es, sich zu parfümieren.

Frau Charlotte Oelze aber, der er etwas zurückhaltend und mißtrauisch gegenübersteht – ob sie den anschwellenden Briefwechsel ihres Mannes mit dem Berliner Dichter wohl schätzt? – empfängt im Juni 1950 ein eher hölzernes Poem, in dem sich *windgebogene Bäume* auf *Träume* reimt, sie sich als *Madame* angeredet findet und Quitten, Rosen und Terrasse ihres Gartens bedichtet sind. Madame – eine kluge und souveräne Frau – scheint es nicht übelgenommen zu haben. Sie kam im nächsten Jahr zu Benns 65. Geburtstag, der bei seinem Verleger Max Niedermayer in Wiesbaden im Nassauer Hof gefeiert wurde. Wir besitzen ein Photo davon. Der Verleger aus dem *Pariser Hof* hatte dieses Fest arrangiert:

Auch Schwedhelms, Frank Maraun, Bernhard v. Brentano waren angereist, dazu Nele, Benns Tochter: Und neben jedem Damengedeck stand eine Orchidee. Gottfried Benn war hierin sehr aufmerksam: Blumen und Damen gingen für ihn zusammen.

Offenbar also teilte Frau Oelze die Blumen- und Gartenleidenschaft des Briefpartners ihres Mannes, jenes Paradiesvogels aus der Bozener Straße. Keine Orchideenklasse – im schlecht belüfteten, verkramten Hofzimmer dichtend, kaum vorzeigbar in der Bremer Kaufmann-Society. Immerhin, ein Jahr nach Kriegsende legt er ihr *da ich ihn nicht malen kann* einen kleinen Vers .. *in ihre – wahrscheinlich wildlederbehandschuhten – Hände* ...:

Wenn erst die Rosen verrinnen
aus Vasen oder vom Strauch
und ihr Entblättern beginnen,
fallen die Tränen auch.

Und unterschreibt: *Für Frau Charlotte Stephanie Oelze und den Garten in Oberneuland.* 30.V.1946.

Frau Charlotte bedankt sich für diese poetische Artigkeit mit einem Aquarell: *Die Rose von Malmaison.*

Sind wir nicht aus Doktor Benns Nelkengarten heraus geraten, und erheblich weit? Aber zwischen welchen Beeten ist der Schritt schon frei. Alles hängt mit allem zusammen. Rasch durchqueren Sie den Obstgarten: nichts besonderes; was halt so in einem östlichen Pfarrgarten wächst: Pflaumen, Kirschen, Birnen und *Luthers Apfelbaum*, wir kennen ihn.

Doch dahinten, am Graben ein mittelhoher Strauch, die Blätter eigentümlich pelzig, dick, die Früchte behaart, fremd und stark duftend: eine Quitte! Sie muß Gottfried Benn fasziniert haben, denn dieses holzige Gewächs findet sich oft in den Briefen an den Handelsherrn. Speziell die kanadische Felsenquitte, *eine Oberneuländer Spezialität* hat es Benn angetan. Oelze schrieb ihm davon und von der bald zu erwartenden Blüte in den ersten Apriltagen. Und zwischen Entwürfen für die Gedichtreihenfolge zu *Trunkene Flut*, Korrekturlektüre zu *Ausdruckswelt* und Besuchen bei Renée Sintenis, auf seinem Tisch *eine Krokus-*

blüte in einem kleinen Becherglas, antwortet er wenige Tage später nach Bremen:

> *Der Selige, dem jetzt ein Park gehört*
> *und übers Meer gekommene Quitten ...*

Verharren wir noch einen Augenblick im Quittengarten Dr. Benns. Ein echter Horticulteur und Pflanzenraritätensammler, kommt er auf diese nördliche Ausformung der Cydonia vulgaris, auf die goldenen Äpfel der Hesperiden, Aphroditen geweiht, noch einmal zurück. Fragt Oelze, ob das Wasser der überflutenden Wümme bei Oberneuland versickert ist, und erinnert sich: *Bald werden die Quitten kommen.* Und vierzehn Tage danach: *Ein stiller Tag* ist es

> *.. die Knospen tragen Zeichen,*
> *ein warmer Regen, der die Quitten treibt,*
> *jene kanadischen, die ohne Gleichen*
> *ein Kapitän der Heimat einverleibt.*

Aber Sie sind weit gewandert, eine Ruhepause wird Ihnen gut tun. Eine Laube öffnet sich, Gartengestühl auf dem Kies. Zwar gleitet ein Schnellzug vorüber, aber auf dem Tisch findet sich ein Merkblatt, zu den südlichen Revieren des Bennschen Gartens verweisend: was alles hat unser Plant hunter hier zusammengetragen aus seinen Katalogen, Büchern, Zeitungen. Durch *Rebengänge*, vorbei an *Lorbeerrosen*, *Myrthensträuchern* und *Oleander*büschen schreitet man zu *Orangenmeeren.* Am *Bambusquell* der *Gummibaum*, *Lianenbarren* wuchern die *Eukalypten* hoch. In der Ferne *Pinien* und die *weiße Zypresse*, *hibiskusrot* durchrankt. Auch *Bananen* sind angepflanzt, *Kakteen* natürlich, *mexikanischer Star*. Und die *Mauern rotglühend bedeckt von der* Blüte der Bougainvillea*; benannt nach jenem französischen Kapitän, der aus Quebec die* kanadische Felsenquitte auch in den hanseatischen Park brachte. Ein Flüßchen belebt die Szene – was ist ein Garten ohne Wasser: der *Gangesgott* lächelt *in die alten Tiefen* der *Lotosflur*. Klingsors Zaubergarten also!

Aber, und hier werden Sie einhalten, das alles hegte unser Parterrebewohner. Und nicht nur seine kärglichen Wassersträucher im Hinterhof der Bozener Straße, die dörflichen Ranunkelbeete, die *drei Pappeln an einer Schleuse* und die *dunkelhellila Astern* der Selliner Pfarrgartenbeete.

Wie gut ist es dann, nur dazusitzen, im Atem die Düfte und Aromen des Jardin imaginaire. Betäubt vom Anhauch seltsamster Namen auf den botanischen Etiketten. Trunken das Auge von Formen und Farben. Erhitzt vom Abenteuer der sentimentalischen Gartenwanderung. Und nun der kalte Gruß des mit herabhängenden Lidern durch uns hindurchschauenden Schöpfers dieser künstlichen Paradiese: .. *die Natur hat vielfach etwas Unnatürliches, und Wind und Wetter wirken übertrieben* .. Wie das? Vielleicht kommen wir weiter: *Natur in grossen Massen mit breiten Flächen ist bedrängend und nichts für mich*. Dann aber: ein *Garten müßte sein*. Und eindeutig: ... *ferner habe ich manchmal die Empfindung gehabt, als ob man auf die Natur nicht direkt zufahren soll*. Das war, als er – am Text des Oratoriums *Das Unaufhörliche* arbeitend – auf dem Verdeck eines Omnibusses an einem Maiensonntag nach Nedlitz fuhr, wie er Frau Hindemith[148] schrieb.

Gärten also: Ja! *Gärten zum Beschaun ... Blüten zum Ergötzen*. Ein .. *Garten voller Märzbecher und Forsythien*, oder ein *gartenreicher* Urlaub in Malente. *Aber Natur*? Ein .. *großer Humbug. Die Natur ist leer, öde ... Fliehn Sie vor der Natur, sie vermasselt die Gedanken und verdirbt notorisch den Stil*! – warnt er Oelze.

Dennoch sind wir sicher. Einwandfrei! Ein Gärtner steht vor uns, Le Nôtre oder wenigstens Linné sind ihm anverwandt: Geordnet das Chaos der *natura – ein femininum natürlich!* Etwas Faktisches, Benennbares tritt an die Stelle des Motivlosen, der *Wälder zum Beispiel*. Das Begonnene fertig gemacht, die Ansätze zu Ende geführt. Gehegt das Umgrenzte. Nicht *im Stichgelassen, ... zu sinnlosem Sterben* verurteilt die Päonien, Veilchen, Anemonen, Georginen, Lilien und Immortellen. Will sagen, die Natur in eine Form gebracht. Die *Scheinbarkeiten* bedacht, die *Spiele* berechnet, *Widersprüche* montiert, als Stilelemente im Flötenlied des Versmaßes.

Beruhigt also über Dr. Benns Garten-Belustigungen legen Sie das Merkblatt jener Pflanzenexoten im südlichen Winkel der weitläufigen Anlage beiseite, nehmen Abschied von den mythenbeladenen

Engrammen unseres Gärtners, von Eukalyptus, Königspalme, Magnolie, Zypressen und Olivenzweigen.

Viele Pfade noch wären abzugehen, doch der Ausgang winkt. Eine sonderbare Anlage noch vor dem Gartentor: *kleine Staubgärten*, Schrebergärten auch, winzige, fast kahle, *geheimnisvolle Gärten am Kasernenblock*, wenig gepflegt offenbar, oder Gärten *nach hinten raus* mit Springkraut und Kürbissen. Der Phlox säumt die Beetränder: Benn liebt diese Pflanze: *wenn Tränen einen Geruch ausströmten, denke ich immer, würde es der von Phlox sein.* Kein Stadtmensch also, unser Dichter: *Ich hange an Dörfern und am Land.* In diesem Garten, den wir verlassen, durchstöbert er die Beete, läßlich fügt sich Stiel an Stengel, – und aus des Lyrikers Händen glüht uns der schönste Strauß.

Nun endet Ihr Rundgang. Und vieles mußten Sie unbeachtet lassen. Sie nähern sich dem Lattenzaun, begrenzt von Blumen, ... *die blühn am Zaun und halb im Acker schon.* Die Pforte öffnet sich, gibt den Blick frei auf eine Landschaft, *wo die Ebenen weit*; denn *eine Landschaft ohne Felder, ein Sommer ohne Korn ist keine Umgebung, die ich sehr in mich aufnehme.* On revient toujours à son premier amour. Hätten Sie diese Amour bei Dr. Benn vermutet?

Nein – Dr. Benn hatte keinen Garten. Oder, um näher an der Wahrheit zu bleiben, sein Garten war nicht von dieser Welt. Denn seltsam blieb ihm, so nahe *an Not, Röcheln, Hungern und Verrecken ...* – daß es etwas so Zartes gäbe, wie Blumen, wie Pflanzen: *Laster, Würmer, Maden, Faul- und Stinktiere, das ja, in Massen, in Fortsetzungen, in Lieferung, 100%ig, immer neue Auflagen, aber ein kleiner, zärtlicher Gott der zwei Bäume hochzieht*? Benn schrieb es, drei Jahre vor seinem Tode: Es ist der Garten Eden, den Gottfried Benn hier sieht, Gottes letzter Schöpfungstag. Das Paradies noch –, da ohne Menschen. Dann die Vertreibung aus dem Paradies: Groß hat der Meister den Baum der Erkenntnis ins Bild gestellt. Schlecht war Adam der Versuch der Zusammenhangsdurchstoßung bekommen. Gebeugt, den Blick nach unten, auf die Erde gehaftet, fliehen er und sein rippengeschöpftes Weib zu ungewissen Zielen.

Und der alternde Dr. Benn – in seinem Garten? Hält er den Blick auf j e n e Stunde gerichtet?

... Ob Ende, ob Beginn
dann tragen doch vielleicht die Stunden
noch bis zum Juni mit den Rosen hin.

Ein Gärtner, der – müde nun – wußte: *Jene Stunde ... wird keine Schrecken haben ... wir werden nicht fallen, wir werden steigen.*

Jene Stunde ... wird keine Schrecken haben,
seien Sie beruhigt, wir werden nicht fallen
wir werden steigen –
Gottfried Benn

Neunzehntes Kapitel
Abgesang

(Eine Krankengeschichte)

Eigentlich überraschend, dieses Ende. Schrieb er doch wenige Monate vor seinem Tode an Ernst Jünger: *Bis in das 70. Jahr konnte ich mit meinem Körper machen, was ich wollte, er parierte und tat alles, was mir gefiel. Und nun ... plötzlich große Baisse ...*

Sicher, wir erinnern uns: da war – so long ago – die Sache mit der gelockerten Niere, *mußte im englischen Trab über die Kiefernhügel* setzen. Aus der Brüsseler Etappe – 1917 – wurde er *als erkrankt* nach Hause geschickt – was auch immer darüber zu denken wäre.

Dann aber – und seine Briefe zeugen davon – beginnt das Bier zu schmecken, der Fasan, mit Gemüse umlegt, die Tomatensuppe und das Schnitzel. Auch Flammeri, danach Harzer Käse, mit Tochter Nele: Gottfried Benn hatte immer guten Appetit und zierte sich nicht beim Essen. Er liebte Pfeffernüsse, Flundern und Marzipan, auch Baumkuchen verschmähte er nicht. Wußte – neben dem Pils – eine *wahrhaft schöne Flasche Chambertin* zu schätzen, trank zum Weihnachtsfest – allein – wohl auch eine Bouteille Macon; und nicht nur *wenn im Abdomen etwas nicht in Ordnung ist*. Zu den lobenswerten Eigenschaften seiner Frau Herta zählt er: *... und sie kann kochen*. Also kein »Heufresser«, – und sein stets sauber abgegessener Teller ehrte die Hausfrau, so er eingeladen war.

Ansonsten aber sind es Wehwehchen, von denen wir hören: Ein Katarrh stört, eine Neuralgie im Ohr, über bald behobene Gliederschmerzen wird berichtet – wer hat sie nicht. Regelmäßig dagegen hören wir von Mißstimmungen, Abgeschlagenheit. Müde fühlt er sich, marode, ist oft *schrecklich parterre*. Dabei sind es die gewöhnlichen Miserabiliae vitae, das Arbeitsleben als Arzt und Versorgungsmediziner, das ihn drückt. Das Ungenügen dieser Existenz – und das Eigentliche bleibt draußen vor der Tür. Denn immer wenn er produktiv sein kann, Euterpe ihn berührt, kommt Glücksempfindung hoch: *Fremdartige Macht der Stunde, aus der Gebilde drängen unter der formfordernden Gewalt des Nichts ... sie trägt die Meere und die Höhe der Nacht und macht Schöpfung zum stygischen Traum.*

Zwischen Torten- und Halsschmerz-Berichten in seinen Briefen dann die Hinweise auf Migräne, die oft wiederholte Klage über Schlaflosigkeit: Lubrokal, Phanodorm, Sedormid* sind ihm Mittel dagegen. Aber Depressionen, jene konstitutionell traurigen Stimmungslagen? Mit der das Hypomanische streifenden Schwingungsebene zum Heiteren, ja menschenfreundlich Aufgeräumten?

Viel ist über Gottfried Benns Depression nachgedacht worden, zumal er selbst das Wort benutzte. Wobei denn das Wort depressiv uns leicht von der Lippe geht und die Dame von Welt ihr Silberbüchslein mit dem Diazepam*-Stimmungsaufheller bei sich führt. Nein, Gottfried Benn war nicht depressiv im klinischen Sinne. Litt schon gar nicht – ja, ich weiß, er schrieb es drei Monate vor seinem Tode an Erna Pinner, alte Duzfreundin aus Berliner Tagen – litt nicht an einer echten, endogenen Depression. Ein Irrglaube anzunehmen, es wäre depressiv, wenn ein Dichter sich als *ein Überlebender fühlt, der zusätzlich die Aufgabe übernehmen mußte, die Irrungen seiner Generation und seine eigenen Irrungen weiterzutragen. Bemüht, sie ... zu einer Art ABGESANG zu bringen, sie bis in die Stunde der Dämmerung zu führen.* Diese Stunde ist aber nicht die Eulenstunde der Depression.

Nein, Gottfried Benn hat sich *nämlich überhaupt nicht auf die Bretter gelegt.* Und wer den falschen Mut hat, einen seiner Lebenssprüche: *sich abfinden und gelegentlich aufs Wasser sehn* als Ausdruck depressiver Stimmungslage zu deuten – nun, den sollten wir seines Weges ziehen lassen, *je m'en fiche* ihm hinterdrein winkend.

»Nur Bettler sitzen am Wegrand und entblößen ihre Schwären«, sagt man. Wenn es schon eigentümlich ist, daß Gottfried Benn, ein Mann von solcher Reserve und Verschlossenheit, erstaunlich häufig – auch an Fernerstehende – von seinen Müdigkeiten, Erschöpfungen, seiner Downheit spricht: sah er sein Wollen unter der Existenz begraben?

Aber wir sollten dergleichen Jeremiaden nicht allzu ernst nehmen: Was alles hätten wir erreichen können, hätten wir es nur unternommen. Wobei natürlich die Sensibilität des Künstlers in Rechnung zu stellen ist: Mehr als andere drückt ihn schon ein kleiner Stein. Denn jetzt, nach dem Come back, lief alles recht gut. Glänzend – wie immer – der Appetit: zwei Portionen Salm – mit Bier – bei Frau Lilo Niedermayer in Wiesbaden zum 65. Geburtstag; Tourneen nach Genf, Köln, nach München und Flensburg. Amouren auch, der gelegentliche Spaziergang, der Weg zur Destille. Auch scheint der Schlaf weniger gestört zu sein – die Klagen hierüber werden seltener. Rundlich, behaglich fast, blickt er uns auf jenem Foto hinter seinem mit Manuskripten und unerledigten Briefen überhäuften Schreibtisch entgegen, die rechte Hand napoleonisch im korrekten Zweireiher geborgen. Das Gehör läßt etwas nach: nichts Ungewöhnliches bei einem 67jährigen Mann. Auch ein Jahr vor seinem Tode, ja selbst zur Berliner Kempinski-Feier seines 70. Geburtstags ist kaum eine Gewichtsabnahme, ist nichts Marantisches* zu erkennen.

Wennschon – ja, wir brauchen nicht weit zurückzugreifen: Da wird über salzarme Diät, über Apfel-Reistage berichtet, Kaffee und das geliebte Pilsener Bier sind aufzugeben, das Körpergewicht soll reduziert werden. Auch werden Rauwolfia-Präparate erforderlich, den erhöhten Blutdruck zu senken. Verblüffend aber, daß Gottfried Benn, daß jemand, der zwar nicht Sympathie mit dem Tode zeigt, der aber – im Werk, in der Lyrik – durch den Beruf als Sekant in der Pathologie früh vertraut mit der Vergänglichkeit allen Fleisches, den »Tod als den wahren Schauspieldirektor und Bühnenmeister des Lebens«[149] erkannt hat; daß nun, wo *sich die Präludien dessen einstellen, dem die Stunde schlagen wird*, der Mediziner ohne Widerspruch den Empfehlungen seines Arztes folgt, selbst die geliebte Juno beiseite läßt, – wenn es schon schwer fällt. Was denn auch nutzte. Bald hören wir, daß die Meßwerte sich normalisieren, die Rauwolfia-Präparate* konnten abgesetzt werden. Das Schicksal hatte den Finger gehoben, bald aber sehen wir ihn in

Köln zur Funkdiskussion mit Reinhold Schneider: *Soll die Dichtung das Leben bessern?* Sekt wird getrunken: *Deinhard Lila*, man kam in Fahrt: *heiter, gelassen, sicher und salopp* die Diskussion.

Auch mußte er seinen Veilchenstrauß ins Kölner Domhotel zurücktragen, wo er mit seinem Verleger-Ehepaar Niedermayer wohnte; die liebe Astrid, deren Zimmer und Balkon er sehr gerne gesehen hätte, war nicht zu Hause. Das alles klingt nicht nach *letztem Abend*, nach Abschied, Trauer, Tod.

Gottfried Benn wurde nicht gerne alt, und verdrießlich waren ihm die Anmahnungen des Körpers, der nichts vergißt. *Habe Zeiten großer Gebrochenheit,* schrieb er am letzten Weihnachtsfest seines Lebens. Und schon glauben wir uns damit auf bekanntem Pfad, durchziehen doch wie ein cantus firmus diese Lamentationen seine Korrespondenz. Dennoch, er tritt zögernder *vor Publikum.* Sein 70. Geburtstag, als der *berüchtigte Geburtstag* von ihm lange zuvor apostrophiert, steht an. Da, aus heiterem Himmel und ohne Vorankündigung, am dritten Neujahrstag, tritt eine Darmblutung auf, die Alarmglocken schrillen. Der Arzt Dr. med. Benn weiß, diesmal wird es ernst: Blut, erden- und mythenschwer floß es durch seine Gedichte – und nun dies. Alle Freunde erfahren es, Oelze natürlich – schon stehen Blumen aus Oberneuland, Tulpen auch, gelb und blau im Hinterzimmer der Bozener Straße. Der Schweizer Max Rychner, der ihn so nobel in der Öffentlichkeit auslobte, Ernst Jünger auch und Friedrich Sieburg – lassen wir die anderen beiseite. An Erna Pinner ... *mein Liebes* ... – Uraltbekannte, deren Vater an einem Dickdarmkrebs verstorben war, schreibt er nach London, – Malignes andeutend. So weit gestreut diese Eröffnungen. Ins einzelne gehend, hin bis zur Nennung von Röntgenergebnissen und Blutsenkungswerten: Warum auch nicht? Gibt es doch für den Arzt kein Tabu der körperlichen Befindlichkeit. Und findet nicht Gottfried Benn an einem Autor ... *gerade das Biologisch-Familiäre interessant?* Und *bedauert unendlich, daß man von Hölderlin und Goethe nicht weiß, wieviel Zentimeter sie groß waren, wie hoch ihr Blutdruck war ... ob sie Bier oder Wein tranken, ob sie gut schliefen, – auch die Krankengeschichte Nietzsches aus der Jenaer Klinik ist sehr dürftig ...*

Ich kann also – nach solchen Einlassungen – seinem Wunsch

nach Krankenbuchmitteilungen folgen, auch und gerade, weil es um ihn selbst geht.

Dennoch nehmen wir diese Briefe nachdenklich in die Hand, ohne Wehleidigkeit geschrieben – oder doch? Wie konnte ein Geist, verschlossen und selten nach außen sich öffnend, so gesprächig sich zeigen? Hörten wir nicht seine Stimme – in *Urgesicht*: *Der Mann heute wie einst vermochte nicht mehr als das Sein ohne Tränen hinzunehmen*? Dem Mitherausgeber des »Merkur« Hans Paeschke, der den *Berliner Brief* als zweite deutsche Nachkriegsveröffentlichung Gottfried Benns druckte, schrieb er am 6. Januar: *Inzwischen bin ich schwer erkrankt und muß ins Krankenhaus. Dort wird festgestellt, ob ich operiert werden muß, eine ernste Darmsache.*

Und er legt ein *letztes Gedicht* bei: *Kann keine Trauer sein. Sollte es schlecht ausgehen, ist es mein Abschied für Sie und von Ihnen*, versichert er Paeschke.

Am gleichen Tage fährt er ins St. Gertrauden-Krankenhaus, eine renommierte, konfessionelle Klinik in der Paretzerstraße des Bezirks Wilmersdorf. Bekommt das doppelfenstrige Fürstenzimmer im 4. Stock, mit Bad, was damals etwas Besonderes war. Der Chefarzt der Inneren Abteilung, Dr. Epping, ist ihm bekannt. Die Anamnese wird erhoben – nichts Auffälliges: mäßiger Zigaretten- und reichlicher Alkoholkonsum wird vermerkt, seit 30 Jahren erhöhter Blutdruck – sonst nie krank gewesen. Keine Knochenschmerzen, Bewegungsorgane ohne Befund. Die üblichen Laboruntersuchungen sind unauffällig, das rote Blutbild läßt eine nur geringfügige Schwankung nach unten erkennen, die sich in den Folgetagen rasch wieder ausgleicht. Ernährungs- und Allgemeinzustand des Patienten gut, das Körpergewicht beträgt 85,3 kg. Eine Bergmann-Diät* wird durchgeführt – also auch Milch muß Benn trinken, was er seit *seiner Säuglingszeit nicht mehr tat*.

Dennoch, da er ein *liquider Typ* ist, steht auf dem Nachttisch eine Flasche Fachinger. Dr. Schmitz, Chef der Röntgenabteilung, untersucht am 12. Januar den Magen: Er findet innerhalb älterer narbiger Veränderungen im Zwölffingerdarm ein kleines Geschwür, aus dem die Blutung stammte, kein Anhalt für Krebs. Am dreizehnten Tag nach der Aufnahme wird Benn beschwerdefrei entlassen. Als ärztlicher Kollege hatte er natürlich wenig Geduld, auch fühlte er sich gesund.

Am 14. März wird der Befund nochmals kontrolliert: Das Geschwür hatte sich vollständig zurückgebildet. Doch beunruhigt ihn die Blutsenkung: ... *ist immer noch recht schlecht,* schreibt er an Max Rychner: am Entlassungstag war sie 15/34, ein indifferenter, wennschon leicht erhöhter Wert.

Scherzend fast plaudert er in den Briefen nach der Klinikentlassung von seiner Krankheit, zitiert den alten Matrosensong:

»Wir lagen vor Madagaskar
und hatten die Pest an Bord,
wir streuten giftigen Pökel,
aber die Ratten gingen nicht fort ...«

und schließt in einem Brief an Walter Höllerer: – *so ungefähr ist mir*. Dann – und hier erschrecken wir, wissend, daß Gottfried Benn nur noch sechs Monate zu leben hat, – hören wir von einem Stehpult, an dem er auf *Geheiß der Ärzte schreiben muß.* Über Arthritis, *Rheumatismus* der rechten Schulter insbesondere wird geklagt. Scheinbar beruhigt bedankt er sich am 26. Mai auf blauer Briefkarte bei seinem Kollegen Dr. Hessmann, der in Schöneberg, ganz in seiner Nähe – Freiherr-vom-Steinstraße 11a – eine Praxis betrieb, für die Röntgenuntersuchung der Wirbelsäule. *Dem freundlichen Ehepaar Hessmann* (die Ehefrau war Röntgenassistentin), *das so sanft Aufnahmen machen kann ...* Und schickt darüber hinaus *mit dankbarem Gruß* sein Büchlein *Über mich selbst* mit der handschriftlichen Widmung .. *nur über die ankylosierte Wirbelsäule steht noch nichts drin.*[150] Es ist nicht bekannt, welche Anteile der Wirbelsäule untersucht worden sind. Die durch Krebs verursachten Knochenzerstörungen, acht Wochen vor Benns Tod, dürften damals schon erkennbar gewesen sein. Vielleicht auch hat man sie übersehen.

Er liegt herum, fühlt sich nicht wohl, hinkt, hat *ein schlimmes rechtes Knie*, geht am Stock. Frau Dr. Ilse, Zahnärztin, *zieht mir die Zähne, um Herde zu beseitigen.* Der Versuch einer Fokussanierung *scheint zu nützen. Ein furchtbar juckendes Ekzem am Hals und beiden Unterarmen kommt hinzu. ... Weißt Du, was Jucken ist? Eine demoralisierende Sache, das erniedrigendste Körpergefühl, das es gibt.* So an Erna Pinner. Die üblichen Mittel, Antiallergika, Antihistamine halfen nicht. Ein alter, sehr erfahrener 80jähriger Hautarzt wird hinzugezogen: »Essen sie nur Pellkartoffeln mit ungesalzener Butter, morgens, mittags und abends, dazu gekochtes Obst und trinken sie nichts als täglich drei mal ein Glas Wasser mit Natron-Bicarbonicum! Entsäuern.«[151] Was Gottfried Benn denn auch tat – aber es half nichts.

Obwohl alles nach einer zögernd voranschreitenden Rekonvaleszenz aussah, Dr. Benn sogar ab und an in sein Ordinationszimmer ging, um – sehr selten – den einen oder anderen Patienten zu behandeln, war seit seiner Krankenhausentlassung etwas anders geworden. Zumindest Frau Dr. Ilse mochte es spüren. Zwar fließt die Korrespondenz noch weiter, fast immer mit Hinweisen auf seinen Gesundheitszustand: Gottfried Benn muß starke Schmerzen ertragen haben. Wir hörten von *Arthrose im Knie*, der *rheumatischen* Schulter. Schon das Umbinden eines Kragens macht ihm Schwierigkeiten; er lag viel auf seiner Couch im Hofzimmer, empfing hier, in seiner *Matratzengruft* wohl auch gute Bekannte, empfand sich, läßlich ironisch als *schäbiger alter Mann ..., keine Attraktion für Damen.*

Draußen, im Vorgärtchen der Bozener Straße aber begann das Mandelbäumchen zu blühen, prall waren die Knospen des Kastanienbaums, bald sollten die weißen Kerzen den Frühling einläuten.

Ja, wir sahen es: Es ging Gottfried Benn nicht gut. Nein, nicht die Melancholien; diesmal ist es etwas anderes, Somatisches. Die Körperlichkeit bedrängt ihn: Schmerzen, Hautausschläge, kein rechter Appetit mehr. Und der Erfahrene weiß, daß mangelnder Appetit ein ernstes Signal bei einem sonst eßfreudigen Menschen ist.

Und dann sein 70. Geburtstag, am 2. Mai. Sicher, er wollte sich bereithalten, sich stellen zu diesem Tage – einerseits. Ihm aber auch, und dem ganzen Rummel und den gesellschaftlichen Kalamitäten entfliehen.

Aber verreisen? *Wohin, es ist überall noch kalt.* Auch ist er leidend; sich Bewegen, Treppensteigen macht ihm Beschwerden. So verwirft er die Einladung Oelzes, nach Oberneuland zu kommen.

Also bleibt er. Entwirft – für Niedermayer – einen minuziösen Plan: gemeinsames Frühstück im Hotel am Steinplatz – *dicht am Kurfürstendamm, sehr renommiertes Haus* – vielleicht zusammen mit Ehepaar Oelze, auch Nele, seine Tochter wird kommen. Nachmittags Cocktailparty in der Bozener Straße, dazwischen Siesta. Und abends Souper im Hotel, *kaum 12 Teilnehmer, Anzug beliebig* – so schrieb er an seinen Verleger.

Nun, der Plan ging nicht ganz auf. Der Berliner Senat hatte sich dieses Tages erinnert, gab einen Empfang in der Amerika-Gedenkbibliothek am Blücherplatz: ein Streichquartett spielte, Werner Tappe rezitierte einige der Gedichte Benns.

Die Festrede hielt Hans Egon Holthusen. Benn dankte in kurzen Worten: sehr blaß, langsamen Schrittes ging er zum Podium. Photografen waren zugelassen. Die Bilder bestätigen, was Frau Lilo Niedermayer mir sagte, was Dr. Dovifat, der bei der Feierstunde anwesende Oberarzt jenes Benn behandelnden Internisten aus dem St. Gertrauden-Krankenhaus, seinem Chef berichtete: Gottfried Benn wirkte zurückgenommen, war schmaler geworden. Nele, seine Tochter jedoch fand ihn unverändert »... mein Vater sah wirklich so aus, als ob er sich wohl fühle.« Lediglich über Rückenschmerzen klagte er zu ihr.

Dies alles hielt Gottfried Benn durch. Fand noch Kraft, seine zuvor eingeladenen engeren Freunde und Bekannten um zehn Uhr abends zum Souper im Hotel am Steinplatz zu empfangen; auch die Orchidee am Gedeck jeder Dame hatte er nicht vergessen.

Am Tage darauf das erste Fernsehinterview des Senders Freies Berlin mit Gottfried Benn. Thilo Koch hatte es organisiert. Eindrucksvoll die Haltung des Schwerkranken, sieben Minuten lang kann man Benn sehen, ihn sprechen hören.

Dann waren diese Tage überstanden. Keine günstigen Sterne leuchteten ihnen: .. *comme ci, comme ça, clopin-clopant ...* schreibt er an Friedrich Sieburg. Wir hörten die gleichen Worte von Herta, als sie von Landsberg a.d. Warthe an Alice Schuster über ihre schmerzenden Knie klagte. Clopin-clopant, ja, hinkend finden wir Benn, – und Dankbriefe schreibend. Nicht an alle, die seiner gedachten; aber an diejenigen, die ihm nahestanden: H. E. Holthusen wurde großartig belobt ob seiner *erstaunlichen* Rede. Wilhelm

Lehmann und Astrid Claes gedankt für Glückwünsche und Gedichte. Prof. Sieburg hatte Champagner geschickt: Mumm. Die Geburtstagsrunde hatte .. *ordentlich davon genossen.* Ina Seidels Telegramm nachdenklich beantwortet. Paul Fleischmann, langjährig vertrauter und Gottfried Benn behandelnder Arzt, hatte aus London gratuliert: eigentümliche Empfindung, diesen Brief im Marbacher Literatur-Paradies lesen zu können. *Alt und etwas müde* zwar, aber mit .. *einem Handkuß an Ihre verehrte unvergleichliche Gattin* kam Benns Antwort in die Harley-Street.

Ja, durchgesetzt hatte er sich *und Minister und der Bundespräsident und Oberbürgermeister gratulierten ... zum Geburtstag. 80 Telegramme, 200 Briefe, 50 Blumensträuße*, das war *die ganze Jagdbeute.* Immer, sein Leben lang, war Gottfried Benn selbstbewußt, ein Selbstwertgefühl, das in den letzten Jahren manchmal an Überheblichkeit grenzte; bei dicht daneben liegender Zurückgenommenheit, ja ergebener Höflichkeit: Diese anbrandende Welle von Ruhmestiteln, von Anerkennung, ja menschlicher Anteilnahme, sie tat ihm wohl. Und jene *Ehrengabe* des Bundespräsidenten (DM 3000,-) – als »Schäbigkeit von höchster Stelle« empfand sie Oelze – blieb Episode. Immerhin, zum 75. Geburtstag Rudolf Alexander Schröders hielt der Bundespräsident im Bremer Rathaus persönlich die Festrede ».. weil ich ihn« (R. A.Schr.) »liebe ...«

»In tormentis pinxit«, könnte man sagen. Denn all diese Briefe, eigentümlich entsagend, dankbar, waren in den kurzen Pausen geschrieben, welche die zunehmenden Rückenschmerzen ihm ließen. 14 Tage nach dem *Rummel* schickt ihm sein Verleger, Max Niedermayer, aus Wiesbaden Romigal, ein noch heute gebräuchliches Allerweltsmittel gegen Ischias und Rheuma. Benn versprach, es zu versuchen, – es dürfte nichts geholfen haben. Ein Masseur wird empfohlen, die als rheumatisch gedeuteten Beschwerden, speziell in der rechten Schulter, zu behandeln: ein therapeutischer Mißgriff. Nach fünf Besuchen mußten die Massagen abgebrochen werden: der Patient konnte das Walken und Kneten nicht mehr ertragen: ... *daß es so etwas Brutales gibt, ahnte ich nicht, der riß mich auseinander, fuhr wie ein Trecker über den Rücken hin und her ...* – aber es nützte nichts.

Clopin-clopant, – nicht einmal das gelang. Gottfried Benn liegt fest zu Bett, .. *Spondylarthrosis und Arthritis, Neuritis, Rheuma, die rechte Schulter ist ganz gelähmt* ... So diagnostiziert er seine Erkrankung selbst. Und das bei ansteigender *Blutsenkung 47/82, also allerlei*, so schreibt er an Max Rychner, während das Körpergewicht abnimmt. Dazu schier unerträgliche Schmerzen: .. *wenn ich ... die Schmerzen nicht los werde, werfe ich mich vor einen Autobus.* So schließt sein Brief an den Züricher Freund. Eine Röntgenuntersuchung des Schultergelenkes wurde nicht für notwendig erachtet: Einmal mehr bestätigt sich die Blindheit des Arztes vor seinem eigenen Körper und die nicht gelingende Zuordnung der Krankheitssymptome zu einem diagnostischen Urteil. Sicher, Gottfried Benn suchte nach Erklärungen für seine Beschwerden im Umfeld der banalen Alltagswehwehchen – wie es jeder von uns tut. Und hatte eine Abneigung gegen Apparate – Röntgenapparate eingeschlossen – ja gegen die Schulmedizin: *Ob man aus einen Krankenhaus wieder herauskommt, weiß man nie. Auch lege ich mich in die Hand des Arztes nur mit Skepsis* ... liest wiederum Max Rychner. Und – betrachten wir das so rasch nahende Ende –, hatte Benn letztlich nicht Recht? Denn was hätte man gewonnen, wären die zerstörenden Knochenprozesse, die Metastasen* schon früher erkannt worden? Schon, als er im Januar des Todesjahres nicht mehr im Sitzen schreiben konnte, schon als ein Stehpult angeschafft werden mußte? Ist doch der primäre Ausgangsherd eines Geschwulstleidens oft schwer zu fassen. Und der Magen, die Lunge auch – sie wurde im St. Gertrauden-Krankenhaus zumindest durchleuchtet – schieden als Sitz einer Geschwulst ja aus. Es kann als sicher angenommen werden, daß auch eine frühere Diagnose von Metastasen bei unbekanntem Primärtumor den Krankheitsverlauf nicht beeinflußt hätte. Ist die Metastase das Erstsymptom, versagt jede kurative Therapie am eigentlichen Krankheitsherd.

Und es war ernst, .. *durchaus beunruhigend.* Wie es immer ernst wird, wenn nur Alkaloide, wenn nur Polamidon – ein synthetischer Opiatabkömmling – die Schmerzen dämpfen kann. Gottfried Benn also nahm dieses Methadon-Präparat, *stopfte sich voll damit.* In Unkenntnis der eigentlichen Krankheit entschloß man sich zur Kur in einem Rheumasanatorium. Auf Schlangenbad, Kurhotel, fiel die Wahl: ... *furchtbar teuer* – Zweibettzimmer DM 12 –, *aber die Bäder im Haus.* Gottfried Benns Verleger gab die Empfehlung, Frau Lilo Niedermayer sagte es mir. Schlangenbad liegt nahe bei Wiesbaden und nur eine knappe Autostunde vom Flughafen Frankfurt entfernt. Das Ehepaar Niedermayer war zutiefst erschrocken, als sie ihren Autor und Frau Dr. Ilse am Flughafen in Empfang nahmen, um sie mit dem Wagen ins Staatliche Kurhotel zu bringen: Ein schwerkranker Mann kam ihnen entgegen, der gestützt werden mußte, von Schmerzen gezeichnet. Alle waren erleichtert, als Gottfried Benn zu Bett gebracht war und der Badearzt nach ihm sah: *Kämpfe um mein leben, bin ganz desolat,* hatte er wenige Tage vor der Abreise an Oelze geschrieben.

Dennoch ist es erstaunlich, daß bis zu diesem Zeitpunkt, bei doch schwerster Symptomatologie, niemand – und der Kranke am allerwenigsten – an ernstere Dinge dachte. Immerhin, der behandelnde Kurhotelarzt, vielleicht Herr Dr. Pawelke, schloß auf die Frage Frau Dr. Ilses »könnte es ein Karzinom sein?« diese Diagnose nicht aus, empfahl dringend eine Krankenhaus-Aufnahme zur gründlichen Durchuntersuchung und behandelte in der Zwischenzeit – unter der Annahme einer rheumatischen Erkrankung – symptomatisch, d.h. er verabreichte Irgapyrin-Injektionen – ein Pyramidonabkömmling, was seinerzeit angemessen war –, und gab dazu Cortison-Tabletten, ein in den fünfziger Jahren für die Therapie der Krankheiten des rheumatischen Formenkreises erstmals hineingenommenes Nebennierenrindenhormon.

Der schlechte Allgemeinzustand Dr. Benns ließ Bäderanwendungen, Fangopackungen nicht zu. Auch wurde er lichtüberempfindlich: Vom Süd-Ost-Balkon seines schönen Zimmers, wo man ihn gebettet hatte, um die Juni-Sonne zu genießen, ließ er sich ins Zimmer zurückbringen; er konnte die Helligkeit nicht ertragen. Ihm, dem Tortenliebhaber, schmeckte der Kuchen nicht mehr, mit dem ihn Frau Niedermayer erfreuen wollte. Die Spritzen blieben ohne die leiseste Wirkung, das Restaurant konnte nicht mehr aufgesucht werden, Benn aß im Bett: *Eine ganz desolate Lage,* schreibt er elf Tage nach Kurbeginn an Walter Lennig.

Dies also war der Augenblick, wo dem Patienten, der selbst Arzt war, dem Dichter, die Zusammenhangsdurchstoßung gelang und er der Wirklichkeit gegenüber stand: *Jene Stunde ... wird keine*

Schrecken haben – schrieb er drei Wochen vor seinem Tode an Oelze –, *seien Sie beruhigt, wir werden nicht fallen, wir werden steigen.* Jetzt also wußte Gottfried Benn um seinen Zustand. Geduldig und höflich ertrug er das Herumreden seiner Umgebung, die Unsicherheit seiner behandelnden Ärzte, so sehr schonte er sie.

Erfahrene Ärzte kennen diese scheinbare Rücksichtnahme der morituri, – und es erschüttert sie. Wer auch wollte im Angesicht des Unabänderlichen laut werden, wer Fragen stellen? Die Natur steht hier ganz auf der Seite des Sterbenden, sie hilft ihm – und auch dem Arzt, der seinen Kranken besucht. Sie macht es den Angehörigen leichter, die neben ihm ausharren.

Dann aber ging es nicht mehr in Schlangenbad. Gottfried Benn wollte nach Hause, nach Berlin. Rückflug und Taxifahrt wurden zur Qual, ein todkranker Mann trat in seine Wohnung, die Bewohner der Bozener Str. 20, die ihn aussteigen sahen, fühlten es, so berichtet Nele, Benns Tochter. Fünf Tage hielt es ihn noch in seinem verkramten Hofzimmer, kaum daß er ansprechbar war. Dann wurde Professor Witt gerufen, Chefarzt des berühmten Oskar-Helene-Heims in Dahlem: Wegen der Schmerzen und des Zustands des Patienten konnte eine ernsthafte Untersuchung in dieser Umgebung nicht durchgeführt werden. Nie, so berichtete mir Professor Witt, hätte er als Arzt einen gebildeten Menschen von solch trostlosem Ambiente umgeben gesehen. Wobei der Kasten Bier unter dem Stuhl neben der Zimmertür noch das Geringste gewesen wäre ... *Dr. Misgeld, meinem von mir dankbar verehrten psychosomatischen Berater und Helfer*, mit *Steinhägergruss* von Gottfried Benn angenommen, placierte ihn dort.

4. Juli, ein Mittwoch: Endlich wird Gottfried Benn im Oskar-Helene-Heim aufgenommen. Auf dem Wege zum Wagen mußten ihn vier Menschen stützen. Die Füße versagten den Dienst, eine beginnende Lähmung hatte sich eingestellt. Nun lag er im weißen Klinikbett, gegen die unerträglichen Rückenschmerzen hatte man Dilaudid – ein Hydromorphon-Präparat* – injiziert. Frau Ilse war bei ihm. Der Chef, der Oberarzt, der Radiologe berieten: Soll man einem derartig Schwerkranken diagnostische Untersuchungen zumuten? Bisher war nichts geschehen, von der Bariumbrei-Passage des Magens, der Untersuchung bei Dr. Hessmann, abgesehen. Der

Blutdruck, er war normal: 130/80. Das Körpergewicht konnte nicht kontrolliert werden. Das Blutbild zeigte – bis auf einige toxische Granulationen – lediglich eine zu vielen Krankheitsbildern passende Leukozytenvermehrung auf 10000. Die Blutsenkung, von der wir in Benns diesjähriger Korrespondenz soviel gehört hatten, mit 34/64, war den Schlangenbadwerten gegenüber eher rückläufig. Aber die Schulter – die Schmerzen der Wirbelsäule, die beginnende Lähmung der Beine?

Man befand sich in einer Orthopädischen Universitätsklinik, man wollte helfen. Aber vor die Behandlung – auch wenn sie nur palliativ sein konnte – hat der liebe Gott die Diagnose gesetzt. Die Ärzte, die Gottfried Benns Bett umstanden, waren erfahrene Kliniker – man machte sich nichts vor: Alles sah nach Bösartigkeit aus. Also entschloß man sich zu röntgen – so gut es eben bei dem kaum beweglichen, trotz Hydromorphon-Gaben vor Schmerzen stöhnenden Kranken ging. Meisterbilder waren nicht zu erwarten. Um ganz sicher zu gehen, fertigte man am 6. Juli, zwei Tage nach der Erstuntersuchung, noch zusätzliche Röntgen-Schichtaufnahmen der oberen Wirbelsäule an: Frau Dr. Ilse Benn, auch sie Ärztin, Zahnärztin, dürfte das Übel schon früher erahnt haben. Professor Witt mußte ihr die lange geahnte Vermutung bestätigen: Zerstörung der Knochen durch weit fortgeschrittene Krebsnester. Daher die fürchterlichen Schmerzen. Am 10. Brustwirbel fehlte die scharfe Begrenzung der Bogenwurzeln, zusammengesintert, abgeflacht der Wirbelkörper, teilweise zerstört die hintere Begrenzung des Knochens. Ähnliche, eher noch deutlicher ausgeprägte Zerstörungen fanden sich am 6. Brustwirbelkörper: man nahm von weiteren Untersuchungen Abstand, der Zustand des Kranken erlaubte es nicht. Auch wußte man genug.

Natürlich waren auch die üblichen, mit dem Alter einhergehenden knöchernen Zacken- und Spangenbildungen, die banale Spondylosis* zu erkennen: Und diese Abbauerscheinungen wurden dem Kranken als Ursache der Beschwerden vorgetragen, als Benn bei der Visite am Freitagnachmittag seine Fragen stellte: Glaubte er dem Professor? Gehörte er zu den Ärzten, denen jene Symptome des Unheils, die sie bei ihren Patienten unweigerlich erkennen, mit dem Mantel der Gnade bedeckt bleiben, so es um sie selbst geht?

Man kennt solche Beispiele. Eine geläufige Erfahrung: Thanatos blendet die Augen des Wissenden.

Aber jene unvollständige, so bedeutend abschließende, letztlich – auf Wunsch Benns – vernichtete Postkarte aus Schlangenbad an Oelze *Jene Stunde wird keine Schrecken haben ...* – ein Faust-Zitat dazu –. Was hatte Gottfried Benn, gequält von Schmerzen, ja um seinen Tod wissend, noch hinzugefügt? Erinnern wir uns? *Störe das sanfte Mittel nicht*: das Morphiumfläschchen ist Gottfried Benn bei der Erwähnung Paul Heyses in *1886* erwähnenswert. Hörten wir nicht – an Oelze – *Ich habe Morphium mir besorgt genügend, um den Weiterungen zu entgehen ...* Zwar dachte er damals – 1938 – an Explosionen und Luftschutzkeller. Aber Herta v. Wedemeyer hatte sich *das Morphium, das wir beide für den bestimmten Fall bereitgestellt hatten ...* in Neuhaus eingespritzt.

Es ist eigenartig, daß F. W. Oelze, ein Gentleman, der Benns Briefe und Sachen wie seinen Augapfel unerschütterlich hütete und bewahrte, ausschließlich diese letzte Äußerung des – auch für ihn – vom Tode gezeichneten Gottfried Benn, vom 16. Juni 1956 aus Schlangenbad vernichtete. Sollte das Bild seines großen Freundes rein der Nachwelt erscheinen? Rein zumindest, wie es einem Großkaufmann und Bremer Honoratioren vorschweben mußte?

Oder messen wir dem eigentümlichen Drängen des unter Alkaloid-Wirkung* stehenden Schwerkranken, wieder ins St. Gertrauden-Krankenhaus verlegt zu werden, eine zu große Bedeutung zu? Tatsächlich lag es in Benns Absicht, in der Universitätsklinik nur die notwendigen diagnostischen Untersuchungen durchführen zu lassen, um dann in die vertraute, abgeschirmte ärztliche Umgebung, wieder in die Paretzerstraße, verlegt zu werden. Professor Witt nahm diese Bitte mit einiger ärztlicher Zurückhaltung entgegen, war doch der Kranke kaum transportfähig. Immerhin, sechs Monate, so lautete seine mit Vorsicht ausgesprochene Prognose, hätte Gottfried Benn – vielleicht – noch zu leben. In Anbetracht der Situation und der Befunde eine ärztlich nicht unrealistische Aussage. Doch wurde auf Wunsch des Kranken für den nächsten Morgen die Verlegung vorbereitet. Zu seiner Frau aber sagte er: *Du darfst mich heute nicht verlassen. Du mußt bei mir bleiben.*[152] Dann aber, am späten Freitagnachmittag, als der Professor gegan-

Gottfried Benn,
gestorben am 7. Juli 1956
Die Totenmaske

gen war, trat – »blitzartig« – wie Benns Tochter Nele berichtet, eine »jähe Verschlechterung im Zustand meines Vaters ein«.

Niemand hatte das erwartet. Der diensthabende Arzt versucht mit einer Strophantin-Euphyllin-Injektion das rasche Versagen des Kreislaufs zu beheben, der Pulsschlag klettert auf 164/min, die Körpertemperatur steigt auf fast 41° an: ein ungewöhnlicher Verlauf, gerade bei einer metastasierenden Karzinomerkrankung.

Rasant nimmt die Lähmung des Unterkörpers zu, dennoch bleibt Benn ansprechbar. Kann Professor Witt, der nachts noch einmal an das Bett des Kranken kommt, sogar nach dem Befinden des Klinikchefs fragen.

Frau Dr. Benn hielt die Nachtwache. Sie hält die Hand ihres Mannes, – Te spectem suprema mihi cum venerit hora. Te teneam moriens deficiente manu,* – als sich – plötzlich – der Zustand weiter verschlechtert, die »Lähmungen« sich ausbreiten.

Am Samstag, um acht Uhr morgens, die Julisonne begann ins Krankenzimmer zu scheinen, starb Gottfried Benn. Nur seine Frau war bei ihm.

Auf dem Neuen Dahlemer Waldfriedhof wurde er begraben. Man schrieb den 12. Juli 1956:

Am schlimmsten:
nicht im Sommer sterben,
wenn alles hell ist
und die Erde für Spaten leicht.

* »Dich möchte ich ansehen, wenn meine Stunde geschlagen hat. Sterbend möchte ich Dich noch halten, wenn mir die Hand schon herabsinkt.« Brentano, »Theodor Chindler«.

»Namentlich auf das Biographische
war ich versessen, dankbar für
jeden Fetzen Wirklichkeit, der da
beigebracht wird.«
Max Rychner

Zwanzigstes Kapitel

Les adieux – epilogisch

Weit muß zurückgegangen werden. Fast verliert sich die Spur. Junger Arzt war man, herrlich, an der Charité. Begann in der Pathologie. Auch Gottfried Benn tat es. Aber noch kannte ich ihn nicht. Zu Fuß ging ich von der Stadtbahn zur Klinik, an der Schumannstraße. Eigentümliche Jahre. Noch Trümmer, überall. In Fensterruinen wuchsen Brennesseln. Herabhängende Dachrinnen wurden von jungen Birken besiedelt. Aber reges Leben am Bahnhof Friedrichstraße. Unter den rot gemauerten S-Bahn Bögen, kurz vor der Ecke eine Buchhandlung: A. Collignon. Herrlich bestückt. Und nicht zu teuer für ein schmales Assistentengehalt. Man durfte stöbern. Neben dem Besitzer ein hilfreicher Sachse, aus Leipzig. Freundlich, kenntnisreich: Sie sind Mediziner? In der Charité-Pathologie? Er kramte, und ... da wird Sie vielleicht die »Morgue« interessieren? Er hielt mir ein dünnes, unscheinbares Heftchen mit marmoriertem Deckblatt hin, die untere rechte Ecke des Titelblattes ausgerissen. Interessant die Zeile mit dem ersoffenen Bierfahrer, der auf den Tisch gestemmt wurde. Oder die andere, mit dem langen Messer, das Zunge und Gaumen herausschnitt. Und vor dem Zunähen Holzwolle in die Bauchhöhle. Woher kannte dieser Mann das alles so genau? Wie hieß er? Gottfried Benn? Und war Arzt, war Sekant! Hatte in der Prosektur des Westend-Krankenhauses gearbeitet, wußte der kenntnisreiche Antiquar. Ich kaufte das Flugblättchen, – lächerlich der Preis. Dann mein Sprung nach Charlottenburg Westend-Krankenhaus, wiederum in die Prosektur. Viel hatte sich dort nicht verändert in den Jahren.

Saß ich vielleicht sogar im Zimmer des dunkelhellila Asternfreundes?

So also begann es, 1949. Und so also habe ich mich zuerst zu bedanken beim Antiquar Collignon im S-Bahn-Bogen an der Friedrichstraße. Nein, Gottfried Benn persönlich habe ich nie kennengelernt. Wußte damals nicht einmal, ob er noch lebte. Verlor ihn auch in der Zwischenzeit aus den Augen. Beruf, Heirat, Kinder füllten die Stunden und Tage. In der Straßenbahn, in der Stadtbahn, zur Klinik fahrend – je fünfzig Minuten hin und zurück, ohne Fußweg gerechnet –, konnte man lesen. Fachartikel; aber auch *Statische Gedichte, Ausdruckswelt, Trunkene Flut, Fragmente.* Im Bücherregal wurde die Benn-Reihe deutlicher. Dann seine Todesanzeige im »Tagesspiegel«. Ich schnitt sie aus, hob sie in einer Mappe auf, womit das begann, was man euphemistisch als »Sammeltätigkeit« bezeichnet, nicht allzuweit von mikroskopischer Kärrnerarbeit entfernt.

Da ist dieser Brief an Paul Zech, der »Das neue Pathos« herausgab. Gottfried Benn schickt ihm *Drohung – aber wisse: ich lebe Tiertage* ... Natürlich für die Lasker bestimmt. Der Brief geschrieben auf einem Kopfbogen des »Pathologischen Instituts Westend-Krankenhaus«. Wo ich denn saß. In der Bibliothek auf die Leiter stieg, die im obersten Regal verstaubenden Quartbände anzusehen: alte handgeschriebene Sektionsprotokolle, darunter die 297 von Dr. Benn.

Nun wurde es interessant. Ein Briefwechsel begann, fragend, suchend, sammelnd, periodisch anschwellend oder schlanker werdend. Jetzt sind es sieben Leitzordner geworden.

Und allen Antwortenden, Helfenden hätte ich zu danken. Da war Dr. Schäfer, von der medizinischen Buchhandlung Rothacker. Er schenkte mir die Visitenkarte Gottfried Benns. Ernst-Viktor, Benns Bruder, lebte später in meiner Nähe, in Essen: Er gab mir seinen Selliner Bericht, zeichnete mir ein kleines Bild des Pfarrhauses dort. Kurt Zierold wurde in Bonn besucht. Ich durfte die Bekanntschaft von Frau Alice Schuster und Else C. Kraus machen, trank Tee mit Frau Schuster in ihrem schönen Haus in der Casa Lorry am Luganer See.

Entschlossen, in diesem Verständnis keine Abschweifung auszulassen sei ein Erlebnis angefügt, das Rang und Stil solcher Bindungen uns deutlich macht. Seit vielen Jahren sammle ich biographisches Material zu G. B. Man stößt bei dieser Suche auf viele Frauen, die mit ihm bekannt waren, ihn liebten. Vor Jahren wurde ich mit einer Dame, Mitte Achtzig, bekannt, einst eng mit Benn befreundet. Gewann ihr Vertrauen. Wir trafen uns einmal bei mir im Münsterland zum Tee, einmal in einem Düsseldorfer Hotel zum Lunch. Sie eröffnete mir, daß sie viele Briefe von Benn hätte, die sie mir – dem eigentlich Unbekannten – eines Tages geben wollte.

Nach einem Jahr war es dann soweit. Ich fuhr in die Schweiz, im Schlafwagen, kam gegen Mittag an. Wir aßen etwas, sie zeigte mir ihren wunderschönen Garten, sie war nicht unvermögend. Es war verabredet, daß ich ihr das zweite Kapitel des vorliegenden Buches »Pastorensohn« vorlesen sollte. Es sollte Tee serviert werden. Beim Öffnen einer Schranktür stürzte meine Gastgeberin, ich war zu weit entfernt, ihr zu helfen. Diagnose: Schenkelhalsbruch links.

Da lag sie nun auf dem Fußboden, ich bettete sie weich auf eine Decke, legte ein Kopfkissen unter, deckte sie mit einem Plaid zu, der Pudel Lorry sitzt neben ihr. Erste menschliche und ärztliche Reaktion: Krankenwagen bestellen, Röntgenaufnahmen machen, Entscheidung ob konservative Behandlung, Nagelung oder Endoprothese.

Ich bin gewohnt, in solchen Dingen rasch entschlossen zu handeln. Dann kam es aber ganz anders:

Frau Eci, am Boden liegend, gab sich behaglich, souverän den körperlichen Zufall mißachtend. Ich fragte sie nach Schmerzen, sie verneinte und sagte: Ins Krankenhaus könnte sie als 86jährige immer noch gehen, aber ob sie jemals wieder herauskäme, wäre unsicher. Sie wünschte die Lesung. Ich gab ihr eine Tablette Eu-Med (es war nichts anderes zur Hand), bettete sie bequemer, der Hund bekam ein Stück Schokolade. Ich hockte mich neben sie und las 40 Minuten lang aus meinem Elaborat. Makabre Szene. Aber ich glaube, wir haben sie beide genossen. Danach das Übliche: Transport ins Krankenhaus, Röntgenaufnahmen, Wartezeiten, sofortige Operation – alles gelassen von ihr ertragen.

Es ist, ja, ich glaube – erschütternd – ist das rechte Wort –, den Stil, die Haltung dieser Generation körperlichen Beschwerden gegenüber zu erfahren. Keine Weinerlichkeit, kein Nachgeben, die Seele im Korsett, der Geist schwebt über den zertrümmerten Knochen. Wir Nachgeborene jedoch, schwächlicher, empfindlicher, auf höheren seelischen Luxuskonsum eingestellt, dem Somatischen stets den Vorrang gebend, auch weinerlicher, mißmutiger – und mit dem letzten Atemzug an Spritze und Sauerstofflasche hängend.

Wir werden Schwierigkeiten haben, solch stoische Haltung zu leben. Ich erreichte mit Mühe meinen Zug, die Benn-Briefe in der Tasche.

Frau Rychner schrieb mir nach dem Tode ihres Mannes. Frau Nommensen aus Bad Oeynhausen, wo Herta v. Wedemeyer kurte, konnte befragt werden. Die Briefe Benns an Karl Schwedhelm durfte ich in die Hand nehmen, auch Photos aus jenen Tagen. Von Manfred Pahl erwarb ich – 1959 – die schöne Lithographie: so etwa mochte Gottfried Benn 1930 ausgesehen haben. Später erfuhr ich interessante Einzelheiten von dem in Stuttgart lebenden Künstler. Dr. Oskar Schäfer, dessen Vater im gleichen Hause wie Gottfried Benn seine ärztliche Praxis hatte und dort auch wohnte, wird in Berlin aufgesucht. Frau Gescher-Muschelkalk, Frau Lilo Niedermayer, Frau Ursula Ziebarth empfingen mich. Allen voran Frau Dr. Ilse Benn, bei der ich zu Gast war. Stets hilfreich und liebenswürdig ließ sie mich in der Bibliothek ihres Mann blättern. Der Berliner Antiquarius Carlos Kühn, in der Martin-Luther-Straße, erfüllte abwegigste Bücherwünsche. Bald trat Fritz Werner aus Freiburg dazu, mit seinem immensen Wissen, seinem Archiv: 18 770 Nennungen des Meisters hat der große Connaisseur in seinen Kollektaneen versammelt. Frau Nele Soerensen antwortete mir freundlichst auf meine Bitten, man traf sich in Hamburg. Carl Wercksghagen wurde in der Baden-Allee in Berlin besucht. Fabelhaft die Handschrift F. W. Oelzes, auf blauem Briefpapier, förderlich für mich. Meinte er doch, ich wollte Benn »pathologisieren«. Was denn nicht zutrifft. Briefwechsel, jahrelang z. T. geführt, mit Frau Professor Christiansen, Professor Dyck, Professor Heintel, Dr. Ruf, Fritz Wüllner fügten Details und Wirklichkeit hinzu. Charles Wentincks und Jaap Gardeniers ist zu erinnern. Hoch in der Provence, bei Banon, sehr einsam, umgeben von Lavendel, Büchern und Bildern, stehen Gottfried Benns *Gesammelte Werke*:

kennerische, nächtliche Weingespräche. All dies trug meine Frau Ursula mit, wofür ich ihr dankbar bin. Auch Benns Ärzte, Professor Witt vom Oskar-Helene-Heim, Dr. Epping vom St. Getrauden-Krankenhaus, Dr. Misgeld konnten angesprochen werden. Immer mehr Erinnerungen drängen sich heran, Gesichter, längst verschollen: 40 Jahre lesen, sammeln, fragen, schreiben: Es macht heiter, über die eigene Frühe zu sprechen – Biographisches zu fördern, bedeutet es nicht, ein Leben ohne Theorie zu fassen? – Tapfer, menschlich, nackt?

Auch der Arzt altert mit seinen Patienten. Und so wurde ich – nachdenklich und gern – zum Adreß-Comptoir für die Nachrückenden.

Schön war es, die Lokalitäten aufzusuchen, zwischen denen mein Held sich bewegte: die Hörsäle der Charité-Kliniken, amphitheatralisch ansteigend. In den Krankensälen (32 Betten) zu arbeiten, in denen es dem cand. med. Gottfried Benn so schwer fiel, die Anamnesen zu erheben. Auch in der Bibliothek der Psychiatrischen Klinik zu sitzen, wo er Professor Ziehens Veröffentlichungen gelesen hatte. Vor dem schönen Gebäude der Kaiser-Wilhelm-Akademie zu stehen, wennschon unser Pépinière-Zögling nicht mehr durch dies hohe Portal geschritten sein dürfte. Denn vieles blieb bewahrt, erstaunlich. Selbst Fassade und Teile des Treppenhauses der Staatsbibliothek hatten ausgehalten. Der herrliche Lesesaal jedoch eingesunken, die Bücher zerstreut. Das Haus – jetzt Nr. 38 – in der Belle-Alliance-Straße (nun Mehringdamm) stand noch. Die Treppe, das hölzerne Treppengeländer, die schön profilierte Tür zur Praxis Dr. Benns im ersten Stock, sie sind erhalten.

Und wo wohnte der Staatsexamenskandidat, als er einen Sektionskurs im Moabiter Krankenhaus machte und jener Zyklus von sechs Gedichten, die *Morgue*, alle in der gleichen Stunde, aufstieg? Die Spenerstraße 4 also wurde aufgesucht, wo er damals wohnte. Im 4. Stock bei Rau.

Ausgebombt dies Haus, ein Neubau füllt die Lücke. Aber die Eingangstür der Nr. 3, vollständig erhalten in ihrer wilhelminischen Pracht, läßt die Imagination spielen: auf all diesem ruhte das Auge des jungen Benn. Das Moabiter Krankenhaus – Turmstraße.

Ich absolvierte hier einen Röntgenkurs bei Professor Chaoul. Auf erhaltenen alten Fotos kann man die Holzbaracken sehen, an denen vorbei Gottfried Benn – 1911 – zum Sektionskurs eilte. Wir erinnern uns: *Krebsbaracke.*

Brüssel natürlich: Das Haus in der Rue St. Bernard Nr. 1 steht noch, ein Tankwart »elf« betreibt jetzt im Erdgeschoß sein Geschäft. Oft auch ging ich ins Bayrische Viertel, stand vor der bröckelnden Fassade der Bozener Straße, jetzt schön verputzt, vom Hof der Blick auf die Fenster des Hinterzimmers, parterre. Die Kufsteiner Straße entlang durch den grünen Volkspark bis zum Restaurant am Innsbrucker Platz, der früheren Weinhandlung Fourn: Champignon-Toast-Schnitte gibt es auch heute noch, – und danach Eis. Der alte Benn ging oft diesen Weg. Hannover natürlich, Stadthalle, Café Kröpke, versunken. Das Weinhaus Wolf und die Arnswaldtstraße 4 – eine Gedenktafel erinnert an den einstigen Bewohner.

In Worpswede, das Benn bedichtet hat *(in einem Ort, der kaum sich nennt ...),* schrieb ich manches im Haus im Schluh, im blauen Zimmer: Herrn Riefs, Frau Schnars-Vogelers sei gedacht. Fuhr in die Bremer Hartwigstraße, nach Oberneuland, F. W. Oelzes, vom Freunde Ichon gemietetes Landhaus zu sehen: ... *ganz Königin Luise.*

Wonnetage im Marbacher Archiv, freundlichst aufgenommen. Dankbare Wochen im Gästehaus der Akademie der Künste. Mönchisch eingesponnen am Berlin-, am Hitler-Kapitel. Später dann nochmals Mansfeld, nach der Maueröffnung. Winziges Dorf, kaum 120 Einwohner jetzt. Das hölzerne Kirchlein, einer Scheune ähnlicher als einem Gotteshaus. Gottfried Benns Geburtseintragung im Kirchenbuch, von seines Vaters Hand: Pfarrer Krysmanski wußte davon. Gottfried war ein Sonntagskind. Nach Gadow ging es, das den Wilamowitz-Moellendorffs gehörte: Benns Eltern lernten sich dort kennen. Ein farbiges Poster zeigt, wie es damals aussah, recht stattlich. In Cumlosen die Traukirche des Elternpaares, das Pfarrhaus von Pastorin Mummelthey, wo Frau Caroline Jequier vor der Eheschließung noch kochen lernte. Dann weiter auf der gewölbten schmalen Landstraße, gesäumt von wunderbaren alten Eichenbäumen – bald werden sie fallen.

Neuhaus: Eigentlich kein ... *armseliges Dorf* ... So beschrieb es

Benn den Buschis. Eher ein Marktflecken. Das Haus der Familie Wenk liegt an der Hauptstraße, hier starb Hertele, geb. v. Wedemeyer, Benns Frau. Frau Müller, die das Totenbuch führt, wies mir das einstige Grab. Aufgelassen schon 1962. Helene Papner ruht jetzt dort.

Frankfurt/Oder, vieles neu, anders. Aber das Friedrichs-Gymnasium steht noch. Die Oderbrücke – die Ebenen dann, weit. Roter Mohn in den Kornfeldern, Kornblumen am Rain – Treue und Märchenhaftigkeit. Seit den Kindheitsferien in Ostpreußen nicht mehr gesehen. Landsberg a. d. Warthe: unversehrt, nicht zugänglich die General-von-Strantz-Kaserne. Die Abzweigung nach Kunowice, später nach Dabroszyn, nach Sarbinowo: Kunersdorf, Tamsel, Zorndorf. Sellin – ein winziges Dorf, breite, nur stückweise gepflasterte Straße, 400 Einwohner jetzt. Stattliche Kirche, katholisiert, grau getüncht, 1704 erbaut, am Turm sind die Zahlen eingemauert. Eine Marienstatue vor dem Eingang ist neu: sie steht auf einem zementüberstrichenen Denkmalsockel für die Gefallen 1914–1918. Man hat es belassen. Auch die Umrisse des Schinkelschen Eisernen Kreuzes – in den Stein gehauen. Das Gotteshaus wurde geöffnet: sehr netter Pfarrer, freundliche Aufnahme, die Haushälterin machte den Dolmetsch, reichte Kaffee. Hier war Benn unbekannt. Gegenüber das ehemalige Pfarrhaus. Sagen wir: in mildem Zerfall. Links neben der Treppe die Linde, das Hoftor, durch das man den kleinen See erblickte: *vergißmeinnichtumsäumt – und die Ottern lachen*. Hier lief der junge Gottfried zehn Jahre barfuß über die Wiesen und Felder, half der Mutter im Garten. Halb am Zaun Meere von Stockrosen, Althaea rosea, herrlich verwildert – weiß, rosé, mauvefarben: Gottfried Benn, der Gartenfreund, man begriff es.

Vom Finckensteinschen Gutshaus in Trossin kaum Trümmerreste – abgesunken das Ganze, Sela, Psalmenende.

Der Weg nach Mohrin führt über Fürstenfelde, Frau Dr. Ilse Benn wurde hier geboren. Eine Ansichtskarte war zu schreiben. Stattliche große Kirche in Mohrin, stattliches Pfarrhaus. Kein Boot auf dem Mohriner See, die Ufer schilf- und rohrumkleidet. Das Grab der Mutter, – nun längst zu Ende, für *Sarginhalte ohne Belang*.

Eine Verbeugung also, Dank, großer Dank der Landschaft, den

Dingen und Lokalitäten, die Benn berührten. Vielleicht mehr sein Hirn? Vielleicht mehr sein Herz? Patina, Aura klebt an diesen Dingen, läßt die Hand, die sich nach ihnen ausstreckt, nicht los. Imagination!! Sicher. Aber wenn es hilft? Wir bleiben stehn – und es holt uns ein.

Wieder in der City. Man schafft den Rückweg bequem. Ein Mocca double. Ein Fluidum! Heiße Nacht, Caféterrasse im »Bristol«, Sommersterne. Am Nebentisch Hotelqualitäten. Dann entwirrt es sich: Hausportale, S-Bahn-Trassen, hölzerne Handläufe im Treppenhaus, wilhelminische Türklinken, Staatsbibliothek, Krankenhaussäle und eichengesäumte Alleen. Horizonte, sich in Wolken verlierend, Gotteshäuser in aufsteigender Linie, Seen, Bauernrosen, nasse Zäune: War es das? Ja, das war es. *Das alles, die großen Geister, alle Sonnen, sind auch für ihn geschehn, durch ihn geronnen.*

Auf dem Städtischen Waldfriedhof in Dahlem am Hüttenweg ruht er – das Ehrengrab durch Senatsbeschluß.

Und die Menschen? Ja, s i e waren es, sind es, die mich hielten und trugen, über Jahrzehnte. Frauen, natürlich. Orpheus/Eurydike? Wenn es denn stimmen sollte; dieser Homunkulus zwischen Freud und Mythos. Aber sie leben – die Frauen, die mir halfen. Alle! – Schon gut: Nur ein Schrebergarten ist mir zugemessen. Aber schaue ich um mich, so sehe ich keine Latifundien.

Allen voran – Dank meiner unermüdlichen, nie sich versagenden Sekretärin, Frau Ursula Katzorke: Alles, was in den Repositorien, Mappen, Schubladen und im 40 MB Datenspeicher des AT 286 über Gottfried Benn gesammelt, abgelegt, geschrieben und exzerpiert worden ist, ging ordnungsstiftend und immer verläßlich durch ihre Hand. Und es war viel. Frau Ursula Meinhardt fotokopierte, photographierte und diapositivierte ganze Kollektionen meiner Benniana: Gern umgab sich der Autor mit Bildern zur Vita des großen Mannes, hieraus Inspiration, ein »kleines Stück vom Überschwange« sich erhoffend. Der hiesigen Stadtbücherei, vorab Frau Monika Wiehn, ist zu danken für die Beschaffung der riesigen Mengen an Sekundärliteratur. Was eine kommunale Bibliothek für das geistige Leben einer Stadt bedeutet, hier konnte man es ermessen. Aber nicht nur keine Eurydike wurde geopfert, auch ein »male couple« förderte die Produktion: Herr Dr. Hans-Christian Sarrazin aus Recklinghausen, König und Herrscher im Reich der Erato und Kalliope, zügelte die manieristisch in alexandrinische Wörter verliebte katachrestische Schreibweise des Autors, wozu es reichlich Gelegenheit gab.

Ja, und dann der Dr. Julius Frey aus Berlin: *Clairons und Ehrenpforten*. Ein schier unausschöpfliches Schatzhaus an Berlin-Preziosen, ein Kenner der Zeitgeschichte – und Nietzsches. Nie versiegendes Auskunftsbüro. Oft dem Verzagten und Schreibmüden aufhelfend, ein Freund über Jahrzehnte!

Eine Arbeit, deren Anfänge fast ein halbes Jahrhundert zurückliegen, zieht ihre Kraft und Ermutigung aus vielen Wurzeln, ist eng mit dem persönlichen Schicksal des Verfassers und den Zuströmen von außen verwoben. Den vielen, die halfen, förderten, Mut machten, Herrn Gerhard Schuster – auch dem Klett–Cotta Verlag – seinem literarischen Lektorat, Herrn Weck – sei gedankt mit einem Vers Walter Sohms:

»Wer gab, wer nahm,
Kann keiner jetzt aus unserer Schar mehr sagen.
Es hat ein Feld, das unser aller Habe,
Ganz unvermerkt für alle Frucht getragen.«

Recklinghausen
Antoinettenburg/Darfeld
Ostern 1993 Werner Rübe

Zeittafel

1884	22. Mai heiratet Pfarrhelfer Gustav Benn (1857–1939) Caroline Jequier (1858–1912), beide im Haus Gadow des Grafen Wilamowitz-Moellendorff angestellt, in Cumlosen/Westprignitz. Übersiedlung nach Mansfeld.
1886	2. Mai, Geburt Gottfried Benns in Mansfeld. Im November Übersiedlung nach Sellin/Neumark. Unterricht im Pfarrhaus und in Trossin, z. T. mit den Kindern des Grafen Finckenstein.
1896 – 1903	Schulbesuch des Friedrichs-Gymnasium in Frankfurt/ Oder. Abitur am 28.2.1903.
1903 – 1904	Unwilliges Studium der Theologie und Philosophie in Marburg und Berlin.
1905 – 1910	Medizinstudium als Angehöriger der Pépinière (Kaiser-Wilhelm-Akademie für das militärärztliche Bildungswesen) in Berlin. Goldene Medaille für die Preisarbeit *Die Ätiologie der Pubertätsepilepsie*.
1910 – 1912	Famulaturen in der Charité.
1912	26.2. Promotion: *Über die Häufigkeit des Diabetes mellitus im Heer*. Die *Morgue* erscheint. Freundschaft mit Else Lasker-Schüler. Tod der Mutter. Aus gesundheitlichen Gründen Abschied vom Heer. Assistent in der Pathologie Westend-Krankenhaus Berlin-Charlottenburg. 297 Sektionen durchgeführt.
1913	*Söhne. Neue Gedichte*. Bricht mit Else Lasker-Schüler.
1914	*Über einen Fall von innerer Einklemmung infolge Mesenteriallücke bei einem Neugeborenen* veröffentlicht. Im März *Ithaka*. 4.4. als zweiter Schiffsarzt mit „Graf Waldersee“ Reise nach New York. Anschließend Ausbildung an der Uni-

	versitäts-Hautklinik in München (Prof. Zumbusch). Kurze Vertretung in einem Lungensanatorium in Bischofsgrün. 30.07. Heirat mit der Schauspielerin Edith Osterloh. Truppenarzt in Belgien bei Kriegsbeginn. E.K. II.
1915 – 1917	Oberarzt im Militärgouvernement Brüssel in einem Prostituierten-Krankenhaus, Krh. St. Gilles. 8.9.1915 Geburt der Tochter Nele in Dresden-Hellerau. Entlassung aus der Armee. Weitere Ausbildung zum Facharzt für Haut- und Geschlechtskrankheiten in der Charité bei Prof. Lesser. Zieht in die Belle-Alliance-Str. 12.
1918 – 1923	arbeitet als Hautarzt, Praxisschwierigkeiten. Am 19.11.1922 stirbt seine Frau nach einer Gallensteinoperation in Jena. Bekanntschaft mit der Sängerin Ellen Overgaard, die die Tochter Nele mit nach Dänemark nimmt. Die Gesammelten Schriften erscheinen. Inflation.
1924 – 1928	Unbefriedigende Tätigkeit als Arzt. Lernt Alice Schuster kennen. *Schutt*, *Betäubung*, *Spaltung*, *Gesammelte Gedichte*. Fehlgeschlagene Bemühung um eine städtische Arztstelle. Wird Mitglied des PEN-Clubs. Totenrede für Klabund. Benn lernt Oskar Loerke kennen. *Gesammelte Prosa.*
1929	Selbstmord seiner Freundin Lili Breda. Reisen mit Kunsthändler F.M. Zatzenstein nach Frankreich. »Schwarzer Freitag« an der New Yorker Börse. Politischer Streit mit Johannes R. Becher und E.E. Kisch. 2,4 Millionen Arbeitslose.
1930 – 1932	Positive Besprechung der *Gesammelten Prosa* durch Klaus Mann. G. B. veröffentlicht in der »Neuen Rundschau«, wachsender Bekanntheitsgrad. Schreibt für Paul Hindemith den Text zum Oratorium *Das Unaufhörliche*. Rede zum 60. Geburtstag Heinrich Manns. Schlechte Wirtschaftslage, 6 Millionen Arbeitslose. 29.1.32 G. B. wird Mitglied der Preußischen Akademie der Künste. Beginn der Brieffreundschaft mit Friedrich Wilhelm Oelze.

1933 – 1934	Benns »Irrnis« – *Der neue Staat und die Intellektuellen*; – *Kunst und Macht*. Unterstützt damit den neuen Staat. Klaus Mann wirft ihm »Verrat am Geist« vor. Streit mit Börries v. Münchhausen, der die Expressionisten-Generation angreift und G. B. einen »reinblütigen Juden« nennt.
	Röhm-Putsch. G. B. muß aus Geldnot eine Vertretung in einer städtischen Beratungsstelle übernehmen, ist isoliert, unliebsam. Zieht sich zurück. Erkennt die Tragödie. In München, Starnberger See: *Am Brückenwehr*. Die Rückkehr in die Reichswehr wird vorbereitet.
1935	Rezension von J. Evolas »Erhebung wider die moderne Welt«.
	März Aufgabe der Praxis, Reaktivierung als Oberstabsarzt in Hannover. Angriffe gegen ihn im »Schwarzen Korps« und »Völkischen Beobachter«. Durch die Armeeleitung und Hanns Johst abgewehrt.
1937 – 1945	Wird nach Berlin versetzt. Bezieht Wohnung in der Bozener Straße 20. Tätigkeit im Militärischen Versorgungswesen als Gutachter in Fürsorge- und Rentenfragen. Heirat mit Herta v. Wedemeyer. Schreibverbot. 1943 als Oberstarzt nach Landsberg a.d. Warthe. »Schubladenliteratur«.
1945	Flucht nach Berlin. Am 7. Juli nimmt sich seine Frau in Neuhaus a.d. Elbe das Leben.
1946 – 1948	Praxisaufnahme. 18.12.46 Heirat mit Dr. Ilse Kaul. Veröffentlichungsschwierigkeiten. Im Oktober 1948 *Statische Gedichte* im Schweizer Arche Verlag. Im Dezember *Drei alte Männer* bei Max Niedermayer im Limes Verlag Wiesbaden.
1949	»Benn-Jahr«. Das Spätwerk erscheint: *Der Ptolemäer*, *Statische Gedichte*, *Ausdruckswelt*, *Trunkene Flut*. Konsolidierung der Lebensverhältnisse.
1951	Verleihung des Georg Büchner-Preises (DM 3000). Steigender Ruhm.
1953	gibt am 1.7. die ärztliche Praxis auf.

1956	2. Mai, Feier des 70. Geburtstags.
	7. Juli, Gottfried Benn stirbt in Berlin.

Glossar

acullico
zur Kugel geformte Coca-Blätter für den mundgerechten Genuß, mit Pflanzenasche oder gebranntem Kalk vermischt. Alkaloidwirkung. Pflanzenbasen, oft mit giftiger Rauschwirkung, z.B. Cocain, Morphium, ...

Amphetamine
Die Stimmungslage anhebende Weckamine (z.B. Pervitin)

Aristaios
Sohn des Apollon mit der Hirtin Kyrene, in Liebe zu Eurydike entbrannt. Vor ihm fliehend, tritt Eurydike auf die giftige Natter, an derem Biß sie stirbt

Arthigon
aus abgetöteten Gonokokken hergestellte Vakzine zur Behandlung der Gonorrhoe und ihrer Nachfolgeerscheinungen

ataktisch
gestörter, ungeordneter Ablauf, z.B. von Bewegungen, hier Wort-Satzabläufen

autistisch-undiszipliniertes Denken
traumhafte Wunschvorstellungen in z.T. symbolischer u. synthetischer Form, das Innerste im tiefsten bewegend, ohne Widersprüche mit der Wirklichkeit zu vermeiden.

Bergmann-Diät
Schonkost bei Magen- und Zwölffingerdarmgeschwüren

Borderline Syndrom
Zwischen-Grenzgebiet zwischen (schizophrener) Psychose, Persönlichkeitsstörung und psychischer Gesundheit

Cavell
Am 12. Oktober 1915 ist die 48jährige englische Krankenschwester Edith C. durch ein deutsches Kriegsgericht wegen Spionage zum Tode verurteilt und durch Erschießen hingerichtet worden.

Gottfried Benn war aus Brüssel als diensttuender Arzt sowohl zur Gerichtsverhandlung als auch zur Exekution abkommandiert: Er hatte den Tod der Erschossenen festzustellen. Gottfried Benn berichtet darüber am 23. Februar 1928 im »8-Uhr-Abendblatt der Nationalzeitung Berlin« unter dem Titel *Wie Miß Cavell erschossen wurde.*

Chalkenteros

griechischer Komödiendichter, der angeblich 1000 Theaterstücke schrieb. Deshalb der »Mann mit dem eisernen Hintern«.

Chuspa-Beutel

Tasche, in der die Coca-Blätter verwahrt werden

Coquelico-Rausch

s. Kokain-Rausch

Corpora cavernosa

Schwellkörper des Penis

Cowperschen Drüsen

Schleimdrüsen am weiblichen Scheideneingang

Desoxyribonukleinsäure

DNS = Baustein der Erbanlagen

Diazepam

Medikament zur seelischen Krampfentspannung, bei Erregungs- und Angstzuständen, z.B. Valium

Diencephalon

Zwischenhirn, Teil des Hirnstammes, stammesgeschichtlich alter Zentralapparat für wichtige Lebensvorgänge: Atmung, Kreislauf, Stoffwechsel, Hormon- und Seelenhaushalt

Doppelhelix

von Watson u. Crix entdeckte doppelschraubenförmige Anordnung der Erbsubstanz

Erweichungsparasiten

Spirochaeta pallida, Erreger der Syphilis

Fulgurationen

aufblitzendes Wetterleuchten

Gram gefärbten / gefärbt nach Gram

Spezialfärbung von Bakterien mit Gentianaviolett und Karbolfuchsin, z.B. zum Gonokokkennachweis

hebephren
Gefühlsverflachung, läppisch-heiteres Auftreten, wie in der Pubertät, z.T. flegelhaft. Verlaufsform der Schizophrenie, prognostisch ungünstig

Hydromorphon-Präparat
Morphiumabkömmling, z.B. Dilaudid

Ikarien
sagenhafte Insel im Ionischen Meer (Archipelagus), wo Herakles den gestürzten Ikarus begrub

intrapsychische Ataxie
fehlende Übereinstimmung zwischen Vorstellung und Affekt: Man lacht, während man Grausiges erzählt

Kaiser-Wilhelm-Akademie
unterschiedliche Handhabung der Schreibweise

katathym
affektbewegte, überwertige Idee mit Einschränkung oder Verlust der Kritikfähigkeit

Kochsches Mycobacterium
von Robert Koch entdeckter Erreger der Tuberkulose

Konstitutionstypologie
Versuch, Gruppen gesunder Menschen typmäßig zu unterscheiden, z. B. E. Kretschmer: leptosom, pyknisch, athletisch, dysplastisch

limbisch
stammesgeschichtlich alte Hirnstrukturen, psychisches Zentralregulationssystem für die Drüsen mit innerer Sekretion und auch seelische Abläufe

Lumbalanästhesie
Empfindungslosigkeit durch Einspritzen eines Betäubungsmittels in die das Rückenmark umgebenden Flüssigkeitsräume (Liquorräume)

Lysergsäure
synthetisch herstellbare Pflanzenbase mit Halluzinations- und Euphoriewirkung

marantisch
mit Verfall, Kräfteschwund einhergehend

Meskalin
aus mexikanischen Kakteen gewonnenes Rauschgift
Metastasen
Absiedlungen einer bösartige Geschwulst im Körper des Erkrankten
Mist die Meschinne:
verballhornter hebräischer Fluch: »mitá meschunná« (ein unnatürlicher Tod).
mouche
im Rokoko beliebtes Schönheitspflästerchen im Gesicht
Muschelkalk (Leonharda Gescher)
so nannte der Dichter Ringelnatz seine Ehefrau
Nosologie
Lehre und systematische Beschreibung der Krankheit
nosologisch
auf die Krankheitslehre bezogen
Noumena
die nur durch das Denken in ihrer Wirklichkeit erkannten Dinge, Gegensatz zu Phänomenen
Paragrammatismen
inkorrekte Anwendung grammatikalischer Gesetze
Parenthese verberge:
»Wieviel in einem Buche steckt, erkennt man erst durch ein Register, dies beweist die Notwendigkeit, es zu besitzen, und erhöht den Wert.« (Alexander von Humboldt)
Paraphasien / paraphasisch
u.a. Unvermögen, aus Worten ein den Regeln der Syntax entsprechendes Satzgefüge zusammenzustellen oder Sätze sinngemäß zu Gedankenketten aneinanderzureihen
Parathymie
Störung des Affektlebens. Inadäquate, nicht zum Gefühl passende Affekte
Perseveration
z.T. krankhaftes Haften an einer einmal eingeschlagenen Vorstellungsrichtung

Peyote-Kaktee
in Mexiko wachsende Kaktee, Genuß führt zu rauschhaften Sinnestäuschungen (Halluzinationen)
phänotypisch
nach dem äußeren Erscheinungsbild
Phenylhydrazin
wurde zum Nachweis von Zucker im Harn gebraucht
Phthisis
Lungentuberkulose
Preludin
Weckamin mit schlafhemmender, appetitzügelnder, euphorisierender Wirkung
Protargol
zur Zeit Gottfried Benns gebräuchliche silberhaltige Spüllösung zur Behandlung der Gonorrhoe
Psaligraphie
Scherenschnittkunst
Psychasthenie
Konstitutionell bedingte Neurose, Unvollkommenheitsgefühl, verminderte emotionale Belastbarkeit
Psychomimetika
psychoseähnlichen Zustand auslösende Drogen, z. B. Haschisch, Meskalin, mit manchmal schizophrenieähnlichen Symptomen
Pykniker
meist untersetzte, kräftige Gestalt, rundlich
Rauwolfia-Präparate
blutdrucksenkende Medikamente
rocker-Wiege
siebähnliches Gerät zum Auswaschen des im Schlamm und Flußläufen gefundenen Goldes
Salvarsan
früher zur Syphilisbehandlung gebräuchliche Arsenverbindung
schizoid
heiß und kalt zugleich sein; seelische Zerrissenheit zwischen gesund und krank fluktuierend

Schizophrenie
endogene Psychose, ›Spaltungsirresein‹, oft fortschreitend
schizothym
noch normale Denk- u. Temperamentseigenart: überempfindlich und gefühlsabweisend kühl, kontaktarm und introversiv. Zum Gemeinschaftserlebnis wenig befähigt.
Sedormid
Schlafmittel aus der Reihe der Barbitursäurederivate, heute nicht mehr gebräuchlich
skotomhaft
Einschränkung des Gesichtsfeldes
Spirochäte
Spirochaeta pallida: Erregerin der Syphilis
Spondylosis
altersbedingte Abnutzungserscheinungen der Wirbelsäule
sympathikotonisch
erhöhte Erregbarkeit des sympathischen Nervensystems wie schneller Pulsschlag, Schwitzen, Erregbarkeit
thalassisch/thalassale
griech. das Meer, auch als Personifikation. „Thalatta"[153]: Ausruf der Griechen, als sie, aus Asien kommend, wieder das Meer sahen. Im Neuen Testament Eigenname für den See Genezareth und für das Mittelmeer (s.a. Xenophon »Anabasis«).
Treponemen
s. Spirochaeta pallida – Syphiliserreger
Weckamine
anregende Arzneien, z.T. Appetitzügler, euphorisierend
Yohimbin
Pflanzenalkaloid, angeblich potenzsteigernd

Werkverzeichnis

Gottfried Benn:
Ges. Werke in vier Bänden. Hrg. von Dieter Wellershoff.Limes Verlag, Wiesbaden 1958 ff
Gottfried Benn:
Sämtliche Werke. Stuttgarter Ausgabe. Hrg. von Gerhard Schuster. Klett-Cotta, Stuttgart 1986 ff
Gottfried Benn:
Ausgewählte Briefe. Limes Verlag, Wiesbaden 1957. Mit einem Nachwort von Max Rychner
Gottfried Benn:
Medizinische Schriften. Limes Verlag 1965. Hrg. von W. Rübe
Gottfried Benn:
Den Traum alleine tragen. Neue Texte, Briefe, Dokumente. Hrg. von Paul Raabe und Max Niedermayer. Limes Verlag, Wiesbaden 1966
Gottfried Benn:
Briefe an F.W. Oelze. Hrg. von Jürgen Schröder und Harald Steinhagen. Limes Verlag, Wiesbaden 1977 ff
Gottfried Benn:
Briefwechsel mit Paul Hindemith. Limes Verlag, Wiesbaden 1978. Hrg. von Ann Clark Fehn
Gottfried Benn u. Max Rychner:
Briefwechsel 1930 – 1956. Hrg. von Gerhard Schuster. Cotta's Bibliothek der Moderne, 1986
Gottfried Benn:
Briefe an Tilly Wedekind (1930 – 1955). Klett-Cotta 1986. Hrg. von Marguerite V. Schlüter
Gottfried Benn:
Briefe an Elinor Büller (1930 – 1937). Klett-Cotta 1992. Hrg. von Marguerite V. Schlüter

Gottfried Benn – Egmont Seyerlen:
Briefwechsel 1914 – 1956. Hrg. v. Gerhard Schuster. Cotta's Bibliothek der Moderne, Stuttgart 1993

Lese-Liste

Es wäre vermessen, an diesem Ort eine Liste aller gelesener Bücher, Arbeiten, Rezensionen und Artikel aufzustellen, die sich – gleich in welchem Zusammenhang – zu Gottfried Benn geäußert haben. Dem Kenner sind diese Titel bekannt, der interessierte Leser wird ihre Aufzählung nicht vermissen. Hervorragende Zusammenstellungen finden sich bei:

Brode, Hans Peter
Benn-Chronik. Daten zum Leben und Werk. Carl Hanser Verlag, 1978

Buddenberg, Else
Probleme um Gottfried Benn. Metzlersche Verlagsbuchhandlung. Stuttgart 1962

Christiansen, Annemarie
Benn. Einführung in das Werk.
E. Klett Verlag. Stuttgart 1976

Dyck, Joachim
Gottfried Benn. Das Nichts und der Herr am Nebentisch. Wagenbachs Taschenbücherei 130, 1986

Frey, Julius
Armer Nietzsche. Peter Lang Verlag, Frankfurt/Main 1989

Greve, Ludwig
Gottfried Benn. Marbacher Ausstellungskatalog 1986

Hillebrand, Bruno
Gottfried Benn. Wege der Forschung. Bd. CCCXVI, Wiss. Buchges. Darmstadt 1979

Hillebrand, Bruno
G. Benn. S. Fischer Verlag. Frankfurt/Main, 1986

Hohendahl, Peter Uwe
Benn. Wirkung wider Willen. Athenäum Verlag, 1971

Holthusen, Hans Egon
Gottfried Benn. Leben, Werk, Widerspruch 1886–1922. Klett-Cotta Verlag, 1986
Kaiser, Helmut
Rausch und Reaktion. Aufbau Verlag. Berlin 1902
Koch, Thilo
Gottfried Benn. Ein biographischer Essay. A. Lange – S. Müller, 1957
Lennig, Walter
Benn. rororo-Bildmonographie. Reinbek 1966 ff
Meyer, Theo
Kunstproblematik und Wortkombinatorik bei Gottfried Benn. Böhlau Verlag. Köln 1971
Raabe, Paul
Gottfried Benn in Hannover. E. Friedrich Verlag, 1986
Schöne, Albrecht
Säkularisation als sprachbildende Kraft. Vandenhoeck & Ruprecht. Göttingen, 1968
Schröder, Jürgen
Gottfried Benn. Poesie und Sozialisation. Kohlhammer Verlag. Stuttgart-Köln-Berlin-Mainz, 1978
Soerensen, Nele Poul
Mein Vater Gottfried Benn. Limes Verlag, Wiesbaden 1960
Steinhagen, Harald
Die statischen Gedichte von Gottfried Benn. Klett-Verlag. Stuttgart 1969
Theweleit, Klaus
Buch der Könige. Bd. 1. Orpheus und Eurydike. Stroemfeld, Roter Stern. Frankfurt/Main, 1988
Wallmann, Jürgen (Hrg.)
Das Gottfried Benn Brevier. Limes Verlag. Wiesbaden 1979
Wellershoff, Dieter
Phänotyp dieser Stunde. Kiepenheuer u. Witsch Verlag, 1958
Wodtke, Friedrich Wilhelm
Gottfried Benn. Sammlung Metzler. Stuttgart 1962

Anmerkungen

1 Benn, Ernst-Viktor: Handschriftliche Notizen für seine Familie.
2 Schöne, Albrecht: Säkularisation als sprachbildende Kraft. Van den Hoeck u. Ruprecht. Göttingen 1968
3 Remer, Paul: Detlev Liliencron, Berlin u. Leipzig 1904
4 Wallmoden, Thedel v.: Über einen unveröffentlichten Brief Gottfried Benns. Dtsch. Wschr. f. Literaturwiss. u. Geistesgeschichte, 62 Jg., 1988, Heft 3
5 Busse, Carl. Velhagen u. Klasings Monatshefte, 19, Nr. 6 (Febr. 1905)
6 Schröder, Jürgen: Gottfried Benn. Poesie und Sozialisation. W. Kohlhammer. Stuttgart, Berlin, Köln, Mainz 1978
7 Däubler, Theodor: s.a.O.
8 Koch Thilo: s. Leseliste
9 Lombroso, Cesare: Genie und Irrsinn. Reclam. Leipzig 1929
10 Lange-Eichbaum, Wilhelm: Genie, Irrsinn, Ruhm. 1. Aufl. 1927, 5. Aufl. 1955
11 Kretschmer, Ernst: Körberbau u. Charakter. 1. Auflage 1921, 24. Auflage 1962, Springer Verlag, Berlin-Göttingen-Heidelberg
12 Worringer, Wilhelm: Abstraktion und Einfühlung. Promotionsarbeit 1907
13 Wodtke, Friedrich Wilhelm: Gottfried Benn. Sammlung Metzler. 1962
14 Beringer, K.: Der Meskalinrausch. Springer Verlag 1921
15 Lewin, L.: Phantastica. Stilke Verlag. Berlin 1927
16 Wellershoff, D.: G.B. Gesammelte Werke. Limes Verlag, Wiesbaden 1958 ff
17 Lyon, J. u. C. Inglis: Konkordanz zur Lyrik G.B. Olms Verlag. Hildesheim – New-York 1971
18 Enzensberger, Hans Magnus: Der Spiegel, Nr. 23, 6. Juni 1962

19 Bleuler, Eugen: Lehrbuch der Psychiatrie. Springer Verlag. 1943
20 Ewald, Gottfried: Lehrbuch der Neurologie u. Psychiatrie. J.F. Lehmanns Verlag. München-Berlin 1944
21 Ewald, Gottfried: s.a.O.
22 Pensa, Mario: Un sacerdote dell' assoluto, Bologna 1960
23 Sahlberg, Oskar: Wo Lust und Leiche winkt. Edition Text u. Kritik. München 1977
24 Sahlberg, Oskar: s.a.O.
25 G.B. Brief an D. Wellershof, 22. XI.50. Ausgewählte Briefe. Limes Verlag. Wiesbaden 1957
26 Sternheim, Thea: Tagebuch Nov. 1916 – Nov. 1917
27 Sternheim, Thea: s.a.O.
28 Rohde, Erwin: Psyche, J.C.B. Mohr. Tübingen, 1. Aufl. 1893, 8. Aufl. 1920
29 Jaeger, Werner: Paideia. Walter de Gruyter Verlag, Berlin 1934
30 Homeyer, Helene: G.B. und die Antike. Zschr. f. Dtsch. Philologie, 79 (1960)
31 Wodtke, F.W.: Die Antike im Werk G.B. Limes Verlag, Wiesbaden 1963
32 Bachofen, Johann Jakob: Mutterrecht und Urreligion. Alfred Kröner Verlag. Leipzig 1926
33 Otto, F. Walter: Die Götter Griechenlands. G. Schulte-Bulmke Verlag. Frankfurt a. M. 1. Aufl. 1934, 7. Aufl. 1983
34 Meyer, Semi: Probleme der Entwicklung des Geistes. Bd. 1. Die Geistesformen. Ambrosius Barth. Leipzig 1913
35 Haeckel, Erich: Die Welträtsel (1899)
36 Nietzsche, Friedrich: Die Geburt der Tragödie aus dem Geiste der Musik. Alfred Kröner Verlag. Leipzig 1930
37 Miller, Gerlinde F.: Die Bedeutung des Entwicklungsbegriffs für Menschenbild und Dichtungstheorie bei Gottfried Benn. Peter Lang Verlag, New York 1990
38 Schmidhauser, Julius: Das Reich der Söhne. de Gruyter Verlag, 1940
39 Kretschmer, Ernst: s.a.O.
40 Podach, Erich: Friedrich Nietzsches Werke des Zusammenbruchs. Heidelberg 1961

41 Lennig, Walter: Gottfried Benn. Rowohlt 1962
43 Hillebrand, Bruno: Artistik und Auftrag. Nymphenburger Verlagsbuchhandlung. München 1966
43 Enzensberger, Hans Magnus: Gottfried Benns autobiographische und vermischte Schriften. Der Spiegel, Jg. 16, Nr. 23, 6. Juni 1962
44 Nietzsche, Fr.: Ecce homo. Alfred Kröner Verlag. Leipzig 1930
45 Nietzsche, Fr.: Ecco homo. s.a.O.
46 Nietzsche, Fr.: Unzeitgemäße Betrachtungen. Alfred Kröner Verlag. Leipzig 1938
47 Nietzsche contra Wagner. Alfred Kröner Verlag, Leipzig 1930
48 Nietzsche, Fr.: Unzeitgemäße Betrachtungen. s.a.O.
49 Nietzsche, Fr.: Unzeitgemäße Betrachtungen. s.a.O.
50 Nietzsche, Fr.: Geburt der Tragödie aus dem Geiste der Musik. Alfred Kröner Verlag. Leipzig 1930
51 Goethe, J.W.: Gedichte: Dauer im Wechsel
52 Nietzsche, Fr.: Menschliches allzu Menschliches. Alfred Kröner Verlag. Leipzig 1930
53 Nietzsche, Fr.: Wille zur Macht. Alfred Kröner Verlag. Leipzig 1930
54 Nietzsche, Fr.: Götzendämmerung. Alfred Kröner Verlag. Leipzig 1930
55 Nietzsche, Fr.: Ecce homo. Alfred Kröner Verlag. Leipzig 1930
56 Nietzsche, Fr.: Gedichte: Das eherne Schweigen.
57 Nietzsche, Fr.: Gedichte aus dem Umkreis der Dionysos-Dithyramben, Nr. 103.
58 Goethe, J.W.: Gedichte: Parabolisch.
59 Friedrich Nietzsche an Otto Eiser. Sämtliche Briefe. III/1162. dtv
60 Nietzsche, Fr.: Götzendämmerung. s.a.O.
61 Nietzsche, Fr.: Gedichte: Mit dem Fuße schreiben.
62 Nietzsche, Fr.: Gedichte: Liebeserklärung.
63 Jaspers, Karl: Nietzsche. Walter de Gruyter Verlag. Berlin 1936
64 Marcuse, Ludwig: Aus den Papieren eines bejahrten Philosophiestudenten. Paul List Verlag. München 1964

65 Heidegger, Martin: Nietzsche. Pfullingen 1961
66 Nietzsche, Fr.: Gedichte: Vereinsamt.
67 Nietzsche, Fr.: Brief 1102 an Meta v. Salis, 7.9.1888. Sämtliche Briefe, Bd. 8. dtv de Gruyter, 1986
68 Gerhardt, R.: FAZ 18.10.1990
69 Soerensen, Nele: Mein Vater Gottfried Benn. Limes Verlag. Wiesbaden 1960
70 Soerensen, Nele: Mein Vater Gottfried Benn. s.a.O.
71 Schopenhauer, Arthur: Aphorismen zur Lebensweisheit. Reclam o.J.
72 Soerensen, Nele: Mein Vater Gottfried Benn. s.a.O.
73 Soerensen, Nele: Mein Vater Gottfried Benn. s.a.O.
74 Margueritte, Victor: Dein Körper gehört Dir. Erich Reiss Verlag. Berlin o.J.
75 Adlon, Hedda: Hotel Adlon. W. Heyme Verlag. München
76 Fleischmann, P., A. Döblin: Über nervöse Regulierungen der Körpertemperatur insbesondere über die Rolle der Nebenniere. Zeitschrift f. klin. Med. 77 (1913), S. 278 ff.
77 Die Aktion, IX. Jahrgang, 26/27
78 Mann, Thomas: Tagebücher 1918–1921, 1.5.1919
79 Holthusen, Hans Egon: Gottfried Benn. Klett-Cotta. 1986
80 Weiskopf, Franz Carl: Berliner Begegnungen. Dietz Verlag, Berlin 1987, S. 12
81 Holthusen, Hans Egon: s.a.O.
82 Vallentin, Hermann: Kunstmetropole. Aufbau Verlag, Berlin-Weimar 1987, S. 134
83 Holitscher, Klaus: Berliner Begegnungen, S. 70, s.a. Nr.102
84 Mann, Klaus: in »Die Literatur«, Jg. 12, 1929/30
85 Gottfried Benn. Egmont Seyerlen. Briefwechsel 1914–1956. Hrsg. von Gerhard Schuster, Klett-Cotta 1993
86 Erinnungen an G.B. Briefe an F.W. Oelze, 1932–1945, Fischer Taschenbuch Verlag
87 Heintel, Helmut: Gottfried Benn, Bildnisse. Hatje Verlag. Stuttgart 1990
88 Oboussier, R.: FAZ vom 25. Nov. 1931
89 Schuster, Gerhard: G. Benn, Sämtliche Werke. Klett-Cotta 1986 ff

90 Mann, Klaus: Prüfungen. München 1968
91 Pahl, Manfred: Unveröffentlichter Brief vom 3. II. 1990
92 Mann, Thomas: Betrachtungen eines Unpolitischen. S. Fischer Verlag. 1920
93 Loerke, Oskar: Tagebücher 1903–1939. Hrg. von H. Kasack. Heidelberg/Darmstadt. Dtsch. Akademie f. Sprache u. Dichtung
94 Loerke, Oskar: Tagebücher
95 Jens, Inge: Dichter zwischen rechts und links, Piper Verlag. München 1972
96 Jens, Inge: Dichter zwischen rechts und links. s.a.O.
97 Mann, Thomas: Tagebücher. 15.III.1933
98 Pagel, K: Neue Deutsche Hefte 26
99 Loerke, O.: Tagebücher. s.a.O.
100 Loerke, O.: Tagebücher. s.a.O.
101 Mann, Thomas: Tagebücher 1933–1934
102 Weiskopf, F.C.: Berliner Begegnungen. Dietz Verlag. Berlin 1987
103 Schmitt, Carl: Glossarium. Duncker u. Humblot. Berlin 1991
104 Jünger, E.: Kirchhorster Blätter
105 Mann, Th.: Tagebücher 1933–1934.
106 Hesse, Hermann: Brief an P. Suhrkamp, 27.4.1935
107 Hesse, Hermann: Brief an Peter Suhrkamp, 27.4.1935
108 Evola, J.: Erhebung wider die moderne Welt. DVA. Stuttgart-Berlin 1935
109 Evola, J.: Erhebung ... s.a.O.
110 Syberberg, H.J: Die freudlose Gesellschaft. München 1981
111 Heintel, Helmut: Block II, Zimmer 66. G.B. in Landsberg. Urachhaus. Stuttgart 1988
112 Mertens, Pierre: Der Geblendete. Argon Verlag Berlin 1989
113 Mann, Thomas: Dr. Faustus. Bernau-Fischer Verlag. Stockholm 1948
114 Raabe, Paul: Gottfried Benn in Hannover, 1935 – 1937. Erhard Friedrich Verlag. Seelze-Velbert 1986
115 Raabe, Paul: Gottfried Benn in Hannover. s. Leseliste
116 Mann, Klaus: Mephisto. Querido-Verlag. Amsterdam 1936
117 Mann, Klaus: G.B. oder: Die Entwicklung des Geistes. »Die Sammlung«. Nymphenburger Verlagsbuchhandlung. München

118 Triebel, Rudolf: 1973
119 Lennig, Walter: Gottfried Benn. rororo 71
120 Mann, Golo: Der Bruder zur Linken. FAZ 21.09.1974
121 Heinemann-Grüder u. E. Rühe (Hrg.): Der Arzt in der Wehrmachtsversorgung. Verlag Th. Steinkopf, 1942
122 Rilke, R.M.: Archaischer Torso Apollos
123 Heintel, H.: Block II, Zimmer 66. s.a.O.
124 Pourtalès, Guy de: Der blaue Klang. Friedrich Chopins Leben. 1928
125 Theweleit, K. buch der könige. Stroemfeld, Roter Stern. Frankfurt/Main
126 Ovid: Metamorphosen.
127 Ovid: Metamorphosen.
128 Ovid: Verwandlungen (übersetzt von J.H. Voß)
129 Ovid: Metamorphosen.
130 Ovid. Metamorphosen.
131 Eichendorff, Josef von: Gedichte.
132 Niedermayer, Max: Pariser Hof. Limes Verlag. Wiesbaden 1965
133 Ovid: Metamorphosen.
134 Kästner, Erich: in G. Benn: Lyrik u. Prosa. Briefe u. Dokumente. Limes Verlag. Wiesbaden 1962
135 Rychner, Max: Zur europäischen Literatur zwischen zwei Weltkriegen. Zürich 1951
136 Ovid: Metamorphosen.
137 Tietgens, Hans: in P.U. Hohendahl: G.B. Wirkung wider Willen. Athenäum Verlag. 1971
138 Ovid: Metamorphosen.
139 Ziebarth, Ursula: Hexenspeise. Neske Verlag 1976
140 Sieburg, Friedrich: »Gegenwart«. Jg. 4, 1949, Nr. 4
141 Gerhardt, Rainer Maria: »Internationale Revue«. 1951, Nr. 1
142 Lehmann, Wilhelm: Brief an Walter Erben. 10.V.1949
143 Oelze, F.W.: G.B. an F.W. Oelze. Vorwort. Limes Verlag 1977
144 Rübe Werner: Dr. Benns Garten, mit 12 Holzschnitten von Conrad Felixmüller. Petri Presse. Kranenburg 1975
145 Rübe, Werner: Dr. Benns Garten. In: Denken in Widersprüchen. Korrelarien zur Gottfried Benn-Forschung. Univ. Verlag Becksmann. Freiburg i.Br. 1971

146 Hehn, Victor: Kulturpflanzen und Haustiere in ihrem Übergang aus Asien nach Griechenland und Italien sowie in das übrige Europa. 7. Aufl. Verlag Gebrüder Bornträger. Berlin 1902

147 Vring, Georg v.d.: Gedichte: ....

148 s. „Werke“: Briefwechsel mit Paul Hindemith.

149 Paul, Jean: Dichtungen. Dieterich. Leipzig 1940

150 Schriftlicher Hinweis von Prof. Dr. Dr. H. Heintel, Stuttgart

151 Soerensen, Nele: Mein Vater Gottfried Benn. s.a.O.

152 Soerensen, Nele: Mein Vater Gottfried Benn. s.a.O.

Personenregister

Quellennachweise der Abbildungen:

Werner Rübe: Abb. nach S. 10 / vor S. 11 / nach S. 14 / vor S. 15 / nach S. 92 / nach S. 104 / nach S. 126 / nach S. 290 / nach S. 368 / nach S. 404
Deutsches Literaturarchiv, Marbach: Nach S. 48 / nach S. 82 / nach S. 166 / nach S. 234 / nach S. 240 / nach S. 342 / nach S. 350 / nach S. 378 / nach S. 382 / nach S. 402 / nach S. 440
Ernst Viktor Benn: vor S. 49
Preußisches Handschriften Archiv: vor S. 83
Manfred Pahl: vor S. 241
Helmut Heintel: nach S. 366, Umschlagfoto.